U0657214

中国人民大学

中国法律发展报告2011

走向多元化的法律实施

RENMIN UNIVERSITY OF CHINA
REPORT ON CHINA LAW DEVELOPMENT 2011

LAW-ENFORCING TOWARDS PLURALISM

主编　朱景文

中国人民大学出版社
·北京·

前　　言

一、研究框架

本报告把改革开放以来的中国法律实施分为审判、检察、公安、调解和仲裁五个部分，每部分又从机构设置、职能活动和经费收入三方面进行分析。

1. 审判。机构设置主要考察法院的组织体系，最高人民法院和地方各级人民法院的组织结构，军事、海事、铁路等专门人民法院的设置，上下级法院之间的关系；法院的内部结构，刑事、民事、行政等审判庭的设置，立案庭、审判监督庭、执行庭等的设置；法院的外部关系，法院与同级人大、政府、党委等的关系。职能活动主要考察刑事、民事、行政案件的构成，审判、调解及其他方式结案构成；一审、二审、再审案件的数量，比率；执行案件的执行比率和强制执行率。经费收入主要考察法院经费来源的历史演变，诉讼费的收取标准。

2. 检察。机构设置主要考察检察院的组织系统，最高人民检察院、地方各级人民检察院的组织结构，检察院的内部机构设置。职能活动主要包括侦查监督、自侦、公诉、审判监督、执行和监所监督等。经费收入方面没有拿到适当的数据。

3. 公安。机构设置包括公安部、地方各级公安机关的组织系统，公安机关内部机构设置。职能活动主要包括刑事案件的司法活动和治安案件的行政执法活动，前者包括立案、破案、各类刑事案件构成和比例，后者包括受理数量、各类治安案件的梳理与比例。

4. 调解。包括人民调解、诉讼调解、行政调解、消协调解、专门性调解五类。人民调解的机构设置包括居民委员会、村民委员会、单位的调解委员会；职能活动包括人民调解的数量、调解成功率、种类；经费收入方面主要介绍人民调解的经费来源。诉讼调解主要分析了民事、行政、刑事案件的调解结案率、判决结案率。行政调解的机构设置包括政府、司法、公安、工商管理、知识产权、环保、林业、民政、电力等行政部门的调解，包括行政"大调解"；职能活动包括各类调解的数量、比例、调解成功率。消协调解的机构设置包括各类消费者协会的构成；职能活动包括受理消费投诉的数量、调解成功率、支持诉讼的比率。专门性调解主要包括几种数量较大、影响较广泛的纠纷，即物业纠纷、医疗纠纷、劳动纠纷和土地纠纷的调解。

5. 仲裁。包括国内仲裁、涉外仲裁和劳动仲裁三类。国内仲裁主要指经济合同仲裁，机构设置包括属于行政仲裁的经济合同仲裁委员会仲裁和民商事仲裁的合同仲裁委员会仲裁；职能活动包括仲裁数量与法院所审理的经济合同纠纷的比率；经费收入方面为仲裁的收费标准。涉外仲裁的机构设置包括国际贸易仲裁委员会和海事仲裁委员会的历史演变和机构沿革，职能活动包括它们各自所受理的案件的数量，经费方面为其收费标准等。劳动仲裁包括劳动仲裁机构的设置、性质，劳动纠纷的受理数量，劳动纠纷的仲裁与诉讼的对比，劳动仲裁的收费标准等。

中国法律发展报告 2011：走向多元化的法律实施的研究框架

	机构设置	职能活动	经费与收入
审判	最高人民法院、地方各级人民法院，专门法院；法院内部机构设置	刑事案件，民事案件，行政案件；一审、二审，再审；执行	国家拨款，从自收自支到收支两条线，从不收诉讼费到收费
检察	最高人民检察院，地方各级人民检察院，军事、铁路运输检察院；检察院内部机构设置	侦查监督、自侦、公诉、审判监督、执行和监所监督等	
公安	公安部、地方各级公安机关；公安机关内部机构设置	刑事案件：立案、破案，刑事案件构成；治安案件：受理、构成	

续前表

	机构设置	职能活动	经费与收入
调解	人民调解 诉讼调解 行政调解 消协调解 专门性纠纷调解	各类调解的数量、种类、成功率、所占比例	人民调解的经费来源
仲裁	国内仲裁：经济合同仲裁、民商事仲裁 涉外仲裁：国际经贸仲裁会，海事仲裁会 劳动仲裁：劳动仲裁委员会	各类仲裁数量、种类、所占比例	行政仲裁国拨经费；民商事仲裁自负盈亏 外事仲裁从收支两条线到服务性收费 劳动仲裁经费财政保障，仲裁收费

二、研究特点

本报告对中国法律实施的研究，秉承《中国法律发展报告》的一贯风格，用事实说话，用数据说话，注重定量研究与定性研究的结合。首先通过数据分析，描述改革开放以来审判、检察、公安、调解和仲裁的一些发展态势，然后试图对这些态势作出解释。就描述与解释而言，描述是第一位的，解释只占有次要地位。在任何经验研究中，我们都能发现，对同样事实的解释可能差别很大，甚至截然相反。本报告各部分对事实的描述与解释之间的关系也是这样。正是在这种意义上，我们希望读者更看重本报告对事实的描述，而对解释提出不同的意见。

三、资料来源

本报告的资料来源包括：

审判部分的资料：(1) 历年《中国统计年鉴》，中国统计出版社出版；(2) 历年《中国法律年鉴》司法统计部分，中国法律年鉴社出版；(3) 历年《人民法院年鉴》，人民法院出版社出版；(4) 何兰阶、鲁明健主编：《当代中国的审判工作》(上下册)，当代中国出版社 1993 年版；(5) 最高人民法院历年工作报告；(6) 政府发布的有关法治发展的白皮书；(7) 最高人民法院研究室编：《全国人民法院司法统计历史资料汇编 1949—1998》，人民法院出版社 2000 年版。

检察部分的资料：(1) 历年《中国法律年鉴》检察统计部分；(2) 历年《中国检察年鉴》，中国检察出版社出版；(3) 历年的最高人民检察院《工作报告》；(4) 孙谦主编、最高人民检察院编：《人民检察史》，中国检察出版社、江西美术出版社 2008 年版；(5) 孙谦主编：《人民检察制度的历史变迁》，中国检察出版社 2009 年版；(6) 王桂五主编：《中华人民共和国检察制度研究》，法律出版社 2008 年版；(7) 王桂五：《王桂五论检察》，中国检察出版社 2008 年版；(8) 龙宗智：《检察制度教程》，法律出版社 2002 年版；(9) 王克：《世界各国检察院组织法选编》，中国社会科学出版社 1994 年版。

公安部分的资料：(1) 历年《中国法律年鉴》公安统计部分；(2) 历年《中国公安年鉴》，群众出版社出版。

调解部分的资料：(1) 历年《中国法律年鉴》调解部分、司法部分；(2) 历年《中国劳动统计年鉴》，中国统计出版社出版；(3) 历年《中国工会年鉴》；(4)《中国的人力资源状况》白皮书；(5) 历年《中国知识产权年鉴》，知识产权出版社出版；(6) 历年《中国工商行政管理年鉴》，中国工商出版社出版；(7)《中国民政统计年鉴》，中国统计出版社出版；(8)《中国司法行政年鉴》，法律出版社出版；(9) 最高人民法院研究室编：《全国人民法院司法统计历史资料汇编 1949—1998》，人民法院出版社 2000 年版；(10) 朱景文主编：《中国法律发展报告：数据库和指标体系》，中国人民大学出版社 2007 年版；(11) 中国消费者协会：《农村消费及消费环境状况调查报告》，载http：//www.china.com.cn/chinese/2003/Dec/468293.htm。

仲裁部分的资料：(1) 历年《中国工商行政管理年鉴》中国工商出版社出版；(2) 历年《中国海事仲裁委员会工作报告》，载《中国对外贸易》杂志；(3) 1997—2010 年《中国统计年鉴》；(4) 历年《中国法律年鉴》；(5) 中国国际经济贸易仲裁委员会网站 (http：//cn.cietac.org/Default.html)；(6) 谭兵：《中国仲裁制度改革与完善》，人民出版社 2005 年版；(7) 全国人大常委会法制工作委员会：《中华人民共和国仲裁法律释评》，法律出版社 1997 年版；(8) 国务院法制局研究室：《重新组建仲裁机构手册》，中国法制出版社 1995 年版；(9) 北京仲裁委员会办公室：《〈仲裁机构现状与仲裁法修改〉问卷调查统计结果》。

本报告各部分作者分工如下：

导论：朱景文（中国人民大学法学院教授，博士生导师）；

第一章：冉井富（法学博士，中国社会科学院法学所副研究员）；

第二章：王莉君（法学博士，中国青年政治学院法律系副教授）；

第三章：冯玉军（法学博士，中国人民大学法学院教授），邢永刚（2010级法理学博士生，国家中医药集团法务人员），刘华南（2010级法理学博士生，北京市敦信律师事务所律师），柳建启（2010级法理学博士生，广东云州学院讲师）；

第四章：彭小龙（法学博士，中国法学会研究部副研究员），周琰（法学博士，司法部研究室副研究员），萨其荣桂（法学博士，内蒙古大学法学院讲师），孟涛（法学博士，中国社会科学院法学研究所博士后研究人员），杨爱兵（法学博士，国家人口计生委人口文化发展中心工作人员），强梅梅（法学博士，中国法学会法律信息部助理研究员），陈群（北京科技大学天津学院法律系讲师，法学博士），刘臻荣（山西大学法学院副教授，中国人民大学法学院博士生）；

第五章：彭小龙，陈福勇（法学博士，北京仲裁委员会业务处长），周少青（法学博士，中国社科院民族所副研究员）；

全书由朱景文主编，负责审稿、统稿；各章分主编为冉井富（第一章）、王莉君（第二章）、冯玉军（第三章）、彭小龙（第四、五章），分别负责各章审稿。

本报告特约中国人民大学多元化纠纷解决机制研究中心主任范愉教授做跋，对于她的评论表示由衷的感谢。

朱景文

2011年11月1日于世纪城

目　录

Contents

导言：在越来越多的诉讼背后

——正面和负面的效果

一、越来越多的诉讼的趋势

1. 总量分析

中国改革开放以来，人民法院所受理的一审、二审、再审各类案件的数量已经由1978年的61.3万件上升到2009年的746.2万件，增长了11.2倍；其中刑事案件由29.5万件增长到87.2万件，增长1.9倍，民事案件从31.8万件增长到643.6万件，增长19.2倍，行政案件由1987年的六千多件增长到2009年的15.4万件，增长23.7倍。各类案件中刑事案件所占的比例越来越小，由1978年的48%下降到2009年的11.7%；民事案件的比例越来越大，由51.9%上升到86.2%；行政案件虽然增长很快，但份额很小，由1987年的0.3%上升到2009年的2.1%（参见表0—1）。

2. 刑事案件分析

1987年到2009年法院所受理的刑事一审案件从28.9万件增长到76.8万件，其中危害公共安全罪案件从1.2万件增长到8.7万件，破坏社会主义市场经济秩序罪案件从5 473件增长到2.5万件，侵犯公民人身权利、民

表 0—1　　中国各类案件收案数量和比例（1978 年/2009 年）

	1978 年		2009 年		增长率	
	数量	比例	数量	比例	增长（倍）	年均增长（%）
各类案件总量	613 272	100%	7 462 488	100%	11.17	11.7
刑事案件	294 942	48%	871 842	11.7%	1.95	1.6①
民事案件	318 330	51.9%	6 436 333	86.2%	19.22	10.8
行政案件	6 247（1987 年）	0.3%	154 313	2.1%	23.70	19

资料来源：历年《中国法律年鉴》司法统计的数据，并据此计算。

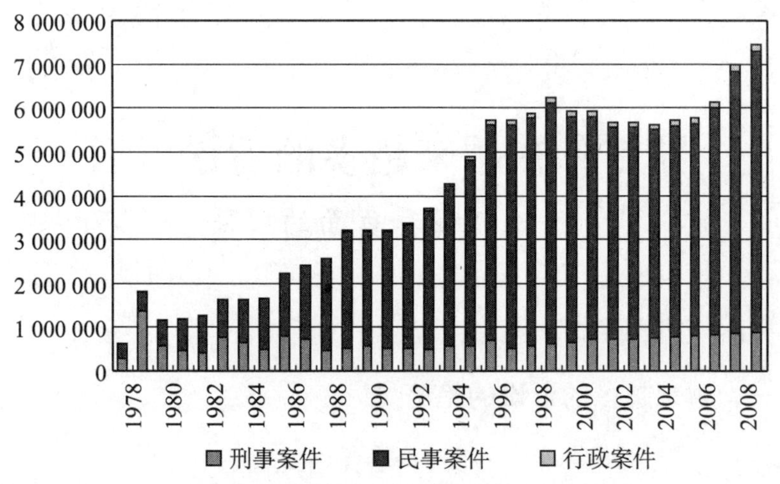

图 0—1　中国各类案件收案的数量（1978—2009 年）

主权利罪案件由 1.0 万件增长到 18 万件，侵犯财产权利罪案件由 14.3 万件增长到 33.6 万件，妨害社会管理秩序罪案件由 2.3 万件增长到 13.4 万件。1987 年各类罪名一审案件的数量从多到少依次是侵犯财产权利罪案件、侵犯公民人身权利、民主权利罪案件、妨害社会管理秩序罪案件、危害公共安全罪案件和破坏社会主义市场经济秩序罪案件；2009 年这一顺序基本不变，只是危害公共安全罪案件的比例超过妨害公共管理秩序罪案件的比例。案件数量年增长率最高的犯罪是妨害社会管理秩序罪，为 9.4%，

① 刑事案件年均增长率计算不包括 1979 年数字，该年由于平反冤假错案，再审案件大量增加，造成刑事案件的收案数量由前一年的 29.5 万增加到 138.3 万，增长 3.69 倍。如果加上该年的增长率则会极大提高年均增长率，为 13.1%，甚至超过民事案件的年均增长率。但这样的年均增长率显然只是这一个因素造成的，并不能反映刑事案件数量增长的一般状况。

增长率最低的是侵犯人身权利、民主权利罪，年增长率为 2.9%（参见表 0—2 及本报告第一章）。

表 0—2　　刑事一审各类案件数量和比例变化（1987 年/2009 年）

	1987 年		2009 年		增长率	
	数量	比例	数量	比例	增长（倍）	年均增长（%）
刑事一审总数	289 614	100%	768 507	100%	1.65	5.2
危害公共安全罪	11 825	4.1%	86 987	11.3%	6.3	7.1
破坏社会主义市场经济秩序罪	5 473	1.9%	25 240	3.3%	3.6	9.3
侵犯公民人身权利、民主权利罪	101 667	35.1%	180 677	23.5%	0.78	2.9
侵犯财产权利罪	143 703	49.6%	336 452	43.8%	1.3	5.0
妨害社会管理秩序罪	22 676	7.8%	134 380	17.5%	4.9	9.4

1981 年到 2009 年公安机关刑事案件立案数由 89 万件增长到 558 万件，增长 5.26 倍，刑事发案率由每 10 万人口 89.6，上升到 419.1，增长 3.68 倍，其中杀人、伤害、抢劫、强奸四种暴力犯罪立案数量由 8.4 万件增长到 50.4 万件，增长 4.99 倍；盗窃、诈骗犯罪立案数量由 76.3 万件增长到 427 万件，增长 4.60 倍。目前，暴力犯罪所占比例为 9.0%，盗窃、诈骗犯罪所占比例为 76.5%。其中占比例最大的犯罪 1981 年依次是盗窃、强奸、抢劫、伤害、诈骗、杀人；2009 年的顺序为盗窃、诈骗、抢劫、伤害、强奸、杀人。这种变化说明我国犯罪的结构已经发生了重要变化，与经济利益相关的犯罪已经占据主要地位（参见表 0—3 及本报告第三章）。改革开放以来增长最快的犯罪依次是诈骗、抢劫、伤害、盗窃、杀人、强奸。

表 0—3　公安机关暴力犯罪和盗窃欺诈犯罪立案数量和比例变化（1981 年/2009 年）

	1981 年		2009 年		1981—2009 年总量		增长率	
	数量	比例	数量	比例	数量	比例	增长（倍）	年均增长（%）
刑事立案数	890 281	100%	5 579 915	100%	71 923 446	100%	5.26	9.8
刑事发案率	89.6		419.1				3.68	8.7
杀人案	9 576	1.07%	14 667	0.26%	568 698	0.79%	0.53	2.2

续前表

	1981 年		2009 年		1981—2009 年总量		增长率	
	数量	比例	数量	比例	数量	比例	增长（倍）	年均增长（%）
伤害案	21 499	2.4%	172 840	3.1%	2 364 891	3.3%	7.04	10.2
抢劫案	22 266	2.5%	283 243	5.1%	4 842 935	6.7%	11.72	17.0
强奸案	30 808	3.5%	33 286	0.59%	1 097 183	1.5%	0.08	−0.2
盗窃案	744 374	83.6%	3 888 579	69.7%	49 707 213	69.1%	4.22	12.1
诈骗案	18 665	2.1%	381 432	6.8%	3 058 116	4.2%	19.43	15.9

检察机关审查批准、决定逮捕案件 1988 年为 42.2 万人，2009 年为 95.8 万人，增长 1.27 倍，年均增长率为 3.8%；提起公诉案件 1988 年为 26.3 万人，2009 年为 116.9 万人，增长 3.45 倍，年均增长率为 10.2%（参见表 0—4 及本报告第二章）。

表 0—4　　检察机关审查批准、决定逮捕案件和提起公诉案件数量变化（1988 年/2009 年）　　单位：人

	1988 年	2009 年	增长率	
			增长（倍）	年均增长（%）
审查批准、决定逮捕案件	422 108	958 364	1.27	3.8
提起公诉案件	262 896	1 168 909	3.45	7.0

3. 民事案件分析

1978 年到 2010 年民事一审案件收案数量由 30 万件增长到 609 万件，民事案件诉讼率由每 10 万人口 31.5 增长到 435.6，其中婚姻家庭继承案件由 21.9 万件增长到 142.3 万件，所占比例由 73%下降到 23%，合同案件由 3 232 件增长到 322.3 万件，所占比例由 1%增长到 53%，权属侵权案件从 4.4 万件增长到 144.5 万件，所占比例由 15%增长到 24%。1978 年家事案件所占比例最大，权属侵权案件次之，合同案件最小；2010 年合同案件所占比例最大，权属侵权案件次之，家事案件最小；合同案件数量增长 996.1 倍，家事案件增长 5.5 倍，权属侵权案件增长 31.6 倍（参见表 0—5 及本报告第一章）。

表 0—5　　民事一审各类案件数量和比例变化（1978 年/2010 年）

	1978 年		2010 年		增长率	
	数量	比例	数量	比例	增长（倍）	年均增长（%）
民事一审总数	300 787	100%	6 090 622	100%	19.2	10.4

续前表

	1978年		2010年		增长率	
	数量	比例	数量	比例	增长（倍）	年均增长（%）
民事诉讼率	31.5		435.6			
家事案件	219 770	73%	1 423 180	23%	5.5	6.4
合同案件	3 232	1%	3 222 555	53%	996.1	30.2
权属侵权案件	44 298	15%	1 444 887	24%	31.6	13.0

4. 行政案件分析

1988年到2010年行政一审案件收案数量由8 573件增长到12.9万件，治安、城建和资源案件是其中占比例最大的三类案件，治安案件由3 385件增长到1.05万件，所占比例由39.5%下降到8.2%，城建案件由1993年的2 038件增长到2.5万件，所占比例由7.3%上升到19.3%，资源案件由2002年的1.3万件增长到23.2万件，所占比例由16.7%上升到18%。目前占比例最大的行政案件是城建案件，其次是资源案件，再次是治安案件。治安案件年增长率为7%，城建案件为17.9%，资源案件为7.4%。（参见表0—6及本报告第一章）

表0—6　　行政一审各类案件数量和比例变化

	1988年		2010年		增长率	
	数量	比例	数量	比例	增长（倍）	年均增长（%）
行政一审总数	8 573	100%	1 291 33	100%	14.06	17.4
治安案件	3 385	39.5%	10 533	8.2%	2.11	7.0
城建案件（1993年）	2 038	7.3%	24 975	19.3%	11.25	17.9
资源案件（2002年）	13 464	16.7%	23 218	18%	0.72	7.4

1986年到2009年公安机关所受理的治安案件由111.6万件增长到1 175.2万件，每10万人口治安案件发案率由104.6上升到882.7，其中扰乱工作、公共秩序，寻衅滋事，殴打他人，盗窃，诈骗，卖淫，嫖娼，赌博或为赌博提供条件，违反居民身份证管理八种治安案件由95.3万件增长到747.1万件，所占比例由85.4%下降到63.5%。其中殴打他人和盗窃所占比例最大；年增长率最大的是违反居民身份证管理，为25.5%，最小的是寻衅滋事和卖淫嫖娼，为4.5%（参见表0—7及本报告第三章）。

表 0—7 公安机关所受理的各类治安案件的数量和比例变化（1986 年/2009 年）

	1986 年		2009 年		增长率	
	数量	比例	数量	比例	增长(倍)	年均增长(%)
治安案件总数	1 115 858	100%	11 752 475	100%	9.53	11.3%
治安案件发案率	104.6		882.7		7.44	
八种治安案件	952 905	85.4%	7 471 398	63.5%		
扰乱工作、公共秩序	68 533	6.14%	551 700	4.7%	7.05	11.8
寻衅滋事	80 915（1991 年）	3.35%	164 377	1.4%	1.03	4.5
殴打他人	268 306	24.04%	3 791 080	32.2%	13.13	12.9
盗窃	360 708	32.32%	2 030 135	17.3%	4.63	9.3
诈骗	26 135	2.3%	165 975	1.4%	5.35	10.1
卖淫、嫖娼	72 099	6.5%	126 140	1.1%	0.75	4.5
赌博或为赌博提供条件	141 148	12.6%	641 991	5.5%	3.55	8.5
违反居民身份证管理	15 976	1.4%	788 485（2005 年）	10.7%	48.35	25.5

说明：1. 寻衅滋事案件从 1991 年起，所占比例为当年治安案件的比例；

2. 违反居民身份证管理案件 2005 年以后不再统计，所占比例为占当年治安案件的比例；

3. 1986 年八种治安案件数不包括寻衅滋事案件；

4. 2009 年八种治安案件数不包括违反居民身份证管理案件。

二、越来越多的诉讼对法律职业的影响

越来越多的诉讼带来了法制建设的高潮，中国法官、检察官、律师数量随之而增加。与此相关，培养法律职业后备军的法律教育获得了大发展。

中国的法官 1981 年有 6 万多人，2009 年为 19 万人；法官达到大学本科学历的比例由 1995 年的 6.9%提高到 2005 年的 51.6%；法官年均审执案件的数量由 1981 年的 20 件增长到 2010 年的 57 件。

中国的检察官 1988 年为 112 349 人，2009 年为 130 362 人；检察官达到大学本科学历的比例 1998 年为 15.1%，2006 年提高到 67%。

中国的律师 1981 年为 8 571 人，2009 年为 173 000 人；律师达到大学本科学历的比例由 2000 年的 49.1%提高到 2005 年的 70%。

中国高等法学教育机构改革开放前大部分时期维持在“四院四系”，即北京、华东、西南、西北 4 所政法学院，北京大学、中国人民大学、吉林大学和湖北大学所设立的 4 个法律系，2009 年发展到超过 600 所。法学专业的毕业生改革开放前每年平均只有 1 000 人的规模，而现在超过了 110 000人，增长了一百多倍。（参见表 0—8）

表 0—8　中国法官、检察官、律师、法学院数量的对比（1981 年/2009 年）

	1981 年	2009 年
法官	60 432	190 000
检察官	112 349（1988 年）	130 362
律师	8 571	173 000
法学院	8 所（1976 年）	600 多所

资料来源：1981 年法官数字来自《1988 人民法院年鉴》，2009 年法官数字来自最高人民法院 2011 年 5 月发布的《人民法院工作年度报告（2010 年）》；检察官数字分别来自《中国法律年鉴 1989》和《中国法律年鉴 2010》；律师数字分别来自《中国法律年鉴 1987》和《中国法律年鉴 2010》；法学院数字来自朱景文主编：《中国法律发展报告：数据库和指标体系》，41 页，北京，中国人民大学出版社，2007。

三、越来越多的诉讼对国家和个人法律投入的影响

越来越多的诉讼也带来了国家和个人对法律事务的投入以及与法律事务有关的产业的大发展。

《中国统计年鉴》中国家财政对公检法司等机关的投入 2007 年以前放在行政管理费①中，从 1978 年的 49.09 亿元增加到 2006 年的 5 639.05 亿元，增长了 114 倍，所占比例由 4.37%增长到 13.95%. 但是，行政管理费包括行政管理支出、党派团体补助支出、外交支出、公安安全支出、司法支出、法院支出、检察院支出和公检法办案费用补助②，其中用于公检法司方面的支出有多少，公安机关、法院、检察院、司法行政机关的支出分别是多少，根据这个统计并不清楚。（参见表 0—9）

① 行政经费包括公检法司的支出和外交外事的支出，2007 年以前的《中国统计年鉴》没有分出各占多少，但是从 2007 年到 2009 年三年的统计情况看，外交经费只占很小比例，三年分别是 215.28 亿元、240.72 亿元和 250.94 亿元，而三年的公共安全经费分别是 3 486.16 亿元、4 059.76 亿元和 4 744.09 亿元。因此行政管理费大体可以反映公检法司经费的情况。

② 参见《中国统计年鉴 2005》主要统计指标解释。

表 0—9 国家财政对行政管理费的支出（1978—2006 年）（亿元）

年份	国家财政总支出	行政管理费	行政管理费比例（%）	年份	国家财政总支出	行政管理费	行政管理费比例（%）
1978	1 122.09	49.09	4.37	1997	9 233.56	1 137.16	12.31
1980	1 228.83	66.79	5.43	1998	10 798.18	1 326.77	12.29
1985	2 004.25	130.58	6.51	1999	13 187.67	1 525.68	11.57
1990	3 083.59	303.10	9.83	2000	15 886.50	1 787.58	11.25
1991	3 386.62	343.60	10.14	2001	18 902.58	2 197.52	11.63
1992	3 742.20	424.58	11.34	2002	22 053.15	2 979.42	13.51
1993	4 642.30	535.77	11.54	2003	24 649.95	3 437.68	13.95
1994	5 792.62	729.43	12.59	2004	28 486.89	4 059.91	14.25
1995	6 823.72	872.68	12.78	2005	33 930.28	4 835.43	14.25
1996	7 937.55	1 040.80	13.11	2006	40 422.73	5 639.05	13.95

说明：行政管理费包括行政管理支出、党派团体补助支出、外交支出、公安安全支出、司法支出、法院支出、检察院支出和公检法办案费用补助（《中国统计年鉴 2005》主要统计指标解释）。

资料来源：《中国统计年鉴 2007》，表 8—4。

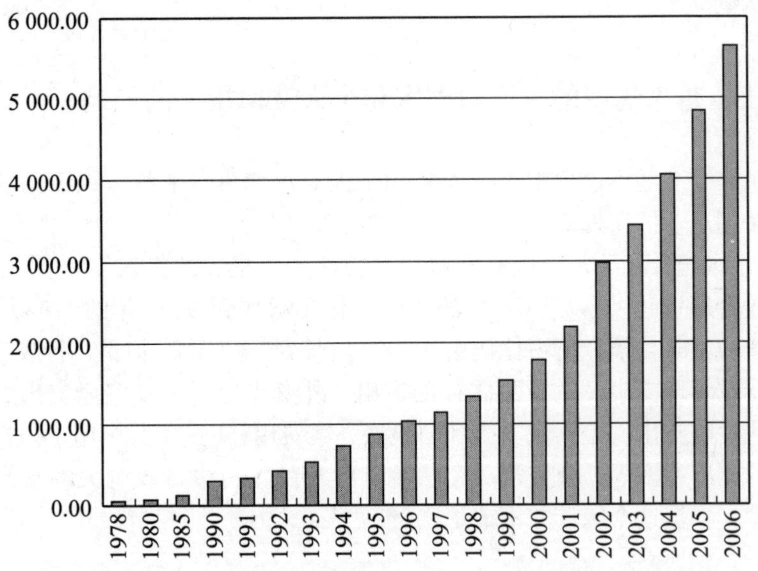

图 0—2 国家财政对行政管理费的支出（1978—2006 年）（亿元）

2002—2006 年《中国统计年鉴》国家财政对公检法司的支出仍然放到行政管理费中，但是设立专项统计，把公检法司的支出单列出来；2007 年

以后《中国统计年鉴》国家财政对公检法司等机关的投入放在公共安全支出中，即政府维护社会公共安全方面的支出，包括武装警察、公安、国家安全、检察、法院、司法行政、监狱、劳教、国家保密、缉私警察等，并把对武警的支出单列出来，由此我们可以计算出除武警之外的其他支出，其中公检法司等的支出占绝大多数。但是其对于在公检法司等项下所包含的内容是否与2006年以前的相同，并没有说明。从比例看，应该差不多。这样我们就按照上述标准列出了2002—2009年国家对公检法司等机关的支出表。从中可以看出，期间公检法司等的财政支出增加了2.52倍，年增长率为36%，期间国家财政总支出增加了2.46倍，年增长率为35.1%，二者大体持平。从公检法司支出占国家财政支出的比例看，一直保持在5%以上，没有太大变化，最高的年份5.83%，最低的年份5%。中央和地方财政对公检法司的支出采取分级负担的方针，中央财政对公检法司的支出增长1.76倍，年均增长率为25.1%，占中央财政支出的比例在1%左右，最低的年份0.89%，最高的年份1.27%；地方财政对公检法司的支出增长了2.56倍，年均增长率为36.6%，占地方财政总支出的7%左右，最高的年份7.19%，最低的年份6.08%。(参见表0—10)

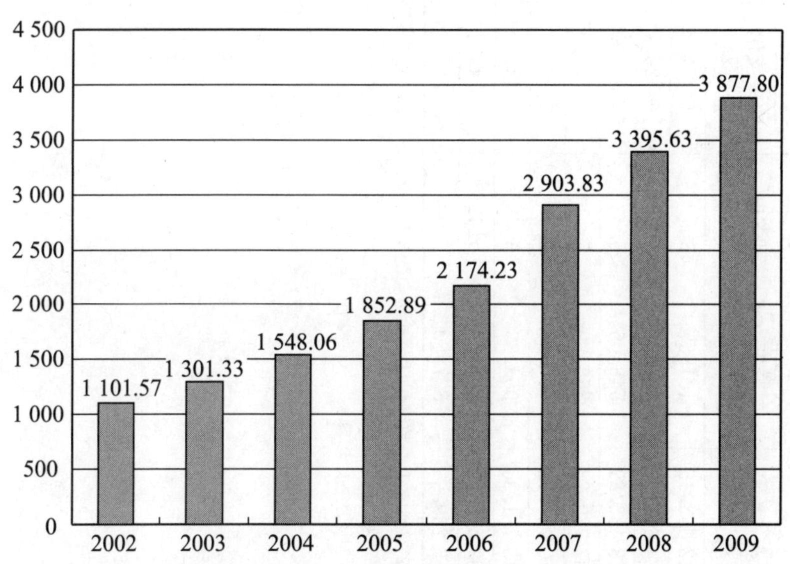

图0—3　国家财政对公检法司等的支出（2002—2009年）（亿元）

政法经费包括法院、检察院、公安机关和司法行政机关的人员经费、公用经费（包括日常运用经费和办案经费）和业务装备经费，除此之外还

表 0—10　　国家财政对公检法司的支出数额和比例（2002—2009 年）（亿元）

年份	国家财政总支出	公检法司支出	公检法司支出比例（%）	中央财政			地方财政		
				中央支出总金额	公检法司金额	比例（%）	地方支出总金额	公检法司金额	比例（%）
2002	22 053.15	1 101.57	5	6 771.7	60.41	0.89	15 281.45	1 041.16	6.81
2003	24 649.95	1 301.33	5.28	7 420.1	70.74	0.95	17 229.85	1 230.59	7.14
2004	28 486.89	1 548.06	5.43	7 894.08	81.94	1.04	20 592.81	1 466.12	7.12
2005	33 930.28	1 852.89	5	8 775.97	88.83	1.01	25 154.31	1 764.06	7.01
2006	40 422.73	2 174.23	5.38	9 991.4	98.68	0.99	30 431.33	2 075.55	6.82
2007	49 781.35	2 903.83	5.83	11 442.06	145.67	1.27	38 339.29	2 755.82	7.19
2008	62 592.66	3 395.63	5.42	13 344.17	146.37	1.10	49 248.49	3 249.26	6.60
2009	76 299.93	3 877.80	5.08	15 255.79	166.68	1.09	61 044.14	3 711.12	6.08

说明：2002—2006 年的数字包括公检法司的支出；2007—2009 年的数字包括公安、国家安全、检察、法院、司法行政、监狱、劳教、国家保密、缉私警察等项的支出。

资料来源：《中国统计年鉴》2003—2010 年各卷。

包括政法机关基本建设的经费。就法院办案经费来源而言，在改革开放前其主要来源于中央的财政的预算，法院受理的案件数量很少，经费需求数量有限，各类案件实行不收费的政策。从1980年起，全国开始实行“分级负担，分灶吃饭”，各项审判经费支出由同级财政预算拨付，法院通过诉讼费以及其他创收来弥补经费保障的不足，诉讼费由人民法院自收自支，不纳入财政预算。据最高人民法院统计，1997年全国法院共得到财政部门拨给的审判业务经费7.9亿元，而用诉讼费补充业务经费就达39.1亿元，是财政拨款的5倍左右。① 从1998年开始推行“收支两条线”的新政策，法院诉讼收入全部上缴财政，财政足额拨款，保证它们“吃皇粮”。我们很难拿到每年财政拨款的具体数字，但是从法院的设施、装备，包括法院基本建设（审判庭、人民法庭等）、装备建设（办公设备、服装、车辆等）、信息化建设、基本经费保障（人员经费和公用经费）状况看，改革开放前后对比，很明显地能看出国家的投入越来越多。目前全国大部分省、自治区都由省级财政制订了法院公用经费保障标准。我国共有法官19万人，以每名法官每年办案经费2万元到3万元计算，国家财政拨款应在38亿到57亿元，是1997年的4.8倍到7.3倍。② 即使扣除物价上涨因素，国家财政拨款仍然有明显的增长。③

---

① 参见张光远：《收费体制改革思路研究》，北京大学中国经济研究中心客座研究项目，载http：//2010.cqvip.com/onlineread/onlineread.asp？id=4396143#。

② 就法院的公用经费（包括日常办公经费和办案经费）而言，目前全国大部分省、自治区都由省级财政制订了法院公用经费保障标准。黑龙江省2008年制订的县级人民法院公用经费保障标准为：一类地区3万元/人、年，二类地区2.6万元/人、年，三类地区2.1万元/人、年；湖北省2007年的标准为：一类地区2.6万元/人、年，二类地区2.1万元/人、年，三类地区1.8万元/人、年；四川省2006年的标准为：一类地区3万元/人、年，二类地区2万元/人、年，三类地区1.8万元/人、年；浙江省2007年的标准是3万元/人、年；宁夏回族自治区2008年的标准为：一类地区2.6万元/人、年，二类地区2万元/人、年，三类地区1.5万元/人、年。（参见周毅：《毕节地区法院系统经费保障情况调研报告》，载http：//gzbjzy.chinacourt.org/public/detail.php？id=355。）

③ 当然，像过去一样，只靠国家财政拨款，办案经费仍然不足，目前各地的做法仍然是诉讼费用上交后的按比例返还政策。实际上法院所得经费仍然在某种程度上与其诉讼费收入挂钩，因为上缴国库的诉讼收费70%或以上是纳入地方各级财政专户管理，由各级财政部门按审批的诉讼费用收支计划，作为“业务补助经费”按月核拨给同级人民法院使用；另外，地方政府在向法院财政拨款时也难免会根据法院诉讼费收入的多寡而决定，尤其是当一个地方政府的财政较为紧绌的时候。据有的地方反映，靠诉讼费返还弥补办案经费不足的比例在50%～70%。例如，福建省财政厅、高级人民法院制订的基层公用经费保障标准最高的为人均2.2万元，明显低于实际支出水平。2009年中级人民法院人均公用经费实际支出4万元，基层法院人均公用经费实际支出3万元。（参见程晓敏：《积极面对法院经费保障 切实加强经费保障能力》，载http：//fjlyzy.chinacourt.org/public/detail.php？id=2443。）

从个人对司法的投入来看，改革开放前法院不收诉讼费，个人没有诉讼费的支出，与打官司相关的律师费用也很少。而改革开放后，每年几百万件诉讼案件，尤其是民事案件，虽然从来没有公布过每年法院诉讼费的收取数量，但肯定是一个相当可观的数目，据估计应在 110 亿元以上。[①] 每年律师的收费，既包括诉讼案件也包括非诉案件，更是一个十分可观的数字。2004 年全国律师事务所律师服务收费总额达到 132.8 亿元，2009 年为 324 亿元，增长 1.44 倍。

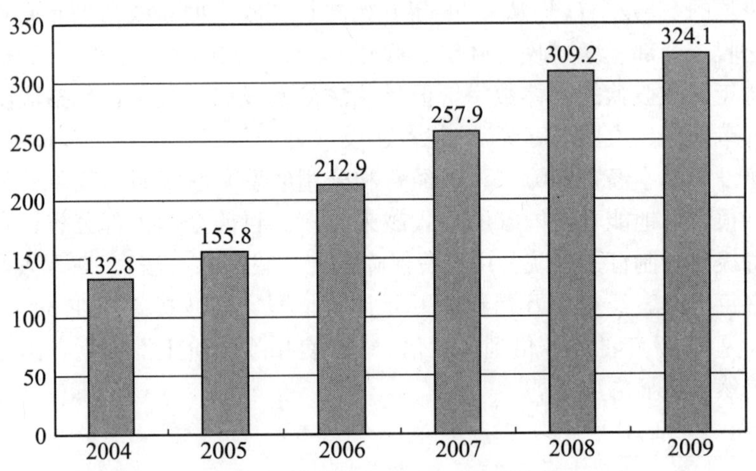

图 0—4 全国律师业务收费总额（2004—2009 年）（亿元）

资料来源：《中国律师年鉴》2004—2010 年各卷。

我国司法经费保障制度经历了曲折的发展过程，从改革开放前主要由中央财政统一负责，当事人无偿诉讼，到改革开放初期法院的自收自支，用诉讼费补充业务经费的不足，再到目前实行的收支两条线和地区经费调剂的政策。这些经费保障措施对司法的影响既有正面的，也有负面的。特别是以收抵支的做法，虽然不失为一项权宜之计，弥补了司法经费投入的不足，但是在实践上产生了很多制度性的问题，比如，对诉讼费的追求使

① 参见刘晓鹏：《法院经费保障重大改革，推动实现收支彻底脱钩》，载《人民日报》，2007-09-20，第 10 版。该文指出：据财政部和最高人民法院有关调研显示，新《诉讼费用交纳办法》实施后，全国中级法院诉讼费收入减少 20.4 亿元，减少比例为 53.55%；基层法院诉讼费收入减少 52.3 亿元，减少比例为 70.45%。按此推算，中级法院诉讼费收入应在 37 亿元，基层法院应在 74 亿元。

得法院失去中立性的地位，资金收支失去外部的制度监管，案件少的落后地区审判经费无法保障等。更为严重的是这种做法使司法职能发生了扭曲，法院成了创收机构，司法职能公司化、商业化、地方化，难免影响司法的公正和权威，有的地方法院为了争案源，甚至连管辖权都不顾，这些极大地影响了法院的公信力。目前司法经费保障制度的改革仍然在进行中。

四、越来越多的诉讼对调解的影响

1. 人民调解的分析

人民调解在解决民事纠纷中一直起着重要的作用。1981 年到 2009 年人民调解的民事纠纷共 1.74 亿件，而同期人民法院一审民事案件的收案数量为 0.96 亿件，仅为前者的 55.2%。（参见图 0—5）。

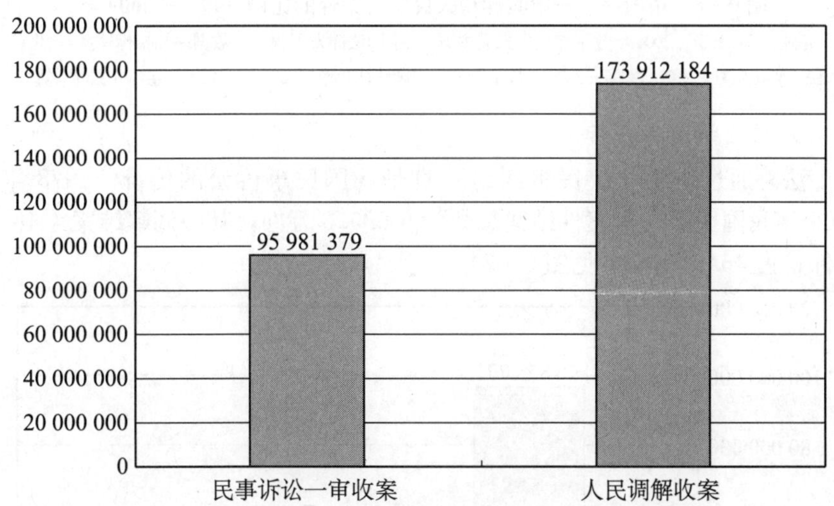

图 0—5　民事一审收案与人民调解数量对比（1981—2009 年）

但是，必须看到随着越来越多的诉讼，人民调解在弱化。1981 年我国人民调解的民事纠纷的总量为 780 万件，而同年法院一审的民事案件为 67.4 万件，二者之比为 11.5∶1；但是，随着法院作用的加强，人民调解的作用在弱化，2009 年人民调解的民事纠纷的数量为 579.7 万件，而同年法院一审民事案件的数量上升为 580 万件（见图 0—6），二者之比为 1∶1。换句话说，我国目前民事纠纷通过法院解决和通过人民调解解决的比例大体上持平。

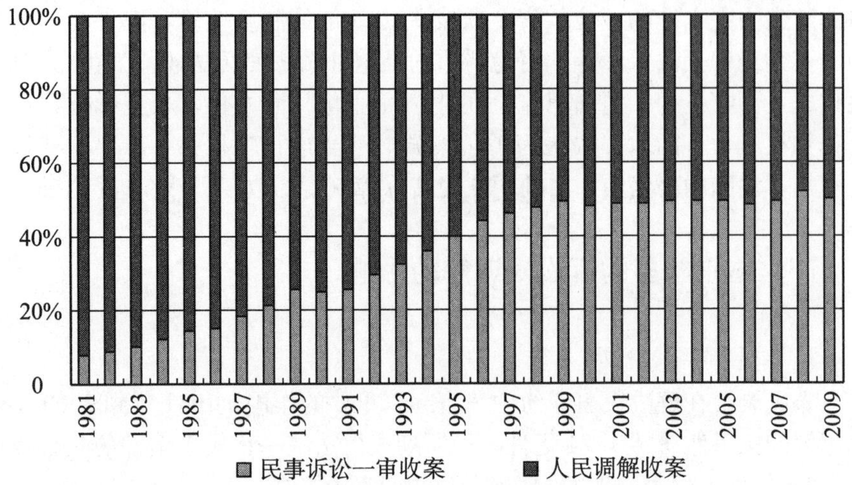

图 0—6 中国民事一审案件和人民调解案件的比例（1981—2009 年）

资料来源：1981—2004 年数字参见朱景文主编：《中国法律发展报告：数据库和指标体系》，北京，中国人民大学出版社，2007；2005—2009 年数字参见《中国法律年鉴》2006—2010 年各卷，并据此计算。

2. 司法调解的分析

法院通过调解解决民事纠纷一直是我国民事诉讼的传统。1978 年到 2009 年我国民事一审案件结案总数为 9 685.6 万件，其中调解结案 4 480.6 万件，占 46.3%。（参见图 0—7）

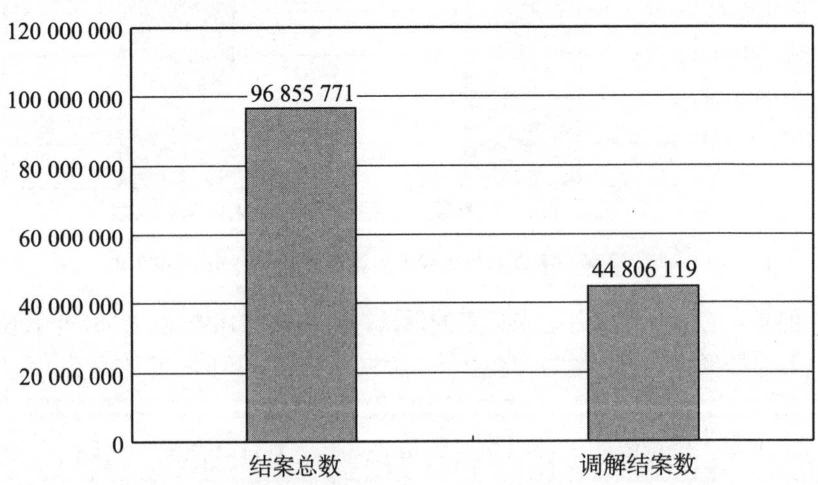

图 0—7 民事一审案件结案总数和调解结案数（1978—2009 年）

资料来源：《中国法律年鉴》1987—2010 年各卷，并据此计算。

但是，我国民事案件调解结案率有明显的下滑趋势。1978 年我国一审民事案件调解结案率为 72.3%，判决结案率为 10.9%。但是随着越来越多的诉讼涌向法院，法院的调解结案率日益下降，审判结案率日益上升，2009 年民事一审案件的调解结案率下降为 36.2%，判决结案率上升为 33.8%。(参见 0—8)

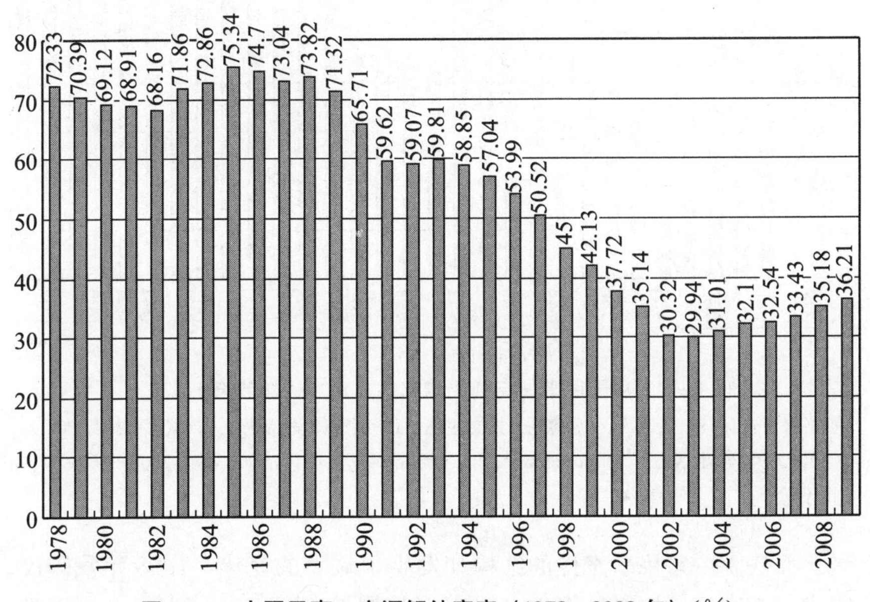

图 0—8　中国民事一审调解结案率（1978—2009 年）（%）

资料来源：1978—2004 年数字参见朱景文主编：《中国法律发展报告：数据库和指标体系》，北京，中国人民大学出版社，2007；2005—2007 年数字参见《中国法律年鉴》2006—2010 年各卷，并据此计算。

应该看到，我国调解作用的下降、审判作用的加强是在特殊历史条件下发生的。人民调解是我国传统的解决民事纠纷的方式，随着社会经济的发展，城市化的进程加快，大量的纠纷并不是发生在居住地，单位本身在解决纠纷中的作用也大大不同于计划经济时代。法院作用的提高适应了社会变迁和人口流动的需要，特别适用于处理陌生人之间的纠纷。人民调解的弱化与法院民事一审案件的结构以及人民调解纠纷的性质与结构有着密切关系。人民调解的民事纠纷主要以家庭婚姻、邻里关系以及由此而来的房屋宅基地、损害赔偿为主，多年来这些纠纷占人民调解总数的 60%、

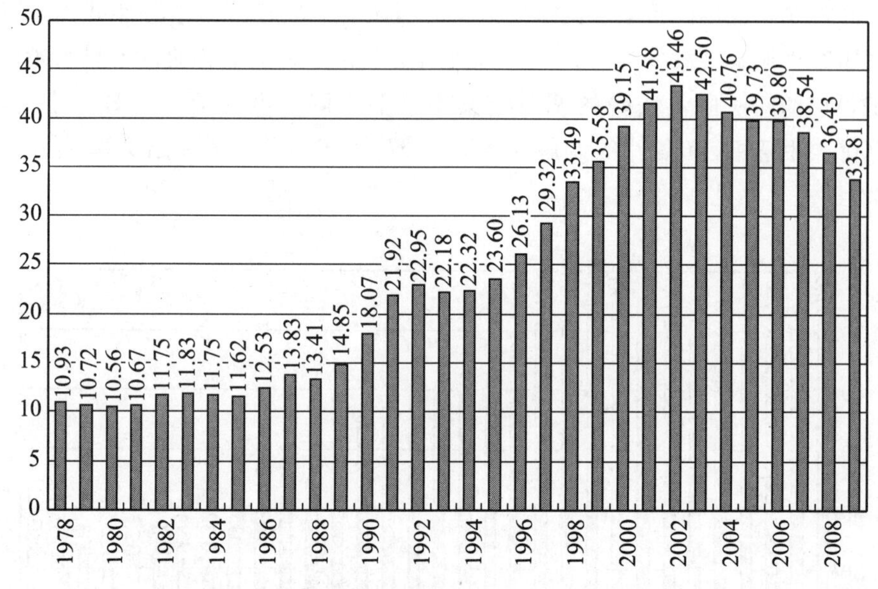

图 0—9 中国民事一审判决结案率（1978—2009 年）（%）

资料来源：1978—2004 年数字参见朱景文主编：《中国法律发展报告：数据库和指标体系》，北京，中国人民大学出版社，2007；2005—2009 年数字参见《中国法律年鉴》2006—2010 年各卷，并据此计算。

70%。而法院一审民事案件的结构却发生了显著的变化，1978 年我国民事一审案件中家庭婚姻继承案件占 73%，权属侵权案件占 15%，合同案件占 1%；而 2010 年家庭婚姻继承案件的比重下降到 23%，权属侵权案件上升到 24%，合同案件则上升到 53%，成为民事一审案件中比重最大的类别。比较而言，民事一审案件中家庭婚姻继承案件比重下降，合同和权属侵权案件比重上升，二者相加已经占到 77%，是对民事一审案件数量上升贡献率最大的因素（参见图 0—10）。另外，由居委会、村委会主持的人民调解主要集中在家庭婚姻邻里纠纷，很少或者根本不包括权属和合同纠纷，特别是不同居住地区的人之间的纠纷。也就是说，人民调解纠纷的性质和法院一审民事案件的种类的变化决定了人民调解比重的下降、民事一审案件比重的增大。

司法调解在行政案件和刑事案件中同样也发挥着重要的作用。在行政案件中司法调解的作用主要表现在行政赔偿和行政协调撤诉方面，

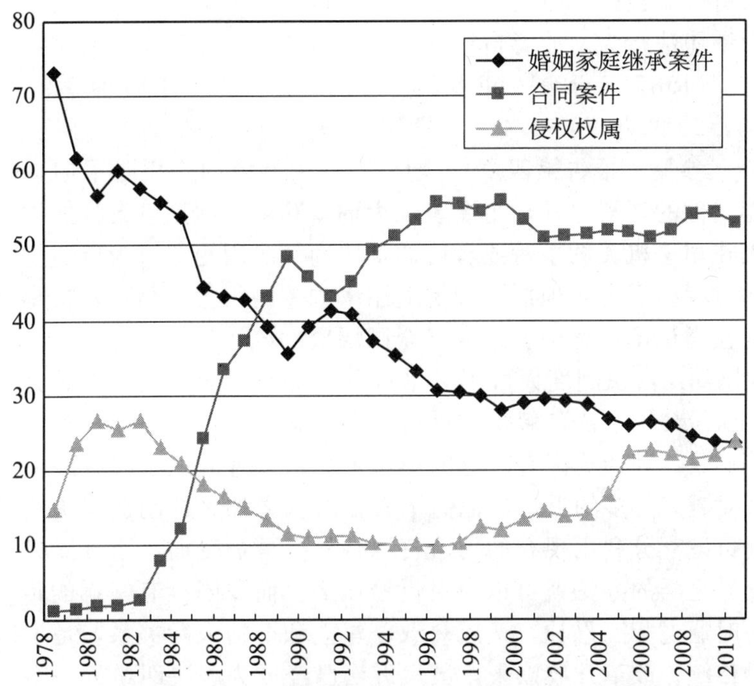

图 0—10 法院审理不同类型民事案件的比例变化（1978—2010 年）（%）

2005 年法院审理的行政赔偿案件共 4 120 件，通过行政赔偿调解结案的 129 件，占 3.1%；2009 年行政赔偿案件共 5 270 件，通过调解结案 326 件，占 6.2%，虽然增长了 3 个百分点，但整个来说调解结案的比例很小。行政协调撤诉则在行政案件审理中起着重要的作用。近年来，最高人民法院十分强调行政协调撤诉的作用，2010 年 6 月最高人民法院颁布的《关于进一步贯彻“调解优先、调判结合”工作原则的若干意见》显然已经将行政诉讼协调纳入诉讼调解的范畴之内。其中，第 6 条明确规定：“在不违背法律规定的前提下，除了对行政赔偿案件依法开展调解外，在受理行政机关对平等主体之间的民事争议所作的行政裁决、行政确权等行政案件，行政机关自由裁量权范围内的行政处罚、行政征收、行政补偿和行政合同等行政案件，以及具体行政行为违法或者合法但不具有合理性的行政案件时，应当重点做好案件协调工作。对一些重大疑难、影响较大的案件，要积极争取党委、人大支持和上级行政机关配合，邀请有关部门共同参与协调。对具体行政行为违法或者合法但不具有合理性的行政案件，要通过协调尽可能促使行政机关在诉讼中自行撤销违法行为，或者自行确认具体行政行为无效，或者重新作出处理决定。”1987年行政一审撤诉率21.3%，1997年撤诉率曾经达到57.3%，2009年为38.4%，我国行政一审案件的平均撤诉率为37.7%（参见本报告第四章）。刑事案件中调解的作用除了刑事附带民事赔偿案件的调解之外，主要表现为刑事和解，即刑事案件的被害人和加害人在司法机关的主持或者协调下协商解决因犯罪行为所引发的相关问题的过程。目前各地刑事和解适用率的差距很大，公安、检察、法院系统均在尝试的过程中，还缺乏全国层次的统计。

我国纠纷解决制度大可不必采取美国那种大司法的制度设计，把绝大多数纠纷集中在法院解决，诉讼太多了又不得不采取简易程序、控辩交易等形式。因为美国有充分的司法资源，又有通过法院解决纠纷的传统，面对越来越多的诉讼，他们不必在法院之外另外创造解决纠纷的机构，而可以充分利用现有的司法资源，只要稍加变通，通过简易程序或控辩交易之类的办法就可以应对诉讼压力。而我国没有好诉的传统，出现纠纷时通过相互忍让，达成一致，建立和谐的人际关系，是中国解决纠纷的传统。改革开放以来，虽然诉讼已经成为解决纠纷的一个重要方式，但也只是因为过去通过诉讼解决纠纷太弱，法院解决纠纷能力不强。现在加强法院的作用，但不必走西方那种把一切争端都集中在法院解决的道路，更何况拥有好诉传统的美国现在也认识到只靠法院解决纠纷、只靠审判解决纠纷的不足，越来越多地注意到院内和院外非诉讼纠纷解决机制的重要性。

至于诉讼调解的弱化，也和诉讼案件的类型有着直接的关系。家事案件（婚姻家庭继承）的调解结案率1978年为72%，2009年为47%，下降34%；合同案件调解结案率1978年为69%，2009年为32%，下降53%；权属侵权案件调解结案率1978年为68%，2009年为37%，下降45%。换句话说，虽然三类案件的调解结案率都在下降，但对于下降影响最大的是合同和权属侵权案件，考虑到调解的性质，家事案件更适于调解，而合同与权属、侵权案件调解的可能性比家事案件更困难，而改革开放以来民事案件增加的比重主要不是来自家事案件而是合同与权属、侵权案件，所以造成调解结案率的下降。

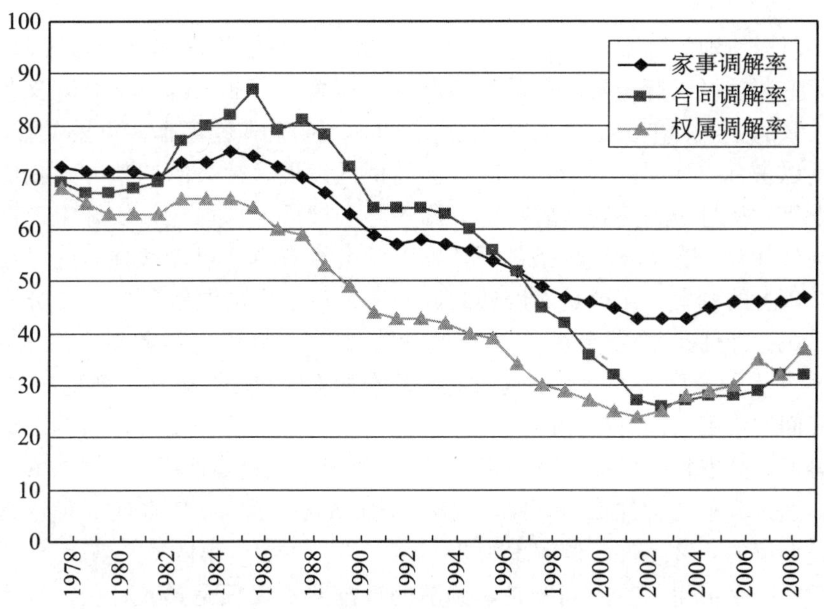

图 0—11　民事一审各类案件调解结案率（1978—2009 年）（%）

资料来源：参见本报告第四章表 4—05，并据此计算。

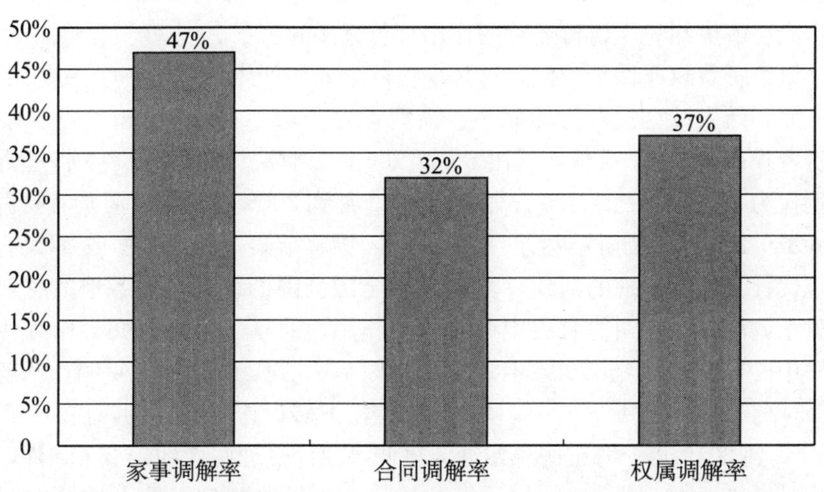

图 0—12　民事一审案件家事、合同与权属侵权案件的调解结案率（2009 年）

3. 新型调解的分析

以居住地为基础的人民调解作用的降低并不是调解本身作用的降低，实际上调解可以有非常广泛的社会基础，在某一行业内部，在有着长久业务关系的企业、单位、个人乃至部门之间，调解都起着非常重要的作用。长期以来有一种理论认为，随着社会经济的发展，社会的调整方式相应地会发生“从身份到契约”的转变，调解势必被诉讼所取代。实际上，即使在现代社会，在市场经济条件下，熟人社会没有也不可能解体，建立在熟人基础上的调解，无论是诉讼外的调解还是诉讼内的调解仍然有十分宽广的领域。即使是对公安机关处理的治安案件，调解仍然起着重要作用。2005 年十届全国人大常委会通过的《治安管理处罚法》第 9 条规定：“对于因民间纠纷引起的打架斗殴或者损毁他人财物等违反治安管理行为，情节较轻的，公安机关可以调解处理。”2006 年公安机关查处治安案件共 616 万件，通过调解的案件 122 万件，调解率为 19.8%；2009 年查处 1 105 万件，通过调解的 372 万件，调解率为 33.7%（参见本报告第四章）。

另一个值得关注的问题是，调解的基础并不仅仅是熟人社会，现代社会中经常出现的交通事故、消费者权益保护、医疗纠纷等等都大量地运用调解方式解决，而它们并没有多少熟人社会的典型特征。人们之所以选择调解，和调解方式的便捷、经济、充分反映当事人的利益权衡、发挥当事人本人在解决纠纷中讨价还价的作用有着直接的关系。

以消费者权益保护为例，这是现代社会人们产生纠纷的一个主要渊源，但显然和熟人社会没有必然联系。消费者协会从 2002 年到 2010 年共受理消费者投诉 6 112 999 件，解决 5 747 206 件，解决率为 94%，支持起诉的比例仅为 1.8%；工商行政管理部门 1995 年到 2009 年共受理消费者投诉案件 6 830 155 件，调解结案 6 789 241 件，调解结案率为 85%。医疗纠纷也是现代社会经常出现的纠纷，虽然没有全国范围的统计，但各地的材料可以显示调解在医疗纠纷解决中起着重要作用。北京卫生法研究会医疗纠纷调解中心自 2005 年至 2008 年共调处受案 4 314 例，调解 3 924 例，调解成功3 542 例，占 82.1%，不服调解协议赔偿案转诉讼的共 3 例，占 0.07%。2006 年到 2010 年上海市医患纠纷人民调解累计受理医患纠纷 2 129 件，调解成功 1 637 件，调解成功率为 76.9%。江苏省医疗纠纷人民调解组织 2007 年至今共调处医疗纠纷 2 260 起，调处成功 1 829 起，调解成功率为 80.9%；2006 年至 2011 年 2 月，山西省医疗纠纷人民调解委员会受理医疗纠纷案件 2 315 起，调解成功 2 083 起，调解成功率达到 90%，调处终结的医疗纠纷无一例反悔（参见本报告第四章）。

还应该看到，面对越来越多的诉讼，调解可能是一种根治性的措施，“听讼吾犹人也，必也使无讼乎”。因为调解的目的不仅在于辨明权利与义务，而且在于恢复当事人和谐的人际关系，“案结事了”，使其不致成为新一轮争斗的起点。但是应该看到，调解与审判相比一般需要更多的时间和精力，需要对当事人做更多的工作，明法辩理，相互妥协，因此调解结案率的提高与解决诉累、提高解决纠纷效率这一目标有时可能又是相违的，有时甚至陷入讨价还价、久调不决的境地。我国调解结案率保持在 30%以上，加上撤诉结案率保持在 50%以上，应该说是一个很不错的结果，和日本大体持平，远远高于美国和其他西方国家。改革开放以来调解结案率的降低是由我国原来的诉讼模式审判比率太低（10%）、审判不发达所造成的，通过多年的审判实践，随着我国法治化的进程，法官专业素质的提高，判决所起的作用变得越来越大，调解结案率自然会相应降低。

其实，各种不同的解决纠纷方式各有所长，也各有所短。在看到调解的优势时，也应看到它的不足，在调解的过程中当事人间社会地位、资源等方面的差别会明显地表现出来，强势的一方在调解过程中往往会占更大的便宜，逼得弱势一方不得不就范，不得不接受强势一方所提出的解决方案。这种情况无论在民事案件、刑事案件还是行政案件中时有发生。所谓“摆平”，有时恰恰是以牺牲弱势一方的利益为前提的。各种解决纠纷方式没有绝对的好和坏，各有各的适用范围，怎么把治标与治本相结合、公正与效率相结合，发挥我们的优势，学习其他国家的长处，仍然是需要我们认真探索的问题。

4. 仲裁的作用

仲裁也是现代社会解决纠纷的一种重要方式。在我国仲裁可以分为经济合同仲裁、劳动仲裁和涉外仲裁。

我国经济合同仲裁可以分为两个阶段：1981—1995 年经济合同仲裁属于行政仲裁，由国家工商管理局下属经济合同仲裁委员会实行，这一阶段的仲裁数量为 2 064 415 件，相当于同期法院审理的经济合同案件数量的 37.6%；1995 年以后，经济合同仲裁转变为民商事仲裁，转由非政府性质的仲裁委员会实施，此阶段仲裁的数量为 434 280 件，而同期人民法院合同案件的数量为 37 530 439 件，合同案件已经成为人民法院审理数量最大的案件类型，合同仲裁仅为合同诉讼数量的1.16%。尽管仲裁数量有了迅速增长，但是所占比例太低，不可能解决法院合同诉讼的诉累问题。为了吸收案源，特别是标的大的案件，各地仲裁委对于争议额100万元以上的合同案件中100万元以上部分收费标准，明显低于人民法院财产案件收费0.50%的标准，而按照0.25%（重庆）或0.3%（北京）收费。2007年人民法院财产案件收费标准调整后，进一步拉大了二者之间的差距，超过100万元到200万元的部分，按照0.9%收费（参见本报告第五章第一节）。

劳动仲裁机构2008年以前以“劳动仲裁委员会”的形式存在，其办事机构自建立起就与劳动保障部门的劳动争议处理机构“合二为一”。2008年至今的劳动仲裁机构建设主要以已有的劳动仲裁委员会的办事机构的实体化为目标，是劳动仲裁委员会与劳动保障行政部门相对分离的过程。但总体上劳动仲裁仍然属于行政仲裁。从1987年恢复劳动争议处理制度到2010年，我国各级劳动仲裁机构共立案受理劳动争议案件476.8万件，其中1987年为0.56万件，2009年为68.4万件，增长121.1倍。而同期，法院所受理的劳动纠纷共207.57万件，仲裁是诉讼劳动纠纷数量的1.81倍。其中1987年仲裁是诉讼数量的52.34%，1995年仲裁数量超过诉讼数量，是诉讼数量的116.6%，此后一直超过诉讼数量，2009年为诉讼数量的215.9%（参见表0—11）。虽然，现在劳动仲裁已经成为劳动诉讼的前置程序，但是，如果没有仲裁，这些纠纷直接诉讼，将会使现在每年30万件的劳动诉讼数量翻倍。

表0—11　　劳动纠纷仲裁与诉讼的增长率与比率（1987—2009年）

年份	仲裁收案（万件）	仲裁增长率	诉讼收案（万件）	诉讼增长率	仲裁/诉讼
1987	0.56		1.07		52.34%
1988	0.91	0.62	1.28	0.19	71.09%
1989	1.03	0.13	1.45	0.13	71.03%
1990	0.96	−0.06	1.57	0.08	61.15%
1991	0.76	−0.21	1.64	0.04	46.34%
1992	0.81	0.06	2.02	0.23	40.10%
1993	1.23	0.52	1.99	−0.01	61.81%
1994	1.90	0.54	2.36	0.18	80.51%
1995	3.30	0.73	2.83	0.20	116.61%
1996	4.80	0.45	3.75	0.32	128.00%

续前表

年份	仲裁收案（万件）	仲裁增长率	诉讼收案（万件）	诉讼增长率	仲裁/诉讼
1997	7.15	0.49	5.01	0.33	142.71%
1998	9.36	0.31	5.91	0.18	158.38%
1999	12.02	0.28	7.33	0.24	163.98%
2000	13.52	0.12	7.64	0.04	176.96%
2001	15.46	0.14	10.09	0.32	153.22%
2002	18.41	0.19	8.47	—0.16	217.36%
2003	22.64	0.23	9.81	0.16	230.78%
2004	26.05	0.15	16.5	0.68	157.88%
2005	31.38	0.20	17.98	0.09	174.53%
2006	31.72	0.01	18.05	0.00	175.73%
2007	35.02	0.10	20.46	0.13	171.16%
2008	69.35	0.98	28.62	0.40	242.31%
2009	68.44	—0.01	31.7	0.11	215.90%
总数	376.78	0.28	207.57	0.18	181.5%

资料来源：仲裁数量来自人力资源和社会保障部；诉讼数量来自《中国法律年鉴》1988—2010 年各卷。

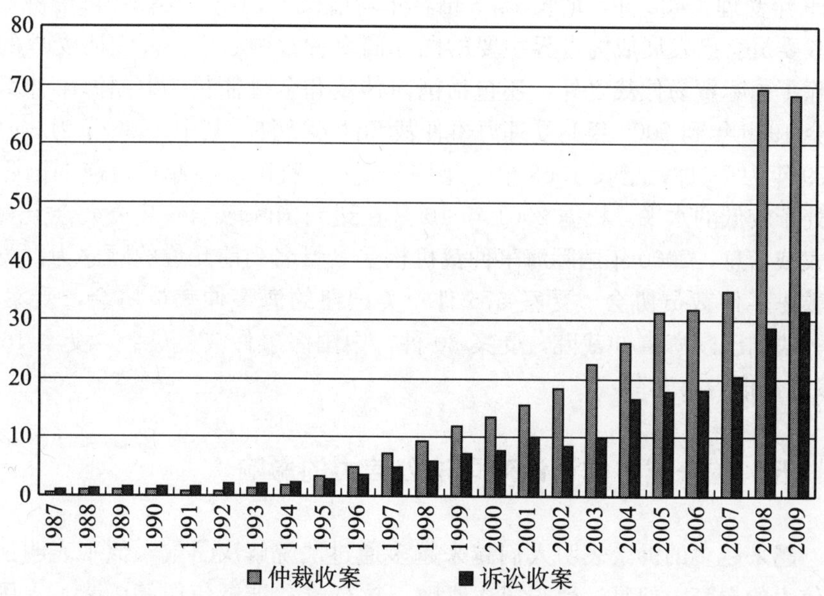

图 0—13　劳动纠纷仲裁与诉讼收案数量对比（1987—2009 年）（万件）

在 1992 年，我国绝大部分劳动争议案件都不是经过仲裁机构裁决解决的，甚至也不是经过仲裁机构调解解决的，而是通过各地企业调解委员会解决的。1996 年以来，随着市场经济的逐渐深入和国际金融危机的影响，大量的劳动争议案件开始涌向各级劳动仲裁机构。而且，随着劳动关系主体的日益多元化，劳动关系自身的复杂化，以及企业和职工通过法律的维权意识逐步增强，受严峻经济形势和就业形势下的职工和企业的博弈心态影响，劳资双方一旦发生争议，矛盾往往难以调和。这些都使得仲裁机构以仲裁裁决的形式解决争议的比例居高不下。近些年来，劳动报酬、保险福利和解除劳动合同的案件始终是劳动争议案件的主要组成部分，绝大多数年份的比例都在 2/3 以上。这种情况说明我国劳动争议的焦点多集中在工资报酬、社会保险、经济补偿金及额外经济补偿金等“传统”方面。2008 年《劳动合同法》实施后，要求签订无固定期限劳动合同、追要加班费、休假工资、确认辞退开除决定无效（要求继续工作）、要求转移档案或办理退休手续的新型诉求增多。

国际仲裁包括国际贸易仲裁和海事仲裁。中国国际经济贸易仲裁委员会 1986 年到 2009 年共受理国际贸易仲裁 15 621 件，1986 年受理 90 件，2009 年受理 1 482 件，增长 15.5 倍，年均增长 67.4%。中国国际经济贸易仲裁委员会已发展成为世界主要的国际商事仲裁中心之一。它所受理的案件除了国际贸易仲裁之外，还包括国内仲裁和金融仲裁。中国海事仲裁委员会 1986 年到 2009 年共受理海事仲裁案件 627 件，其中 1986 年为 30 件，2009 年为 79 件，增长 1.63 倍，年增长 7%。我国海事仲裁目前在国际上还处于较低的水平。根据 2001 年 10 月在纽约国际海事仲裁员大会上获得的权威信息，2000 年国际海事仲裁机构受案量名列前几位的顺序为：英国伦敦海事仲裁员协会，受案 576 件；美国纽约海事仲裁员协会，受案 80 件；法国巴黎海事仲裁院，受案 30 件；中国海事仲裁委员会，受案 16 件（参见本报告第五章）。

五、越来越多的诉讼对司法公信力的影响

越来越多的诉讼表明人们越来越多通过法院解决争端，似乎表明法院公信力的提高。但是，由于司法腐败、执行难和涉诉信访等因素，人民法院乃至整个司法机关的公信力受到很大影响。

人们是否选择司法机关作为解决争端的机构与司法机关的公信力有密切的关系，而法院的公信力在当前直接表现在法院判决是否公正，法院判决的执行是否困难上。如果司法腐败严重、司法判决执行难，人们自然会远离法院，选择其他的方式解决争端。

1. 司法腐败问题

司法腐败有些是由于执法人员的素质不高造成的，表现为利用审判权和执行权徇私舞弊、贪赃枉法，这类司法腐败从改革开放以来一直是司法队伍整顿的重点，虽然人数不多，每年违法违纪受到惩治的人员只占整个法院队伍的千分之二点几①，但是影响极其恶劣，特别是担任司法机关领导职务的官员的司法腐败，更会对司法机关的声誉造成极大的伤害。这些年被揭露并受到法律制裁的司法高官黄松有（最高人民法院原副院长）、吴振汉（海南省高级人民法院原院长）、麦崇楷（广东省高级人民法院原院长）、田凤岐（辽宁省高级人民法院原院长）、张涛（重庆市高级人民法院原副院长）、娄小平（海南省高级人民法院原副院长）、李宝金（天津市高级人民检察院原副检察长）、文强（重庆市司法局原局长）等，就是这类司法腐败的典型代表。

表 0—12　全国法院违法违纪人数以及其中追究刑事责任人数（1985—2010 年）

年份	违法违纪人数	追究刑事责任人数	年份	违法违纪人数	追究刑事责任人数
1985	380	34	1999	1 450	73
1988	351	18	2000	1 338	46
1989	690	31	2001	1 080	85
1990	912	25	2002		
1991	49	29	2003	794	52
1992	295	157	2004	461	
1993	850	53	2005	378	66
1994	1 094	47	2006	292	109
1995	962	72	2007	218	

① 历年最高人民法院工作报告对于每年违法违纪受到惩治的法院工作人员的统计分为两类，一类是受到惩治的人数，如 2003 年最高人民法院工作报告：五年来，全国法院违法违纪人数逐年减少，已从 1998 年的 0.67%下降到 2002 年的 0.2%。2003 年为 794 人，2004 年 461 人，2008 年 712 人，2009 年 795 人，2010 年 783 人。2008 年我国法院工作人员共 327 202 人，违法违纪人员比例为 0.22%；另一类是在受到惩治的法院人员中利用审判权、执行权违法违纪的人员，2005 年 378 人，2006 年 292 人，2007 年 218 人。2006 年我国有法官 19 万人，利用审判权执行权违法违纪的比例为 0.15%。（参见 2004—2011 年最高人民法院工作报告。）

续前表

年份	违法违纪人数	追究刑事责任人数	年份	违法违纪人数	追究刑事责任人数
1996	1 051	59	2008	712	105
1997		145	2009	795	137①
1998	2 512	221	2010	783	113

说明：空缺处为该年度报告未提及。

资料来源：1985—2002 年数据参见喻中：《20 年来中国法官违法犯罪问题的分析》，载《当代中国研究》，2004（1）；2003—2010 年数据参见最高人民法院各该年度工作报告。

另外一些司法腐败则是制度因素造成的，即由于制度不健全或者制度上的毛病使法院的公信力发生了变化，比如自收自支的司法政策，法院经商办企业、创收，地方保护主义和部门保护主义，缺乏回避制度等。这两种形式的腐败往往相互结合，推波助澜。司法人员以权谋私在任何条件下都可能发生，无论制度是否健全，只不过在制度有毛病、不健全的情况下以权谋私的现象可能更多一些，而在制度健全的情况下它们不可能大规模地蔓延。制度性因素所造成的腐败则可能是全局性的，它不仅改变了法院的性质，甚至使好人也可能在制度允许的情况下变坏。正是由于看到制度因素的重要性，从 20 世纪 90 年代中后期开始，最高人民法院的报告越来越强调从制度上堵塞漏洞，积极预防司法人员腐败的发生问题。具体措施包括进一步规范诉讼费的管理；认真清理经商办企业问题；坚决消除容易影响司法公正的因素；等等。最高人民法院明令禁止法院与行政机关、企业事业单位建立“法律服务关系”并设立机构，撤销了挂靠在法院的原有关公司的法律服务中心；多次重申了审判人员除法律规定的情形外，禁止为当事人推荐、介绍、指定律师，禁止私下会见当事人及其律师，努力在审判人员与律师、当事人之间建立起一条维护司法公正的“隔离带”。地方各级人民法院进一步清理了设在行政机关的执行室、法庭，纠正了审判人员参与行政事务、行政人员参与审判活动的错误做法。② 2000 年以来，最高人民法院提出严格执行回避制度，严格禁止审判人员的近亲属担任本院审理案件的诉讼代理人或辩护人；严格禁止领导干部的配偶、子女在其所辖地区开办律师事务所和在律师事务所从事诉讼代理活动。全国法院普遍建立回避人员档案，并向社会公布，接受当事人和群众的监督。

---

① 为移送司法机关处理人数。

② 参见 1999 年最高人民法院工作报告。

由此可以看出，司法腐败所涉及问题无论是诉讼费收取、法院办公司，还是回避制度都关系到法院自身的利益，关系到审判是否公正。人们之所以选择法院作为解决争端的机构是因为除了法律法院没有自身的利益，如果法院有自身的利益在其中，能够通过行使审判权或执行权，谋取更多的利益，那么法院一定会选择使自己利益最大化的方式。问题在于这样一来法院就不再是与当事人利益无关者，势必导致公信力的降低。

2. 执行难问题

执行难是多年来一直困扰审判工作的棘手问题。按照最高人民法院的解释，所谓执行难是指被执行人有履行能力，但由于种种原因却得不到执行的情况。对于那些由于被执行人确无可供执行的财产而无法执行的案件，不是执行难问题，而是市场经济条件下必然存在的交易风险和正常现象。对这些案件只有通过提高被执行人的履行能力才能得到执行。[①] 但对于当事人来讲，无论哪种情况都直接影响法院的公信力。我们可以从两个方面看法院的执行状况：一方面看法院所审判的案件中有多少案件需要执行，即案件的执行比率；另一方面看在执行的案件中有多少需要强制执行，即强制执行率。

从执行案件的数量看，1992—2010年间申请执行的案件共计3 773万件，而同期一审、二审、再审收案数量为10 843万件，执行收案占同期审判收案总量的34.8%，其中刑事案件执行比率为7.6%，民事案件为32.4%，行政案件为20.5%。从1992年到2010年，执行比率从1992年的24.7%上升到44.2%（2000年），然后又降到28.6%（2010年），走了一个∩形。同期刑事案件执行比率从2.1%上升到9.8%（2000年），然后一直保持这一比率，2010年为9.3%。民事案件执行比率由26%上升到40%，然后又呈下降趋势，2010年为29%，发展趋势大体与执行收案的总量相似；行政案件执行比率从47.6%下降到26%，2000年后继续下降到5.6%的水平。

表0—13　人民法院各类案件审判收案量和执行收案量（1992—2010年）

	审判案件	执行案件	执行比率（执行量/审判量）
总量	108 428 964	37 730 178	34.80%
刑事案件	13 175 445	1 002 760	7.60%

① 参见《中国法律年鉴2006》，124页。

续前表

	审判案件	执行案件	执行比率（执行量/审判量）
民事案件	93 207 530	30 222 883	32.40%
行政案件	2 046 662	2 046 662	20.50%

资料来源：根据《中国法律年鉴》1993—2010 年各卷提供的数字绘制。执行案件中除了刑事、民事和行政案件之外还包括其他的执行案件，如委托执行的案件，共 6 083 954 件。

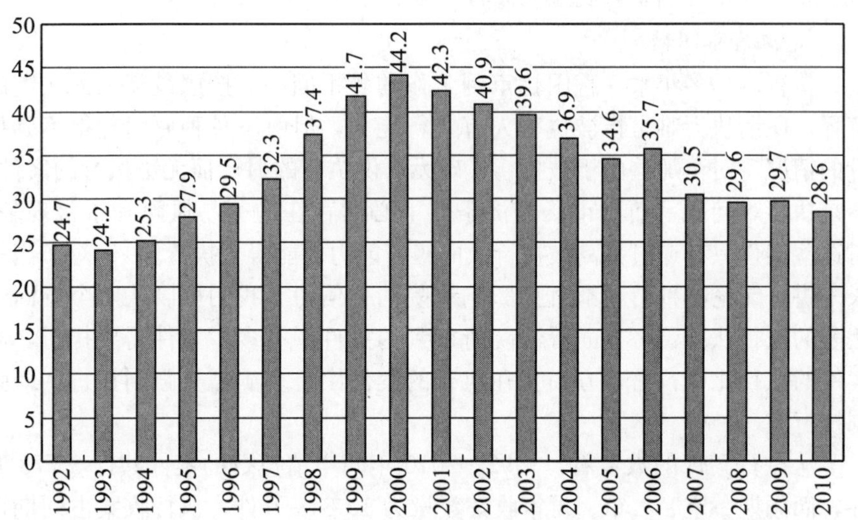

图 0—14　人民法院执行收案占审判收案比率的变化（1992—2010 年）（%）

资料来源：根据《中国法律年鉴》1993—2010 年各卷提供的数字绘制。

从强制执行率来看，1992—2007 年执行结案共计 30 565 641 件，其中强制执行 5 680 508 件，强制执行率为 18.6%。对诉讼数量产生影响的并不是执行的比率，而是强制执行的比率。对当事人来讲，担心的并不是通过自觉履行判决还是通过法院执行实现自己的权利，而是能否通过执行使自己的权利得到实现。如果法院的判决无论通过什么方式都履行不了，带来的必然是涉诉上访的增多，借助私力救济的方式乃至借助黑社会的力量，甚至在市场上变卖执行不了的法院判决。如果这样，法院的公信力必然大打折扣。

3. 信访的作用

改革开放以来出现多次信访高潮，信访数量远远超过诉讼的数量。信访问题所涉及的领域，群众反映的热点、难点问题相对集中，涉及政策性、

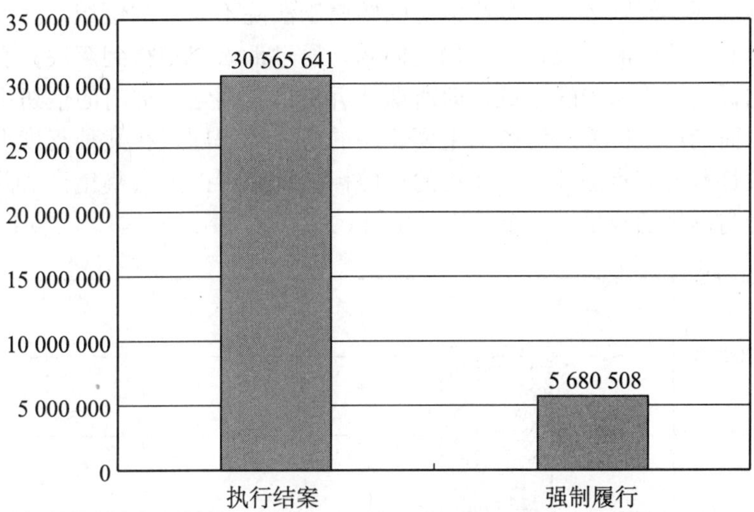

图 0—15　人民法院执行案件结案数和强制执行数（1992—2007 年）

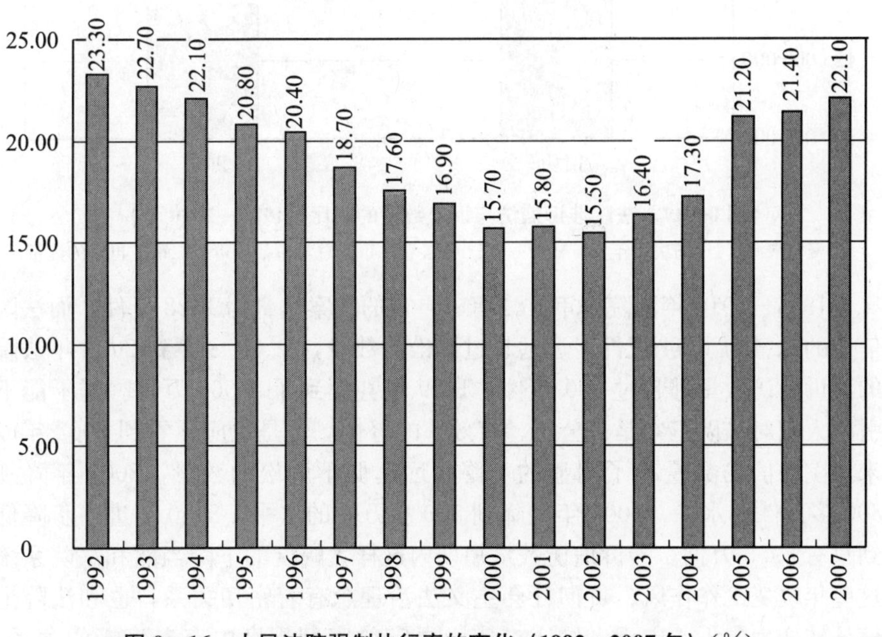

图 0—16　人民法院强制执行率的变化（1992—2007 年）（%）

群体性的现实问题较多。有些信访问题属于法院不受理的领域，涉及的往往是体制改革中的政策性、全局性问题，通过诉讼很难得到解决；有的则属于与诉讼直接相关的领域，即所谓涉诉信访，到党政部门的信访中包括这类，而到司法机关的信访则主要反映的是这类问题。在某种程度上涉诉信访数量是人们对法院审判评价的风向标。我们可以把这些年到法院的信访数量与诉讼的数量做一个对比（见图 0—17）：

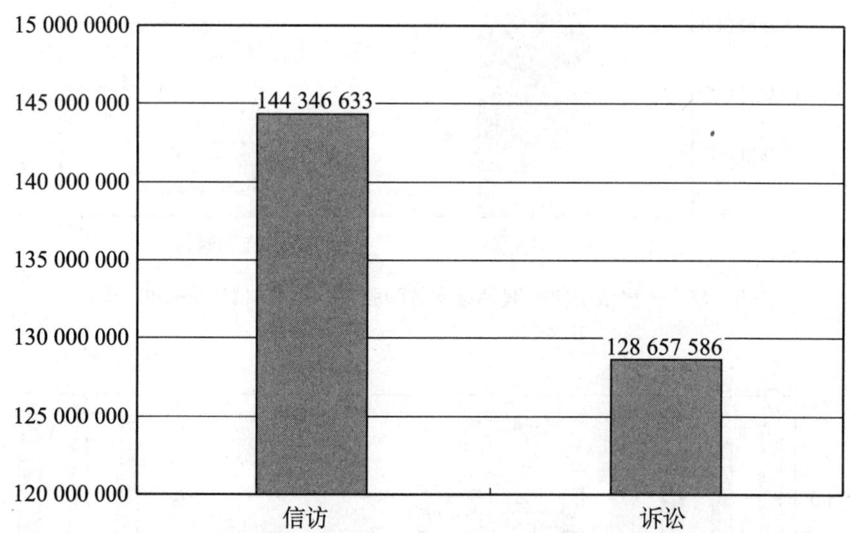

图 0—17　法院涉诉信访与诉讼数量的对比（1986—2010 年）

资料来源：《中国法律年鉴》1987—2011 年各卷。审判总量包括一审、二审、再审的数量。

1986—2010 年法院一审、二审、再审的收案总量为 1.28 亿件，而法院信访的总量为 1.44 亿件，远远超过诉讼的数量，从 1998 年到 2001 年法院的涉诉信访数量都超过 900 万件，1999 年甚至到了 1 069 万件。这不能不引起人们对法院审判是否公正、有效率的警惕。但是也应该看到 2002 年以来法院的信访数量有了明显的下降，远远低于诉讼的数量，2002 年降到 300 多万件的水平，2008 年又降到 100 多万件的水平，2010 年进一步降低到只有 89.5 万件。涉诉信访数量短期内这样大幅度的下降当然和法院系统这些年改变工作作风、贯彻社会主义法治理念有着密切关系，也和法院把信访转变为告诉、申诉，纳入二审、再审的审判程序中有着直接的关系。这应该是处理信访问题的一个成功经验。但这只是就法院的信访而言，须知到党政部门、人大以及工青妇、新闻媒体的信访中还有相当大的比例属

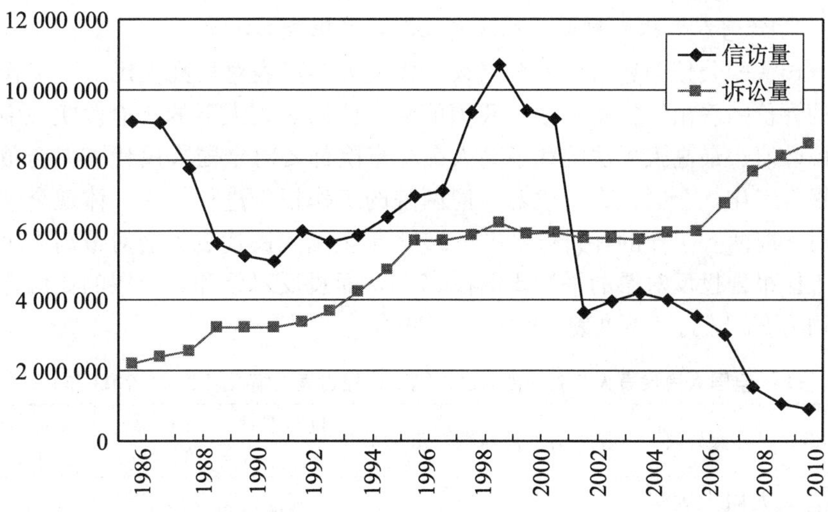

图 0—18 诉讼和涉诉信访数量变化曲线（1986—2010 年）

资料来源：《中国法律年鉴》1987—2011 年各卷。审判总量包括一审、二审、再审的数量。

于涉诉信访的范围，数量可能远远大于法院的信访量。①

诚如法院系统的分析，涉诉信访是由两个方面的原因造成的：一方面，改革开放带来了经济文化日益繁荣，人们经济文化生活的活跃，而矛盾纠纷也成倍增加，利益冲突趋向激烈，社会处于矛盾多发期，不稳定因素增多，如企业改制、破产、产权转让、职工安置、养老、保险、征地拆迁、土地调整等问题，在法院受理中，确实容易产生信访，其实许多不是法院的问题，只是矛盾最后到了法院，由法院作出的终审裁判，许多当事人不愿意息诉服判，而选择上访，由此，也带来了涉诉信访的增多。另一方面，在审判实践中，裁判不公、执行难、效率低，有的案件久诉不立，久审不结，久拖不决，执法方式简单、粗暴，重结案轻效果，一味强调当庭宣判率，重判轻调，执法不廉，在办案过程中滥用自由裁量权，办关系案、人情案、金钱案，吃喝当事人，所有这些现象都是造成涉诉信访数量居高不下的重要原因。②

① 有报道说，涉诉信访的数量可能占信访总量的 40%。参见曾庆伟、吴才：《妥善处理涉法上访案件的长效机制研究》，载 http：//www.snzg.cn/article/show.php? itemid-6763/page-1.html，2007 年 8 月 26 日。

② 参见赵增元：《基层法院涉诉信访工作现状剖析》，载http：//www.chinacourt.org/public/detail.php? id=200488，2007 年 4 月 3 日。

4. 全国人大代表对最高人民法院院工作报告的评价

司法的公信力还可以从全国人民代表大会代表对最高人民法院工作报告的评价中看出。根据宪法，我国的政治体制是人大下的一府两院，中央人民政府、最高人民法院和最高人民检察院都要对全国人民代表大会负责并报告工作，全国人大代表对一府两院的工作报告进行表决，体现全国人民对一府两院工作的评价。2000—2011 年全国人民代表大会对最高人民法院工作报告投反对票的平均比例在 17%，而投反对票和弃权票的比例之和平均为 23.5%。（参见表 0—14）

表 0—14　全国人民代表大会对最高人民法院工作报告表决情况（2000—2011 年）

年份	人大会议	赞成票	反对票	弃权票	反对票比例（%）	弃权票比例（%）	反对弃权比例（%）
2000	九届人大三次会议①	1 953	530	306	19	11	30
2003	十届人大一次会议②		398		13.7		
2004	十届人大二次会议③		586		20.2		
2005	十届人大三次会议④	1 953	530	306	19	11	30
2006	十届人大四次会议⑤	2 257	479	146	16.6	5.1	21.7
2007	十届人大五次会议⑥	2 395	359	127	12.5	4.4	16.9
2008	十一届人大一次会议⑦	2 287	525	120	17.9	4.1	22

① 参见《表决器上的民意》，载http://finance.sina.com.cn/roll/20100227/22487470926.shtml。

② 参见《表决器上的民意》，载http://finance.sina.com.cn/roll/20100227/22487470926.shtml。

③ 参见《表决器上的民意》，载http://finance.sina.com.cn/roll/20100227/22487470926.shtml。

④ 参见http://news.163.com/special/00012Q9L/lianghuiissue3100228.html。

⑤ 参见《第十届全国人大会议第四次会议闭幕》，载http://www.npc.gov.cn/npc/oldarchives/dbdh/dbdh/xwzb/index.jsp@lmid=dh&pdmc=dh&dm=dh09&hyid=011004_ _ _ _ _ _.htm。

⑥ 参见《十届全国人大五次会议通过最高人民法院工作报告》，载http://news.sohu.com/20090313/n262773646.shtml。

⑦ 参见《2008 年两会直播》，载http://www.xinhuanet.com/2008lh/zb/0318a/wz.htm。

续前表

年份	人大会议	赞成票	反对票	弃权票	反对票比例（%）	弃权票比例（%）	反对弃权比例（%）
2009	十一届人大二次会议①	2 172	519	192	18	6.7	24.7
2010	十一届人大三次会议②	2 289	479	128	16.5	4.4	20.9
2011	十一届人大四次会议③	2 242	475	155	16.5	5.4	21.9

说明：空缺处为没有找到相应的记录。

相对于同期其他报告的表决，两高得到反对和弃权票的比例是最高的，远远超过全国人大常委会和政府工作报告的相应比例（参见表0—15、表0—16）。虽然，人大代表对两高投不赞成票的原因多种多样，像一些人所分析的包括全国人大代表涉案比例等等因素，但不可否定的是确实和司法工作的状况、司法公正与否和司法的公信力如何有着直接关系。

表0—15　　2010年十一届全国人民代表大会第三次会议的表决情况

	赞成票	反对票	弃权票	反对弃权票比例
最高人民法院工作报告	2 289	479	128	20.9%
最高人民检察院工作报告	2 341	411	147	19.2%
政府工作报告	2 836	36	25	2.1%
国民经济和社会发展计划	2 704	138	59	6.8%
中央和地方预算	2 458	317	116	15%
全国人大常委会工作报告	2 828	43	31	2.5%

资料来源：《新华网：十一届人大三次会议表决通过政府工作报告》，载http：//news.sina.com.cn/c/2010-03-14/140719861809.shtml。

① 参见《大会表决通过关于最高人民法院工作报告的决议》，载http：//news.163.com/09/0313/12/549NACL1000120GR.html。

② 参见《大会表决通过关于最高人民法院工作报告的决议》，载http：//news.xinhuanet.com/video/2010-03/14/content_13167545.htm。

③ 参见《全国人大表决通过最高院工作报告》，载http：//www.ynlawyers.org/newLawyersite/BlogShow.aspx？itemid=3b34eae3-a2f7-422c-a88c-9ea6011b9e3b&user=10420。

表0—16　　2011年十一届全国人民代表大会第四次会议的表决情况

	赞成票	反对票	弃权票	反对弃权票比例
最高人民法院工作报告	2 242	475	155	21.9%
最高人民检察院工作报告	2 306	434	130	19.6%
政府工作报告	2 793	47	36	2.9%
国民经济和社会发展计划	2 709	119	45	5.7%
中央和地方预算	2 391	362	118	16.7%
全国人大常委会工作报告	2 756	82	37	4.1%

资料来源：《人民网："十一届全国人大四次会议闭幕实录"》，载http：//money.163.com/11/0314/09/6V3K6OGG00254LJE.html。

六、结论

1. 改革开放以来，随着经济和社会发展，社会的矛盾和冲突变得越来越突出，原来主要由单位、居民委员会、村民委员会解决的纠纷，逐步集中到司法机关，特别是法院，出现了越来越多的诉讼的发展趋势，无论刑事、民事还是行政案件都有了几倍、甚至几十倍的增长。与此相关，公安机关、检察机关、律师的作用也凸显出来。

2. 与越来越多的诉讼的发展趋势相适应，法制建设获得了大发展，法官、检察官、律师的数量和受教育水平都获得很大提高，法学教育的规模迅速扩大，国家的司法投入越来越多，个人通过律师费和诉讼费的形式对法律事务的投入越来越多，法制建设已经成为我国经济、政治与社会建设的一个重要的组成部分。

3. 随着法院在解决刑事、民事和行政案件中作用的加强，传统的解决纠纷方式，无论是人民调解还是司法调解，作用都在变弱，使原本能够通过调解方法解决的问题都集中到法院，原本能够用调解解决的案件转而依赖审判，从另一方面进一步加重了法院的工作负担，法官的审判量变得更大。

4. 面对越来越多的诉讼，由于转型期社会矛盾的特殊性，法院有限的资源和解决纠纷的能力，无论在法官数量还是素质方面，都不能适应转型期人们对司法的期望，司法腐败和执行难成为这种矛盾的两个重要方面，无论从涉诉信访还是从全国人大代表对最高人民法院工作报告的投票看，司法公信力都受到了严重挑战。这成为近年来司法改革的重要起因。

5. 要解决法院目前所遇到的问题，不能只局限在法院内部机制，必须从我国纠纷解决的整体布局出发，走多元化的法律实施道路，把司法、行政、民间，正规化与非正规化的法律实施有机地结合起来。不同的解决纠纷方式各有各的优点，也各有各的局限性。关键在于当事人自己的选择，保证渠道畅通。在许多重大的社会问题上，不能把解决问题的途径只依赖于法院，而要各个职能部门齐抓共管，综合治理，走社会管理创新之路；也不能只依赖于官方，要发挥非官方的、群众自治的、行业的解决纠纷机制的作用。

第一章 审 判

导 言

新中国审判工作的起源最早可以追溯到新中国成立前的革命根据地时期。早在1931年，在中国共产党领导下的中华苏维埃共和国即设有中央最高法庭和省、县、区各级裁判部。1948年，革命政权的审判组织统一称为人民法院。新中国成立后，根据1949年9月通过的《中国人民政治协商会议共同纲领》关于建立人民司法制度的规定，开始在全国建立人民法院，开展审判工作。此后六十余年来，新中国的审判工作经历了十分曲折的发展历程。在20世纪50年代中期，五四宪法和《人民法院组织法》的颁布，标志着新中国的审判制度基本建成。1957年反右扩大化以来，审判工作不断受到极左思潮的干扰和冲击，在曲折中前行。“文化大革命”爆发以后，审判工作受到严重破坏，审判活动陷入无序状态，一些重要的审判职能，比如民事审判工作，甚至被完全取消。改革开放以后，随着政治上的拨乱反正，审判事业发展迎来新的历史时期。改革开放三十多年来，随着经济、政治、文化生活的全面发展，法制建设快速推进，成绩显著。审判工作作为法制建设的重要组成部分，也日益发生着深刻的变化。

对审判工作六十余年来的这一曲折的发展历程，本章将进行专门考察，借以反映和揭示我国法治发展和社会变迁的重要方面。具体言之，本部分的任务和目标限定于如下方面：（1）限于审判工作；（2）限于中国大陆；（3）限于 1949—2009 年，部分数据延至 2010 年；（4）主要是全景式的、客观的描述，辅之以必要的、简明的分析和解释；（5）凡是能够收集到量化的数据的，尽量以数据进行描述和说明，在不能获得必要的数据的情况下，或者在不适宜量化的情况下，则用文字的、定性的方式进行考察。

按照本报告总的叙述框架，本章从机构设置、职能活动和经费状况三个方面描述和说明审判事业的发展状况。其中，机构设置反映审判机构的基本体制、法院内部机构设置以及法院和其他部门的关系；职能活动这一部分主要考察审判、执行、司法解释等方面的基本活动和工作业绩，以及其中所反映出来的问题和趋势；经费状况主要说明审判机构的支出事项、收入来源、物质建设的成就、存在的问题以及改革发展的趋势。

本报告对审判工作的考察，既包括正式制度层面，也包括司法工作实际。新中国成立以来，尤其是改革开放以来的司法工作，具有的一个总体特点，就是宪法和法律的规定比较原则，司法工作实际远比宪法和法律的规定丰富和复杂，许多内容都存在于司法制度之外。为了有效地考察丰富的司法工作，本报告将引入“正式制度—非正式制度”这一分析框架。正式与非正式，是相对而言的。《立法法》第 8 条规定：“下列事项只能制定法律：……（二）各级人民代表大会、人民政府、人民法院和人民检察院的产生、组织和职权……（九）诉讼和仲裁制度……”根据这一规定，属于本报告考察范围的法院的产生、组织和职权，以及诉讼制度，应当由法律予以规定。当然，宪法具有更高的位阶，法律能够规定的，宪法自然可以规定。因此，这里将正式制度的范围限定为宪法和法律所作的规定。这里的“法律”是指特定位阶的规范性法律文件，考虑不同历史时期的立法实际，包括全国人大及其常委会未冠以“法律”名称的各种决定，也包括 1954 年以前《中国人民政治协商会议共同纲领》和中央人民政府颁布的各种决定。宪法和法律之外的规范性法律文件，以及没有明确的规范性法律文件依据的司法实践和惯例，则归为非正式制度层面。

除了报告中特别注明的以外，本章有关的统计资料主要来源于下列文献：(1) 历年《中国统计年鉴》，中国统计出版社出版；(2) 历年《中国法律年鉴》，中国法律年鉴社出版；(3) 历年《人民法院年鉴》，人民法院出版社出版；(4) 何兰阶、鲁明健主编：《当代中国的审判工作》(上、下册)，当代中国出版社 1993 年版；(5) 最高人民法院历年工作报告；(6) 政府发布的有关法治发展的白皮书。

第一节 法院机构设置

审判机构是审判权力的承担者，是审判活动展开的场所，是完成审判任务的组织力量，是审判公正和效率的制度保证。在我国，审判工作是在有关诉讼主体的参与下，由法院组织实施的。现行《宪法》第 123 条、现行《人民法院组织法》第 1 条具有完全一致的规定："中华人民共和国人民法院是国家的审判机关。"因此，对审判机构设置的考察，就是对人民法院机构设置状况的考察。而人民法院的机构设置，具体体现在四个方面：一是法院的类型和组织体系；二是法院的外部关系，即法院和其他国家机关、社会组织之间的联系；三是法院的上下级关系；四是法院内部的机构设置。同时，这四个方面不是一成不变的，在不同时期，又不断调整和变化。

一、法院的类型

我国的法院主要有三个大类：最高人民法院、地方各级人民法院和专门人民法院。在不同时期，法院始终包括这种三类型，但是每种类型的具体设置和再分类型则有所调整。

1. 最高人民法院

最高人民法院是中华人民共和国的最高审判机关。最高人民法院建立于新中国诞生之时。中央人民政府委员会于 1949 年 10 月 1 日任命沈钧儒为最高人民法院院长，10 月 19 日又任命了 17 人组成的最高人民法院委员会。沈钧儒就职后，随即在原华北人民法院的基础上，建立最高人民法院。11 月 1 日，最高人民法院正式办公。

在 1949—1954 年间，我国设立了包括若干省（市）、大于省级的行政区域。当时全国共设立华北、西北、东北、华东、中南、西南六个大行政区。与这种行政区划相适应，最高人民法院设立了六个分院，分别是最高人民法院华北分院、西北分院、东北分院、华东分院、中南分院和西南分院。最高人民法院分院为大行政区最高审判机关，负责领导与监督本地区各级人民法院的审判工作。《人民法院暂行组织条例》（1951年）第32条规定："最高人民法院得在各大行政区或其他区域设分院或分庭，在其所辖区域内执行最高人民法院的职务。"第33条规定："最高人民法院分院、分庭受最高人民法院的领导和监督，在其所辖区域内领导并监督各级人民法院的审判工作。"1954年以后，随着大行政区的撤销，最高人民法院分院的设置也随之取消。1954年颁布的《宪法》和《人民法院组织法》也不再有关于最高人民法院分院的规定。

2. 地方各级人民法院

地方各级人民法院包括高级人民法院、中级人民法院和基层人民法院。高级人民法院包括省高级人民法院、自治区高级人民法院和直辖市高级人民法院。中级人民法院包括在省、自治区内按地区设立的中级人民法院，在直辖市内设立的中级人民法院，省、自治区辖市的中级人民法院和自治州中级人民法院。基层人民法院包括县人民法院，县级市人民法院，自治县人民法院和市辖区人民法院。按照《人民法院组织法》的规定，基层人民法院根据地区、人口和案件情况，可以设立若干人民法庭。人民法庭是基层人民法院的派出法庭，属于基层人民法院的组成部分。

3. 专门人民法院

专门人民法院包括军事法院、海事法院、铁路运输法院、森林法院、农垦法院、石油法院等类型。专门人民法院与地方法院的区别主要在于如下几个方面：（1）专门人民法院是按特定的组织或特定范围的案件建立的审判机关，而地方人民法院是按照行政区划建立的审判机关。（2）专门人民法院管辖的案件具有专门性，即专门人民法院所审理的案件的性质不同于地方人民法院，受理案件的范围具有特定的约束。（3）专门人民法院的产生及其人员的任免不同于地方人民法院。如军事法院院长并不是经过人大选举产生的，而是由最高人民法院同中央军事委员会任命的。

军事法院是基于军队的体制和作战任务的特殊性而设立的。其具体任务是通过审判危害国家与损害国防力量的犯罪分子，保卫国家安全，维护国家法制和军队秩序，巩固部队战斗力，维护军人和其他公民的合法权利。打击敌人，惩治犯罪和保护人民，宣传社会主义法制是军事法院的基本职能。军事法院分设三级：中国人民解放军军事法院，各大军区、军兵种级单位的军事法院，兵团和军级单位的军事法院。

军事法院的管辖范围，仅限于受理特定的刑事案件，即：现役军人的刑事案件，军队在编职工的刑事案件，最高人民法院授权审判的刑事案件。

海事法院管辖第一审海事案件和海商案件，不受理刑事案件和其他民事案件。各海事法院判决或裁定的上诉案件，由所在地高级人民法院受理。

铁路运输法院分设两级，即铁路管理局中级铁路运输法院和铁路管理分局基层铁路运输法院。中级铁路运输法院的审判活动受所在地高级人民法院监督。铁路运输法院的管辖范围是：第一，发生在铁路运输线上的民事、刑事案件；第二，铁路局在编职工的民事、刑事案件；第三，与铁路运输部门有直接关系的经济纠纷案。

森林法院的任务是保护森林，审理破坏森林资源案件、严重责任事故案件及涉外案件。基层森林法院一般设置在某些特定林区的一些林业局（包括木材水运局）的所在地；在地区（盟）林业管理局所在地或国有森林集中连片地区设立森林中级法院。

二、法院的组织体系

我国法院现行的机构设置和组织体系，主要是根据《宪法》和《人民法院组织法》建立起来的，而在《宪法》和《人民法院组织法》制定以前，则是根据当时的《中国人民政治协商会议共同纲领》、《中央人民政府委员会组织法》、《各级人民政府组织通则》以及《最高人民法院试行组织通例》等法律文件建立起来的。在不同的历史时期，伴随宪法和法院组织法的修改，人民法院的组织体系也发生着变化。综合这些变化，可以划分为以下阶段。

1. 新中国成立之初人民法院组织体系

新中国的人民法院组织体系从1949年开始筹建，到1951年4月，加上以前解放区建立的机构，全国共建立了人民法院2 458个，其中最高人民法院及其分院共6个，省级人民法院50个，省分院194个，县级法院2 208个。除西藏地区以外，尚未建立司法机构的县还有124个。已建立的法院机构中，有500多个是司法科，机构尚不健全。其他近2 000个人民法院中，多数按第一届全国司法会议的要求，设置了刑事、民事审判庭，司法行政处（科）和秘书室。多数省级人民法院和一部分县级人民法院成立了审判委员会。当时主要实行三级二审制，各法院之间的关系如图1—1所示。[①]

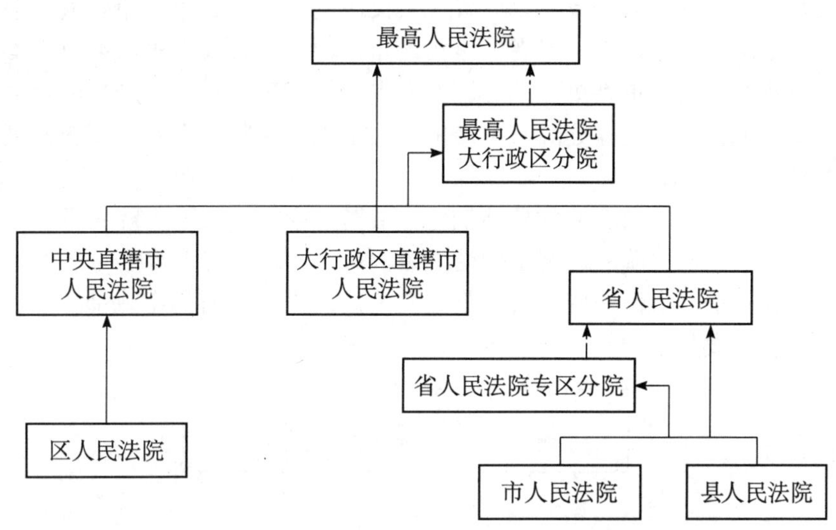

图1—1　1950年全国各级人民法院组织体系

说明：——▶表示审级上诉关系，-·-▶表示从属关系。

2. 1951年《人民法院暂行组织条例》所确定的人民法院组织体系

截至1951年，全国已经建立了大量的审判机构，但是在组织体系和审判原则的制度化方面，还不能满足当时日益增长的审判任务的需要。为了满足这种需要，统一人民法院的组织机构和审判制度，1951年9月，中央人民政府委员会通过了《人民法院暂行组织条例》（以下简称《条例》）。该条例确立了下列内容：

（1）关于人民法院的设置。《条例》规定，全国设立县级人民法院、省级人民法院和最高人民法院，其中，县级人民法院包括县（旗或其他相当于县的行政区、自治区）人民法院，省辖市人民法院，中央及大行政区直辖市的区人民法院；省级人民法院包括省（或相当于省的行政区、自治区）人民法院及其分院、分庭，中央及大行政区直辖市人民法院；最高人民法

① 参见何兰阶、鲁明健主编：《当代中国的审判工作》，上册，26页，北京，当代中国出版社，1993。

院包括它在各大行政区或其他地区设立的分院、分庭。

(2) 关于审级制度。各种案件的审判原则上实行三级二审制，以县级人民法院为基本的第一审法院，省级人民法院为基本的第二审法院。但是在特殊情况下，得以三审或者一审为终审，即：对省级人民法院所作的重大或疑难案件的二审判决，准许诉讼人提起第三审上诉；全国性的重大案件由最高人民法院或其分院一审终审。关于人民法院的设置和审级制度具体如图 1—2 所示。

(3) 关于人民法院的领导体制。《条例》规定，人民法院实行双重领导，即下级人民法院的审判工作受上级人民法院的领导和监督，各级人民法院（包括最高人民法院分院、分庭）为同级人民政府的组成部分，受同级人民政府委员会的领导和监督。

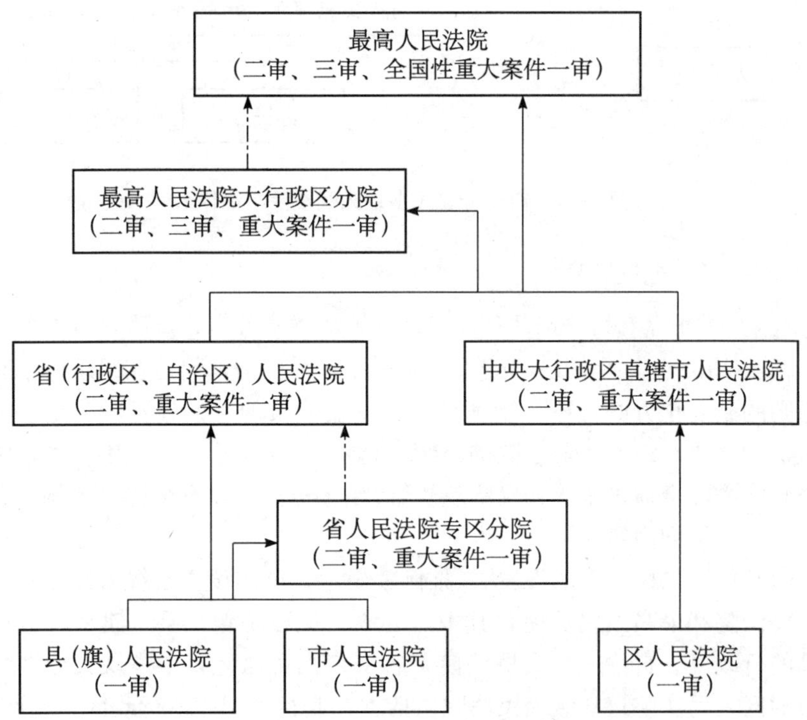

图 1—2　1951 年《人民法院暂行组织条例规定》规定的全国各级人民法院组织体系

说明：——► 表示审级上诉关系，-·-·► 表示从属关系。

3. 1954年《宪法》和《人民法院组织法》所确定的人民法院组织体系

1954年9月，新中国的第一部宪法颁布，法制史上称为五四宪法。五四宪法施行后，我国的国家机构体系有了比较大的调整，人民法院在其中的性质、地位和作用有了新的规定。与此同时，以五四宪法为根据的《人民法院组织法》也颁布施行。根据五四宪法和《人民法院组织法》的规定，人民法院的组织体系做了如下调整：

（1）设地方各级人民法院、专门人民法院和最高人民法院。其中，地方各级人民法院分为基层人民法院、中级人民法院和高级人民法院；专门人民法院包括军事法院、铁路运输法院和水上运输法院。从地方到中央，设四级法院，实行四级两审制。基层人民法院设在县（自治县）、市、市辖区，中级人民法院设在省、自治区内的地区、较大的市、自治州；高级人民法院设在省、自治区、直辖市。

（2）各级法院之间是监督与被监督的关系，具体地说，就是上级人民法院监督下级人民法院的审判工作，最高人民法院监督地方各级人民法院和专门人民法院的审判工作。

（3）基层人民法院根据地区、人口和案件情况可以设立若干人民法庭。人民法庭是基层人民法院的组成部分，它的判决和裁定就是基层人民法院的判决和裁定。

综合上述关系，得出如图2—3所示的全国人民法院组织体系。

4. 现行人民法院组织体系

在“文化大革命”期间，人民法院的机构体系和正常的审判工作受到破坏。“文化大革命”结束以后，尤其是十一届三中全会以后，国家重新建立人民法院机构体系，审判工作逐步进入正轨。鉴于1954年的《人民法院组织法》在“文化大革命”期间没有正常实施，加上社会环境和条件有了很大的变化，1979年7月，第五届全国人民代表大会第二次会议制定了新的《人民法院组织法》。此外，1982年12月，第五届全国人民代表大会第五次会议通过了新的宪法，这也是现行宪法。现行宪法规定了新的历史时期我国审判机关的性质、地位和基本的组织体系。这两个法律文件确立了我国人民法院在新的历史时期的机构设置和组织体系。1983年9月全国人民代表大会常务委员会又对《人民法院组织法》进行了修正，在人民法院的组织体系方面，主要是落实新宪法的规定，在机构设置方面修改的幅度非常小，基本上没有实质性的改变。总之，正是通过这三个法律文件，确

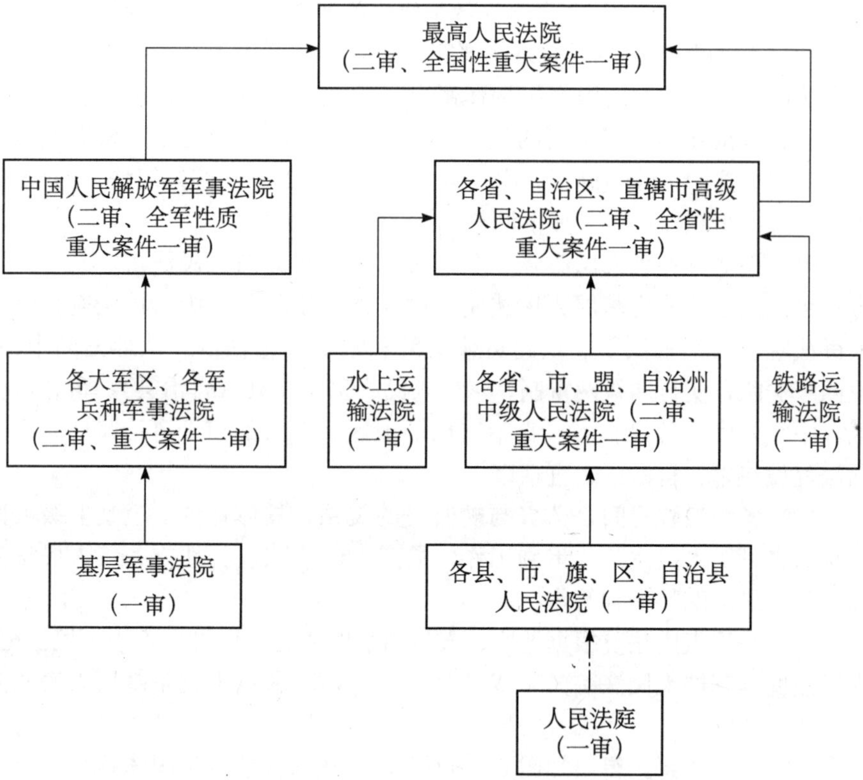

最高人民法院
（二审、全国性重大案件一审）

中国人民解放军军事法院
（二审、全军性质
重大案件一审）

各省、自治区、直辖市高级
人民法院（二审、全省性
重大案件一审）

各大军区、各军
兵种军事法院
（二审、重大案件一审）

水上运
输法院
（一审）

各省、市、盟、自治州
中级人民法院（二审、
重大案件一审）

铁路运
输法院
（一审）

基层军事法院
（一审）

各县、市、旗、区、自治县
人民法院（一审）

人民法庭
（一审）

图 1—3　1954 年《人民法院组织法》规定的全国人民法院组织体系

说明：——▶ 表示审级上诉关系，－·－▶表示从属关系。

立了我国现行的人民法院组织体系，如图 1—4 所示。

从具体内容来看，现行法院组织体系恢复了 1954 年的《宪法》和《人民法院组织法》的规定，法院的类型和审级制度基本保持不变，仅就专门法院的规定做了文字上的调整。1954 年的《人民法院组织法》列举了专门人民法院的三种具体类型：军事法院、铁路运输法院和水上运输法院。1979 年颁布的《人民法院组织法》扩展了专门人民法院的类型，规定："专门人民法院包括：军事法院、铁路运输法院、水上运输法院、森林法院、其他专门法院。"1983 年《人民法院组织法》修改后，这一表述被简化为"军事法院等专门人民法院"。实践中，水上运输法院被调整为海事法院，先后在广州、上海等 10 个城市设立了 10 个海事法院。

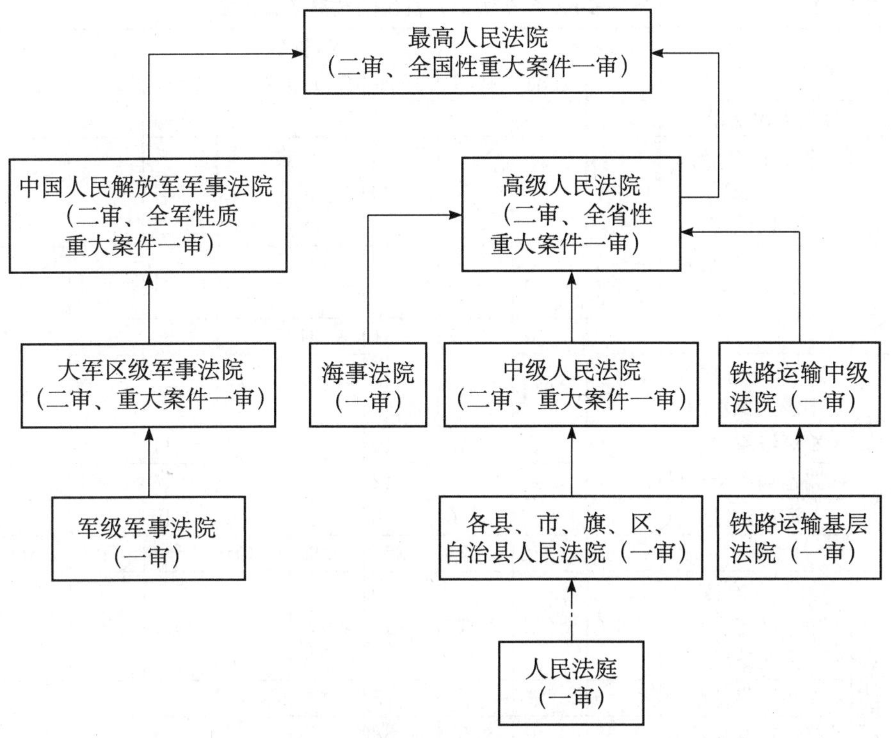

图 1—4 中国现行人民法院组织体系①

说明：——►表示审级上诉关系，-·-►表示从属关系。

三、法院的数量及其变化

在 2009 年年底，我国有最高人民法院 1 个，高级法院 32 个，中级法院 409 个，基层法院 3 117 个，合计 3 559 个。机构的数量看，基层法院的比例是 87.6%，占绝大多数。

从历史上看，改革开放以来，我国的法院数量有所变化。由于不同类型的法院设立的根据不一样，所以不同类型的法院其数量变化的原因和结果也不一样。

① 参见何兰阶、鲁明健主编：《当代中国的审判工作》，上册，159 页，北京，当代中国出版社，1993。

表 1—1　　1987—2009 年全国审判机构的数量及其构成

审判机构类型		机构数量								
		1987	1988	1989	1991	1992	2002	2004	2007	2009
最高人民法院		1	1	1	1	1	1	1	1	1
高级法院	省、直辖市、自治区高级人民法院	29	30	30	30	30	31	31	31	31
	中国人民解放军军事法院	1	1	1	1	1	1	1	1	1
	小　计	30	31	31	31	31	32	32	32	32
中级法院	市、州、地区等中级人民法院	337	344	346	347	362	369	369		
	大军区级军事法院	10	10	10	10		11	11		
	铁路运输中级法院	12	12	12	12	12	14	14		
	海事法院	6	6	6	8	9	10	10		
	小　计	365	372	374	377	383	404	404	406	409
基层法院	县、自治县、市辖区等基层人民法院	2 896	2 911	2 918	2 913	2 944	2 999	2977		
	军级军事法院	45	45	45	45		76	76		
	铁路运输基层法院	58	58	58	58	58	58	58		
	小　计	2 999	3 014	3 021	3 016	3 002	3 133	3 111	3 119	3 117
军事法院合计						77				
合计		3 395	3 418	3 427	3 425	3 493	3 570	3 548	3 558	3 559
人民法庭		15 886	17 273	16 462	15 030	18 000	12 075	10 345		9 835

资料来源：1987—1992 年的数据来自《人民法院年鉴》1988—1992 年各卷；2002—2009 年的数据来源于最高人民法院的实地调研。

首先，由于地方各级人民法院主要是根据行政区划建立的，所以主要是随着我国行政区划的调整而发生变化。归纳起来，这种变化主要有四种类型：(1) 行政区划的增减导致相应的地方法院的增减。比如，有的城市增减了区的数量，有的地方地区和市进行了合并，增设海南省和重庆直辖市等，这些变化通常带来相应的法院设置的变化。(2) 行政区划类型的变化导致法院的变化。比如，地区改为市，相应地，地区中级人民法院改为"市中级人民法院"；县改区、县改市等导致法院的名称上有所变化。但是，这种名称上的变化不会导致法院数量上的变化。(3) 一些地区在经济技术开发区内设立了基层人民法院，这既形成了基层法院新的设置依据，也增加了法院机构的数量。(4) 直辖市中级人民法院不是按照行政区划设置的，实际中是根据案件数量、地理位置等因素综合考虑，改革开放以来，这方面曾进行过多次调整，同时也影响了法院机构的总数。

其次，专门法院的设置不以行政区划为根据，其设置数量和变化有自己特点。其中，军事法院主要是以军队建制的单位为基础设立的。中国人民解放军军事法院是全军军事审判的最高机关，全国仅有 1 个。大军区级军事法院是以各大军区、各军兵种为基础设立的。从历史上看，我国 1987 年有 10 个大军区级军事法院，2004 年有 11 个，前后变化不大。第三是军级军事法院，这是建立在军一级军事单位上的军事法院。从历史上看，我国 1987 年有 45 个军级军事法院，2004 年有 76 个，前后有较大幅度的变化。

海事法院是以便利海事海商案件的审理而选择地区设立的。1984 年 11 月，第六届全国人大常委会第八次会议通过了《关于在沿海港口城市设立海事法院的决定》。最高人民法院为了贯彻这一决定，于同年 11 月作出了《关于设立海事法院的几个问题的决定》，先后在广州、上海、武汉、青岛、天津、大连等六个港口城市设立了 6 个海事法院。2002 年又先后设立了厦门、海口、宁波、北海等 4 个海事法院。目前共有 10 个海事法院。

自 1986 年以来，铁路运输法院的数量变化不大。其中，铁路运输基层法院共有 58 个，这一数量一直保持未变。铁路运输中级法院 2002 年增设了 2 个，由 12 个变为 14 个。

最后，人民法庭是基层人民法院的派出机构，属于同一个审级，在设置上不完全以行政区划为根据，通常以一个或者数个乡镇为基础设置一个人民法庭。而具体以多少个乡镇为基础设置人民法庭，历史上不断进行着调整，这种调整直接导致了人民法庭数量的变化。

四、法院的外部关系

人民法院和社会上其他的国家机关、社会组织之间具有多方面的关系。在这些关系中，最为重要的有法院和同级人大的关系、法院和同级党组织的关系、法院和同级政府的关系、法院和同级司法行政机关的关系等四个方面。

(一) 法院与同级人大的关系

在这里，同级人大是指在行政区划上和法院同级的全国或者地方的人民代表大会及其常务委员会。在 1954 年以前，我国全国人民代表大会和地方各级人民代表大会尚未建立，当时的法院是隶属于同级人民政府的，属于同级人民政府的组成部分。随着我国五四宪法的制定、全国人民代表大会和地方各级人民代表大会的建立，我国法院和人大的关系的基本格局从此确定下来，1979 年《人民法院组织法》和 1982 年《宪法》都继承了这种格局，至今也没有原则性的变化。二者的关系概括地说就是：在性质上，人大是国家权力机关，人民法院是审判机关，在同级之间，前者的权力高于后者的权力，后者由前者产生，对前者负责。性质上的这种关系通过两个方面具体予以贯彻和体现：(1) 在人事上，地方各级人民法院院长由地方各级人民代表大会选举和罢免，副院长、庭长、副庭长和审判员由地方各级人民代表大会常务委员会任免；最高人民法院院长由全国人民代表大会选举，副院长、庭长、副庭长、审判员由全国人民代表大会常务委员会任免。(2) 在具体的职能活动中，最高人民法院对全国人民代表大会和全国人民代表大会常务委员会负责并报告工作，全国人大常委会监督最高人民法院的工作；地方各级人民法院对本级人民代表大会及其常务委员会负责并报告工作，地方各级人民代表大会常务委员会监督本级人民法院的工作。

对于法院和人大的这种关系，目前社会各界主要关注和讨论两个方面的问题。

第一个方面的问题是在肯定这种关系的基本格局的前提下，理论上和实践中探索如何落实或者完善人大对法院工作的监督。宪法和人民法院组织法对人大如何监督法院的工作没有作出具体的规定，这给实际的监督工作的开展带来了困难。在实践中，有关部门尝试了多种做法，并进行了制度化的努力。

在中央层面，全国人民代表大会常务委员会 1993 年 9 月通过了《关于加强对法律实施情况检查监督的若干规定》。该文件规定，全国人大常委会和全国人大专门委员会的执法检查，主要是检查监督法律实施主管机关的执法工作，督促国务院及其部门、最高人民法院和最高人民检察院及时解决法律实施中存在的问题，执法检查组不直接处理问题。最高人民法院

1998年12月颁布了《关于人民法院接受人民代表大会及其常务委员会监督的若干意见》。《意见》规定，人民法院将从13个方面，或者说以13种方式接受同级人民代表大会及其常务委员会（以下简称人大及其常委会）的监督：（1）做好向人大及其常委会的报告工作；（2）认真执行人大及其常委会的决定；（3）接受人大代表依法提出的质询；（4）接受和邀请人大代表视察；（5）积极办理人大代表提出的建议、批评和意见；（6）接受人大及其常委会或者人大专门委员会的执法检查；（7）认真复查人大及其常委会依照法定监督程序提出的案件；（8）邀请人大代表、人大常委会委员旁听公开审理案件；（9）做好人大及其常委会交办的信访工作；（10）重视同人大代表和人大常委的联系制度，最高人民法院决定设立全国人大代表联络室，向全国人大代表公布联系电话、通讯地址、联系人，以便及时听取人大代表对法院工作的意见和建议，并负责同全国人大代表联系工作的日常事务，并及时向全国人大常委会报告工作联系情况；（11）接受人大代表检查法院工作，接受人大常委会组织的对法院工作的评议；（12）主动通报法院工作情况征求人大代表对法院工作意见；（13）建立人大代表担任执法监督员、特邀咨询员制度。

在地方层面，一种被称为“个案监督”的制度被人们讨论和实践。目前，一些省级、市级甚至县级人大及其常委制定了个案监督的办法，由人大及其常委会对法院的审判工作实行所谓的个案监督。例如，1997年1月广东省人民代表大会常务委员会颁布了《广东省各级人民代表大会常务委员会实施个案监督工作规定》；1999年6月山东省潍坊市人大常委会颁布了《潍坊市人民代表大会常务委员会对市级司法和行政执法机关实行个案监督的暂行办法》；2005年4月，河南省汤阴县人大常委会颁布了《实施个案监督试行办法》等。全国一共有多少地方出台了这样的办法，目前还没有精确的统计。但是一些学者的直观感受是，“个案监督”呈愈演愈烈的态势，并使许多法院穷于应付。[①] 对于这种个案监督，目前社会各界意见分执两端。赞成者认为：一方面，我国实行的是人民代表大会制度，人大是国家的权力机关（而不只是立法机关），在宪法和法律上，人大及其常委会不仅具有监督权，而且还拥有使监督行之有效的各种权力，如对法院院长选举、罢免权，对法院其他审判人员的任免权，对特别问题的调查、决议权等；

① 参见张志铭：《关于“个案监督”的思考》，载《工人日报》，2002-07-06。

另一方面，人大是代表民意的机关，人大代表要“为民请命”，要通过强有力的监督回应民众对遏制司法腐败的要求。反对者的理由则主要有：“个案监督”不符合独立审判原则；影响裁判的既判力，损害司法的权威；不符合效率原则，损害有限法律资源的合理配置；是基于对法律的和事实的确定性的陈旧观念；在监督理念和制度上对“谁来监督监督者”这一问题缺乏认识；等等。

第二个方面的问题是从根本上就反对地方人大及其常委会目前的这种关系。这种观点的基本内容是：反对审判权力地方化，反对地方人大及其常委会对同级人民法院行使的各种权力；同时建议，实行审判权力中央化和垂直管理化，而且在法院设置上，不再以行政区划为设立依据。目前，这种观点主要是理论上的。提出这种主张的理由是，目前地方人大及其常委会和同级人民法院的关系产生了审判权力地方化这样的问题，而这一问题又至少产生了三个危害：（1）影响了全国法律的统一实施，进而影响了全国统一的市场经济的建立；（2）影响司法独立，使得法官的公平和公正执法没有充分有效的法律保障；（3）导致或助长了地方保护主义；（4）给各种司法腐败以可乘之机。

2006 年 8 月 27 日，全国人大常委会通过了《各级人民代表大会常务委员会监督法》（以下简称《监督法》），公布后自 2007 年 1 月 1 日起施行。对于法院和同级国家权力机关之间原本比较原则和笼统的关系，《监督法》作出了具体的规定。这些规定在某种程度上是社会各界关于人大如何监督法院的各种看法和全国各地的实践探索的一个阶段性的总结。概括《监督法》的规定，同级人大常委会通过下列形式监督法院的工作：（1）听取和审议人民法院的专项工作报告；（2）通过执法检查，提出改进执法工作的意见，和审判工作有关的部分，交由人民法院研究处理；（3）全国人大及其工作机构对最高人民法院的司法解释的合法性予以审查和备案；（4）审议和决定关于人民法院副院长、庭长、副庭长、审判委员会委员、审判员的撤职议案。在《监督法》制定过程中，对于是否肯定一些地方的个案监督形式存在争论。从结果来看，这种形式没有得到《监督法》的认可。应该说，否定个案监督形式，对于不同国家机关之间正常的职能分工和维护司法公正都有积极的意义。

（二）法院与同级政府的关系

自从我国五四宪法施行以后，从正式的制度层面上说，政府作为行政机关，法院作为审判机关，二者没有相互隶属的关系，没有领导和被领导的关系。但是在实际中，二者的关系绝非如此简单。第一，在政府首长中，通常有一位副职分管法院的工作，而法院院长需要向同级的正副省长、正副市长和正副县长汇报工作。比如，《人民法院报》2003 年 1 月 13 日在头版以醒目的篇幅报道，某省省长和其他几位领导人一道“听取了省高院院长的汇报”，并“对全省法院工作提出要求”，云云。[①] 第二，法院为了解决经费、基建等问题，需要向同级的人民政府“请示”、“汇报”，对这些问题同级人民政府具有单方面的决定权。第三，法院虽然是司法机关，但是审判人员套用相应的行政级别。比如，最高人民法院院长是副总理级，高级人民法院院长是副省级，某法院的审判员是正处级，助理审判员是正科级等。第四，法院院长经常由同级人民政府组成部门的部长、局长等转任。比如说，由司法部长转任最高人民法院院长，由县公安局长转任县法院院长，等等。反过来也是常见的，即法院院长转任同级人民政府组成部门的部长、局长等。第三和第四这两种现象具有强烈的象征性，它暗示着：法院和政府的组成部门是一级的，而且是可以平级互换的，因而法院的职务也在行政级别的序列中，不同级别之间存在领导与被领导的关系。

导致这种状态的原因是多方面的。一是在观念上，人们没有认识到行政和司法两种权力分立的重要性，或者对司法权力独立行使的重要性认识不足，甚至根本上就没有意识到这是两种权力。二是现行的一些制度，使得行政机关具有支配法院的优势地位。比如我国法院的各项经费，以及基本建设中的土地等，大都由驻地或者属地的行政机关首长签字同意划拨。由于这一制度，法院从经费和物质资源这一基本问题上，难免受制于当地行政机关及其负责人。再比如，法院属地的行政首长在同级地方党委中地位较高，因此，行政机关及其负责人可以通过党委这一渠道，对法院的组织人事工作等发挥重大影响。

行政机关和法院这种关系，使得中国的审判工作产生了许多弊端。这些弊端主要有三个方面；

一是司法权很难对行政权形成有效的监督和制约。司法权对行政权的监督和制约是多方面的。首先，两种权力分立，使得行政权不再具有审判纠纷的权力，尤其是不能裁断牵涉自身的行政纠纷的权力，这就是对行政

① 参见肖山：《高级法院院长需要向省长汇报工作吗?》，载《中国青年报》，2003-01-24。

权力的一种重大制约。其次，司法权可以通过行政诉讼，对具体行政行为的合法性和合理性进行审查和监督。再次，法院的强制执行权力、民事审判权力等的行使，也可以对行政权力形成制约。而这些监督和制约发挥作用的前提，就是行政和司法权力分立。所以说，当前这种一定程度上的、事实上的行政权领导司法权的现象，就使得这种前提不能完全具备，同时也就限制了司法权的监督和制约作用的发挥。

二是导致了当前审判和执行中严重的地方保护主义。这种地方保护主义是由这种因素和另外一种因素结合起来导致的。另一种因素是，地方政府由于三个方面的原因，导致直接或者间接和诉讼案件具有利益关系。一个原因是，过去我国主要是公有制经济，其中的国有企业，地方政府及其主管部门是所有权的代理人。这种情况随着市场经济体制改革的深入、民营资本的比重不断上升而有所好转，但是现在仍在一定程度上存在。第二个原因是，尽管政府和地方的经济主体没有所有权上的联系，但是在现行的财政体制下，地方的财政税收，甚至各种制度外的税费，和地方经济主体的经济状况具有密切的关系，而地方的财政税收又直接关系到各项地方工作的开展，关系到政府官员的办公设施和工资福利。第三个原因是地方的经济发展、就业状况等，是考评地方行政官员政治业绩的重要指标，而当一个案件涉及不同地区的市场主体时，涉及目前利益和长远利益时，审判的结果就和上述业绩就具有密切联系。总之，地方的经济主体和当地的政府之间，或者与当地政府的官员之间，经常具有利益关系，于是，当地政府及其官员就会利用自身的地位优势，影响或者干涉法院办案，以此达到维护地方利益的目的。

三是不利于法院的物质建设，加剧审判职能商业化。对于这一问题，我们在“审判经费”部分再作分析。

（三）法院与党委的关系

中国共产党是执政党，是国家各项事业的领导力量。同样，国家的审判工作也是在党的领导下开展的。党对司法工作的领导体现在政治领导、思想领导和组织领导三个方面。目前党在三个方面的领导主要通过以下具体形式实现。

第一，我国的法院的机构设置、组织体系以及各项审判制度和原则，是在党的领导下建立的，体现了党在我国当前的特殊历史条件下，对审判工作的基本政策。比如说，实行死刑复核制度和死刑缓期两年执行制度等，体现了党在新时期坚决执行死刑同时又“慎杀”的基本政策；实行审判监督程序，体现了党对审判工作实事求是、有错必纠的工作要求；实行各级人民法院对同级人大负责并报告工作的制度，体现了党对审判工作的民主性的要求；等等。而这些基本的制度、原则的确定，本身就是党的政治领导的结果。

第二，党对不同时期的审判工作进行方针、政策领导。比如说，在改革开放初期，国家的工作主要是全面拨乱反正，而在这一基本政策的指导下，法院的大量工作便是对“文化大革命”期间甚至更早发生的反右案件进行复查，纠正冤假错案；在1983年，由于当时的社会治安形势严峻，于是法院在党的相关的政策的指导下实施了“严打”；1992年7月，中共中央下发了《关于加强政法工作，更好地为改革开放和经济建设服务的意见》，要求各级党委和政法战线认真贯彻落实邓小平南方谈话和中央政治局全体会议精神，大力加强政法工作，更好地为改革开放和经济建设服务；为了落实党的“执政为民”的政治要求，审判机关提出了要“司法为民”，于是最高人民法院在2003年12月颁发了《关于落实23项司法为民具体措施的指导意见》；而在当前，建设和谐社会又成为党的一项重要的政治要求，这项要求势必对法院在司法理念和审判方式上产生相应的影响。

第三，党对审判工作进行组织人事领导。这主要有两种方式。一是党通过党的组织部门，协商和推荐法院干部。虽然在正式的制度层面，审判人员的选举任免主要由同级人大及其常委会负责，但是，一方面，同级人大及其常委会选举和决定的候选人名单，是党的组织部门事先考核和协商确定的；另一方面，人大及其常委会的工作本身也是在党的领导下进行的。二是通过党的纪检部门，对违纪违法的党员审判人员实行纪律处分，以此促进审判人员的廉洁奉公。

第四，党的领导还体现在对重要案件的协调处理上。比如说，对成克杰案件、张子强案件、马加爵案件等的审判，党的有关组织都进行了方针政策的指导，以及对各个部门之间的工作进行协调。

在党对审判工作的领导中，同级党委的政法委发挥了重要作用。从性质上说，政法委属于党委领导、管理政法工作的工作部门，主要负责党委领导政法战线的具体工作。具体而言，这种工作的具体内容主要包括：（1）根据党中央的方针政策和上级党委、同级党委的指示，对有关部门的重大问题进行统一部署、协调行动；（2）组织、协调、指导维护社会政治稳定和社会治安综合治理工作；（3）检查督促政法部门贯彻执行党的方针政策和国家法律法规规章，研究制定严格执法的具体措施；（4）监督和支持政法各部门依法行使职权，指导和协调政法各部门密切配合，督促、推动大案要案的查处工作，研究、协调有争议的重大、疑难案件的查处工作；（5）研究加强政法干部队伍建设和领导班子建设的措施，协助党委及其组织部门考察、管理政法部门的干部队伍；（6）承办同级党委、政府和上级部门交办的工作。① 通常，政法委书记由一名党委副书记或者常委兼任；但是近年来，也流行公安局局长兼任政法委书记的做法。

综合上述情况来看，同级的党委、人大和政府实际上是地方法院的三个"婆婆"，而且，三个"婆婆"相互利用了彼此的资源共同发挥对法院的影响。问题在于，三个"婆婆"中的领导成员借助这种领导地位，随意打招呼、递条子等现象也会影响法院独立行使审判权。② 因此，和这一问题相关的思考是：在既定的体制下，如何规范党组织对审判工作的领导方式和途径，以尽可能避免这种体制的负面作用？

（四）法院与司法行政机关的关系

审判机关的核心任务，是对案件的审判。为了保证审判任务的实现，还有一些相关的工作，通常称为司法行政工作，比如司法官员的考试、培训和选任，有关司法的财务、装备等问题，等等。对于这些行政事务，目前世界上多数国家都由司法行政机关，比如司法部予以管理。而在我国，最初是由司法行政机关管理，后来改由法院自己管理。

1954 年《人民法院组织法》和 1979 年《人民法院组织法》中均规定，各级人民法院的司法行政工作由司法行政机关管理，包括助理审判员的任免，各级人民法院的设置、人员编制和办公机构也由司法行政机关具体规定。在实际中，最高人民法院设立了司法行政厅，地方各级人民法院则分别设立了司法行政处、科、室等，这些机构通常是由人民法院和司法行政机关共同领导。但是，1982 年 7 月，中共中央、国务院决定，人民法院的司法行政工作改由人民法院自己管理。根据这一决定，1983 年 9 月 2 日第六届全国人民代表大会常务委员会第二次会议通过的《人民法院组织法》修正案删去了有关司法行政机关负责法院的司法行政工作的规定，相应的

① 这里对政法委的职能职责的概括，参考和综合了一些地方政法委的网页介绍。

② 这方面的一个典型例子，可以参见《恪守法官的良知有多难?》，载《南方周末》，2002-12-05。

司法行政事务改由人民法院内部的办公厅（室）、政治部（政治处、政工科）等部门负责管理。

而在2001年，律师资格考试、法官资格考试、检察官资格考试合并为司法考试，由司法部统一负责实施。这在一定意义上可以理解为，法院的一部分司法行政事务，又改由司法行政机关负责了。但是，这在总体上，仍然不能改变人民法院自己管理司法行政事务的基本格局。

五、法院的上下级关系

我国《宪法》第127条第2款规定："最高人民法院监督地方各级人民法院和专门人民法院的审判工作，上级人民法院监督下级人民法院的审判工作。"由此我们一般认为，人民法院上下级之间是审判监督关系。但事实上，仔细推究起来，这种关系非常丰富和复杂，远不是"审判监督"所能概括的。为了有效地考察这种关系，这里引入正式制度和非正式制度这一分析框架。

（一）正式制度层面上的关系

从正式的制度层面来说，法院之间存在三种关系，即审判监督、法律适用指导和确定诉讼中的有关问题。这三种关系都是法律所明确规定的，所以是正式制度层面的关系。

1. 审判监督

审判监督关系的内容是：上级法院通过上诉审、提审、指令再审监督下级法院的审判工作，最高人民法院通过上诉审、提审、指令再审监督地方各级人民法院和专门法院的审判工作；监督的内容主要包括案件审判中程序适用、法律适用和事实认定三个方面。

2. 法律适用指导

现行《人民法院组织法》第33条规定，最高人民法院对于在审判过程中如何具体应用法律、法令的问题，进行解释。由此可知，最高人民法院可以颁布司法解释，指导各级法院的法律适用。

此外，还有两种情况也可以归结为这种关系。一是根据有关法律规定的授权，制定法律实施的具体措施或者办法。比如，《民事诉讼法》规定，中级人民法院管辖的案件，当事人、诉讼代理人等查阅本案有关材料的范围和办法，执行机构的职责等由最高人民法院规定。二是省级高级人民法院有时也在司法解释的授权下，制定法律、法规、司法解释具体实施的措施和办法。比如说，最高人民法院1998年3月颁布的《关于审理盗窃案件具体应用法律若干问题的解释》第3条第2款规定："各省、自治区、直辖市高级人民法院可根据本地区经济发展状况，并考虑社会治安状况，在前款规定的数额幅度内，分别确定本地区执行的'数额较大'、'数额巨大'、'数额特别巨大'的标准。"又比如，最高人民法院在1989年颁发的《关于印发〈人民法院诉讼收费办法〉的通知》中要求，如果该办法中所规定的收费标准有幅度规定的，由各高级法院制定具体标准，报最高人民法院备案。

3. 确定诉讼中的有关问题

诉讼中的有些问题，需要由上级法院，省、自治区、直辖市高级人民法院，或者最高人民法院决定。常见的问题有：(1) 延长诉讼日期。比如，根据《刑事诉讼法》、《民事诉讼法》和《行政诉讼法》的有关规定，如果遇到需要延长审判日期的，特定的情况下，需要报请上级法院、高级人民法院或者最高人民法院批准。(2) 确定管辖。上级法院有权解决下级法院之间的管辖权争议，上级法院和最高人民法院也可以提审、移交审判和指定管辖。

(二) 非正式的关系

除了上述制度上的、正式的关系外，还有一些实际中存在、但是相对来说非正式的关系。这些关系主要有下列情形：

1. 最高人民法院和上级人民法院在司法行政事务中的领导地位

自从1983年以后，和审判有关的司法行政工作改由人民法院自行管理，但是对于上下级法院之间在这种事务中的关系，则没有明确予以规定。从实际情况来看，这种关系具有两个特点，一是基本上是一种领导与被领导的关系；二是从其变化趋势来看，这类事务的范围越来越宽，上级法院，尤其是最高人民法院的领导作用越来越强。

从司法实践来看，最高人民法院和上级人民法院在这类事务中的领导作用主要包括：(1) 最高人民法院对全国法院的物质装备建设先后进行大量的领导工作。比如说，"两庭"建设、装备建设、信息化建设等等，都是在最高人民法院的领导下进行的。(2) 最高人民法院领导全国法院进行了多方面的司法改革，比如说三个"分立"，法官袍服的改革，等等。(3) 上级法院参与决定下级法院行政职务的提名。在改革开放早期，审判人员主要由同级党委的组织部门提名，但是后来越来越多地出现上级法院向下级法院派出法院院长以及其他行政职务的情形。我们在实地调研中了解到，一些地方采用同级党委和上级法院轮流决定法院院长人选等办法解决法院行政职务的提名问题。(4) 上级法院的行政领导还体现在通过宣传，通过评选先进集体或个人，通过各种指标等方式，促进特定的政策、原则和制度的实施。

2. 审判工作中的请示汇报

在审判工作实际中，大量存在下级法院就审判工作中遇到的疑难问题向上级法院请示汇报的做法。这种做法虽然没有正式的法律依据，但是最高人民法院曾经作出过制度化的努力。

早在1958年，最高人民法院在《关于改进请示解答工作的函》就对如何请示的问题有过如下指示："(1) 高级人民法院在审判工作执行党的方针、政策方面遇有不能解决的问题（包括下级法院向你们提出的这类问题的请示），应由高院研究后提出意见，向同级党委请示解决；(2) 有关审判程序方面的问题，在目前尚无法律规定的情况下，由你们依照人民法院组织法的有关规定，结合审判工作的实践经验，商同有关部门自行研究解决，或请示党委解决；(3) 对以上问题，经你院请示党委后，党委认为仍需由你院向我院征求意见时，务请将你院对该问题向党委请示的意见和党委的指示一并告知我们，以便我们研究处理；(4) 你们已获解决的问题和你们对下级人民法院请示问题的批复、解答，希同时抄送我院一份；(5) 你院或下级法院有关在审判过程中应用法律、法令的问题（即对已有法律、法令在审判工作中具体应用问题），由你院研究后提出意见，报送我院解释。"最高人民法院于1964年9月11日法研字第75号通知中又提出所谓逐级上报的要求："中级法院和基层法院今后对于需要向上级法院请示的问题，应按逐级请示的办法办理，不要直接向我院请示。我院只研究解答高级法院请示的问题，对中级法院、基层法院和司法干部个人请示的问题，一般不作解答。"1973年11月最高人民法院办公室《关于请示问题的通知》中又进一步重申了这一要求。

改革开放以后，向上级法院请示汇报的实践仍然存在，最高人民法院先后颁发了一系列通知，对这种请示活动进行规范。1985年3月最高人民法院在《关于报送民事请示案件有关问题的通知》中提到，近两年来，在最高人民法院收到的各地高级人民法院报送的民事请示案件中，由于不少案件既未经审判委员会讨论，又未对不同看法提出倾向性意见，以致不便于研究答复，因而要求今后各高级人民法院根据《人民法院组织法》第 11 条规定的精神，对重大疑难案件，须提交本院审判委员会讨论。讨论后，如认为尚需请示最高人民法院，则将讨论情况和处理意见一并报送最高人民法院。另外还指出，基层法院和中级人民法院有时直接向最高人民法院请示，要求今后凡需请示的案件，应按照最高人民法院［1973］法办字第 4 号通知逐级请示的规定办理。

1986 年 3 月最高人民法院在《关于报送请示案件应注意的问题的通知》中，要求各高级人民法院、解放军军事法院在报送最高人民法院内部请示的刑事犯罪（包括经济犯罪）案件时，应当做到：（1）报送的请示案件，必须事实清楚，证据确凿；（2）关于案件定罪、量刑问题的请示，要写出正式请示报告并附详细案情报告和案卷；（3）请示报告中要写明高级人民法院审判委员会的意见或政法委员会的意见；（4）如果审委会有几种不同意见，也应写明审委会倾向哪一种意见。

1990 年 10 月，最高人民法院经济审判庭在《关于请示问题应当注意的事项》中要求：(1) 中级人民法院和基层人民法院就经济审判中的问题需要向上级人民法院请示的，应逐级请示。最高人民法院只解答高级人民法院请示的问题，不按规定，直接向最高人民法院汇报请示的，一般不予接待和答复。(2) 高级人民法院向最高人民法院请示问题要有书面报告，所请示的问题应当事实清楚，证据确实，并提出审判委员会的意见。(3) 高级人民法院派人来口头汇报请示问题的，应事先电话取得联系，约定时间，不得带当事人或律师等法院以外的人员参加。

1995 年 11 月，最高人民法院在《关于报送刑事请示案件的范围和应注意事项的通知》中要求：(1) 报送请示案件的范围应严格限制在：①中央和最高人民法院关注的案件；②在本省、市乃至全国或国际上有重大影响，易引发群众激愤、新的社会矛盾和外事交涉的案件；③适用法律不明的案件；④按有关规定须报最高院内审的涉外、涉港澳台和涉侨眷案件；⑤案件管辖不明或管辖有争议的案件。除以上各类案件外，其他案件请各省、区、市高级人民法院自行依法研究处理，不要再报送最高院请示。(2) 报送请示案件，必须事实清楚，证据确凿。对于案件事实的认定，由报送单位负完全责任。凡属案件事实不清、证据不扎实以及对事实、证据的认定有不同意见，不要上报请示。(3) 对事实清楚、证据确凿、定性也无大的分歧，只是对量刑分歧意见大的，亦不宜上报请示。(4) 报送请示案件，要写出正式请示报告并附详细案情报告和案卷。请示报告中要写明中、高级法院审委会的意见，重大案件以及司法部门之间存在原则分歧的案件还须附政法委员会的意见。如果审委会、政法委有几种不同意见，也应写明各自倾向性的意见。

2000年12月，最高人民法院行政审判庭在《关于严格执行行政审判工作请示制度的通知》要求：（1）对于审判行政案件如何适用法律的问题，高级人民法院可以向最高人民法院请示，但不得以高级人民法院行政审判庭的名义请示。（2）高级人民法院向最高人民法院请示的内容必须是：①适用法律存在疑难问题；②适用法律规范冲突，应当由最高人民法院与有关部门协调或者确认的；③依照有关规定应当报请最高人民法院审核的涉外、涉港澳台和涉侨案件。（3）报送请示的事实、证据问题由高级人民法院负责。事实不清、证据不足的，不得报送请示。（4）向最高人民法院请示问题，必须写出书面报告，逐级报送。报告应当写明高级人民法院审判委员会的意见及理由；有分歧意见的，要写明倾向性意见及理由。涉及地方法规、地方规章及其他规范性文件的，应当一并报送。

解读上述法律文件，我们可以得出如下分析结论：（1）请示报告在实际上普遍存在。（2）存在大量的所谓越级请示的问题。（3）许多案件在事实不清的情况下进行请示。（4）向同级党委、政法委请示的现象也普遍存在。此外，这些文件还表现了最高人民法院对请示问题的态度及其变化：（1）自始至终，最高人民法院都反对越级请示；（2）在1958年的文件中，最高人民法院要求法院尽量向同级的党委请示，此后再无这样的要求；（3）改革开放以后，最高人民法院有逐步缩小请示案件范围和请示问题范围的趋势，比如要求请示的案件是影响重大的、法律争议重大的案件，要求请示的问题是法律问题而不是事实问题，要求请示的是分歧较大的问题，等等。

上述情况有一个特点，就是上级法院是被动的，下级法院是主动的；请示的方式是正式的、书面的。然而，在实际中，还存在其他形式的类请示的问题。这主要包括：（1）广泛存在电话的、口头的、非正式的请示、汇报或者沟通工作，在地方各级法院之间，普遍存在利用法官之间私人关系的探听倾向性意见的情形。（2）还有上级法院通过旁听、阅卷等方式主动了解下级法院审判情况的，有上级法院要求下级法院汇报工作的，有上级法院对下级法院下达审判指示的，等等。

对于实际中普遍存在的这种请示汇报行为，有很多学者提出了批评。批评的理由主要是请示汇报导致上级法院介入案件处理，使二审流于形式，无形中剥夺了当事人不服裁判的上诉权，与严格的诉讼程序规定以及建设法治社会的要求是格格不入的。这种批评本身无疑是正确的，但是要看到，这种请示汇报的背后，存在着现实的原因。一是法官独立判案没有严格的法律保障，根据法院目前流行的考评机制，案件的发回重审、改判率一直是衡量一名法官办案水平和能力的主要指标，为了减少办“错案”的几率，下级法院不得不通过请示汇报来与上级法院保持“步调一致”。二是法官判案的依据不仅仅是正式的法律法规，而且还有各种政治和政策要求，而这种要求通常又是变化的、模糊的、微妙的，这增加了法官判案的风险，于是通过请示汇报，一定程度上可以降低这种风险。

六、法院的内部机构设置

我国法院的内部机构是根据法院审判工作的任务设置的。总体说来，这些机构包括三种类型：一是进行审判工作的机构，主要包括各种审判庭；二是负责司法行政事务的机构；三是负责执行的机构。在不同的历史时期，由于法院和其他国家机关的关系的调整，由于审判的任务和目标不断变化，法院的机构设置存在一定的差异。尤其是自改革开放以来，法院的审判任务不断增加，社会上对审判工作的公正和效率的要求也在不断提升，由此导致法院不断增设内部机构，机构之间的关系也频繁地调整。下面将根据三个线索，考察法院机构设置六十余年来的发展变化。

（一）受案范围扩展，增设审判法庭

法院最核心的任务是案件审判，案件审判由审判庭负责。在不同时期，法院受案的范围不同，不同案件类型的数量也在变化，由于存在这些差异，不同时期法院审判庭的类型和数量也在不断调整。

在 1954 年前，法院共有三种级别：县级人民法院、省级人民法院和最高人民法院。根据 1951 年颁布的《人民法院暂行组织条例》的规定，这些法院审判庭的设置是：案件多的县级人民法院可以分设刑事审判庭、民事审判庭；省级人民法院设刑事审判庭、民事审判庭；最高人民法院设刑事、民事审判庭，并可以设其他专门审判庭。

1954 年颁布实施的《人民法院组织法》设置了基层人民法院、中级人

民法院、高级人民法院和最高人民法院等四级法院，各级人民法院内部机构设置的规定是：基层人民法院可以设刑事审判庭和民事审判庭；中级人民法院和高级人民法院设刑事审判庭和民事审判庭，在必要的时候可以设其他审判庭；最高人民法院设刑事审判庭、民事审判庭和其他需要设的审判庭。

1979 年《人民法院组织法》规定：（1）基层人民法院可以设刑事审判庭和民事审判庭；（2）中级人民法院设刑事审判庭、民事审判庭，根据需要可以设其他审判庭，但是直辖市的中级人民法院和省、自治区辖的市中级人民法院应设经济审判庭；（3）高级人民法院设刑事审判庭、民事审判庭、经济审判庭，根据需要可以设其他审判庭；（4）最高人民法院设刑事审判庭、民事审判庭、经济审判庭和其他需要设的审判庭。

1983 年 9 月 2 日第六届全国人民代表大会常务委员会第二次会议《关于修改〈中华人民共和国人民法院组织法〉的决定》对法院审判庭的设置做了一定修改，要求在基层人民法院和中级人民法院也设立经济审判庭。

1989 年颁布的《行政诉讼法》第 3 条第 2 款规定："人民法院设行政审判庭，审理行政案件。"然而，该规定一直没有反映到《人民法院组织法》之中。

在正式制度层面，上述法律规定的内容及其变化主要有个特点：一是审判庭的基本设置最初只有民事审判庭和刑事审判庭，到 1979 年后增加了经济审判庭，1989 年后增加了行政审判庭；二是自 1954 年《人民法院组织法》颁布实施以来，中级人民法院以上均可根据需要设立其他审判庭，使得审判庭的设置在实际中具有很大的弹性。

从司法实际情况来看，在改革开放以前，诉讼案件实际受案的范围窄，数量少，所以审判庭一直限于刑事审判庭和民事审判庭两种类型，而且，各个法院两种审判庭的数量分别也只有一个。然而，在改革开放以来，由于受案范围大幅度拓展，案件数量快速上升，审判机构的类型和数量也随之增加。增加的方式和途径主要如下：

1. 增加审判庭的类型，设立经济审判庭和行政审判庭

在改革开放以前，全国法院只设有刑事审判庭和民事审判庭。改革开放以后，随着法院受案范围的扩展和案件数量的增长，全国法院相继建立了经济审判庭和行政审判庭。而法院受案范围的扩展和案件数量的增长，则是社会的经济、政治、文化、法治发展综合作用的结果。

(1) 全国普遍设立经济审判庭

1978 年中共十一届三中全会以后，国家的工作重点转移到经济建设上来，同时实行对外开放、对内搞活的各项经济政策，全国的经济活动随之繁荣和活跃，这同时也对法院的经济审判活动提出了新型的、更繁重的工作任务。这种要求导致的制度变化是，最高人民法院和地方各级人民法院纷纷设立经济审判庭，专司经济案件的审判工作。与此同时，全国人大常委会于 1983 年修改了《人民法院组织法》，要求在全国法院普遍设立经济审判庭。

从司法实际来看，1979 年年初，最高人民法院积极着手筹划在全国开展经济审判工作。同年 2 月，重庆市中级人民法院率先设立经济审判庭并试办案件。同年 7 月，第五届全国人民代表大会第二次会议通过《人民法院组织法》修正案，规定在最高人民法院、高级人民法院、直辖市和省、自治区辖市的中级人民法院设立经济审判庭。这是我国第一次在法律上规定人民法院承担经济审判业务。以修改后的《人民法院组织法》为依据，最高人民法院于 1979 年 9 月设立经济审判庭，各省、自治区、直辖市高级人民法院在 1979 年年底至 1980 年内先后设庭。随后，第六届全国人民代表大会常务委员会第二次会议于 1983 年 9 月修改《人民法院组织法》，将经济审判庭的设立范围修改为：在最高人民法院、高级人民法院和中级人民法院设立经济审判庭，在基层人民法院可以设立经济审判庭。到 1983 年年底，全国已有 87%的基层人民法院设立了经济审判庭。截至 1985 年，经济审判庭在全国法院普遍建立。

在分工上，经济审判庭审判的是经济案件。而所谓经济案件，并没有准确的界定，各地法院的理解也不完全一致。一般地说，是指至少有一方当事人是单位或法人的、民事性质的、具有财产争议内容的案件。在多数地方，有关个体工商户、农村承包经营合同的案件也在经济审判庭审判。从司法统计上来看，经济合同纠纷占绝大多数，大约是 90%的比例。而所谓经济合同，在 1993 年以前，根据当时施行的《经济合同法》的规定，是指法人之间为实现一定经济目的，明确相互权利义务关系的协议。而在《经济合同法》于 1993 年被修订之后，经济合同的范围扩大为平等民事主体的法人、其他经济组织、个体工商户、农村承包经营户相互之间，为实现一定经济目的，明确相互权利义务关系而订立的合同。

(2) 普遍建立行政审判庭

早在 1949 年 9 月中国人民政治协商会议第一届全体会议通过的《中国

人民政治协商会议共同纲领》中，就规定了人民和人民团体就任何国家机关和任何公务人员的违法失职行为进行司法控告的权利，五四宪法再次肯定了这一权利，但是对这一权利进行制度落实，却是改革开放以后才逐步实现的。从 1980 年起，一些法律法规开始规定当事人不服行政机关的处罚决定，可以向人民法院提起行政诉讼。最早作出类似规定的是 1980 年 9 月颁布的《中外合资企业所得税法》。随后于 1982 年 3 月颁布的《民事诉讼法（试行）》第 3 条第 2 款规定："法律规定由人民法院审理的行政案件，适用本法规定。"这一规定初步确立了人民法院审理行政案件在程序上的法律依据。此后包括类似规定的法律法规逐渐增多，截止到 1989 年《行政诉讼法》颁布时，达到一百三十多个。

从 1983 年起，人民法院开始受理行政案件，由民事审判庭和经济审判庭分别受理。由于行政案件的数量越来越多，从 1986 年下半年起，一些人民法院开始建立行政审判庭。最早建立行政审判庭的是湖南省汨罗县人民法院、武汉市中级人民法院、重庆市中级人民法院和湖北省宜昌市中级人民法院。1987 年 1 月，最高人民法院颁发了《关于建立行政审判庭的通知》，规定各级人民法院在试点并总结经验的基础上根据实际需要建立行政审判庭。截至 1988 年 6 月底，全国共有 21 个高级人民法院、224 个中级人民法院、1 154 个基层法院建立了行政审判庭。最高人民法院则于 1988 年 9 月建立了行政审判庭。随着 1989 年《行政诉讼法》的颁布施行，行政审判庭建设的步伐加快，截至 1990 年年底，全国各级人民法院共建立行政审判庭 3 037 个，占应建庭数的 92.68%；其中，当时全国的 30 个高级法院全部建立了行政审判庭，343 个中级法院有 99.13%建立了行政审判庭，2 904 个基层法院有 91.74%建立了行政审判庭。①

在分工上，行政审判庭主要负责行政案件的审判。具体在最高人民法院，行政审判庭主要负责如下工作：①审判第一、二审行政案件和行政赔偿案件；②审查处理立案庭移送的不服高级人民法院生效裁判的行政申诉案件及少数立案庭移送的不服基层法院、中级人民法院生效裁判的行政申诉案件；③审判最高人民检察院按照审判监督程序对下级人民法院作出的行政生效裁判提出抗诉的案件；④审查行政机关申请强制执行案件；⑤审

① 参见何兰阶、鲁明健主编：《当代中国的审判工作》，上册，188～199 页，北京，当代中国出版社，1993；《中国法律年鉴 1991》，"1990 年的审判工作"。

批高级人民法院行政案件延长审限的申请。在地方各级人民法院，行政审判庭负责和本级人民法院相应的行政审判工作。

2. 同一类型的审判庭根据分工不同，设立多个审判庭

应对受案范围拓展、收案数量上升的另一个措施，是设置多个同一大类的审判庭，在同一大类的案件中进行分工。全国比较常见的，是将刑事审判庭拆分成刑一庭、刑二庭、刑三庭，将民事案件拆分成民一庭、民二庭、民三庭等等。在实行大民事整合之前，一些法院对经济审判庭也进行拆分。总的来说，“增”和“拆”是全国法院机构设置的共同特点，但是如何“增”和“拆”，各地有一些特色和创新。审判庭拆分后，通常要对审判业务进行一定的分工。比如，刑二庭负责经济犯罪案件的审判，刑一庭负责其他案件审判。但是，也有法院在同一类型审判庭之间的分工依据不是案件类型，而是案件随机分配，只要各庭的工作量大致平衡即可。对于全国主要的或常见的审判庭拆分，介绍如下：

(1) 划分刑事审判任务，设立刑二庭负责经济犯罪方面的审判工作

1978 年中共十一届三中全会以后，全国的工作重点转移到社会主义经济建设上来，并实行改革开放的政策。改革开放在取得巨大的成绩的同时，也由于体制变化带来管理上的疏漏，并因此形成了严重的经济犯罪形势，走私贩私、贪污受贿、投机倒把、盗窃国家和集体财物等属于经济领域的、贪利性的犯罪显著增加。针对这种犯罪形势，中共中央于 1982 年 1 月发出了关于打击严重经济犯罪的紧急通知。同年 3 月 8 日，第五届全国人民代表大会常务委员会第二十二次会议通过了《关于严惩严重破坏经济的罪犯的决定》；4 月 13 日，中共中央、国务院又发布了《关于打击经济领域中严重犯罪活动的决定》，阐明了这场运动的性质和意义。鉴于打击经济犯罪在新的历史时期的重要意义，也鉴于经济犯罪在发生原因、法律适用等方面的共同特点，还鉴于经济犯罪审判具有较大比例的工作量，最高人民法院随后将经济犯罪审判工作的任务分立出来，单独成立刑事审判第二庭，负责这方面的工作。这种设置一直沿用至今。

除了最高人民法院以外，地方各级人民法院也比照最高人民法院，普遍设立了刑事审判第二庭。此外，还有一些地方法院设置刑事审判庭第三庭，比如昆明市中级人民法院、南昌市中级人民法院等等，在案件分工上则有自己的特点。

在分工上，一般说来，破坏社会主义市场经济秩序罪、侵犯财产罪、

贪污贿赂罪、渎职罪等贪利性的、经济性的犯罪，由刑事审判第二庭负责审判，其他类型的犯罪则由刑事审判第一庭负责审判。

(2) 设立各种特殊的民事经济案件审判庭。

在改革开放的历史进程中，在不同的地区，不同程度地集中涌现一些特定类型的民事经济案件，一些地方法院于是有针对性地设立了专门的审判法庭，审理专门的民事经济案件。主要的有：

1) 知识产权审判庭。针对知识产权诉讼具有较强的专业性、技术性，且涉外案件较多等特点，最高人民法院1994年颁发的《关于进一步加强知识产权司法保护的通知》指示，知识产权案件较多的大中城市的中级人民法院及高级人民法院，具备条件的，可以设立知识产权审判庭，集中审理知识产权案件。最高人民法院也于1996年10月成立知识产权审判庭。地方各级人民法院也先后成立知识产权审判庭或者专门从事知识产权审判的合议庭。截至1998年，全国已有二十余个法院设立了知识产权审判庭，许多未设立知识产权庭的法院也已将知识产权民事案件统归一个审判庭审理，或专设合议庭审理。在分工上，知识产权审判庭主要受理著作权、商标权、专利权纠纷中的各种民事经济案件。

2) 劳动审判庭。深圳市中级人民法院于2005年4月成立了专门的劳动争议审判庭，负责审理一审劳动争议案件以及不服基层法院裁判上诉的二审劳动争议案件，并指导全市两级法院劳动争议案件的审判工作，负责与市劳动、信访部门协调，做好涉法上访工作。

3) 房地产审判庭。一些房地产案件比较多的地区，法院设置了专门的房地产审判庭。

4) 最高人民法院于1980年4月设立了交通运输审判庭，随后又于1983年7月撤销，然后再于1987年3月恢复设立交通运输审判庭。

(3) 按照“大民事”的格局，对各类民事经济审判庭进行整合

在2000年前后，最高人民法院完成了大民事格局的整合，即对原来的民事庭、经济庭、知识产权庭、交通庭进行机构调整，组建了四个民事审判庭，形成了刑事、民事、行政三大审判体系。在最高人民法院，四个民事审判庭的职责划分是：

1) 民事审判第一庭：①审判婚姻家庭、劳动争议、不当得利、无因管理等传统民事案件，房地产案件，不动产相邻关系案件，邻地利用权案件以及其他不动产案件，农村承包合同案件，自然人之间、自然人与法人、

其他组织之间的合同、侵权案件，适用特别程序的案件；②审查和办理与上述案件有关的申请撤销相关仲裁、复议等案件；③审批相关的案件延长审限的申请；④指导人民法庭工作。

2）民事审判第二庭：①审判国内法人之间、法人与其他组织之间的合同纠纷和侵权纠纷案件，国内证券、期货、票据、公司、破产等案件；②审查和办理与上述案件有关的申请撤销相关仲裁、复议等案件；③审批相关的案件延长审限的申请。

3）民事审判第三庭：①审判著作权（包括计算机软件）、商标权、专利权、技术合同、不正当竞争以及科技成果权、植物新品种权等知识产权案件；②审查和办理与上述案件有关的复议案件；③决定相关案件延长审限的申请。

4）民事审判第四庭：①审判海事案件，法人之间、法人与其他组织之间的合同和侵权涉外、涉港澳台案件，证券、期货、票据、公司、破产等涉外、涉港澳台案件，信用证案件；②审查和办理与上述案件有关的申请撤销、承认和强制执行国际仲裁裁决、外国法院判决的案件；③审查有关涉外仲裁条款效力的案件；④审批高级人民法院相关案件延长审限的申请。

比照最高人民法院的调整，地方各级人民法院也进行了大民事格局的整合。在高级人民法院这一级，一般都设有四个民事审判庭，受案范围和最高人民法院相当。而在中级人民法院，尤其是在基层人民法院这一级，民事审判庭设有两个、三个、四个、五个、六个不等，通常根据本法院的案源和工作量情况进行设置。

（二）参与综合治理，设立两种法庭

1981 年 6 月，中共中央批转了中央政法委关于京、津、沪、穗、汉五大城市治安座谈会纪要。纪要提出，争取社会治安根本好转，必须全党动手，实行全面综合治理。法院系统也被要求参与综合治理。在实践中，法院系统以多种方式促进综合治理的实现。其中，设立人民法庭和少年法庭是两种重要的方式。

1. 加强人民法庭建设

早在 1954 年，《人民法院组织法》就规定，基层人民法院根据地区、人口和案件情况可以设立若干人民法庭，人民法庭是基层人民法院的组成部分，它的判决和裁定就是基层人民法院的判决和裁定。以后历次的《人民法院组织法》修正案都坚持了这一设置。改革开放以后一段时期，为了加强对人民调解委员会的业务指导，及时妥善地调解和处理民事纠纷和轻微刑事案件，防止矛盾激化而演变成重大刑事案件，我国法院系统又进一步加强了人民法庭的建设。

从表 1—2 来看，全国人民法庭的建设在 1992 年达到最高峰，达到 18 000个，平均每个基层人民法院有 6.1 个派出法庭，在全国的民事经济一审案件中，有 55.2%的案件是由人民法庭受理和审判的。

但是此后，由于受到审判方式正规化改革的影响，人民法庭被大量撤并，人民法庭数量逐年减少，收受案件的比例也开始减少，调处简易纠纷的数量也开始减少。具体如表 1—2 和图 1—5 所示，截至 2006 年，人民法庭的数量减少为 9 608 个，平均每个基层人民法院只有 3.2 个人民法庭。截至 2001 年，人民法庭受理的民事经济案件占全国一审民事经济案件的比例减少为 26.8%；人民法庭受理的刑事自诉案件所占比例下降到 24.9%；调处简易纠纷数从 1992 年的 154 352 件下降为 36 586 件，下降了 76.3%。

表 1—2　　全国人民法庭及其收案数量

年份	人民法庭数量	人民法庭一审收案					全国法院一审收案	
		民事经济案件		刑事自诉案件		调处简易纠纷	全国民事经济案件	全国刑事自诉案件
		收案数	所占比例	收案数	所占比例			
1987	15 886							
1988	17 273							
1989	16 462							
1991	15 030							
1992	18 000	1 435 979	55.2%	13 998		154 352	2 601 041	
1993	15 377	1 612 918	54.1%	14 010	31.3%	143 411	2 983 667	44 742
1994	14 323	1 825 183	53.1%	16 164	34.3%	148 293	3 437 465	47 087
1995	18 000	2 043 247	51.1%	17 545	35.3%	134 286	3 997 339	49 683
1996	18 000	2 270 023	49.2%	19 628	36.4%	129 331	4 613 788	53 946
1997	15 000	2 242 575	47.1%	15 491	29.6%	100 791	4 760 928	52 352
1998	17 411	2 031 805	42.1%	22 064	39.5%	96 776	4 830 284	55 871
1999	12 000	2 054 625	40.6%	18 855	31.7%	78 724	5 054 857	59 390
2000	14 928	1 497 307	31.8%	16 648	28.2%	44 466	4 710 102	58 976
2001	14 333	1 235 427	26.8%	13 369	24.9%	36 586	4 615 017	53 591
2002	12 075							

续前表

年份	人民法庭数量	人民法庭一审收案					全国法院一审收案	
		民事经济案件		刑事自诉案件		调处简易纠纷	全国民事经济案件	全国刑事自诉案件
		收案数	所占比例	收案数	所占比例			
2003	12 078							
2004	10 345							
2005								
2006	9 608							
2007								
2008	9 874							
2009	10 023							
2010	9 835							

资料来源：1987—2009 年的数据来源于《中国法律年鉴》1987—2010 年各卷；2010 年的数据来源于最高人民法院实地调研。

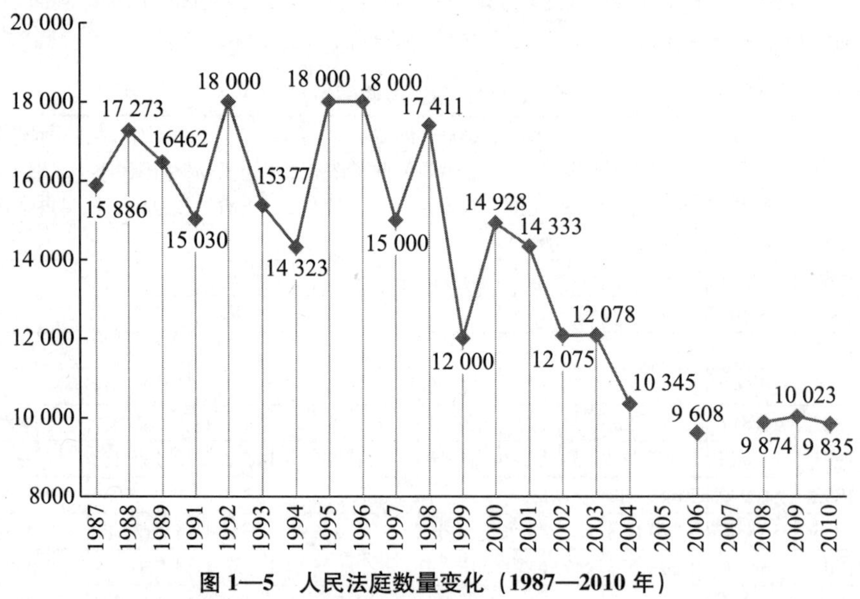

图 1—5　人民法庭数量变化（1987—2010 年）

2. 设立少年法庭

自 20 世纪 80 年代中期以来，全国法院先后进行试点和推广少年法庭审判模式，作为综合治理的一种措施。少年法庭具有不同的形式：一种是在刑事审判庭内设立专门未成年犯罪的合议庭，另一种是设立独立建制的少年案件审判庭。少年法庭采取同少年犯生理和心理相适应的审判方式和方法，把惩罚犯罪和预防犯罪、矫治犯罪结合起来，贯彻教育、感化和挽救的方针。

1984 年 11 月上海市长宁区人民法院创建我国第一个少年法庭后，经过各地试点，1988 年，最高人民法院在上海召开审理未成年人刑事案件经验交流会，向全国推广少年法庭工作经验，少年法庭迅速在各地推广。1990 年最高人民法院在南京召开全国少年刑事审判工作会议，进一步推动了少年法庭工作的开展。到 1994 年年底，全国法院已建立少年法庭 3 369 个，其中，独立建制的少年案件审判庭 540 个，全国共有少年案件审判人员 1 万余名，基本上做到了所有未成年人刑事案件都由少年法庭审理。

少年法庭在全国推广以后，审理了大量的少年刑事案件，为维护少年权益、发挥社会综合治理效用发挥了一定的作用。据统计，在 1999—2005 年间，全国各级人民法院少年法庭共判处未成年被告人 393 543 名，其中判决有罪的 393 115 名，判决无罪的 428 名。①

但是，21 世纪以来，少年法庭的数量和人员均有减少的趋势。2001 年年底，全国少年法庭减少为 2 500 多个，少年案件审判人员减少为 7 500 多人。2003 年年底，全国少年法庭进一步减少为 2 400 多个，少年案件审判人员进一步减少为 7 200 多人。

表 1—3　　全国少年法庭建设进程

年份	1984	1988	1992	1993	1994	2001	2003
少年法庭（个）	开始试点	开始推广	1 682	1 894	3 369	2 500 多	2 400 多
审判工作人员（人）			7 049			7 500	7 200

资料来源：何兰阶、鲁明健主编：《当代中国的审判工作》，上册，174～176 页，北京，当代中国出版社，1993；《中国法律年鉴》1993—1995 年、2002 年、2004 年、2009 年各卷。

（三）实行三个“分立”，改革或增设三个机构

20 世纪 90 年代以来，在最高人民法院的部署和领导下，全国法院开始了以三个分立为内容的审判机构改革，在机构改革的基础上，同时推动审判方式的转变。

① 参见《中国法律年鉴 2007》，171 页。

1. 立审分立，设立专门的立案庭或者告申庭

为了切实保护公民、法人及其他组织诉讼权利，加强法院队伍廉政建设，避免和减少人情案、关系案、吃请受礼等现象的发生，同时进一步发展和完善我国审判制度，最高人民法院在全国推行立审分立。所谓立审分立，就是立案和审判分开，防止审判人员先入为主的偏见影响案件裁判。具体做法是立案工作由专门机构负责，可以设在告诉申诉审判庭内；不设告诉申诉审判庭的，可以单独设立立案庭。在最高人民法院，则是设立了立案庭，其职责是：①对最高人民法院办理的各类案件进行立案；②审查处理各类申诉；③处理非诉来信、采访；④审理管辖争议案件；⑤处理司法救助申请事宜；⑥对最高人民法院审理的各类案件进行审限流程管理。地方各级人民法院和专门人民法院的立案机构的职责，根据参照最高人民法院，结合本法院的工作实际情况确定。

最高人民法院于 1987 年设立告申庭，并开始在全国探索和试行立审分立。对试点工作进行评估后，最高人民法院 1993 年提出在全国法院系统试行立审分开。截至 1997 年，全国已有 18 个高级法院，331 个中级法院，2 728个基层法院实行了立审分开。将原有的告诉申诉审判庭分设为立案庭和审判监督庭，或将立案室设在告诉申诉审判庭或审判监督庭内。立审分开的格局已基本形成。从 1997 年开始，最高人民法院又开始了立案工作的规范化和制度化，制定下发了《立案工作的暂行规定》。截至 2003 年 10 月，立案工作实现了下列成就：①立审分立的格局已基本形成。全国成立立案庭的法院已超过 95%，北京、山东等五个省市已达 100%。立案法官和工作人员总数达 23 400 人，占全国法官和工作人员总数的 7.45%。②全国已有 253 个中级人民法院、2 454 个基层人民法院建立了立案大厅，立案工作实现了专门化，有效地解决了群众的告状难问题，切实保护了当事人的诉权。③审判工作流程管理制度推行，全国已有 268 个中级人民法院和 2 631 个基层人民法院实行审判工作流程管理制度，利用科技手段，对案件进行统一、集中和有效的跟踪管理。④认真处理了人民群众的来信来访，逐步完善信访工作机制，维护了社会稳定。①

2. 审监分立，设立审判监督庭

和立审分立同时推行的，是审监分立。所谓审监分立，就是设立专门

① 参见《中国法律年鉴》1998 年、2003 年各卷；何兰阶、鲁明健主编：《当代中国的审判工作》，上册，北京，当代中国出版社，1993。

的审判监督庭负责审理不服本院生效判决的、部分不服下级法院生效判决的刑事、民事再审案件，使一、二审和再审程序分离，其目的是有效解决原审判庭有关人员先入为主和主观上有错故意不纠的问题，切实保护当事人的合法权益。截至 1997 年，全国就有 29 个高级法院、364 个中级法院和 2 812 个基层法院成立了审判监督机构，基本上实现了审监分立。①

在最高人民法院，审判监督庭的职责主要是审判各类再审案件，包括最高人民检察院按照审判监督程序提出抗诉的案件，经本院立案庭审查立案的各类再审案件，院领导、领导机关交办的再审案件。此外，审判监督庭还负责核准高级人民法院按照审判监督程序改判死刑并报请本院核准的刑事案件，以及因被告人在死缓考验期内故意犯罪而应当执行死刑的案件。地方各级人民法院审判监督庭的职责则参照最高人民法院，同时结合本法院的实际审判工作需要确定。

3. 审执分立，设立执行机构

第三个分立是审判和执行分开。审判和执行是两种权力或者活动，二者具有共同性，也具有差异性。实行审执分立，是强调审判和执行之间的差异。这种差异主要在于：一方面，二者处于案件的不同的环节；另一方面，审判具有更多的司法裁断性质，而执行具有更多行政权力色彩。正是因为强调这种区别，实现法院人力资源重新整合和分配，提高审判工作的效率，最高人民法院在 20 世纪 90 年代后期推行了审执分立为内容的审判机构改革。

实行审执分立的基本途径，就是在法院内部单独设立执行机构，由该机构负责案件的执行工作。执行机构名称在全国并不统一，有的称为执行庭，有的称为执行局，在执行局中再设立数个执行庭和办公室，在最高人民法院，则称为执行工作办公室。目前在执行庭工作的人员，主要是由有审判职称的审判人员兼任，不具有审判资格的纯粹的“执行员”，比例较小。

人民法院执行工作的范围包括发生法律效力的民事判决、裁定，行政判决和裁定，刑事判决、裁定中的财产部分，以及非讼的行政案件，生效

① 最高人民法院副院长祝铭山表示，地方各级法院将在陆续开展的机构改革中对内设机构的名称、职能参照最高人民法院的机构设置进行调整，高、中级人民法院的机构设置，要与最高人民法院的机构设置基本相对应，基层法院要从符合全面开展审判工作的实际出发设置机构。参见新华社：《高院审判机制进行重大改革》，2000-08-08。

的仲裁文书、公证文书等。根据有关法律的规定不同级别的法院的执行任务是不一样的，所以不同法院的执行机构的工作内容可能有所不同。

(四) 加强司法行政工作，增设司法行政机构

在 1982 年以前，根据当时的《人民法院组织法》规定，法院的司法行政工作由司法行政机关负责。但是，“文化大革命”之后，人民法院的审判工作逐步恢复时，司法行政机关尚未正式办公，所以，最高人民法院设立司法行政厅，自行负责司法行政事务。1979 年 12 月 28 日，最高人民法院发出通知，因为司法部恢复办公，最高人民法院司法行政厅即行撤销，地方各级人民法院的司法行政工作由司法行政部门管理。随后，1982 年 7 月，中共中央、国务院决定，人民法院的司法行政工作改由人民法院自己管理；1983 年 5 月 3 日，最高人民法院司法行政厅开始办公，相应地，地方各级人民法院也设立司法行政机构，自行管理司法行政事务。

随着我国法制的发展，以及审判事业发展的需要，随后的二十多年中，法院的司法行政工作有日益增加的趋势，司法行政机构也不断增设。主要包括：

(1) 1988 年 12 月，最高人民法院设立教育厅，开始办公。

(2) 1989 年 7 月，最高人民法院和国家编制委员会决定在人民法院设立监察机构，即在中级以上人民法院设立监察室，基层人民法院设立专职监察员；其中直辖市基层法院如果确实需要也可以设立监察室。

(3) 1990 年 1 月，为了加强思想政治工作和干部管理工作，各级人民法院恢复设立政治工作机构，最高人民法院和高级人民法院设立政治部，中级人民法院设立政治处，基层人民法院设立政工科。

(4) 1990 年 9 月，最高人民法院决定设立计划财务装备局，以适应法院系统经费管理和物资装备管理的需要。

(5) 1990 年 11 月，最高人民法院决定将司法行政厅更名为技术局，主要负责全国法院系统的法医技术、计算机技术、通信技术等有关技术工作。

(6) 1990 年 11 月，最高人民法院决定设立中国应用法学研究所，主要任务是在马克思主义法学理论指导下，紧密结合审判工作实际，对一些重大的、长期性的理论课题进行系统、深入的研究，以增强最高人民法院对审判工作监督和指导的理论性和科学性。

(7) 设立研究室。研究室的工作包括：①办理审判委员会会务，开展总结审判经验的调研及办理其他有关审判工作的事项；②起草司法解释及有关组织、协调、编纂等工作；③起草综合性文件、报告；④负责司法统计；⑤负责宏观调查研究工作；⑥参与立法活动，研究、征集对法律、法规、规章草案的意见；⑦对下级人民法院和有关部门提出的法律适用问题进行答复；⑧办理或协调办理涉港、澳、台的法律事务；⑨指导少年法庭工作；⑩办理人权方面的事务。

但是在地方各级人民法院，这些机构不一定具有对应的设置。地方各级人民法院具体设立哪些机构，一般要结合地方法院的具体工作要求来定。

第二节 法院职能活动

一、法院职能活动的内容

在我国，司法审判最基本的职能就是审判，通过审判，又可以进一步实现其他目标，比如惩罚犯罪分子，调整民事经济法律关系，解释和昭示法律，监督行政机关的执法活动，保障个人的基本权利和自由，等等。在本报告的这一部分，我们重点考察的职能活动，就是法院的审判工作。

由于我国较为特殊的机构设置，除审判工作外，我国法院还有三项重要职能，即执行工作、司法解释工作和司法行政工作。本报告对这三项职能活动的处理原则是：对于执行工作，将其和审判工作放在一起进行考察；对于司法行政工作，仅就其中的相关的内容分别在机构设置、队伍发展和经费保障三部分中间接地予以描述和分析；对于司法解释工作，由于《中国人民大学中国法律发展报告 2010：中国立法 60 年——体制、机构、立法者、立法数量》一书已进行了系统的考察，因此本报告不再专门介绍。[①]

审判工作又由于诉讼案件的类型不同，而在内容和任务上有所区别。根据这种区别，本报告区分不同的案件类型，考察法院的审判活动。

从不同的角度，诉讼案件可以有不同的划分。首先，根据所处的阶段

① 参见朱景文主编：《中国人民大学中国法律发展报告 2010：中国立法 60 年——体制、机构、立法者、立法数量》，北京，中国人民大学出版社，2011。

和环节，诉讼案件可以划分为一审案件、二审案件、再审案件和死刑复核案件。对于不同的案件，意味着审判工作的启动具有不同的依据，工作的内容和目标存在差异，工作考核、绩效评价也需要运用不同的标准。基于这种差异，本报告将主要以这种划分为基础，分别考察审判工作的不同方面。

其次，根据纠纷性质的不同，诉讼案件可以划分为刑事案件、民事案件、行政案件三种类型。纠纷的性质不同，案件的处理程序也存在差异，案件的数量、案件的处理结果也具有不同的社会意义。基于这种不同，本报告对审判工作的分类考察，将兼顾这方面的分类。

结合上述两个标准，本报告将从六个方面考察法院在 1950—2010 年的审判工作：（1）案件总数的构成和变化；（2）刑事一审收案和结案；（3）民事一审收案和结案；（4）行政一审收案和结案；（5）二审和死刑复核；（6）再审工作。

本报告将主要通过案件数量来考察审判工作。这是因为，案件数量具有重要的指标作用。首先，审判工作是法院的主要工作，案件数量的大小，反映了审判机关及其人员的工作业绩和工作效率，同时也反映了审判机关的负担。其次，由于审判工作量的大小可以反映有多少纠纷被人们提起诉讼，所以，审判工作量的变化，可以反映社会上纠纷数量的变化，可以反映不同纠纷解决机制解决纠纷的能力和流行的程度。再次，对于二审、再审案件来说，案件量可以反映人们对一审的程序和实体处理的认可，体现审判机关化解社会矛盾的能力。

在一定程度上，诉讼率和案件量是相同的指标，其区别只在于，诉讼率扣除了人口因素的影响，增强了不同国家、不同历史时期的可比性。由于诉讼率的这一特点，当人口因素的影响不能被忽略时，就使用诉讼率而不使用案件量；反之，当人口因素的影响可以忽略或者被抵消时，就直接用案件量指标。

二、案件总数的构成和变化

（一）1950—2010 年诉讼案件总数变化

诉讼案件总数是不同性质、不同阶段的案件的汇总。从案件性质的角度看，审判案件包括刑事案件、民事案件和行政案件；从案件所处的审判环节上看，审判案件包括一审案件、二审案件和再审案件，严格说来，近年来还包括死刑复核案件。这些案件的总和，构成诉讼案件总数，简称“案件总数”。需要说明的是，这里考察的“案件总数”，仅就收案而言，不讨论结案数量。

通过对有关资料的搜集整理，我们得到了1950年以来历年的案件总数。在1950年—2009年期间，全国案件总数经历了曲折的变化。这种变化首先可以划分为改革开放前和改革开放后两个历史时期，而每个时期，又可表现为不同变化趋势的若干阶段。

1. 改革开放前（1950—1978年）

这一时期的案件总数及其变化具有两个特点：

一是改革开放前29年的案件数量总体上低于改革开放后的32年。具体言之，前一时期平均每年大约102万件，后一时期平均每年大约424万件，差距明显。

二是案件数量总体上呈前高后低的分布。然而，案件的前高后低并不是逐年下降的，而是前后分为三个阶段，按阶段逐步下降的。具体地说，分为如下三个阶段：

（1）1951—1958年，案件数量相对较高，每年大约200万件，波动幅度不是很大。

（2）1959—1966年，案件数量骤然下降了大约50%，大致维持每年100万件的水平。

（3）1967—1978年，案件数量在前一时期的基础上，再度骤然下降了65%左右，并且连续十年维持每年大约37万件的水平。

2. 改革开放以来（1979—2010年）

这一时期的案件总数及其变化具有两个特点：

一是案件数量总体上高于改革开放前的29年，平均每年达到423万件，最高值在2009年达到746万多件。

二是案件数量总体上呈前低后高的分布，并且，大体上是逐年上升的。在1978年，案件总数只有613 272件，而截至2009年，案件总数增长到7 462 488件，总共增长了12倍，平均年增长率达到8.4%。

然而，在这一总趋势中，也有一些年份出现反常变化，这些反常变化或者突然急剧上升，或者出现短暂下降。具体地说，是如下一些年份：

（1）1979年出现了一个很高的波峰，这一年的案件总数是1 803 181件，较前一年（613 272件）增加了194.0%，而在下一年（1 168 715件）又下降了35.2%。

（2）有一些年份案件数量增长较快，包括：1983年增长了28.9%；1986年增长了33.8%；1989年增长了25.2%；1994—1996年连续三年增长超过了10%；2008年增长了13.7%。

（3）这一时期案件总数总体上呈增长趋势的同时，存在两处明显的转折。一个转折是案件总数从1979年开始增长，到1999年时，达到历史最高值（6 229 512件），此后直到2006年，案件总数停止增长，并有平缓下降的趋势；另一个转折是在2007年，案件又开始增长，增长趋势一直延续至2010年。

（二）案件总数的构成

在过去的60年中，不同类型的案件在案件总数中的比例不断发生变化，以致各种案件的比例很难予以精确和清晰的描述。但是，归结起来，各类案件所占的比例大致具有如下五个特点：

第一，刑事案件所占比例波动较大，民事、行政案件所占比例波动较小。综观新中国成立以来的刑事案件，刑事案件的数量常常出现忽高忽低的现象，波动较大，在案件总数中所占的比例也随之出现较大幅度的波动。比如在1951年、1954年、1958年、1970年和1979年，都出现了超过1倍的增长，1983年、1986年也出现了超过50%的增长。快速增长之后，常常紧随着快速下降。而相对来说，民事和行政案件数量的变化是逐步的、渐渐的，要平缓一些。就民事案件来说，最低时一年只有64 728件，最高时一年达到6 436 333件，差距悬殊，但是这种变化主要是由于长期的积累造成的。这种差异表明，刑事案件受国家的政策影响更大，国家不定期推行的政治运动或者“严打”政策，导致了刑事案件数量的短期上升，然后回落。当然，民事案件也受到这种影响，只是受到的影响不如刑事案件大，而且有时候是政治因素影响了经济因素，经济因素再影响民事案件，比如1952年、1954年和1961年的快速变化，基本上都属于这种情形。

第二，改革开放以后，刑事案件所占的比例总体上呈下降趋势，民事、行政案件总体上呈上升趋势。改革开放以前，刑事案件虽然波动大，但是总体上大致占有半壁江山。从1950—1978年间的案件总数来看，刑事案件大约占44%，民事案件大约占56%，刑事案件略低。然而，改革以后，由于民事、行政案件的比例持续地、快速地增长，刑事案件的相对比例逐年下降。截止到1997年，刑事案件所占比例降到9.1%的历史最低水平，最后有所回升，最近10年来，始终维持在11%～14%。此消彼长的结果是，民事案件所占比例上升到接近90%的水平，行政案件则从无到有，最后增长到2%以上的比例。

第三，除了极个别的年份外，一审案件占绝大多数。在过去61年中，极端的年份是1979年，一审案件只占28.5%。除此之外，1956年、1957年、1978年、1980—1987年间，一审案件所占比例在65.3%～87.0%。余下的48年中，一审案件所占比例都在89%以上，甚至在1970—1973年间，一审案件占到100%，当然，这是司法机关不能正常开展职能活动的结果。累积61年的案件总数，一审案件所占比例89.6%，这个比例恰好是最近的2009年的比例。

第四，二审案件所占比例较小，比例最大的时候也没有达到10%。而在1970—1973年间，则完全没有二审案件。在1984年以前，二审案件所占比例波动较大；在1985—1999年间，二审案件所占比例在5.7%～7.1%间浮动，波动较小；2000年以来，二审案件所占比例总体上呈缓慢上升的趋势，在2009年达到历史最大值9.8%。

第五，再审案件所占比例波动最大，近20年来，所占比例逐年缩小。在1987年以前，再审案件所占比例波动很大，在一些年份，完全没有再审案件，或者很少，而在另一些年份，所占比例又很高，最高时在1979年达到案件总数的68.9%。1988年以来，再审案件所占比例波动幅度变小，并渐渐地、逐年地下降，从1988年的4.38%，降到2009年的0.56%。

（三）案件总数变化的初步解释：从不同类型案件的构成的角度

案件总数由不同性质的案件构成，不同性质的案件的数量变化，是案件总数变化的一个直接原因。换一个角度，案件总数也由不同阶段的案件构成，不同阶段案件的比例变化，也在一定程度上影响案件总数。案件总数变化的直接原因，就是这些不同性质、不同阶段的案件的数量的变化的合力，而每一种具体类型的案件的数量变化，又有着深刻的社会背景和制度原因。理论上说，这种合力可能有两种情形，一种情形是，一些案件的数量没有明显变化，而另一些案件的数量变化显著，那么后者则成为案件总数变化的决定性力量；另一种情形是，各类案件的数量同时发生变化，变化的方向可能是相同的，也可能是相反的，这种情况下，各种变化相互抵消，或者相互加强之后，表现为案件总数的变化。

1. 改革开放前（1950—1978 年）案件总数变化解释

具体地说，1950—2009 年之间案件总数的几处重大变化的直接原因如下：

第一，在 1951—1958 年，案件总数平均每年大约 200 万件，而在 1959—1966 年，案件总数平均每年只有 100 万件，变化的原因在于民事案件和刑事案件双双下降。但是相对来说，民事案件下降得更早，大约从 1954 年就开始下降，并从 1953 年的 1 857 906 件下降到 1966 年的 374 836 件。刑事案件下降开始较晚，从 1959 年才开始下降。

第二，在 1967—1977 年间，案件总数降低到整个 1950—2009 年中最低的阶段，平均每年只有 34 万件，并持续了 11 年。之所以发生这一变化，直接的原因是民事案件和刑事案件都下降到历史上极低的水平，而深层的原因，则是“文化大革命”对公检法正常职能活动的冲击。

2. 改革开放以来（1979—2010 年）案件总数变化解释

（1）不同性质案件数量的影响

1978 年以后，案件总数总体上持续地、长期地增长。首先从案件性质角度看，这一时期案件总数增长的直接原因包括三个方面：

一是民事案件数量快速增长，从 1978 年的 318 330 件、占案件总数的 51.9%，增长到 2009 年的 6 436 333 件、占案件总数的 86.2%。结合不断增长绝对数量和相对比例来看，民事案件是这一时期案件总数增长的主要原因。

民事案件不仅是这一时期案件总数增长的主要来源，还是这一时期案件总数变化出现两次大的转折的主要原因。具体地说，第一次发生在 1999 年，2000—2006 年案件总数之所以停止增长甚至平缓下降，主要原因在于民事案件出现了下降。而 2007 年以后，案件总数之所以快速上升，主要原因也在于民事案件的快速增长。

此外，前面提到的一些年份，包括 1983 年、1986 年、1989 年、1994—1996 年和 2008 年案件总数快速增长，其决定性的原因都是当年民事案件的快速增长。

二是刑事案件的数量除了 1979 年的特别高以外，其他年份总体上呈逐年增加的趋势，但是，平均年增长率只有 3.6%，在案件总数中比例越来越小，从 1978 年的 48.1%，降到 2009 年的 11.7%。因此，刑事案件虽然对案件总数的增长有所贡献，但是其贡献远小于民事案件。唯一例外的是，1979 年案件总数快速上升了 194.0%，这是由刑事案件的增长引起的。而刑事案件之所以突然增长，是因为当年大量平反冤假错案，导致刑事再审案件井喷式的增加。

三是行政案件从无到有，也是案件总数增长的一个原因。然而，即使在行政案件总数最多的几年，也只占案件总数的 2.2%，所以，行政案件对案件总数变化的贡献比较小，在三类案件中是比例最小的。

（2）不同阶段案件数量的影响

不同阶段案件数量的变化，包括一审、二审、再审案件数量的变化，都对案件总数的变化发生影响，然而，它们的影响的阶段、程度和方向，都有所不同。

首先，一审案件所占的比例最大，增长幅度也最大，是影响案件总数变化的最重要因素。在 1978—1988 年间，一审案件所占比例波动较大，但大多数时候都在 80%上下浮动。1989 年以后，一审案件所占比例上升到 90%以上，除了 2006 年（89.9%）和 2009 年（89.6%）略低以外，其余年份都超过了 90%。

其次，二审案件在一定程度促进了案件总数的增长，但是其影响程度较小。二审案件虽然略有波动，但是总体上呈持续、稳定上升的趋势。在 1978 年，二审案件合计只有 22 268 件，截至 2009 年，增长到 731 950 件，总共增长了将近 32 倍，平均年增长率为 11.9%。增长速度显著快于案件总数，表明二审案件推动了案件总数的增长。然而，二审案件所占的比例比较低，最高的 2009 年也只有 9.8%，由于权重较小，所以对案件总数变化的影响也较小。

最后，再审案件一度是影响案件总数的重要因素，在个别年份甚至是最重要的因素，但是其影响越来越小，直至可以忽略不计。在 1979 年，案件总数增长了 194.0%，达到 1 803 181 件，其中 68%是再审案件，再审案件中又有 99.4%是刑事再审案件，这是新中国成立六十年来，再审案件绝对数量和相对比例最大的一年。1980 年以后，再审案件的绝对数量和相对比例都呈下降趋势，一直降到 1984 年的 147 958 件，比例降到 9.04%。此后两年又有所上升，一度升到 21.6%的比例。然而，此后两年，呈直线下降的趋势，比例降到 4.38%。此后，仍是一直下降的趋势，直到 2009 年，再审案件只有 41 575 件，所占比例只有 0.56%，和全国 745 万件之巨的案件总数相比，统计上几乎可忽略不计。

表 1—4　　1950—2010 年全国法院收案总数及其不同阶段的案件构成

年份	收案总数（件）	一审收案		二审收案		再审收案	
		收案（件）	占比（%）	收案（件）	占比（%）	收案（件）	占比（%）
1950	1 154 081	1 129 215	97.8	24 866	2.2		
1951	1 866 279	1 809 381	97.0	52 618	2.8	4 280	0.23
1952	2 202 403	2 142 752	97.3	59 651	2.7		
1953	2 202 815	2 074 760	94.2	120 817	5.5	7 238	0.33
1954	2 186 826	2 091 437	95.6	91 233	4.2	4 156	0.19
1955	2 098 655	2 002 221	95.4	96 434	4.6		
1956	1 523 344	1 209 884	79.4	108 118	7.1	205 342	13.48
1957	1 796 391	1 563 626	87.0	138 362	7.7	94 403	5.26
1958	2 372 808	2 281 653	96.2	91 155	3.8		
1959	960 838	919 040	95.6	28 062	2.9	13 736	1.43
1960	864 686	841 102	97.3	20 496	2.4	3 088	0.36
1961	1 074 249	1 048 089	97.6	26 160	2.4		
1962	1 187 850	1 139 800	96.0	48 050	4.0		
1963	1 238 816	1 178 646	95.1	60 170	4.9		
1964	929 030	884 411	95.2	44 619	4.8		
1965	818 520	778 480	95.1	40 040	4.9		
1966	619 164	565 117	91.3	20 063	3.2	33 984	5.49
1967	324 018	299 419	92.4	14 355	4.4	10 244	3.16
1968	184 588	171 085	92.7	9 065	4.9	4 438	2.40
1969	162 381	152 488	93.9	5 193	3.2	4 700	2.89
1970	349 481	349 481	100.0				
1971	320 440	320 440	100.0				
1972	232 449	232 449	100.0				
1973	391 801	391 801	100.0				
1974	471 495	421 802	89.5	17 299	3.7	32 394	6.87
1975	442 789	405 243	91.5	17 666	4.0	19 880	4.49
1976	402 697	375 866	93.3	16 312	4.1	10 519	2.61
1977	465 058	437 966	94.2	17 665	3.8	9 427	2.03
1978	613 272	447 755	73.0	22 268	3.6	143 249	23.36
1979	1 803 181	513 789	28.5	47 187	2.6	1 242 205	68.89
1980	1 168 715	763 535	65.3	77 566	6.6	327 614	28.03

续前表

年份	收案总数（件）	一审收案		二审收案		再审收案	
		收案（件）	占比（%）	收案（件）	占比（%）	收案（件）	占比（%）
1981	1 179 388	906 051	76.8	87 550	7.4	185 787	15.75
1982	1 270 967	1 024 160	80.6	101 138	8.0	145 669	11.46
1983	1 638 286	1 342 637	82.0	126 130	7.7	169 519	10.35
1984	1 636 373	1 354 477	82.8	133 938	8.2	147 958	9.04
1985	1 654 796	1 318 825	79.7	106 940	6.5	229 031	13.84
1986	2 214 395	1 610 650	72.7	125 362	5.7	478 383	21.60
1987	2 417 184	1 874 529	77.6	146 665	6.1	395 990	16.38
1988	2 563 652	2 290 624	89.4	160 660	6.3	112 368	4.38
1989	3 209 413	2 913 515	90.8	196 077	6.1	99 821	3.11
1990	3 211 758	2 916 774	90.8	213 000	6.6	81 984	2.55
1991	3 214 948	2 901 685	90.3	229 690	7.1	83 573	2.60
1992	3 364 990	3 051 157	90.7	231 907	6.9	81 926	2.43
1993	3 699 784	3 414 845	92.3	215 408	5.8	69 531	1.88
1994	4 260 981	3 955 475	92.8	241 129	5.7	64 377	1.51
1995	4 889 353	4 545 676	93.0	272 792	5.6	70 885	1.45
1996	5 712 669	5 312 580	93.0	323 995	5.7	76 094	1.33
1997	5 722 455	5 288 379	92.4	347 651	6.1	86 425	1.51
1998	5 880 759	5 410 798	92.0	380 274	6.5	89 687	1.53
1999	6 229 512	5 692 434	91.4	438 313	7.0	98 765	1.59
2000	5 918 411	5 356 294	90.5	466 827	7.9	95 290	1.61
2001	5 936 368	5 344 934	90.0	497 858	8.4	93 576	1.58
2002	5 665 966	5 132 199	90.6	479 608	8.5	54 159	0.96
2003	5 676 413	5 130 760	90.4	494 036	8.7	51 617	0.91
2004	5 625 310	5 072 881	90.2	501 929	8.9	50 500	0.90
2005	5 730 722	5 161 170	90.1	521 650	9.1	47 902	0.84
2006	5 764 435	5 183 794	89.9	532 427	9.2	48 214	0.84
2007	6 139 718	5 550 062	90.4	547 151	8.9	42 505	0.69
2008	6 982 594	6 288 831	90.1	654 044	9.4	39 719	0.57
2009	7 462 488	6 688 963	89.6	731 950	9.8	41 575	0.56
2010	7 766 036	6 999 350	90.1	720 976	9.3	45 710	0.59

资料来源：1950—1998年的数据来源于：(1) 最高人民法院研究室编：《全国人民法院司法统计历史资料汇编1949—1998（刑事部分）》，北京，人民法院出版社，2000；(2) 最高人民法院研究室编：《全国人民法院司法统计历史资料汇编1949—1998（民事部分）》，北京，人民法院出版社，2000。1999—2009年的数据来源于《中国法律年鉴》2000—2010年各卷。2010年的数据来源于最高人民法院2011年5月发布的《人民法院工作年度报告（2010年）》。

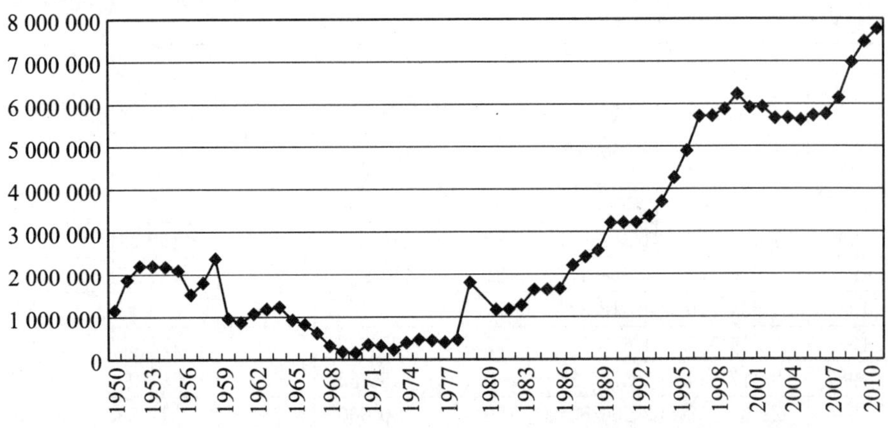

图 1—6　全国法院各类案件收案数量（1950—2010 年）

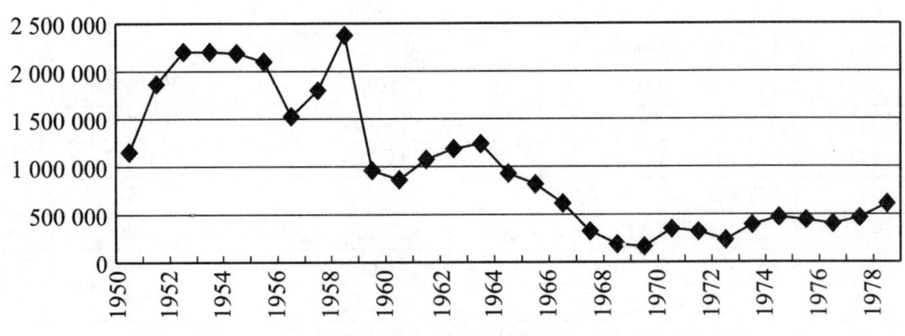

图 1—7　全国法院各类案件收案数量（1950—1978 年）

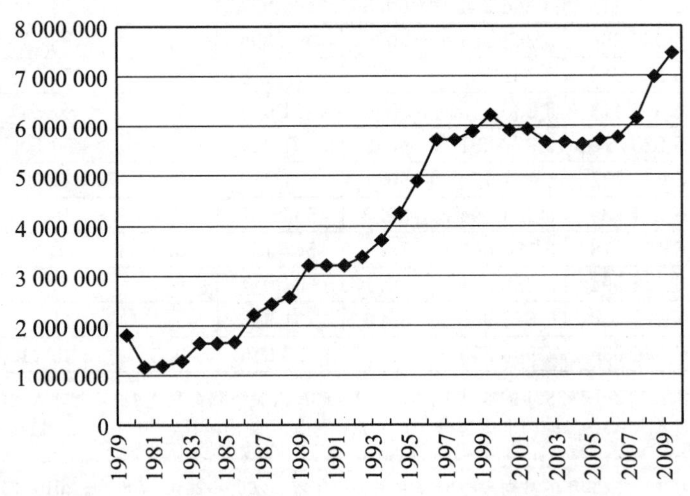

图 1—8　全国法院各类案件收案数量（1979—2009 年）

表 1—5　　　1950—2009 年全国法院收案总数及其不同性质案件的构成

年份	收案总数（件）	刑事收案		民事收案		行政收案	
		收案（件）	占比（%）	收案（件）	占比（%）	收案（件）	占比（%）
1950	1 154 081	475 849	41.2	678 232	58.8		
1951	1 866 279	959 398	51.4	906 881	48.6		
1952	2 202 403	723 725	32.9	1 478 678	67.1		
1953	2 202 815	344 909	15.7	1 857 906	84.3		
1954	2 186 826	896 666	41.0	1 290 160	59.0		
1955	2 098 655	1 077 716	51.4	1 020 939	48.6		
1956	1 523 344	722 557	47.4	800 787	52.6		
1957	1 796 391	868 886	48.4	927 505	51.6		
1958	2 372 808	1 899 691	80.1	473 117	19.9		
1959	960 838	560 157	58.3	400 681	41.7		
1960	864 686	543 868	62.9	320 818	37.1		
1961	1 074 249	437 750	40.7	636 499	59.3		
1962	1 187 850	317 769	26.8	870 081	73.2		
1963	1 238 816	415 648	33.6	823 168	66.4		
1964	929 030	262 199	28.2	666 831	71.8		
1965	818 520	237 660	29.0	580 860	71.0		
1966	619 164	244 328	39.5	374 836	60.5		
1967	324 018	89 042	27.5	234 976	72.5		
1968	184 588	90 599	49.1	93 989	50.9		
1969	162 381	97 653	60.1	64 728	39.9		
1970	349 481	246 188	70.4	103 293	29.6		
1971	320 440	164 838	51.4	155 602	48.6		
1972	232 449	129 549	55.7	102 900	44.3		
1973	391 801	122 754	31.3	269 047	68.7		
1974	471 495	168 554	35.7	302 941	64.3		
1975	442 789	179 521	40.5	263 268	59.5		
1976	402 697	164 029	40.7	238 668	59.3		
1977	465 058	219 580	47.2	245 478	52.8		
1978	613 272	294 942	48.1	318 330	51.9		
1979	1 803 181	1 382 973	76.7	420 208	23.3		
1980	1 168 715	557 179	47.7	611 536	52.3		
1981	1 179 388	453 448	38.4	725 940	61.6		
1982	1 270 967	426 501	33.6	844 466	66.4		
1983	1 638 286	768 391	46.9	869 895	53.1		

续前表

年份	收案总数（件）	刑事收案		民事收案		行政收案	
		收案（件）	占比（%）	收案（件）	占比（%）	收案（件）	占比（%）
1984	1 636 373	641 920	39.2	994 453	60.8		
1985	1 654 796	502 377	30.4	1 152 419	69.6		
1986	2 214 395	811 320	36.6	1 403 075	63.4		
1987	2 417 184	720 328	29.8	1 690 609	69.9	6 247	0.3
1988	2 563 652	454 778	17.7	2 097 456	81.8	11 418	0.4
1989	3 209 413	517 859	16.1	2 678 148	83.4	13 406	0.4
1990	3 211 758	568 760	17.7	2 625 959	81.8	17 039	0.5
1991	3 214 948	528 829	16.4	2 652 341	82.5	33 778	1.1
1992	3 364 990	516 970	15.4	2 811 573	83.6	36 447	1.1
1993	3 699 784	479 829	13.0	3 183 464	86.0	36 491	1.0
1994	4 260 981	559 284	13.1	3 657 570	85.8	44 127	1.0
1995	4 889 353	570 190	11.7	4 255 245	87.0	63 918	1.3
1996	5 712 669	706 133	12.4	4 913 231	86.0	93 305	1.6
1997	5 722 455	520 402	9.1	5 096 512	89.1	105 541	1.8
1998	5 880 759	565 941	9.6	5 199 706	88.4	115 112	2.0
1999	6 229 512	630 538	10.1	5 480 178	88.0	118 796	1.9
2000	5 918 411	656 788	11.1	5 153 374	87.1	108 249	1.8
2001	5 936 368	735 864	12.4	5 074 080	85.5	126 424	2.1
2002	5 665 966	725 767	12.8	4 830 000	85.2	110 199	1.9
2003	5 676 413	733 817	12.9	4 827 710	85.0	114 886	2.0
2004	5 625 310	746 789	13.3	4 756 563	84.6	121 958	2.2
2005	5 730 722	785 741	13.7	4 817 461	84.1	127 520	2.2
2006	5 764 435	799 745	13.9	4 838 167	83.9	126 523	2.2
2007	6 139 718	818 454	13.3	5 187 860	84.5	133 404	2.2
2008	6 982 594	866 614	12.4	5 973 119	85.5	142 861	2.0
2009	7 462 488	871 842	11.7	6 436 333	86.2	154 313	2.1
2010	7 766 036						

资料来源：1950—1998年的数据来源于：(1) 最高人民法院研究室编：《全国人民法院司法统计历史资料汇编1949—1998（刑事部分）》，北京，人民法院出版社，2000；(2) 最高人民法院研究室编：《全国人民法院司法统计历史资料汇编1949—1998（民事部分）》，北京，人民法院出版社，2000。1999—2009年的数据来源于《中国法律年鉴》2000—2010年各卷。2010年的数据来源于最高人民法院2011年5月发布的《人民法院工作年度报告（2010年）》。

三、刑事一审工作

(一)刑事诉讼率的变化及其解释

1. 刑事诉讼率

为了扣除人口规模变动的影响，这里直接讨论刑事诉讼率的变化。所谓刑事诉讼率，在这里是指每十万人口一年中发生的刑事一审诉讼案件数量，单位是“件/10万人”。

2. 刑事诉讼率变化特点

根据表1—6，得出刑事一审诉讼率的变化图1—9，以及图1—10和图1—11。考察表1—6和变化图1—9、图1—10、图1—11，对于1950—2009年全国刑事诉讼率的变化，可以总结出如下几点：

(1)在1951—1958年间，刑事诉讼率处于历史最高水平，此后逐年下降，在“文化大革命”期间，长期处于历史最低水平。“文化大革命”以后，改革开放以来，刑事诉讼率总体上呈逐年上升的趋势。

(2)刑事诉讼率的变化不平缓，幅度较大，波动较多。改革开放以来，两次刑事诉讼率波峰之间的距离越来越短，2000年以后，已经没有明显的波谷，波动也不明显，但是刑事诉讼率呈上升趋势。

3. 刑事诉讼率变化的初步解释和初步结论

(1)刑事诉讼率的变化，受到运动式执法的重大影响。历次刑事诉讼率的大幅度波动，都和当时的运动式执法有关。具体地说，1951年的刑事诉讼率高峰是因为当时开展了新中国成立以来第一次镇压反革命的运动，镇压目标是“一切危害人民的土匪、特务、恶霸及其他反革命分子”[①]。运动从1950年冬季开始，1951年春季达到高潮，1951年下半年清理积案，收尾工作持续到1953年。[②] 类似地，1954、1955年的刑事诉讼率高峰则是由于这两年所开展的第二次镇反运动。[③] 接下来，1957年、1958年的高峰

① 毛泽东：《为争取国家财政经济状况的基本好转而斗争》，载《建国以来毛泽东文稿》，第1册，395页，北京，中央文献出版社，1987。

② 参见何兰阶、鲁明健主编：《当代中国的审判工作》，上册，221～231页，北京，当代中国出版社，1993。

③ 参见何兰阶、鲁明健主编：《当代中国的审判工作》，上册，231～240页，北京，当代中国出版社，1993。

则是因为众所周知的反右运动及其扩大化。改革开放以后，刑事诉讼率出现的多次波峰，比如 1983 年、1990 年、1996 年、2001 年、2008 年的高峰，则是新型的、制度化的运动式执法——“严打”的结果。

(2) 虽然历次刑事诉讼率的大幅波动都和运动式执法有关，但是刑事诉讼率变化的深层原因，在于社会的基本形态，包括社会的阶级矛盾状况和社会的治理方式。在新中国成立初期，刑事诉讼率水平非常高，是过去六十年中最高的时期，其直接原因，是当时开展的“镇反”运动，而其深层原因，则在于新政权初期十分复杂的政治斗争和阶级矛盾状况。如果我们对政治斗争和阶级矛盾作广义理解，则 1957 年、1958 年的反右扩大化实际上是新中国成立初期社会主要矛盾的延续。因为所谓的“右派”，在旧政权和新政权之间，实际上属于中间势力。而随着旧政权及其残余势力的清除，新政的专政对象，自然地调整为中间势力。“反右”运动结束以后，刑事诉讼率随之降了下来，较低水平的刑事诉讼率一直持续到“文化大革命”前夕。而“文化大革命”期间之所以刑事诉讼率水平更低，则是因为当时的司法机关受到冲击而几乎处于瘫痪状态，国家陷入大民主、群众专政的状态。改革开放以后，之所以屡次进行“严打”，是因为社会治安状况日益严峻。这一时期“严打”的对象，和以前的“镇反”、“反右”已有所不同，前者的对象，是并不以颠覆政权为目的的危害治安的犯罪，后两者的对象，则是直接或间接指向新政权的“反革命犯罪”。之所以出现这种调整，根本原因在于社会形势的变化。一方面，自改革开放以来，国家的基本判断是，阶级矛盾不再是社会的主要矛盾，运动式的“镇反”和“反右”也没有社会基础。另一方面，由于一系列的政治、经济和文化变革，新的社会形态极大地增加了个人自由的空间，社会管理任务加剧，各种经济犯罪、危害治安犯罪快速增长，客观上要求采取一定的“严打措施”，以迅速实现社会基本秩序的好转。所以，从这个角度看，“严打”固然推高了刑事诉讼率，但是没有“严打”，刑事诉讼率也会不断增长，只是不会波浪式地增长，而是平缓地增长。在这方面，一如美国犯罪学家路易丝·谢利的研究结论：犯罪已成为现代化方面最明显和最主要的代价之一。①

(3) 运动式执法非治本之策。刑事诉讼率在历史上多次大幅度波动表

① 参见［美］路易丝·谢利：《犯罪与现代化：工业化与城市化对犯罪的影响》，何秉松译，北京，群众出版社，1986。

明，对于尖锐的政治矛盾或者严重的治安问题，我们是通过采用“乱世用重典”的哲学，开展运动式执法来解决。避开法治、人权方面的危害不谈，单就治安效果来说，这种方式并非没有效果，但是效果非常有限，而且效果逐次递减。具体从图1—11来看，改革开放以来，第一次“严打”是1983年，此后1990年、1996年和2001年都开展了“严打”，间隔的时期依次是6年、5年和4年。而2001年以后，更是每年都坚持“严打”方针，也就是说，“严打”越来越频繁。然而在效果上，一方面，我们看到，每次严打之后的波谷越来越不明显；另一方面，刑事诉讼率总体上呈不断上升的趋势，犯罪形势越来越严峻。由此可见，“严打”非治本之策，一方面，我们需要从“善治”的角度，探讨从根本上减少犯罪发生的社会条件；另一方面，对于一定水平的刑事诉讼率，我们应当将其当成实现社会自由和现代化的代价而接受它。

表1—6　　1950—2009年全国刑事一审收案和刑事诉讼率

年份	收案（件）	刑事诉讼率（件/10万人）	年份	收案（件）	刑事诉讼率（件/10万人）
1950	470 058	85.96	1965	226 509	31.67
1951	943 681	169.28	1966	211 250	28.73
1952	709 990	124.80	1967	76 145	10.09
1953	319 638	54.98	1968	81 963	10.58
1954	874 517	146.90	1969	89 981	11.30
1955	1 042 495	171.28	1970	246 188	30.08
1956	470 671	75.74	1971	164 838	19.60
1957	723 340	113.48	1972	129 549	15.03
1958	1 848 456	282.97	1973	122 754	13.92
1959	534 487	80.25	1974	135 657	15.07
1960	533 078	79.91	1975	156 620	17.09
1961	430 611	65.21	1976	150 187	16.14
1962	307 510	46.19	1977	205 321	21.76
1963	399 765	58.59	1978	146 968	15.37
1964	250 794	35.91	1979	123 846	12.78
1980	197 856	20.16	1995	495 741	41.15
1981	232 125	23.36	1996	618 826	50.83
1982	245 219	24.31	1997	436 894	35.52

续前表

年份	收案（件）	刑事诉讼率（件/10 万人）	年份	收案（件）	刑事诉讼率（件/10 万人）
1983	542 648	53.03	1998	482 164	38.82
1984	431 357	41.60	1999	540 008	43.11
1985	246 655	23.47	2000	560 432	44.39
1986	299 720	28.10	2001	628 996	49.46
1987	289 614	26.72	2002	631 348	49.31
1988	313 306	28.44	2003	632 605	49.10
1989	392 564	35.09	2004	647 541	49.96
1990	459 656	40.49	2005	684 897	52.53
1991	427 840	37.18	2006	702 445	53.58
1992	422 991	36.31	2007	724 112	54.95
1993	403 267	34.22	2008	767 842	57.97
1994	482 927	40.52	2009	768 507	57.72

资料来源：1950—1998 年的数据来源于最高人民法院研究室编：《全国人民法院司法统计历史资料汇编 1949—1998（刑事部分）》，北京，人民法院出版社，2000；1999—2009 年的数据来源于《中国法律年鉴》2000—2010 年各卷。

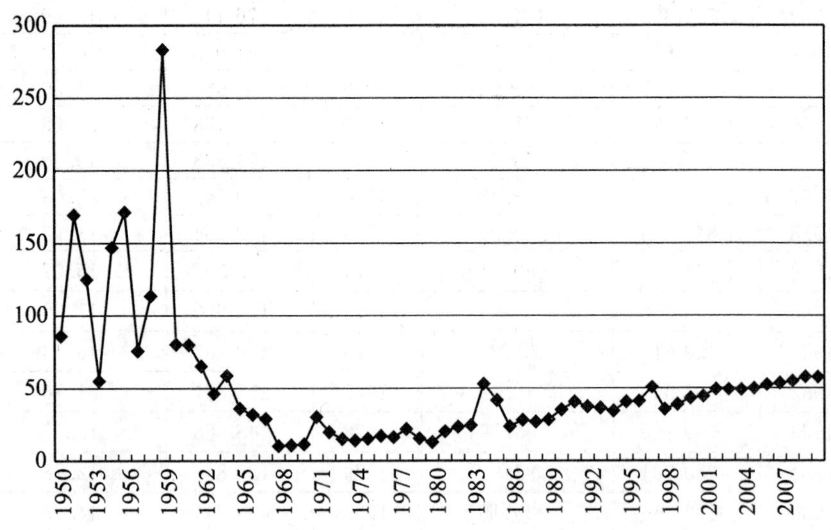

图 1—9　全国刑事诉讼率变化（1950—2009 年）（件/10 万人）

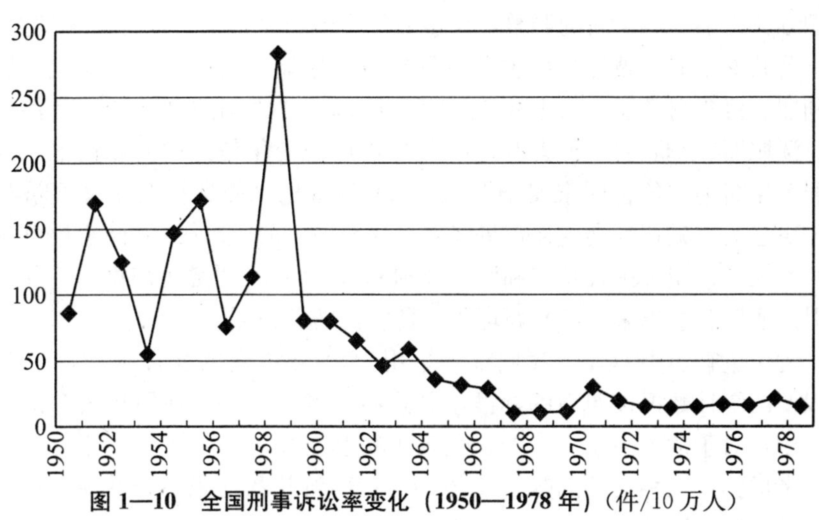

图 1—10　全国刑事诉讼率变化（1950—1978 年）（件/10 万人）

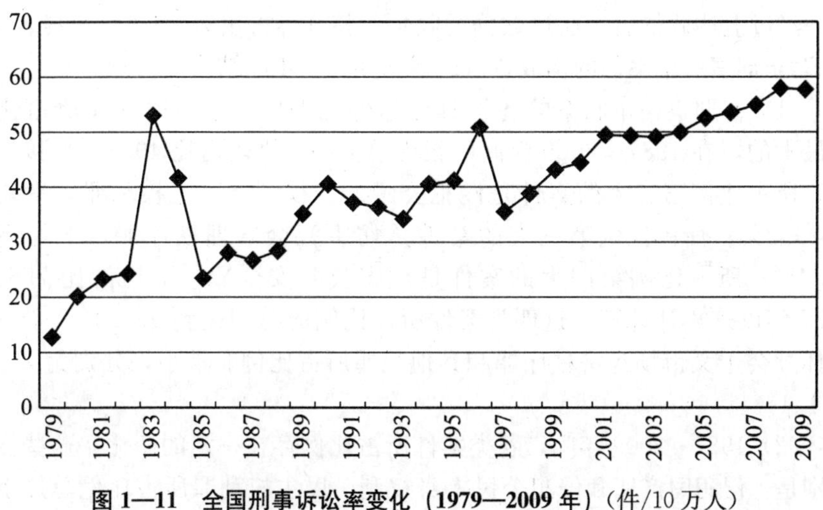

图 1—11　全国刑事诉讼率变化（1979—2009 年）（件/10 万人）

（二）刑事一审收案的构成

刑事案件可以根据犯罪类型的不同，划分为不同的案件类型。在 1997 年以前，司法统计是根据 1979 年的《刑法》划分案件类型的，包括：反革命罪、危害公共安全罪、破坏社会主义经济秩序罪、侵犯公民人身权利、民主权利罪、侵犯财产罪、妨害社会管理秩序罪、妨害婚姻家庭罪、渎职罪、军职罪九种类型。1998 年以后，《刑法》有了重大修订，司法统计的类型划分也随之有了新的调整，调整后的案件类型包括：危害国家安全罪、危害公共安全罪、破坏社会主义市场经济秩序罪、侵犯公民人身权利民主权利罪、侵犯财产罪、妨害社会管理秩序罪、危害国防利益罪、贪污贿赂罪、渎职罪、军职罪十种类型。1998 年以后的变化是：（1）以前的“反革命罪”更名为“危害国家安全罪”；（2）以前的“破坏社会主义经济秩序罪”更名为“破坏社会主义市场经济秩序罪”；（3）以前的“妨害婚姻家庭罪”并入“侵犯公民人身权利民主权利罪”；（4）将“贪污贿赂罪”从“侵犯财产罪”分立出来；（5）新增了“危害国防利益罪”。

为了进行历史对比，我们统一采用 1998 年以后的统计标准，对 1997 年以前的统计数据按照新的标准重新进行归类。另外，在历年公布的司法统计中，对于危害国家安全罪、危害国防利益罪、军职罪有些年份没有单列，考虑到这三种案件的数量比较小，我们将其和渎职罪合并在一起，称为“其他犯罪”。

经过上述调整后，通过数据的收集、整理，得出表 1—7。考察表 1—7，对于刑事一审案件的构成，可以得出如下初步的结论：

（1）在刑事一审收案的各种具体案件类型中，侵犯财产罪所占比例是最大的，在 1987—2009 年间的案件总数中，平均占比 49.1%，接近一半；所占比例第二大的案件是侵犯公民人身权利、民主权利罪，平均占比 29.2%；所占比例第三大的案件是妨害社会管理秩序罪，平均占比 10.7%；所占比例第四大的案件是危害公共安全罪，平均占比 7.6%。1987 年以来累计计算，这四类案件所占比例的总和达到 96.7%。余下的破坏社会主义市场经济秩序罪和其他犯罪所占比例非常小，分别为 2.3% 和 1.1%。

（2）1987—2009 年间，各类案件所占比例存在一定的变化，这些变化分别是：侵犯财产罪和侵犯公民人身权利、民主权利罪所占比例总体上有微小的下降趋势；危害公共安全罪和妨害社会管理秩序罪所占比例有显著的上升趋势。侵犯财产罪和侵犯公民人身权利、民主权利罪属于传统性的、常规性的犯罪，而妨害社会管理秩序罪和危害公共安全罪则是主要存在于现代社会的犯罪，两类案件此消彼长的变化，是社会形态变迁的结果，是社会现代性增强的副产品。对于这种变化，国家应当调整各项管理职能予以应对和克服。

表 1—7 **1987—2009 年各类刑事案件数量及其所占比例**

年份	危害公共安全罪		破坏社会主义市场经济秩序罪		侵犯公民人身权利、民主权利罪		侵犯财产罪		妨害社会管理秩序罪		其他犯罪	
	收案(件)	比例(%)	收案(件)	比例(%)	收案(件)	比例(%)	收案(件)	比例(%)	收案(件)	比例(%)	收案(件)	比例(%)
1987	11 825	4.1	5 473	1.9	101 667	35.1	143 703	49.6	22 676	7.8	4 270	1.5
1988	13 807	4.4	6 258	2.0	105 772	33.8	162 901	52.0	21 101	6.7	3 467	1.1
1989	19 008	4.8	7 779	2.0	112 013	28.5	224 951	57.3	22 438	5.7	6 375	1.6
1990	20 657	4.5	9 090	2.0	132 748	28.9	258 800	56.3	27 278	5.9	11 083	2.4
1991	17 070	4.0	9 370	2.2	139 443	32.6	226 928	53.0	25 713	6.0	9 316	2.2
1992	16 644	3.9	7 151	1.7	147 354	34.8	216 036	51.1	28 143	6.7	7 663	1.8
1993	15 950	4.0	5 683	1.4	143 381	35.6	206 059	51.1	27 422	6.8	4 772	1.2
1994	18 386	3.8	8 213	1.7	148 970	30.8	263 501	54.6	33 114	6.9	10 743	2.2
1995	19 657	4.0	9 212	1.9	147 877	29.8	273 416	55.2	32 567	6.6	13 012	2.6
1996	26 642	4.3	12 058	1.9	177 369	28.7	338 880	54.8	46 979	7.6	16 898	2.7
1997	20 306	4.6	7 367	1.7	145 250	33.2	219 222	50.2	35 145	8.0	9 604	2.2
1998	27 635	5.7	9 898	2.1	165 627	34.4	230 963	47.9	46 417	9.6	1 624	0.3
1999	35 006	6.5	14 409	2.7	177 771	32.9	254 209	47.1	57 023	10.6	1 590	0.3
2000	40 119	7.2	17 023	3.0	187 331	33.4	252 600	45.1	61 452	11.0	1 907	0.3
2001	51 572	8.2	15 204	2.4	193 579	30.8	287 386	45.7	78 933	12.5	2 322	0.4
2002	53 433	8.5	15 252	2.4	186 463	29.5	296 988	47.0	77 196	12.2	2 016	0.3
2003	57 369	9.1	14 591	2.3	182 642	28.9	299 394	47.3	76 072	12.0	2537	0.4
2004	68 795	10.6	13 920	2.1	175 494	27.1	307 215	47.4	79 073	12.2	3 044	0.5
2005	75 099	11.0	15 229	2.2	177 701	25.9	326 199	47.6	87 501	12.8	3 168	0.5
2006	79 583	11.3	16 792	2.4	175 705	25.0	331 618	47.2	95 330	13.6	3 417	0.5
2007	84 795	11.7	19 228	2.7	172 101	23.8	337 902	46.7	106 412	14.7	3 674	0.5
2008	90 396	11.8	21 833	2.8	176 416	23.0	352 739	45.9	121 901	15.9	4 557	0.6
2009	86 987	11.3	25 240	3.3	180 677	23.5	336 452	43.8	134 380	17.5	4 771	0.6

资料来源：《中国法律年鉴》1988—2010 年各卷。

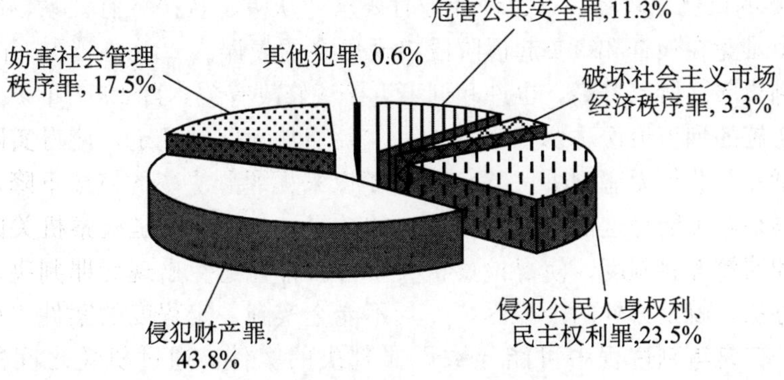

图 1—12 各类刑事案件构成比例（2009 年）

（三）刑事一审生效判决结果的构成

1. 刑事一审生效判决结果的类型

刑事诉讼的任务，是确定被告人是否有罪，如果有罪应当科处什么刑罚。根据我国刑事诉讼法的规定，除了因为法定事由裁定终止审理以外，一般要作出有罪和无罪两种判决，其中，有罪判决还要确定适用何种刑罚。根据我国目前的刑事法律制度和司法实践，以及严厉程度的不同进行排列，刑罚主要包括免于刑事处分、单处附加刑、管制、拘役、有期徒刑缓刑、有期徒刑、无期徒刑、死刑缓期两年执行、死刑立即执行等类型。对于上述判决结果和刑罚的运用情况，历年的《人民法院年鉴》、《中国法律年鉴》，以及最高人民法院的工作报告进行了一定的描述，尽管不够连贯和统一。我们将这些描述的数据进行集中整理，得出表1—8。考察、分析该表，我们可以得出以下初步的发现。

2. 无罪判决率

每年无罪判决人数和生效判决人数的比值，为无罪判决率。在1983—2009年间，我国的无罪判决率具有如下两个特点：

一是在历史变化方面，1983—1987年间，无罪判决率相对较高，为0.7%。1988年开始，无罪判决率有所下降，到1989年降到0.33%，此后直到1996年间，总体上在0.33%～0.51%之间波动。1997年后，无罪判决率开始上升，1998年达到1.03%的历史最高水平，这一水平一直持续到2000年。2001年以后，无罪判决率连续下降，截至2009年，下降到0.12%，在2000年的水平上，下降了近90%。

我国的无罪判决率之所以出现上述变化，主要原因如下：（1）1983—1986年的比例比较高，这也许和当时要求“从重、从快”有关系，因为快了，就难免在侦查和审查起诉阶段出现更多的失误。（2）在1997年以后，无罪判决率之所以升高，也许和刑事诉讼法修改有关。自1997年1月1日开始实施的刑事诉讼法修正案增加了“疑罪从无”的规定，使得实际中一些“疑罪”获得无罪判决。（3）2001年以来无罪判决率的持续下降，原因较为复杂，可能是这样三个原因叠加的效果：一个原因是检察机关的错案追究和绩效考察制度，使得检察机关千方百计地避免出现无罪判决。而避免的办法，就是另外两个原因，一是不能查实到一定程度的案件，尽量不起诉；二是审判过程中可能导致无罪判决的案件，通过机关之间的“运作”，退回补充侦查。

二是从国际比较来看，我国的无罪判决率相对较低。我们目前没有掌握足够多的数据，所以只能作有限的比较。在日本，判决有罪的案件占99%，无罪的案件占1%，即10‰，略高于我国。而在美国，只有2/3的案件被判有罪，无罪判决高达333‰，远高于我国。

导致我国无罪判决率低的原因，是多方面的，主要有：(1) 我国的刑事诉讼有重侦查、轻审判的特点，一个刑事案件的刑事诉讼活动，尤其是比较关键的事实认定，主要集中在侦查和审查起诉阶段。一个案件到了审判阶段，基本上是一件成品了，法院作出不同处理的可能性比较小。(2) 刑事诉讼法规定，人民检察院提起公诉的证明程度是“犯罪事实已经查清，证据确实、充分，依法应当追究刑事责任”，这个标准和法院判决的标准相同，这使得案件无罪判决的可能性较小。(3) 我国公诉机关和审判机关之间，相互制约的程度较小，而相互配合的程度较高，这一特点在20世纪80年代尤其突出。比如说，实行“严打”时候，司法机关之间有着共同的协调机关——政法委，有着共同的政治任务，因而配合的色彩更浓。(4) 这与在现实生活中，律师辩护的作用不大也有一定的关系。

综合来看，无罪判决率的高低，对于法治建设和人权保障的指标意义，难以轻易下结论。

表1—8　　1983—2009年刑事案件判决结果和刑罚运用状况

年份	生效判决人数	宣告无罪人数		有罪判决人数	其中						
					免予刑事处罚	轻刑	轻刑以下		中刑	重刑	
	(人)	(人)	(%)	(人)	(人)	(人)	(人)	(%)	(人)	(人)	(%)
83—86	1 721 465	12 060	0.70	1 709 405						682 561	39.93
1987	326 374	2 275	0.70	324 099						99 304	30.64
1988	368 790	2 039	0.55	366 751	5 325	46 140	51 465	14.03	201 753	113 533	30.96
1989	482 658	1 582	0.33	481 076	6 035	60 804	66 839	13.89	248 981	165 256	34.35
1990	582 184	1 912	0.33	580 272	7 250	74 631	81 881	14.11	283 053	215 338	37.11
1991	509 221	1 983	0.39	507 238	7 587	83 533	91 120	17.96	231 784	184 334	36.34
1992	495 364	2 547	0.51	492 817	8 040	87 102	95 142	19.31	226 251	171 424	34.78
1993	451 920	2 000	0.44	449 920	6 371	72 537	78 908	17.54	197 115	173 897	38.65
1994	547 435	2 153	0.39	545 282	7 680	85 179	92 859	17.03	244 156	208 267	38.19
1995	545 162	1 886	0.35	543 276	7 911	84 241	92 152	16.96	231 202	219 922	40.48
1996	667 837	2 281	0.34	665 556	9 207	97 919	107 126	16.10	270 893	287 537	43.20
1997	529 779	3 476	0.66	526 303	8 790	92 454	101 244	19.24	215 750	209 309	39.77

续前表

年份	生效判决人数	宣告无罪人数		有罪判决人数	其中						
					免予刑事处罚	轻刑	轻刑以下		中刑	重刑	
	（人）	（人）	（%）	（人）	（人）	（人）	（人）	（%）	（人）	（人）	（%）
1998	533 793	5 494	1.03	528 299	9 414	120 604	130 018	24.61	249 139	149 142	28.23
1999	608 259	5 878	0.97	602 381	9 034	143 755	152 789	25.36	292 130	157 462	26.14
2000	646 431	6 617	1.02	639 814	9 770	158 773	168 543	26.34	307 849	163 422	25.54
2001	751 146	6 597	0.88	744 549	10 588	176 197	186 785	25.09	369 154	188 610	25.33
2002	706 707	4 935	0.70	701 772	11 266	184 831	196 097	27.94	345 351	160 324	22.85
2003	747 096	4 835	0.65	742 261	11 906	213 802	225 708	30.41	357 991	158 562	21.36
2004	767 951	3 365	0.44	764 586	12 345	242 992	255 337	33.40	363 012	146 237	19.13
2005	844 717	2 162	0.26	842 555	13 317	283 221	296 538	35.20	395 139	150 878	17.91
2006	890 755	1 713	0.19	889 042	15 196	310 551	325 747	36.64	409 571	153 724	17.29
2007	933 156	1 417	0.15	931 739	15 129	335 122	350 251	37.59	430 110	151 378	16.25
2008	1 008 677	1 373	0.14	1 007 304	17 312	367 806	385 118	38.23	463 166	159 020	15.79
2009	997 872	1 206	0.12	996 666	17 223	357 147	374 370	37.56	459 621	162 675	16.32

说明：轻刑是指拘役、管制、缓刑以及单处附加刑；中刑是指不满 5 年的有期徒刑；重刑是指 5 年以上有期徒刑、无期徒刑和死刑。

资料来源：(1)《中国法律年鉴》1988—2005 年各卷；(2) 最高人民法院 1987 年、1988 年工作报告。

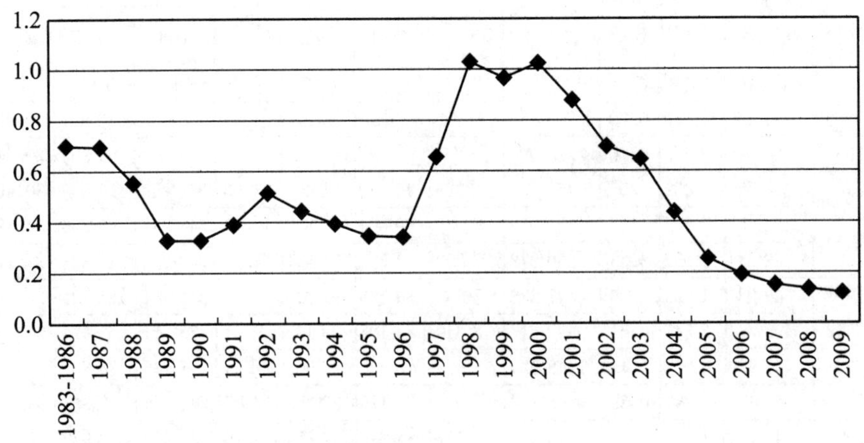

图 1—13　全国法院一审刑事生效判决宣告无罪所占比例（1983—2009 年）（%）

3. 有罪判决中的刑罚运用

在当今世界，轻刑化是一个显著的趋势。轻刑化体现在许多方面，比如废除或者减少死刑的适用，减少重刑的适用，等等。我国在立法上虽然没有减少重刑的适用范围，甚至 1998 年的刑法修正案还增加了适用死刑的犯罪类型，但是从实际的刑罚运用看，当前也存在着一定的刑罚轻量化的趋势，这一点统计数据可以予以说明。我国的刑罚是一个按照严厉程度不同所排列成的体系，为了便于考察，我们姑且将 5 年以上（包括 5 年）的有期徒刑、无期徒刑、死刑合称为“重刑”，将拘役、管制、缓刑以及单处附加刑合称为“轻刑”，将不满 5 年的有期徒刑称为“中刑”，将免予刑事处罚和轻刑合称为“轻刑以下”。以这种划分为基础，从理论上，如果较重的刑罚被运用的比例越来越小，较轻的刑罚被运用的比例越来越大，那么就可以说存在轻刑化的趋势。

这里从正反两个角度看。首先，考察重刑运用比例的变化。根据表 1—8，得出图 1—14。图 1—14 显示，我国在 1983—1986 年间，重刑运用比例较高，达到 39.93%。这么高的比例，和“严打”的方针是吻合的。之后，1987 年的重刑运用比例显著下降，只有 30.64%。但是此后，重刑运用比例总体上呈上升趋势，该趋势一直持续到 1996 年，重刑运用比例达到 43.20%的历史最高值。自此以后，该比例持续下降，一直降到 2008 年的 15.79%，下降幅度显著。然而，在 2009 年略有抬头，升到 16.32%。这是新的上升趋势的开始，还是短暂、小幅波动，还需将来的资料予以验证。

其次，考察轻刑以下运用比例的变化。理论上，重刑比例的变化和轻刑以下比例的变化并不必然相反，因为还有中刑这类刑罚的运用。对于轻刑以下运用比例的变化，根据表 1—8，得出图 1—15。如图 1—15 所示，1989 年以来，轻刑以下运用比例总体上的上升趋势十分明显。在 1989 年时，轻刑以下运用比例最低，为 13.89%。然而此后这一比例持续上升，在 2008 年达到 38.23%的历史最高值，上升幅度较大。当然，在这一历史时期，也存在一些相反方向的波动，包括 1993—1996 年、2001 年、2009 年。其中，2001 年和 2009 年都是小幅下降，不影响总体上的上升趋势。

综合上述两个方面的考察，可以得出这一结论：1996 年以前，我国轻刑化趋势不明显，甚至有一定的重刑化趋势；1997 年以来，轻刑化趋势十分显著；然而，2009 年刑罚运用又有小幅度的加重，所以，今后如何变化，还有待观察。

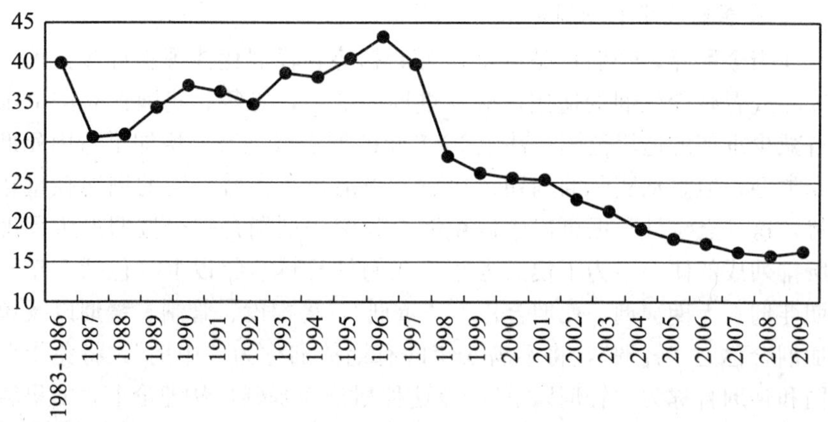

图 1—14 全国法院刑事一审生效判决中重刑所占比例（1983—2009 年）（%）

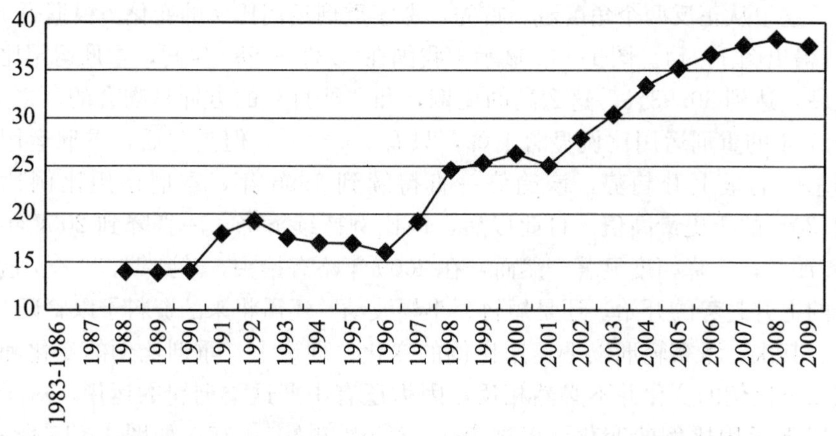

图 1—15 全国法院刑事一审生效判决适用轻刑以下所占比例（1988—2009 年）（%）

四、民事一审工作

（一）民事诉讼率

1. 民事诉讼率的历史变迁

为了保证不同地区、同一地区不同时期民事诉讼案件数量的可比性，这里用民事诉讼率来考察民事诉讼一审收案情况。每 10 万人口一年中发生一审民事诉讼案件的数量，为民事诉讼率。

新中国成立以来，民事诉讼率处于不断的变迁中。如表1—9和图1—16所示，概括起来，这种变迁可以大致划分为四个阶段：

（1）1950—1953年的上升阶段。虽然这一阶段时间较短，但是民事诉讼率具有特殊的社会背景和显著的变化特征。特殊背景是：一方面，新政权刚刚建立，经济秩序和社会尚处于初建和恢复过程中；另一方面，资本主义私有经济合法存在，并保有相当的比例。民事诉讼率变化的特点是持续地、快速地上升。在1950年，民事诉讼率只有120.5件/10万人，到1953年，增长到301.9件/10万人，三年时间增长了150.5%，平均年增长率达到37.0%。

（2）1954—1966年的总体下降阶段。这一阶段的社会背景是：一方面，国家总体上实行有计划的社会主义公有制经济，人民公社化运动在这一时期开展并完成，"大跃进"和严重的自然灾害也发生在这一时期；另一方面，新政权已经巩固，人民内部矛盾成为社会的主要矛盾，但是也出现过反右扩大化的错误。这一时期民事诉讼率变化的特点，一个是总体上呈下降的趋势。从1953年的301.9件/10万人，降到"文化大革命"前的48.1件/10万人，降幅达84.1%。另一个特点是，受三年自然灾害的影响，民事诉讼率在1961年出现了一个显著的波谷，使得这一阶段民事诉讼率变化的连续性不够显著。

（3）1967—1977年的低水平、相对稳定阶段。这一时期的社会背景是：政治上，发生了"文化大革命"，极左思潮盛行，司法职能的正常运行受到严重冲击；经济上，则是"一大二公"的社会主义，"政社合一"的人民公社制度在农村普遍推行。和这一背景相联系，民事诉讼率的变化特点，一是稳定，波动不大；二是低水平，最低的1969年仅有7.9件/10万人，这11年的民事诉讼率平均只有20.9件/10万人。

（4）1978—2009年的长期上升阶段。这一时期历时较长，但是可以大致地被视为相对独立的一个时期。这一时期的社会背景是：政治上，拨乱反正，司法机关逐步恢复正常的职能活动，国家大力推进民主法制建设；经济上，实行改革开放，高度集中的计划经济逐步发展为社会主义市场经济。和这一社会背景相对应，民事诉讼率出现了长期的、持续的、快速的增长。在1978年，民事诉讼率只有31.5件/10万人，在2009年上升到历史最高值435.6件/10万人，增长了13.8倍，平均年增长率达到10.0%。但是也要看到，在这三十余年中，民事诉讼率的变化也存在很多波动。在一些年份，民事诉讼率增长较快，比如在1978—1989年间，平均每年有

20.6%的增长率，10年间，民事诉讼率增长了7倍多；在1993—1996年间，民事诉讼率增长也较快，每年的增长率分别都在10%以上；2008年的增长率也达到了14%。而在一些年份中，民事诉讼率增长缓慢，甚至有小幅下降，比如1997—1999年间，增幅较小，而1990—1991年、2000—2004年、2006年都有小幅的下降，尤其是2000—2006年这一时期，民事诉讼率虽然每年降幅较小，但是连续7年都下降（2005年小幅上涨例外），在1999年的基础上，截至2006年累积下降了17%，出现了一个明显的波谷。

表1—9　　　　1950—2009年全国民事一审案件和民事诉讼率

年份	民事案件	民事诉讼率		年份	民事案件	民事诉讼率	
	件	件/10万人	年增长率%		件	件/10万人	年增长率%
1950	659 157	120.5		1971	155 602	18.5	46.6
1951	865 700	155.3	28.8	1972	102 900	11.9	−35.5
1952	1 432 762	251.8	62.2	1973	269 047	30.5	155.6
1953	1 755 122	301.9	19.9	1974	286 145	31.8	4.2
1954	1 216 920	204.4	−32.3	1975	248 623	27.1	−14.6
1955	959 726	157.7	−22.9	1976	225 679	24.2	−10.6
1956	739 213	118.9	−24.6	1977	232 645	24.7	1.7
1957	840 286	131.8	10.8	1978	300 787	31.5	27.6
1958	433 197	66.3	−49.7	1979	389 943	40.2	27.9
1959	384 553	57.7	−12.9	1980	565 679	57.6	43.3
1960	308 024	46.2	−20.0	1981	673 926	67.8	17.6
1961	617 478	93.5	102.5	1982	778 941	77.2	13.9
1962	832 290	125.0	33.7	1983	799 989	78.2	1.2
1963	778 881	114.1	−8.7	1984	923 120	89.0	13.9
1964	633 617	90.7	−20.5	1985	1072 170	102.0	14.6
1965	551 971	77.2	−14.9	1986	1 310 930	122.9	20.5
1966	353 867	48.1	−37.7	1987	1 579 675	145.7	18.6
1967	223 274	29.6	−38.5	1988	1 968 745	178.7	22.6
1968	89 122	11.5	−61.1	1989	2 511 017	224.5	25.6
1969	62 507	7.9	−31.8	1990	2 444 112	215.3	−4.1
1970	103 293	12.6	60.7	1991	2 448 178	212.7	−1.2
1992	2 601 041	223.3	4.9	2001	4 615 017	363.1	−2.7
1993	2 983 667	253.2	13.4	2002	4 420 123	345.2	−4.9
1994	3 437 465	288.4	13.9	2003	4 410 236	342.3	−0.8
1995	3 997 339	331.8	15.0	2004	4 332 727	334.3	−2.3

续前表

年份	民事案件	民事诉讼率		年份	民事案件	民事诉讼率	
	件	件/10万人	年增长率%		件	件/10万人	年增长率%
1996	4 613 788	378.9	14.2	2005	4 380 095	336.0	0.5
1997	4 760 928	387.0	2.1	2006	4 385 732	334.5	−0.4
1998	4 830 284	388.9	0.5	2007	4 724 440	358.5	7.2
1999	5 054 857	403.2	3.7	2008	5 412 591	408.6	14.0
2000	4 710 102	373.1	−7.5	2009	5 800 144	435.6	6.6

资料来源：1950—1998年的数据来源于最高人民法院研究室编：《全国人民法院司法统计历史资料汇编1949—1998（民事部分）》，北京，人民法院出版社，2000。1999—2009年的数据来源于《中国法律年鉴》2000—2010年各卷。

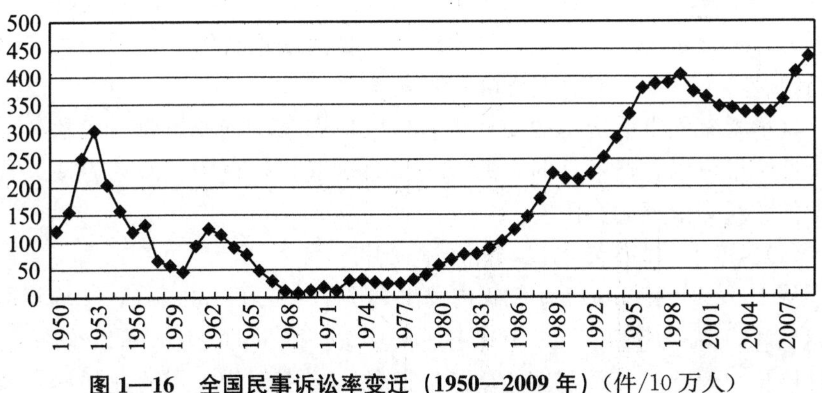

图1—16 全国民事诉讼率变迁（1950—2009年）（件/10万人）

2. 民事诉讼率变迁的初步解释：从纠纷类型的角度

影响民事诉讼率水平的因素很多，但概括起来，主要是两个方面：一是社会的民事纠纷状况，这是民事诉讼率的社会基础。在其他因素一定的情况下，社会民事纠纷越多，起诉到法院的民事案件就越多。二是社会的纠纷解决机制，这是民事诉讼率的制度基础。民事司法的可获得性（accessibility），其他纠纷解决机制的便利性，是影响民事诉讼率的重要的制度因素。一种纠纷解决机制的可获得性或便利性，取决于这种纠纷解决机制各方面的特点，比如可受理的纠纷范围，机构的网点分布、物质设施和交通状况，纠纷解决可能耗费的时间成本和资金成本，人们对其公正程度的信心，等等。除此之外，有一种理论认为，文化因素也会影响人们的诉讼热情，但是这种理论目前仍然存在争议。正是这些因素的共同影响，决定了民事诉讼率的水平；这些因素的变化，导致了民事诉讼率的变迁。

首先从社会的民事纠纷状况的角度，对民事诉讼率的变迁作出解释。这种解释的理论依据是：民事诉讼率的直接影响因素，是进入诉讼程序的纠纷类型及其数量变化，而纠纷类型及其数量的变化，又有着深刻的社会根源。在民事诉讼中，不同的纠纷根据其案由被分成不同的案件类型，不同类型的案件数量通过司法统计表格逐级上报到全国层面汇总。全国汇总的统计数据为这里的考察提供了极大的便利。然而，在过去 60 年中，案件类型的划分多次调整，体现在统计数据上是各种案件类型的数据没有历史的连续性和可比性。比如说，2002 年以后的买卖合同，在 1983—2001 年间，则部分属于债务纠纷中的“买卖”，部分属于经济合同中的“购销”，等等。为了解决这一问题，这里采取两个措施：一是将不同时期的案件重新拆分、组合，实现跨时期的可比性；二是如果现有的资料无法实现这种重新组合，则分期考察民事诉讼率的变迁。

这里考察民事诉讼率的变迁，由于人口因素不构成影响，或者其影响在统计结果可以忽略不计时，所以为了直观起见，也为了叙述方便，直接以案件数量为依据进行比较。

（1）1950—1953 年的民事诉讼率上升

从 1950 年到 1953 年，三年内民事诉讼率增长了 150.5%，平均年增长率达到 37.0%。考察表 1—10 中各种民事案件数量的变化，可以得出结论：这种增长主要源于离婚案件的增长，此外，房屋纠纷、工商业纠纷、劳动纠纷、离婚以外的其他婚姻家庭纠纷对民事诉讼率的上升也有一定的贡献，但是比例很小。具体地说，如表 1—10 所示，民事案件总数从 1950 年到 1953 年净增长了 1 095 965 件，其中离婚案件就增长了 743 309 件，占比 67.8%；其他婚姻家庭继承案件增长了 111 704 件，占比 10.19%。其他民事案件，包括房屋纠纷、工商业纠纷、劳动纠纷等本身也呈上升的趋势，但是由于权重较小，对于民事诉讼率的上升只具有较小比例的贡献。这些案件之所以贡献小，一是因为它们本身增长的幅度小，二是因为这些案件的基数小，故而权重小。这些案件类型中，房屋纠纷在 1950—1952 年间并无显著变化，但在 1953 年有显著的增长，这一年房屋纠纷案件本身增长了 63.8%，但是对于民事诉讼率在 1950—1953 年间上升的贡献率只有 4.4%。劳资纠纷在 1951 年、1952 年有所增长，但是在 1953 年下降，同样，由于其基数较小，三年累计净增长在民事案件总数的增长中只占了 1.53%。工商业纠纷案件数量在 1951 年、1952 年中，有显著增长，但是 1953 年显著回落。债务纠纷在这几年中波动较大，累计起来净增长 26 635 件，对民事诉讼率增长的贡献率是 2.43％。

进一步考察发现，离婚案件之所以快速上升，在于两个相关联的原因。一个原因是在新政权之下的社会秩序稳定下来之后，各种包办婚姻，事实上的一夫多妻，以及战争所导致的长期两地分居等，需要通过离婚诉讼来重新调整。另一个原因，当然是更重要的，就是国家在 1950 年 4 月颁布了《婚姻法》，其中规定了离婚自由和某些情况下的离婚义务，包括重婚、纳妾等情形。该法规定的离婚条件相当宽松："男女双方自愿离婚的，准予离婚。男女一方坚决要求离婚的，经区人民政府和司法机关调解无效时，亦准予离婚。"《婚姻法》颁布后，其有关离婚的规定逐步传播，在 1953 年，全国更是开展了宣传和贯彻《婚姻法》的运动。[①] 正是这两方面的原因结合起来，导致了大量的离婚要求，其中部分起诉到了法院。1954 年后，离婚诉讼率开始下降，1956 年后登记离婚率开始下降，这从反面说明，正是历史遗留问题和法律制度两方面的合力，导致解放初期离婚诉讼率的快速上升。

而这一时期工商业纠纷和劳资纠纷之所以呈较快的速度增长，是因为新中国成立初期原有的私有工商业企业继续存在，并有所发展。但从 1953 年开始，国家对私有工商业进行社会主义改造，将私有变为公有，两类纠纷也随之逐步减少。

(2) 1954—1960 年的民事诉讼率下降

1954—1960 年间，几乎所有民事案件的数量都在逐年减少，从而导致民事诉讼率逐年下降，但是其中，离婚案件数量下降的影响最大。如表 1—11 所示，经过七年的下降，1960 年的民事案件和 1953 年相比，减少了 1 447 098 件,下降幅度达 74.7％。在这减少的 1 447 098 件中，离婚案件减少了 665 225 件，占 46.0％；其他婚姻家庭继承案件累积减少了 208 034 件，占 14.4％；债务纠纷累积减少了 167 568 件，占 11.6％；房屋纠纷案件累积减少了 119 798 件，占 8.3％；土地山林类纠纷累积减少了 111 804 件，占 7.7％；劳资/劳动纠纷减少了 29 332 件，占 2.0％；工商业/公私纠

① 参见何兰阶、鲁明健主编：《当代中国的审判工作》，下册，29～32 页，北京，当代中国出版社，1993。

纷减少了 19 515 件，占 1.3%，其他各类纠纷合计减少了 125 822 件，占 8.7%。

这一时期离婚案件和婚姻家庭案件数量下降的原因在于三个方面：一是旧社会和战争年代遗留下来的婚姻家庭问题得到了很大程度的释放和解决；二是 1954 年 5 月，最高人民法院根据政务院《关于贯彻婚姻法的指示》，发布了《关于离婚、离婚后子女抚养、财产生活案件审判经验的总结(初稿)》，提出了一些意见，这些意见的基本特点是，加重了说服、教育的力度，离婚的实际标准趋于规范和严格；三是当时对离婚案件兴起了"审判与辩论"相结合的办法，不适当地把"破私立公"、"兴无灭资"的口号滥用到离婚案件的处理上来，使得一些想离婚的当事人因为害怕辩论而不敢起诉离婚。[①] 而其他案件类型数量的减少，则和社会主义改造基本完成、公有制成分逐步提升有关。

(3) 1960—1962 年的民事诉讼率上升

1961 年、1962 年两年，各类案件全面止跌回涨，导致民事案件总数上升，同样，离婚案件增长的影响最大。如表 1—11 所示，这两年中，民事案件累积增长了 524 266 件，增幅达 170.2%。在这新增的 524 266 件中，离婚案件增加了 349 282 件，占 66.6%；其他婚姻家庭继承案件增加了 52 090件，占 9.9%；债务纠纷累积增加了 8 984 件，占 1.7%；房屋纠纷案件累积增加了 413 437 件，占 7.9%；损害赔偿纠纷增加了 11 065 件，占 2.1%；工商业/公私纠纷增加了 1 394 件，占 0.3%，其他各类纠纷合计增加了 60 108 件，占 11.5%。

这两年中离婚案件数量的大幅上涨，很大程度上是因为离婚案件"审判与辩论"相结合的做法得到了一定程度的纠正，同时，离婚的标准也适度被放宽，使得前两年积压下来的离婚愿望得到了释放。其他类型案件数量的增长，则主要是由于三年困难时期持续到 1961 年，而 1962 年时社会经济活动有了一定恢复。

(4) 1963—1969 年的民事诉讼率下降

经历 1961 年、1962 年两年短暂的上升之后，民事诉讼率于 1963 年再次掉头向下，并持续到 1969 年。民事诉讼率的下降首先是由离婚案件在

① 参见何兰阶、鲁明健主编：《当代中国的审判工作》，下册，34～38 页，北京，当代中国出版社，1993。

1963 年下降引起的，1965 年后，各类民事案件全面下降，从而加快了民事案件总数下降的速度。这一轮的下降持续到 1969 年。如表 1—11 所示，1969 年和 1962 年相比，民事案件总数减少了 769 783 件，下降幅度达 92.5%。在这减少的 769 783 件总数中，离婚案件下降了 581 690 件，占 75.6%；其他婚姻家庭继承案件净下降了 61 410 件，占 8.0%；债务纠纷累积减少了13 828 件，占 1.8%；房屋纠纷案件累积下降了 40 776 件，占 5.3%；损害赔偿纠纷减少了 12 543 件，占 1.6%；工商业/公私纠纷减少了 1 860 件，占 0.2%；其他各类纠纷合计减少了 55 730 件，占 7.2%。

这一时期各类纠纷数量下降的原因，都在于不断加剧的极左政策和与此相关的社会运动。在这一时期，法律规定的离婚原则在实践中完全遭到破坏。对于政治上被打倒或批判的人，只要其配偶为“划清界限”而提出离婚，则不问夫妻感情如何即判决离婚；反之，一些成分不好的或者属于“五类分子”的人提出离婚，即使夫妻感情十分恶劣，也会被看做阶级斗争的新动向而受到批判。对于普通民众的离婚请求，也会被当做资产阶级作风问题而被批判，或者成为各种政治工作说服、教育的对象。[①] 电视剧《亮剑》的主人公李云龙的生活原型王近山就是在这一时期提出离婚请求，最后因作风问题被开除党籍，从北京军区副司令员、公安部副部长的高位，下放到河南某农场任副场长。同样，其他案件类型也受到极左思潮的影响。“文化大革命”开始以后，在“以阶级斗争为纲”的左倾思想的指导下，一方面是强调“斗私批修”，“反对资产阶级法权”；另一方面是人民法院的组织机构和审判工作受到严重破坏，公民个人的合法权益得不到应有的保护，以致各类民事案件都急剧减少。[②]

（5）1967—1978 年民事诉讼率处于低水平

前述“文化大革命”初期的极左思想及社会运动持续了十年有余，由此导致在此后的 12 年中，民事诉讼率一直处于历史最低的水平。如表 1—9 所示，在这 12 年中，民事诉讼率最高仅为 31.8 件/10 万人，远远低于新中国成立以来的其他任何时期。在这一时期，各类案件的数量虽然都有一定的起伏，但是都是在较低的水平上波动。作为这些波动的总和，民事案件

① 参见何兰阶、鲁明健主编：《当代中国的审判工作》，下册，38～39，北京，当代中国出版社，1993。

② 参见何兰阶、鲁明健主编：《当代中国的审判工作》，下册，12～14 页，北京，当代中国出版社，1993。

总数也有一定的波动，但是波动范围不大，没有持续的增长或下降的趋势。

（6）1979—1989年民事诉讼率的快速增长

如表1—9所示，在1979—1989年间，民事诉讼率连续10年快速增长，从1979年的40.2件/10万人，增长到1989年的224.5件/10万人，增长了5.6倍，平均年增长率为20.0%。导致这十年民事诉讼率快速上升的直接原因，在于各类民事案件数量的全面增长，其中尤以离婚案件和合同案件的增长最为显著。在这里，为了便于进行历史对比，将当时司法统计中的债务纠纷、买卖纠纷、借贷纠纷和经济合同纠纷，合并为“合同案件”。按照这样的统计口径，如表1—12所示，截至1989年，民事案件总数在1979年的基础上，净增长2 121 074件，增幅达543.9%。在这些新增的案件中，离婚案件增长了534 613件，占25.2%；合同案件增长了1 209 865件，占57.0%；二者合计占82.2%。换言之，在这十年的增长中，超过一半的增长源于合同案件，四分之一的增长源于离婚案件。两种案件增长的总和，解释了民事诉讼案件增长82.2%的原因。

导致各种案件全面增长的深层原因，在于三方面：1）人民法院的职能全面恢复，制度化建设稳步发展。自“文化大革命”后期开始，之前冲击法院正常工作的做法逐步得到纠正，人民法院的组织机构和审判活动逐步恢复正常。改革开放以来，人民法院一方面完全恢复了原有的组织体系，充实了审判队伍和物质装备，另一方面，随着社会政治、经济、文化的发展，还加强了自身的制度化建设。2）《婚姻法》的修改导致生活方式的变化，带来大量的离婚案件。随着新《婚姻法》在1981年的实施，人民法院在实际中的离婚标准更加宽松，由此带来改革开放初期离婚案件的增长。此外，知青返城等历史遗留问题也在改革开放初期带来了一定数量的离婚案件。随着改革开放的深入发展，人们生活方式的快速变化和社会观念的更加自由、宽松，成为导致离婚案件数量在20世纪80年代后期继续增长的主要原因。3）改革开放带来的经济生活的巨大变化，这是这一时期民事案件数量增长的主要的、决定性的原因。一方面，经济领域的改革开放，是婚姻家庭生活观念变迁、公民权利意识提升、社会管理方式变革的深层原因，这些方面的变化，间接地导致了各类民事案件数量的全面增长；另一方面，经济体制上的变革和商品经济的繁荣，直接导致了民事经济纠纷的增加，导致了这里统计项目中的“合同案件”的增长。合同案件所包括的债务纠纷、借贷纠纷、买卖纠纷和经济合同纠纷，都直接发生于商品经济活动中。因此，经济体制改革所带来的利益的分化和多元化，商品经济繁荣所带来的社会经济交往总体规模的增加，是导致合同案件数量增长的直接原因。

（7）1993—1996年民事诉讼率的快速增长

如表1—9所示，民事诉讼率在1993—1996年间，经历了快速的增长，从1992年的223.3件/10万人，增长到1996年的378.9件/10万人，平均年增长率为14.1%。从案件类型的角度看，这四年快速增长的原因主要是合同案件和离婚案件的增长，尤以合同案件的增长影响最大。具体地说，如表1—12所示，截至1996年，民事案件总数在1992年的基础上，净增长2 012 747件，增幅达77.4%。在这些新增的案件中，离婚案件增长了311 322件，占15.5%；合同案件增长了1 404 431件，占69.8%；其他各类民事案件共净增长296 994件，占14.8%。在合同案件中，借款合同案件增长了664 230件，占民事案件增长数量的33.0%；买卖合同案件增长了262 300件，占13.0%。两类合同案件合计增长的数量占民事案件增长数量的46.0%，几近一半。

这些案件类型快速增长的社会背景，是当时以建立社会主义市场经济为核心内涵的社会转型。一方面，市场经济的发展带来更自由、开放的观念，带来更大规模的人员流动，这些变化对婚姻家庭的稳定性构成巨大的挑战，导致离婚案件延续前一阶段的趋势，继续增长。另一方面，市场经济也带来更多的交易活动，由此形成更多的合同纠纷。但是，通过对合同纠纷的具体类型的考察发现，大量增长的合同案件是借款合同。进一步考察发现，导致借款合同案件增长的原因在于三个方面：第一，这几年政府放松银根，导致经济过热，市场上资金流通量比较大；第二，金融体制和信贷机制比较混乱，出现了大量的违规放贷行为，关系贷款、人情贷款、好处贷款、行政干预等违背信贷经济规律的现象十分严重，使得大量的信贷资本无法收回，银行不良资产十分严重；第三，资本市场混乱无序，非法融资、违规拆借行为十分严重，因此出现了大量的社会融资借款纠纷和企业资金拆借纠纷。①

分析借款合同增长的三个原因发现，诉讼率增长的原因，一方面在于市场经济发展带来的经济繁荣；另一方面，而且是更为重要的一方面，则

① 参见卞昌久：《关于借款合同纠纷新情况新问题的调查报告》，载《政法论坛》，1996（3）。

是市场经济发展导致社会快速转型，相应的制度建设滞后，从而产生了所谓的“失范”现象，即社会既有的秩序瓦解，新秩序重建过程中的社会混乱。这种混乱既表现在价值观念层面，也表现在制度规范层面。多数借款合同的发生，都是社会转型过程中金融监管秩序混乱的结果。除此之外，这一时期还有一些案件的增长，也可以在一定程度上归因于这种“失范现象”①。比如，这一时期发生的许多债务案件，都是乡村干部向农户追缴各种税费，在农户拒交的情况下，乡村干部通过在人民法庭登记为债务案件而使随后的强制追缴合法化。这种债务案件的发生，就是农村财税关系在市场经济发展中尚未理顺的结果。

(8) 1997—2006年民事诉讼率伴随着小幅波动的平缓下降

在1997—2006年这十年中，民事诉讼率告别了快速增长，呈现为小幅波动中总体下降的特点。如表1—9所示，在这十年中，其中四年（1997年、1998年、1999年、2005年）民事诉讼率小幅上升，另外六年（2000—2004年、2006年）民事诉讼率小幅下降。总体而言，在1996年的基础上，呈下降趋势，十年累积下降11.7%，平均每年下降1.2%。

之所以出现这种变化，如表1—12所示，是因为各种案件的变化趋势不一致，下降的案件数量略大于上升的案件数量，互相抵消之后，呈现为小幅下降。具体地说，累积这十年的变化来计算，各类民事案件中，借款合同案件、离婚案件和买卖合同案件呈下降趋势，分别下降了375 568件、223 864件和58 220件，合计减少657 652件。而这三类以外的其他民事案件的总和，则是上升的，十年中累积上升了429 596件。相互抵消后，案件总数仍有228 056件的下降。

各种案件此消彼长、总体下降的原因，一方面，是前阶段的社会“失范”现象得到了一定程度的治理，从而减少了某些类型的案件的数量。比如，受亚洲金融危机的警示，我国政府自1996年起开始了规范资本市场、整顿金融秩序、改革金融体制和完善信贷机制等方面的工作，具体措施包括中国人民银行颁布了《贷款通则》，刑法中新增了许多关于破坏金融管理秩序的犯罪，全国设立了跨省区的分行，紧缩银根，等等。这些工作取得了一定的成效，但是由于借款诉讼具有一定滞后性，一项不良贷款经过两

① ［法］埃米尔·涂尔干：《社会分工论》，渠东译，14～16、314～315页，北京，三联书店，2000；《自杀论》，冯韵文译，254～298页，北京，商务印书馆，2001。

三年的时间才发展到诉讼阶段①，所以，借款合同案件增长到 1999 年，到 2000 年才开始回落。另一方面，是经济和科技的发展带来的新的生活领域，这些新领域的出现同时也伴随着前述的“失范”现象从而产生新的案件类型，成为促进民事诉讼率增长的力量。比如，由于手机的普及，以手机欠费为主要原因的电信合同大量发生，而这类案件的发生，又是因为当时大量的用户通过身份证办理手机入户，而电信部门对此的风险防范意识不足。

各种案件数量消长相抵后，民事诉讼率仍然趋于下降，还有一个重要的原因，即诉讼的成本、司法救济的能力等制度方面的因素。在很大程度上，2007 年以后民事诉讼率的增长，也是这方面的改变的结果。对于这些因素的影响，下文将换一个角度进行考察。

表 1—10　　1950—1979 年全国民事案件的构成

年份	民事案件总数(件)	其中（件）							
		婚姻家庭继承纠纷		债务纠纷	房屋纠纷	损害赔偿	土地纠纷	劳资纠纷	工商业纠纷
		小计	离婚						
1950	659 157	305 237	197 060	146 689	76 612	9 882	62 140	12 573	18 416
1951	865 700	517 168	409 500	135 518	78 954	12 714	45 012	20 231	35 848
1952	1 432 762	985 578	837 900	155 480	76 390	11 899	53 305	36 070	40 608
							土地水利	劳资纠纷	公私纠纷
1953	1 755 122	1 160 250	940 369	173 324	125 137		111 804	29 332	20 482
1954	1 216 920	752 015	597 993	141 971	88 518		75 873	18 417	14 339
1955	959 726	637 116		99 633	68 290		34 302	12 494	9 060
							土地山林水利牧场	劳动纠纷	经济纠纷
1956	739 213	557 134		64 512	48 736	10 017	9 613	7 121	7 997
1957	840 286	597 302		61 118	70 172	18 761	18 118	7 396	10 666
1958	433 197	333 251		33 835	24 933	7 694	4 362	2 943	4 914

① 实践中出借人及时起诉追回贷款的意识并不是很强，很多案件都是因为接近诉讼期限了当事人才被迫起诉，有的金融机构甚至缺乏诉讼时效的意识，因为超过诉讼时效而丧失了诉权。参见卞昌久：《关于借款合同纠纷新情况新问题的调查报告》，载《政法论坛》，1996 (3)；张青：《借款合同纠纷案件的特点及对策》，载《法学杂志》，1999 (1)。

续前表

年份	民事案件总数(件)	其中（件）							
		婚姻家庭继承纠纷		债务纠纷	房屋纠纷	损害赔偿	土地纠纷	劳资纠纷	工商业纠纷
		小计	离婚						
									合同纠纷
1959	384 553	330 318		11 783	11 040	5 037			2 458
1960	308 024	286 991	275 144	5 756	5 339	2 989			967
1961	617 478	559 017	535 710	8 012	17 693	6 756			1 353
1962	832 290	688 363	624 426	14 740	46 682	14 054			2 361
							土地山林水利		合同纠纷
1963	778 881	628 948	560 286	21 676	52 259	15 858	15 620		2 819
1964	633 617	518 216	462 388	17 332	38 423	11 886	18 143		2 006
1965	551 971	456 822	407 407	14 876	31 167	9 614	14 716		1 261
1966	353 867	304 680	275 619	6 736	16 220	5 190	8 189		501
1967	223 274	176 670	165 793	3 939	10 161	5 684	4 208		
1968	89 122	70 188	66 305	1 289	3 102	2 283	1 188		
1969	62 507	45 263	42 736	912	5 906	1 511	1 141		
							山林水利		
1970	103 293	78 396	73 582		4 934	1 566	1 437		
1971	155 602	119 294	112 052		8 236	2 189	2 465		
1972	102 900	764 28	70 962		6 720	1 668	1 595		
1973	269 047	192 112	178 189		25 970	6 472	7 965		
1974	286 145	202 656	186 785	3 243	29 746	8 581	7 447		
1975	248 623	183 419	169 903	2 162	22 924	8 271	4 456		
1976	225 679	174 390	161 599	1 924	16 072	7 562	2 786		
1977	232 645	177 525	163 835	2 339	15 931	9 335	2 278		
1978	300 787	219 770	186 232	3 232	24 010	15 900	2 588		
1979	389 943	240 690	210 654	5 717	52 050	34 084	2 904		

资料来源：最高人民法院研究室编：《全国人民法院司法统计历史资料汇编 1949—1998（民事部分）》，北京，人民法院出版社，2000。

表 1—11 1951—1979 年全国民事案件的增长情况①

年份	民事案件总数		各类民事案件历年净增长数量								
	增长率	净增长	婚姻家庭继承案件纠纷		债务纠纷	房屋纠纷	损害赔偿纠纷	土地纠纷	劳资纠纷	工商业纠纷	其他案件
			小计	离婚							
	%	件	件	件	件	件	件	件	件	件	件
1951	31.33	206 543	211 931	212 440	—11 171	2 342	2 832	—17 128	7 658	17 432	—7 353
1952	65.50	567 062	468 410	428 400	19 962	—2 564	—815	8 293	15 839	4 760	53 177
1953	22.50	322 360	174 672	102 469	17 844	48 747	—11 899	58 499	—6 738	—20 126	61 361
1954	—30.66	—538 202	—408 235	—342 376	—31 353	—36 619		—35 931	—10 915	—6 143	—9 006
1955	—21.13	—257 194	—114 899		—42 338	—20 228		—41 571	—5 923	—5 279	—26 956
1956	—22.98	—220 513	—79 982		—35 121	—19 554	10 017	—24 689	—5 373	—1 063	—64 748
1957	13.67	101 073	40 168		—3 394	21 436	8 744	8 505	275	2 669	22 670
1958	—48.45	—407 089	—264 051		—27 283	—45 239	—11 067	—13 756	—4 453	—5 752	—35 488
1959	—11.23	—48 644	—2 933		—22 052	—13 893	—2 657	—4 362	—2 943	—2 456	—21 265
1960	—19.90	—76 529	—43 327	275 144	—6 027	—5 701	—2 048			—1 491	5 982
1961	100.46	309 454	272 026	260 566	2 256	12 354	3 767			386	18 665
1962	34.79	214 812	129 346	88 716	6 728	28 989	7 298			1 008	41 443
1963	—6.42	—53 409	—59 415	—64 140	6 936	5 577	1 804	15 620		458	—24 389
1964	—18.65	—145 264	—110 732	—97 898	—4 344	—13 836	—3 972	2 523	3 366	—813	—17 456
1965	—12.89	—81 646	—61 394	—54 981	—2 456	—7 256	—2 272	—3 427	—757	—745	—3 339
1966	—35.89	—198 104	—152 142	—131 788	—8 140	—14 947	—4 424	—6 527	—1164	—760	—10 000
1967	—36.90	—130 593	—128 010	—109 826	—2 797	—6 059	494	—3 981			11 706
1968	—60.08	—134 152	—106 482	—99 488	—2 650	—7 059	—3 401	—3 020			—11 540

① 本表数据从表 1—10 计算得出。

续前表

年份	民事案件总数		各类民事案件历年净增长数量								
	增长率	净增长	婚姻家庭继承案件纠纷		债务纠纷	房屋纠纷	损害赔偿纠纷	土地纠纷	劳资纠纷	工商业纠纷	其他案件
			小计	离婚							
	%	件	件	件	件	件	件	件	件	件	件
1969	−29.86	−26 615	−24 925	−23 569	−377	2 804	−772	−47			−3 298
1970	65.25	40 786	33 133	30 846	−912	−972	55	296			9 186
1971	50.64	52 309	40 898	38 470	0	3 302	623	1 028			6 458
1972	−33.87	−52 702	−42 866	−41 090	0	−1 516	−521	−870			−6 929
1973	161.46	166 147	115 684	107 227	0	19 250	4 804	6 370			20 039
1974	6.36	17 098	10 544	8 596	3 243	3 776	2 109	−518			−2 056
1975	−13.11	−37 522	−19 237	−16 882	−1 081	−6 822	−310	−2 991			−7 081
1976	−9.23	−22 944	−9 029	−8 304	−238	−6 852	−709	−1 670			−4 446
1977	3.09	6 966	3 135	2 236	415	−141	1 773	−508			2 292
1978	29.29	68 142	42 245	22 397	893	8 079	6 565	310			10 050
1979	29.64	89 156	20 920	24 422	2 485	28 040	18 184	316			19 211

表 1—12　　1979—2009 年全国民事案件的构成

年份	民事案件总数（件）	其中								
		离婚案件		合同案件		数量较多的几类合同案件				
		案件数（件）	比例（%）	案件数（件）	比例（%）	买卖合同（件）	借款合同（件）	劳动争议（件）	电信合同（件）	租赁合同（件）
1979	389 943	210 654	54.02	5 717	1.47					
1980	565 679	272 311	48.14	10 612	1.88					
1981	673 926	346 618	51.43	13 062	1.94					
1982	778 941	376 594	48.35	19 460	2.50					
1983	799 989	373 854	46.73	33 696	4.21					
1984	923 120	417 006	45.17	59 723	6.47					
1985	1 072 170	402 718	37.56	279 845	26.10					
1986	1 310 930	454 982	34.71	450 479	34.36	173 010	69 384			
1987	1 579 675	547 794	34.68	589 084	37.29	183 126	128 817			
1988	1 968 745	632 278	32.12	848 593	43.10	204 434	296 031			
1989	2 511 017	745 267	29.68	1 215 582	48.41	256 626	455 516			
1990	2 444 112	811 833	33.22	1 116 959	45.70	222 002	391 738			
1991	2 448 178	862 326	35.22	1 057 109	43.18	223 083	330 457			
1992	2 601 041	896 709	34.48	1 172 894	45.09	296 283	398 233			
1993	2 983 667	946 682	31.73	1 470 874	49.30	401 555	536 875			
1994	3 437 465	1 034 488	30.09	1 763 407	51.30	462 545	631 967			
1995	3 997 339	1 132 349	28.33	2 134 293	53.39	490 467	822 281			
1996	4 613 788	1 208 031	26.18	2 577 325	55.86	558 583	1 062 463			

续前表

年份	民事案件总数（件）	其中								
		离婚案件		合同案件		数量较多的几类合同案件				
		案件数（件）	比例（%）	案件数（件）	比例（%）	买卖合同（件）	借款合同（件）	劳动争议（件）	电信合同（件）	租赁合同（件）
1997	4 760 928	1 240 732	26.06	2 641 167	55.48	555 423	1 088 133			
1998	4 830 284	1 231 578	25.50	2 636 902	54.59	523 968	1 055 936			
1999	5 054 857	1 199 193	23.72	2 832 049	56.03	523 056	1 161 656			
2000	4 710 102	1 154 198	24.50	2 513 639	53.37	468 106	985 730	30 406		
2001	4 615 017	1 142 136	24.75	2 358 926	51.11	463 457	905 606	54 797		
2002	4 420 123	1 070 334	24.22	2 266 695	51.28	537 651	858 726	84 693	99 447	96 214
2003	4 410 236	1 057 864	23.99	2 266 476	51.39	523 777	812 269	98 112	110 864	100 726
2004	4 332 727	976 208	22.53	2 247 841	51.88	520 892	736 087	163 151	119 727	100 676
2005	4 380 095	956 313	21.83	2 265 362	51.72	514 251	705 018	122 480	119 498	104 346
2006	4 385 732	984 167	22.44	2 240 759	51.09	500 363	686 895	126 047	105 744	106 102
2007	4 724 440	1 029 837	21.80	2 463 775	52.15	523 761	793 301	150 092	107 015	115 863
2008	5 412 591	1 093 488	20.20	2 933 514	54.20	547 717	980 071	295 532	113 976	128 935
2009	5 800 144	1 142 586	19.70	3 151 716	54.34	591 425	978 013	318 643	115 663	135 047

资料来源：1979—1998 年的数据来源于最高人民法院研究室编：《全国人民法院司法统计历史资料汇编 1949—1998（民事部分）》，北京，人民法院出版社，2000；1999—2009 年的数据来源于《中国法律年鉴》2000—2010 年各卷。

表 1—13　　　　1979—2009 年全国民事案件的增长情况①

年份	民事案件总数		影响较大的几类案件的年度净增长（件）						
	净增长（件）	增长率 %	离婚案件	合同案件	影响较大的几类合同案件				
					买卖合同	借款合同	劳动争议	电信合同	租赁合同
1979	89 156	29.64	24 422						
1980	175 736	45.07	61 657	4 895					
1981	108 247	19.14	74 307	2 450					
1982	105 015	15.58	29 976	6 398					
1983	21 048	2.70	2 740	14 236					
1984	123 131	15.39	43 152	26 027					
1985	149 050	16.15	14 288	220 122					
1986	238 760	22.27	52 264	170 634					
1987	268 745	20.50	92 812	138 605	10 116	59 433			
1988	389 070	24.63	84 484	259 509	21 308	167 214			
1989	542 272	27.54	112 989	366 989	52 192	159 485			
1990	66 905	2.66	66 566	98 623	34624	63 778			
1991	4 066	0.17	50 493	59 850	1081	61 281			
1992	152 863	6.24	34 383	115 785	73 200	67 776			
1993	382 626	14.71	49 973	297 980	105 272	138 642			
1994	453 798	15.21	87 806	292 533	60 990	95 092			
1995	559 874	16.29	97 861	370 886	27 922	190 314			
1996	616 449	15.42	75 682	443 032	68116	240 182			
1997	147 140	3.19	32 701	63 842	3 160	25 670			
1998	69 356	1.46	9 154	4 265	31 455	32 197			
1999	224 573	4.65	32 385	195 147	912	105 720			
2000	344 755	6.82	44 995	318 410	54 950	175 926			
2001	95 085	2.02	12 062	154 713	4 649	80 124	24 391		
2002	194 894	4.22	71 802	92 231	74 194	46 880	29 896		
2003	9 887	0.22	12 470	219	13 874	46 457	13 419	11 417	4 512
2004	77 509	1.76	81 656	18 635	2 885	76 182	65 039	8 863	50
2005	47 368	1.09	19 895	17 521	6 641	31 069	40 671	229	3 670
2006	5 637	0.13	27 854	24 603	13 888	18 123	3 567	13 754	1 756
2007	338 708	7.72	45 670	223 016	23 398	106 406	24 045	1 271	9 761
2008	688 151	14.57	63 651	469 739	23 956	186 770	145 440	6 961	13 072
2009	387 553	7.16	490 98	218 202	43 708	2 058	23 111	1 687	6 112

① 本表数据从表 1—12 计算得出。

3. 民事诉讼率变迁的初步解释：从纠纷解决机制的角度

对于平等主体之间的民事纠纷，如果当事人不能自行和解，那么还有多种选择：或者选择诉讼解决，或者选择诉讼之外的方式解决，比如人民调解、仲裁等。当然，受害方还可以自认吃亏，选择忍让。当事人在这些方式之间的选择，很大程度上受到纠纷解决的制度设置的影响。如果各种纠纷解决机制都很不发达，那么，各种纠纷就很难自行和解，弱势一方的当事人在绝望的情况下，就更可能选择自认吃亏的忍让方式。如果各种纠纷解决机制都很发达，那么，当事人就更可能积极主张权利，将不能自行和解的纠纷提交有关机构解决。如果存在多种纠纷解决方式可以选择，当事人就会选择成本更低、更便利、更熟悉的方式去解决。从这个角度考察，民事诉讼率就是当事人经过权衡后选择诉讼方式解决民事争议这一行为在统计上的体现。

按照这样的思路，制度设置对民事诉讼率产生影响在于两个方面：一是其他纠纷解决方式是否发达，是否便宜、便利和有效；二是民事诉讼制度自身的设置是否公正、合理，是否便宜、便利和有效。过去六十年民事诉讼率的曲折变迁，和这两方面的因素在不同时期的变化，有很大的关系。这里将对这种变化及其对民事诉讼率的影响进行考察。“其他纠纷解决方式”在实际中数量繁多，难以精确归类，为了简化起见，这里仅就人民调解和仲裁对民事纠纷的分流作用进行考察。基于我国的国情，人民调解的机构设置最为广泛，是解决民间纠纷的重要力量，是依托社会力量并有一定的制度化水平的解纷机制。仲裁方式在我国还属于新生事物，但是，它的发展趋势，它的旨在克服纠纷解决中的各种矛盾的精巧的制度设置，凸显了它在现代社会中的重要性。

（1）人民调解对民事纠纷的分流作用

改革开放以前，国家没有公布全国人民调解的收案数量，因此无法通过统计数据进行对比。然而，大量的学术研究表明，改革开放以前，人民调解十分盛行，并且十分有效。中国共产党对调解的重视和实践，可以追溯到革命根据地时期。① 新中国成立后，人民调解委员会迅速在全国推广、建立，人民调解成为重要的纠纷解决方式。例如，到 1953 年，华东地区就

① 参见强世功：《权力的组织网络与法律的治理化——马锡五审判方式与中国法律的新传统》，载《北大法律评论》，第 3 卷第 2 辑，北京，法律出版社，2001。

有 4.6 万个调解委员会，覆盖了 80%的城镇。[①] 1954 年，国家颁布了《人民调解委员会暂行组织通则》，人民调解工作实现了一定程度的制度化和规范化。由于当时特有的社会组织形式和经济体制，调解工作特别有效。在农村地区，由于政社合一的组织形式，人民公社和生产大队对其成员具有很大权威；在城市地区，由于职业不能自由流动，个人的工作、职业发展和各种福利完全从属于单位，所以单位领导对其职员也有着巨大的权威。这些权威对于说服当事人让步、达成和解方案十分有力。一份报告提供的数据可以佐证这一点：1960 年，河北省定县有大约 5 300 件纠纷通过调解处理，其中 542 件为“寻衅滋事，不服从领导”，124 件是“消极怠工”[②]。而当年，全国的民事一审收案总共只有 30.8 万件，折算下来平均一个县只有 100 多件，远远低于调解的规模。

然而，从现代人权与法治的观点看，当时盛行的人民调解制度仍存在一些缺陷。首先，从目的与功能的角度，当时的人民调解在很大程度上是一种组织技术和动员机制，通过调解工作，从小的方面说，是教育当事人接受政府的政策与纪律；从大的方面说，是将体现现代化“大传统”的法律普及深入乡村社会，实现“送法下乡”[③]。所以，在调解实践中，当事人的权利和利益并不是主要的关注点，法律和政策的宣传，秩序和纪律的维护，才是调解的主要关切点。其次，调解工作在后来的发展，已经在很大程度上突破了自愿原则，调解组织演变成了“调处组织”，甚至可以实施一定的惩罚措施，比如，河北省 1958 年《关于制定爱国公约、建立调处委员会暂行办法（草案）》规定，调处委员会可以对当事人实施劳动改造的惩罚。[④]

改革开放以后，人民调解和民事诉讼两方面都发生了巨大的变化，二者之间在收案数量和解纷能力方面，出现了此消彼长的变化。如表 1—14 和图 1—17 所示，在 1981 年时，人民调解收案和民事一审收案的比值是 11.58，换言之，人民调解收案是民事一审收案的 11.58 倍。这一比值的现实含义是，绝大多数纠纷是通过人民调解化解的，诉讼案件只是不到十分

---

① 参见韩延龙：《我国人民调解工作三十年》，载《法学研究》，1981（2）。

② 韩延龙：《我国人民调解工作三十年》，载《法学研究》，1981（2）。

③ 强世功：《权力的组织网络与法律的治理化——马锡五审判方式与中国法律的新传统》，载《北大法律评论》，第 3 卷第 2 辑，北京，法律出版社，2001。

④ 参见韩延龙：《我国人民调解工作三十年》，载《法学研究》，1981（2）。

之一的一小部分。然而，此后却有一个持续了 20 年的进程：民事一审收案快速增长，人民调解收案的总体趋势是不增反降，到 2002 年，二者的比值降到 1.05，民事一审收案略低于人民调解收案，大致相当。

这一变化过程表明，民事诉讼率增长的原因，部分来自人民调解收案的绝对下降和相对下降。而人民调解收案的下降，既有自身的原因，也有民事司法的可获得性增强的原因。就其自身原因来说，是改革开放带来的三个方面的变化，弱化了人民调解的解纷能力。

第一个变化是，调解组织的权威式微。在农村，改革开放带来了政社分离，带来了土地承包到户，更带来了大量离土不离乡或离土又离乡的农民工，对于新时期的这些农户，乡村的调解组织已经没有强有力的说服、压制手段。而长期的各自营生，使调解人员和当事人之间日渐陌生，传统熟人社会中的长老权威失去了生长的土壤。在城市，职业的自由流动，收入和福利的工资化，使得单位领导对职员的威信减弱，对职员八小时之外的生活难以掌控。第二个变化是，利益日渐分化，社会原子化加剧。商品经济或者市场经济的发展，带来了社会利益的分化，带来了人口的区域流动，使得纠纷的当事人相互陌生，各自具有不同的利益诉求。第三个变化是，社会的发展使得很多纠纷类型日趋复杂，比如医疗纠纷，公司纠纷，保险纠纷，金融纠纷，专利技术纠纷，等等，这些纠纷需要相关的专业人士才能解决，而来自农村基层或城市社区的调解组织，很难具备这些方面的专业知识和技术。正是这三个方面的变化，使得改革开放以后，在社会矛盾和纠纷日益增多的情况下，人民调解组织的收案反而有所下降。

上述这些变化是现代社会发展的趋势，是和现代化发展相伴随的现象，所以，尽管自 2002 年以来，司法部、最高人民法院都发文支持和发展人民调解工作，但是从结果来看，这些工作收效并不显著。如表 1—14所示，2002 年以后，人民调解收案止住了下跌的势头，但是并无显著的增长。

(2) 仲裁对民事纠纷的分流作用

1981 年 12 月发布的《经济合同法》规定，经济合同发生纠纷时，当事人应及时协商解决。协商不成时，任何一方均可向国家规定的合同管理机关申请调解或仲裁，也可以直接向人民法院起诉。1983 年 8 月，国务院颁布《经济合同的仲裁条例》，规定经济合同的仲裁机关是国家工商行政管理局和地方各级工商行政管理局设立的经济合同仲裁委员会。1994 年 8 月，《仲裁法》颁布，自 1995 年 9 月 1 日起施行。《仲裁法》规定，仲裁委员会可以在直辖市和省、自治区人民政府所在地的市设立，也可以根据需要在其他设区的市设立。同时规定，《仲裁法》施行前设立的不符该法规定的其他仲裁机构，自该法施行之日起终止。实际中，仲裁委员会自 1995 年开始收案，原经济合同仲裁委员会收案截至 1996 年。前后两类仲裁机构在性质、程序、管辖方面，都存在一定的差异，但是相对于诉讼而言，它们又具有很多共同的特点，所以，这里将二者视为同一类型的纠纷解决方式一并考察。

如表 1—14 和图 1—18 所示，自 1981 年以来，在绝大多数年份，仲裁收案的规模很小，比如，在 1988 年以前，仲裁收案不足民事一审收案的 5%；1995 年以后，仲裁收案始终没有达到民事一审收案的 2%。这种情况下，在上述年份，仲裁收案对民事案件的分流作用非常小。但是，有两点情况需要注意：一是在 1989—1992 年间，由于当时国有企业之间的三角债问题大量发生，经济合同仲裁在这种债务问题的清理方面，发挥了较大的作用，分流了相当比例的民事纠纷。在最多的 1990 年，经济合同仲裁机构的收案数量达到了民事一审案件的 38.5%。正是由于经济合同仲裁的分流作用，民事诉讼率在 1990 年、1991 年出现下降，而这是 1977—1999 年间，民事诉讼率仅有的两次下降。二是 1995 年以来，仲裁委员会的收案规模虽然很小，但是一直呈快速增长的趋势，假以时日，仲裁收案可能发挥显著的案件分流作用，从而降低民事诉讼率。

表 1—14　　1981—2009 年民事诉讼收案和人民调解、仲裁收案对比

年份	民事诉讼一审收案（件）	人民调解收案（件）	经济合同仲裁委员会收案（件）	仲裁委员会收案（件）	调解诉讼比	仲裁诉讼比
1981	673 926	7 805 400	14 035		11.58	0.021
1982	778 941	8 165 800	19 090		10.48	0.025
1983	799 989	6 978 200	35 715		8.72	0.045
1984	923 120	6 748 600	30 091		7.31	0.033
1985	1 072 170	6 332 900	28 104		5.91	0.026
1986	1 310 930	7 307 049	29 075		5.57	0.022

续前表

年份	民事诉讼一审收案（件）	人民调解收案（件）	经济合同仲裁委员会收案（件）	仲裁委员会收案（件）	调解诉讼比	仲裁诉讼比
1987	1 579 675	6 966 053	27 231		4.41	0.017
1988	1 968 745	7 255 199	46 492		3.69	0.024
1989	2 511 017	7 341 030	233 227		2.92	0.093
1990	2 444 112	7 409 222	941 965		3.03	0.385
1991	2 448 178	7 125 524	185 000		2.91	0.076
1992	2 601 041	6 173 209	279 167		2.37	0.107
1993	2 983 667	6 222 958	123 942		2.09	0.042
1994	3 437 465	6 123 729	104 406		1.78	0.030
1995	3 997 339	6 028 481	19 899	107	1.51	0.005
1996	4 613 788	5 802 230	853	880	1.26	0.000
1997	4 760 928	5 543 166		3 548	1.16	0.001
1998	4 830 284	5 267 194		6 465	1.09	0.001
1999	5 054 857	5 188 646		7 394	1.03	0.001
2000	4 710 102	5 030 619		9 577	1.07	0.002
2001	4 615 017	4 860 695		12 127	1.05	0.003
2002	4 420 123	4 636 139		17 959	1.05	0.004
2003	4 410 236	4 492 157		28 835	1.02	0.007
2004	4 332 727	4 414 233		37 304	1.02	0.009
2005	4 380 095	4 486 825		48 339	1.02	0.011
2006	4 385 732	4 628 018		60 844	1.06	0.014
2007	4 724 440	4 800 238		61 016	1.02	0.013
2008	5 412 591	4 981 370		65 074	0.92	0.012
2009	5 800 144	5 797 300		74 811	1.00	0.013

资料来源：(1)《中国工商行政管理年鉴》1992—1996 年各卷；(2)《中国统计年鉴 2001》；(3)《中国法律年鉴》1995—2010 年各卷。

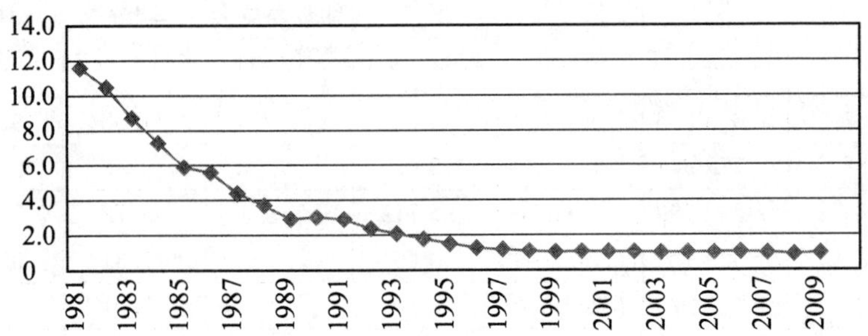

图 1—17　全国调解与诉讼比（人民调解收案数/民事一审收案数）的变化（1981—2009 年）

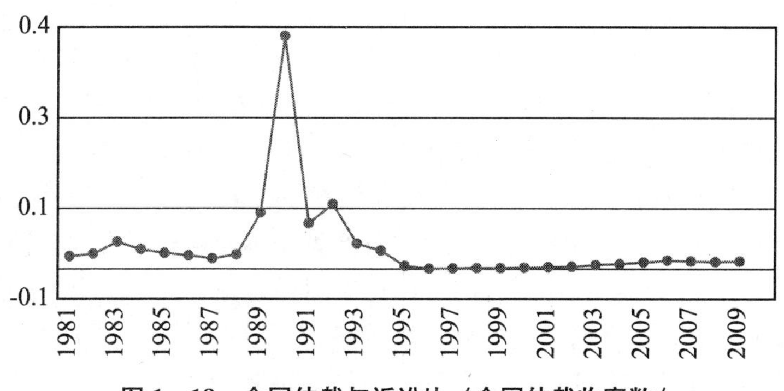

图 1—18　全国仲裁与诉讼比（全国仲裁收案数/民事一审收案数）的变化（1981—2009 年）

（3）民事诉讼的权利救济能力

民事诉讼的制度设置，对民事诉讼率具有直接而重大的影响。民事诉讼率之所以很低，固然和当时的经济体制、社会开放程度有关，但是民事诉讼自身的制度设置状况也产生了重大影响。比如，民事诉讼中盛行的调解方式，尤其是"审判与辩论"相结合的审判方式，对于民事诉讼的提起具有很大的抑制作用。又比如，"文化大革命"期间"砸烂公、检、法"的做法，严重危害了法院的正常办公，严重削弱了审判中对私权的维护，从而使民事诉讼率长时期处于历史最低水平。

改革开放以后，审判机构和审判队伍得以恢复和发展，审判方式日益制度化和正规化，这种变化是民事诉讼率在 20 世纪 90 年代以前长期、持续增长的一个重要原因。然而，自 20 世纪 90 年代以来，诉讼制度自身也暴露出了很多问题。一个问题是执行难，原告赢了官司之后，却难以兑现，判决书成了"白条"。另一个问题是，诉讼成本越来越高。导致诉讼成本越来越高的根本原因在于，诉讼费返还的审判经费保障体制。虽然国家多次强调"收支两条线"的改革，但是在地方上，这种改革很不彻底，明里暗里的诉讼费返还仍然是普遍的做法。在这种经费保障体制下，诉讼中的许多做法加大了当事人的负担，比如，诉讼费由原告预交，胜诉后原告再找被告讨要；一些原本应当由法院支出的办案费用，可能转嫁到当事人头上。实际中，诉讼成本的增加又因为两个因素而恶化：一是前面提到的执行难，执行难使得原告可能赢了官司还要搭进去诉讼费、律师费和其他公关费用；二是审判人员腐败，腐败增加了判决的不可预测性和反复性，增加了诉讼中的各种费用。

这些现象日益严重，其直接的影响，是导致了民事诉讼率在 1999 年后的下降趋势。而民事诉讼率的下降，意味着司法救济能力的下降，带来的社会危害是多方面的，显见的有：一是大量的当事人寻求私立救济，比如通过讨债公司追还债务①；二是导致大量的上访，出现了“信访洪峰”②，而在这个洪峰之中，70%左右是涉诉上访③，80%是有一定道理的④；三是导致了大量的矛盾积压，政权的合法性受到质疑，社会处于不稳定和不安定状态。

鉴于当事人的诉讼成本过高，2006 年国务院颁布了《诉讼费用交纳办法》，该办法从五个方面较大幅度地减少了诉讼收费：（1）财产案件收费比例的起点由现行的 4%下调为 2.5%；（2）取消其他诉讼费和执行实际支出费用，实行先执行、后收费；（3）离婚案件涉及财产分割不再另行收费的最高限额由财产总额不超过 1 万元调整为不超过 20 万元；（4）行政案件不论是否涉及财产一律按件收取案件受理费；（5）当事人申请撤诉、调解结案或者适用简易程序的案件，减半交纳案件受理费。

国务院《诉讼费用交纳办法》自 2007 年 4 月 1 日实施以来，民事诉讼率出现了久违的显著增长。具体言之，如表 1—9 所示，民事诉讼率在 2007 年增长 7.2%，2008 年增长最快，年增长率达到 14.0%，2009 年增幅有所回落，但增长率仍有 6.6%。民事诉讼率自 2007 年以来的增长反过来佐证了前文的分析：此前较高的诉讼成本严重抑制了社会权利救济需求。此外，这三年的增长也证成了另一个一般性的结论：诉讼的成本对于民事诉讼率具有重要影响。

（二）民事一审结案

1. 民事一审结案方式

根据《民事诉讼法》的规定和当代中国的司法实践，民事一审的结案方式主要有以下方式：（1）判决；（2）裁定准许撤诉；（3）裁定驳回起诉；（4）裁定终结；（5）移送有关单位；（6）移送其他法院；（7）调解结案。其中每一种结案方式的变化，都与民事诉讼的制度改革以及社会的纠纷形势、人们的文化观念变化有一定的关系，而结案方式之间比例的变化，也

① 参见徐昕：《私立救济》，清华大学博士学位论文，2003。

② 胡奎、姜抒：《2003 年中国遭遇信访洪峰 新领导人面临非常考验》，载《瞭望东方周刊》，2003-12-08。

③ 参见邵国荣：《“信访不信法”是司法的桎梏》，载《江苏经济报》，2011-06-22。

④ 参见王永前、黄海燕：《国家信访局局长：80%上访有道理》，载《半月谈》，2003-11-20。

是这些方面的一个反映。

表 1—15 是对民事一审结案资料的整理。表中单独列出了通过调解、判决、移送其他有关单位、撤诉等方式结案的数量，凡是未单独列明的，都归入“其他”类型。由于某些年份的资料缺乏，有些数据不具有连续性。在“移送其他有关单位/撤诉”一栏中，1970—1977 年为“移送其他有关单位”的案件数，1978—2009 年为“撤诉”案件数。

表 1—15　　1950—2009 年民事一审结案情况统计

年份	结案总数（件）	其中								
		调解结案		判决结案		判调比	移送其他有关单位/撤诉		其他方式结案	
		件数	比例（%）	件数	比例（%）		件数	比例（%）	件数	比例（%）
1950	616 649									
1951	843 459									
1952	1 356 912									
1953	1 755 122									
1954	1 265 090									
1955	297 356									
1956	749 640	290 316	38.73	277 096	36.96	0.95				
1957	823 215	307 854	37.40	285 083	34.63	0.93				
1958	513 044	225 733	44.00	144 113	28.09	0.64				
1959	471 291	280 809	59.58	90 260	19.15	0.32				
1960	299 182	194 958	65.16	51 872	17.34	0.27				
1961	547 123	347 325	63.48	88 154	16.11	0.25				
1962	818 096	454 856	55.60	129 650	15.85	0.29				
1963	783 953	475 790	60.69	133 647	17.05	0.28				
1964	647 000	426 039	65.85	94 423	14.59	0.22				
1965	573 724	391 604	68.26	76 350	13.31	0.19				
1966	355 809	257 039	72.24	38 926	10.94	0.15				
1967	218 173									
1968	100 411									
1969	55 193									
1970	102 443	57 993	56.61	10 640	10.39	0.18	24 017	23.44		
1971	134 217	75 622	56.34	15 978	11.90	0.21	29 385	21.89		
1972	89 721	47 955	53.45	9 637	10.74	0.20	21 266	23.70		
1973	250 563	152 142	60.72	25 412	10.14	0.17	31 817	12.70		
1974	299 383	193 374	64.59	31 846	10.64	0.16	29 063	9.71		

续前表

年份	结案总数（件）	其中								
		调解结案		判决结案		判调比	移送其他有关单位/撤诉		其他方式结案	
		件数	比例（%）	件数	比例（%）		件数	比例（%）	件数	比例（%）
1975	271 832	181 647	66.82	30 508	11.22	0.17	20 531	7.55		
1976	233 651	158 214	67.71	27 327	11.70	0.17	14 697	6.29		
1977	245 359	173 567	70.74	27 740	11.31	0.16	14 159	5.77		
1978	284 411	205 710	72.33	31 078	10.93	0.15	14 935	5.25	32 688	11.49
1979	367 369	258 605	70.39	39 365	10.72	0.15	26 275	7.15	43 124	11.74
1980	555 078	383 653	69.12	58 604	10.56	0.15	47 110	8.49	65 711	11.84
1981	662 800	456 753	68.91	70 739	10.67	0.15	66 160	9.98	69 148	10.43
1982	778 358	530 543	68.16	91 423	11.75	0.17	87 316	11.22	69 076	8.87
1983	792 039	569 161	71.86	93 707	11.83	0.16	85 813	10.83	43 358	5.47
1984	931 358	678 633	72.86	109 466	11.75	0.16	99 393	10.67	43 866	4.71
1985	1 056 002	795 610	75.34	122750	11.62	0.15	99 672	9.44	37 970	3.60
1986	1 287 383	961 725	74.70	161345	12.53	0.17	120 087	9.33	44 226	3.44
1987	1 561 620	1 140 548	73.04	215 954	13.83	0.19	160 881	10.30	44 237	2.83
1988	1 905 539	1 406 589	73.82	255 597	13.41	0.18	194 727	10.22	48 626	2.55
1989	2 482 764	1 770 618	71.32	368 785	14.85	0.21	284 860	11.47	58 501	2.36
1990	2 452 183	1 611 338	65.71	442 999	18.07	0.27	339 759	13.86	58 087	2.37
1991	2 498 071	1 489 227	59.62	547 698	21.92	0.37	383 888	15.37	77 258	3.09
1992	2 598 317	1 534 747	59.07	596 386	22.95	0.39	416 209	16.02	50 975	1.96
1993	2 975 332	1 779 645	59.81	659 908	22.18	0.37	481 491	16.18	54 288	1.82
1994	3 427 614	2 017 192	58.85	764 950	22.32	0.38	585 692	17.09	59 780	1.74
1995	3 986 099	2 273 601	57.04	940 629	23.60	0.41	705 424	17.70	66 445	1.67
1996	4 588 958	2 477 384	53.99	1 198 947	26.13	0.48	827 247	18.03	85 380	1.86
1997	4 720 341	2 384 749	50.52	1 384 039	29.32	0.58	862 065	18.26	89 488	1.90
1998	4 816 275	2 167 110	45.00	1 613 005	33.49	0.74	911 423	18.92	124 737	2.59
1999	5 060 611	2 132 161	42.13	1 800 506	35.58	0.84	978732	19.34	149 212	2.95
2000	4 733 886	1 785 560	37.72	1 853 438	39.15	1.04	943 071	19.92	151 817	3.21
2001	4 616 472	1 622 332	35.14	1 919 393	41.58	1.18	927 397	20.09	147 350	3.19
2002	4 393 306	1 331 978	30.32	1 909 284	43.46	1.43	877 424	19.97	274 620	6.25
2003	4 416 168	1 322 220	29.94	1 876 871	42.50	1.42	914 140	20.70	302 937	6.86
2004	4 303 744	1 334 792	31.01	1 754 045	40.76	1.31	931 732	21.65	283 175	6.58
2005	4 360 184	1 399 772	32.10	1 732 302	39.73	1.24	965 442	22.14	262 668	6.02
2006	4 382 407	1 426 245	32.54	1 744 092	39.80	1.22	986 780	22.52	225 290	5.14
2007	4 682 737	1 565 554	33.43	1 804 780	38.54	1.15	1 065 154	22.75	247 249	5.28
2008	5 381 185	1 893 340	35.18	1 960 452	36.43	1.04	1 273 767	23.67	253 626	4.71
2009	5 797 160	2 099 024	36.21	1 959 772	33.81	0.93	1 494 042	25.77	244 322	4.21

资料来源：(1) 最高人民法院研究室编：《全国人民法院司法统计历史资料汇编 1949—1998》，北京，人民法院出版社，2000；(2)《中国法律年鉴》1987—2010 年各卷。

2. 判调比及其历史变迁

在各种结案方式中，判决和调解是最基本、最重要的两种结案方式。两种方式之间，存在密切的联系。从制度上说，一件民事案件，如果没有出现终止、移送、撤诉或其他不需要实际进行审判的情形，就必然以判决或者调解方式结案。因此，判决和调解的总数是一定的，二者之间的变化是此消彼长的关系。从性质上说，判决是法院对诉讼争议作出的强制性的解决方案，调解则是双方当事人在法院的帮助下达成的合意的解决方案。选择判决还是调解结案，主动权在当事人双方。然而在实际中，有许多因素影响当事人的这种选择，进而影响两类结案方式在统计数量上的变化。大致地说，这些因素包括：纠纷的性质，当事人双方的关系，社会的文化观念，法院调解工作的努力程度，制度上的激励措施，等等。这些因素中，前三类可以归结为社会因素，后两类可以归结为制度因素。换言之，有多少人选择调解，有多少人选择判决，一方面受客观的社会情势的影响，另一方面受审判制度的影响。

上述影响的结果，可以一定的统计指标进行衡量。常用的两个指标：一个是调解比例，即调解结案的案件数在结案总数中所占的百分比；另一个是判决比例，即判决结案的案件数在结案总数中所占的百分比。调解比例和判决比例具有一定的关系，二者可以大致地衡量调解和判决两种结案方式在司法实践中的运用及消长关系。然而，在结案总数中，还存在其他结案方式，以这些方式结案的数量比不是固定的，所以，以直接判决结案数和调解结案数的比值，即判调比来衡量，更为精确。

图1—19显示了1956年以来的近60年中，民事一审结案判调比的水平及历史变迁。结合表1—15和图1—19，1956—2009年间，判调比明显体现为四个阶段：

（1）1956—1965年，判调比持续下降，从1956年的0.95降到1965年的0.19。数据背后的实际意义是，1956年时，判决结案的数量小于调解结案，但是十分接近，大致相等；1965年时，二者的比例变为1∶5，判决结案的数量远远低于调解结案。

（2）1965—1988年，这24年中，判调比始终维持在相当低的水平。除了1970年达到0.20、1971年达到0.21外，其余年份的判调比均在0.20以下。

（3）1988—2002年，判调比持续上升，从1988年的0.18，上升到

2002 年的 1.43 的历史最高值。在这一持续增长过程中，2000 年的判调比首次超过 1，即在这一年，在我们掌握的相关数据的年份范围内，判决结案数量首次超过调解结案，判调比达到 1.04。

（4）2002—2009 年，判调比持续下降。在 2009 年，判调比再次降到 1 以下。经过近 60 年的变迁，又回到和 1956 年相当的水平。

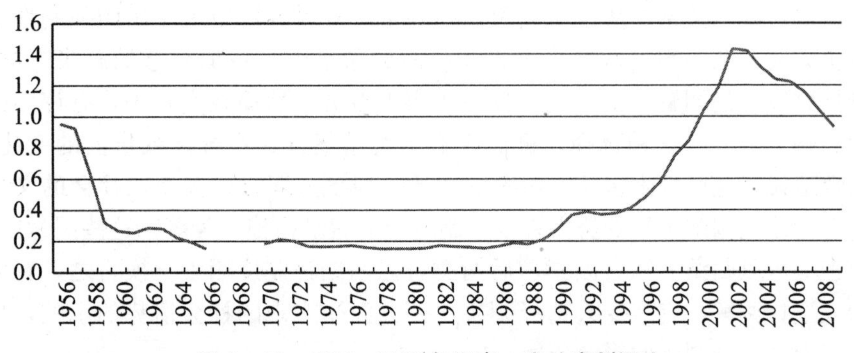

图 1—19　1956—2009 年民事一审结案判调比

3. 判调比变迁的初步解释

判调比的历史变迁，是社会因素和制度因素双重作用的结果。但是，不同时期，两种因素影响的大小、主次有所不同。

对于 1956—1965 年判调比的持续下降，主要原因在于三个方面：第一，毛泽东于 1957 年 2 月 27 日在最高国务会议上做了《关于正确处理人民内部矛盾的问题》的讲话，讲话要求，在各项工作中，首先应当区分敌我矛盾和人民内部矛盾，后者属于非对抗性的矛盾，应当用“团结——批评——团结”方法解决。[①] 这一方法在审判工作中得到严格的贯彻，形成着重调解（批评教育）、防止矛盾转化的工作原则。第二，随着社会主义改造的完成，公私矛盾和纠纷基本消失，民事案件的数量大幅度下降，并且主要是家庭纠纷和个人之间的民事纠纷。其中婚姻家庭继承纠纷所占的比例在 70%以上，1960 年时更是达到 93.17%，这样的纠纷类型，无论从调解难度上，还是从社会效益上，都适合运用调解方法。第三，这一时期的婚姻家庭继承纠纷中，又有 90%以上属于离婚纠纷，而当时对离婚案件的处理方式，也易于调解结案。1957—1963 年间，对离婚案件的审判采取极左

① 参见毛泽东：《关于正确处理人民内部矛盾的问题》，载《建国以来毛泽东文稿》，第 6 册，316～329 页，北京，中央文献出版社，1992。

的办法，一方面，把阶级斗争的观点，“破私立公”和“兴无灭私”之类的口号运用到离婚审判之中；另一方面，广泛采取“审判与辩论”相结合的做法，对于当事人的离婚请求，要经过群众的辩论和批判才确定是否成立。由于这样一些极左的做法，很多人不敢提出离婚，提出离婚的当事人经过这样的辩论和批判之后，也不敢再坚持离婚，从而极大程度地推高了调解结案的比例。1963 年之后，极左的离婚案件审判方式得到一定程度的纠正，但是依然要考虑婚姻关系是否破裂，要考虑子女利益和社会影响，调解仍然是审判工作的主要内容。①

1966 年之后，上述因素继续存在，甚至有所加强。一方面，1965 年后直到改革开放初期，民事案件不仅类型少，主要是个人、家庭之间或家庭内部的纠纷，而且总数也少，这类纠纷由于处于复杂的关系网络中，适用调解既容易成功，又具有一定的社会效益；另一方面，着重调解、防止非对抗性矛盾转化为对抗性矛盾依然是审判工作的基本原则。由于这些因素的影响，1966 年以后判调比长期维持在历史低水平。

改革开放之后，社会形势快速变化，越来越多的因素制约着法院调解工作的开展。这些变化包括：纠纷类型增多，除了传统的民事案件外，各种经济纠纷出现并快速增加；社会利益日益分化，民事案件中利益和立场对立的因素增多；随着农村人民公社的解散和土地承包到户，城市职业“铁饭碗”的松动和其他就业机会的增加，各种社会组织对个人的控制能力减弱，协助调解的难度加大。尽管这些变化使得调解难度加大，然而，由于诉讼中继续贯彻“着重调解”的原则，判调比依然维持了一段时间的低水平，直至 1988 年。这种“着重调解”原则在改革开放之前被长期实践，并在改革开放初期得以制度化。1979 年 2 月颁布的《人民法院审判民事案件程序制度的规定（试行）》规定：“处理民事案件应坚持调解为主。凡可以调解解决的，就不要用判决，需要判决的，一般也要先经过调解。处理离婚案件，必须经过调解。调解要尽量就地进行。”由此确立了民事诉讼的“调解为主”的原则。1982 年 10 月《中华人民共和国民事诉讼法（试行）》第 6 条规定：“人民法院审理民事案件，应当着重进行调解；调解无效的，应当及时判决。”由此将“调解为主”的原则修正为“着重调解”的原则。

① 参见何兰阶、鲁明健主编：《当代中国的审判工作》，下册，36～38 页，北京，当代中国出版社，1993。

无论是“调解为主”的原则还是“着重调解”的原则，都是十分强调调解的，由此导致了20世纪80年代总体上较低的判调比水平。

20世纪80年代中期以后，由于“着重调解”原则暴露出了一些弊端，比如导致了各种变相的强迫调解，降低了诉讼的效率，等等，于是人们开始对“着重调解”原则进行反思和批评，由此导致调解结案率下降，判调比上升。作为这种反思和批评的一个结果，我国1991年颁布的《民事诉讼法》修正了“着重调解”原则，确定了“自愿、合法进行调解”的原则，并且为避免法院无限期拖延诉讼，久调不决，还作了审限的规定，由此导致调解比例在1991年以后继续下降，直到2002年。

但是，调解比例持续12年的下降并非仅仅因为民事诉讼法的修改，此外还有四个重要的原因。一是民事案件数量快速增长，而法官的数量增长相对较慢，法官为了完成繁重的案件审理任务，不能投入太多的时间进行调解。二是随着越来越多高学历的法律专业的毕业生分配到法院，法官的专业素质越来越高，一方面，导致过去那种借助调解来回避疑难的法律适用的情形越来越少；另一方面，法官们较强的专业素质使得他们通过判决结案变得更为容易。三是自20世纪80年代后期以来，法制主义的思潮兴起，正规化、司法公正、保护诉权等成为法院改革的目标，而调解恰恰被认为是有违这些目标的。四是社会越来越原子化，人们之间的关系越来越疏远、简单，相互性越来越脆弱，这使得调解成功的概率大为减小。正是这四个方面的原因，促进了判调比的增长。

然而，2000年以来，尤其是2002年9月份以来，政策上对法院调解的态度发生了变化，调解作为有效解决社会矛盾的纠纷解决方法又重新被强调和重视。这种强调和重视反映到具体的政策和制度上，表现为：一是在意识形态上宣传调解的优点；二是最高人民法院于2003年9月发布了《关于适用简易程序审理民事案件的若干规定》，规定应促进调解工作的实施；三是最高人民法院于2004年9月发布了《关于人民法院民事调解工作若干问题的规定》，在对调解进行制度化和规范化的同时，也增加了鼓励和解的制度保障。正是由于这些变化，在2003年，判调比止住了上升的势头，甚至开始下降。2007年以来，最高法院推出了一系列增强调解导向的政策措施，例如最高人民法院于2007年3月发布了《关于进一步发挥诉讼调解在构建社会主义和谐社会中积极作用的若干意见》，要求全国法院重视诉讼调解，提高调解的技巧和能力。在这些政策的共同作用下，自2003年以来，判调比持续下降。截至今日，判调比仍呈下降趋势。

4. 衡量判调比需要考虑的两个因素：移送有关单位和撤诉

有两种结案方式，名义上不属于调解结案，但是在实际内容上，部分地又具有调解结案的特点，如果要精确地衡量判调比，需要适当考虑这两种因素的比例及变化。这两种因素是“移送有关单位”和“撤诉”。

在1970—1777年间，法院将民事案件移送有关单位处理占有一定的比例。如图1—20所示，这种处理在1972年达到最高值23.70%，接近当年结案数量的四分之一，此后逐年下降，截至1977年时只有5.77%。在当时特定的情境中，“司法”意味着最尖锐的矛盾处理方式，而“移送有关单位”在多数情况下则意味着矛盾的对抗性降低，意味着可以以非司法的方式解决，意味着应当动用行政的、经济的、社区的力量进行说服、教育。而且，在当时婚姻家庭继承案件占绝大多数，其中又以离婚纠纷为主要案件类型的情况下，“移送有关单位”处理更意味着借助其他社会力量进行说服、教育。比如，1970年，“移送有关单位”的案件24 017件，其中离婚案件164 44件，占68.5%，其他婚姻家庭继承案件783件，二者合计占71.7%；1971年，“移送有关单位”的案件29 385件，其中离婚案件18 791件，占63.9%，其他婚姻家庭继承案件1534件，二者合计占69.2%；1972年，“移送有关单位”的案件21 266件，其中离婚案件11 864件，占55.8%，其他婚姻家庭继承案件956件，二者合计占60.3%。由于“移送有关单位”的这种实际意义，所以，如果要更精确地衡量判调比，就必须适当考虑这类结案方式的比例。考虑这一因素后，在1970—1977年间原本非常低的判调比，实际水平就更低了。然而，“移送有关单位”中包含多少调解因素，却不能精确界定，所以，“移送有关单位”对判调比的测算，只能是一个加强因素，而不能准确量化。

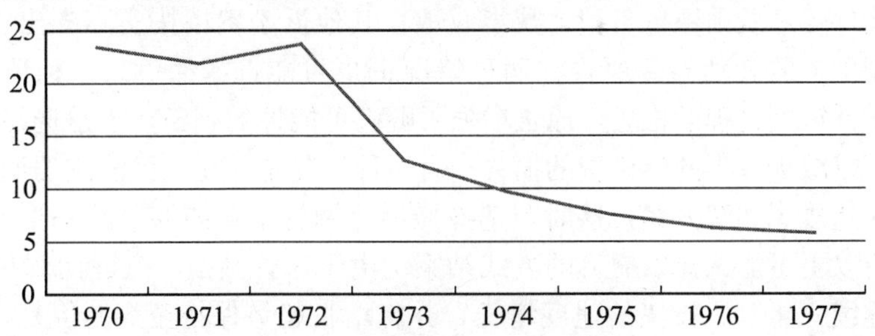

图1—20 1970—1977年民事一审结案中“移送有关单位”所占比例（%）

另一个因素是撤诉。如图 1—21 所示，改革开放以来，撤诉比例总体上呈上升趋势。在 1978 年，撤诉的案件只有 5.25%。此后，除了 1984—1988 年、2002 年小幅回调外，其他年份均有所增长。这种增长一直延续到本报告考察截止的 2009 年，在这一年撤诉率达到历史最高值 25.77%，超过结案总数的 1/4。

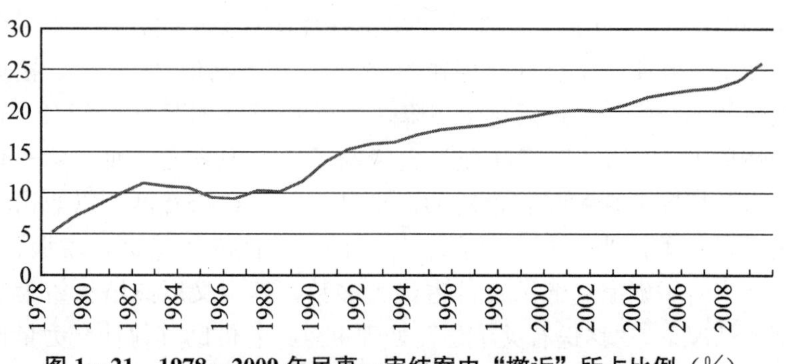

图 1—21　1978—2009 年民事一审结案中"撤诉"所占比例（%）

对于撤诉比例的变化，两次诉讼收费制度的调整产生了重大影响。第一次收费调整是最高人民法院于 1984 年 8 月发布了《民事诉讼收费办法(试行)》，该办法第 7 条第 1 款规定："案件审理终结，诉讼费用由败诉的当事人负担。当事人部分败诉部分胜诉的，由人民法院决定双方分担。"同时，第 9 条又规定："撤诉的案件，受理费和财产案件的其他诉讼费用，由原告负担。"根据该规定，在判决结果不确定的情况下，原告撤诉的损失是最大的，因此，只要有一线胜诉的希望，原告坚持不撤诉是利益最大化的选择，由此导致撤诉比例在这一阶段的不增反降。

第二次收费调整是最高人民法院于 1989 年 7 月发布了《人民法院诉讼收费办法》，于 1989 年 9 月 1 日起施行。该办法第 23 条规定："撤诉的案件，案件受理费由原告负担，减半收取；其他诉讼费用按实际支出收取。"这种制度上的激励导致原告在两种情况下更可能选择撤诉。一种情况是，随着案件审判进程的推进，原告增强了败诉可能性的判断，于是选择撤诉，这样可以减少一半的诉讼费的损失；另一种情况是，在人民法院的调解下，当事人达成了和解方案，这时，选择撤诉比调解结案能够节约一半的诉讼费，所以更可能选择以撤诉的方式结案。由于这种激励，撤诉比例在 1989 年后连续三年以比较快的速度增长，并将增长趋势保持至今。但是，自国务院发布的《诉讼费用交纳办法》于 2007 年 4 月 1 日施行以来，上述激励已不存在，因为该办法规定，调解和撤诉结案一样，都是诉讼费减半收取。尽管如此，当事人之间的和解仍有助于达成撤诉结案，因为撤诉方式对于缓和矛盾和冲突，对于维护当事人之间既有的关系有一定的促进作用。这种促进作用也在一定程度上解释了2000年以来撤诉比例的持续增长，因为近10年来，审判工作中加强了调解的力度，并取得了明显的成效。

五、行政一审工作

（一）行政一审收案

1949年以后，直至改革开放前夕，我国没有行政诉讼。改革开放之后，在整个20世纪80年代，我国仍没有正式建立行政诉讼制度。然而，自1980年以来，一方面，越来越多的法律和法规规定，公民、法人等当事人不服行政机关的行政处分决定，可以向人民法院起诉，这些法律和法规涉及海关、资源、科学技术、金融、交通运输、邮电、卫生、环境保护、城市管理、生产经营、商业、统计计量、税务、治安行政管理等领域；另一方面，实际中不断发生不服行政机关行政处罚决定的争议，一些当事人将这些争议提交人民法院解决。面对这种情况，人民法院在没有正式的行政诉讼制度情况下，在实践中尝试和探索以诉讼的形式解决这类争议。

从1980年开始，各地人民法院就将其作为经济纠纷，陆续受理了行政机关和行政相对人之间的行政争议案件。最初，行政案件并没有单独被归类进行司法统计，因此，当时确切的收案数量现在已无档案可考。1983年以后，司法实践中开始将行政案件归为“经济行政案件”，列入经济纠纷中进行统计。直至1986年，这类案件并没有明显的增长。统计显示，1983年收案527件，1984年收案983件，1985年收案916件，1986年收案632件。体现在行政诉讼率（每年每10万人口行政案件数）上，则是每年不到1件/10万人。

这种情况在1987年后有了根本改观。首先，从1987年起，行政案件从经济纠纷中分离出来，在司法实践中被单独统计。其次，各地法院先后成立行政审判庭，专门审判行政案件。成立行政审判庭的工作从1986年开始，在1987年陆续推开，截至1988年年底时，全国已有26个高级法院、242个中级法院（占中级法院总数的63.5%）、1154个基层法院（占基层法院总数的39%）建立了行政审判庭。再次，规定公民、法人不服行政处理决定可以提起诉讼的法律、法规的数量逐年增加，截至 1988 年年底，已有 130 多个这样的法律、法规。制度发展的另一方面，是“有计划的商品经济”逐步发展，行政机关从经济组织生产者，逐步转变为利益相对超脱的管理人，行政机关和市场主体之间的立场相对分立，二者之间发生争议的概率逐年增加，并且需要相对独立的司法机关进行监督和裁断。最后，随着商品经济的发展，人们的权利意识、利益意识和法律意识逐步增强，对于行政机关的侵害，希望通过法律途径维护自己的权益。正是在这些因素的共同推动下，行政诉讼率从 1987 年开始，进入了快速的、稳步的增长轨道。如表 1—16 和图 1—22 所示，相对于 1986 年，行政诉讼率在 1987 年呈现出跳跃式的增长，并稳步增长到 1990 年。

在 1990—1991 年之间，行政诉讼率又出现了跳跃式增长，从 1990 年的 1.15 件/10 万人上升到 1991 年的 2.23 件/10 万人，增长了 94.7%，几乎在一年之间翻了一番。增长的原因在于，国家颁布了《行政诉讼法》，从而有了正式的、相对健全的行政诉讼制度。《行政诉讼法》于 1989 年 4 月 4 日第七届全国人民代表大会第二次会议通过，自 1990 年 10 月 1 日起施行。《行政诉讼法》的颁布、实施从三个方面导致了行政诉讼率的快速提升。一是拓展了受案范围。《行政诉讼法》第 11 条列举了七种具体行政行为，以及“认为行政机关侵犯其他人身权、财产权的”行为，行政相对人可以提起行政诉讼，从而极大地拓展了行政诉讼的受案范围。二是促进了机构健全。《行政诉讼法》第 3 条第 2 款规定：“人民法院设行政审判庭，审理行政案件。”这一要求加快了各地人民法院建立行政审判庭的速度。据统计，截至 1990 年年底，全国建立行政审判庭的法院达到 3037 个，占应建庭数的 92.68%。[①] 三是《行政诉讼法》自 1989 年 4 月 4 日公布，到 1990 年 10 月 1 日起施行，这一年多时间的宣传、报道，增进了社会公众的行政诉讼知识和法律维权意识，进而增加了公众在特定情况提起行政诉讼的可能性。

在 1994—1997 年间，行政诉讼率再度出现快速增长。如表 1—16 和图 1—22 所示，1994 年的行政诉讼率为 2.94 件/10 万人，1997 年增长到 7.36 件/10 万人，增长了两倍多，平均年增长率达到 33.7%。出现这样的快速增长，原因在于社会主义市场经济的改革和发展的快速推进。社会主义市场经济的发展从两个方面增加了行政管理纠纷。一方面，市场经济的

① 参见《中国法律年鉴 1991》，21 页。

发展导致了更多的市场主体，更多的经营活动，更多的行政监管，而这种监管，不同于计划体制中上级对下级的监管，而是一种“公”对“私”的监管，这种监管之间发生的争议，需要司法的监督和裁断。另一方面，虽然政府职能发生变化，政府的监管活动增加，但是在市场经济快速发展的初期，制度的配套改革多有缺位，很多领域存在着行政管理制度不够完善的情形，由此也导致大量的行政管理纠纷。在这两方面的共同作用下，行政诉讼率在 1994 年后出现了较快的增长。1998 年以后，虽然市场经济继续发展，监管活动继续增加，但是政府职能的调整逐步到位，法律制度逐步完善，两种因素的作用相互抵消，导致行政诉讼率增长速度放缓。

2000 年以后，多种因素从不同的方向发挥影响，使得行政诉讼率出现较大幅度的波动。一些因素增加了行政诉讼案件发生的几率，一个重要的因素是我国经济发展的方式和社会的急剧转型产生了大量的社会矛盾，尤其是群体的矛盾，在这些矛盾之中，地方政府及其工作部门往往是利益相关人，由此增加了行政诉讼发生的可能性，比如，经济发展带来土地、房屋等资产升值，而经济发展的模式又需要政府出面征收这些资产，在原有的征用制度中，极易诱发政府和资产持有人之间的争议和冲突。另一个重要的因素是最高人民法院于 2000 年 3 月 8 日发布了《关于执行〈中华人民共和国行政诉讼法〉若干问题的解释》（以下简称《解释》），自颁布之日起施行。和 1989 年制定的《行政诉讼法》相比，《解释》从三个方面明显地扩大了行政诉讼的受案范围，从而增加了行政诉讼发生的可能性。一是，《解释》用概括规定取代了逐项列举。《解释》第 1 条第 1 款规定：“公民、法人或者其他组织对具有国家行政职权的机关和组织及其工作人员的行政行为不服，依法提起诉讼的，属于人民法院行政诉讼的受案范围。”二是，在被告资格上，《解释》用范围更大的“具有国家行政职权的机关和组织”取代了“行政机关”。三是，在原告资格上，不再强调只有行政行为侵犯其“人身权、财产权”的才能起诉。总之，《解释》“在规范层面上确认、巩固并空前地扩张了行政诉讼的受案范围，我们今天还想象不到的案件今后都可能被提交到法院”①。

① 何海波：《行政诉讼受案范围：一页司法权的实践史》，载《北大法律评论》，第 4 卷 2 辑，569～587 页，北京，法律出版社，2002。

与此同时，一些因素却从相反的方向，减少了行政诉讼发生的可能性，或者在形式降低行政诉讼案件的统计结果。最高人民法院有关部门在解释2000年行政收案数量下降的原因时，指出了三个方面的原因：一是，1999年10月1日起施行的《行政复议法》在个别领域排除了行政诉讼，改进后的行政复议制度化解了更多行政争议。比如《行政复议法》第30条第2款规定，根据国务院或者省、自治区、直辖市人民政府对行政区划的勘定、调整或者征用土地的决定，省、自治区、直辖市人民政府确认土地、矿藏、水流、森林、山岭、草原、荒地、滩涂、海域等自然资源的所有权或者使用权的行政复议决定为最终裁决。可以获得一定程度的印证的是，2000年全国土地行政案件收案13 097件，比上年下降14.76%；林业行政案件收案1 700件，比上年下降20.78%。[①] 二是，一些法院改变了统计方式，不再把集团诉讼按原告人数拆分统计，从而在统计结果上减少了案件总数。三是，1999年年底各地法院普遍实行“立审分离”后，立案庭（立案室）不熟悉法律，将本应受理的案件拒之门外。[②]

由于这些因素的交互影响，2000年以后，行政诉讼率出现了不规律的变化。首先是在2000年，行政诉讼率显著下降，从7.79件/10万人降到6.79件/10万人，减少了12.8%。接下来，在2001年，行政诉讼率又上升了16.8%，达到7.93件/10万人。但是，2002年又大幅下降了20.5%。2003年以后，行政诉讼率又开始上升。总之，这段时期由于不同的因素从不同的方向发挥影响，行政诉讼率波动幅度较大。

值得注意的是，2007年以来，行政诉讼率出现了连续的增长势头，而且在2009年达到了10.4%的增幅，达到9.04件/10万人的历史最高值。出现这种情况，原因之一是国务院出台了《诉讼费用交纳办法》。该办法之所以是影响行政诉讼率增长的重要因素，是因为，一方面，该办法大幅度减少了行政诉讼的费用，同时该办法于2007年4月1日起施行，在实施时间上和行政诉讼率的增长吻合。另一方面，自2007年以来，民事诉讼率和行政诉讼率的增长趋势是一样的，增长幅度也相仿，《诉讼费用交纳办法》又同时适用于民事诉讼和行政诉讼。然而，也要考虑另外一个原因，就是在当前的经济发展模式中，地方政府在市场利益主体和公共利益维护这两

---

① 参见《中国法律年鉴2001》，164～165页。

② 参见最高法院行政庭第三合议庭：《各级人民法院2000年受理、审理行政案件情况及分析》，载最高法院行政审判庭编：《行政执法与行政审判参考》，北京，法律出版社，2001。

种角色上混淆不清，导致政府及其工作部门和社会私人主体之间的矛盾和冲突有扩大的趋势，从而增加了行政争议发生的可能性。

表 1—16　　1983—2009 年行政一审收案

年份	一审收案	诉讼率	年增长率	年份	一审收案	诉讼率	年增长率
	件	件/10 万人	%		件	件/10 万人	%
1983	527	0.05		1997	90 557	7.36	12.09
1984	983	0.09	84.10	1998	98 350	7.92	7.57
1985	916	0.09	−8.08	1999	97 569	7.79	−1.65
1986	632	0.06	−32.02	2000	85 760	6.79	−12.79
1987	5 240	0.48	715.92	2001	100 921	7.93	16.83
1988	8 573	0.78	60.99	2002	80 728	6.30	−20.54
1989	9 934	0.89	14.11	2003	87 919	6.82	8.23
1990	13 006	1.15	29.02	2004	92 613	7.15	4.72
1991	25 667	2.23	94.67	2005	96 178	7.38	3.24
1992	27 125	2.33	4.39	2006	95 617	7.29	−1.14
1993	27 911	2.37	1.72	2007	101 510	7.70	5.61
1994	35 083	2.94	24.28	2008	108 398	8.18	6.24
1995	52 596	4.37	48.30	2009	120 312	9.04	10.43
1996	79 966	6.57	50.45				

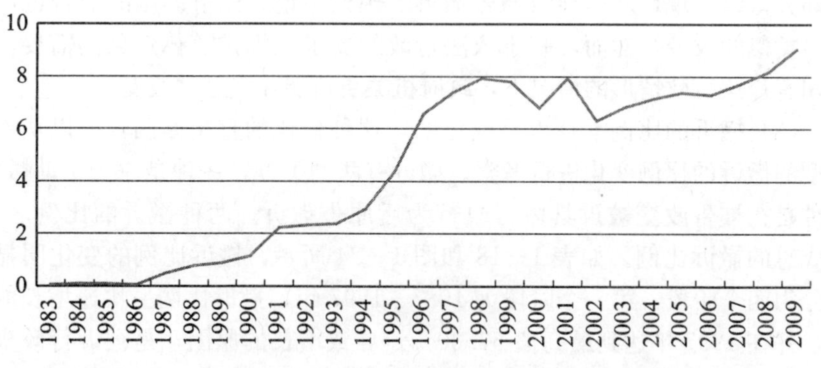

图 1—22　1987—2009 年行政诉讼率变化（件/10 万人）

（二）行政一审结案

行政一审结案有多种方式，考察这些方式的数量变化和比例关系，可以反映行政审判中的社会因素和法律因素。但是，在历年所公布的统计数据中，这种方式的划分并不完全统一，使得对某些结案方式的历史对比考察无法进行。鉴于这种情况，这里就主要的几种结案方式进行考察。

表 1—17 列举了司法统计中曾经出现过的结案方式，它们之间的逻辑关系是：1）结案包括判决、裁定和单独提起行政赔偿案件的调解；2）“判决”又可以划分为维持、撤销、变更、履行法定职责、赔偿、驳回诉讼请求等方式；3）裁定又可以划分为驳回起诉、撤诉、移送、终止等方式。

考察表 1—17、表 1—18 以及图 1—23、图 1—24，对于行政一审中不同结案方式的所占比例及变迁，可以总结出如下几点：

（1）行政诉讼有一个特点，就是具有较高的撤诉比例。如表 1—18 和图 1—23 所示，行政一审结案中，撤诉比例最低时为 21.27%（1987 年），最高时甚至达到 57.30%（1997 年），超过一半的案件都撤诉了。和同期的民事诉讼相比，行政诉讼撤诉的比例较高这一特点十分明显。在多数年份，行政一审结案中撤诉的比例是民事诉讼的两倍多。出现这种差异，存在两个可能的原因。一个原因是，和民事诉讼相比，行政诉讼是“民告官”，提起诉讼后，面对较为强大的政府机关，原告将感受到更大的压力，可能屈服于这种压力而撤诉。另一个原因是，原告提起行政诉讼后，在较大比例的案件中，行政机关或有关组织改变了被诉具体行政行为，使得原告的要求部分得以实现，从而导致原告撤诉。理论上说，民事诉讼的被告也可以作出类似的改变，然而，基于依法行政的要求和维护道德形象的需要，在明知有违法行政情形的情况下，政府机关更可能作出这种改变。

（2）撤诉的比例本身也是变化的，这种变化的直接原因，可以从不同类型的撤诉的比例变化进行考察。撤诉有两种类型，一种是原告主动撤诉，一种是在被告改变被诉具体行政行为后原告撤诉。两种撤诉的比例之和，构成总的撤诉比例。如表 1—18 和图 1—24 所示，撤诉比例的变化明显地划分为四个阶段：第一个阶段为 1987—1997 年，撤诉比例呈快速增长的趋势，并在 1997 年达到最高值 57.30%。导致增长的原因，是被诉行政机关或组织改变具体行政行为导致撤诉的比例逐年增长，越来越多的案件选择撤诉结案。如表 1—18 所示，被诉行政机关或组织主动改变被诉具体行政行为导致原告撤诉在结案中的比例，1992 年为 15.22%，此后逐年增长，在 1996 年时达到历史最高值 26.08%。第二个阶段是 1998—2002 年，撤诉比例逐年下降，最后降至 30.67%，已不足 1/3。导致这种下降的原因，是 1997 年以来，被诉行政机关或组织改变具体行政行为导致撤诉的比例逐年减少。如表1—18所示，被告改变具体行政行为后原告撤诉的比例从1996年26.08%的最高点逐年下降，到2002年降到7.22%的水平。第三个阶段是2002—2005年，撤诉比例只有微小的变化，基本上稳定在31%左右。在这一阶段，被告改变具体行政行为后原告撤诉的比例继续下降，但是各种影响综合的结果，是撤诉比例相对稳定。第四个阶段是2006年以后，撤诉比例呈略有增长的趋势。导致这种变化，最重要的原因是2006年以后，全国各地法院积极探索和建立行政诉讼和解制度。关于这项工作的内容，下文另作介绍。

（3）原告胜诉的比例经历先上升后下降的变化。在不是十分严格的前提下，可以将某些结案方式归为原告胜诉一类；相反，有些结案方式则可以被归为被告胜诉一类。在现行的统计项目中，判决撤销、判决履行法定职责、判决确认违法无效、判决变更、判决赔偿等属于原告胜诉。另有两种类型可以大致地被视为原告胜诉，一种是被告改变具体行政行为后原告撤诉，一种是行政赔偿调解结案。相对地，判决维持、判决驳回诉讼请求、判决不予赔偿属于被告胜诉。另有两种类型可以大致地被归为被告胜诉，一种是原告主动撤诉，一种是裁定驳回起诉。然而，不同时期的司法统计报表对结案方式的划分并不相同，有些结案方式在这一时期有，但是在另一时期却没有。为了使不同时期的数据具有可比性，只能就一些主要的结案类型进行考察。基于目前所掌握的资料，这里将判决撤销和被告改变具体行政行为后原告撤诉之和，视为原告胜诉，将原告胜诉占结案总数的比例界定为原告胜诉率；类似地，将判决维持、裁定驳回起诉和原告主动撤诉之和，视为被告胜诉，将被告胜诉占结案总数的比例，界定为被告胜诉率。虽然这样计算出来的原告胜诉率和被告胜诉率并不精确，但是，一方面，在统计数量上，这些类型是主要的结案方式，因而可以大致地衡量胜诉或败诉的比例；另一方面，由于不同时期的计算口径一样，因此在趋势的衡量方面，具有一定的有效性。

如图1—24所示，在1987—2009年，行政诉讼结案中，原告胜诉率的变化明显地划分为两个阶段：第一个阶段是1987—1996年，原告胜诉率逐年上升，从1987年的8.66%，上升到1991年的18.90%；从1992年的36.53%，上升到1996年的40.95%。由于资料缺乏，1991年以前的胜诉率没有考虑被告改变具体行为后原告撤诉的案件数，所以不能和1992年后的胜诉率直接对比。第二个阶段是1997年以后，原告胜诉率持续下降。截至2009年，原告胜诉率只有9.37%。如果我们假定在不同年份行政影响司法的程度相同的话，那么这样的变化表明，1996年之前，行政诉讼救济的可获得性比较弱，人们只有在更可能获得胜诉的情况下，才提起行政诉讼；而1997年后，行政诉讼救济的范围拓宽，行政诉讼更加容易，从而使人们相对轻易地提起行政诉讼。

在1987—2009年，被告胜诉率大致朝着和原告胜诉率相仿的方向变化。在1987—1991年间，在不考虑撤诉的情况下，被告胜诉率逐年下降，和原告胜诉率的变化正好相反。1992—1996年，在加上原告主动撤诉的情况下，被告胜诉率也逐年下降，并和原告胜诉率的变化刚好相反。自2007年以来，被告胜诉率有所上升，处于60%或接近60%的水平，高于此前的几年。然而，1997—2005年，被告胜诉率变化并不明显。然而，考虑到计算上的一些误差，原告胜诉率和被告胜诉率在总体上仍体现为相反的变化。

（4）行政和解工作收到一定成效。2006年以后，全国各地法院积极探索和建立行政和解制度，推动行政和解工作。这项工作主要包括两项内容。一项内容是，在"在查明事实、分清是非，不违反法律、不损害国家利益、公共利益、他人合法利益和坚持自愿原则的前提下，建议由行政机关完善行政决定，补偿相对人的损失，由行政相对人自愿撤诉"①。这项工作的目标，部分是实现被告改变具体行政为后原告撤诉，部分是实现被告作出相应的补偿后原告撤诉，最终的落脚点，是实现原告自愿撤诉。另一项内容是，对于原告的赔偿诉求，实现调解结案。

从统计数据上看，这些工作都取得了一定的成效。首先，在2006年，撤诉的比例有所增长。在2005年，撤诉比例为29.63%，2006年增长到33.46%，2009年更是增长到38.44%。然而，这种增长不是以被告更多地改变具体行政行为实现的，而是以其他相应的补偿实现的。其次，行政赔偿调解结案的比例也有所增长。在2005年，单独提起的行政赔偿案件中，只有129件调解结案，占5.33%，在2006年，这一比例上升到16.39%，2007年上升到17.01%。然而，在2009年，这一比例降到8.06%。这种下降表明，尽管全国各地法院努力推进行政和解，但是在当前的社会形势下，行政和解的推广仍然存在许多障碍。

① 《中国法律年鉴2007》，161页。

表 1—17　　1987—2009 年全国法院行政一审结案情况统计

年份	结案总数(件)	判决(件)					裁定(件)				行政赔偿调解(件)	其他裁判结案(件)	结案中的行政赔偿案件(件)	
		维持	撤销	履行法定职责	确认违法无效	赔偿	驳回起诉	撤诉	撤诉中				单独提起	附带提起
									原告主动撤诉	被告改变具体行政行为后原告撤诉				
1987	4 677	2 769	405					995				508		
1988	8 029	3 929	916					2 171				1 013		
1989	9 742	4 135	1 364					2 966				1 277		
1990	12 040	4 337	2 012					4 346				1 345		
1991	25 202	7 969	4 762					9 317				3 154		
1992	27 116	7 628	5 780	196			2 116	10 261	6 135	4 126	178	957	178	
1993	27 958	6 587	5 270	773			2 108	11 550	6 662	4 888	149	1 521	149	
1994	34 567	7 128	6 547	456			3 013	15 317	9 564	5 753	299	1 807	299	
1995	51 370	8 903	7 733	924			5 105	25 990	14 247	11 743	424	2 291	424	
1996	79 537	11 549	11 831	1 493			6 898	42 915	22 174	20 741	484	4 367	484	
1997	88 542	11 230	12 279	1 863			7 501	50 735	28 710	22 025	1 075	3 859	1 075	
1998	98 390	13 036	15 214	1 035			10 570	47 817	29 011	18 806	252	10 466	2 377	
1999	98 759	14 672	15 251				11 837	44 395	28 681	15 714		12 604	3 113	
2000	86 614	13 431	13 635				11 146	31 822	21 967	9 855		16 580	2 502	1 412
2001	95 984	15 941	12 943				11 516	31 083	23 231	7 852		24 501	2 765	1 283

续前表

年份	结案总数（件）	判决（件）					裁定（件）				行政赔偿调解（件）	其他裁判结案（件）	结案中的行政赔偿案件（件）	
		维持	撤销	履行法定职责	确认违法无效	赔偿	驳回起诉	撤诉	撤诉中				单独提起	附带提起
									原告主动撤诉	被告改变具体行政行为后原告撤诉				
2002	84 943	15 520	11 042	2 595			12 938	26 052	19 921	6 131		16 796	1 005	3 134
2003	88 050	16 356	10 337	2 292			9 400	27 811	23 323	4 488		21 854	2 022	2 294
2004	92 192	16 393	11 636	2 988			10 109	28 246	23 834	4 412		22 820	3 112	2 161
2005	95 707	15 769	11 764	2 511	2 237	807	10 885	28 359	25 317	3 222	129	23 246	2 418	1 702
2006	95 052	16 779	9 595	1 457	2 280	492	11 562	31 801	19 033	2 786	345	20 741	2 105	1 131
2007	100 683	16 832	8 600	1 377	1 612	405	9 198	37 210	35 038	2 172	348	25 101	2 046	1 121
2008	109 085	20 236	8 564	1 341	1 977	342	9 086	39 169			310	28 060		
2009	120 530	16 010	8 241	1 140	1 485	394	11 004	46 327	43 280	3 047	326	35 603	4 047	1 223

资料来源：《中国法律年鉴》1988—2010年各卷。

表 1—18　　1987—2009 年行政一审结案情况分析

年份	民事一审结案中撤诉结案的比例（%）	行政一审结案（%）				
		撤诉结案所占比例		原告胜诉比例	被告胜诉比例	单独提起行政赔偿案件中调解结案比例
		所有撤诉	被告改变具体行政行为后原告撤诉			
1987	10.30	21.27		8.66	59.20	
1988	10.22	27.04		11.41	48.94	
1989	11.47	30.45		14.00	42.45	
1990	13.86	36.10		16.71	36.02	
1991	15.37	36.97		18.90	31.62	
1992	16.02	37.84	15.22	36.53	58.56	
1993	16.18	41.31	17.48	36.33	54.93	
1994	17.09	44.31	16.64	35.58	57.01	
1995	17.70	50.59	22.86	37.91	55.00	
1996	18.03	53.96	26.08	40.95	51.07	
1997	18.26	57.30	24.88	38.74	53.58	
1998	18.92	48.60	19.11	34.58	53.48	10.60
1999	19.34	44.95	15.91	31.35	55.88	
2000	19.92	36.74	11.38	27.12	53.74	
2001	20.09	32.38	8.18	21.67	52.81	
2002	19.97	30.67	7.22	20.22	56.95	
2003	20.70	31.59	5.10	16.84	55.74	
2004	21.65	30.64	4.79	17.41	54.60	
2005	22.14	29.63	3.37	15.66	54.30	5.33
2006	22.52	33.46	2.93	13.03	49.84	16.39
2007	22.75	36.96	2.16	10.70	60.65	17.01
2008	23.67	35.91				
2009	25.77	38.44	2.53	9.37	58.32	8.06

说明：原告胜诉比例＝（撤销＋被告改变具体行政行为后原告撤诉）/结案×100%
　　　被告胜诉比例＝（维持＋驳回起诉＋原告主动撤诉）/结案×100%

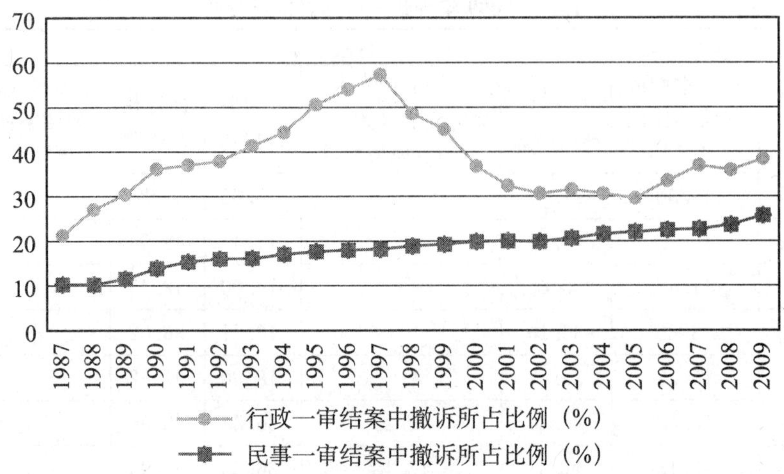

图 1—23　1987—2009 年民事一审结案和行政一审结案中撤诉的比例对比

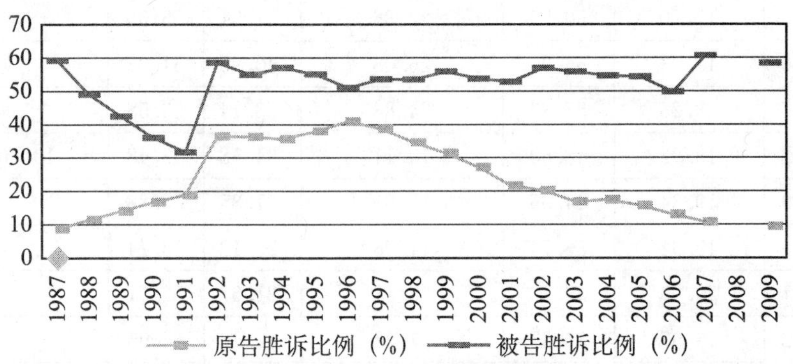

图 1—24　1987—2009 年行政一审结案中原告胜诉比例和被告胜诉比例

六、二审工作

我国自 1954 年《人民法院组织法》实施以来，一直实行二审终审制。除了“文化大革命”期间的 1970—1973 年外，二审工作未曾中断。这里将对二审的职能活动进行考察，考察的范围主要包括二审收案和二审结案两个方面。

(一) 二审收案：上诉率

衡量二审收案情况的一个重要指标，是一审结案数的二审上诉率，简称上诉率。该指标的实际意义是，在一年的一审结案中，有多少案件被提起上诉或者抗诉。上诉率的直接影响因素是当事人的观念和感受，具体包括当事人对一审裁判公正性的主观感受，当事人的权利意识，当事人对二审实现公正审判的预期等。当然，当事人的主观感受和认识也不是凭空产生的，它受到法律规定的确定性、审判工作实际发生错误的比例等相对客观的因素影响。受到这些因素影响，在一定程度上，上诉率可以用来反映和衡量这些因素的变化，比如衡量一审裁判的权威，衡量审判工作的社会效果，等等。

上诉率的这种指标作用，已受到人们关注和使用。比如，有的学者曾根据经济、刑事案件的上诉率在一段时期的下降趋势，得出中国司法的总体状况在改善的结论。[①] 最高人民法院在近年发布的年度工作报告中，均使用一审上诉率来衡量当事人"服判息诉"的比例，并将促进"服判息诉"作为刑事、民事、行政审判工作的一项重点任务来抓。[②] 鉴于这种特殊意义，本报告将使用上诉率指标来考察二审收案情况，并借以初步考察司法的总体状况。

为了进行这个角度的考察，这里构建了四个指标：上诉率、刑事上诉率、民事上诉率和行政上诉率，分别表示各类一审案件的上诉比例。其中，刑事上诉率为刑事二审收案和刑事一审结案的比值；民事上诉率为民事二审收案和民事一审结案的比值；行政上诉率为行政二审收案和行政一审结案的比值；上诉率则为各类案件二审收案和各类案件一审结案的比值。然而，作为比对基数的一审结案，其中有部分案件是不可以上诉的，这些案件主要包括民事、行政一审的调解结案和撤诉结案。为了进行更精确的考察，除了刑事上诉率以外，其他上诉率分别构建了两种指标，一种是以所有一审结案数为基数，另一种是以不包含调解、撤诉的一审结案数为基数。为了便于区分，前一类指标称为上诉率（a）、民事上诉率（a）和行政上诉率（a），后一类指标称为上诉率（b）、民事上诉率（b）和行政上诉率（b）。

---

① 参见苏力：《送法下乡——中国基层司法制度研究》，420～421页，北京，中国政法大学出版社，2000。

② 参见最高人民法院发布的《人民法院年度报告（2009）》、《人民法院年度工作报告（2010）》、《全国法院审理各类案件情况（2010）》等文献。

表1—19　　1950—2010年全国二审情况统计表

年份	一审结案数1（件）	一审结案数2（件）	二审收案（件）	二审结案（件）	二审结案中（件）			上诉率（a）（%）	上诉率（b）（%）	二审更正率（%）	一审裁判错误率（%）
					改判	发回重审	二审调解				
1950	1 068 413		24 866					2.3			
1951	1 786 204		52 618					2.9			
1952	2 075 142		59 651					2.9			
1953	2 474 760		120 817					4.9			
1954	2 131 383		91 233					4.3			
1955	1 326 529		96 434					7.3			
1956	1 273 863	983 547	108 118					8.5	11.0		
1957	1 487 096	1 179 242	138 362					9.3	11.7		
1958	2 410 514	2 184 781	91 155					3.8	4.2		
1959	1 032 100	751 291	28 062					2.7	3.7		
1960	821 685	626 727	20 496					2.5	3.3		
1961	985 535	638 210	26 160					2.7	4.1		
1962	1 130 125	675 269	48 050					4.3	7.1		
1963	1 171 341	695 551	60 170					5.1	8.7		
1964	901 673	475 634	44 619					4.9	9.4		
1965	823 546	431 942	40 040					4.9	9.3		
1966	559 157	302 118	20 063					3.6	6.6		
1967	289 999	289 999	14 355					5.0	5.0		
1968	179 760	179 760	9 065					5.0	5.0		
1969	147 701	147 701	5 193					3.5	3.5		
1970	309 064	251 071						0.0	0.0		
1971	312 812	237 190						0.0	0.0		
1972	250 656	202 701						0.0	0.0		
1973	374 359	222 217						0.0	0.0		
1974	430 503	222 188	17 299					4.0	7.8		
1975	425 812	230 129	17 666					4.1	7.7		
1976	384 746	212 023	16 312					4.2	7.7		
1977	453 021	267 649	17 665					3.9	6.6		
1978	434 972	214 327	22 268					5.1	10.4		
1979	518 842	233 962	47 187					9.1	20.2		
1980	750 215	319 452	77 566					10.3	24.3		
1981	894 782	371 869	87 550					9.8	23.5		
1982	1 022 748	404 889	101 188					9.9	25.0		

续前表

年份	一审结案数1（件）	一审结案数2（件）	二审收案（件）	二审结案（件）	二审结案中（件）			上诉率（a）（%）	上诉率（b）（%）	二审更正率（%）	一审裁判错误率（%）
					改判	发回重审	二审调解				
1983	1 318 228	663 254	126 130					9.6	19.0		
1984	1 381 617	603 591	133 938					9.7	22.2		
1985	1 305 912	410 630	106 940					8.2	26.0		
1986	1 585 674	503 862	125 362					7.9	24.9		
1987	1 858 433	556 009	146 665	144 897	18 689	9 482	14 154	7.9	26.4	29.2	2.3
1988	2 226 043	622 556	160 660	157 118	32 989	10 371		7.2	25.8	27.6	1.9
1989	2 882 103	823 659	196 077	191 132	40 956	16 306		6.8	23.8	30.0	2.0
1990	2 921 775	966 332	213 000	208 319	46 703	17 885		7.3	22.0	31.0	2.2
1991	2 950 880	1 068 448	229 690	230 864	52 784	19 234		7.8	21.5	31.2	2.4
1992	3 049 873	1 088 478	231 907	236 818	50 482	19 526	20 885	7.6	21.3	38.4	3.0
1993	3 406 407	1 133 572	215 408	219 628	45 807	17 533	20 067	6.3	19.0	38.0	2.4
1994	3 943 095	1 324 595	241 129	239 938	47 785	18 092	21 172	6.1	18.2	36.3	2.2
1995	4 533 551	1 528 112	272 792	271 741	54 595	21 368	24 085	6.0	17.9	36.8	2.2
1996	5 285 171	1 937 141	323 995	321 962	64 962	24 779	26 036	6.1	16.7	36.0	2.2
1997	5 249 440	1 950 816	347 651	340 896	72 980	27 851	25 463	6.6	17.8	37.0	2.4
1998	5 395 039	2 268 437	380 274	379 206	78 663	34 854	25 872	7.0	16.8	36.8	2.6
1999	5 698 705	2 543 417	438 313	436 804	85 367	38 989	28 247	7.7	17.2	34.9	2.7
2000	5 380 611	2 620 158	466 827	469 545	90 780	41 488	30 234	8.7	17.8	34.6	3.0
2001	5 336 248	2 755 436	497 858	497 978	91 358	41 798	29 499	9.3	18.1	32.7	3.0
2002	5 106 798	2 871 344	479 608	474 910	81 877	38 148	27 184	9.4	16.7	31.0	2.9
2003	5 139 171	2 875 000	494 036	492 612	83 620	36 486	29 108	9.6	17.2	30.3	2.9
2004	5 040 184	2 745 414	501 929	500 529	78 956	37 668	30 853	10.0	18.3	29.5	2.9
2005	5 139 888	2 746 186	521 650	518 143	76 439	38 402	34 107	10.1	19.0	28.7	2.9
2006	5 178 838	2 733 667	532 427	529 527	74 689	37 671	38 774	10.3	19.5	28.5	2.9
2007	5 504 086	2 835 820	547 151	544 369	72 178	38 122	46 650	9.9	19.3	28.8	2.9
2008	6 258 400	3 051 814	654 044	645 070	76 319	42 919	64 841	10.5	21.4	28.5	2.9
2009	6 684 436	3 044 717	731 950	731 734	80 492	45 434	90 342	11.0	24.0	29.6	3.2
2010	7 022 142	2 972 989	720 976	730 931	73 389	42 419	94 861	10.3	24.3	28.8	3.0

资料来源：（1）最高人民法院研究室编：《全国人民法院司法统计历史资料汇编 1949—1998（刑事部分）》，北京，人民法院出版社，2000；（2）最高人民法院研究室编：《全国人民法院司法统计历史资料汇编 1949—1998（民事部分）》，北京，人民法院出版社，2000；（3）《中国法律年鉴》1987—2010 年各卷；（4）最高人民法院官网上发布的《2010 年人民法院审理各类案件情况表》，网址：http：//www.court.gov.cn/qwfb/sfsj/。

表 1—20　　1950—2010 年刑事二审情况

年份	刑事一审结案（件）	刑事二审收案（件）	刑事二审结案（件）	二审结案中（件）			刑事上诉率（%）	刑事二审更正率（%）	刑事一审裁判错误率（%）
				改判	发回重审	调解			
1950	451 764	5 791					1.3		
1951	942 745	14 659					1.6		
1952	718 230	13 735					1.9		
1953	719 638	23 932					3.3		
1954	866 293	21 337					2.5		
1955	1 029 173	35 221					3.4		
1956	524 223	46 544					8.9		
1957	663 881	51 143					7.7		
1958	1 897 470	51 235					2.7		
1959	560 809	12 942					2.3		
1960	522 503	8 491					1.6		
1961	438 412	7 139					1.6		
1962	312 029	10 259					3.3		
1963	387 388	15 883					4.1		
1964	254 673	11 405					4.5		
1965	249 822	11 151					4.5		
1966	203 348	5 754					2.8		
1967	71 826	4 311					6.0		
1968	79 349	4 960					6.3		
1969	92 508	3 539					3.8		
1970	206 621						0.0		
1971	178 595						0.0		
1972	160 935						0.0		
1973	123 796						0.0		
1974	131 120	4 331					3.3		
1975	153 980	4 982					3.2		
1976	151 095	4 947					3.3		
1977	207 662	6 313					3.0		
1978	150 561	7 650					5.1		
1979	151 473	24 207					16.0		
1980	195 137	40 621					20.8		
1981	231 982	42 599					18.4		

续前表

年份	刑事一审结案（件）	刑事二审收案（件）	刑事二审结案（件）	二审结案中（件）			刑事上诉率（%）	刑事二审更正率（%）	刑事一审裁判错误率（%）
				改判	发回重审	调解			
1982	244 390	44 411					18.2		
1983	526 189	70 113					13.3		
1984	450 259	75 123					16.7		
1985	249 910	46 159					18.5		
1986	298 291	49 822					16.7		
1987	292 136	49 793	50 622				17.0		
1988	312 475	46 432	46 430	6 603			14.9	14.2	2.1
1989	389 597	51 578	51 294	7 410	3 344		13.2	21.0	2.8
1990	457 552	57 930	57 048	8 579	3 730		12.7	21.6	2.7
1991	427 607	56 125	55 817	8 728	3 869		13.1	22.6	2.9
1992	424 440	55 484	55 597	9 424	3 897		13.1	24.0	3.1
1993	403 117	46 947	47 602	7 382	3 520		11.6	22.9	2.7
1994	480 914	53 161	52 579	7 852	3 810		11.1	22.2	2.4
1995	496 082	53 576	53 942	7 989	4 140		10.8	22.5	2.4
1996	616 676	68 038	67 087	9 917	4 614		11.0	21.7	2.4
1997	440 557	64 755	64 548	11 957	4 716		14.7	25.8	3.8
1998	480 374	70 263	70 767	11 369	5 603	886	14.6	25.2	3.7
1999	539 335	78 862	78 803	11 734	6 026	1 088	14.6	23.9	3.5
2000	560 111	87 013	86 619	12 792	6 227	1 219	15.5	23.4	3.6
2001	623 792	98 911	98 157	12 996	6 587	1 053	15.9	21.0	3.3
2002	628 549	90 237	89 440	11 879	6 114	806	14.4	21.0	3.0
2003	634 953	97 579	96 797	12 401	6 633	690	15.4	20.4	3.1
2004	644 248	95 803	96 204	12 730	6 198	637	14.9	20.3	3.0
2005	683 997	97 573	96 776	13 031	6 571	572	14.3	20.8	2.9
2006	701 379	94 176	94 092	13 157	6 484	490	13.4	21.4	2.9
2007	720 666	91 511	92 364	13 177	6 698	482	12.7	22.0	2.8
2008	768 130	95 842	95 831	12 764	7 455	381	12.5	21.5	2.7
2009	766 746	100 547	100 398	13 424	7 712	368	13.1	21.4	2.8
2010	779 641	101 786	102 370	13 520	7 838	442	13.1	21.3	2.8%

资料来源：(1) 最高人民法院研究室编：《全国人民法院司法统计历史资料汇编 1949—1998(刑事部分)》，北京，人民法院出版社，2000；(2)《中国法律年鉴》1987—2010 年各卷；(3) 最高人民法院官网上发布的《2010 年人民法院审理各类案件情况表》，网址：http：//www.court.gov.cn/qwfb/sfsj/。

表 1—21　　1950—2010 年全国民事二审情况

年份	民事一审结案（件）		民事二审收案（件）	民事二审结案（件）	二审结案中（件）			民事上诉率(a)（%）	民事上诉率(b)（%）	民事二审更正率（%）	民事一审裁判错误率（%）
	含调解和撤诉	不含调解和撤诉			改判	发回重审	调解				
1950	616 649		19 075	6 038	1 150	177	1 015	3.1		38.8	0.4
1951	843 459		37 959	2 223	390	91	263	4.5		33.5	0.1
1952	1 356 912		45 916	40 115				3.4			0.0
1953	1 755 122		96 885	86 274	23 890	5 898		5.5		34.5	1.7
1954	1 265 090		69 896	78 453	20 188	5 027		5.5		32.1	2.0
1955	297 356		61 213	60 596	14 957	3 889		20.6		31.1	6.3
1956	749 640	459 324	61 574	64 786	14 553	9 343		8.2	13.4	36.9	3.2
1957	823 215	515 361	87 219	83 542	19 756	9 102		10.6	16.9	34.5	3.5
1958	513 044	287 311	39 920	53 580	11 117	1 989		7.8	13.9	24.5	2.6
1959	471 291	190 482	15 120	15 364	2 670	901		3.2	7.9	23.2	0.8
1960	299 182	104 224	12 005	12 146	2 290	462		4.0	11.5	22.7	0.9
1961	547 123	199 798	19 021	16 109	3 087	911		3.5	9.5	24.8	0.7
1962	818 096	363 240	37 791	35 061	6 518	2 188		4.6	10.4	24.8	1.1
1963	783 953	308 163	44 287	43 054	7 211	2 553		5.6	14.4	22.7	1.2
1964	647 000	220 961	33 214	34 811	6 001	1 938		5.1	15.0	22.8	1.2
1965	573 724	182 120	28 889	30 295	5 027	1576		5.0	15.9	21.8	1.2
1966	355 809	98 770	14 309	13 405	2 132	538		4.0	14.5	19.9	0.8
1967	218 173	218 173	10 044	8 840	1 140	288		4.6	4.6	16.2	0.7
1968	100 411	100 411	4 105	5 736	487	166		4.1	4.1	11.4	0.7
1969	55 193	55 193	1 654	2 228	242	108		3.0	3.0	15.7	0.6
1970	102 443	44 450									
1971	134 217	58 595									
1972	89 721	41 766									
1973	250 563	98 421									
1974	299 383	91 068	12 968	10 864	1 624	392		4.3	14.2	18.6	0.7
1975	271 832	76 149	12 684	12 791	1 928	433		4.7	16.7	18.5	0.9
1976	233 651	60 928	11 365	11 752	1 879	400		4.9	18.7	19.4	1.0
1977	245 359	59 987	11 352	12 096	2 052	326		4.6	18.9	19.7	1.0
1978	284 411	63 766	14 618	13 168	2 393	575		5.1	22.9	22.5	1.0
1979	367 369	82 489	22 980	20 729	3 673	1 107		6.3	27.9	23.1	1.3
1980	555 078	124 315	36 945	34 494	6 402	2 014		6.7	29.7	24.4	1.5
1981	662 800	139 887	44 951	43 353	8 347	2 701		6.8	32.1	25.5	1.7

续前表

年份	民事一审结案（件）		民事二审收案（件）	民事二审结案（件）	二审结案中（件）			民事上诉率(a)(%)	民事上诉率(b)(%)	民事二审更正率(%)	民事一审裁判错误率(%)
	含调解和撤诉	不含调解和撤诉			改判	发回重审	调解				
1982	778 358	160 499	56 727	53 296	9 725	3 293		7.3	35.3	24.4	1.7
1983	792 039	137 065	56 017	57 383	11 267	4 435		7.1	40.9	27.4	2.0
1984	931 358	153 332	58 815	59 632	11 876	5 099		6.3	38.4	28.5	1.8
1985	1 056 002	160 720	60 781	61 698	10 281	5 610	10 734	5.8	37.8	43.2	2.5
1986	1 287 383	205 571	75 540	71 797	13 451	7 480	11 733	5.9	36.7	45.5	2.5
1987	1 561 620	260 191	958 65	93 327	18 586	9 429	14 154	6.1	36.8	45.2	2.7
1988	1 905 539	304 223	111 872	108 470	26 015	10 219		5.9	36.8	33.4	1.9
1989	2 482 764	427 286	141 591	136 950	32 984	12 733		5.7	33.1	33.4	1.8
1990	2 452 183	501 086	151 639	147 946	37 462	13 897		6.2	30.3	34.7	2.1
1991	2 498 071	624 956	166 635	168 339	42 671	14 822		6.7	26.7	34.2	2.3
1992	2 598 317	647 361	168 089	172 948	39 726	14 942	20 885	6.5	26.0	43.7	2.9
1993	2 975 332	714 196	161 035	164 442	37 082	13 458	20 067	5.4	22.5	42.9	2.4
1994	3 427 614	824 730	180 269	179 687	38 737	13 709	21 172	5.3	21.9	41.0	2.1
1995	3 986 099	1 007 074	209 522	208 263	45 198	16 552	24 085	5.3	20.8	41.2	2.2
1996	4 588 958	1 284 327	244 503	243 510	53 094	19 338	26 036	5.3	19.0	40.4	2.1
1997	4 720 341	1 473 527	270 142	263 664	58 918	22 198	25 463	5.7	18.3	40.4	2.3
1998	4 816 275	1 737 742	295 681	294 219	64 848	27 973	24 948	6.1	17.0	40.0	2.4
1999	5 060 611	1 949 718	341 406	339 929	70 638	31 220	27 121	6.7	17.5	37.9	2.5
2000	4 733 886	2 005 255	360 071	363 522	74 928	33 607	28 435	7.6	18.0	37.7	2.9
2001	4 616 472	2 066 743	376 411	377 672	75 200	33 453	28 391	8.2	18.2	36.3	3.0
2002	4 393 306	2 183 904	361 697	357 821	67 176	30 152	26 281	8.2	16.6	34.5	2.8
2003	4 416 168	2 179 808	371 323	370 770	68 347	28 268	28 359	8.4	17.0	33.7	2.8
2004	4 303 744	2 037 220	378 631	377 052	63 284	29 846	30 155	8.8	18.6	32.7	2.9
2005	4 360 184	1 994 970	394 629	392 191	60 326	30 203	33 492	9.1	19.8	31.6	2.8
2006	4 382 407	1 969 382	409 295	406 381	58 840	29 825	38 232	9.3	20.8	31.2	2.9
2007	4 682 737	2 052 029	425 654	422 041	56 560	29 986	46 083	9.1	20.7	31.4	2.8
2008	5 381 185	2 214 078	525 282	517 873	61 420	34 138	64 371	9.8	23.7	30.9	3.0
2009	5 797 160	2 204 094	598 760	598 355	65 164	36 334	89 886	10.3	27.2	32.0	3.3
2010	6 112 695	2 121 949	583 856	593 373	58 049	33 348	94 316	9.6	27.5	31.3	3.0

资料来源：（1）最高人民法院研究室编：《全国人民法院司法统计历史资料汇编 1949—1998（刑事部分）》，北京，人民法院出版社，2000；（2）《中国法律年鉴》1987—2010 年各卷；（3）最高人民法院官网上发布的《2010 年人民法院审理各类案件情况表》，网址：http：//www.court.gov.cn/qwfb/sfsj/。

表 1—22　　1987—2010 年全国行政二审情况

年份	行政一审结案（件）		行政二审收案（件）	行政二审结案（件）	二审结案中（件）			行政上诉率(a)（%）	行政上诉率(b)（%）	行政二审更正率（%）	行政一审裁判错误率（%）
	含调解和撤诉	不含调解和撤诉			改判	发回重审	调解				
1987	4 677	3 682	1 007	948	103	53		21.5	27.3	16.5	3.3
1988	8 029	5 858	2 356	2 218	371	152		29.3	40.2	23.6	6.5
1989	9 742	6 776	2 908	2 888	562	229		29.9	42.9	27.4	8.1
1990	12 040	7 694	3 431	3 325	662	258		28.5	44.6	27.7	7.6
1991	25 202	15 885	6 930	6 708	1 385	543		27.5	43.6	28.7	7.7
1992	27 116	16 677	8 334	8 273	1 332	687		30.7	50.0	24.4	7.4
1993	27 958	16 259	7 426	7 584	1 343	555		26.6	45.7	25.0	6.8
1994	34 567	18 951	7 699	7 672	1 196	573		22.3	40.6	23.1	5.1
1995	51 370	24 956	9 694	9 536	1 408	676		18.9	38.8	21.9	4.1
1996	79 537	36 138	11 454	11 365	1 951	827		14.4	31.7	24.4	3.5
1997	88 542	36 732	12 754	12 684	2 105	937		14.4	34.7	24.0	3.4
1998	98 390	50 321	14 330	14 220	2 446	1 278	38	14.6	28.5	26.5	3.8
1999	98 759	54 364	18 045	18 072	2 995	1 743	38	18.3	33.2	26.4	4.8
2000	86 614	54 792	19 743	19 404	3 060	1 654	580	22.8	36.0	27.3	6.1
2001	95 984	64 901	22 536	22 149	3 162	1 758	55	23.5	34.7	22.5	5.2
2002	84 943	58 891	27 674	27 649	2 822	1 882	97	32.6	47.0	17.4	5.7
2003	88 050	60 239	25 134	25 045	2 872	1 585	59	28.5	41.7	18.0	5.1
2004	92 192	63 946	27 495	27 273	2942	1 624	61	29.8	43.0	17.0	5.0
2005	95 707	67 219	29 448	29 176	3082	1 628	43	30.8	43.8	16.3	5.0
2006	95 052	62 906	28 956	29 054	2692	1 362	52	30.5	46.0	14.1	4.3
2007	100 683	63 125	29 986	29 964	2441	1 438	85	29.8	47.5	13.2	3.9
2008	109 085	69 606	32 920	31 366	2135	1 326	89	30.2	47.3	11.3	3.3
2009	120 530	73 877	32 643	32 981	1904	1 388	88	27.1	44.2	10.2	2.8
2010	129 806	71 399	35 334	35 188	1820	1 233	103	27.2	49.5	9.0	2.4

资料来源：(1) 最高人民法院研究室编：《全国人民法院司法统计历史资料汇编 1949—1998（民事部分）》，北京，人民法院出版社，2000；(2)《中国法律年鉴》1987—2010 年各卷；(3) 最高人民法院官网上发布的《2010 年人民法院审理各类案件情况表》，网址：http：//www.court.gov.cn/qwfb/sfsj/。

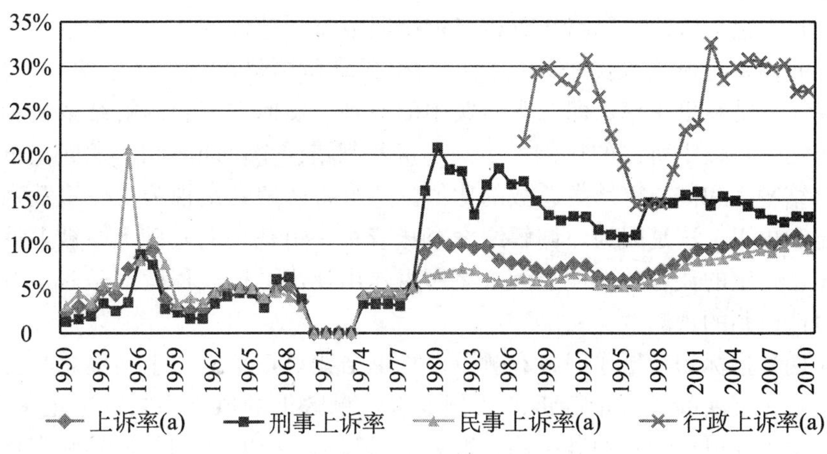

图 1—25　1950—2010 年全国一审案件上诉率（a）变化情况

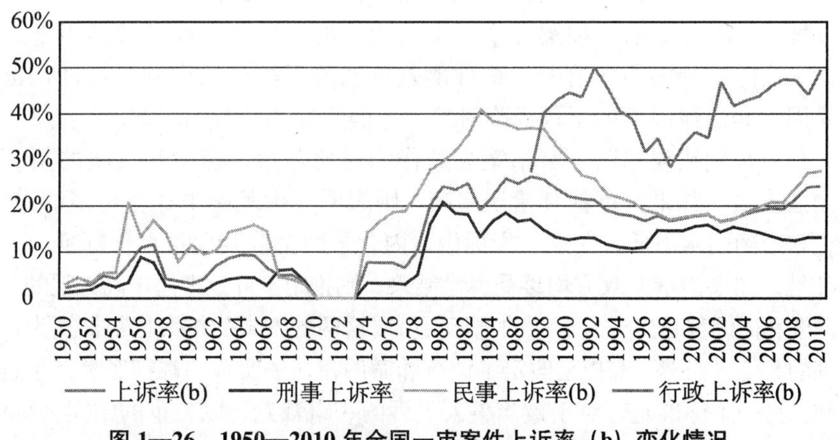

图 1—26　1950—2010 年全国一审案件上诉率（b）变化情况

（二）二审结案：更正率和错误率

上诉或抗诉案件经过二审审理后，分情况以不同的方式结案。主要的结案方式包括维持原判、改判、撤诉、发回重审、调解等。对这些结案类型的数量和比例进行考察，可以衡量一审裁判的质量，并佐证上诉率变化的原因。在最高人民法院发布的年报中，已经开始用二审结案中改判和发回重审的比例来衡量一审裁判的质量了，这种比例被称为“一审裁判正确率”①。

① 详见最高人民法院发布的《2010 年全国法院审理各类案件情况》。

这里也沿着这一思路来分析二审结案数据所蕴涵的法治发展信息。但是，我们要对最高人民法院所使用的指标略作调整，然后构建两个指标：一是二审结案更正率，即二审结案中的改判、发回重审和调解结案之和在二审结案总数中所占的比例；二是一审裁判错误率，即改判、发回重审和调解结案之和同一审结案总数的比值。这里将调解结案视为对一审裁判的否定和更正，这是因为，调解结案意味着在一审裁判的基础上，被上诉人作出了一定的让步，而被上诉人之所以作出让步，很大程度上是基于对二审可能改判的预测。

两种指标的衡量作用各有侧重。二审结案更正率以二审结案总数为对比基数，反映的是二审胜诉的比例或者二审败诉的风险。二审更正率高，说明上诉（或抗诉）的胜率高，败诉的风险低。这种比例的差异和变化有助于说明两个问题：一是上诉的积极性，如果一种案件的二审更正率低于另一种案件，那么前一种案件中当事人上诉的积极性更高；二是当事人的期待和实际结果之间的落差，这种落差可能源于法律规定的模糊性，也可能是因为非法律因素的干预而临时地、非公开地调整裁判标准。

一审裁判错误率以一审结案总数作为对比基数，衡量和反映的是一审裁判的质量。如果一审裁判错误率高，则表明一审裁判中存在更多的错误，公正和准确的水平低。在这一指标中，内含了两个裁判质量评价标准。一个标准是，如果当事人双方均接受诉讼结果，则推定案件处理是正确无误的。由于调解和撤诉都是当事人自愿的选择，所以这两种方式的结案也都被视为正确处理的案件。当然，前提是假定了调解和撤诉在司法实践中都彻底贯彻了自愿原则。另一个标准是，对于被当事人上诉的一审裁判，以二审的结案为标准，那些改判、发回重审、调解的案件，就被视为一审裁判中多少存在一些错误。

考察表1—19、表1—20、表1—21和表1—22以及图1—27和图1—28中的二审结案更正率和一审裁判错误率，可以初步总结出1950—2010年间我国审判工作的一些特点和趋势。

第一，民事案件的二审更正率较高，刑事案件和行政案件的较低。如图1—27所示，这种差距是明显的，在多数年份，差距都达到或接近50%。导致这种差距的一个原因，可能是刑事案件和行政案件都是私主体对抗公权力，使得私主体基于公开的法律规定所建立的预期更难实现。对于刑事案件来说，可能还存在另外一个原因，即裁判的结果对被告人更加严厉，而上诉没有诉讼费的负担，又有上诉不加刑原则的保护，所以被告人更愿意穷尽程序上的权利，以争取减轻处罚。①

第二，行政案件的一审裁判错误率比较高。如图 1—28 所示，在绝大多数年份，行政案件的一审裁判错误率都显著地高于刑事案件和民事案件。在差距最大的 1989 年，行政一审裁判错误率达到 8.1%，同期的刑事案件和民事案件则分别只有 2.8%和 1.8%。如图 1—25 所示，和较高的一审裁判错误率相对应的，是行政案件较高的上诉率。这种对应关系表明，行政上诉率较高的原因之一，在于行政一审裁判确实存在较大比例的错误，而这种较大的错误比例，也在一定程度上佐证了在现行司法体制中，政府机关对行政审判工作的干预是比较严重的。然而，2001 年以来，行政案件的一审裁判错误率呈显著的下降趋势，这种趋势表明，尽管“民告官”是一件艰苦的事情，但是司法机关的抗干预能力逐年有所增强。

第三，2002 年以来，民事一审裁判的质量并无显著改进迹象。如图 1—28 所示，2002 年以来，民事一审裁判错误率处于稳中有升的状态。具体地说，在 2002—2007 年间，民事一审裁判错误率一直在 2.8%和 2.9%之间波动，但是 2008 年以来，该指标连续两年出现明显增长，其中 2008 年达到 3.0%，2009 年达到 3.3%，2010 年又有所回落。这种情况表明，民事一审裁判的质量并无显著改进，而且错误的比例还有一定程度的增长。

第四，上诉率和一审裁判错误率之间，存在着较强的相关性。从理论上说，一审裁判存在越多的错误，当事人上诉（或检察院抗诉）的可能性就越大，上诉率就越高，即上诉率和一审裁判错误率之间存在相关性。从实际情况来看，这种联系确实存在，而且联系比较紧密。统计计算的结果是，1950—2009 年间，民事上诉率（a）和民事一审裁判错误率之间的相关性最高，相关系数达到 0.90，为高度相关；1988—2009 年间，刑事上诉率和刑事一审裁判错误率之间则存在着中度的相关性，相关系数达到 0.66；1987—2009 年间，行政上诉率（a）和行政一审裁判错误率之间的相关性较弱，但是仍有轻度的相关性，相关系数达到 0.44。这种相关性在一定程度上为上诉率的不寻常变化提供了解释。比如，在 1955 年，民事上诉率为 20.6%，达到过去 60 年中的历史最高值，而这种高比例上诉率的一个重要原因，是当年的民事一审裁判错误率达到 6.3%，也是过去 60 年中的历史

---

① 在历年的刑事二审案件中，上诉的比例显著高于抗诉的比例，后者的比例一般不足 5%。比如在最近的 2009 年，刑事二审收案 100 547 件，二审抗诉案件 3 332 件，占 3.3%。

最高值。再比如，1987—2009 年间，行政上诉率存在两个波峰，对应的是，行政一审裁判错误率也存在两个波峰。只不过，行政上诉率对一审裁判错误率的反应具有一定的滞后性，两次都是一审裁判错误率达到波峰两年后，才出现上诉率的波峰。然而，这种滞后是一种有规律的滞后，反映了一审裁判错误率对上诉率产生影响的特殊方式。

上诉率和一审裁判错误率之间的相关性表明，一方面，当事人上诉的直接原因虽然是当事人对一审裁判公正性的主观感受，但是这种感受在一定程度上是以一审裁判实际的公正水平为依据的；另一方面，要让更大比例的当事人"服判息诉"，加强说服、教育固然重要，但是最根本的途径，还在于降低一审裁判的错误率，提高一审裁判的公正、正确水平。

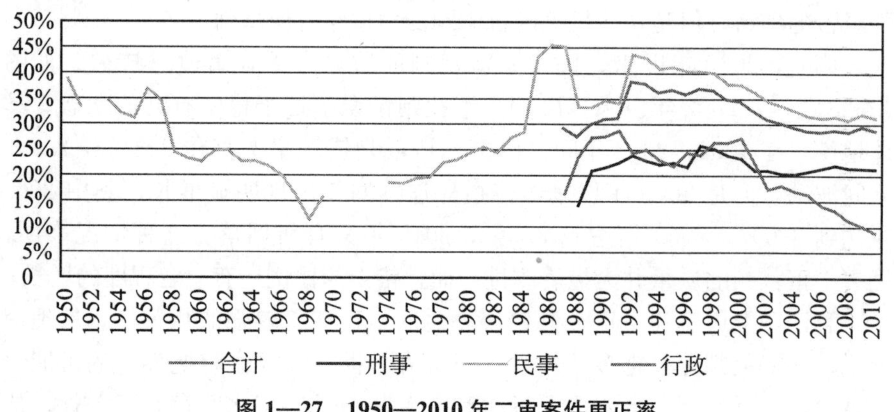

图 1—27　1950—2010 年二审案件更正率

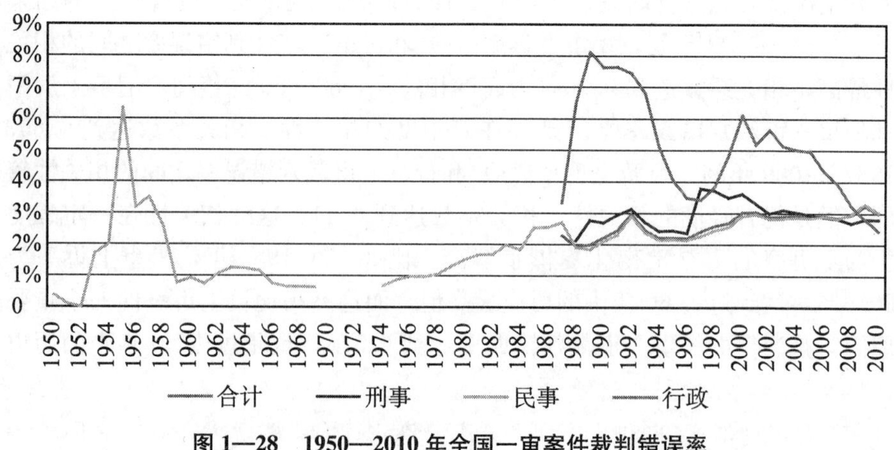

图 1—28　1950—2010 年全国一审案件裁判错误率

七、再审工作

我国的再审制度确立于1954年。1954年9月颁布实施的《人民法院组织法》规定，对于已经发生法律效力的判决和裁定，如果发现在认定事实上或者在适用法律上确有错误，应当依照一定的程序进行再审。此即再审制度，在诉讼法中，被称为“审判监督程序”。从实际开展工作的角度看，司法部门在1956年就公布了刑事再审的收案数量，在1959年公布了民事再审的收案数量。然而，由于政治运动的原因，我国分别于1961—1965年、1970—1973年间，再审工作陷于停顿。除此之外，其他年份都开展了再审工作，并且发布了再审工作的统计数据。

通过对有关统计数据的搜集、整理，得出表1—23、表1—24、表1—25和表1—26。基于这些统计数据，结合各个时期的社会背景，这里将对过去半个多世纪的再审工作进行历史考察。考察范围主要包括再审收案和再审结案两个方面。需要说明的是，目前公布的不同年份的统计数据之间，一些统计项目缺乏连贯性，使得历史对比考察存在一定困难。由于存在这种困难，必须通过一定的技术处理才可以进行不同时期的纵向对比，所以，考察得出的结论，只能是大概的、初步的。

表1—23　　1956—2010年再审案件收案情况

年份	审判案件收案总数（件）	审判案件中		再审案件中					
		再审收案（件）	所占比例（%）	刑事再审		民事再审		行政再审	
				收案（件）	比例（%）	收案（件）	比例（%）	收案（件）	比例（%）
1956	1 523 344	205 342	13.48	205 342	100.00		0.00		
1957	1 796 391	94 403	5.26	94 403	100.00		0.00		
1958	2 372 808		0.00						
1959	960 838	13 736	1.43	12 728	92.66	1 008	7.34		
1960	864 686	3 088	0.36	2 299	74.45	789	25.55		
1961	1 074 249		0.00						
1962	1 187 850		0.00						
1963	1 238 816		0.00						
1964	929 030		0.00						
1965	818 520		0.00						
1966	619 164	33 984	5.49	27 324	80.40	6 660	19.60		

续前表

年份	审判案件收案总数（件）	审判案件中		再审案件中					
		再审收案（件）	所占比例（%）	刑事再审		民事再审		行政再审	
				收案（件）	比例（%）	收案（件）	比例（%）	收案（件）	比例（%）
1967	324 018	10 244	3.16	8 586	83.81	1 658	16.19		
1968	184 588	4 438	2.40	3 676	82.83	762	17.17		
1969	162 381	4 700	2.89	4 133	87.94	567	12.06		
1970	349 481	0	0.00						
1971	320 440	0	0.00						
1972	232 449	0	0.00						
1973	391 801	0	0.00						
1974	471 495	32 394	6.87	28 566	88.18	3 828	11.82		
1975	442 789	19 880	4.49	17 919	90.14	1 961	9.86		
1976	402 697	10 519	2.61	8 895	84.56	1 624	15.44		
1977	465 058	9 427	2.03	7 946	84.29	1 481	15.71		
1978	613 272	143 249	23.36	140 324	97.96	2 925	2.04		
1979	1 803 181	1 242 205	68.89	234 920	99.41	7 285	0.59		
1980	1 168 715	327 614	28.03	318 702	97.28	8 912	2.72		
1981	1 179 388	185 787	15.75	178 724	96.20	7 063	3.80		
1982	1 270 967	145 669	11.46	136 871	93.96	8 798	6.04		
1983	1 638 286	169 519	10.35	155 630	91.81	13 889	8.19		
1984	1 636 373	147 958	9.04	135 440	91.54	12 518	8.46		
1985	1 654 796	229 031	13.84	209 563	91.50	19 468	8.50		
1986	2 214 395	478 383	21.60	461 778	96.53	16 605	3.47		
1987	2 417 184	395 990	16.38	380 921	96.19	15 069	3.81		
1988	2 563 652	112 368	4.38	95 040	84.58	16 839	14.99	489	0.44
1989	3 209 413	99 821	3.11	73 717	73.85	25 540	25.59	564	0.57
1990	3 211 758	81 984	2.55	51 174	62.42	30 208	36.85	602	0.73
1991	3 214 948	83 573	2.60	44 864	53.68	37 528	44.90	1 181	1.41
1992	3 364 990	81 926	2.43	38 495	46.99	42 443	51.81	988	1.21
1993	3 699 784	69 531	1.88	29 615	42.59	38 762	55.75	1 154	1.66
1994	4 260 981	64 377	1.51	23 196	36.03	39 836	61.88	1 345	2.09
1995	4 889 353	70 885	1.45	20 873	29.45	48 384	68.26	1 628	2.30
1996	5 712 669	76 094	1.33	19 269	25.32	54 940	72.20	1 885	2.48
1997	5 722 455	86 425	1.51	18 753	21.70	65 442	75.72	2 230	2.58
1998	5 880 759	89 687	1.53	13 514	15.07	73 741	82.22	2 432	2.71
1999	6 229 512	98 765	1.59	11 668	11.81	83 915	84.96	3 182	3.22
2000	5 918 411	95 290	1.61	9 343	9.80	83 201	87.31	2 746	2.88

续前表

年份	审判案件收案总数（件）	审判案件中		再审案件中					
		再审收案（件）	所占比例（%）	刑事再审		民事再审		行政再审	
				收案（件）	比例（%）	收案（件）	比例（%）	收案（件）	比例（%）
2001	5 936 368	93 576	1.58	7 957	8.50	82 652	88.33	2 967	3.17
2002	5 665 966	54 159	0.96	4 182	7.72	48 180	88.96	1 797	3.32
2003	5 676 413	51 617	0.91	3 633	7.04	46 151	89.41	1 833	3.55
2004	5 625 310	50 500	0.90	3 445	6.82	45 205	89.51	1 850	3.66
2005	5 730 722	47 902	0.84	3 271	6.83	42 737	89.22	1 894	3.95
2006	5 764 435	48 214	0.84	3 124	6.48	43 140	89.48	1 950	4.04
2007	6 139 718	42 505	0.69	2 831	6.66	37 766	88.85	1 908	4.49
2008	6 982 594	39 719	0.57	2 930	7.38	35 246	88.74	1 543	3.88
2009	7 462 488	41 575	0.56	2 788	6.71	37 429	90.03	1 358	3.27
2010	7 766 036	45 710	0.59	3 356	7.34	40 906	89.49	1 448	3.17

资料来源：(1) 最高人民法院研究室编：《全国人民法院司法统计历史资料汇编 1949—1998（刑事部分）》，北京，人民法院出版社，2000；(2) 最高人民法院研究室编：《全国人民法院司法统计历史资料汇编 1949—1998（民事部分）》，北京，人民法院出版社，2000；(3)《中国法律年鉴》1987—2010 年各卷；(4) 最高人民法院官网上发布的《2010 年人民法院审理各类案件情况表》，网址：http://www.court.gov.cn/qwfb/sfsj/。

表 1—24　　1956—2010 年刑事再审案件情况

年份	刑事再审结案（件）	已结案件中						刑事再审更正率（%）
		维持原判（件）	改判（件）	发回重审（件）	撤诉（件）	调解（件）	其他（件）	
1978	48 711							
1979	1 178 076							
1980	332 210							
1981	219 975							
1982	166 496							
1983	142 441							
1984	131 924							
1985	223 577							
1986	457 783							

续前表

年份	刑事再审结案（件）	已结案件中						刑事再审更正率（%）
		维持原判（件）	改判（件）	发回重审（件）	撤诉（件）	调解（件）	其他（件）	
1987	447 967							
1988	119 315	74 339	31 134		3 316		10 526	26.1
1989	85 208	54 053	20 813		1 634		8 708	24.4
1990	57 394	36 634	13 099		1 554		6 107	22.8
1991	47 474	30 453	11 194		1 188		4 639	23.6
1992	41 041	25 979	10 201		875		3 986	24.9
1993	31 472	18 960	8 155		830		3 527	25.9
1994	25 283	15 344	5 803		628		3 508	23.0
1995	22 063	13 463	4 927		538		3 135	22.3
1996	19 437	10 685	5 429		470		2 853	27.9
1997	18 613	10 186	5 336		417		2 674	28.7
1998	14 196	8 157	3 138	319	30		2 552	24.4
1999	11 843	7 088	2 562	370	34		1 789	24.8
2000	9 836	5 359	2 287	393	49		1 748	27.2
2001	8 009	4 215	1 898	404	41		1 451	28.7
2002	4 625	2 085	1 512	260	49	29	690	38.9
2003	3 785	1 606	1 371	312	36	25	435	45.1
2004	3 331	1 259	1 371	308	36	22	335	51.1
2005	3 227	1 121	1 400	305	41	19	341	53.4
2006	3 101	1 096	1 332	308	49	22	294	53.6
2007	2 862	976	1 238	337	50	17	244	55.6
2008	2 858	967	1 193	380	43	18	257	55.7
2009	2 935	944	1 240	397	58	21	275	56.5
2010	3 356	3 305	1 378	421	59	17	452	54.9

资料来源：(1) 最高人民法院研究室编：《全国人民法院司法统计历史资料汇编 1949—1998（刑事部分）》，北京，人民法院出版社，2000；(2)《中国法律年鉴》1987—2010 年各卷；(3) 最高人民法院官网上发布的《2010 年人民法院审理各类案件情况表》，网址：http：//www.court.gov.cn/qwfb/sfsj/。

表 1—25　　1959—2009 年民事再审案件情况

年份	民事再审结案（件）	已结案件中							民事再审更正率（%）
		维持原判（件）	改判（件）	发回重审（件）	撤诉（件）	驳回（件）	调解（件）	其他（件）	
1959	1 059	612	447					0	42.2
1960	785	455	245					85	31.2
1961									
1962									
1963									
1964									
1965									
1966	6 909	4 846	813					1250	11.8
1967	1 791	1 265	174	17	17			318	10.7
1968	1 126	815	113	9	29			160	10.8
1969	849	626	50	8	26			139	6.8
1970									
1971									
1972									
1973									
1974	3 560	2 450	338					772	9.5
1975	2 205	1 453	221					531	10.0
1976	1 821	1 203	212					406	11.6
1977	1 638	1 049	188					401	11.5
1978	2 251	1 469	249					533	11.1
1979	5 795	3 391	769					1 635	13.3
1980	8 380	5 227	1 203					1 950	14.4
1981	7 517	4 692	1 007					1 818	13.4
1982	7 810	5 073	1 031					1 706	13.2
1983	13 008	7 511	1 405		908			3 184	10.8
1984	12 845	7 583	1 540		1 286			2 436	12.0
1985	18 582	10 823	2 487		1 680			3 592	13.4
1986	16 949	9 054	2 653	78	1 308		444	3 412	18.7
1987	15 219	7 852	2 922	130	1 152		142	3 021	21.0
1988	16 402	9 051	2 955	137	1 142			3 117	18.9
1989	23 739	14 044	3 847	171	1 653			4 024	16.9
1990	28 465	17 445	4 482	243	2 066			4 229	16.6
1991	36 033	22 279	5 494	278	2 983			4 999	16.0
1992	41 271	18 334	5 958		3 178	5 240	1 974	6 587	19.2

续前表

年份	民事再审结案（件）	已结案件中							民事再审更正率（%）
		维持原判（件）	改判（件）	发回重审（件）	撤诉（件）	驳回（件）	调解（件）	其他（件）	
1993	40 487	14 495	5 970		3 582	6 655	2 389	7 396	20.6
1994	40 673	14 836	6 401		3 073	6 911	2 133	7 319	21.0
1995	47 290	15 569	7 418		3 619	7 717	3 516	9 451	23.1
1996	53 883	17 017	9 207		3 948	9 863	2 842	11 006	22.4
1997	62 714	17 938	11 414		3 980	11 769	3 066	14 547	23.1
1998	73 494	16 492	16 332	3 909	3 838	14 189	3 681	14 873	32.5
1999	81 949	17 591	18 898	4 830	4 247	15 774		20 609	29.0
2000	85 155	20 294	21 276	5 081	4 014	14 130		20 360	31.0
2001	82 550	21 721	21 050	4 683	3 792	12 331		18 973	31.2
2002	48 916	16 514	15 290	2 575	997		3 427	10 113	43.5
2003	47 412	15 742	15 167	2 644	945		3 406	9 508	44.8
2004	44 211	13 709	15 161	3 014	764		3 647	7 916	49.4
2005	41 461	13 484	13 965	3 044	548		3 967	6 453	50.6
2006	42 255	14 376	13 758	2 998	560		4 504	6 059	50.3
2007	38 786	13 414	11 569	2 849	577		5 008	5 369	50.1
2008	35 704	11 719	10 492	3 107	612		4 452	5 322	50.6
2009	38 070	11 649	10 106	4 325	1 097		4 853	6 040	50.7
2010	41 331	11 683	9 953	5 595	1 806		5 936	7 038	50.6

资料来源：（1）最高人民法院研究室编：《全国人民法院司法统计历史资料汇编 1949—1998（民事部分）》，北京，人民法院出版社，2000；（2）《中国法律年鉴》1987—2010 年各卷；（3）最高人民法院官网上发布的《2010 年人民法院审理各类案件情况表》，网址：http：//www.court.gov.cn/qwfb/sfsj/。

表 1—26　　1988—2009 年行政再审案件情况

年份	行政再审结案（件）	已结案件中							行政再审更正率（%）
		维持原判（件）	改判（件）	发回重审（件）	撤诉（件）	驳回（件）	调解（件）	其他（件）	
1988	477	240	71	14	71			51	17.8
1989	551	325	58	17	76			75	13.6
1990	538	291	82	22	83			60	19.3
1991	1 031	581	196	21	109			124	21.0
1992	914	608	109		50			147	11.9
1993	1 162	740	146		44			232	12.6
1994	1 332	833	157		57			285	11.8
1995	1 512	970	195		46			301	12.9

续前表

年份	行政再审结案（件）	已结案件中							行政再审更正率（%）
		维持原判（件）	改判（件）	发回重审（件）	撤诉（件）	驳回（件）	调解（件）	其他（件）	
1996	1 910	1 225	216		60			409	11.3
1997	2 184	1 342	234		65			543	10.7
1998	2 339	628	383	158	67	637	12	454	23.6
1999	3 001	906	402	167	168	759		599	19.0
2000	2 918	900	471	172	61	625		689	22.0
2001	2 875	1 024	378	145	50	614		664	18.2
2002	1 867	677	374	154	39		15	608	29.1
2003	1 801	742	400	100	19		17	523	28.7
2004	1 852	671	435	241	12		11	482	37.1
2005	1 780	634	502	118	49		14	463	35.6
2006	1 870	806	459	149	20		38	398	34.5
2007	2 035	876	386	130	84		257	302	38.0
2008	1 521	616	328	163	46		30	338	34.3
2009	1 405	628	323	135	31		27	261	34.5
2010	1 578	613	398	162	38		18	349	36.6

资料来源：(1) 最高人民法院研究室编：《全国人民法院司法统计历史资料汇编 1949—1998（民事部分）》，北京，人民法院出版社，2000；(2)《中国法律年鉴》1987—2010 年各卷；(3) 最高人民法院官网上发布的《2010 年人民法院审理各类案件情况表》，网址：http：//www.court.gov.cn/qwfb/sfsj/。

（一）再审收案

根据表 1—23 至表 1—26，并结合图 1—29 至图 1—34 进行考察，可以总结出再审收案的三个特点或规律。

第一，在 1956—2010 年间，再审收案变化幅度大。除了 1961—1965 年、1970—1973 年间因为再审工作中断而收案数量为零外，在所有的审判案件中，再审案件收案的比例最高时在 1979 年达到 68.89%，最低时则是 2009 年，只有 0.56%，差距悬殊。从绝对数量上看，1979 年再审收案 1 242 205件，2008 年却只有 39 719 件，前者是后者的 31.3 倍。造成这种悬殊差距的原因，一个是过去的政治运动带来了大量的冤假错案，这些冤假错案客观上需要通过再审程序进行纠正。事实上，1956—2010 年间再审收案变化曲线的两个波峰都是这种原因造成的。在 1979 年，再审收案达到 1 242 205 件的历史最高值，其中 99.41%是刑事再审案件。而之所以有这么多的刑事再审案件，是因为过去近三十年中，尤其是在“反右”扩大化和

“文化大革命”期间，积压了大量的冤案和错案。在 1986 年，再审收案迎来第二个高峰，达到 478 383 件，其中 96.53%是刑事再审案件。这次再审高潮的形成，原因可能在于 1983—1985 年的“严打”导致了大量的裁判错误。

导致再审收案大幅度变化的另一个原因，是制度和政策的调整。相比一审和二审，再审更容易受到制度和政策调整的影响。这是因为，一审案件数量变化的影响因素主要在于社会形势，包括治安形势和纠纷形势，二审案件数量变化的影响因素主要在于当事人的态度，而再审则不同，是否启动再审的决定权在司法机关：法院的自我纠正或者检察院的抗诉，二者中又以前者为主。虽然法律规定了启动再审的条件，但是这些条件的解释实际上是相当有弹性的。而且，即使解释存在问题，实际上也无特别有效的纠错机制。在这种情况下，内部掌握的再审政策，实际上可能成为影响再审收案的决定性因素。再审案件的这种特点，解释了为什么在 2002 年三类再审案件都出现大幅度的下降，并且下降的趋势持续到 2009 年。如表 1—23 至表 1—26 和图 1—29 至图 1—33 所示，在 2002 年，刑事再审案件下降了 47.4%，民事再审案件下降了 41.7%，行政再审案件下降了 39.4%，合计起来，再审案件的总数则下降了 45.6%。导致这些下降的具体原因，在于相互联系的两个方面。一方面，长期以来，一种看法在法律理论界和实践部门日益增强，即维护法院裁判的既判力，提高司法权威。另一方面，这种看法最终在制度上得到了体现，2001 年 9 月，最高人民法院发布了《关于规范人民法院再审立案的若干意见（试行）》。细读其内容可以发现，在这个意见中，再审立案的标准更加规范了，然而也更加严格了。这个意见导致了再审案件在 2002 年的全面下降，而这个意见和日益增强的维护司法权威的意识形态相结合，则导致了此后延续至 2009 年的下降趋势。

第二，刑事、民事两类再审案件所占比例呈消长变化。如图 1—34 所示，过去五十多年中，再审案件数量变化的一个特点是，1991 年以前，刑事案件占多数；1992 年后，民事案件占多数。1988 年以前，除了个别年份外，刑事再审案件占 80%以上；而在 1998 年，民事再审案件首度超过 80%，并在后来的年份继续增长，截至 2009 年达到 90.03%的最高值。之所以发生这种消长变化，是因为，一方面，在不同的历史时期，从一审的角度看，两类案件的比例发生了变化，民事案件所占的比例日益增大。改革开放以前，刑事一审收案数量和民事一审大致在同一水平。然而，改革开放以后，民事案件的收案数量超过了刑事案件，并且超过的幅度越来越大。具体言之，1988—2009 年间，民事一审案件大约是刑事一审案件的 6～10 倍。另一方面，过去大规模的刑事再审案件的发生，原因在于“极左”的政治运动或者“严打”对诉讼程序的轻视，而 20 世纪 90 年代以后，这些因素得到很大程度的克服，比如，尽管 90 年代以后仍然多次实施“严打”，但是“严打”越来越规范，那种抛开诉讼程序要求进行“严打”的做法逐步得到克制。总之，基于这两个原因，刑事一审案件比例下降了，大规模发生冤假错案的社会运动减少了，所以，刑事再审收案和民事再审收案的比例发生了消长变化。

第三，从趋势上看，再审案件将继续维持在较小的规模内。如表 1—23 和图 1—30 所示，再审案件在所有审判案件中的比例，在 1988 年快速下降到 5%以下，1989 年以后，再审案件所占比例继续下降，并在 2009 年降到 0.56%。虽然 2010 年再审案件的数量有所增长，但是，一方面，2010 年的增长并没有改变近 20 多年来再审案件数量下降的总体趋势；另一方面，增长之后，再审案件在诉讼案件中仍然只占 0.59%，比例非常小。可以预期，在今后相当长的一段时期，再审案件仍将维持这种小规模的水平。这是因为，一方面，再审制度贯穿在三大诉讼法和人民法院组织法之中，短期内不会被完全废除；另一方面，维护司法权威的呼声仍在不断增强，包括 2007 年修改《民事诉讼法》在内的制度和政策微调，都在向收紧再审立案标准的方向推进。

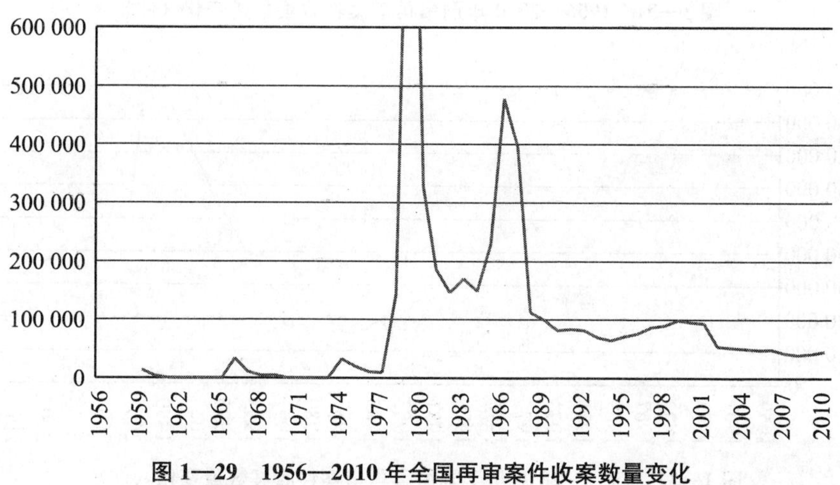

图 1—29　1956—2010 年全国再审案件收案数量变化

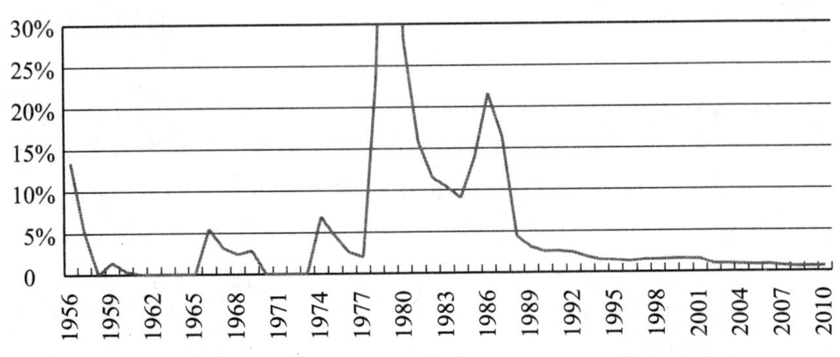

图 1—30　1956—2010 年再审收案在审判案件收案总数中所占比例

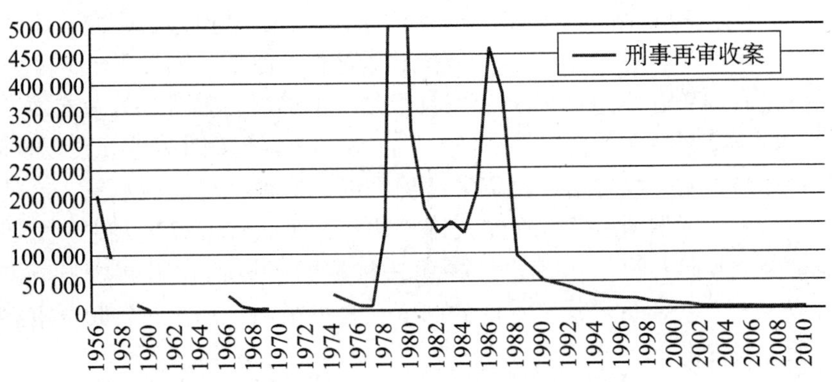

图 1—31　1956—2010 年刑事再审案件收案数量变化（件）

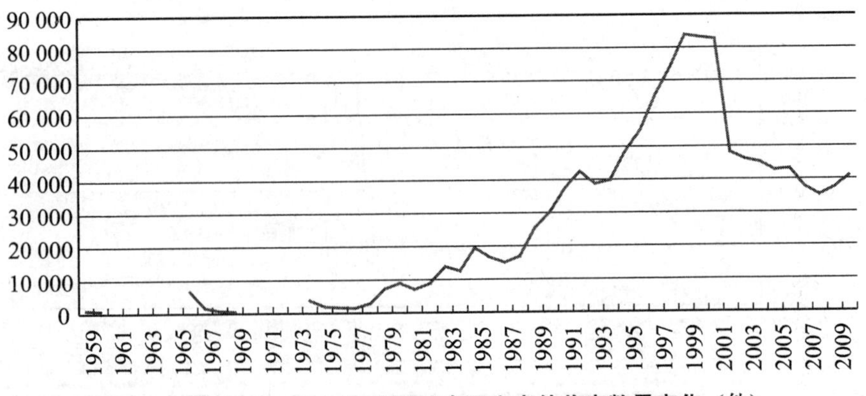

图 1—32　1959—2010 年全国民事再审案件收案数量变化（件）

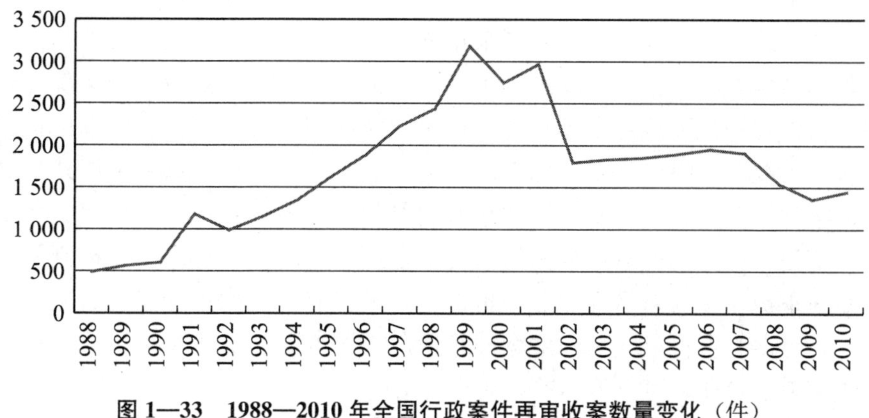

图 1—33 1988—2010 年全国行政案件再审收案数量变化（件）

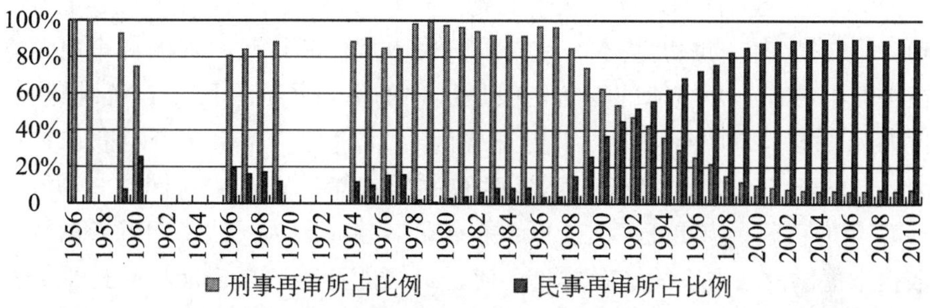

图 1—34 1956—2010 年刑事再审收案和民事再审收案所占比例的消长变化

（二）刑事再审结案：再审更正率

无论是人民法院决定再审，还是人民检察院提出抗诉要求再审，再审立案都有一个基本要求：原裁判存在错误，或者有证据表明原审裁判存在错误的概率很大。案件经过再审后，基于不同的情况，采取不同的方式结案：一是原裁判没有错误，维持原判决或裁定；二是确认原裁判存在错误，改判或发回重审；三是介于前二者之间，当事人调解结案；四是上诉人或公诉人撤诉。在这些结案方式中，改判、发回重审、调解结案等方式在一定程度上改变了原裁判，实现了原裁判的更正。当然，这种改变或更正也说明原裁判多少存在一些错误。在这里，我们构建一个指标——再审更正率，对这种改变或更正进行衡量。再审更正率由再审结案中改判、发回重审和调解结案之和除以再审结案总数得出。

再审更正率本身，并不足以说明原审裁判的质量。这是因为，一方面，作为考察总体的原审裁判的范围很难划定。从制度上说，民事案件和行政案件的当事人需要在 2 年以内提出申诉，但是这不是绝对的。而法院是否决定再审，检察院是否提起抗诉，并无时间限制。另一方面，再审更正率在很大程度上受到再审立案标准的影响。立案标准严格，只有错误几率极大的案件才能进入再审程序，则审判的结果是再审更正率高；反之，立案标准宽松，错误几率不是很大的情况下也可以启动再审程序，则审判的结果是再审更正率低。尽管如此，再审更正率仍有一定的指标意义，通过该指标，可以考察再审立案标准宽严程度的政策变化。具体考察三类案件再审更正率的变化，可以得出三点初步的结论：

第一，1988 年以来，各类案件的再审更正率都呈上升趋势。如图 1—35 所示，各类案件的再审更正率变化具有两个特点：一是都呈持续上升的趋势，二是变化的幅度基本一致。虽然民事案件和行政案件的再审更正率在少数年份有不太规律的变化，但是这种下降主要的原因来自统计口径。比如，1999—2001 年民事再审更正率低于 1998 年，是由于资料获取的原因，1999—2001 年的再审调解结案的数据未能计算进去。同样，1992—1997 年的行政再审更正率之所以水平较低，也是因为司法部门发布的统计数据未提供发回重审的结案数量，使得最终的计算结果未能包括这部分案件。各类案件持续的、一致的上升趋势表明，司法实践中再审的立案标准日趋严格。

第二，再审更正率在 2002 年全面的大幅度提升，说明最高人民法院《关于规范人民法院再审立案的若干意见（试行）》的政策和制度调整发挥了立竿见影的作用。如表 1—24、表 1—25、表 1—26 和图 1—35 所示，在 2002 年，三类案件的再审更正率都大幅增长，其中，刑事案件增长了 35.5%，民事案件增长了 39.4%，行政案件增长了 59.9%。再审更正率的大幅上升和再审收案数量的大幅下降相互佐证，说明再审案件的收案情况和结案情况受到政策和制度调整的直接影响，收案数量的大小和再审更正率的高低并不能衡量生效裁判的质量水平。

第三，2004 年以来，刑事再审的立案标准严于民事再审。2004—2009 年间，刑事再审更正率显著地高于民事再审，而且，这种差距还有逐年扩大的趋势。根据前面的分析，再审更正率上的这种差距表明，刑事再审的立案标准更加严格。然而，这一差异的现实含义比较微妙，需要从两个方面具体分析。首先，在很大程度上，这种差异是因为抗诉案件的启动标准比较严，从而拉高了刑事再审更正率的总体水平。以 2009 年为例，刑事抗诉的再审案件结案 345 件，更正率达到 86.4％，远远高于同期民事案件的 50.7％和行政案件的 34.5％。其次，扣除抗诉案件后，余下的刑事再审结案的更正率仍然比较高，以 2009 年为例，这一数字为 52.5％，仍高于同期的民事案件和行政案件。虽然法院、检察院均有权独立地启动再审程序，但是在司法实际中，再审的动力无一例外都来自当事人的申诉，差别在于，向检察院的申诉来自受害人，向法院的申诉则主要来自被告人。基于上述分析，我们可以初步断定，刑事再审立案标准的“严”，主要是针对被告人和被害人，尤其是针对被害人申诉的“严”。

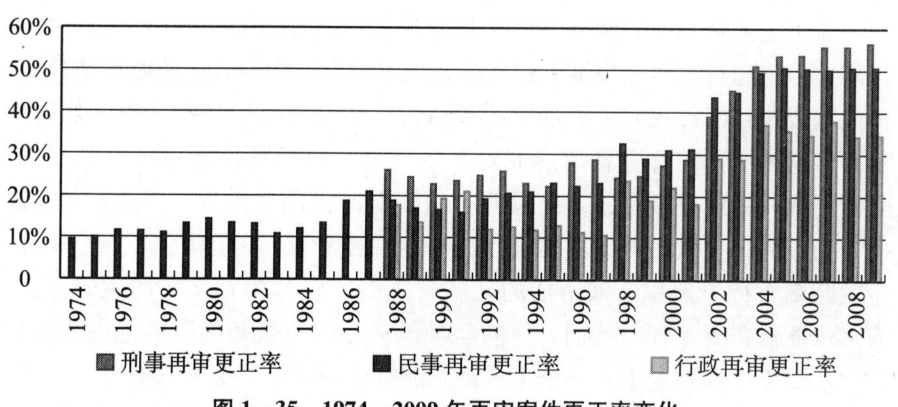

图 1—35　1974—2009 年再审案件更正率变化

八、执行工作

在我国，执行工作是法院的重要任务。新中国成立后很长一个历史时期内，人民法院实行的是审执合一的机制。改革开放以后，随着诉讼案件数量的不断增长，法院的审判、执行任务日益繁重，有必要单独设立执行机构负责执行工作。因此，1983 年开始，各地法院陆续建立专门的执行部门，实行审执分立。从 1993 年开始，法院部门开始发布有关执行工作的统计数据，介绍执行工作的情况。这里以法院公布的数据和材料为基础，考察改革开放以来法院执行工作的发展情况。考察主要涉及两个方面：执行收案情况和执行结案情况。

（一）执行收案

对于执行工作收案的基本情况，我们收集整理了有关的统计数据，汇集于表1—27中，根据表1—27中的数据，得出图1—36、图1—37、图1—38和图1—39。考察这些图表，可以得出如下初步结论：

（1）执行案件数量较大，是法院工作的重要组成部分

在1992年，执行收案已达到832 497件，占当时所有案件的19.8%。此后逐年上升，在1999年达到最大值2 597 258件，占当时所有案件的29.4%。此后虽有一定程度的下降，但是2007年以后又开始增长，截至2010年，增长到2 418 174件，占同期案件总量的22.3%。

（2）生效裁判履行干预率高，法院司法权威有待增强

对于生效裁判中的履行义务，最理想的状况是当事人自愿履行。如果当事人拒绝履行，对方当事人就可能在规定的期限内向人民法院申请执行，由此构成执行案件收案。执行申请和执行收案是对生效法律文书的履行的干预，这种干预和自愿履行形成对照。可见，执行案件是不可欲的事物，是对司法权威的蔑视和否定，是对司法资源的占用和浪费，因此，越少越好。为了衡量生效法律文书的履行需要干预的比例，这里构建了一个指标：生效裁判履行干预率。该指标的现实含义是，包含履行义务的生效裁判，有多少比例需要干预。然而，“包含履行义务的生效裁判”的范围难以确定。从制度上和理论上，一个生效裁判能够申请执行，必须具有三个条件：一是裁判必须生效，有的裁判一审就生效了，有的则需要经过二审；二是具有履行内容，有些裁判不具有履行内容，比如原告败诉、撤诉，裁定终结，驳回起诉，等等；三是在一定的期限内提出，如果双方都是法人或其他组织的，这个期限是6个月，如果一方是个人的，则这个期限是1年。然而，要从现有统计数据中，精确地确定一个统计年度内可以申请执行的生效裁判数量，实际上是不可能的。为此，这里采用一个粗略的估算办法，即以前一年度和当前年度不含撤诉案件的一审结案数的平均数作为“可以申请执行的生效裁判”的基数，用执行收案数除以这个基数，得到生效裁判履行干预率。如表1—27和图1—38、图1—39所示，在1992—2009年间，生效裁判履行干预率具有如下三个特点：

第一，行政案件履行干预率前高后低。在《行政诉讼法》实施初期，

行政案件履行干预率非常高，甚至超过100%。从逻辑上，这个数据不可能超过100%，但是，由于“可以申请执行的生效裁判”的范围是粗略地确定的，所以这里的超过100%可以看作是统计口径上的误差。尽管有误差，但仍然可以得出的结论是，这一时期行政案件自愿履行的比例非常低。由于行政案件的被告总是行政机关或有关组织，这种极高的履行干预率表明，行政机关或有关组织完全无视司法权威，根本不会自愿履行任何裁判。然而，这种情况随后逐步得到改善。如图1—38所示，1997年以后，行政案件的履行干预率一直呈下降趋势。截至2009年，已经降到13.7%。也就是说，只有13.7%的行政裁判的履行需要申请法院干预。当然，这里所能够确定的，其实只是变化趋势。即使是13.7%的履行干预率，也不能说行政机关对司法权威就很尊重，因为在这里的计算公式中，虽然扣除了不具有执行内容的撤诉案件，但是实际上还有很大比例的其他裁判类型不需要履行，比如行政机关或有关行政组织胜诉的案件就属于这种类型。

第二，近年来，民事案件履行干预率有所下降，但仍在高位。如图1—36所示，1993—2001年间，民事案件履行干预率持续增长，从32.8%增长到53.6%，这种快速增长表明执行问题越来越严峻，形成了所谓的“执行难”问题。面对这一问题，法院部门采取了一系列措施以解决这一难题。1999年7月，中共中央下发了《中共中央关于转发〈中共最高人民法院党组关于解决人民法院“执行难”问题的报告〉的通知》（中发［1999］11号），吹响了攻坚“执行难”问题的号角。2000年1月，最高人民法院发布《关于高级人民法院统一管理执行工作若干问题的规定》，着手从组织机构建设的角度增大执行工作力度。这些工作取得了极大的成效。从2002年开始，民事案件履行干预率持续下降。截至2008年，已经降到45.8%。履行干预率的下降，表明各种执行政策的调整取得了成效。然而，即使是45.8%的履行干预率，仍然处在高位。这一比例意味着，仍有接近一半的案件需要公权力的干预才能得到履行。如果扣除一审结案中原告胜诉的部分，实际上需要干预的比例还会更大。这种高比例的干预需求表明，司法权威的提高、法院裁判的自愿履行，仍然还有很长的路要走。

表 1—27　　1992—2010 年全国执行案件收案情况

年份	各类案件收案总数（件）	一审结案（不含撤诉）（件）		执行收案（件）	执行收案中（件）				执行案件所占比例（%）	民事履行干预率（%）	行政履行干预率（%）
		民事一审	行政一审		刑事案件	民事案件	行政收案	其他案件			
1991		2 114 183	15 885								
1992	4 197 487	2 182 108	16 855	832 497	11 016	733 276	17 352	70 853	19.8	34.1	106.0
1993	4 594 347	2 493 841	16 408	894 563	10 682	767 503	20 738	95 640	19.5	32.8	124.7
1994	5 340 918	2 841 922	19 250	1 079 937	11 656	897 225	23 204	147 852	20.2	33.6	130.1
1995	6 251 445	3 280 675	25 380	1 362 092	13 685	1 117 090	28 561	202 756	21.8	36.5	128.0
1996	7 400 459	3 761 711	36 622	1 687 790	15 934	1 366 547	31 186	274 123	22.8	38.8	100.6
1997	7 569 475	3 858 276	37 807	1 847 020	19 276	1 487 634	41 195	298 915	24.4	39.0	110.7
1998	8 082 575	3 904 852	50 573	2 201 816	50 966	1 766 855	44 120	339 875	27.2	45.5	99.8
1999	8 826 770	4 081 879	54 364	2 597 258	60 955	2 078 283	35 915	422 105	29.4	52.0	68.5
2000	8 533 490	3 790 815	54 792	2 615 079	64 528	2 090 447	28 657	431 447	30.6	53.1	52.5
2001	8 451 002	3 689 075	64 901	2 514 634	69 341	2 005 804	23 756	415 733	29.8	53.6	39.7
2002	8 139 925	3 515 882	58 891	2 363 810	71 396	1 848 296	15 380	428 738	29.0	51.3	24.8
2003	8 076 696	3 502 028	60 239	2 289 566	65 814	1 784 785	15 675	423 292	28.3	50.9	26.3
2004	7 886 761	3 372 012	63 946	2 127 065	72 923	1 679 764	19 424	354 954	27.0	48.9	31.3
2005	7 984 920	3 394 742	67 348	2 052 835	75 128	1 605 058	17 274	355 375	25.7	47.4	26.3
2006	8 092 152	3 395 627	63 251	2 128 709	75 479	1 684 374	13 717	355 139	26.3	49.6	21.0
2007	8 851 274	3 617 583	63 473	2 068 458	78 522	1 620 855	15 092	353 989	23.4	46.2	23.8
2008	9 903 053	4 107 418	69 916	2 241 535	77 283	1 767 893	10 074	386 285	22.6	45.8	15.1
2009	10 511 409	4 303 118	74 203	2 407 340	75 855	1 941 585	9 908	379 992	22.9	46.2	13.7
2010	10 866 955	72 061	4 493 632	2 418 174	82 321	1 979 609	9 353	346 891	22.3	45.0	12.8

资料来源：1992—2009 年的数据来源于《中国法律年鉴》1993—2010 年各卷；2010 年的数据来源于最高人民法院官网上发布的《2010 年人民法院审理各类案件情况表》，网址：http://www.court.gov.cn/qwfb/sfsj/。

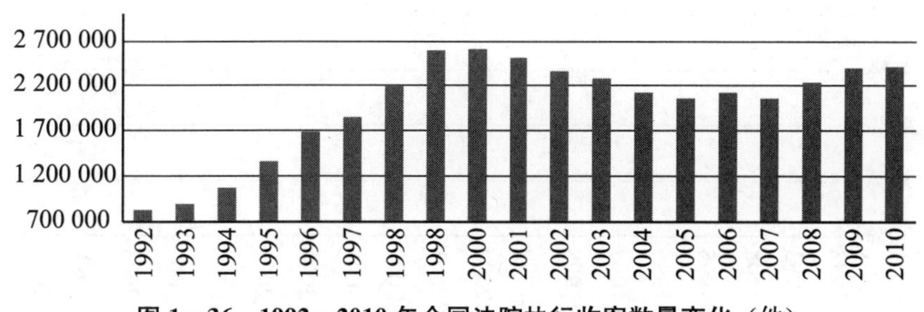

图 1—36 1992—2010 年全国法院执行收案数量变化（件）

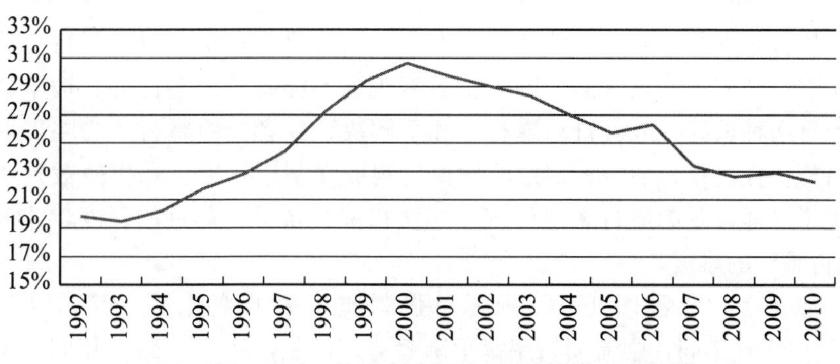

图 1—37 1992—2010 年全国执行案件所占比例变化

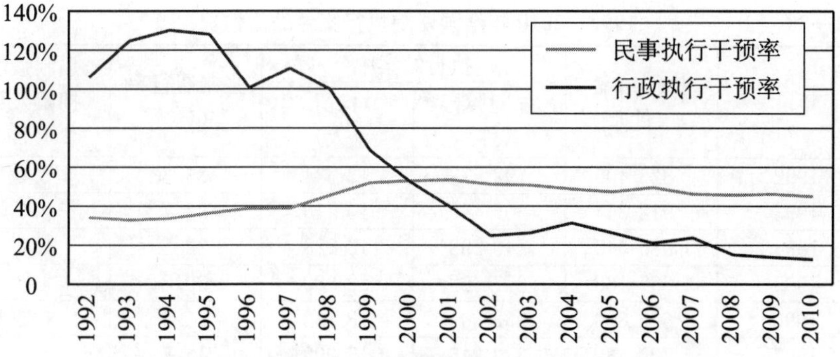

民事执行干预率
行政执行干预率

图 1—38 1992—2010 年全国民事和行政案件执行干预率变化

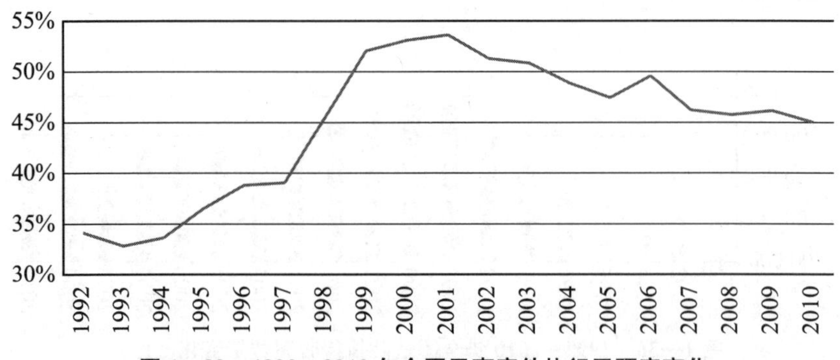

图1—39　1992—2010年全国民事案件执行干预率变化

（二）执行结案

执行案件目标明确，就是公权力介入以督促或强制当事人履行生效法律文书。公权力介入之后，除了少数客观上不能履行的案件外，被申请人一般有两种选择：或者自动履行，和平解决；或者拒绝履行，法院采取强制措施。在这里，后一种情形的比例，构成强制履行率。和生效裁判履行干预率一样，强制履行率也体现了司法权威被认可、尊重的程度，体现了“执行难”的难度。

如表1—28和图1—40所示，强制履行率的变化是一个V字形，1992—2000年间，强制履行率呈下降趋势，但是，2002—2007年间，又逐年上升。2010年，强制履行率为21.5%。换言之，在100件执行结案中，有21.5件需要采取强制措施。

表1—28　　1992—2010年全国法院执行案件结案情况

年份	执行结案（件）	执行结案中		强制履行率（%）	强制强度（拘留人数/100件）
		强制履行（件）	拘留（人）		
1992	825 405	192 572	12 734	23.3	6.6
1993	912 354	207 489	10 216	22.7	4.9
1994	1 085 040	240 298	13 828	22.1	5.8
1995	1 337 168	277 602	12 880	20.8	4.6
1996	1 626 803	332 301	18 142	20.4	5.5
1997	1 727 439	323 245	15 299	18.7	4.7
1998	2 078 038	365 458	36 486	17.6	10.0
1999	2 645 341	446 183	56 454	16.9	12.7
2000	2 639 066	413 292	46 364	15.7	11.2

续前表

年份	执行结案（件）	执行结案中		强制履行率（%）	强制强度（拘留人数/100件）
		强制履行（件）	拘留（人）		
2001	2 525 534	398 154	38 831	15.8	9.8
2002	2 367 401	367 430	27 538	15.5	7.5
2003	2 343 868	384 536	21 738	16.4	5.7
2004	2 150 405	372 860	22 061	17.3	5.9
2005	2 036 717	431 803	37 056	21.2	8.6
2006	2 149 625	460 449	12 427	21.4	2.7
2007	2 115 437	466 836	12 637	22.1	2.7
2008	2 225 419				
2009	2 446 027	478 857	8 536	19.6	1.8
2010	2 508 242		11 488	21.5	2.1

资料来源：1992—2009年的数据来源于《中国法律年鉴》1993—2010年各卷；2010年的数据来源于最高人民法院官网上发布的《2010年人民法院审理各类案件情况表》，网址：http：//www.court.gov.cn/qwfb/sfsj/。

在强制措施中，最严厉的是拘留，所以，拘留人数和强制履行结案数量的比值，可以用来反映强制履行的强度。1992—2009年间，强制强度的变化近似于一个倒写的V字。1992—1999年间，强制强度呈逐年增长的趋势，在1999年达到最高值12.7，即平均每100件强制履行案件，要拘留12.7个人。2000年后，强制强度总体上呈下降趋势。2010年，平均每100件强制履行案件，要拘留2.1个人。

图1—40　1992—2010年全国执行结案中的强制履行率变化

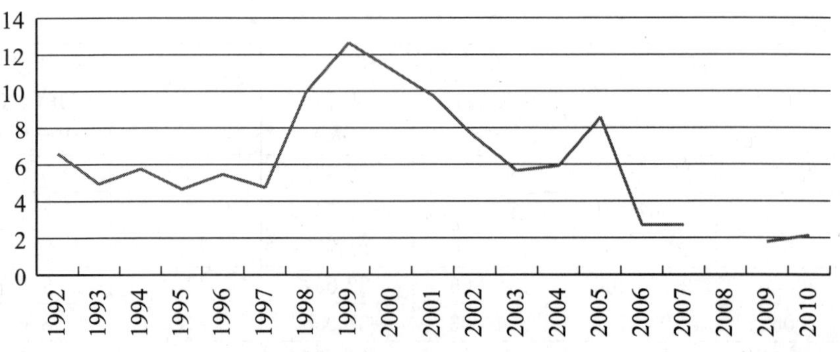

图 1—41　1992—2009 年全国强制执行结案的强制强度变化（拘留人数/100 件）

第三节　经费状况

这里所谓的经费状况，主要是指审判经费保障的基本体制和实际运行。而审判经费保障，是指审判的经费需求、经费来源、保障效果等方面的情况。自新中国成立以来六十多年中，审判经费保障状况经历了许多转折和变化，由此形成经费状况的不同阶段，这里将沿着这些阶段的历史演进，考察新中国成立六十多年来的审判经费状况。

一、1949—1982 年：无偿诉讼年代

在 1982 年以前的三十多年中，法院的经费状况具有鲜明的时代特征，具体可以概括为四个方面。

第一，中央统供与同级财政供养相结合。在 1980 年以前，国家沿用与高度集中的计划经济体制相配套的财政体制，财政预算主要在纵向的“条条”内进行，横向的“块块”预算仅仅是补充性质的。所以，当时的法院的经费主要来源于中央的财政预算，没有和地方财政的复杂纠葛。

第二，法院的经费管理由司法行政机关负责。1954 年《人民法院组织法》规定，法院的行政事项由司法行政机关负责，行政事项包括机构设置、编制设定、人事管理、经费保障等问题。1979 年《人民法院组织法》继续实行这一体制。这一体制使得法院的经费问题成为地方政府的内部问题，各种关系比较容易处理。然而，“文化大革命”后期一直到 1983 年《人民

法院组织法》修改，在中央层面，由于司法部受冲击后尚未恢复办公，所以这一工作实际上是由设在最高人民法院内的司法行政厅来管理的。

第三，法院的经费需求额度较小。在改革开放之前，全国实行高度集中的计划经济，加上法治生活极为缺乏，法院的案件数量很少，审判工作的规模很小。在这种情况下，法院的经费需求数量较少，管理起来也相对简单。

第四，无偿诉讼。在 1982 年以前，全国法院各类案件不存在收费问题，这是一个彻底的无偿诉讼年代。在高度集中的计划经济体制下，国家和集体几乎垄断了全部社会资源，免费诉讼符合当时的制度逻辑。具体地看，一方面，当时的案件类型极其简单，并且数量很少，即使收费也不会形成太多的收入；另一方面，诉讼的过程主要是贯彻国家的政策的过程，是批评教育的过程，个人权利的维护反而在其次，所以，即使是无偿诉讼，也不存在滥用诉权、诉讼爆炸之虞。

二、1983—2001 年：诉讼收费，以收抵支

（一）收取诉讼费用，弥补同级财政拨款不足

自 20 世纪 80 年代初期以来，基本体制上发生了两个变化，这两个变化对法院的经费保障产生了重大影响。一是从 1980 年起，全国开始实行“分级负担，分灶吃饭”的财政体制。在这种体制之内，地方各级人民法院的审判工作属于地方的“事权”，按照“事权”与“财权”相统一的原则，各项审判经费支出由同级财政预算拨付。二是 1983 年《人民法院组织法》修改，法院的司法行政事务由各级人民法院自己管理，但是人民法院又不属于同级人民政府的组成部分，而且相互之间还存在一定的监督与制约关系，从而使得地方人民法院和同级政府的关系变得复杂起来。在这种体制之下，地方政府一方面由于财政紧张，另一方由于对审判这一“事权”的重视不够，对法院经费保障问的解决总是显得比较消极。

然而，随着改革开放的深入，一方面，财政拨款相对固定，并且数额有限；另一方面，案件数量不断增加，各项经费支出随之增长，于是法院经费出现了严重不足的问题。这种不足不仅仅限于法院，事实上当时其他的机关事业单位也普遍存在。于是，机关事业单位通过各种行政事业性收费来弥补财政预算上的不足成为整个 20 世纪 80 年代非常普遍的做法。而具体在人民法院，则是通过诉讼费以及其他创收来弥补经费保障的不足。

在 1984 年以前，各省高级人民法院自行制定本省的诉讼费用收取标准。1985 年 1 月，最高人民法院、财政部颁发的《民事诉讼收费办法（试行）》开始施行，从此在全国具有统一的诉讼费用收取标准。1989 年 7 月，最高人民法院颁发了《人民法院诉讼收费办法》，规定了法院的收费范围、收费项目、收费标准等内容，进一步明确了诉讼收费制度。该办法一直沿用至 2007 年 3 月底。

当时的诉讼费由人民法院自收自支，不纳入财政预算。这种做法最初仅仅被默许，但在最高人民法院和财政部于 1989 年 9 月颁发的《关于加强诉讼费用管理的暂行规定》中，这种做法得到了正式的认可。该文件规定："各级人民法院依法收取的诉讼费用属于国家规费。考虑到目前财政困难，拨给法院的业务经费还不能完全满足审判工作的需要，法院依法收取的诉讼费用暂不上交财政，以弥补法院业务经费的不足。"据最高人民法院统计，1997 年全国法院共得到财政部门拨给的审判业务经费 7.9 亿元，而用诉讼费补充业务经费就达 39.1 亿元，是财政拨款的 5 倍左右。①

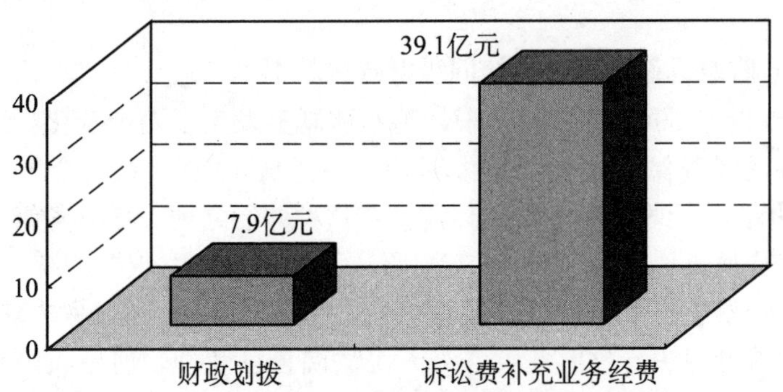

图 1—42　1997 年全国财政拨款与诉讼收费补充的审判经费比较

（二）"收支两条线"与地区调剂的初期尝试

以收抵支的做法，虽然不失为一项权宜之计，但是在实践中会产生很多制度性的问题。比如，对诉讼费的追求使得法院失去中立性的地位，资金收支失去外部的制度监管，案件少的落后地区审判经费无法保障，等等。鉴于这些弊端，国家采取了一些措施予以克服，主要包括"收支两条线"和地区经费调剂。

① 参见张光远：《收费体制改革思路研究》，北京大学中国经济研究中心客座研究项目。

1. “收支两条线”的初期尝试与困难

从1993年起，国家开始要求实行“收支两条线”，改变自收自支带来的各种弊端，但是实践中并没有得到很好的落实，各种隐瞒截留、坐支挪用现象十分严重。为改变这种状况，从1998年开始，中办发14号文件规定加强对收费较多的权力部门即公安、检察、法院和工商系统的收支两条线管理，该四部门收费全部上缴财政，财政足额拨款，保证他们“吃皇粮”。但是在实践中，诉讼费仍然以一定形式返还给了人民法院。这种返还主要有两种形式：一是全额返还，收费单位将收费资金交存财政专户储存，财政部门扣除10％～30％的综合预算后，全部返还给收费单位，收得越多，返还越多，收得少，返还也少。二是差额返还，财政部门根据收费单位编制的用款计划和拨款情况，将专户储存的收费资金按事先讲好的分成比例返还给收费单位。①

当时普遍存在的问题是：一方面，财政部门对法院收取的诉讼费用实行了“收支两条线”管理，但对解决法院经费缺口不积极，部分地区甚至采取各种名目扣收法院的诉讼费。比如，某省以省长令的形式，要求法院诉讼费上交10％的重点建设基金、5％的助学扶贫基金。到市里又如法炮制，层层加码，某市中级人民法院诉讼费被扣收比例达55％。一些省、市政府还对法院下达创收指标，有的甚至远远高出了法院一年的诉讼费总额。有一个市中级人民法院一年诉讼费仅收两百多万元，但政府规定要完成上交370万元的创收任务之后，才能向法院拨发“人头费”②。另一方面，全国法院查出乱收费、乱罚款，隐瞒、转移收入，私设“小金库”，拖欠、截留应缴预算收入和财政专户收入等财经问题严重。根据对全国四千五百多个县级以上人民法院、人民检察院1997年和1998年财务收支的审计，查出乱收费、乱罚款，隐瞒、转移收入，私设“小金库”，拖欠、截留应缴预算收入和财政专户收入，以及挤占、挪用诉讼费、罚没收入和案款等问题57亿元，发现涉嫌贪污、私分和挪用公款案件81起。③

2. 中央财政和高级人民法院实行地区调剂。

无论是诉讼费返还还是同级财政拨付，都存在一个问题：经济发展落

---

① 参见贾康、刘军民：《非税收入规范化管理研究》，载《公共经济评论》，2003（12）。

② 张光远：《收费体制改革思路研究》，北京大学中国经济研究中心客座研究项目。

③ 参见李金华：《关于1999年中央预算执行和其他财政收支的审计工作报告》，报告作于2000年7月6日第九届全国人民代表大会常务委员会第十六次会议。

后地区的法院的基本经费不能保障。为了解决这一问题，采取了两项措施：一是中央财政设立政法补助专款项目，按照财政部《中央政法补助专款管理办法》的规定，分配给地方用于贫困地区政法部门（公安、法院、检察院、司法行政四个部门，下同）的装备补助专款、维修补助专款及相应的地方配套资金。二是最高人民法院和财政部于1989年9月颁发《关于加强诉讼费用管理的暂行规定》，提出地方各级人民法院所收的诉讼费用，可按一定比例上交给高级人民法院，用来统一购置必需的业务设备和适当补助其他困难地区法院的业务经费。

在20世纪90年代，这些措施取得了一定的成效，改善了一些欠发达地区法院的基础设施和物质装备。然而，地区经费调剂总体上还是补充性的、一次性的，不能为欠发达地区提供稳定的经费保障，多数欠发达地区的法院还存在严重的经费短缺问题。

(三) 以收抵支的成就与弊端

改革开放以来，通过诉讼收费，全国法院的物质建设取得了一定的成绩，全国地方法院的经费保障水平有了一定的提高。从实际情况来看，在经济发展较快的东部沿海城市，在中心城市，在内陆地区经济发展比较好的县市，地方法院普遍修建了漂亮、豪华的办公大楼，配置了现代化、信息化的办公设备，提高了审判人员的工资、福利水平。取得这些成就的原因，有两个方面：一是经济发展成功的地区财政比较富裕；二是经济案件多，诉讼费收取多。

然而，和成就相比，这种经费保障方式带来的问题似乎更突出、更普遍，这些问题可以概括为如下四个方面：

1. 司法职能公司化、商业化

目前的法院经费保障体制导致两个有悖司法职能的问题：一是司法职能的公司化、商业化，二是司法权力的地方化。这两个问题互相作用、互相加强，带来了一系列的危害。

司法职能的公司化、商业化是诉讼费收入和人民法院的经费来源挂钩导致的。在实行诉讼费自收自支时期，诉讼费的收入和法院的利益以及和审判人员个人的利益，都是紧密相连的、直接挂钩的。从法院的角度来说，经费充裕了，可以加强基础设施建设，可以改善办公条件，可以改进各种物质装备，可以通过物质激励调动员工的积极性。对于审判人员个人来说，可以带来更多的工资、奖金、福利、津贴，具有更好的工作环境和更便利、先进的工作手段。在实行收支两条线、诉讼费按比例返还时期，诉讼费和法院的经费也是紧密联系的，仅仅是多了一个环节而也。而且，收支两条线可能恶化司法活动的商业化倾向，因为如果诉讼费按比例返还，地方财政必然有所提留，所以对于诉讼费的收取，原来是人民法院一个单位的积极追求，现在变成了人民法院和地方财政两个单位的积极追求。更有甚者，地方财政给法院下达创收指标，如果完不成指标，就要扣发法院的“人头费”。

司法职能公司化、商业化带来的危害是严重的。从理论上说，一个法院有了自身的利益追求，那么就可能牺牲法院的公共利益职能，这里存在着角色冲突的问题。从司法实践来看，人民法院具体存在如下背离公共利益的立场的行为，或者存在这样的嫌疑。

（1）积极扩大案源的努力。扩大案源的途径有多种，其中，利益动机最隐晦的方式是扩大受理案件的范围。改革开放以来，法院的受案范围极大限度地扩大了，案件数量增长部分地应当归结于这种扩大。但是，对于这种方式，我们无法提出批评，因为：一方面，这种改革交杂着多种动机，一种是为公民个人的权利和自由提供更多的救济机会；一种是希望凸显司法的社会地位和功能的一种努力；再一种就是扩大案源。另一方面，在我国当前的历史条件，公民权利的救济渠道相对不足，所以这种扩大从结果上看是符合社会发展需要的。

第二种扩充案源的方式是主动出击，审判人员外出拉案源。这种方式通常又和法院内部的各种创收指标、奖惩机制结合起来发挥作用。这种现象在经济发展落后、财政经费比较紧张的地区尤其严重。王亚新教授在调查中发现了两种现象：一种是为了改善法院自身的经费和基础设施建设状况，审判人员努力开拓，扩大案源。① 另一种现象是，尽管普遍实行了“立审分离”的制度，但是相当一部分基层法院在保持着立案庭的外观下，许多案件仍然实行“谁找来案件交给谁办”的做法。这里出现了“找案办”的现象。② 对于这种现象的普遍性，王亚新教授说：“由于我们目前掌握的样本仍然十分有限而难以回答。但是一个基本的印象是，除了在民商事

---

① 参见王亚新：《社会变革中的民事诉讼》，168～171页，北京，中国法制出版社，2001。

② 参见王亚新：《程序、制度、组织——基层法院的日常运作与治理结构转型》，在上海经济与法律研究所举办的“国家、市场、社会：当代中国的法律与发展”国际学术研讨会上提交的论文。

‘案源’比较充分的都市环境下法院无须‘找案办’之外，法官承办的案件往往是‘自己找来的’，这种情形，至少相当普遍。”①

我们自己的调查则进一步验证了王亚新的印象或者推测。我们于2003年秋曾在广东和山东一些地区进行实地考察，发现这样一种情况：在经济文化发达的市区，或者一个城市中商业和人口比较集中的辖区，法院的案件负担通常比较重，在我们所调查的汕头市龙湖区人民法院和临沂市兰山区人民法院，民庭的法官平均每年要办两百件左右的案件②；而在郊县法院，案件量通常要少得多，很多法官在访谈中反映“案件吃不饱”的问题，也有法官反映他们曾采取开拓案源的做法。就我们调查的范围平均地看，每10个基层法院只有1个法院存在案件负担过重的问题，大量的则是“吃不饱”的问题。尽管不能准确计算出在全国这种比例是多少，但是综合考虑我国的城市化水平和地区发展的差异，可以大致地判断：存在案件负担过重的基层法院的比例应该不超过10%，更多的法院是“吃不饱”并希望有更多的案件。

北京大学法学院的傅郁林博士在上海经济与法律研究所举办的“国家、市场、社会：当代中国的法律与发展”国际学术研讨会上介绍她的调查发现时声称：在基层，公安（派出所）、法院和法律服务所都是营利性的，它们在纠纷解决这个问题上具有竞争性。但是它们所依赖的资源是不一样的，流行的说法是：“公安有手铐，法院有传票，服务所有舌绕。”最近五年来，法院不是案件负担过重的问题，而是案件数量不足的问题，是三套机构互相竞争，争取纠纷在本机构中解决的问题。而关于法院案件数量下降的原因，傅郁林博士分析道，并不是因为纠纷解决的需求下降，而是因为打官司的费用越来越高，已经超过了老百姓的承受能力。她说，以离婚案件来说，法律服务所收费最低要200元，法院最低要500元，这是老百姓一年的生活费，所以老百姓解决的办法是：算了，我们离不起婚，我们分开过，一人一间房。而收费太高的原因，并非案件太多，而是法律服务所要通过收费来解决基层司法行政的办公费用和司法所管理人员的工资问题，法院

---

① 王亚新：《程序、制度、组织——基层法院日常的程序运作与治理结构转型》，载《中国社会科学》，2004 (3)。

② 苏力教授说，一位法官告诉他过去一年曾结了803件案件，平均每个工作日3件以上。(参见［美］理查德·A·波斯纳：《联邦法院——挑战与改革》，序言，北京，中国政法大学出版社，2002。) 不过，我们以为，在全国案件数量大致一定的情况下，越是出现这种极端的情况，那就说明在案件数量问题上的地区差异越大，其他地区的案件“吃不饱”问题就越严重。

要通过收费来解决自己的各项经费问题。

第三种扩大案源创收的形式则完全是违法的。2004 年 1 月 31 日晚，中央电视台“焦点访谈”披露了湖北省大悟县人民法院宣化法庭到河南强行抓人罚款的奇闻：该法庭以本县两“原告”买了劣质钢材、要求赔偿为名拘传两位信阳商人，关在大悟看守所折磨，迫其亲属共交纳 23 万元后不审判便放人。但两“原告”根本不认识“被告”，也没去河南买过钢材，更没得到追回的“赔偿款”。该法院有人揭开谜底：乱抓人罚款背后，是每个基层法庭都有经济创收任务，完不成就没工资。这种完全违法的创收形式虽然在实践中不是很普遍，但是，足以反映当前法院经费保障体制的危害和弊端。

(2) 审判方式改革的转嫁诉讼成本。20 世纪 80 年代后期以来的审判方式改革所追求的目标可以归结为两个方面：效率性和正当性。① 正当性追求是为了回应社会上对司法腐败的批评，提高司法的权威，克服执行难问题；效率性追求是为了节约每一件案件办理的人力和物力投入，缩短办案时限。效率性的追求是从法院的角度来说的，是减少法院的投入，而不是减少社会各方的总投入，在很大程度上只是通过诉讼成本的转移支付来提高诉讼效率的。其中正当性主要通过三个“分立”、审判公开、正规化等方式来实现；效率性主要通过“调解型”审判模式向“判决型”审判模式转化，通过缩小法官的证明责任、按审限结案等方式来实现。对于审判方式改革中的效率性追求，如果我们结合前面提到的绝大多数法院案源不足、普遍采取积极的扩大案源的途径这一现象来考察，会发现效率性追求的动机十分可疑，这种追求背后的动机很可能是单位利益最大化的追求，而不是社会公共利益最大化的追求。

(3) 诉讼费用收取的制度有诸多不合理之处。由于诉讼活动的商业化倾向，我们看到，在诉讼费收取的标准和方式上，存在一些着力维护法院利益的制度设计和司法实践。这里举两个比较明显的例子。

一是财产案件按照争议金额计费的方式。诉讼费的性质，是一部分诉讼成本转移给当事人承担的机制，这种转移可能有多种目的，一种目的是减少公共财政的支出。如果不考虑财政预算中众多环节中的交易成本，那么诉讼费用的多少问题，是诉讼成本由当事人负担的问题，还是由所有的

① 参见王亚新：《论民事、经济审判方式的改革》，载《中国社会科学》，1994 (1)。

纳税人负担的问题。另一个目的是通过诉讼费的收取，防止当事人过度地诉讼，起到抑制滥用诉权的政策性作用。不管是哪一种目的，诉讼费都只在诉讼成本中占一定的比例，而且除了少数需要特别援助的案件外，这个比例在不同的案件之间应该是一致的。而按照现在的收费办法，诉讼费随着争议金额增加而递增。这种办法的合理性应该有一个前提，就是案件的审判成本随着争议金额的增长而增长。但是事实上，这一点并不成立，案件处理的难易程度并不与诉讼争议标的的大小成正比，涉及数以千万元计的经济大案也许其中是非曲直十分简单，而一桩不起眼的家庭纠纷却可能是劳神费时的棘手案件。我们在许多地区进行了实地调研，证实了这一点。法官们普遍反映，越是经济案件，越是争议金额大的案件，越是规范，各种书面证据越是齐全，是非曲直越是分明。从理论上讲，金额的大与小，和证明的难度并不相关。比如说，法院要查明张三借李四 10 元钱的难度，并不比查明银行借给某公司 1 亿元的难度小，在多数情况下，甚至更难。许多法官都表示，“大案容易小案难”，“经济案件容易民事案件难”。因此，依标的额收费除了显示利益驱动的事实之外，没有多少可以摆到桌面上的依据。

二是原告胜诉后，预交的诉讼费不退还，改由被告补偿的做法。如果原告胜诉，那么诉讼费应当由被告承担，但是，原告通常已经将这笔费用预交。因此，合理的做法是，原告胜诉后，法院应当退还原告预交的诉讼费，然后向被告收取。但是，现在通行的做法是，法院并不这样处理，而是判令被告支付给原告预交的诉讼费。如果被告不主动缴纳，那么原告就依据生效判决和诉讼费收据，申请法院强制执行被告的财产以充抵诉讼费，同时还需要就诉讼费的强制执行向法院预交相应的执行申请费。如果败诉方没有可强制执行的财产，或者法院没有强制执行判决的能力，或者法院根本没有认真执行它自己的判决，那么原告不仅得不到胜诉赔偿，甚至连预交的案件受理费以及申请执行费也一并损失。可见，法院的做法显然是不合理的，因为：一方面，法院的做法增加了原告的诉讼风险，而这种增加是没有法律依据的。另一方面，从民法上的债权关系上说，法院利用自己的优势地位，将自己的支付义务转移给被告。然而，按照《合同法》第 84 条的规定，债务人将合同的义务全部或者部分转移给第三人的，应当经债权人同意。在 1998 年“整顿法院”之后，有些法院改变了已往的做法，只要当事人胜诉，法院就退还预交的案件受理费。但是这并没有成为一种普遍的做法。①

总之，无论是在制度上还是在实践中，诉讼费的收取都存在许多不合理的做法，这里仅仅列举两个例子，其他不合理的做法，请参见方流芳教授所著的《民事诉讼收费考》的分析。

(4) 限制支付令，限制撤诉。对于一些债权债务关系明确的金钱支付案件，适用督促程序，可以极大地节省当事人的诉讼成本。但是我们在调查中询问了不同地区的 5 个法院的法官，他们无一例外地告诉我，法院都限制支付令的适用，原因是每件支付令只收费 100 元，如果诉讼标的比较大的案件也申请支付令的话，那法院吃什么？

2. 司法权力地方化

目前法院经费保障体制的另一个危害是加剧了司法权力地方化。导致司法权力地方化的原因是多方面的，前面提到地方党委、人大等掌握审判人员的人事任免权力是一个原因，这里的审判经费由地方财政供给的体制是又一个原因，两个原因合起来，加剧了司法权力地方化。司法权力地方化的危害，我们在“机构设置”部分已经作了考察，这里不再赘述。

3. 地区之间发展不平衡

目前的经费预算体制导致的第三个危害是地区之间法院物质建设发展的不平衡，影响了落后地区审判队伍的稳定性和积极性。

在经济发展较快的东部沿海城市，在中心城市，以及在内陆地区经济发展比较好的县市法院物质建设成绩斐然的同时，在广大中西部地区，在经济发展落后的农村地区，法院的物质建设则十分落后。在 2003 年“两会”期间，来自河南的人大代表李道民是从中国政法大学毕业后干过公安局长也干过法院院长的老“司法”，他在接受中央电视台中文国际频道记者采访时说：“我们河南有句话叫‘千刀万剐，不当法院院长’，为什么？我们的法院特别是中西部贫困地区的基层法院，工资发不了，医药费报不了，办案经费保证不了，钱、人、物全归地方管，你让他怎么司法独立？”

甘肃省高级人民法院院长郝洪涛在《人民法院报》上撰文说：甘肃省共有 113 个法院、329 个人民法庭。2003 年以来，我们抢抓西部大开发、国债资金支持审判庭建设和国家投资支持中西部人民法庭建设的历史机遇，

① 参见《乐清调整预交诉讼费退还办法》，载《人民法院报》，1998-06-16。

"两庭"进入全面建设时期，重建了40个法院审判庭、74个人民法庭，建设规模约26万平方米，"两庭"建设取得了长足的发展，但是全省仍有1个中级人民法院、44个基层人民法院审判庭和313个人民法庭需要新建、改建、扩建。①

另据报道，截至2004年8月，陕西全省基层人民法院"两庭"建设共拖欠资金16 112万元，某市两级法院审判法庭建设资金缺口和欠款共计2 001万元，31个人民法庭经费缺口及欠款728万元。某县法院审判法庭1995年建成，至今仍有27万元欠款。某县法院1991年和1997年通过上级法院拨付资金、向干警借款、由施工队垫资等方式建起了审判法庭和一个人民法庭，但地方财政至今未拨配套资金，干警和施工队的钱兑现不了，引发许多矛盾，法院院长苦不堪言。目前，陕西省47个人民法庭没有自己的办公场地，94个人民法庭在危房或面积不足100平方米的场所办公。有近10个基层人民法院的审判法庭根本无法使用，有46个基层人民法院的审判法庭急需改建和扩建。总之，以前的"两庭"建设负债累累，今后的"两庭"建设任重道远。

《南方周末》上曾经有两篇报道，是描述中西部经济落后地区的法院的物质建设困境的。一篇题为"西藏：基层法官的现实生存"，提到"西藏现有73个基层法院，目前已有三十余个有了'像样'的法庭，但距离每个县法院都有一个'像样'法庭的目标，任务完成尚未过半"②。另一篇题为"'法官荒'何解?"，记者在湖南调查了解到，湘西自治州和怀化市一带流行"排骨工资"和"裸体工资"的说法。所谓"排骨工资"，是指国家规定的公务员工资组成的4大项：基础工资、职务工资、工龄工资以及行政级别工资，除此4项"干工资"外，其余一概没有。在前些年，许多地区即便"排骨工资"也不能逐月发放，而且好些地方只发放70%至80%。所谓"裸体工资"，是指本应由财政发放的诸如"菜篮子"补贴、国家政策允许由单位发放的奖金和补贴，由于财力困难而不能发放，只发放"干工资"。在湘西自治州，许多法院是没有审案津贴的。因为连"裸体工资"都不能拿到手，一些法官想方设法调入政府部门。③

对于这种不平衡。中央有两种措施解决这个问题：第一个措施是部分

① 参见郝洪涛：《全面推进西部"两庭"建设》，载《人民法院报》，2005-08-07。

② 张立：《西藏：基层法官的现实生存》，载《南方周末》，2004-12-16。

③ 参见何勇：《"法官荒"何解?》，载《南方周末》，2005-09-15。

诉讼费上交给省高级人民法院调剂。但是，如果地区发展不平衡发生在省与省之间，则这种措施就无能为力。第二个措施是中央财政对贫困地区进行专项补助。应该说，从理论上讲，这就是针对地区发展不平衡而制定的措施，大方向是有效的，至少是有比没有强。但是，这一措施要产生满意的效果，一是需要中央拿出足够金额的财政予以调剂；二是在调剂的时候，具有合理的、公正的、可以被监督的程序。目前，对于这两个方面的情况我们还没有掌握相应经验材料，无法分析、判断。但是从效果上说，还不是很理想。而且，如果中央真的能够拿出足够的财政来调剂，并建立了合理、有效的程序，那么，不如以此为契机，干脆将地方法院的经费预算收归中央财政，并以立法的形式予以规范化和制度化。

4. 法院内部部门之间苦乐不均

我们在实地调研时发现一个比较普遍的现象，就是在许多法院，不同部门之间，在办公设备、福利水平等方面，存在显著差异，通常是经济庭的条件比较优越，刑事审判庭、民事审判庭等部门条件比较差。究其原因，是因为经济审判庭的案件通常属于财产案件，诉讼费收取比较多，在完成创收指标后还有更多的盈余，所以各方面条件比较优越。显然，这种差异扭曲了审判工作的性质，影响了一些部门的法官的积极性，因而是不合理的。

三、自 2001 年至今：落实“收支两条线”，加强地区调剂

自 2001 年以来，国家多管齐下，采取各种措施，克服诉讼商业化，加强地区调剂。这些措施主要包括落实收支两条线、“阳光工资”、调整诉讼收费、实行转移支付等。

（一）进一步落实“收支两条线”

为了进一步落实收支两条线，实现收支完全脱钩，加强党风、政风建设，国务院办公厅 2001 年 12 月转发了财政部《关于深化收支两条线改革进一步加强财政管理意见》，要求：（1）公安部、最高人民法院、海关总署（含各地分支机构）、国家工商总局、国家环保总局按规定收取的各项收费收入，为中央财政收入；其支出由财政部按该部门履行职能的需要核定，确保经费供给。（2）从 2002 年起，地方公安、法院、工商、环保、计划生育等执收执罚部门的预算外收费收入要全部上缴地方国库，纳入预算管理。地方其他行政事业单位收费一律缴入财政专户管理。在收缴制度上，继续

推行和完善收费、罚没收入实行“单位开票、银行代理、财政统管”的征管体制。同时，地方要加快部门预算的改革步伐。2002 年省级财政都要对公安、法院、工商、环保、计划生育等部门实行部门预算，并尽可能扩大省级实行部门预算的范围；地（市）级财政也要对上述部门实行部门预算，并为扩大部门预算改革范围做好准备；有条件的地区还可以在县级财政进行部门预算改革试点。2003 年省级财政对全部行政单位都要实行部门预算，省以下单位实行部门预算的范围要进一步扩大。

尽管中央三令五申，要求实行“收支两条线”，要求法院经费全部由财政保障，但是实践中，直至今日，各种实质上的诉讼费返还仍然较为普遍。为此，最高人民法院发布的《人民法院第三个五年改革纲要（2009—2013)》再次立下“改革和完善人民法院经费保障体制”的目标，其内容是：“配合有关部门改革现行行政经费保障体制，建立‘明确责任、分类负担、收支脱钩、全额保障’的经费保障体制；人民法院经费划分为人员经费、公用经费、业务装备经费和基础设施建设经费四大类，根据不同地区和人民法院的工作特点，确定各级财政负担级次和比例，实现人民法院经费由财政全额负担，落实‘收支两条线’规定，杜绝‘收支挂钩’；根据中央确立的分项目、分区域、分部门的经费分类保障政策，配合有关部门制定适应人民法院实际情况的经费分类保障实施办法；改革和完善人民法院经费管理制度，提高管理能力和水平。”我们可以看出，这段话所描述的目标，其实就是“收支两条线”。

鉴于诉讼费返还具有深刻的体制背景，鉴于过去近二十年来推行“收支两条线”成就有限①，现行的这些政策将产生什么效果，还需要进一步观察。从最理想的政策效果上说，就是法院收取诉讼费用弥补财政拨款不足将成为历史，完全实现“法院经费全部由财政保障”。

（二）法官待遇纳入公务员“阳光工资”系列

2006 年开始实施的《公务员法》第 2 条规定：“本法所称公务员，是指依法履行公职、纳入国家行政编制、由国家财政负担工资福利的工作人

---

① 在《法制日报》2011 年 2 月的一篇报道中，一名内地法官还这样描述：“在目前的经费保障框架下，法院诉讼费收入的多少，直接关系到法院经费的保障程度，随着人们法治意识的提高，企业改制的逐步完成及金融监管责任制的落实，法院的案件数逐年减少，诉讼费收入呈下降趋势。同时，诉讼费收费标准低，明显滞后于经济发展的水平，也与法院的实际办案成本相差甚远。”（杜晓、谷艳东：《基层法院受理案件量大面广存经费不足保障不力困境 解基层法院发展难题须确保“不差钱”》，载《法制日报》，2011-02-17。）

员。”根据该规定，法官、检察官、党政干部等，有了统一的身份：公务员。《公务员法》制定过程中，关于法官、检察官是否应当纳入公务员系列，社会各界存在争论，最后导致法官成为公务员的一个重要理由是，将法官和检察官列入公务员序列，由财政给予保障，这样对保证法官、检察官的工资福利，尤其在一些欠发达地区，有极大的好处。由此可见，这一措施的苦心之一，是落实“收支两条线”，解决落后地区法官的福利待遇问题。

《公务员法》实施前后，一些地区推行公务员“阳光工资”。“阳光工资”的特点，一是彻底杜绝“灰色收入”，将公务员以前除基本工资以外的收入（如补贴、津贴之类）都纳入工资范畴内统一核算；二是同一行政级别的工资具有横向可比性，不受具体工作部门、工作单位影响，比如处级审判员和处级的行政干部工资一样。可以说，“阳光工资”是《公务员法》立法目的的一个贯彻。

“阳光工资”推出后，人们提出了一些问题，比如：发达地区的法官收入降低了，影响法官队伍的稳定性；法官的收入和同级财政水平挂钩，不同地区之间，法官的收入可能差距很大；由于收入和办案数量、诉讼收费不再挂钩，法官工作的激励不足，等等。尽管这些确实是问题，但是这些问题也反证：如果不实行“阳光工资”，则存在另一种问题，即前面分析的诉讼商业化、收支难以监管、落后地区法官的基本待遇难以保障问题，等等。

（三）调整诉讼收费标准

诉讼商业化的发展，使得法院将越来越多的诉讼成本转嫁到当事人头上，权利主张受到抑制，诉讼案件逐年减少。为此，一方面为了削弱诉讼的营利诉求，另一方面为了提高司法的可获得性，国务院于 2006 年颁布了《诉讼费用交纳办法》，该办法重申对诉讼费实行“收支两条线”管理，同时调整了诉讼收费标准。在此之前，人民法院一直沿用 1989 年最高人民法院颁布的《人民法院诉讼收费办法》。关于这两个办法在内容上的差异，这里整理为表 1—29 和表 1—30。

表 1—29　　两个办法规定的收费标准对比

案件类型	1989 年	2006 年
1. 离婚案件		
（1）普通案件	10—50 元/件	50—300 元/件
（2）财产分割超过 1 万元至 20 万元的部分	加收 1%	不另收

续前表

<table>
<tr><th colspan="2">案件类型</th><th>1989 年</th><th>2006 年</th></tr>
<tr><td colspan="2">(3) 财产分割超过 20 万元的部分</td><td>加收 1%</td><td>加收 0.5%</td></tr>
<tr><td colspan="2">2. 侵害姓名权、名称权、肖像权、名誉权、荣誉权的案件</td><td></td><td></td></tr>
<tr><td colspan="2">(1) 普通案件</td><td>50—100 元/件</td><td>100—500 元/件</td></tr>
<tr><td colspan="2">(2) 赔偿金超过 5 万元至 10 万元的部分</td><td>不详</td><td>加收 1%</td></tr>
<tr><td colspan="2">(3) 赔偿金超过 10 万元的部分</td><td>不详</td><td>加收 0.5%</td></tr>
<tr><td colspan="2">3. 其他非财产案件</td><td>10—50 元/件</td><td></td></tr>
<tr><td colspan="2">4. 财产案件，根据争议金额累进收费</td><td></td><td></td></tr>
<tr><td colspan="2">(1) 争议金额不满 1 000 元的</td><td>50 元/件</td><td>50 元/件</td></tr>
<tr><td colspan="2">(2) 超过 1 000 元至 1 万元的部分</td><td>4%</td><td>50 元/件</td></tr>
<tr><td colspan="2">(3) 超过 1 万元至 5 万元的部分</td><td>4%</td><td>2.5%</td></tr>
<tr><td colspan="2">(4) 超过 5 万元至 10 万元的部分</td><td>3%</td><td>2.5%</td></tr>
<tr><td colspan="2">(5) 超过 10 万元至 20 万元的部分</td><td>2%</td><td>2%</td></tr>
<tr><td colspan="2">(6) 超过 20 万元至 50 万元的部分</td><td>1.5%</td><td>1.5%</td></tr>
<tr><td colspan="2">(7) 超过 50 万元至 100 万元的部分</td><td>1%</td><td>1%</td></tr>
<tr><td colspan="2">(8) 超过 100 万元至 200 万元的部分</td><td>0.50%</td><td>0.9%</td></tr>
<tr><td colspan="2">(9) 超过 200 万元至 500 万元的部分</td><td>0.50%</td><td>0.8%</td></tr>
<tr><td colspan="2">(10) 超过 500 万元至 1 000 万元的部分</td><td>0.50%</td><td>0.7%</td></tr>
<tr><td colspan="2">(11) 超过 1 000 万元至 2 000 万元的部分</td><td>0.50%</td><td>0.6%</td></tr>
<tr><td colspan="2">(12) 超过 2 000 万元的部分</td><td>0.50%</td><td>0.5%</td></tr>
<tr><td colspan="2">5. 侵害知识产权案件</td><td></td><td></td></tr>
<tr><td colspan="2">(1) 普通案件</td><td>50—100 元/件</td><td>500—1000 元/件</td></tr>
<tr><td colspan="2">(2) 有争议金额的</td><td>按财产案件收费</td><td>按财产案件收费</td></tr>
<tr><td colspan="2">6. 行政案件</td><td></td><td></td></tr>
<tr><td colspan="2">(1) 治安行政案件</td><td>5—30 元/件</td><td>50 元/件</td></tr>
<tr><td colspan="2">(2) 专利行政案件</td><td>50—400 元/件</td><td>100 元/件</td></tr>
<tr><td rowspan="2">(3) 其他行政案件</td><td>普通案件</td><td>30—100 元/件</td><td>50 元/件</td></tr>
<tr><td>有争议金额的</td><td>按财产案件收费</td><td>不另收</td></tr>
<tr><td colspan="2">7. 劳动争议案件</td><td>30—50 元/件</td><td>10 元/件</td></tr>
<tr><td colspan="2">8. 破产案件</td><td>以破产总额按财产案件收费</td><td>以破产总额按照财产案件减半收费，但最高不超过 30 万元</td></tr>
<tr><td colspan="2">9. 申请执行案件</td><td>累进收费</td><td></td></tr>
<tr><td colspan="2">(1) 没有执行金额或者价额的</td><td>50 元/件</td><td>50—100 元/件</td></tr>
<tr><td colspan="2">(2) 执行金额或者价额在 1 万元以下的</td><td>50 元/件</td><td>50 元/件</td></tr>
</table>

续前表

案件类型	1989 年	2006 年
（3）超过 1 万元至 50 万元的部分	0.5%	1.5%
（4）超过 50 万元至 500 万元的部分	0.1%	1%
（5）超过 500 万元至 1 000 万元的部分	0.1%	0.5%
（6）超过 1 000 万元的部分	0.1%	0.1%
10. 申请诉讼保全措施		
（1）金额或者价额不满 1 000 元的	30 元/件	30 元/件
（2）超过 1 000 元至 10 万元的部分	1%	1%
（3）超过 10 万元的部分	0.5%	0.5%

表 1—30　　两个办法中有关收费规定的差异

事项	1989 年 9 月至今	2006 年
减半收取案件受理费的范围	撤诉	撤诉、调解、简易程序，反诉，第三人提出诉讼请求
不预交费用范围	追索赡养费、扶养费、抚育费、抚恤金和劳动报酬的案件	追索劳动报酬的案件，申请执行生效法律文书，申请破产
减免范围	仅有概括性规定	生活困难，追索赡养费、扶养费、抚育费、抚恤金和劳动报酬的案件等十余种情形
退还	不退还	法庭调查终结前提出减少诉讼请求数额的，二审发回重审的，应当退还
特殊分担		行政案件的被告改变或者撤销具体行政行为后原告撤诉的，案件受理费由被告负担； 当事人因自身原因未能在举证期限内举证，在二审或者再审期间提出新的证据致使诉讼费用增加的，增加的诉讼费用由该当事人负担
财产案件二审	全额计算	按照不服一审判决部分的上诉请求数额交纳
再审	免交	免交，但有两点例外：（1）当事人提出新的证据；（2）当事人未提起二审。例外情况下仅就再审不服部分数额缴纳
监督措施		更健全、更严格

对比两个时期的办法，可以总结出2006年，办法的一些特点。第一，和1989年的办法相比，2006年的办法收费标准有增、有减，但是总体而言，诉讼费用是下调了，尤其是对于小额争讼、对于中下层群众而言，收费标准下调明显。比如说，离婚案件的财产分割部分，过去是超过1万元的部分按照1%加收案件受理费，现在是20万元以内不另收，超过20万元的部分也只按0.5%收取。又比如，虽然财产案件在超过100万元的部分收费标准提高了，但是在10万元以下的部分却是明显降低了。再比如，行政案件不论是否涉及财产一律按件收取案件受理费，劳动争议案件的10元/件更是只有象征意义。

第二，2006年的办法使得一些费用的缴纳更加合理，部分措施实际上是对诉讼商业化的一种克服。比如，二审裁定发回重审的案件，规定应当退还案件受理费；二审案件受理费的计算，以不服一审判决部分的上诉请求数额为准；规定以简易程序审结的案件，应当减半收取案件受理费；行政案件被告改变或者撤销具体行政行为后原告撤诉的，规定案件受理费由被告负担，等等。而生效法律文书执行申请费在执行结案后缴纳，则是对此前最受诟病的赢了官司输了钱这一问题的回应：由于存在“执行难”，当事人常常赢了官司，却不仅仅判决得不到履行，还要赔上诉讼费用。在执行阶段，如果申请费要预交，一是增加了胜诉人的经济负担，二是加大了权利人的诉讼风险。2006年的办法的调整，很大程度上回应了社会公众的关切，降低了权利主张的成本和风险。

第三，有些费用虽然增加了，但是更显得合理。比如，多数案件收取的案件受理费增加了，但是这种增加是二十多年来物价上涨的自然体现。实际上，2006年的办法所增加的幅度，不及物价的涨幅。再比如，关于再审，规定如果“当事人有新的证据，足以推翻原判决、裁定，向人民法院申请再审，人民法院经审查决定再审的案件”，应当缴纳案件受理费。该规定之所以更为合理，是因为当事人对原判错误的发生负有一定的举证不及时的责任。

第四，2006年的办法中司法救助的范围极大地扩展了，显现出更加亲民的特色。一方面，2006年的办法明确列举了需要救助的范围，使得过去一些由法院酌情决定的情形，现在成了“应当”减免的范围。另一方面，2006年的办法主要在三个方面规定减免的对象，包括特殊的案件、特殊的当事人、需要鼓励的行为等，这些表述全面，也比较合理。

第五，2006年的办法对于诉讼收费的监督、管理更加严格，更加健全，值得肯定。2006年的办法重申了“收支两条线”的政策，办法要求：“人民法院收取诉讼费用按照其财务隶属关系使用国务院财政部门或者省级人民政府财政部门印制的财政票据。案件受理费、申请费全额上缴财政，纳入预算，实行收支两条线管理。”此外，2006年的办法在费用的收取办法、费用退还期限、公示要求等方面，都有具体的规定。

2006年的办法出台之后，立刻收到了预期的效果。本报告中“职能活动”部分的考察揭示，在2000—2006年间，民事一审收案呈下降趋势，行政案件也没有明显的增长。然而，自2007年以来，民事案件和行政案件全面增长，显著增长。由于2006年的办法自2007年4月1日施行，所以，这种增长很大程度上要归因于2006年的办法对诉讼收费标准的下调。

2006年的办法降低了诉讼的成本，提高了司法救济的可获得性，无疑是应当充分肯定的。然而，目前诉讼费返还在不少地区，尤其是经济欠发达地区隐性存在，因此，诉讼收费标准的下调，实际上减少了这些地区的法院的收入，原本困难的经费保障可能更加困难。所以，如果彻底实行了“收支两条线”，法院经费由同级财政全额保障，那么，行政机关和审判机关在财政问题上是一家人，由行政机关出面调低诉讼收费就具有一定的正当性；反之，在诉讼费返还还隐性存在的地区，法院和政府还是“两家人”，在“两家人”的情况下，就在一定程度出现了国务院“请客”、地方法院“买单”的结果。

（四）通过财政上的转移支付，加强地区调剂

无论是诉讼费返还还是彻底的“收支两条线”，都不能完全保障欠发达地区法院的经费需求，因此，需要上级财政进行地区调剂。地区调剂开始于20世纪90年代，而近年来中央财政充盈，法院经费地区调剂广泛推行。

地区调剂主要由中央和省级财政实施。最高人民法院2011年2月发布的《关于新形势下进一步加强人民法院基层基础建设的若干意见》指出：“最高人民法院继续积极协调中央财政和国家发改委对法院的资金和政策支持。高级人民法院加强与省级财政和发展改革部门的沟通协商，争取省级配套资金足额到位，积极主动参与研究制定资金分配方案，配合省财政部门建立基层公用经费正常增长机制。基层人民法院努力做好与本级政府部门沟通协调工作，积极争取各方面支持，切实落实地方经费保障责任，抓好人民陪审员、聘用人员等经费预算方案的制订和落实，保证各项经费开支。”“积极推动中央、省级和本级三级政府分项目、分年度、分比例负担方式化解基本建设历史债务。”由此可见，这一工作主要由最高人民争取中央财政在全国范围内调剂，由省高级人民法院争取省级财政在全省（或直辖市、自治区）范围内调剂。

在现行财税体制下，这种地区调剂是以转移支付的方式实现的。所谓转移支付，是指各级政府之间为解决财政失衡而通过一定的形式和途径转移财政资金的活动，是用以补充公共物品而提供的一种无偿支出，是政府财政资金的单方面的无偿转移，体现的是非市场性的分配关系。通过转移支付，中央财政大量的专项资金流向欠发达地区，用以支持这些地方的教育、卫生、政法等公益事业的发展。

在我国当前，存在较大的东西部差别和城乡差别，因此，地区调剂十分必要。从实际情况来看，地区调剂也取得了很大的成绩，许多落后地区法院的基础设施和物质装备的改善，都得益于中央财政的转移支付。据全国法院司法行政工作会议的报告，“十五”这 5 年里，由中央预算内专项资金安排的地方法院审判法庭或审判综合楼建设项目共计 1 789 个，接近地方法院总数的 55%（个别省该建设的项目数达到本省法院总数的 80%以上）；基本建设的总体投资规模，大大超过了“十五”之前的各个时期，特别是中央财政投资之大，超过了新中国成立以来中央对地方法院基础设施建设专项资金的总和，在共和国的历史上是空前的。[①] 2011 年 3 月 5 日，财政部长谢旭人在第十一届全国人民代表大会第四次会议上作《关于 2010 年中央和地方预算执行情况与 2011 年中央和地方预算草案的报告》，报告称：2010 年公共安全支出 1 475.42 亿元，完成预算的 106.1%，增长 14.6%。其中，中央本级支出 875.2 亿元，对地方转移支付 600.22 亿元。推进政法经费保障体制改革，不断提高保障水平。防灾减灾和灾害应急救援体系建设得到加强。报告对 2011 年度的预算是：公共安全支出 1 617.32 亿元，增长 9.6%。其中，中央本级支出 1 024.53 亿元，对地方转移支付 592.79 亿元。继续推进政法经费保障体制改革，提高基层政法机关装备水平和办案能力。由此可见，转移支付的力度是很大的，规模是空前的。

然而，现行的地区调剂方式仍然存在显著的缺陷，这种缺陷在于，

---

① 参见《十五期间法院物质装备建设成就空前》，载《人民法院报》，2005-11-05。

每年上万亿元的转移支付，包括政法口600亿元左右的转移支付，竟然没有一部法律予以规范，甚至连行政法规也没有。由此产生的结果是，只能一事一议、一年一议，滋生了大量的驻京办和“跑部钱进”。而哪些法院能够得到支持、能够得到多少支持，事先都不明确。这样一来，法院经费的地区调剂便具有极大的偶然性和不连续性，公正性和合理性也难以保障。

第二章 检 察

导 言

1949年以来，中国的人民检察制度经历了一个曲折的过程，在这一过程之中，有一些非常明显的转折时点可以表明人民检察制度的重大变化，因此，本文将其发展历程划分为以下三个阶段，并以此为顺序来计量、分析相关指标，描述检察制度的总体特征：

第一个阶段是国家检察制度的初建与探索时期（1949年至1966年）。1949年9月通过的《中央人民政府组织法》规定了最高人民检察署的设置及职责。同年12月，《中央人民政府最高人民检察署试行组织条例》正式实施，该条例比较系统地规定了我国社会主义检察制度的基本框架。1951年9月，中央人民政府又审议通过了《最高人民检察署暂行组织条例》和《各级地方人民检察署组织通则》，进一步规范了检察机关的组织体系与职权范围。1954年9月，新中国第一部宪法第二章第六节依照原苏联的检察制度对中国的检察制度作了专门规定。同年，《中华人民共和国人民检察院组织法》颁布实施。到1955年，全国各级检察院普遍建立起来；1956年各级铁路检察院和军事检察院等专门检察院基本建立，各项检察业务全面开展。1954 年至 1957 年，人民检察制度经历了创建以来的一个“黄金时期”。但是，自 1957 年以来，由于政治方面的原因，检察工作开始受到冲击。在检察机关职权范围和检察领导体制等问题上，存在着不同的认识和较多的争议，检察工作体制处在实践和探索之中。

第二个阶段是国家检察制度的中断时期（1966 年至 1978 年）。1966 年 5 月，“文化大革命”开始，检察机关受到冲击，到 1968 年上半年，全国检察机关大部分被撤销，整个检察工作无法进行。这种状况一直持续到 1978 年年初。

第三个阶段是国家检察机关重建、发展和改革时期（1978 年至今）。① 1978 年宪法对检察机关的职权和领导关系作了原则规定，重新恢复了检察机关的建制。1979 年《人民检察院组织法》重新修订，总结了新中国成立 30 年间检察工作正反两方面的经验、教训，恢复了 1954 年《人民检察院组织法》切实可行的大部分内容，并增加了一些新的内容，明确规定检察院是国家法律监督机关，强化了检察机关的职权，重新确立新中国成立初期的双重领导体制。自此，中国检察机关的建设开始了持续发展的阶段。在这一阶段，一方面，检察工作取得了巨大的成绩，检察改革实践不断进行；另一方面，检察理论学术研究日益繁荣，围绕改革发生的争议也层出不穷。

总体上看，当下检察机关的改革正在稳步进行。同时，经济、社会的发展也为检察机关的发展提供了相应的财力支持和社会基础。许多资料表明，在改革开放以来，检察制度日益复杂，检察机关的工作量也日益增长。但是，随着我国社会政治、经济、文化、法制建设的不断变化，检察机关在公正、独立行使检察权的同时仍面临着许多争议和问题。下面，本文将按照时间顺序来描述人民检察制度的发展变化以及相关的焦点问题。

第一节 检察机关的机构设置

一、检察机关机构设置的历史沿革

1. 1949 年至 1953 年的检察机关机构设置

在这一时期，检察机关被称为“人民检察署”。根据中国人民政治协商

① 由于公开统计资料的限制，此阶段的数据只计算至 2009 年年底。

会议于 1949 年制定的《中华人民共和国中央人民政府组织法》第 5 条、第 28 条的规定，国家组织最高人民检察署。1949 年 11 月 1 日，最高人民检察署正式办公。同年 11 月 2 日，最高人民检察署第二次检察委员会议通过《中央人民政府最高人民检察署试行组织条例》（以下简称《试行组织条例》）；同年 12 月 20 日，中央人民政府批准了该条例。这是新中国关于检察制度的第一个单行法规。《试行组织条例》首先确立了垂直领导的检察领导体制，第 2 条规定："中央人民政府最高人民检察署依中央人民政府组织法第五条及第二十八条之规定，为全国人民最高检察机关，对政府机关、公务人员和全国国民之严格遵守法律，负最高的检察责任。全国各级检察署均独立行使职权，不受地方机关干涉，只服从最高人民检察署之指挥。"一般认为，检察署的这种组织制度是我国学习苏联检察制度的结果，目的在于保障全国有统一、一致的法制。但是，检察署的组织制度原则"在中国目前如何具体实现，以便利人民检察署执行自己的任务，当然尚需视目前中国的具体情况及试行结果后作具体规定"①。

1950 年 1 月，中央转发《关于中央人民检察署四项规定的通报》，按照其规定，各级检察署陆续建立起来。到 1950 年年底，重点建立人民检察署的工作计划基本完成（其组织系统如图 2—1）：最高人民检察署设在全国五大行政区的检察分署全部建立；全国 50 个省、直辖市和省一级行政区有 47 个建立检察机构，在一些重点专区和市、县也建立了人民检察署。②

同年，最高人民检察署也根据上述条例健全了其组织机构（如图 2—2）③，其中，检察长主持全署工作，副检察长协助检察长执行职务，秘书长协助检察长、副检察长处理署务，联系各处工作，督促本署决议事项之执行并领导办公厅工作。最高人民检察署检察委员会议以检察长、副检察长、秘书长与委员组成，以检察长为主席。如检察委员会议意见不一致，取决于检察长。最高人民检察署检察委员会议议决有关检察的政策方针、重大

① 陈绍禹：《关于目前司法工作的几个问题》，载中国人民大学刑法、民法教研室编：《中华人民共和国法院组织、诉讼程序参考资料》，第 1 辑，165～166 页，1953。

② 参见孙谦主编：《人民检察史》，81 页，北京，中国检察出版社、江西美术出版社，2008。

③ 参见孙谦主编：《人民检察史》，79 页，北京，中国检察出版社、江西美术出版社，2008。需要说明的是，该书还将研究室列入 1950 年最高人民检察署的组织机构图之中。但是，研究室是 1951 年增设的与办公厅平行的综合部门。因此，此处未将研究室列入 1950 年最高人民检察署的组织机构图。

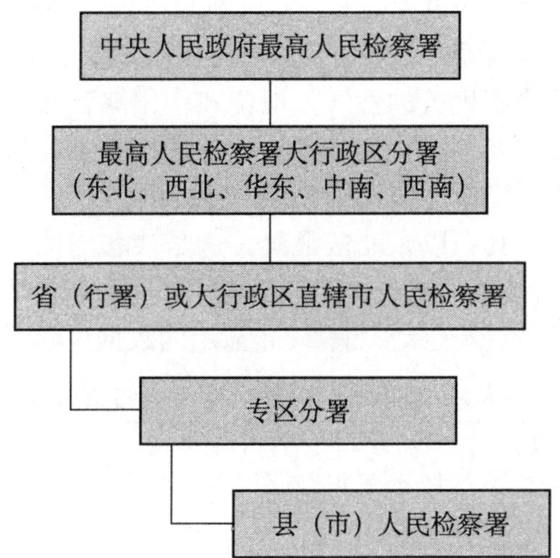

图 2—1　1950 年年底各级人民检察署组织系统图

案件及其他重要事项，并总结经验。①

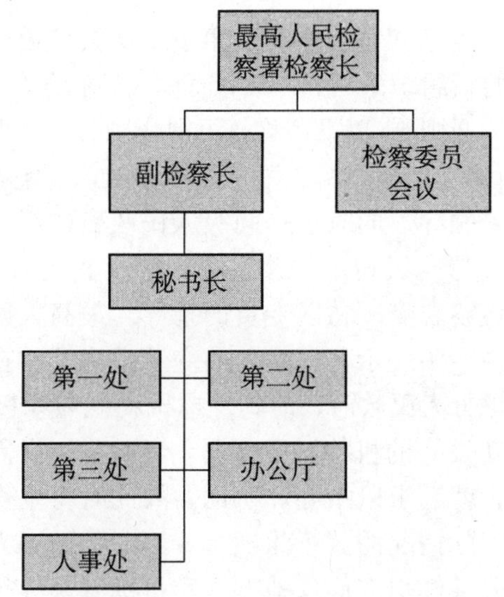

图 2—2　1950 年年底最高人民检察署的组织机构图

① 参见孙谦主编：《人民检察制度的历史变迁》，155～159 页，北京，中国检察出版社，2009。

然而，人民检察署的设置并非一帆风顺。1950 年 10 月，抗美援朝战争开始，国家财政开支紧张。1951 年召开的全国编制会议决定精简国家机构。由于对初建的检察机关的性质、地位和作用缺乏深入的认识，此次会议提出让检察机关“名存实亡”的观点：各级检察机关只保留名义，不设机构，不配备干部，工作由公安机关兼办。此后，筹建中的全国各级人民检察署受到了挫折，其中以东北区最甚。这是共和国检察史上第一次“取消风”。然而，随着战争的结束、经济形势的好转和革命法制的需要，检察机关的正规化建设又重新启动。表 2—1 显示的数据说明了这一情况。

表 2—1　　1949—1953 年各级检察署机构建设情况

时间	最高人民检察署	大行政区分署	省（行署）或直辖市人民检察署	专区和省辖市检察署（分署）	县、市人民检察署
1949 年	1				
1950 年 12 月	1	5	47	11	41
1951 年 7 月	1	5	50	51	352
1953 年 11 月	1	5	50	196	643

资料来源：孙谦主编：《人民检察制度的历史变迁》，168 页，北京，中国检察出版社，2009。

1951 年 9 月，中央人民政府委员会第十二次会议通过了《中央人民政府最高人民检察署暂行组织条例》（以下简称《暂行组织条例》）和《各级地方人民检察署组织通则》（以下简称《组织通则》）。这两部法律修改了原《试行组织条例》所确立的检察机关垂直领导体制，规定各级地方人民检察署受上级人民检察署领导，同时也是同级人民政府的组成部分，受同级人民政府委员会领导，与同级司法、公安、监察及其他有关机关密切联系，进行工作。省人民检察署受所在区专员的指导。最高人民检察署副检察长李六如在相关立法说明中表示，立法上的变动是为了“在中央统一的政策方针之下，授权于地方人民政府，使其发挥机动性与积极性”。“各级地方人民检察署是一个新设立的机构，干部弱，经验少，尚需当地政府机关根据中央的方针计划，就近予以指导和协助。故此时将垂直领导改为双重领导，是切合目前的实际情况的。”[①] 事实上，当时的最高人民检察署一无所有，干部配备、办公条件均需仰仗地方，实行垂直领导很难把地方各级检察机关建立起来，因而不得不加以改变。[②]

① 转引自孙谦主编：《人民检察制度的历史变迁》，180～181 页，北京，中国检察出版社，2009。
② 参见王桂五主编：《中华人民共和国检察制度研究》，490 页，北京，法律出版社，2008。

另外，《暂行组织条例》在最高人民检察署增设了人事处、研究室，作为与办公厅平行的综合部门。不过，人事处的设置在1950年年底已经有了，此时其存在只是进一步得到了法律上的确认。

《组织通则》则参照最高人民检察署的组织体制规定了各级人民检察署的内部机构。其中，大行政区分署设检察长、副检察长，其下设秘书处，办公厅及第一、第二、第三等处，办公厅设科、室，处设检察专员、检察员、助理检察员、书记员等；省（行署）及中央或大行政区直辖市人民检察署设检察长、副检察长，其下设办公室及第一、第二等处，处设检察专员、检察员、助理检察员、书记员等；省人民检察署得在专区设立分署，分署设检察长、副检察长，其下设检察员、助理检察员、书记员等，并得设办公室；县（市）设人民检察署，署设检察长、副检察长，其下设检察员、助理检察员、秘书、书记员等，但较大之市人民检察署得设办公室。

2.1954年至1957年的检察机关机构设置

1954年9月，第一届全国人民代表大会第一次会议通过了新中国的第一部《宪法》和《人民检察院组织法》。1954年《宪法》第81条规定："中华人民共和国最高人民检察院对于国务院所属各部门、地方各级国家机关、国家机关工作人员和公民是否遵守法律，行使检察权。地方各级人民检察院和专门人民检察院，依照法律规定的范围行使检察权。地方各级人民检察院和专门人民检察院在上级人民检察院的领导下，并且一律在最高人民检察院的统一领导下，进行工作。"其第83条规定："地方各级人民检察院独立行使职权，不受地方国家机关的干涉。"其第84条规定："最高人民检察院对全国人民代表大会负责并报告工作；在全国人民代表大会闭会期间，对全国人民代表大会常务委员会负责并报告工作。"根据《宪法》的上述规定，人民检察署的名称改为人民检察院；同时，恢复了检察机关垂直领导的体制。《人民检察院组织法》也严格地执行了《宪法》的上述规定。当时，一种普遍的看法是，在我国开始进行大规模、有计划的经济建设时期，检察机关垂直领导体制的时机已经成熟。

不过，垂直领导是针对国家机关体制中的领导关系来说的。在《宪法》和《人民检察院组织法》颁布前，中共中央《关于"第二届全国检察工作会议决议"及"高克林同志关于过去检察工作的总结和今后检察工作方针任务的报告"的批示》明确指明："在《宪法》颁布后，检察机关将实行垂直领导，但是这里所说的垂直领导和双重领导，都是指国家组织系统中的领导关系而说的，决不能把这误解为地方党委对本级检察署的工作可以放弃领导，更不是说，各级检察署的党组和党员可以不服从本级党委的领导，或者检察署的党组也将实行垂直领导。相反地，今后各级党委对本级检察署党组的领导，不但不能削弱，而且必须加强。检察署的党组和所有党员必须严格服从党委的领导，检察署党组必须加强和改善向党委的请示报告工作，使检察工作除了受上级检察机关的领导外，同时又受本级党委的严密领导和监督。"①

1954 年的《人民检察院组织法》第 1 条规定：我国设立最高人民检察院、地方各级人民检察院和专门人民检察院。地方各级人民检察院分为省、自治区、直辖市、自治州、县、市、自治县人民检察院。省、自治区、直辖市人民检察院按照需要可以设立分院。直辖市和设区的市人民检察院按照需要可以设立市辖区人民检察院。专门人民检察院的组织由全国人民代表大会常务委员会另行规定。1955 年 1 月，最高人民检察院建立了铁路水上运输检察院；到 1956 年，铁路运输检察院的各级机构普遍建立。1955 年 11 月，最高人民检察院军事检察院成立；到 1956 年上半年，全国各级军事检察院基本建立。从数量上看，1954 年 9 月《宪法》颁布时，全国的检察机构有 1 199 个；到 1955 年 7 月，检察机构增加到 1 963 个②；1956 年，人民检察院的组织序列基本健全（如图 2—3）。③ 自 1954 年《宪法》和《人民检察院组织法》颁布到 1957 年"反右派"斗争，我国的检察机关组织建设、工作职能均进入了"黄金时期"④。

《人民检察院组织法》还重新设置了检察院的内部机构体制。根据该法，各级人民检察院各设检察长 1 人、副检察长若干人和检察员若干人。各级人民检察院检察长领导各级人民检察院的工作。各级人民检察院设检察委员会，检察委员会在检察长的领导下，处理有关检察工作的重大问题。与当下的检察机关内部体制相比，当时的《人民检察组织法》赋予了检察长更大的职权和权威。另外，由于新的立法对检察机关的职权范围作出了更明确的规定，检察机关内部机构的具体设置也发生了变化（如图 2—4）。

---

① 转引自孙谦主编：《人民检察制度的历史变迁》，233 页，北京，中国检察出版社，2009。
② 转引自孙谦主编：《人民检察制度的历史变迁》，259 页，北京，中国检察出版社，2009。
③ 参见孙谦主编：《人民检察史》，101 页，北京，中国检察出版社，江西美术出版社，2008。
④ 王桂五：《王桂五论检察》，444 页，北京，中国检察出版社，2008。

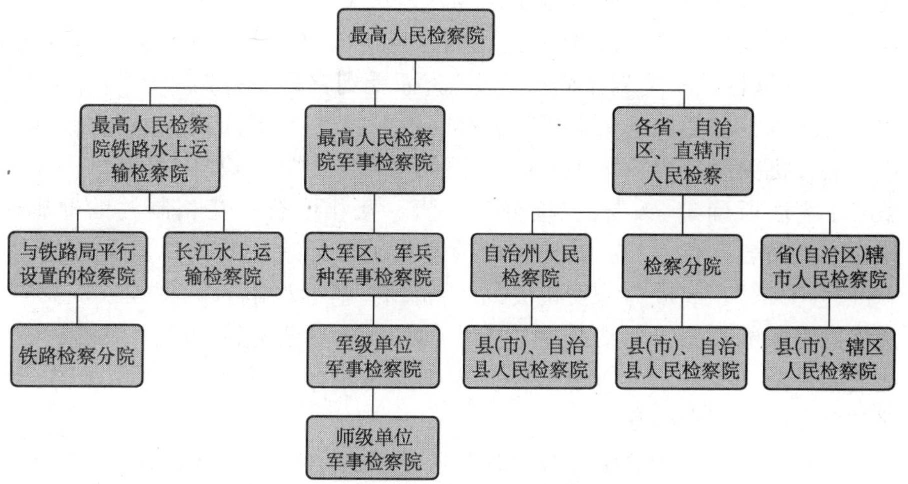

图 2—3 1956 年人民检察院组织序列图

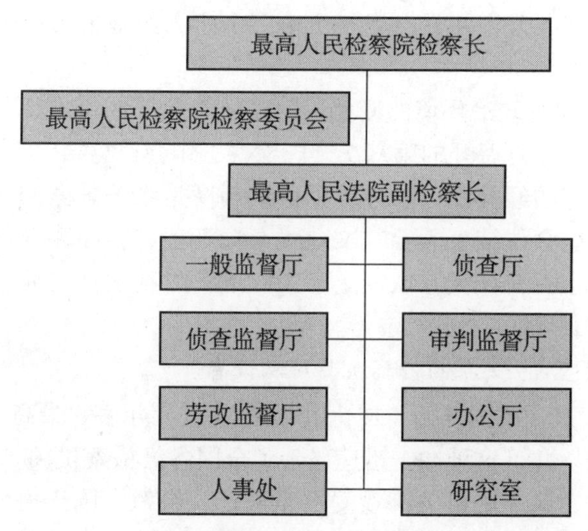

图 2—4 1956 年最高人民检察院的内部机构设置图

3. 1957 年至 1966 年的检察机关机构设置

1957 年下半年，“反右派”斗争在全国范围展开并急剧扩大化。在这场斗争中，轻视法律和法制建设的法律虚无主义思想膨胀。按照这种思想，法律束缚了群众运动和专政机关的手足，应当摒弃。正在建设的社会主义法制饱受冲击，而以维护国家法制为专职的检察机关也受到了严重挫折。《宪法》和《人民检察院组织法》所确定的垂直领导原则被斥为“向党闹独立性”、“凌驾于党政之上”，而受到错误的批判。1958 年开始的“大跃进”运动，进一步损害了检察机关的机构与工作。当时提倡公、检、法三机关联合办案，实行“一长代三长”、“一员代三员”的做法，抛弃了宪法所确定公、检、法分工负责、互相配合、互相制约的原则，使检察机关名存实亡。有的地方的检察机关甚至一度与其他机关合并为“政法公安部”，或成为公安机关的“检察科”、“法制科”，使检察机关的法律监督职能失去了组织保障。专门检察院的情况也是如此。比如，在此期间，师一级单位的军事检察院大部分撤销，只保留了少数边防军分区和独立师的军事检察院。

1960 年秋季，中共中央政治局候补委员康生公开提出取消检察机关。同年 11 月，中共中央批复了中央政法小组要求将中央公、检、法机关合署办公的报告，要求最高人民检察院在公安部党组的统率下，同公安部、最高人民法院合署办公，并只设置一个由二十多人组成的办公室，处理必要的检察业务工作。

1962 年，随着政治环境的变化，检察机关的工作又出现了一次“中兴小高潮”。同年 11 月召开的第六次全国检察工作会议总结了 1958 年至 1962 年期间检察工作的经验教训，肯定了检察制度是维护国家法律统一实施的一项重要制度。会议结束后至“文化大革命”前的三年多时间里，检察机关的组织结构上有所恢复，恢复了“大跃进”时期被冲垮而附设在公安机关的业务机构。①

4. 1966 年至 1977 年的检察机关机构设置

1966 年 5 月，我国开始“文化大革命”。同年年底，最高人民检察院受到了暴力冲击，并且这种冲击迅速蔓延到全国各级检察机关。到 1968 年上半年，全国公、检、法机关都遭受严重破坏，组织上陷于瘫痪，各级检察机关的工作实际上已经被迫全部停止。同年 12 月，最高人民检察院军代表、最高人民法院军代表、内务部军代表和公安部领导小组联合提出《关于撤销高检院、内务部、内务办三个单位，公安部、高法院留下少数人的请示报告》，报告提出：“高检完全是抄苏修的，群众早就说该取消。”这个

① 参见孙谦主编：《人民检察制度的历史变迁》，310 页，北京，中国检察出版社，2009。

报告经过毛泽东主席批示后，最高人民检察院、军事检察院和地方各级人民检察院先后被撤销。1969 年 2 月，最高人民检察院一百六十多名干部、职工下放到湖北沙洋劳改农场劳动。[①]

1975 年 1 月，第四届全国人民代表大会第一次会议修正通过了《中华人民共和国宪法》，于第 25 条第 2 款规定："检察机关的职权由各级公安机关行使。"检察机关被撤销的事实，得到了根本大法的确认。当时已无法制可言，公安机关也不可能行使法律监督职权，因此，宪法这一规定，实际上是取消了检察制度。[②]

1976 年 10 月，"文化大革命"结束。1977 年 10 月，中共中央下发《关于征求修改宪法意见的通知》，表明：鉴于"文化大革命"中法制被破坏、公民权利被践踏、人民的生命安全毫无保障的惨痛教训，在征集的宪法修改意见中，全国有 19 个省、自治区、直辖市和人民解放军 8 个大军区，35 个中共中央直属机关、国家机关和军事机关，都提出了"重新设立人民检察院"的建议。[③] 最后，宪法修正草案中恢复了人民检察院的设置。如果说在新中国成立后前 30 年中，"可有可无"始终是检察制度面临的一个问题，那么，随着人民检察院的存在重新被宪法确定，理论上和实践中基本上没有再次出现"撤销检察机关"的声音，我国检察制度走上了恢复重建和发展改革之路。

5.1978 年至 1988 年的检察机关机构设置

1978 年，我国通过了第三部《宪法》。1978 年《宪法》规定恢复设置人民检察院，同时又规定：最高人民检察院监督地方各级人民检察院和专门人民检察院的检察工作，上级人民检察院监督下级人民检察院的检察工作。最高人民检察院对全国人民代表大会和全国人民代表大会常务委员会负责并报告工作。地方各级人民检察院对本级人民代表大会负责并报告工作。这一规定旨在削弱检察系统上、下级之间的领导关系，强化检察机关受同级人民代表大会领导。但是，在很短的时间内，1979 年修订的《人民检察院组织法》便修改了上述规定，重新恢复了检察系统的上、下级

① 参见孙谦主编：《人民检察制度的历史变迁》，314～316 页，北京，中国检察出版社，2009。

② 参见王桂五主编：《中华人民共和国检察制度研究》，52 页，北京，法律出版社，2008。

③ 转引自孙谦主编：《人民检察制度的历史变迁》，321～322 页，北京，中国检察出版社，2009。

领导关系。1982年通过的第四部《宪法》也确认了上级人民检察院领导下级人民检察院的组织体制。1979年的《人民检察院组织法》在1983年、1986年又经过了两次修订，但有关检察机关的性质和组织体系的规定都基本未变。根据该法的规定，人民检察院是国家的法律监督机关。国家设立最高人民检察院、地方各级人民检察院和军事检察院等专门检察院。从领导体制上看，中国检察机关采取的是"双重领导体制"：一方面，最高人民检察院对全国人民代表大会和全国人民代表大会常务委员会负责并报告工作。地方各级人民检察院对本级人民代表大会和本级人民代表大会常务委员会负责并报告工作；另一方面，最高人民检察院领导地方各级人民检察院和专门人民检察院的工作，上级人民检察院领导下级人民检察院的工作。

地方各级人民检察院包括三级，分别是：省级人民检察院；省辖市级人民检察院；县级人民检察院。省一级人民检察院和县一级人民检察院，根据工作需要，提请本级人民代表大会常务委员会批准，可以在工矿区、农垦区、林区等区域设置人民检察院，作为派出机构。除依照行政区划设置的地方各级人民检察院与各级人民检察院的派出检察院之外，还有专门人民检察院即军事检察院和铁路运输检察院。各级人民检察院都是与各级人民法院相对应而设置的，以便依照刑事诉讼法规定的程序办案。①

就专门检察院——军事检察院——而言，它是按照地区设置和系统设置相结合的原则进行设置的。1979年，军事检察院重建时，基本上为三级设置，而海、空军和个别陆军部队是四级设置。经过1980年、1983年和1985年三次精简整编，目前的军事检察院为三级设置体系，包括中国人民解放军军事检察院、军区级单位的军事检察院、兵团和军级单位的军事检察院。军事检察院列入军队建制，实行双重领导的体制，即：中国人民解放军军事检察院在中华人民共和国中央军事委员会、总政治部和最高人民检察院的领导下进行工作。军区以下的军事检察院受本级政治部和上级军事检察院的领导。

① 在地方各级人民检察院的派出检察院中，新疆建设兵团检察院是比较特殊的检察机关。而作为新疆维吾尔自治区人民检察院的派出机构，新疆建设兵团检察院为三级设置体系，包括新疆维吾尔自治区生产建设兵团人民检察院、新疆维吾尔自治区生产建设兵团人民检察院分院，以及在农牧团场比较集中的垦区设置的基层人民检察院。

铁路运输检察院在1982年重新办公时为三级设置，包括全国铁路运输检察院、铁路运输检察分院和基层铁路运输检察院。1987年，全国铁路运输检察院撤销，铁路运输检察院由所在的省、自治区、直辖市人民检察院领导，其自身为两级设置体系，包括在各铁路局所在地设立的铁路运输检察分院和在各铁路分局所在地设立的基层铁路运输检察院。

1978年至1988年所确立的检察机关组织体系，一直保持到现在，其具体情况如图2—5所示。

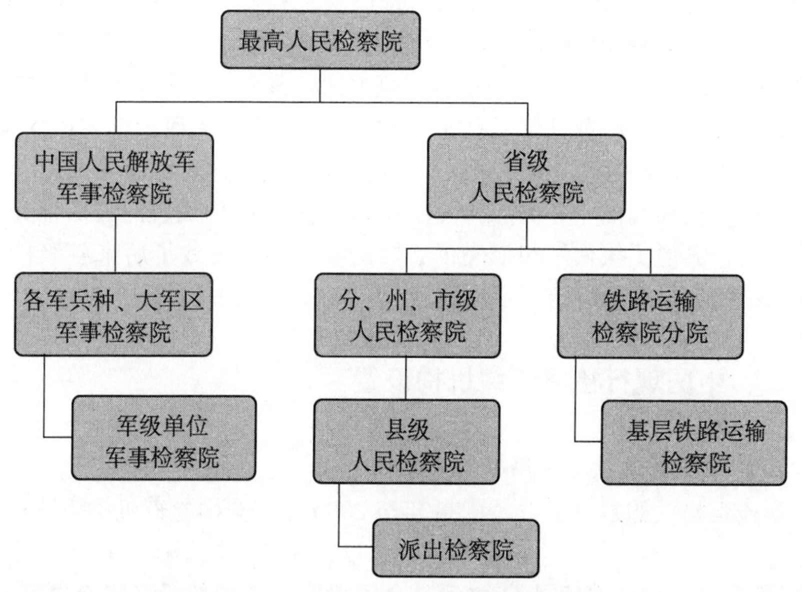

图2—5 我国现行人民检察院组织体系

经过了10年恢复重建工作，1987年，全国检察机关组织序列基本完善，总量达到为3 487个，其数量、规模远远超过20世纪50年代。①

根据现行的《人民检察院组织法》，我国检察机关内部机构主要包括三种类型：第一，领导机构，即检察长、检察委员会；第二，业务机构，即检察机关各职能部门；第三，服务、保障机构。作为检察机关的领导机构，检察长统一领导检察院的工作。同时，实行民主集中制的检察委员会对检察长有一定的制约作用。根据《人民检察院组织法》第3条第2款的规定，

① 参见《中国法律年鉴1988》，818页。

检察委员会在检察长的主持下，讨论决定重大案件和其他重大问题；如果检察长在重大问题上不同意多数人的决定，可以报请本级人民代表大会常务委员会决定。这一规定不同于 1954 年《人民检察院组织法》中由检察长领导检察委员会工作的做法。

1978 年至 1979 年，最高人民检察院逐步设立了刑事检察厅、信访厅、研究室、监所检察厅、法纪检察厅、经济检察厅、办公厅、人事厅等内部机构。1982 年，最高人民检察院又对其内部机构进行了调整，确定一厅（负责原刑事检察厅业务）、二厅（负责原法纪检察厅和经济检察厅业务）、三厅（负责原监所检察厅业务）、信访厅、研究室、人事厅、办公厅、机关党委办公室。1983 年，《人民检察院组织法》修订。修订后的组织法对检察机关内部机构的设置只作了原则性规定，即“最高人民检察院根据需要，设立若干检察厅和其他业务机构。地方各级人民检察院可以分别设立相应的检察处、科和其他业务机构”。这一规定把内部机构设置的灵活性置于规范性之上，方便了执行，却损失了必要的统一性，导致了后来各级检察机关内部机构设置的不稳定和不规范。

二、中国现行检察机关机构设置

1. 检察机关的数量变化

从检察机关的数量上看，1988 年至 2009 年，全国检察机关呈波状变化（如图 2—6）。1988 年，全国检察机关总量为 3 495 个。至 1996 年，这一数量则增至 4 052 个。但到两年之后，全国检察机关的数量又降至 3 721 个。1999 年，全国检察机关的数量又有了一个明显的增长，增至 4 142 个。然而到了第二年，这一增长趋势又发生了扭转。到 2002 年，全国检察机关的数量降至 3 624 个，此后平稳发展，基本维持在 3 600 余个。其中，造成检察机关总量变化主要因素在于县级人民检察院数量的变化。1995 年县级人民检察院的数量为 2 901 个，而到了 1996 年这一数量上升到了 3 270 个，1997 年这一数量下降到 3 097 个，而到了 1999 年它又上升至 3 376 个。自 2000 年开始，县级人民检察院的数量又开始略有下降。因此，县级行政区划的变更很可能是导致检察机关数量变化的主要原因。

2. 检察机关的内部机构设置

20 世纪 80 年代后期，由于社会生活的变化，检察机关的内部机构设

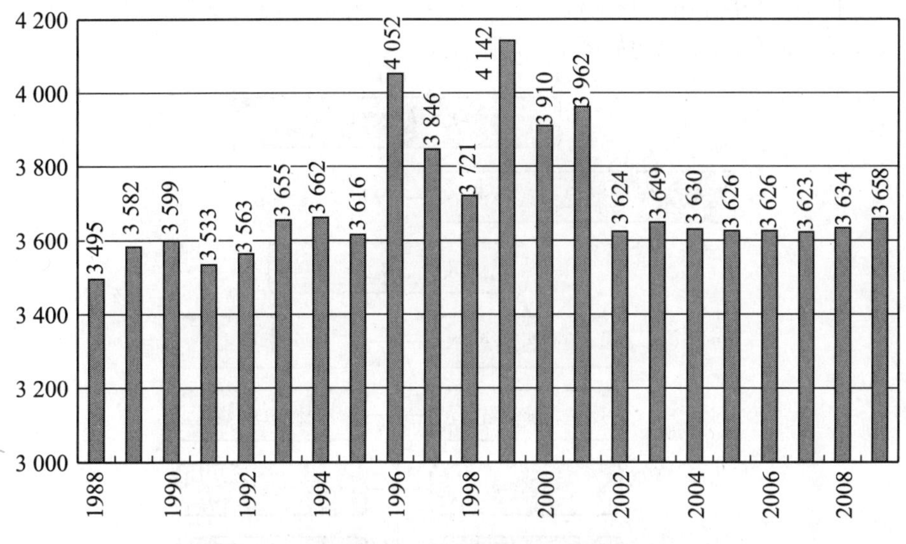

图 2—6 1988—2009 年全国检察机构数量状况（个）

资料来源：(1)《中国法律年鉴》1989—2010 年各卷；(2)《中国检察年鉴》2006 年、2007 年卷。(3) 陈国庆主编：《中国检察年鉴 2007》。

置开始革新。其中标志性的事件有：(1) 设置针对贪污贿赂犯罪的专门机构。1988 年 3 月，广东省深圳市人民检察院首创了贪污贿赂罪案举报中心。1989 年 7 月，最高人民检察院经济检察厅更名为贪污贿赂检察厅。1989 年 8 月，全国第一个反贪局在广东省人民检察院宣布成立。随后，全国各级检察机关也相继成立了这一专门机构。1995 年 11 月，最高人民检察院又将贪污贿赂检察厅更名为反贪污贿赂总局，对全国范围内的反贪工作加强指导。(2) 建立内部制约机制。1989 年以来，各级检察院对于自侦案件的办理机构进行了分化，从而将侦查、预审工作与审查逮捕、起诉工作分开，对不服免诉的申诉，由上一级检察院的控告申诉部门复查处理。这样虽然增加了工作量，但是却提高了自侦案件的办案质量。(3) 民事、行政检察厅的组建。1988 年 9 月，最高人民检察院专门建立了民事、行政检察厅。此后，地方检察机关也纷纷成立了民事和行政检察部门，以强化民事、行政检察监督。①

① 参见龙宗智：《中国检察制度近几年运作状态评析》，载《中外法学》，1993 (5)；张进德、何勤华：《中国检察制度六十年》，载《人民检察》，2009 (19)。

自 2000 年开始，我国检察机关又展开了内设机构的改革。目前，最高人民检察院的内设机构如图 2—7 所示。

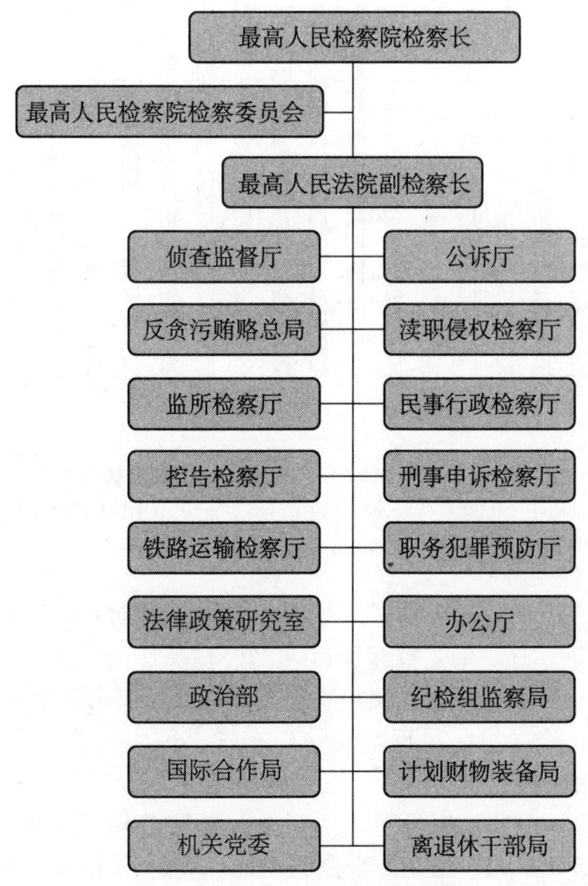

图 2—7　最高人民检察院内设机构

除上述内设机构以外，最高人民检察院还设有机关服务中心、国家检察官学院、《检察日报》社、中国检察出版社、检察理论研究所、检察技术信息研究中心共 6 个直属事业单位。

2001 年至 2002 年，根据中央要求，省一级人民检察院先后进行了机构改革，其机构设置大体上同最高人民检察院的内部机构对应，包括行使各种检察职能的业务部门与办公、纪检、政工、技术等服务保障部门。

大部分省一级人民检察院的内部机构为15个至18个。① 在各种内设机构中，侦查监督处、公诉处、监所检察处、职务犯罪预防处为所有省级检察机关都设有的业务机构。② 从这些内部机构的设置上看，它们的设置标准基本上都是以诉讼环节为主，以专业分工为辅，同时兼顾其他法律监督职能。

2002年上半年，地县两级人民检察院的机构改革全面展开。从目前地县两级机构改革的情况来看，内部机构有5个至15个不等。③

3. 有关检察机关组织体系的争议与改革思路

(1) 管理体制问题

自20世纪80年代以来，我国检察机关的设置大都是按照行政区划进行设置的。有迹象表明，在现行检察机关组织体系下，按照行政区划设置的检察机关出现了职权地方化的问题。目前，我国各级检察机关的党组织受同级地方党委领导，检察官员归同级党委及组织部门挑选和管理，由同级人民代表大会及其常务委员会选举和任免，检察工作赖以运转的资源也由同级人民政府及其财政部门划拨。这种组织体制使得省级以下地方各级检察机关在干部管理、《检察官法》执行、经费保障、案件办理四个方面受到诸多制约。尽管法律上规定了上、下级检察机关之间的领导关系，但因用人与管人的严重脱节、事权与财权的不统一，上级检察院在下级检察院领导班子的配备上没有多少发言权。上级检察院如何支持下级检察院排除地方和部门保护主义对公正行使检察权的干预，解决来自地方和部门的矛盾，缓冲外部压力，树立领导权威等问题，都有待于进一步改革和完善。④

(2) 检察委员会改革问题

与因“定而不审”而引发许多改革呼声的审判委员会不同，实行民主集中制的检察委员会自身存在一定合理性，因此受到的批评相对要少。⑤

但是，现行检察委员会制度和工作也存在一些问题，主要包括：其一，从检察委员会的构成上看，其组织行政化色彩较浓，检察委员会委员专业

---

①② 参见张建军主编：《各级检察机关机构改革方案汇编》，附录，北京，中国检察出版社，2004。

③ 参见谢鹏程：《论检察机关的内部机构设置》，载《人民检察》，2003 (3)。

④ 参见张智辉、吴孟栓：《2001年检察理论研究综述》，载《国家检察官学院学报》，2002 (10)；王玉泉：《检察体制存在的问题和建议》，载《国家检察官学院学报》，2009 (12)。

⑤ 参见龙宗智：《检察制度教程》，165～166页，北京，法律出版社，2002。

素质并不平衡。目前，检察委员会委员的任职资格缺乏法律上的明确规定。在实践中，委员通常是担任一定检察职务或行政职务的检察官，如检察长、副检察长、主要机构的负责人、少量检察员等。在这些委员中，有的委员并不从事业务工作（如办公室主任、政治处主任等）；还有一些委员本身是从行政干部队伍中调到检察机关的（如一些基层检察院的检察长），本身并没有司法实践经验。这都会对检察委员会行使职能造成负面影响。另外，由于将检察委员会委员资格视作一种行政待遇或荣誉，一些基层检察院检察委员会还出现了严重超编与委员终身制的问题。其二，检察委员会工作程序不够完善。尽管最高人民检察院制定并修订了《最高人民检察院检察委员会议事规则》，但该规则仅仅适用于最高人民检察院；而且，该规则确立的议事规则仍有不足之处，如未确立议事过程的期限、未明确议事责任等。而地方各级检察机关检察委员会的议事更是缺乏完善的程序以及推动议事程序展开的办事机构，因此难以从各个环节保证议事质量和议事效率。有时，在检察委员会内部甚至会出现为争取部门利益而影响检察委员会公正议事的事例。[①] 其三，检察委员会议事范围不够明确。按照《人民检察院组织法》第 3 条第 2 款的规定，检察委员会的议事范围为“重大案件”和“其他重大问题”。但关于“重大案件”和“其他重大问题”的内涵和外延都缺乏更为具体的规定，这导致地方各级检查委员会在议事范围上没有具体可衡量的标准，在决定检查委员会是否进行议事的问题上主观随意性较大，有时会损害负责办案的检察官的独立性与工作积极性。其四，检察委员会内部缺乏监督、制约机制。根据《人民检察院组织法》的规定，作为检察机关的领导机构，检察委员会与检察长之间也有一定的权力制约关系：一方面，检察长统一领导检察院的工作；另一方面，检察委员会在重大案件和其他重大问题上的多数人意见优于检察长的意见，检察长如果要对检察委员会的多数人意见予以挑战，就只能通过报请本级人民代表大会常务委员会决定的方式进行。但是，在实践中，这一法定监督、制约机制并没有发挥作用。由于检察委员会组成人员具有浓厚的行政色彩，检察长的意见经常能够对检察委员会的议事产生决定性的影响。而当检察委员会委员形成不同于检察长意见的多数意见时，检察长也很少通过报请本级人民代

① 如，在检察委员会讨论是否就其自侦的贪污案件提起公诉时，属于公诉科的委员认为证据不充分，不能起诉到法院，但有关职务犯罪的侦查部门的委员出于完成工作任务的目标，则坚持起诉。如果该部门的委员行政级别较高，或者人数达到一定比例，就很可能影响到案件的正确处理。

表大会常务委员会的方式来改变这一多数意见。[①] 同时，检察委员会集体领导与检察长的个人负责之间也存在着制度上的矛盾。[②]

（3）机构设置的规范问题

检察系统的内设机构划分得并不科学，还存在着职能交叉、职级混乱的问题。如，目前除最高人民检察院外，地方各级人民检察院反贪污贿赂局的机构设置升格为副院级的占75%，其他未升格的也实行了干部高配。这种机构设置格局的长期存在，影响了内部结构的“生态平衡”，不利于检察机关内部分支机构之间平等协作和相互制约。[③] 再如，改革后新设立的侦查监督部门，从名称上来看应当专司侦查监督，而实际上其职能还局限于原来的审查批捕，而公诉部门还要在审查起诉时担负侦查监督的职能。监所部门则成为“小检察院”，既侦查监所内的职务犯罪案件，又进行公诉。机构设置的不科学，既影响工作效率，又不利于监督管理，正所谓“人人有责”却“人人不负责”[④]。

（4）内设机构中的行政化问题

内设机构中的行政化问题主要表现在两个方面：其一，在我国检察机关的内设机构中，办公、纪检、政工等行政部门的数量较多。其二，检察机关内部的机构设置往往照搬行政机构设置。如反贪局设立若干个厅、处、科（中心），每个厅、处、科（中心）均分别有若干个正副厅、处、科长（主任），若干个内勤、司机，从而形成了比重过大的政务勤务群体和单位之间的分割。[⑤]

与我国检察机关相比，一些西方国家——包括大陆法系国家（如西班牙等）和英美法系国家（如英国等）——的检察机关内部机构设置相对比较简单，其内部仅设有检察长、副检察长及其秘书作为领导机构和综合管理机构，或者由司法行政部门管理其公务和政务，甚至实行社会化管理，

① 参见李雪峰：《改进和完善检察委员会制度》，载《中国刑事法杂志》，2000（S1）；张惠云、刘飞龙：《对基层检察委员会制度有关问题的探讨》，载《国家检察官学院学报》，2001（11）；林礼兴、张恒立：《提高检察委员会议事质量和效率的思考》，载《人民检察》，2003（4）；胡莲芳：《我国基层人民检察院检察委员会改革初探》，载《行政与法》，2004（5）。

② 参见张志铭：《对中国“检察一体化改革”的思考》，载《国家检察官学院学报》，2007（4）。

③ 参见吴建雄：《检察业务机构设置研究》，载《国家检察官学院学报》，2007（6）。

④ 王玉泉：《检察体制存在的问题和建议》，载《国家检察官学院学报》，2009（12）。

⑤ 参见张建国：《检察人员分类改革问题研究》，载张智辉、谢鹏程主编：《中国检察——司法体制中的检察改革》，644页，北京，中国检察出版社，2003。

仅设若干检察官及其助理作为业务机构。[①] 与国外检察机关相比，我国检察机关内部行政管理机构的比例明显偏高。同时，行政厅、处、科室建制与以检察官为中心、配备几名辅助官的国外检察机关内部建制有着较大的差异。

(5) 相关改革思路

近年来，有关研究人员认为，为了解决检察机关机构设置中出现的问题，在检察机关组织体系中，应本着检察一体化的原则，在省级以下检察机关中逐步实现上级检察机关对下级检察机关的直接领导。[②]

就检察机关内部机构改革而言，当下主要的观点是：从提高检察委员会委员素质、限制检察委员会讨论范围、规范检察委员会议事程序和议事方式、确定检察委员会议事责任机制、完善检察委员会议事记录等方面着手，来改革和完善检察委员会制度。[③] 另外，随着检察系统上下级之间的某些职能的调整，地一级人民检察院将承担较多的职能和较大的责任，其业务机构设置将会与省一级人民检察院的业务机构趋同。因此，内设机构的名称应进一步规范。除机构名称的规范以外，还应继续进行内设机构的优化与精简。[④]

第二节　检察机关的职能

一、中国检察机关职能的历史演变

1.1949 年至 1953 年检察机关的职能

1949 年的《试行组织条例》第 3 条规定了最高人民检察署的职权，这些职权分别由最高人民检察署的三个业务处具体负责。其中，第一处负责

---

① 参见王克：《世界各国检察院组织法选编》，392～396 页，北京，中国社会科学出版社，1994；王晋、刘升荣：《英国刑事审判与检察制度》，73～89 页，北京，中国方正出版社，1999。

② 参见张智辉、吴孟栓：《2001 年检察理论研究综述》，载《国家检察官学院学报》，2002 (10)；浙江省嘉兴市人民检察院课题组：《省级以下检察机关垂直管理体制研究》，载《国家检察官学院学报》，2006 (4)。

③ 参见邓思清：《再论我国检察委员会制度改革》，载《人民检察》，2010 (11)。

④ 参见谢鹏程：《论检察机关的内部机构设置》，载《人民检察》，2003 (3)；吴建雄：《检察业务机构设置研究》，载《国家检察官学院学报》，2007 (6)。

的工作是：（1）关于政府机关和公务人员违反《中国人民政治协商会议共同纲领》（以下简称《共同纲领》）及人民政府的政策方针与法律、法令、决议等检察事项；（2）关于全国国民违反法律、法令等检察事项；（3）关于违法判决之抗议事项；（4）关于各级检察署的督导与考核事项；（5）关于不服起诉处分案件之处理事项；

第二处负责的工作是：（1）关于刑事案件之侦查、检举与公诉事项；（2）关于检察各犯人改造所及监所之措施是否合法事项；

第三处负责的工作是：（1）关于全国社会与劳动人民利益有关之民事案件参与事项；（2）关于全国社会与劳动人民利益有关之一切行政诉讼参与事项。

另外，该条例还规定，检察机关的相关职权，在下级检察署尚未设立的地区，可以委托该地区的公安机关执行检察权，但其执行须直接接受最高人民检察署的领导。

1950 年 7 月 26 日至 8 月 11 日，最高人民检察署、最高人民法院、司法部和法制委员会联合召开第一届全国司法会议。这次会议也是第一届全国检察工作会议。会议确定当时司法工作的中心任务是镇压反革命，切实纠正处理反革命案件中“宽大无边”的倾向，同时反对违法、乱纪行为，保护公民的民主权利。而检察机关的具体任务则是：（1）保障《共同纲领》第 7 条的实施，注意检察反动分子案件；（2）保障《共同纲领》第 5 条的实施，注意检察违法乱纪、侵犯人权案件；（3）保障《共同纲领》第 8 条的实施，注意检察损害公共财产和经济建设等案件；（4）保障《共同纲领》第 18 条的实施，注意检察贪污案件；（5）保障《共同纲领》第 27 条的实施，注意检察破坏“土改”以及“土改”中的违法案件。会议要求各级检察机关坚持边建设、边工作的方针，既反对等待主义，又反对急躁思想。①

1951 年的《暂行组织条例》将检察机关的上述职权进行了一些修改：第一，将《试行组织条例》关于“对各级司法机关之违法判决提起抗议”的表述修改为“对各级审判机关之违法或不当裁判，提起抗诉”。这种修改的原因在于，检察机关被认为属于“广义司法机关”，因此将原有的“司法机关”改为“审判机关”，从而避免误解；而将原有的“抗议”改为“抗

① 参见王桂五主编：《中华人民共和国检察制度研究》，43 页，北京，法律出版社，2008。

诉”，更明确了检察机关这一职能的法律意义：抗诉必然启动审理，抗议的法律效果则不甚明确；而且，抗诉的范围从“违法判决”改为“违法或不当裁判，”拓宽了检察机关的职能范围。

第二，将《试行组织条例》关于“对刑事案件实行侦查，提起公诉”的表述修改为“对反革命及其他刑事案件，实行检察，提起公诉”。这一修改强调了新中国成立初期检察机关的工作重点，同时，将“侦查”改为“检察”也有利于更好地区别检察机关和公安机关的职能。但是，当时关于检察机关和公安机关在刑事案件的侦查上分工尚未明确形成。

第三，将《试行组织条例》关于检察机关代表国家公益参加民事和行政诉讼的范围限定为“代表国家公益参与有关全国社会和劳动人民利益之重要民事案件及行政诉讼”，从而限制了检察机关这一职权的范围。

相关法律文件的颁布，进一步推动了检察机关的业务建设。各级人民检察署从建立时起投入的工作主要包括以下几个方面：参与镇压反革命运动；参与“三反”、“五反”运动；通过办理国家机关工作人员违法乱纪、渎职侵权案件，保障公民各项人权；参与司法改革运动。通过积极参与上述一系列旨在巩固人民民主政权的政治斗争和社会改革运动，各级检察署为党和国家的工作大局发挥了自己的作用。

但是，在这一时期，检察工作处于初创阶段，还有许多不完善之处。1954 年 4 月 10 日，《第二届全国检察工作会议决议》对这一阶段的检察工作既作出了肯定，同时也没有回避其中出现的问题。该决议客观地指出：“在这一历史阶段中，检察机关的组织和工作还不可能全面系统地建立起来……但由于我们的政治思想领导薄弱……没有有计划有系统地切实抓住重点创造典型经验，培植出一批起基点作用的地方人民检察署，以系统地积蓄经验，建立成套的制度，并教育和提高干部，因而直到现在，还缺乏这样一套切实可行的检察业务制度。”①

2. 1954 年至 1957 年检察机关的职能

在 1954 年召开的第二届全国检察工作会议上，最高人民检察署副检察长高克林作了《关于过去检察工作的总结和今后检察工作方针任务的报告》。该报告提出检察业务建设方面需要注意的两个问题：一是防止“只习惯于搞运动的工作方式”，二是防止急于求成的急躁思想。为了在较短时间

① 转引自李士英主编：《当代中国的检察制度》，55 页，北京，中国社会科学出版社，1988。

内迅速取得检察工作经验，最高人民检察署在全国展开了检察工作的“典型试验”，该试验的目的在于“根据我国的实际情况，参照苏联的经验，研究和试行各项检察业务制度，创造系统的经验”，内容“就是试验各项业务工作，包括一般监督、刑事侦查、侦查监督、审判监督等”。从 1954 年 4 月到 1955 年 1 月，全国各级检察机关建立的试点达到 157 个，直接参加试点的干部 1 500 余人，办理案件 1 590 件。①“典型试验”的特点就是“采取正规制度办理案件”。这一活动为 1954 年《宪法》和《人民检察院组织法》通过后全面开展检察工作作出了积极准备。

根据 1954 年《人民检察院组织法》的规定，检察机关具有下列职权：(1) 最高人民检察院对于国务院下属各部门、地方各级国家机关、国家机关工作人员和公民是否遵守法律，行使检察权。(2) 地方各级人民检察院，依照法定程序行使下列职权：1) 对于地方国家机关的决议、命令和措施是否合法，国家机关工作人员和公民是否遵守法律，实行监督；2) 对刑事案件进行侦查，提起公诉，支持公诉；3) 对于侦查机关的侦查活动是否合法，实行监督；4) 对于人民法院的审判活动是否合法，实行监督；5) 对于刑事案件判决的执行和劳动改造机关的活动是否合法，实行监督；6) 对于有关国家和人民利益的重要民事案件有权提起诉讼或者参加诉讼。

上述规定与 1951 年的《暂行组织条例》以及《组织通则》相比，最明显的变化便是在用词上体现了由“检察”向“监督”的转向，从而进一步明确了检察机关的职权范围。另外，鉴于当时尚无行政审判机构的设置，取消了检察机关参与行政诉讼的职权。《人民检察院组织法》颁布后，最高人民检察院确定了检察机关的业务建设和组织建设规划，出台了一系列有关一般监督、侦查、侦查监督、审判监督、监所、劳改监督方面的业务工作文件，从而落实并细化了《人民检察院组织法》规定的各项检察权及其行使程序。②

在这一时期，民事公诉活动开始发端。据辽宁、安徽、江西、山东、河南、山西、陕西、甘肃、北京等省、市检察院统计，1954 年检察机关办理了民事案件 2 352 件。1957 年，最高人民检察院发出通报，要求各级检察机构对参与民事诉讼的范围和方法加以总结，取得经验。但是，在 1957

① 参见孙谦主编：《人民检察制度的历史变迁》，221～223 页，北京，中国检察出版社，2009。

② 参见孙谦主编：《人民检察制度的历史变迁》，244～258 页，北京，中国检察出版社，2009。

年“反右派”斗争开始后，人们对检察机关介入民事案件提出了不同意见。到 1958 年，最高人民检察院已经决定不再参与民事诉讼。①

同时，也是在这一时期，我国检察机关还逐步确立了免予起诉制度。免予起诉制度并非因犯罪情节轻微而适用的不起诉制度，而是“够罪（且不是轻罪）不诉”。这一制度主要适用于有“政治意义”的案件，即有关国民党特务分子和日本战犯的案件。《关于一九五六年以来检察工作情况的报告》曾记载：“各级人民检察院在对残余反革命开展政治攻势中，执行了对于投案自首分子的宽大政策，对于按其罪行应该追究刑事责任，但系真诚坦白或者有立功表现可以免予刑罚的分子，作出免予起诉的决定……根据 21 个省、市检察院和专门检察院的统计，在 1956 年，经检察机关作出免予起诉决定的共 18 400 余人。”②

尽管对检察机关的职权范围作出了比较明确的规定，1954 年的《人民检察院组织法》仍未规定哪些案件由检察机关自行侦查、哪些案件由公安机关侦查、1956 年最高人民检察院侦查厅与公安部、最高人民法院、司法部等单位的有关主管部门，研究提出了《关于公安机关、人民法院、人民检察院受理刑事案件的临时办法（初稿）》。从其内容上看，检察机关直接受理侦查的案件范围是比较宽的，大体上，贪污贿赂犯罪、渎职侵权犯罪（干部违法、乱纪）、经济犯罪（涉税、“打假”）以及危害公共安全中的重大责任事故等犯罪都由检察机关直接受理。但是，这份文件也将危害公共卫生罪（医疗事故罪）、过失致人死亡罪、故意伤害罪、过失致人重伤罪、妨害司法罪（伪证罪）、危害国防利益罪（战时拒绝、逃避服役罪）等也列入了检察机关受理案件的范围。另外，贪污罪还是检察机关与公安机关共同侦查的案件。总体上看，这份文件尽管尚不成熟，但仍意义重大，基本上厘清了我国刑事诉讼的职能管辖。

3. 1957 年至 1966 年检察机关的职能

1957 年，检察机关的职权、工作制度开始受到批评。同年 12 月，全国省、市、自治区检察长会议召开，会议对“反右派”斗争以来检察工作的有关问题进行了讨论。在《宪法》和《人民检察院组织法》并没有修改的情况下，会议便对检察机关的职权、工作制度进行了调整。会议

① 参见孙谦主编：《人民检察制度的历史变迁》，258～260 页，北京，中国检察出版社，2009。

② 孙谦主编：《人民检察制度的历史变迁》，268 页，北京，中国检察出版社，2009。

认为："……一般监督不是检察机关的经常工作……在需要行使一般监督职权的时候，必须绝对依据党的指示，在党的领导下进行工作。"①

在"大跃进"运动中，检察机关也开始"多快好省"地展开工作，通过与其他政法机关合署办公和运动型的办案方式迅速提高了工作效率。张鼎丞在中共八大二次会议上表示："在这一时期，在办案上一改过去拖拉积压的作风，出现了秋风扫落叶之势，效率提高几倍以至几十倍……"工作效率提高的原因在于"冲破了那套束缚专政手足的繁琐程序、制度，抓住了办案中的本质问题；纠正了那些兄弟部门之间无原则的扯皮现象，在严肃谨慎、统一对敌的前提下，正确发挥了互相制约的作用；更重要的是依靠了党的领导，依靠了群众，发挥了集体的智慧"。在检察工作的方法上，"进一步打破了那套脱离群众、'关门办案'、'死抠条文'的清规戒律，扫除了衙门风、官僚气，采取了深入实际、依靠群众的一套工作方法"②。在特定的政治背景下，检察机关的办案程序和方法大大简化。比如，最高人民检察院于1958年第四次全国检察工作会议上作出了《关于修改规章制度的决议》，该决议废除了《最高人民检察院组织条例》和《最高人民检察院各厅工作试行办法（草稿）》，停止试行《关于侦查监督工作程序方面的意见（试行草案）》、《刑事审判监督工作细则（草案）》和《侦查工作试行程序》。1959年3月，最高人民检察院又出台了《各级人民检察院办案程序试行规定（草）》，将相关工作程序大为简化。③

合署办公、简化工作程序、运动型司法并没有保证检察工作的质量。④第六次全国检察工作会议后，检察工作情况开始好转。1963年，最高人民检察院制定了《关于审查批捕、审查起诉、出庭公诉工作的试行规定》，使检察工作再次转向规范化、制度化。

尽管1957年下半年以后，检察机关的业务工作饱受挫折，但是，由于各级检察院及其干部的努力，仍进行了大量的工作，如严把批捕、起诉关，较好地防止了错捕、错判；1959年以后，各级检察机关在中央采取措施纠正"大跃进"中出现的错误时，严肃处理了一批严重的违法、乱纪案件；1963年后，中央又提出对有破坏活动的地主、富农、反革命分子和坏分

① 转引自孙谦主编：《人民检察制度的历史变迁》，294页，北京，中国检察出版社，2009。
② 转引自孙谦主编：《人民检察制度的历史变迁》，298～299页，北京，中国检察出版社，2009。
③ 转引自孙谦主编：《人民检察制度的历史变迁》，300页，北京，中国检察出版社，2009。
④ 转引自孙谦主编：《人民检察制度的历史变迁》，300～301页，北京，中国检察出版社，2009。

子，除有现实危险的犯罪分子必须予以逮捕外，实行“一个不杀，大部（95%以上）不捉”，而依靠群众实行专政的方针，各级检察机关紧密依靠群众办案，保证了批捕、起诉案件的质量。[①]

4.1966 年至 1977 年检察机关的职能

1966 年 5 月，我国开始“文化大革命”。同年年底，最高人民检察院受到了红卫兵的暴力冲击，并且这种冲击迅速蔓延到全国各级检察机关。到 1968 年上半年，全国公、检、法机关都遭受严重破坏，组织上陷于瘫痪，各级检察机关的工作实际上已经被迫全部停止。同年 12 月，最高人民检察院军代表、最高人民法院军代表、内务部军代表和公安部领导小组联合提出《关于撤销高检院、内务部、内务办三个单位，公安部、高法院留下少数人的请示报告》，提出：“高检完全是抄苏修的，群众早就说该取消。”这个报告经过毛泽东主席批示后，最高人民检察院、军事检察院和地方各级人民检察院先后被撤销。1969 年 2 月，最高人民检察院一百六十多名干部、职工下放到湖北沙洋劳改农场劳动。[②]

1975 年 1 月，第四届全国人民代表大会第一次会议修正通过了《中华人民共和国宪法》，于第 25 条第 2 款规定：“检察机关的职权由各级公安机关行使。”检察机关被撤销的事实，得到了根本大法的确认。由于当时已无法制可言，公安机关也不可能行使法律监督职权，因此，宪法这一规定，实际上是取消了检察制度。[③]

1976 年 10 月，“文化大革命”结束。1977 年 10 月，中共中央下发《关于征求修改宪法意见的通知》表明：鉴于“文化大革命”中法制被破坏、公民权利被践踏、人民的生命安全毫无保障的惨痛教训，在征集的宪法修改意见中，全国有 19 个省、自治区、直辖市和人民解放军 8 个大军区，35 个中共中央直属机关、国家机关和军事机关，都提出了“重新设立人民检察院”的建议。[④] 最后，宪法修正草案中恢复了人民检察院的设置。如果说在新中国成立后前 30 年中，“可有可无”始终是检察制度面临的一个问题，那么，随着人民检察院的存在重新被宪法所确定，理论上和实践中基本上没有再次出现“撤销检察机关”的声音，我国检察制度走上了恢

① 参见王桂五主编：《中华人民共和国检察制度研究》，50～51 页，北京，法律出版社，2008。
② 参见孙谦主编：《人民检察制度的历史变迁》，314～316 页，北京，中国检察出版社，2009。
③ 参见王桂五主编：《中华人民共和国检察制度研究》，52 页，北京，法律出版社，2008。
④ 转引自孙谦主编：《人民检察制度的历史变迁》，321～322 页，北京，中国检察出版社，2009。

复重建和发展改革之路。

5.1978 年至 1988 年检察机关的职能

(1) 职能范围

1979 年,我国通过了《中华人民共和国刑事诉讼法》,该法规定了刑事诉讼中的批准逮捕和检察(包括侦查)、提起公诉等活动由检察机关负责。除批捕、侦查和公诉等具体的诉讼职权外,检察监督的内容还包括对已生效刑事裁判的抗诉监督和对刑事执行活动是否合法进行监督。同年通过的《中华人民共和国刑法》规定了各种犯罪的罪名和刑事责任,为检察机关追诉犯罪提供了明确的依据。1982 年《宪法》将检察机关定性为"法律监督机关"。1982 年通过的《中华人民共和国民事诉讼法(试行)》,规定检察机关有对人民法院的民事审判活动实行法律监督。

另外,根据 1981 年 6 月《全国人民代表大会常务委员会关于加强法律解释工作的决议》的规定,凡属于检察院检察工作中具体应用法律、法令的问题,由最高人民检察院进行解释。因此,最高人民检察院有进行法律解释以及颁发规范性法律文件的职能。

依据上述法律,我国检察机关拥有比较广泛的权能。检察权不仅仅限于公诉权,而是一项参与诉讼活动全过程的重要国家权力。

(2) 履行职能的状况

根据最高人民检察院每 5 年对新一届全国人民代表大会总结上一届全国人民代表大会任职期间检察机关工作状况的工作报告,1978 年至 1982 年,检察机关主要履行的职能包括:开展法制宣传,参与清理积案,复查、平反、冤、假、错案,进行实施刑法、刑事诉讼法的试点等;1979 年至 1982 年,全国检察机关平均每年批准逮捕的各类刑事案犯为 197 000 余人,决定起诉的(包括部分未经逮捕而直接起诉)案犯为 197 000 余人,免予起诉的为14 000 余人,不起诉的为 3 000 余人。1982 年,全国检察机关审结公安机关提请逮捕的人犯中,批准逮捕的占 89.4%,不批准逮捕的占 10.6%。对公安机关移送起诉的人犯,经检察机关审查,向人民法院提起公诉的占审结数的 91%,免予起诉的占 7.8%,不起诉的占 1.2%。各级人民检察院出席法庭支持公诉已很普遍,出庭率已达 99.2%。各级人民检察院提出抗诉的案件,经人民法院审结,改判的占审结的抗诉案件的 59%,裁定重新审判的占 7.1%。同年,检察机关还根据中共中央、全国人民代表大会常务委员会、国务院有关打击严重经济犯罪的指示和决定,积极打击各类经济犯罪,立案侦查的贪污案、行贿受贿案、盗伐滥伐森林案和走私贩私、投机诈骗案等经济案件共 33 000余件，已办结 3 100 余件。向人民法院提起公诉 1 700 余件，法院已审结并作有罪判决的 1 100 余件，占审结数的 99%。

20 世纪 80 年代中期，随着改革开放的深入，我国经济形势越来越好。但与此同时，社会生活也日趋复杂，治安状况较之于 20 世纪五六十年代要严峻得多，经济犯罪也日趋猖獗。因此，在 1983 年至 1988 年，检察机关根据中共中央的指示和全国人民代表大会常务委员会的决定开展“严打”，依法从重从快打击严重刑事犯罪：5 年来，检察机关共批准逮捕各类刑事案犯 221 万多人，依法起诉 216 万多件；同时，严惩严重经济犯罪活动，5 年来，检察机关立案侦查贪污、贿赂、偷税抗税和假冒商标等犯罪案件 15.5 万多件。其中贪污、受贿万元以上的大案 30 651 件，贪污 3 万元、受贿 2 万元、走私/贩私 10 万元、诈骗 10 万元、投机倒把 30 万元、个人非法所得 10 万元以上的特大案件 4 200 件。除此之外，还查处侵犯公民民主权利、人身权利和玩忽职守、重大责任事故等犯罪案件 3.5 万多件，起诉 2.17 万多件；共受理群众来信来访 497 万多件，向有关部门提供各种违法、犯罪线索 149 万多件，查处控告、申诉案件 48 万多件，纠正新中国成立以来的冤、假、错案 3.1 万多件；在侦查监督活动中，对公安机关提请逮捕、移送起诉的案件进行严格审查，不批准逮捕 23 万多人，不起诉 2.6 万多件，追捕追诉犯罪分子 7 万多人；对法院判决的案件提出抗诉 1 万多件；在监管改造监督活动中，共查处“两劳”人员中的犯罪案件 6.4 万多件，办理管教干警犯罪案件一千多件。

二、中国现行检察机关的职能

1. 职能范围

1989 年，我国通过《中华人民共和国行政诉讼法》，规定检察机关对法院判决、裁定有权按照审判监督程序提出抗诉。1996 年，《刑事诉讼法》修改；1997 年，《刑法》修改。这些基本法律的修订，都对检察职权的范围产生了重要的影响。目前，检察机关的职能范围具体包括以下几种类型：

（1）侦查监督职能。

侦查监督职能就是指人民检察院对公安机关（包括国家安全机关）的刑事侦查活动实行监督的职能。包括：有审查批准、决定逮捕权；对公安机关侦查终结、移送起诉的刑事案件，有审查起诉权；对公安机关的侦查活动是否违法有监督权。

（2）自侦职能。

自侦职能是指人民检察院直接受理案件并立案侦查的职能。根据《刑事诉讼法》和最高人民检察院 1998 年年初制定的《关于人民检察院直接受理立案侦查范围案件的规定》，共有 4 类、53 种案件由人民检察院直接立案侦查。

1）刑法分则第八章规定的贪污贿赂犯罪及其他章中明确规定依照第八章相关条文定罪处罚的犯罪案件，包括贪污案、挪用公款案、受贿案等；

2）刑法分则第九章规定的渎职犯罪案件，包括滥用职权案、玩忽职守案、枉法追诉、裁判案等；

3）国家机关工作人员利用职权实施的下列侵犯公民人身权利和民主权利的犯罪案件，包括非法拘禁案、非法搜查案、刑讯逼供案等；

4）国家机关工作人员利用职权实施的其他重大的犯罪案件，需要由人民检察院直接受理的时候，经省级以上人民检察院决定，可以由人民检察院立案侦查。

（3）公诉职能。

根据《刑法》和《刑事诉讼法》的规定，除少数亲告罪可以自诉外，其他犯罪实行公诉制度。凡需公诉的案件，一律由人民检察院向有管辖权的人民法院提起公诉并出庭公诉。

（4）审判监督职能。

人民检察院有权对人民法院的民事、刑事、行政审判活动进行监督。在刑事审判活动中，人民检察院发现法院审理案件违反法律规定的诉讼程序，有权向法院提出纠正意见。人民检察院还有权对错误的民事、刑事、行政判决和裁定提出抗诉。

（5）对刑事判决的执行和监所的监督职能。

这一职能包括对执行死刑判决的监督，对监所执行刑罚（包括减刑、假释、保外就医、监外执行缓刑等是否违法）的监督，对看守所和劳动教养的活动是否违法进行监督。

（6）其他类型的监督职能。

这一职能主要包括两项：接受来信来访和预防职务犯罪。

为了履行上述职能，检察机关还享有在检察工作中进行法律、法规解释的职能。

另外，在这一期间，检察机关先后印发了《关于办理刑事案件排除非法证据若干问题的规定》（2010 年）、《关于办理死刑案件审查判断证据若干问题的规定》（2010 年）、《关于案例指导工作的规定》（2010 年）、《关于开展刑事被害人救助工作的若干意见》（2009 年）、《关于省级以下人民检察院立案侦查的案件由上一级人民检察院审查决定逮捕的规定（试行）》（2009 年）、《人民检察院举报工作规定》（2009 年）、《人民检察院劳教检察办法》（2008 年）、《人民检察院看守所检察办法》（2008 年）、《人民检察院监狱检察办法》（2008 年）、《人民检察院监外执行检察办法》（2008 年）、《关于依法快速办理轻微刑事案件的意见》（2007 年）、《最高人民检察院司法解释工作规定》（2006 年）、《关于进一步加强公诉工作强化法律监督的意见》（2005 年）、《讯问职务犯罪嫌疑人实行全程同步录音录像的规定（试行）》（2005 年）、《人民检察院量刑建议试点工作实施意见》（2005 年）、《关于省级以下人民检察院对直接受理侦查案件作撤销案件、不起诉决定报上一级人民检察院批准的规定（试行）》（2005 年）、《人民检察院直接受理侦查案件立案、逮捕实行备案审查的规定（试行）》（2005 年）、《关于人民检察院保障律师在刑事诉讼中依法执业的规定》（2004 年）、《关于实行人民监督员制度的规定（试行）》（2004 年）、《人民检察院控告、申诉首办责任制实施办法（试行）》（2003 年）、《关于依法适用逮捕措施有关问题的规定》（2001 年）、《关于进一步清理和纠正案件超期羁押问题的通知》（2001 年）、《关于刑事抗诉工作的若干意见》（2001 年）、《关于检察机关反贪污贿赂工作若干问题的决定》（1999 年）、《关于〈检务公开〉具体实施办法》（1999 年）、《关于清理和纠正检察机关直接受理侦查案件超期羁押犯罪嫌疑人问题的通知》（1998 年）、《关于复查刑事申诉案件有关问题的通知》（1996 年）等相关检察业务规范文件，为检察机关行使法律监督职能提供了制度支持。

2. 履行刑事诉讼相关职能上的变化[①]

（1）审查批准、决定逮捕状况。

自 1988 年起至 2009 年，全国检察机关审查批准、决定逮捕的犯罪嫌

① 限于篇幅，本书对检察机关接受来信来访、预防职务犯罪等职能未作描述，而仅仅描述了检察机关的基本职能变化。

疑人从数量看基本上呈持续上升状态（如图 2—8）。其中，2001 年，经检察机关审查批准、决定逮捕的犯罪嫌疑人达到了 841 845 人。这与当年国家采取"严打整治斗争"的刑事政策有关。[①] 此后两年，这一数额虽然有所减少，但自 2003 年以来，检察机关批准、决定逮捕的人数基本上呈持续增加状态。

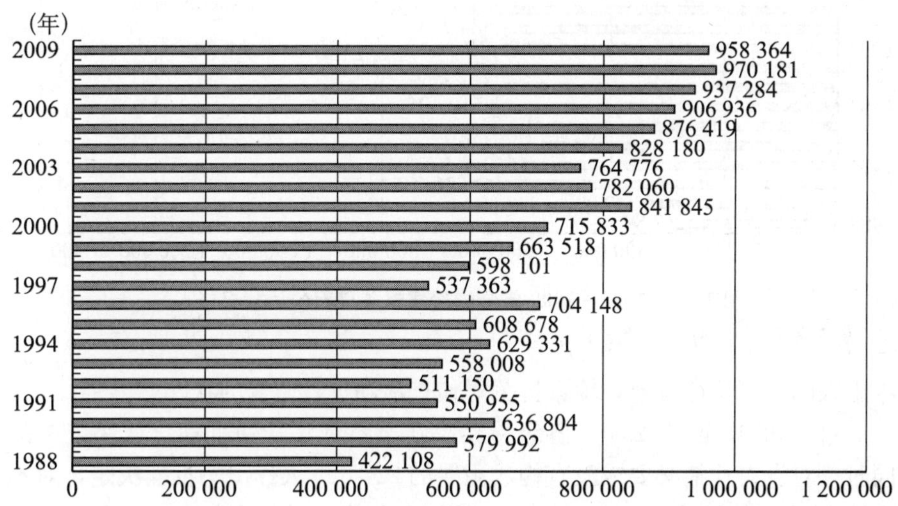

图 2—8　1988—2009 年全国检察机关审查批准、决定逮捕状况（人）

资料来源：《中国法律年鉴》1989—2010 年各卷。

（2）审查起诉状况。

根据《刑事诉讼法》的规定，人民检察院认为犯罪嫌疑人的犯罪事实已经查清，证据确实、充分，依法应当追究刑事责任的，应当作出起诉决定，按照审判管辖的规定，向法院提起公诉。与审查批准、决定逮捕状况相似，自 1988 年至 2009 年，全国检察机关经审查，决定提起公诉的人数基本上也呈上升状态（见图 2—9）。

（3）侦查监督状况。

根据 1989 年至 2005 年最高人民检察院工作报告以及 1999 年至 2005

① 参见最高人民检察院检察长韩杼滨 2002 年 3 月 11 日在第九届全国人民代表大会第五次会议上作出的"最高人民检察院工作报告"。

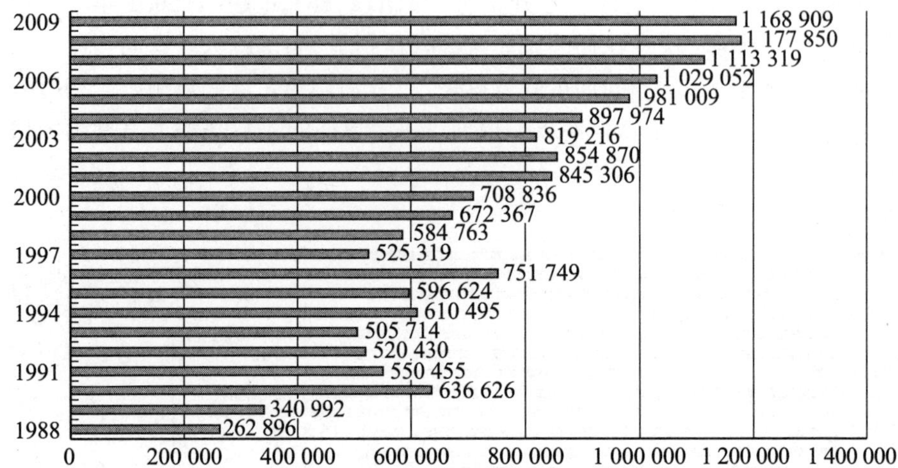

图 2—9　1988—2009 年全国检察机关提起公诉状况（人）

资料来源：《中国法律年鉴》1989—2010 年各卷。

年出版的中国法律年鉴，检察机关对侦查活动进行监督的状况如下①：

自 1988 年至 1992 年，各级检察院在坚持依法从快批捕、从快起诉的同时，对没有逮捕必要或没有构成犯罪的 225 625 人作出不批捕决定，对不应追究刑事责任的 15 388 人作出不起诉决定；共追捕 39 029 人，追诉 20 664人；对公安机关侦查活动中发生的违法情况提出纠正意见 43 817 件次。

自 1993 年至 1997 年，检察机关依法追捕 34 572 人，追诉 14 371 人；决定不批准逮捕 271 629 人；决定不起诉 25 638 人。另外，在 1997 年，检察机关还按照修改后的《刑事诉讼法》的规定，进一步加强了立案监督，共要求公安机关说明不立案理由 4 265 件，经审查认为不立案理由不成立而依法通知立案 3 717 件，公安机关已立案 3 541 件。

① 由于目前已出版的《中国法律年鉴》只统计了 1998—2009 年检察机关每年在侦查监督与立案监督中纠正违法的件次，并不能全面反映检察机关的侦查监督情况。另外，尽管最高人民检察院在每年的工作报告中都要对侦查监督工作进行总结，但是，其总结的具体工作项目不尽一致。比如，1991 年最高人民检察院工作报告将“退回公安机关补充侦查的有 58 650 人次”纳入了 1990 年侦查监督工作状况的总结中，但 1989 年、1990 年、1992 年、1993 年的最高人民检察院工作报告都没有记载“退回公安机关补充侦查”的情况。类似的情况还有许多。因此，本文在这里以检察机关每 5 年对新一届全国人民代表大会总结上一届全国人民代表大会任职期间检察机关工作状况的工作报告为依据，对 1988—2002 年间的侦查监督情况以 5 年为单位进行描述。

自1998年至2002年，检察机关对侦查机关应当立案而未立案的，依法监督立案36 955件；对应当逮捕、起诉而未提请逮捕、移送起诉的，依法决定追加逮捕50 863人、追加起诉25 297人。对不符合法定逮捕、起诉条件的，依法决定不批准逮捕466 357人、不起诉106 715人。对侦查活动中的违法情况，提出书面纠正意见57 046件次。

根据1999年至2010年出版的《中国法律年鉴》的统计，2000年至2004年，检察机关对侦查活动中的违法情况提出书面纠正意见的数量略有下降。但是自2004年至2009年，这一数量明显开始增加（见图2—10）。

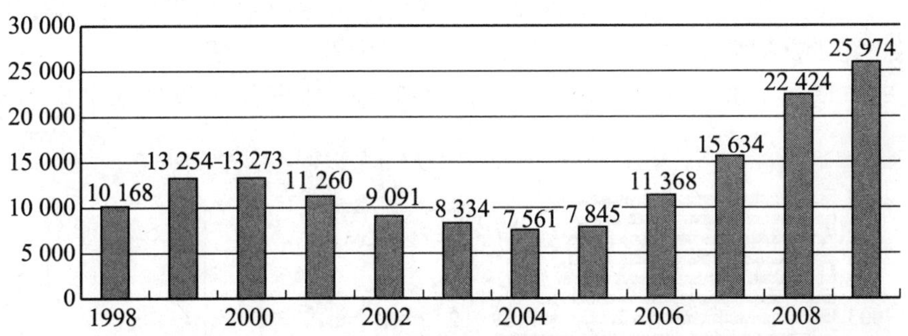

图2—10　1998—2009年全国检察机关对侦查活动提出纠正意见状况（件次）

资料来源：《中国法律年鉴》1999—2010年各卷。

（4）自行立案侦查状况。

1988年至2004年期间，检察机关立案侦查的案件数量呈波动状态（见图2—11）。1989年，检察机关自行立案的数量有一个明显的增高。在这一年，关于破坏社会主义经济秩序罪的立案侦查数量为18 506件，约为1988年的2.4倍；关于侵犯财产罪的立案侦查数量为33 681件，约为1988年的1.8倍；关于渎职罪的立案侦查数量为28 003件，约为1988年的4倍。

1998年，检察机关自行立案的数量有一个明显的减少，导致这一变化的根本原因在于，根据1979年《刑事诉讼法》，检察机关自行立案侦查案件的范围包括贪污罪、侵犯公民民主权利罪、渎职罪以及人民检察院认为需要自己直接受理的其他案件。1996年3月，《刑事诉讼法》经第八届全国人民代表大会第四次会议修订，于1997年1月1日开始实施。根据修订后的《刑事诉讼法》的规定，贪污贿赂犯罪，国家工作人员的渎职犯罪，国家机关工作人员利用职权实施的非法拘禁、刑讯逼供、报复陷害、非法搜查的侵犯公民人身权利的犯罪以及侵犯公民民主权利的犯罪，由人民检察院立案侦查。对于国家机关工作人员利用职权实施的其他重大的犯罪案件，需要由人民检察院直接受理的时候，经省级以上人民检察院决定，可以由人民检察院立案侦查。这样，检察机关自行立案侦查案件的范围受到了更多的限制。1998 年 5 月，最高人民检察院又颁发了《关于人民检察院直接受理立案侦查范围案件的规定》，进一步明确了人民检察院的自侦范围。另外，1997 年 3 月修订、10 月开始实施的《刑法》提高了贪污、贿赂犯罪的立案标准，这也使得 1998 年全国检察机关直接立案侦查的贪污案件总量明显减少。相应地，1998 年，检察机关立案侦查的数量比 1996 年的数量减少了大约一半。此后两年这一数量又略有增加。2001 年至 2009 年，检察机关自侦案件的数量基本呈递减趋势。

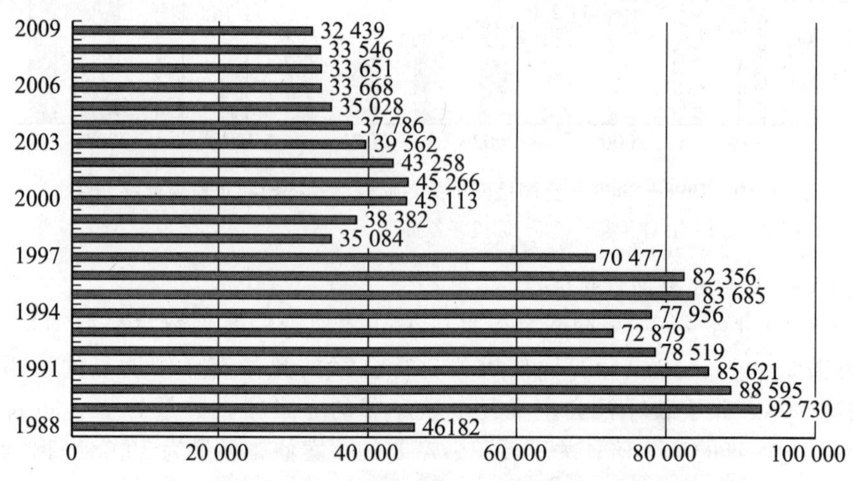

图 2—11　1988—2009 年全国检察机关自行立案侦查状况（件）

资料来源：《中国法律年鉴》1987—2010 年各卷。

（5）出庭状况。

在以下几种类型的案件中，检察机关应当派员出席法庭：1）法院决定开庭审判的一审公诉案件；2）检察院提出抗诉的二审案件或者第二审法院开庭审理的公诉案件（即被告人及其法定代理人提出上诉的二审公诉案件）；3）根据审判监督程序审理的再审案件。

根据1979年《刑事诉讼法》的规定，人民法院审判公诉案件，除罪行较轻经人民法院同意的以外，人民检察院应当派员出席法庭支持公诉。但是，1996年修订的《刑事诉讼法》增加了检察院不派员出庭的情形：在第一审程序中，对于依法可能判处3年以下有期徒刑、拘役、管制、单处罚金的公诉案件，事实清楚、证据充分，检察院建议或者法院同意适用简易程序的案件，检察院可以不派员出席法庭。图2—12显示了1997年至2009年检察机关在一审阶段适用简易程序的案件数量与出庭支持公诉案件数量的状况。

值得注意的是，2003年，检察机关在一审中适用简易程序的案件数量出现了显著的增长；2003年至2009年，这一数量基本呈持续增长态势。这一现象与检察机关近年来推行案件繁简分流、提高办案效率的努力有着密切的关联。2003年3月14日，最高人民法院、最高人民检察院、司法部还联合下发了《关于适用简易程序审理公诉案件的若干意见》，为检察机关建议适用简易程序审理公诉案件的活动作出了进一步的规范。

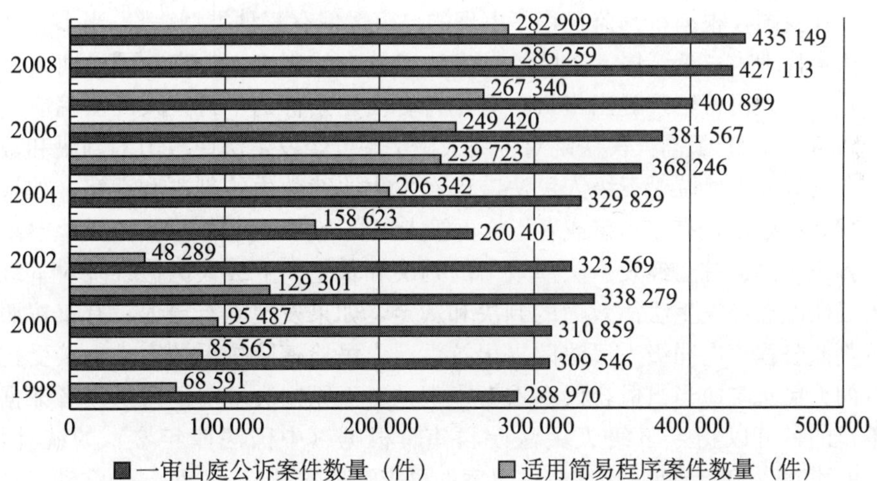

图2—12 1998—2009年全国检察机关在一审阶段的出庭状况（件）

资料来源：《中国法律年鉴》1999—2010年各卷。

另外，1998年至2003年，在检察机关出庭的二审案件中，因检察机关提起抗诉而开庭审理的二审公诉案件数量有较为明显的减少趋势；2004年至

2009 年，因检察机关提起抗诉而开庭审理的二审公诉案件基本呈逐步增加的趋势。但是，因被告人及其法定代理人提出上诉而开庭审理的二审案件数量在检察机关出庭支持公诉的二审案件中仍明显占有更大的比重（图 2—13）。

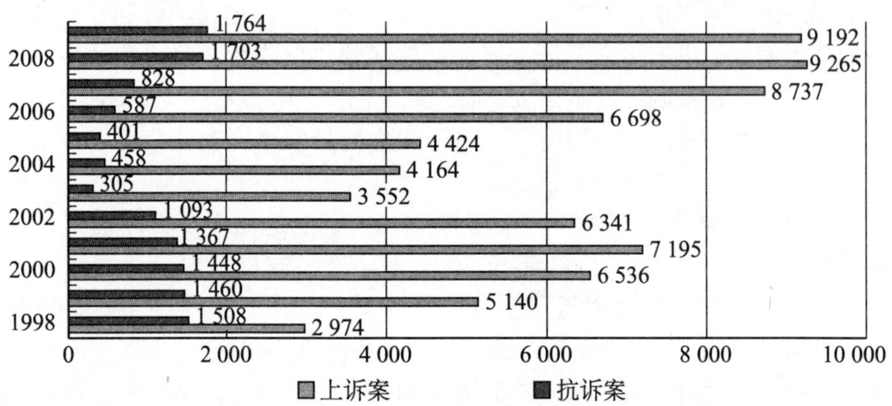

图 2—13　1998—2009 年全国检察机关在二审案件中的出庭状况（件）

资料来源：《中国法律年鉴》1999—2010 年各卷。

在我国，根据审判监督程序审理的再审案件有三种类型：1）当事人及其法定代理人、近亲属，对已经发生法律效力的判决、裁定，可以向人民法院或者人民检察院提出申诉，对于符合法定条件的申诉，人民法院应当重新审判。2）最高人民法院对各级人民法院已经发生法律效力的判决和裁定，上级人民法院对下级人民法院已经发生法律效力的判决和裁定，如果发现确有错误，有权提审或者指令下级人民法院再审。3）最高人民检察院对各级人民法院已经发生法律效力的判决和裁定，上级人民检察院对下级人民法院已经发生法律效力的判决和裁定，如果发现确有错误，有权按照审判监督程序向同级人民法院提出抗诉。人民检察院抗诉的案件，接受抗诉的人民法院应当组成合议庭重新审理，对于原判决事实不清楚或者证据不足的，可以指令下级人民法院再审。根据《中国法律年鉴》的统计，1998 年至 2009 年间，检察机关出庭的再审案件数量有一个明显的波动（见图 2—14）。其中，2003 年，检察机关出庭的再审案件数量大大少于往年，但此后这一数量又开始逐渐增加。

（6）办理刑事案件提起抗诉状况。

在我国刑事诉讼程序中，在两种情况下检察机关可以提出抗诉：其一，地方各级检察机关认为法院第一审判决、裁定确有错误的，事后可以向上

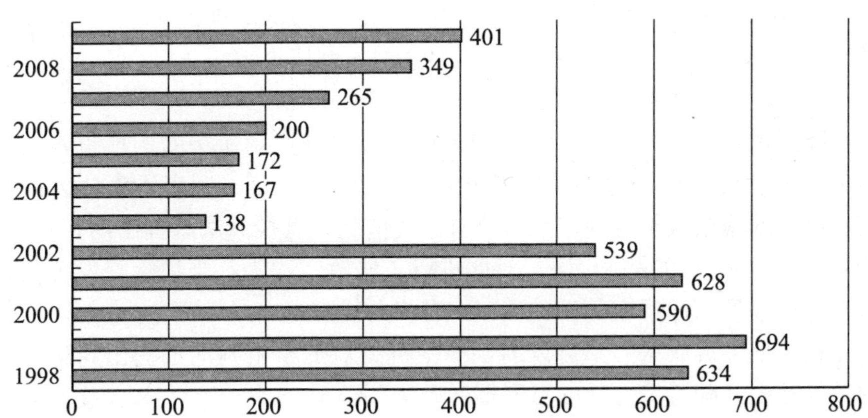

图 2—14 1998—2009 年全国检察机关在再审案件中的出庭状况（件）

资料来源：《中国法律年鉴》1999—2010 年各卷。

一级法院提起抗诉。二审法院对不服一审判决的抗诉案件，经过审理后，应当按照下列情形分别处理：第一，原判决认定事实和适用法律正确、量刑适当的，应当裁定驳回上诉或者抗诉，维持原判；第二，原判决认定事实没有错误，但适用法律有错误，或者量刑不当的，应当改判；第三，原判决事实不清楚或者证据不足的，可以在查清事实后改判，也可以裁定撤销原判，发回原审人民法院重新审判；等等。

其二，最高人民检察院对各级法院已经发生法律效力的判决和裁定，上级人民检察院对下级人民法院已经发生法律效力的判决和裁定，如果发现确有错误，有权按照审判监督程序向同级人民法院提出抗诉。法院按照审判监督程序对检察院提出抗诉的案件重新审判时，如果原来是第一审案件，应当依照第一审程序进行审判，所作的判决、裁定，可以上诉、抗诉；如果原来是第二审案件，或者是上级人民法院提审的案件，应当依照第二审程序进行审判，所作的判决、裁定，是终审的判决、裁定。

1998 年至 2009 年，检察机关每年提起抗诉的案件数量基本维持在 3 000件以上（见图 2—15)。但是，2003 年至 2009 年，检察机关提起抗诉并经法院再审的案件中，法院改判与发回重审的案件数量与检察机关当年抗诉案件的数量比例却基本处于上升状态。其中，1998 年至 2002 年，检察机关提起抗诉并经法院再审的案件中，法院改判与发回重审的案件约为检察机关当年抗诉案件的 19%；2003 年，这一比例约为 20%；2004 年，这一比例升至 29%；2005 年，它又升至 33%；2006 年、2007 年则升至 40%；2008 年更升至 45%；2009 年，这一比例约为 43%。

（7）对违法的刑事审判活动提出纠正意见的状况。

除通过抗诉的方式对审判活动进行监督以外，对违法的刑事审判活动提出纠正意见也是一种审判监督方式。根据 1979 年《刑事诉讼法》的规定，出庭的检察人员发现审判活动有违法情况，有权向法庭提出纠正意见。1996 年修订的《刑事诉讼法》对此进行了修改，改为：当检察院发现法院审理案件违反法律规定的诉讼程序，有权向法院提出纠正意见。

在《刑事诉讼法》修订以前，检察机关对刑事审判活动提出纠正意见的数量较多。随着修订后的《刑事诉讼法》于 1997 年开始实施，检察机关提出纠正意见的法定范围受到了限制。除 1997 年检察机关提出的纠正意见达到 4 048 件次外，1998 年至 2002 年，检察机关提出纠正意见的数量基本上呈逐渐下降的趋势（见图 2—16）。但 2003 年至 2009 年期间，检察机关对刑事审判活动提出纠正意见的数量又开始不断回升。

另外，1988 年至 1997 年检察机关在刑事审判中提出纠正意见的数量资料来自于最高人民检察院 1989 年、1990 年、1991 年、1992 年、1993 年、1994 年、1995 年、1996 年、1997 年、1998 年工作报告。

（8）对刑事判决的执行和监所的监督状况。

由于死刑判决的数量缺乏公开的统计数据，这里将仅描述检察机关对监狱、看守所、劳教所执法活动的监督状况。根据最高人民检察院的工作报告，1993 年至 2004 年，不依法交付执行，违法减刑、假释、保外就医等问题，一直是检察机关进行监所监督的工作重点之一。其中，根据最高人民检察院工作报告，1993 年至 1997 年，检察机关对不按规定交付执行情况提出纠正意见 94 794 件次；对违法提前释放以及执行期满而未及时释放的提出纠正意见 2 922 件次。根据《中国法律年鉴》的统计，1998 年至 2009 年，检察机关对刑罚执行和监管活动中的违法问题进行纠正的数量变化在 2001 年有一个非常突出的增加（如图 2—17）。

（9）处理申诉工作状况。

人民检察院管辖的刑事申诉，是指对检察机关诉讼终结的刑事处理决定或对人民法院已经发生法律效力的刑事判决、裁定不服而提出的申诉。根据 1996 年《刑事诉讼法》的规定，控告人不服不立案，公安机关、被害人或者被不起诉人不服检察机关的不起诉决定，当事人及其法定代理人、

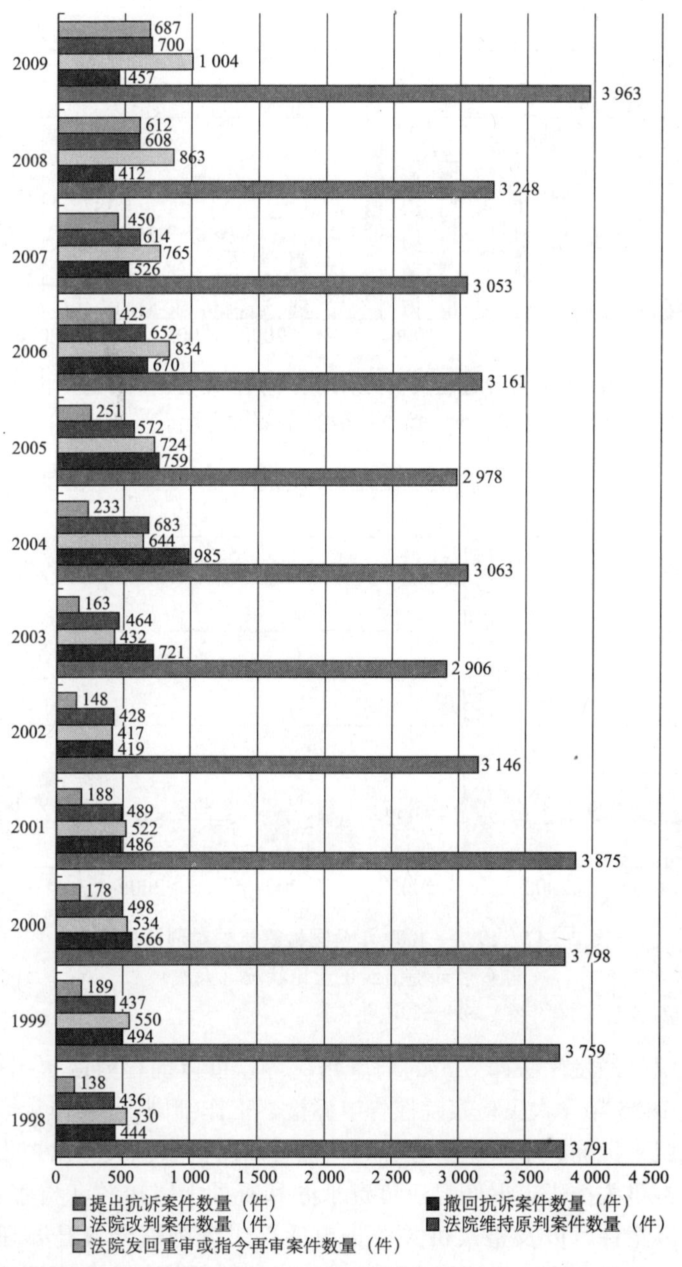

图 2—15　1998—2009 年全国检察机关提起刑事抗诉状况

资料来源：《中国法律年鉴》1999—2010 年各卷。

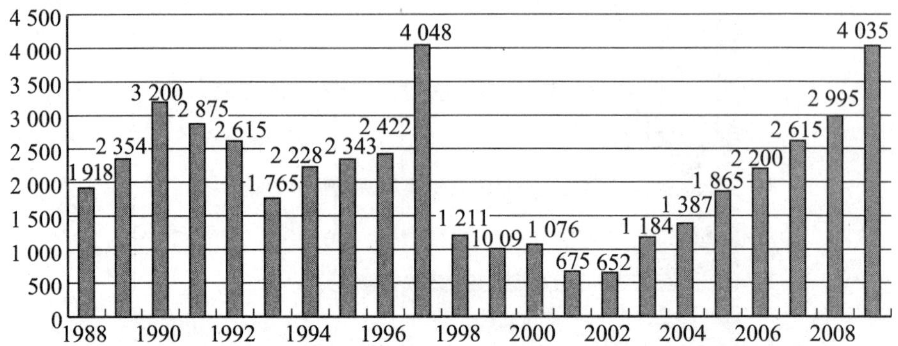

图 2—16　1988—2009 年全国检察机关对刑事审判活动提出纠正意见状况（件次）

资料来源：《中国法律年鉴》1999—2010 年各卷。

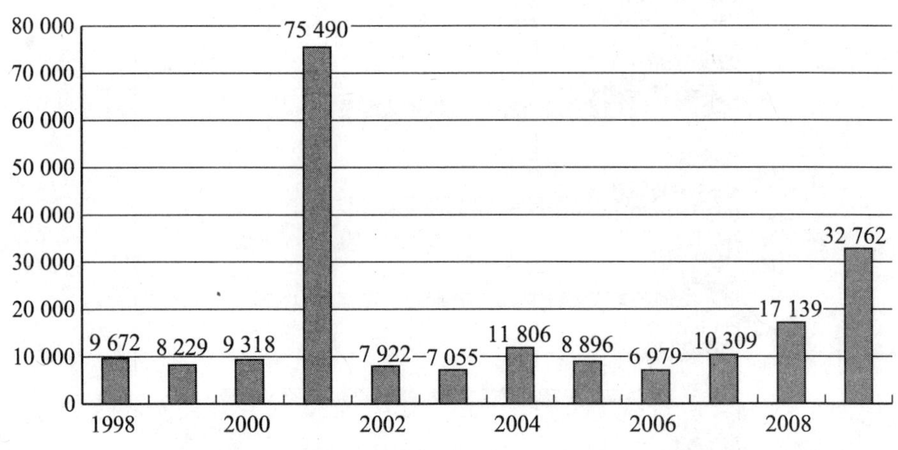

图 2—17　1998—2009 年全国检察机关对刑罚执行和监管活动提出纠正意见状况（人次）

资料来源：《中国法律年鉴》1999—2010 年各卷。

近亲属不服已经发生法律效力的刑事判决等，可以向检察院提出申诉。另外，根据 1986 年《人民检察院控告申诉检察工作细则（试行）》第 14 条的规定，不服不批捕、不服免予起诉的，也可以向检察机关提出控告、申诉。另外，检察机关控告申诉部门还负责承办和查处上级机关和检察长交办的控告、申诉案件，以及检察机关控告申诉部门认为需要自己办理的控告、申诉案件。这样，在《中国检察年鉴》的一些相关统计中，不服刑事拘留、不服逮捕、不服撤案、不服原免予起诉、劳动教养人员不服劳教而提出的申诉以及其他来信、来访也都被载入检察机关处理申诉案件的统计表中。①

从总量上看，1998 年至 2002 年，全国检察机关每年受理申诉的数量都在 10 万件次以上。检察机关接受申诉后，每年决定立案复查的申诉数量不到其受理申诉数量的 1/10，每年立案复查后结案的数量为其决定立案数量的 1/2 强，每年改变原决定的数量则为结案总量的 22%～14%。因此，相关当事人通过申诉的方式最终使得有关国家机关改变原决定的比率，还是非常非常低的（见图 2—18）。

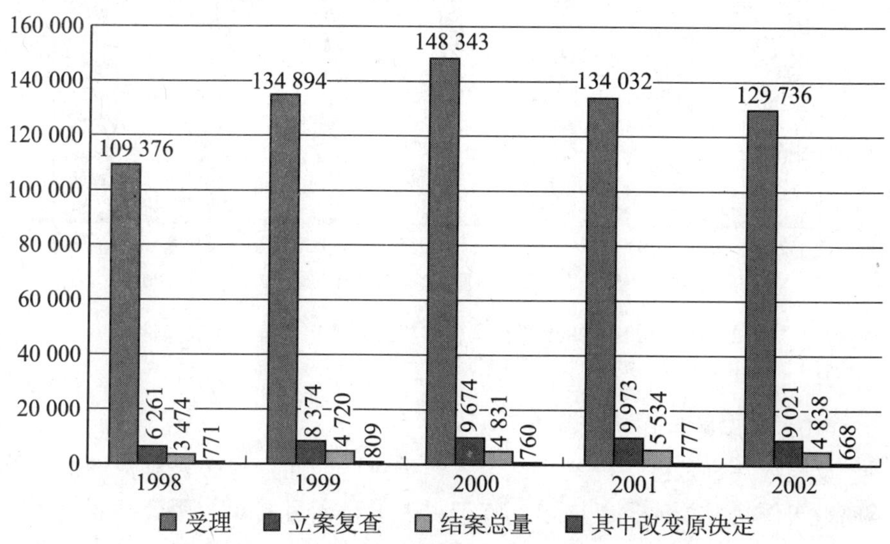

图 2—18 1998—2002 年全国检察机关受理申诉案件状况（件）

资料来源：《中国法律年鉴》1999—2003 年各卷。

另外，根据《中国法律年鉴》的统计，2003 年以来检察机关办理申诉案件情况的明细分类发生了一定变化，“不服刑事拘留”、“不服不立案”、“不服逮捕”、“不服劳教”这四类案件不再单列。可能是由于统计指标变化的原因，2003 年至 2004 年，检察机关受理申诉案件的数量仅有 1 万余件。2008 年，这一数量更降至 5 375 件。2003 年至 2009 年，检察机关受理申诉后，决定立案复查的比例约为一半，同年立案复查后结案的数量为其决定

① 尽管修订后的《刑事诉讼法》取消了检察机关的免予起诉权，但是，根据“有错必究”的原则，对 1997 年之前检察机关作出的免予起诉不服的当事人，仍有权向检察机关提出控告、申诉。这种控告、申诉权利并没有明确的时间限制。因此，在 1998 年至 2002 年期间，检察机关处理的申诉案件就包括“不服原免予起诉”的案件。

立案数量的 90%左右（见图 2—19）。

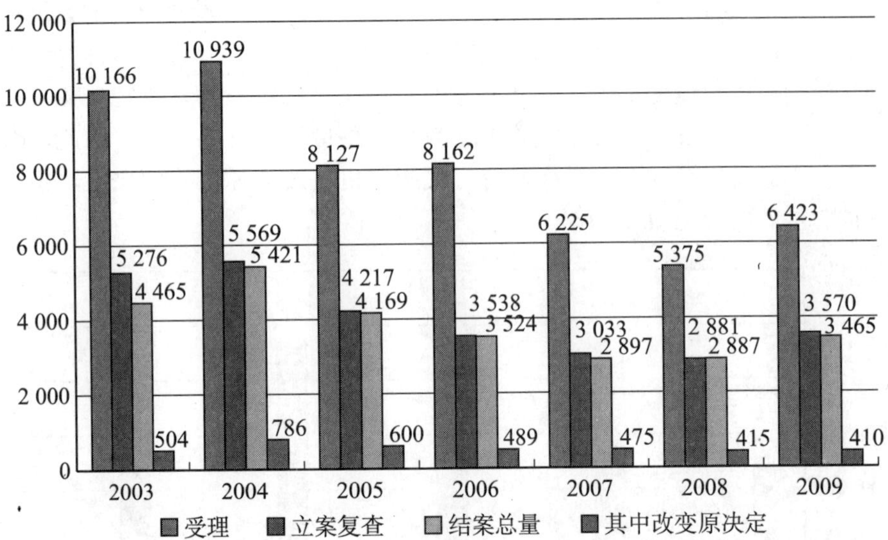

图 2—19　2003—2009 年全国检察机关受理申诉案件状况（件）

资料来源：《中国法律年鉴》2004—2010 年各卷。

（10）反腐败工作状况。

反腐败一直是检察机关的一个工作重点，因此，有必要对检察机关的反腐败工作状况单独予以描述。鉴于“为了私人目的而滥用公共职位”的腐败行为具体包含多少种类，人们的认识尚不统一，本文仅将贪污、贿赂这两类最为典型的腐败性犯罪为例，来描述检察机关的反腐败工作状况。

1990 年至 2004 年，全国检察机关直接立案侦查的贪污案件数量呈波动变化（见图 2—20）。1997 年 3 月修订、10 月开始实施的《刑法》提高了贪污、贿赂犯罪的立案标准，这使得 1998 年全国检察机关直接立案侦查的贪污案件总量明显减少。[①] 另外，有关贪污案件“大案”的统计标准也发生了变化：1998 年之前，所谓大案指的是立案侦查 1 万元以上的案件；1998 年以后，贪

① 在 1979 年《刑法》修订以前，贪污罪的定罪量刑标准依据是 1988 年《全国人民代表大会常务委员会关于惩治贪污罪贿赂罪的补充规定》，根据其第 2 条的规定，个人贪污数额在 2 000 元以上，或者个人贪污数额虽不满 2 000 元，但情节较重的，构成贪污罪的最低定罪标准。然而，1997 年，随着《刑法》的修订，贪污罪的定罪标准提高了。根据 1997 年《刑法》第 383 条的规定以及 1999 年最高人民检察院《关于人民检察院直接受理立案侦查案件立案标准的规定（试行）》第 1 条的规定，个人贪污数额在 5 000 元以上，或者个人贪污数额虽不满 5 000 元，但情节较重的，构成贪污罪的立案标准。

污、贿赂案件大案是指贪污数额在 5 万元以上的案件。这样，1998 年以后，贪污贿赂案件中的大案与 1998 年以前相比，其总量也有明显减少。但是，1990 年至 1997 年，尽管检察机关立案侦查的贪污案件总量减少了，但万元以上的大案基本呈增加趋势；1998 年至 2004 年，5 万元以上的大案同样基本呈增加趋势；直到 2003 年，这一数量才略有下降。1998 年至 2004 年，有关贪污案件“要案”的统计标准并没有发生变化，都指的是县、处级以上干部。总体上看，涉嫌贪污案件的县处级以上干部数量也基本呈增长趋势。2003 年，“要案”的数量开始略有下降，但到了 2004 年，这一数量又略有回升。

1990 年至 2009 年，全国检察机关直接立案侦查的贿赂案件数量同样呈波动变化（见图 2—21）。其主要原因也在于 1997 年 10 月 1 日开始实施的《刑法》提高了贿赂罪的立案标准；1998 年之后，“大案”的统计标准发生了变化。[①] 但是，与贪污罪相似，1990 年至 1997 年，万元以上的大案基本上呈增加趋势；1998 年至 2009 年，5 万元以上的大案都呈增加趋势。但县处级以上干部涉嫌贿赂的要案数量变化并不明显。

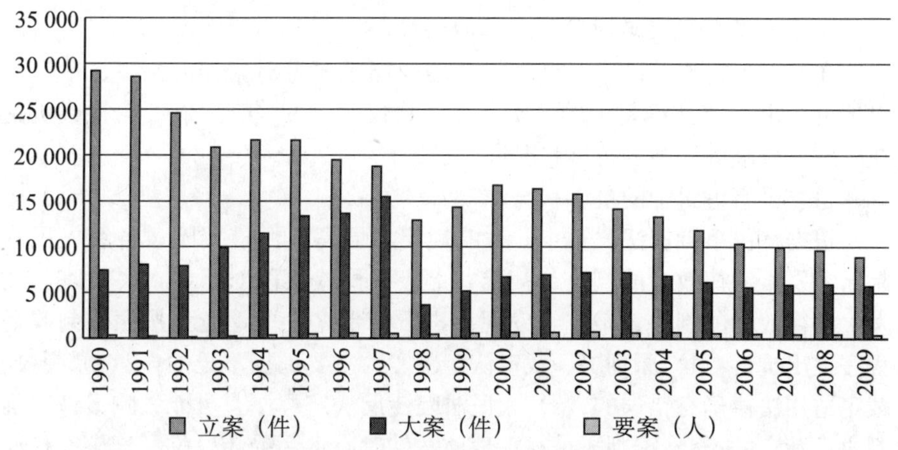

图 2—20　1990—2009 年全国检察机关直接立案侦查的贪污贿赂案件状况

资料来源：《中国法律年鉴》1991—2010 年各卷。

① 在 1979 年《刑法》修订以前，贿赂罪的定罪量刑标准依据也是 1988 年《全国人民代表大会常务委员会关于惩治贪污罪贿赂罪的补充规定》，根据其第 5 条的规定，个人受贿数额在 2 000 元以上，或者个人受贿数额虽不满 2 000 元，但情节较重的，构成受贿罪的最低定罪标准。然而，1997 年，随着《刑法》的修订，贿赂罪的定罪标准也提高了。根据 1997 年《刑法》第 386 条的规定以及 1999 年最高人民检察院《关于人民检察院直接受理立案侦查案件立案标准的规定（试行）》第 3 条的规定，个人受贿数额在 5 000 元以上，或者个人受贿数额虽不满 5 000 元，但情节较重的，构成受贿罪的立案标准。

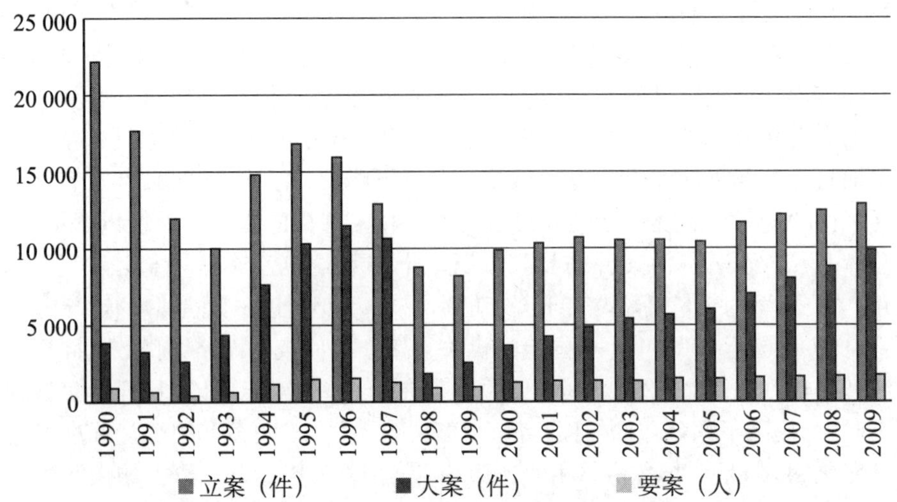

图 2—21　1990—2009 年全国检察机关直接立案侦查的贿赂案件状况

资料来源：《中国法律年鉴》1991—2010 年各卷。

3. 履行民事、行政诉讼职能上的变化

在民事、行政诉讼中，检察机关的职能主要是对错误的判决、裁定提出抗诉。由于统计资料上的局限，下文将仅对 1998 年至 2002 年检察机关在民事、行政诉讼中的抗诉状况进行描述。

(1) 民事诉讼中的抗诉状况。

根据《民事诉讼法》第 185 条的规定，最高人民检察院对各级人民法院已经发生法律效力的判决、裁定，上级人民检察院对下级人民法院已经发生法律效力的判决、裁定，发现有以下情形之一的，应当按照审判监督程序提出抗诉：1）原判决、裁定认定事实的主要证据不足的；2）原判决、裁定适用法律确有错误的；3）人民法院违反法定程序，可能影响案件正确判决、裁定的；4）审判人员在审理该案件时有贪污受贿、徇私舞弊、枉法裁判行为的。另外，地方各级人民检察院对同级人民法院已经发生法律效力的判决、裁定，发现有上述规定情形之一的，应当提请上级人民检察院按照审判监督程序提出抗诉。根据《民事诉讼法》第 186 条的规定，人民检察院提出抗诉的案件，人民法院应当再审。

自我国《民事诉讼法》于 1991 年修订并实施以来，全国检察机关提起民事抗诉的数量由 1991 年的 32 件增至 1996 年的 3 322 件。1998 年，检察机关提起民事抗诉的数量更增至 8 233 件；直到 2002 年，检察机关进行民

事抗诉的数量才略有减少，此后基本平稳发展（见图 2—22）。

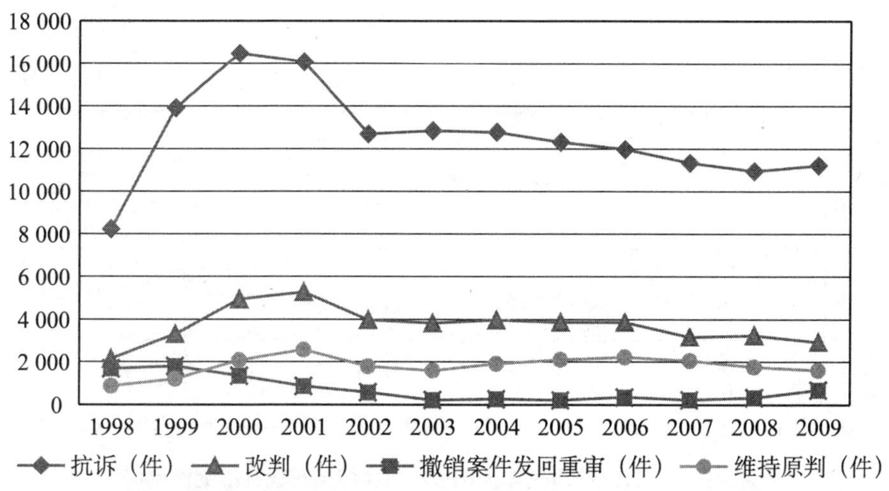

图 2—22　1998—2009 年全国检察机关提起民事抗诉案件状况

资料来源：《中国法律年鉴》1999—2010 年各卷。

（2）行政诉讼中的抗诉状况。

根据《行政诉讼法》第 10 条、第 64 条的规定，人民检察院有权对行政诉讼实行法律监督。人民检察院对人民法院已经发生法律效力的判决、裁定，发现违反法律、法规规定的，有权按照审判监督程序提出抗诉。另外，根据最高人民法院《关于执行〈中华人民共和国行政诉讼法〉若干问题的解释》第 75 条第 1 款的规定，对人民检察院按照审判监督程序提出抗诉的案件，人民法院应当再审。

1998 年至 2004 年，检察机关提起行政抗诉的数量大大小于其提起民事抗诉以及刑事抗诉的数量。在此期间，检察机关提起行政抗诉的案件数量呈剧烈波动趋势（见图 2—23）。

4. 行使司法解释职能上的变化

根据笔者在中国法律法规检索系统上的检索，自 1988 年 1 月 1 日起至 2009 年年底为止，最高人民检察院共完成 516 件司法解释及其他文件。① 在此期间，最高人民检察院共进行了 3 次司法解释及其他文件的集中清理

① 参见中国法律法规检索系统，http：//law. npc. gov. cn：87/home/begin1. cbs，最后访问日期：2011-02-23。

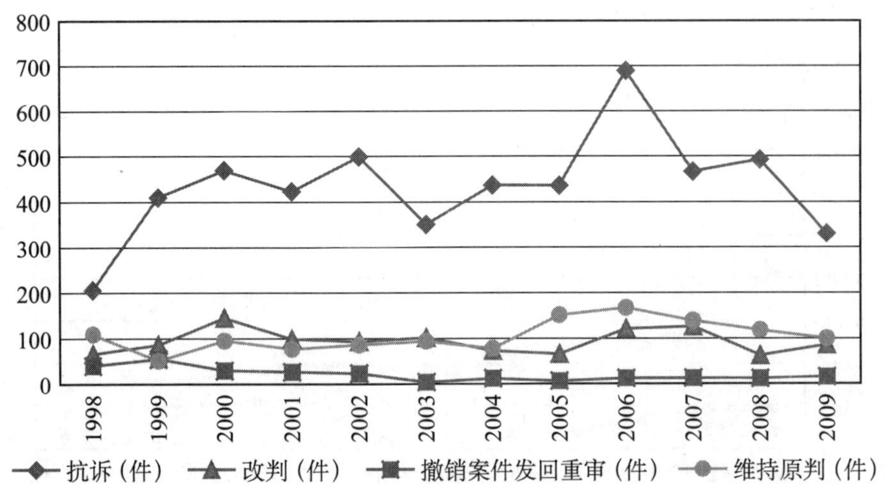

图 2—23　1998—2009 年全国检察机关提起行政抗诉案件状况

资料来源：《中国法律年鉴》1999—2010 年各卷。

工作：（1）1993 年 11 月 3 日，最高人民检察院经过对检察机关重建后至 1992 年年底以前发布的司法解释和其他有关检察业务文件的全面清理，决定废止其中由最高人民检察院单独发布、应予废止的司法解释和业务文件共 43 件。（2）1994 年 8 月 29 日，最高人民法院、最高人民检察院经过对 1979 年至 1993 年两院联合发布的司法解释共同进行清理，废止了 4 件两院联合发布的司法解释。（3）2002 年 2 月 25 日，最高人民检察院经过对司法解释和规范性文件的集中清理，对最高人民检察院单独制发的 98 件司法解释和规范性文件予以废止；经征得有关部门同意，对由最高人民检察院主办、与有关部门联合制发的 29 件司法解释和规范性文件予以废止；并且，为便于工作和查询，对最高人民检察院在相关文件中已明确规定废止的 13 件司法解释和规范性文件，予以统一公布。另外，2010 年 12 月 13 日，最高人民法院、最高人民检察院联合公布《关于废止部分司法解释和规范性文件的决定》，对 2008 年年底以前制发的司法解释和规范性文件进行了集中清理，并废止了 37 件两院联合发布或两院与其他有关部门联合发布的司法解释和规范性文件。

根据 1996 年最高人民检察院颁布的《最高人民检察院司法解释工作暂行规定》，司法解释文件应采用“解释”、“规定”、“意见”、“通知”、“批复”等形式，统一编排文号。2006 年，最高人民检察院又颁布了《最高人民检察院司法解释工作规定》，上述暂行规定失效。根据新的规定，最高人民检察院颁发的司法解释文件采用"解释"、"规定"、"规则"、"意见"、"批复"等形式，统一编排最高人民检察院司法解释文号。不过，在实践中，"通知"、"批复"两种形式最为常见。2001 年之前，"解释"类司法解释还极为罕见。

另外，在上述司法解释及其文件中，既有最高人民检察院独自颁布的文件，也有一些最高人民检察院联合其他部门共同颁发的文件。这种联合司法解释及其文件又可以分为三种类型：第一，最高人民检察院和最高人民法院联合颁发的文件；第二，最高人民检察院和其他党政机关联合颁发的文件；第三，最高人民检察院、最高人民法院以及其他党政机关联合颁发的文件。在各类联合司法解释之中，第一种类型最为常见（见图 2—24）。

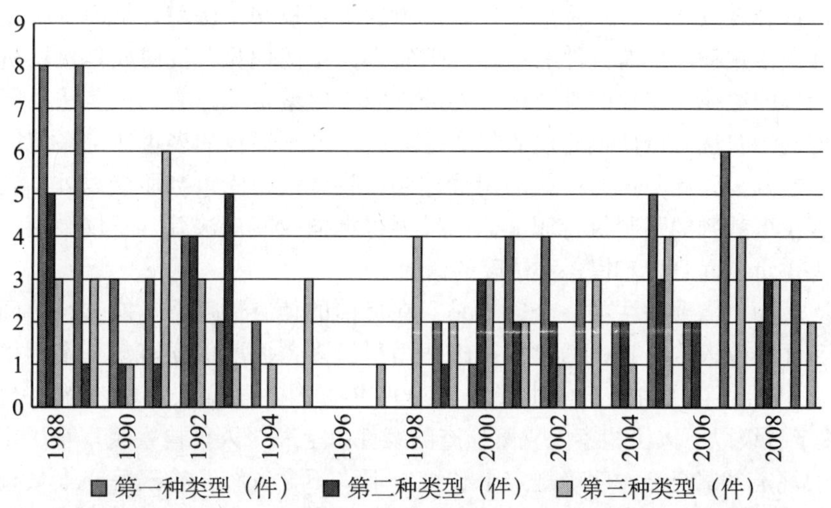

图 2—24 1988—2009 年不同部门联合颁发司法解释及其他文件状况

资料来源：中国法律法规检索系统。

当前，最高人民检察院的司法解释与最高人民法院的司法解释基本上不是个案解释，而是旨在归纳一般规范的抽象解释。2010 年 7 月，最高人民检察院颁发了《关于案例指导工作的规定》，根据该规定，最高人民检察院将选编一些具体的指导性案例来规范检察系统的职能行为。指导性案例有可能成为一种新的司法解释形式。

三、履行职能中出现的问题

1. 侦查活动中存在的问题

在刑事诉讼的侦查阶段，目前存在的争议主要有：

第一，检察机关是否应当拥有批准逮捕、决定逮捕等强制措施的决定权力？第一种观点认为，检察机关在侦查活动中拥有的批准、决定逮捕权，是一种最终的处分权；由于其在具体行使过程中缺乏司法抑制和司法审查过程，这一阶段的权力制约仅仅体现为检察院内部制约以及检察院对公安机关的制约。犯罪嫌疑人对于这种处分权的不当行使也缺乏有效的救济程序。这些因素都容易造成权力的滥用。① 第二种观点为现存的状况进行了辩护。这种观点认为，不将采取强制措施的决定权交于法院，是为了防止法官介入侦查程序后对案件的审理产生先入为主的偏见；批捕权是检察机关所承担的法律监督权的重要组成部分，应由检察机关享有；英美法系国家实行的治安法官行使批捕权的制度是与这些国家存在的多重法院系统联系在一起的，因此不符合中国的司法体制；我国法院除审判职能以外，还承担着民事裁判的强制执行职能。如果再将批捕权赋予法院，不仅会使法院不堪重负，而且也难以保证法院的清廉。②

然而，需要关注的一个问题是：在目前的侦查制度下，能够长时间剥夺犯罪嫌疑人人身自由的逮捕措施适用得过多，而取保候审却基本上得不到适用。为了制约自身的批捕权，2009 年 9 月，最高人民检察院出台了《关于省级以下人民检察院立案侦查的案件由上一级人民检察院审查决定逮捕的规定（试行）》，明确规定了省级以下（不含省级）检察院立案侦查的案件，需要逮捕犯罪嫌疑人的，应当报请上一级检察院审查决定。据报道，自此全国职务犯罪案件不捕率由 2008 年的 3.9%上升到接近 8%。③ 尽管如此，从整体上看，审前羁押仍是原则而非例外（见图 2—25）。

---

① 参见孙谦、刘立宪主编：《检察理论研究综述（1989—1999）》，167～168 页，北京，中国检察出版社，2000；赵雪敏：《刑事侦查程序中权力制约机制的比较研究》，载北大法律信息网，http：//www.chinalawinfo.com。

② 参见孙谦、刘立宪主编：《检察理论研究综述（1989—1999）》，168～170 页，北京，中国检察出版社，2000。

③ 参见《我国司法体制深化对权力监督制约等改革》，载新浪网，http：//news.sina.com.cn/c/2011-02-16/082321962094.shtml，最后访问日期：2011-02-21。

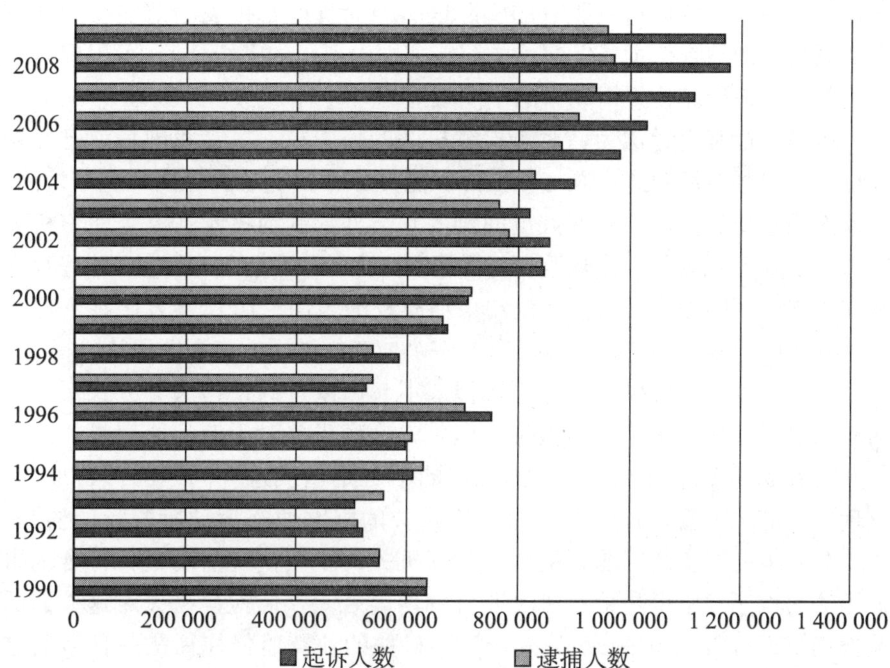

图 2—25　1990—2009 年全国检察机关提起公诉与批准、决定逮捕状况

资料来源：《中国法律年鉴》1991—2005 年各卷。

其次，检察机关是否应当拥有侦查权？有一种观点认为，检察机关不应承担侦查职能。其理由如下：检察机关承担直接受理侦查案件的侦查权能与其性质和职能相悖；直接受理的侦查案件范围过宽，削弱了法律监督职能；检察机关直接受理侦查案件的工作缺乏制约机制。[①] 与之相对立的一些观点认为：在我国，检察机关对职务犯罪的侦查是法律监督职能不可分割的重要组成部分；由于职务犯罪绝大多数是利用行政管理权或社会事务管理权而实施的，犯罪的主体身份具有特殊性，对于这类犯罪的侦查，要求一个独立于行政机关的机关来承担，因此由检察机关执行侦查权是合理的。另外，我国检察机关长期以来一直承担着对职务犯罪的侦查职能，在实践中已经拥有了具体的职能部门、专门的侦查工作人员，积累了必要的

① 参见孙谦、刘立宪主编：《检察理论研究综述（1989—1999）》，114～115 页，北京，中国检察出版社，2000；陈卫东、郝银钟：《实然与应然：关于侦检权是否属于司法权的随想》，载《法学》，1999（6）。

知识与经验，有承担这一职责的实际能力。而且检察机关内部实行职能分离的原则（即侦查、批捕、起诉的职能分别由不同的人行使），可以保障检察机关公正地行使侦查活动中的不同权能。①

但是，也有论者认为，对于检察机关的侦查权，尽管我国目前已经初步形成了一些内部制约机制（如内部职能分开、同步录像等技术监控机制、引入人民监督员监督、检察人员问责等）与外部制约机制（上级检察机关监督、法院审判监督、律师监督与诉讼参与人的监督等），但是，这些权力制约机制都不够健全，无法有效约束侦查权的滥用。2007 年发生在江苏省赣榆县人民检察院的刑讯逼供案就是一个侦查权滥用的典型例子。②

最后，尽管检察机关通过不批捕、不起诉以及纠正违法等方式对侦查活动采取了大量的法律监督措施，但是，检察机关对于专门侦查机关的监督并没有取得良好的效果。法律规定的不足是造成这一问题的关键原因。从现实的情况来看，检察机关对公安机关的立案侦查活动所进行的监督，主要局限于刑事实体问题。虽然对公安机关的立案侦查活动是否符合刑事诉讼法的程序规定也是检察机关监督的内容之一，但检察机关对这方面的监督仍缺乏有效的方法。③ 另外，检察机关的侦查监督往往是一种事后监督，因此也难以制约其他专门侦查机关广泛的侦查权力。④

2. 刑事审判活动中出现的问题

在刑事审判活动中，检察机关是否应当拥有法律监督权，以及如何行使法律监督权是一个同样充满了激烈争论的领域。一方面，为了保证国家法制的统一，我国的根本大法明确规定人民检察院是国家的法律监督机关，赋予了人民检察院以法律监督权。另一方面，一些学者对检察机关在诉讼活动中既担当起诉人又担当法律监督者的双重角色定位提出了批评，认为这种做法会扭曲诉讼结构，并且还会引发“谁监督监督者”的问题。⑤ 与此

① 参见孙谦、刘立宪主编：《检察理论研究综述（1989—1999）》，115～116 页，北京，中国检察出版社，2000；张智辉、[加] 杨诚主编：《检察官作用与准则比较研究》，100～101 页，北京，中国检察出版社，2002；刘立宪、吴孟栓：《国际检察制度发展趋势的把握和分析》，载《国家检察官学院学报》，1999 (3)。

② 参见李建明：《检察机关侦查权的自我约束与外部制约》，载《法学研究》，2009 (2)。

③ 参见王敏远：《论我国检察机关对刑事司法的监督》，载《中外法学》，2000 (6)。

④ 参见盛美军、刘彦辉、孙朝晖、李昕禹：《检警关系现状与改革发展》，载《人民检察》，2010 (7)。

⑤ 参见陈卫东：《我国检察权的反思与重构》，载《法学研究》，2002 (2)；陈兴良：《诉讼结构的重塑与司法体制的改革》，载《人民检察》，1999 (1)；贺卫方：《重新定位检察权》，载贺卫方：《具体法治》，北京，法律出版社，2002。

相对应的观点是，尽管我国宪法和法律赋予了检察机关对审判机关的审判活动进行一定程度法律监督的权力，但这并不意味着检察机关是不接受其他机关制约、高高在上的“法官上的法官”。检察机关对诉讼的监督只是一种程序意义上的监督，它并没有在实体上改变审判机关判决的权力。同时，检察机关作为公共利益的代表，应当比一般的当事人负有更大的、维护法律正确适用的职责，也是许多国家的通例。

不过，我国检察机关对法院审判进行监督的范围还是相当广泛的。本着“有错必究”的原则，不论是对未生效判决还是对生效判决，法律赋予了检察机关几乎不受限制的抗诉权力。比较而言，许多国家的检察机关在对判决提起抗诉（上诉）时均应受到了许多限制。由于我国司法体制尚没有确认类似的准则，在我国，近年来因检察机关对已生效判决提出抗诉而进入审判监督程序的再审案件数量在检察机关出庭案件总量中占有相当大的比例。当然，从检察机关提起抗诉引起法院改判、发回重审的状况看，现行刑事司法中的确存在着各种需要纠正的错误，而现行的检察机关的监督对纠正这些错误发挥着不可忽视的作用。但是，如果是由于刑事司法程序不够完善而导致刑事司法中的各种错误，与其依靠加强监督的权力以纠正这种错误，不如完善刑事司法程序以避免或者减少这种错误。至于行使裁判权的司法人员素质不高所导致的问题，也难以通过加强刑事监督的职权予以根本解决。①

另外，在审判监督活动中，目前检察机关对实体性问题的监督远甚于对程序性问题的监督。尽管检察机关对法院审判活动是否符合刑事司法程序所进行的监督包括的内容也十分广泛，既包括法庭组成人员是否符合程序法的规定，也包括法庭审判过程中的各项活动是否符合审判程序的规定，但是，根据《刑事诉讼法》第 169 条的规定，这种监督仅仅属于一种弹性监督。对于法院违反法定程序的行为，检察院只能向法院提出纠正意见，一般并不会因此导致相应的程序性后果。有一种观点认为，这种做法不能满足维护诉讼尊严的需要。作为法律监督机关，检察机关不仅应当对一切违法现象予以监督，并且，在履行其监督职权时，应当对违反刑事实体法和违反刑事程序法予以同等的重视。②

3. 民事诉讼中的职能问题

与检察机关在刑事诉讼中的抗诉情况类似，检察机关的民事抗诉职能

---

①② 参见王敏远：《论我国检察机关对刑事司法的监督》，载《中外法学》，2000（6）。

也引起了不少争议。一种观点认为，检察机关的民事抗诉职能影响了法院的独立审判和当事人平等的诉讼地位，对已生效的判决提起抗诉损害了判决的既判力。甚至有学者认为，人民检察院的抗诉监督的合理性和必要性都令人怀疑，无存在必要，提起再审的主体只能是确定终局裁判的双方当事人，废除民事抗诉权是一种明智的选择。[①] 另一种观点则认为，人民检察院是法律监督机关，但在民事抗诉问题上，其监督职权过于狭窄，效力、权威性不够，未起到应有的监督作用。[②]

然而，1998 年至 2009 年民事抗诉的资料表明，与刑事抗诉相比，检察机关行使民事抗诉权的数量更多，改判与发回重审案件的比例也很高（见图 2—16 与图 2—22）。尽管我国《民事诉讼法》将民事诉讼中的检察监督限制在提起抗诉这种“事后监督”之中，但是，检察机关提起抗诉的法定事由却非常广泛，以至于检察机关对任何案件——无论其是否涉及公共利益——的判决都可以提出合法性质疑。这在一定程度上与民事诉讼的性质有所不符。另外，由于检察机关在进行监督时享有的职权缺乏法律的明确规定，检察机关抗诉的效果也受到了很大的影响。

4. 行政诉讼中的职能问题

行政诉讼涉及国家利益，因此，检察机关的行政抗诉职能受到的批评较少。但是，在我国，与刑事抗诉、民事抗诉相比，行政抗诉数量最少，而且往往由于缺乏必要的行为规则而流于形式。一般认为，检察机关行使行政抗诉职权时，面临的问题主要为：（1）以“事后监督”为基本特征的行政抗诉方式过于单一，容易造成检察机关在民事抗诉中面临的问题；（2）有关行政抗诉的法律规定过于原则，可操作性差。尽管《行政诉讼法》第 64 条规定了检察机关的行政抗诉权，但这一规定过于抽象和原则，缺乏可操作性，对于抗诉权的内容、抗诉的种类、检察机关究竟如何行使抗诉权、法院有哪些接受抗诉的义务，有关抗诉案件的管辖、立案、受理、审级、审限等都缺乏明确、具体的规定。

---

① 参见李浩：《民事再审程序构造论》，载《法学研究》，2000（5）；阮志勇、任婷婷：《民事抗诉的终结与民事公诉的再生——试论我国民事诉讼检察制度的重构》，载《武汉理工大学学报（社会科学版）》，2004（2）。

② 参见杨立新：《民事行政诉讼检察监督与司法公正》，载《法学研究》，2000（4）；王仁俊、王瑜：《民事检察权的立法完善》，载《国家检察官学院学报》，2010（2）。

5. 颁发司法解释及其他文件中出现的问题

目前，最高人民检察院颁发司法解释及其他文件时仍存在着一些问题：

（1）合法性问题。1981 年《全国人民代表大会常务委员会关于加强法律解释工作的决议》赋予最高人民检察院司法解释的职权，但 1983 年的《人民检察院组织法》对此却并未规定；相反，《人民法院组织法》对此则一直有明确的规定。不仅最高人民检察院的法律解释权缺乏组织法的支持，而且最高人民检察院有时还会将这种法律解释权部分“下放”给省级人民检察院。比如，在《关于人民检察院直接受理立案侦查案件立案标准的规定（试行）》中，最高人民检察院授权各省级人民检察院，确定本地区对挪用公款罪立案侦查的数额标准。这实际上等于授权省级人民检察院对刑法中的定罪量刑问题进行解释，因此，无论其是否合理，其合法性总是值得质疑的。另外，在一些联合解释中，有一些主体（如国务院的一些职能部门）不具有法律解释权，但也参与了司法解释工作中，这也影响了司法解释的合法性。[①]

（2）规范性问题。尽管 2006 年《最高人民检察院司法解释工作规定》对检察解释的制定程序、名称形式进行了一定规范，但是现实中的检察解释仍显得规范性不足，主要表现在：1）出现了许多兼有实体法、程序法、一般工作业务等交叉内容、多重性质的文件。2）司法解释名目繁多，在形式上还有一些混乱。“解释”、“规定”、“规则”、“意见”、“批复”等不同形式之间有何实质性差异，现有文件也未予以界定。

（3）可操作性问题。法律解释之所以必要，一个重要原因在于抽象、概括的法律规定需要进一步理解和阐释，才能适用于具体案件。然而，目前我国司法解释大都为不涉及具体个案的抽象解释，其解释本身仍然存在抽象、概括的成文法本身所具有的种种局限性。不少司法解释文件的语言仍存在过于笼统或者规定得过于狭窄等问题，其操作性有待提高。

（4）司法解释清理工作的规划问题。如上所述，1986 年至今，最高人民检察院共进行了 4 次司法解释及其他规范性文件的集中清理工作。从时间间隔上看，司法解释清理工作显得不够连贯。另外，最高人民检察院仅仅发文通告清理司法解释后废止的司法解释及其他规范性文件的名称、数量，至于对多少司法解释进行了清理以及这一清理结果是否为当年工作所得，大都无以得知。如何增强司法解释清理工作的系统性，仍是一个问题。

① 参见郑厚勇：《论我国刑法解释主体问题》，载《江汉论坛》，2003（5）。

（5）司法解释冲突以及司法解释不配套的问题。目前，审判解释与检察解释互相冲突的现象时有发生。在解释的内容、效力和司法观念等方面，最高人民法院与最高人民检察院有时缺乏协调、统一，这不可避免地损害了国家法律统一、准确适用的基础，在一定程度上影响了办案的质量和效率。[①] 尽管《全国人民代表大会常务委员会关于加强法律解释工作的决议》规定，原则上是“如有原则分歧，报请全国人大常委会解释或决定”。但何谓“原则分歧”、由谁报请、如何报请等程序性问题都未有规定，所以，最高人民法院与最高人民检察院的司法解释冲突问题并未得到妥善解决。

6. 相关改革思路：《关于深化检察改革 2009—2012 年工作规划》

2009 年，最高人民检察院发布了《关于贯彻落实〈中央政法委员会关于深化司法体制和工作机制改革若干问题的意见〉的实施意见——关于深化检察改革 2009—2012 年工作规划》。该规划提出了五个方面深化检察改革的任务：优化检察职权配置，改革和完善法律监督的范围、程序和措施，加强对诉讼活动的法律监督，切实维护司法公正；改革和完善人民检察院接受监督制约制度，规范执法行为，保障检察权依法、公正行使；完善检察工作中贯彻落实宽严相济刑事政策的制度和措施，创新检察工作机制，增强惩治犯罪、保障人权、维护社会和谐稳定的能力；改革和完善人民检察院组织体系和检察干部管理制度，进一步提高工作效能，加强检察队伍建设；认真落实中央关于改革和完善政法经费保障体制的总体部署，为检察事业发展提供更加坚实有力的经费和物质保障。

该规划强调，深化检察改革应当遵循以下原则：坚持党对检察改革的统一领导，按照中央关于深化司法体制改革的总体部署，自上而下地推进改革；坚持宪法关于人民检察院是国家的法律监督机关的定位；坚持从国情出发，循序渐进地推进改革；坚持走群众路线，把解决人民不满意的问题和满足人民的司法需求作为根本出发点和落脚点；坚持依法推进改革。凡是与现行法律规定有冲突的改革措施，都要先提请立法机关修改相关法律规定，然后再行实施。

由于涉及宏观制度建设，上述规划的内容相对笼统。但是，它从一个侧面显示，今后我国的检察改革将通过更稳健、更规范的方式进行。

---

① 参见贾济东：《刑法解释若干问题探讨》，载赵秉志、张军主编：《刑法解释问题研究》，143～164 页，北京，中国人民公安大学出版社，2003。

第三章　公　安

导　言

中央人民政府公安部成立于1949年。1954年改为中华人民共和国公安部，隶属国务院领导。

1949年9月29日，中国人民政治协商会议第一次全体会议通过的《共同纲领》规定："中华人民共和国的武装力量，即人民解放军、人民公安部队和人民警察，是属于人民的武力。其任务为保卫中国的独立和领土主权的完整，保卫中国人民的革命成果和一切合法权益。中华人民共和国中央人民政府应努力巩固和加强人民武装力量，使其能够有效地执行自己的任务。"根据《共同纲领》，中央人民政府组建了公安部。新中国成立初公安队伍完全是军队转过来的，1954年宪法制定后，公安力量实现了普通警察和武装警察的分离，主要负责维护社会治安。1957年全国人大常委会制定了《人民警察条例》，对人民警察的性质、任务和职权作了明确规定，使公安警察的队伍建设步人正轨。1995年2月28日通过并颁布的《中华人民共和国人民警察法》第2条第2款规定：人民警察包括公安机关、国家安全机关、监狱、劳动教养管理机关和人民法院、人民检察院的司法警察。该规定进一步划分了警察系统，而我们在这讨论的仅限于公安机关这一块。

自 1949 年成立以来，公安机关作为维护国内社会治安秩序的重要力量，在不同时期发挥了重要作用。

新中国成立初期，公安机关与人民公安部队和人民解放军共同合作，主要解决解放战争遗留下来的，包括打击匪盗、维护治安等内部防务问题。在这里需要进一步说明的是人民公安部队和公安机关的关系。人民公安部队是一个时警时军、亦警亦军的队伍。1950 年 9 月，中央军委决定建立人民解放军公安部队，根据《共同纲领》的规定，人民公安部队与人民解放军一样，属于中华人民共和国建立的统一军队，由中央人民政府人民革命军事委员会统率，但属各级政府公安机关建制领导。1955 年 5 月到 1958 年年底，人民解放军公安部队逐步改变成人民警察武装部队，建制序列由军队分批划归了政府公安机关。1957 年，中共中央决定将“公安军”更名为“中国人民公安部队”。1958 年，中共中央和中央军委决定，将人民公安部队改编为人民武装警察。1963 年，中共中央批准罗瑞卿《关于人民武装警察部队改名为公安部队问题的报告》。改名后，其建制属公安部，由中央军委和公安部双重领导，在执行公安任务和业务方面则受公安机关领导。1966 年公安部队撤销军队番号。

改革开放初期，公安机关的工作重心逐步调整为为社会主义经济建设保驾护航，在执行阶级统治职能、打击违法犯罪活动的同时，执行着广泛的社会管理职能，包括交通管理、户政管理、治安管理、消防管理、出入境管理、网络安全、禁毒等方面。

随着中国加入 WTO，尤其是进入 21 世纪，世界各国的交往越来越频繁，联系越来越密切，公安机关在打击违反犯罪，为有中国特色的社会主义经济保驾护航的同时，承担着越来越多的社会服务职能。

在上述转变过程中，公安机关职能越来越明确，基层派出组织越来越完善，公安机关工作人员个人素质逐步提高，社会综合治理的协调能力不断提升，国际交流日益加强。对于这些变化，包括发展的成就和存在的不足，本报告下文将进行具体深入的探讨。

第一节　公安机关机构设置及职责

一、机构设置

公安部是国务院主管全国公安工作的职能部门。各省、自治区设公安厅，直辖市设公安局；各市（地、自治州、盟）设公安局（处）；市辖区设公安分局，接受上级公安机关直接领导；各县（市、旗）设公安局，分别接受同级人民政府和上级公安机关领导。县（市、区、旗）公安局下设公安派出所，由县（市、区、旗）公安机关直接领导和管理。

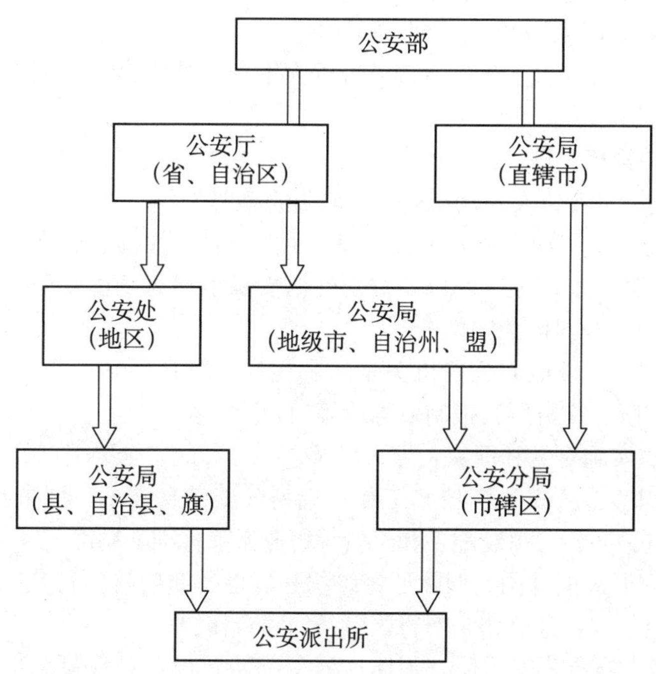

图 3—1　公安机关机构设置

公安部设有办公厅、警务督察、人事训练、宣传、经济犯罪侦查、治安管理、边防管理、刑事侦查、出入境管理、消防、警卫、公共信息网络安全监察、监所管理、交通管理、法制、国际合作、装备财务、禁毒、科技、反恐怖、信息通信等局级机构，分别承担有关业务工作。铁道部、交通运输部、中国民用航空局、国家林业局的公安局和海关总署缉私局列入公安部序列，接受主管部门和公安部双重领导。

二、公安部的职责

作为国务院主管全国公安工作的职能部门，公安部的主要职责有：

1. 研究拟定公安工作的方针、政策，起草有关法律法规草案，指导、监督、检查全国公安工作。

2. 掌握影响稳定、危害国内安全和社会治安的情况；指导、监督地方公安机关依法查处危害社会治安秩序行为，依法管理户口、居民身份证、枪支弹药、危险物品和特种行业等工作。

3. 组织指导侦查工作，协调处置重大案件、治安事故和骚乱，指挥防范、打击恐怖活动。

4. 依法管理国籍、口岸边防检查工作；指导、监督消防工作、道路交通安全、交通秩序以及机动车辆、驾驶员管理等工作。

5. 指导、监督地方公安机关对国家机关、社会团体、企事业单位和重点建设工程的治安保卫工作以及群众性治安保卫组织的治安防范工作和公共信息网络的安全监察工作。

6. 指导、监督地方公安机关依法承担的执行刑罚和监督、考察工作；指导对看守所、拘留所、强制戒毒所等的管理工作。

7. 组织实施对党和国家领导人以及重要外宾的安全警卫工作。

8. 组织实施公安科学技术工作；规划公安信息技术、刑事技术建设。制定公安机关装备、被装配备和经费等警务保障标准和制度。

9. 组织开展同外国、国际刑警组织和香港、澳门特别行政区及台湾地区警方的交往与业务合作，履行国际条约和合作协议。

10. 统一领导公安边防、消防、警卫部队建设，对武警总部执行公安任务及相关业务建设实施领导和指挥。

11. 制定公安机关人员培训、教育及宣传的方针和措施；按规定权限管理干部；指导公安机关法制工作；制定公安队伍监督管理工作规章制度，指导公安机关督察工作；查处或督办公安队伍重大违纪事件，维护公安民警正常执法权益。

各级公安机关在公安部的领导下各司其职、各履其责。

三、公安干警的分类及人民警察的职责

（一）公安干警的分类

公安干警首先分为职业制警察和武装警察，公安机关的职业制警察又分为刑事警察和治安行政警察。刑事警察和治安行政警察分别执行着公安机关的刑事执法职能和治安行政职能。职业制警察即人民警察，除了公安机关的刑事警察和治安行政警察以外，还包括监狱警察、司法警察等类型。公安干警的类型以及和其他类型警察的相互关系，参见表3—1：

表3—1　　警察类型及其相互关系

警察基本分类	所在机关	警察进一步分类及其名称	
人民警察	公安机关	刑事警察	
		治安行政警察	治安警察
			户籍警察
			交通警察
	国家安全机关	国家安全警察	
	监狱	监狱警察	
	劳动教养场所	劳教警察	
	人民法院	司法警察	
	人民检察院	司法警察	
武装警察	武装部队	消防警察	
		边防警察	
		其他武装警察	

（二）公安干警的数量

1986年我国有职业制人民警察60余万人次（包括治安行政警察32万人，刑事警察15万人），武装警察60万人，合计120余万人；而2004年我国有公安干警170万人，增长了41.7%。[①] 来自国务院网站资料显示，2008年全国有180万民警，按照公安干警队伍的平均增长速度，截至目前，

① 1986年的数据来源于《中国法律年鉴1987》，2004年的数据来源于课题调研人员在司法部的实地调研。

我国公安干警队伍在 200 万人左右。

(三) 人民警察的职责

公安机关的人民警察按照职责分工，依法履行下列职责：

1. 预防、制止和侦查违法犯罪活动；

2. 维护社会治安秩序，制止危害社会治安秩序的行为；

3. 维护交通安全和交通秩序，处理交通事故；

4. 组织、实施消防工作，实行消防监督；

5. 管理枪支弹药、管制刀具和易燃易爆、剧毒、放射性等危险物品；

6. 对法律、法规规定的特种行业进行管理；

7. 警卫国家规定的特定人员，守卫重要的场所和设施；

8. 管理集会、游行、示威活动；

9. 管理户政、国籍、入境出境事务和外国人在中国境内居留、旅行的有关事务；

10. 维护国（边）境地区的治安秩序；

11. 对被判处管制、拘役、剥夺政治权利的罪犯和监外执行的罪犯执行刑罚，对被宣告缓刑、假释的罪犯实行监督、考察；

12. 监督管理计算机信息系统的安全保护工作；

13. 指导和监督国家机关、社会团体、企业事业组织和重点建设工程的治安保卫工作，指导治安保卫委员会等群众性组织的治安防范工作；

14. 法律、法规规定的其他职责。

(四) 武装警察

武装警察虽然与公安部门有着密切联系，但是无论从历史、从领导体系、从其自身特点，还是从任务上来说，其均不同于我们所说的人民公安警察。

从历史上来说，新中国成立初公安队伍完全是军队转过来的。1954 年宪法制定后，公安力量实现了普通警察与武装警察的分离，主要负责维护社会治安。1957 年全国人大常委会制定了《人民警察条例》，对人民警察的性质、任务和职权作了明确规定，从而使人民警察建设完全走上正轨。1983 年 4 月，中国人民武装警察部队总部在北京成立。2009 年 8 月，《中华人民共和国人民武装警察法》颁布实施。

从领导体系上看，人民武装警察部队由国务院、中央军事委员会领导，实行统一领导与分级指挥相结合的体制。

从组织结构上来说，其具有不同于公安机关的独立的组织系统，设有领导机关武警总部，编有司令部、政治部和后勤部；各省、自治区、直辖市设武警总队，地区（地级市、州、盟）设支队，县（旗、县级市）设中队或大队、站、所。武警总队按支队、大队、中队、排、班的序列编制，有的总队还编有直属支队。

从体系构成上来说，各级武警内卫部队受当地政府和上级武警领导机关领导；武警边防部队、消防部队和警卫部队，归公安部门领导；武警水电部队、黄金部队和交通部队，业务上分别归公安部和能源部、冶金部、交通部领导；武警森林部队实行林业部门和公安部门双重领导、以林业部门为主，中央和地方双重领导、以地方为主的管理体制；边防、消防、警卫、水电、黄金、交通和森林武警部队的军事、政治、后勤工作，均接受武警总队的指导，编制序列与内卫部队大体相同。

从队伍本身来说，武装警察部队装备轻便、精良，有自己的服装式样、识别标志和军衔等级，其内务制度、纪律要求、队列基础训练和政治思想工作等则执行中国人民解放军的有关条令、条例和规定。

从其任务上来看，人民武装警察部队担负着国家赋予的安全保卫任务以及防卫作战、抢险救灾、参加国家经济建设等任务，中国人民警察部队的基本任务是安全保卫任务：（1）国家规定的警卫对象、目标和重大活动的武装警卫；（2）关系国计民生的重要公共设施、企业、仓库、水源地、水利工程、电力设施、通信枢纽的重要部位的武装守卫；（3）主要交通干线重要位置的桥梁、隧道的武装守护；（4）监狱和看守所的外围武装警戒；（5）直辖市，省、自治区人民政府所在地的市，以及其他重要城市的重点区域、特殊时期的武装巡逻；（6）协助公安机关、国家安全机关、司法行政机关、检察机关、审判机关依法执行逮捕、追捕、押解、押运任务，协助其他有关机关执行重要的押运任务；（7）参加处置暴乱、骚乱、严重暴力犯罪事件、恐怖袭击事件和其他社会安全事件；（8）国家赋予的其他安全保卫任务。

（五）公安干警的伤亡人数

据《人民日报》报道，自 1949 年至 1980 年的 32 年间，全国公安机关共有 1 026 名民警因公牺牲；自 1981 年至 1989 年的 9 年时间内，因公牺牲 1 413人，负伤 20 529 人；1990 年至 2005 年的 16 年时间内，因公牺牲 6 819人、负伤 120 783 人，平均每天牺牲 1.2 人、负伤 20.7 人。

进入 21 世纪，我国公安民警每年因公伤亡人数如表 3—2 所示：

表 3—2　　公安干警伤亡人数（2001—2009 年）

伤亡性质	年　份									
	2001	2002	2003	2004	2005	2006	2007	2008	2009	合计
因公牺牲	443	435	476	492	414	381	452	486	431	4 010
因公负伤	6 289	6 520	6 076	6 920	4 134	2 657	3 797	3 059	2 871	42 323

说明：2001 年至 2005 年的伤亡数据来源于公安部网站，2006 年数据来源于中国新闻网，2007 年数据来源于搜狐网，2008 年数据来源于人民网，2009 年数据来源于凤凰网。

综合上述数据，我国自 1949 年至 1980 年，全国公安机关共有 1 026 名民警因公牺牲；自 1981 年至 1989 年，因公牺牲 1 413 人，负伤 20 529 人；自 1990 年至 2000 年，因公牺牲 4 559 人，因公负伤 90 844 人；自 2001 年至 2009 年的 9 年时间内，因公牺牲 4 010 人，负伤 42 323 人。1949 年至 2009 年，全国民警因公牺牲总数为 11 008 人。

结合上述各时段我国民警因公伤亡人数，可以看出，1949 年至 1980 年为民警伤亡的低发期，1981 年至 1989 年为民警伤亡的上升期，1990 年至 2000 年为民警伤亡的爆发期，2000 年至今为民警伤亡的逐步减缓期。

从公安部历年公布的公安干警因公伤亡的原因来看，交通事故、暴力袭警和积劳成疾是人民警察伤亡的主要原因。

第二节　刑事司法活动

一、公安机关的司法职能

公安机关依法行使刑事侦查权。在办理刑事案件时，公安机关应与人民法院、人民检察院分工负责、互相配合、互相制约，以保证准确有效地执行法律。

国家安全机关也具有国家公安机关的性质，主要是依法行使特殊侦查权，依法办理危害国家安全的重大刑事案件。

本节主要讨论公安机关的刑事司法职能。

二、立案数

根据《刑事诉讼法》第83、84条的规定，刑事诉讼中的立案，是指公安机关、人民检察院发现犯罪事实或者犯罪嫌疑人，或者公安机关、人民检察院、人民法院对于报案、控告、举报和自首的材料，以及自诉人起诉的材料，按照各自的管辖范围进行审查后，决定作为刑事案件进行侦查或者审判的一种诉讼活动。本节只讨论公安机关的立案情况。

运用立案数进行分析时，要注意以下几点：一是立案数与实际发生的案件数量是有差异的，也就是说不是每一件刑事案件都能被发现，总存在一些漏网之鱼；而且，立案数与最终被证明确有犯罪行为的案件数量也是有差异的，总存在一些应当立案而没有立案，或者不应当立案却被立案的现象。但是，只要立案的标准是相对稳定的，立案的数量与实际发生的案件数量以及最终被证明有犯罪行为的案件数量的比例就是相对稳定的。因此，立案数对于分析社会的犯罪形势、治安状况，还是具有基础性的衡量作用的。二是立案数是个绝对值。在运用立案数进行比较分析时，一定要注意对象之间的可比性，否则就会犯“不可比”的逻辑错误。如将我国的立案数与新加坡或瑞士的立案数进行比较，由于我国与后两者的人口规模差距太大，这样的比较显然无法得出有意义的结论。

根据《中国法律年鉴》历年公布的统计数据，我们整理得出表3—3中的基本数据；进一步地以表3—3为根据，绘出图3—2。对于改革开放以来立案数的变化，并结合相关的资料和数据，分析如下：

首先，总体来说，自从1981年以来，立案数是呈现逐年增长的趋势。如图3—2中的趋势线所示，增长的公式为：$y=183\ 138x-266\ 948$。在29年中，年平均增长率为6.8%。换言之，自从1981年以来，我国的立案数平均每年以6.8%的速度增长，持续增长了29年。

其次，立案数的变化呈现一定的阶段性，各阶段案件数量相对均衡。大致可以分为三个阶段。第一个阶段是1981年至1988年。基本特征是立案数总体水平较低，平均每年在65万件左右，还出现了一个先降后升的变化过程，转折点在1984年。第二个阶段是1989年至1999年。和第一个阶段相比，立案数有了较大的飞跃，平均每年的立案数从65万件左右跃升到160万件以上。且数量分布呈现一个马鞍形，前三年和后两年都在200万件左右，中间六年在160万件左右。第三个阶段是2000年至今。和第二个阶段相比，立案数有了更加迅猛的增长，从第二个阶段平均每年的160万件左右猛增到400万件以上。其中2000年略低于400万件，2009年则突破了500万件，创了改革开放以来立案数的最高值。

再次，个别年份立案数呈现爆炸性增长，但随后即稳定下来。改革开放以来，立案数爆炸性增长的年份是1989年和2000年。1989年立案数为197万多件，而1988年仅为82万多件，激增了一倍以上。2000年立案数为363万多件，而1999年不到225万件，也增长了50%以上。1989年立案数激增的原因主要在于，春夏之交的那场风波发端于北京，但波及全国，一些地方在某些时间内出现了社会无序状态。公安机关为制止社会动乱、恢复社会秩序，加大了刑事打击力度。而2000年立案数激增的原因则更加复杂，应该是多重因素作用的结果。如，1998年亚洲金融风暴给我国经济发展造成的不利影响还没有消除；又如，我国在加强对“法轮功”邪教组织违法犯罪行为打击的同时，也加大了对其他刑事犯罪的打击力度；再如，当时我国即将加入世界贸易组织，与国际社会接轨带来的社会转型的冲击逐渐凸显。

最后，“严打”并没有改变立案数不断增长的趋势。自1978年进行改革开放以来，针对恶化的社会治安状况，我国在1983年、1991年、1996年和2001年已经进行了四次大规模“严打”。在四次“严打”中，和之前的年份相比，“严打”当年的立案数并没有特别显著的提高。这种情况可能说明了两点：一是当年的总体立案数不高，但是其中严重危害社会治安的案件数量所占比例较高；二是“严打”并不意味着多立案，而是案件办理得“快”、“准”、“狠”。1983年“严打”效果较明显，立案数从1983年的61万多件下降到1984年的51万多件，立案数在此后4年保持在50万多件的水平；但1988年立案数量又开始大幅度上升，1991年达到236万多件，于是开始第二次“严打”。这次“严打”也取得明显效果，1992年立案数下降到158万多件，这次“严打”效果持续的时间较长，直到1997年都保持在160万多件的水平。1998年之后我国立案数又迅速攀升，1998年将近200万件，到2001年已经达到445万多件，而且持续保持在400万件以上的水平，2009年立案数又蹿升到近558万件。由此看来，“严打”在遏制治安形势恶化方面虽然起到一定的作用，但这种作用的持续时间越来越短，前几次“严打”的效果还能持续几年，而2000年以后，虽然对严重刑事犯罪一直保持“高压态势”，“严打”持续不断地进行，但社会治安的基本状况并没有得到明显的好转。

表 3—3　　1981—2009 年全国公安机关刑事立案和侦查情况统计

年份	立案数（起）	发案率（件/10 万人）	破案数（起）	破案率	年中人口（万人）
1981	890 281	89.6		73.1%	99 389
1982	748 476	74.2		77.4%	100 863
1983	610 478	59.7			102 331
1984	514 369	49.6		76.9%	103 683
1985	542 005	51.6		78.8%	105 104
1986	547 115	51.3		79.2%	106 679
1987	570 439	52.6		81.3%	108 404
1988	827 594	75.1	626 488	75.7%	110 163
1989	1 971 901	176.3	1 112 152	56.4%	111 865
1990	2 216 997	195.3	1 265 240	57.1%	113 519
1991	2 365 709	205.6	1 460 622	61.7%	115 078
1992	1 582 659	135.9	1 079 517	68.2%	116 497
1993	1 616 879	137.2	1 211 888	75.0%	117 844
1994	1 660 734	139.3	1 298 005	78.2%	119 184
1995	1 690 407	140.3	1 350 159	79.9%	120 486
1996	1 600 716	131.5	1 279 091	79.9%	121 755
1997	1 613 629	131.2	1 172 214	72.6%	123 008
1998	1 986 068	159.9	1 264 635	63.7%	124 218
1999	2 249 319	179.4	1 375 109	61.1%	125 360
2000	3 637 307	288.1	1 644 094	45.2%	126 246
2001	4 457 579	350.7	1 910 635	42.9%	127 105
2002	4 336 712	338.7	1 925 090	44.4%	128 040
2003	4 393 893	341.0	1 842 699	41.9%	128 840
2004	4 718 122	364.0	2 004 141	42.5%	129 608
2005	4 648 401	356.5	2 097 369	45.1%	130 372
2006	4 653 265	354.9	2 212 625	47.5%	131 102
2007	4 807 517	364.8			131 789
2008	4 884 960	368.8	2 400 566	49.1%	132 466
2009	5 579 915	419.1	2 447 515	43.8%	133 138

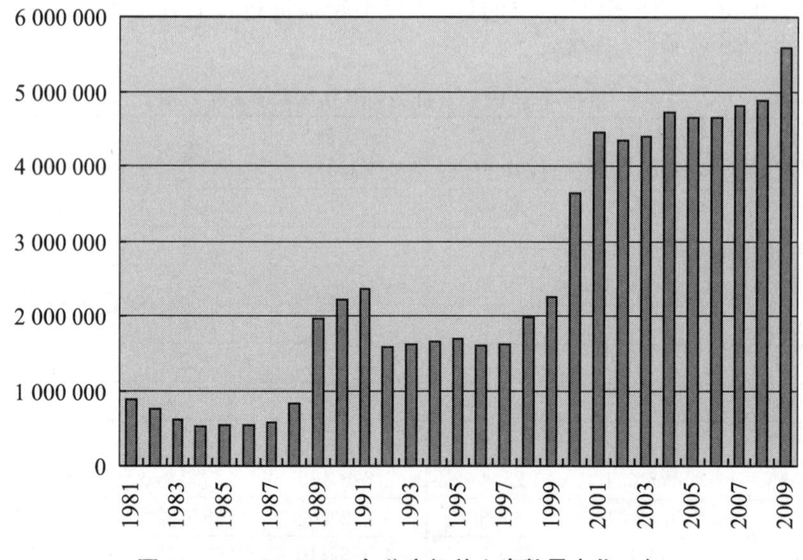

图3—2　1981—2009年公安机关立案数量变化（起）

三、发案率

发案率与立案数的关系，可以简单地比作人均GDP与GDP的关系。一个是相对值，一个是绝对值。只考虑其中一个数值，得到的结论就不全面。如我国GDP总量已经位居世界第二位，但绝对不能由此得出我国已经是发达国家的结论，因为我国的人口基数大，人均GDP的世界排名还比较靠后，还属于发展中国家。

因此，在进行立案数的历史比较时，还需要考虑人口增长这一因素。如果要进行比较精确的比较，就需要剔出人口增长因素的影响。如果要进行更加精确的比较，还需要考虑立案标准的变化因素。但是要根据立案标准的变化对数据进行调整非常复杂，也缺乏统计数据的支持。因此，在对发案率进行界定时，主要还是考虑人口增长的因素。

所谓发案率，是指每10万人口发生的刑事案件数，由每年的立案数除以人口数获得。发案率是个相对值，这就摆脱了用立案数这个绝对值进行比较时的种种局限。发案率这一指标除了用于更为精确的历史比较外，还可以用于不同国别之间的比较。通过比较不同国家的发案率，可以大致反映出不同国家的社会治安状况。综合考虑各个国家的发案率，还可以找出正常的发案率水平。如超出正常发案率水平，就表明社会治安状况有恶化的趋势。如果处于正常发案率水平之下，即使发案率在上升，也不能由此断定社会治安状况不断恶化的结论。

根据有关统计数据，我们计算得出表 3—3 中历年的发案率，以这些数据为基础，得出图 3—3。考察图 3—3，我们会发现，以发案率进行历史比较，同样可以得出立案数变化的四个特点。

但是，如果进一步分析数据，会发现发案率的变化与立案数的变化仍存在一定的差异，这就是增长的速度有所不同。发案率的增长速度较立案数有所减缓。即：在 1981—2009 年之间，发案率总体上也呈现增长的趋势，增长的函数为 $y=13.269x+0.3532$，年平均增长率为 5.7%，低于立案数的年平均增长率 6.8%。

一般认为，刑事犯罪与社会经济发展状况有很密切的联系。这里还考察一下发案率与国民经济发展的关系。根据有关统计资料，我们整理出 1981 年以来我国国民生产总值即 GDP 增长数据以及 GDP 增长率变化情况的数据，并分别制成图 3—4 和图 3—5。通过对比这些图表，可以看出，发案率的变化趋势与 GDP 增长的总体趋势是一致的。随着中国经济的不断发展，中国社会也在发生翻天覆地的变化，不断由闭塞走向开放，人口流动越来越频繁，利益分化与冲突也不断增加，必然会带来发案率一定程度的上升。但是发案率的增长速度与 GDP 的增长速度不是成正比的，而是远远低于 GDP 的增长速度。以最高值与最低值的比较为例。发案率最高值出现在 2009 年，为 419.1 件/10 万人，最低值在 1984 年，为 49.6 件/10 万人，前者是后者 8.4 倍。GDP 最高值为 2009 年的 340 903 亿元，比最低值的 1981 年 4 891.6 亿元，增长了接近 69 倍。

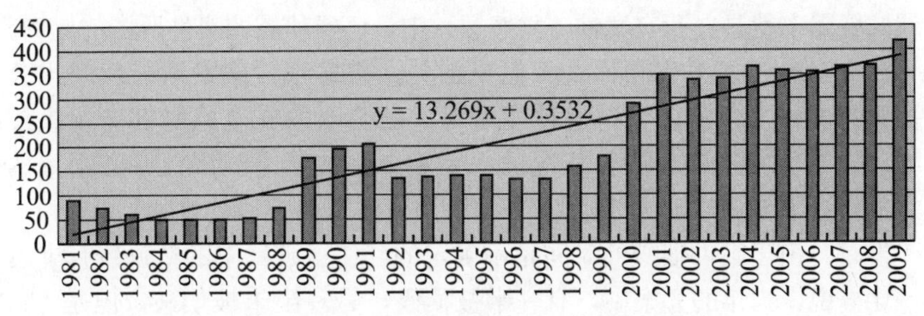

图 3—3 1981—2009 年发案率变化（件/10 万人）

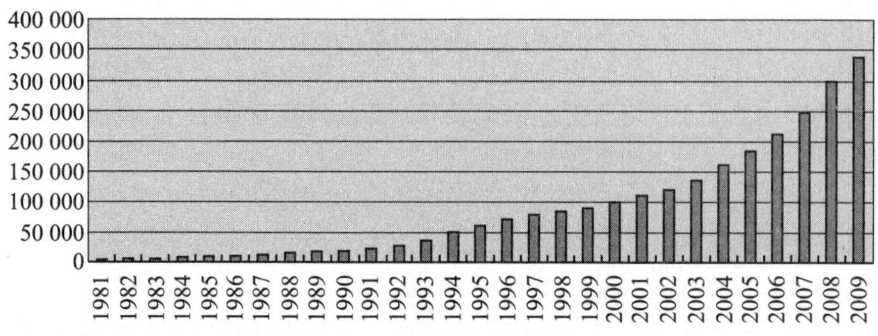

图 3—4　1981—2009 年中国 GDP 增长（亿元）

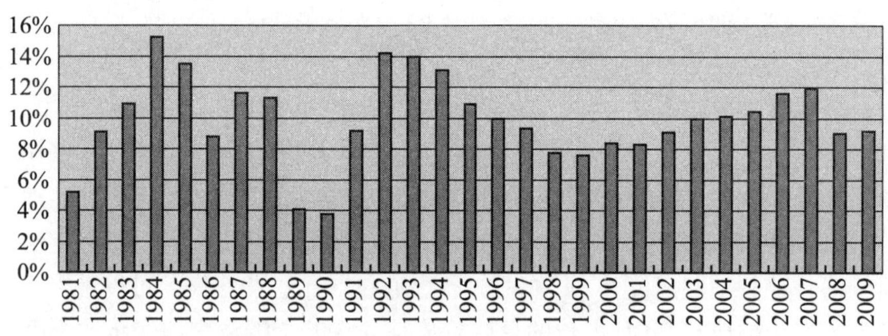

图 3—5　1981—2009 年中国 GDP 增长率变化

四、破案率

根据公安部《公安机关办理刑事案件程序规定（修正）》，破案应当具备下列条件：(1) 犯罪事实已有证据证明；(2) 有证据证明犯罪事实是犯罪嫌疑人实施的；(3) 犯罪嫌疑人或者主要犯罪嫌疑人已经归案。在司法统计中，所谓的破案率就是在所有案件（立案数）中，已经侦破的案件所占的比例。

和立案数、发案率相比，人们更加关注破案率。破案率能反映出公安机关和犯罪作斗争的能力，这种能力对一般公众的安全感能够产生重要的影响。而安全感是社会治安状况的一个重要组成部分。因此，破案率的变化将直接影响到人们对社会治安状况以及公安机关效能的评价。

但是，由于案件侦破的时间是不确定的，使得破案率的精确统计非常困难。比方说，当年的立案中，有一半被侦破，另一半未被侦破，但是，这只是“尚未”侦破而已，可能会在下一年，或者再下一年得到侦破。为了解决这一问题，在司法统计上采取了近似的办法：用当年的破案数除以当年的立案数，得到破案率。其中的原理是：虽然当年的立案中有一些会在将来得到侦破，但是当年的侦破案件中也有前一年、前几年的陈案，如果每年的立案数变化幅度不是很大的话，前后抵消，大致能够反映出破案率的真实水平。

破案率与发案率是反映或评价社会治安状况两个重要的指标。其中破案率与社会治安状况的好坏成反比，破案率越高，社会治安状况越好，反之亦然。而发案率与社会治安状况的好坏则成正比，发案率越高，社会治安状况越严峻，反之亦然。

破案率与立案数则是用来评价公安机关履行工作职责的两个重要指标。立案数主要是从“量”的角度来考核。立案数越多，说明公安机关的工作负荷越重。破案率则主要是从“质”的角度出发来考核。破案率越高，说明公安机关的工作能力越强，工作效能越高。当然，立案数如果结合公安机关干警数量、经费状况等因素分析，也可以成为一个“质”的评价指标。

根据表 3—3 中破案数的基础数据，得出图 3—6，显示了自 1981 年以来的破案率水平及其变化。同时，为了便利于与立案数、发案率进行直观的比较，我们制作了图 3—7。由于破案率与立案数、发案率的基数差异太大，我们进行了一定的技术调整。破案率去除了百分比，立案数调整为以万件为单位，发案率保持不变，仍以件/10 万人为单位。

根据图 3—6、图 3—7 所显示的数据和曲线，我们对改革开放以来全国公安机关破案率的变化情况作出如下分析：

首先，从总体而言，自 1981 年以来，破案率呈现出缓慢下降的态势。虽然 20 世纪 90 年代中期，破案率也曾在下降后出现比较明显的反弹，但进入 2000 年以后，这种反弹的趋势已经不复存在了。破案率下降的趋势线函数为 $y=-0.014\,1x+0.841\,2$。从 1981—2009 年整体时间跨度看，破案率以年平均 2%的比例缓慢下降，持续至今。

其次，以 2000 年为分界点，破案率水平出现了明显的下降。2000 年以前，破案率始终在 50%以上的水平，最高年份为 1987 年，达到了 81.3%，最低年份为 1989 年，为 56.4%。除 1989 年、1990 年以外（1983 年无统计数据，不予考虑），破案率都在 60%以上，1981—1988 年，1993—1997 年，破案率更是保持在 70%以上。2000 年破案率从 1999 年的 61.1%急剧下降到 45.2%。此后破案率就一直保持在 50%以下的低水平。其中 2003 年，破案率降至历史的最低水平，为 41.9%。2003 年以后破案率出现了稍微的反弹，但始终未再突破 50%的大关。2009 年破案率又转而下降，从 2008 年的 49.1%再次降至 43.8%。

再次，自 1981 年以来，破案率出现过两次显著的下降，一次是在 1989 年，另一次是在 2000 年。在 1989 年，破案率从 1988 年的 75.7%急剧下降到 56.4%，较低水平的破案率持续了大致 3 年。之所以发生这种急剧下降，和破案率的计算方式有关。通常情况下，当年的案件有相当一部分在当年破不了，所以，如果某一年的案件数突然急剧增加，那么当年的未破案件数量也会增加，相应地，破案率就会降低。如图 3—7 所示，在 1989—1991 年这三年中，立案数、发案率急剧增加，导致当年未破案件数也急剧增加，从而降低了破案率。1992 年后，立案数、发案率出现明显的下降，直至 20 世纪 90 年代末都保持在一个相对稳定的水平，破案率随之恢复到 1988 年以前的水平。1997 年以后，破案率再度持续下降，在 2000 年更是急剧下降，达到一个非常低的水平，只有 45.2%，此后数年一直保持在 50%以下的水平。这种变化的一个原因和 1989 年的下降是一样的，就是 1998—2001 年这四年，立案数、发案率持续增长，2000 年以后则一直维持在较高水平，导致未破案件数持续增加。

最后，1989 年破案率急剧下降后曾逐渐恢复到以前的高水平，但 2000 年破案率下降后却一直保持在 50%以下的低水平上。虽然两者破案率下降的原因大体相同，但破案率恢复的情况却明显不同。前者得以恢复的原因在于，1992 年立案数、发案率出现了下降，并连续多年趋于平稳，这样 1989—1991 年案件高发时期积压的未破案件的影响逐渐消除了。而后者，从 2003—2008 年破案率略有回升的情况，也可以看出 2000—2001 年案件高发时积压的未破案件的影响也逐渐消除，但由于 2000 年后立案数、发案率始终高居不下，所以后者破案率始终保持在 50%以下的低水平上。从 2003—2008 年破案率恢复较缓，还可以看出，如果公安机关的破案能力保持在相对稳定的水平上，破案率始终无法恢复的原因很可能是立案数、发案率已经接近或超出了公安机关的现有负荷能力。

还应该指出，破案率的变化和立案标准之间的关系。在一段时间公安机关的立案标准不是以报案为依据，而是以破案为依据，所谓“不破不立”。这样就导致破案率极高，常常达到 70%以上的水平。2000 年 5 月公安部发布《关于采取有力措施坚决纠正刑事案件立案不实问题的通知》，强调公安机关政绩考核的中心从破案率为主转移到多方面的综合考评，这样才从方法上纠正了破案率的不实数字。

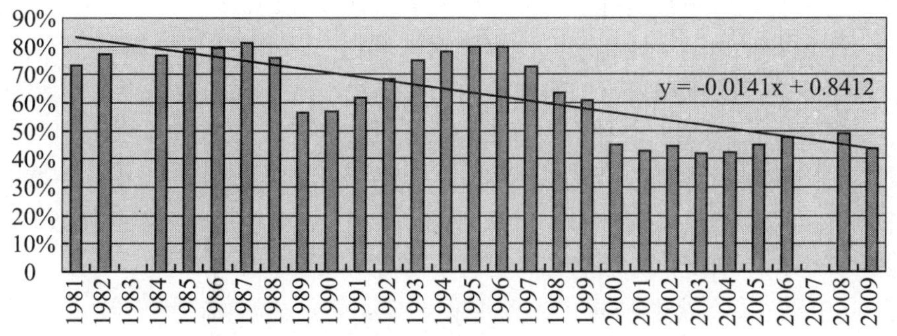

图 3—6　1981—2009 年全国公安机关破案率及其变化

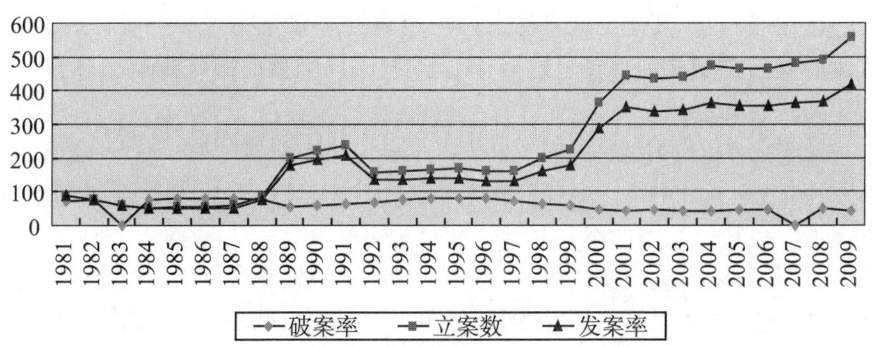

图 3—7　1981—2009 年全国公安机关破案率、立案数和发案率对比

五、刑事案件的构成

刑事案件构成与刑法学中的犯罪构成是两个完全不同的概念。犯罪构成是指决定某一具体行为是否构成犯罪所必需的主观和客观要件。我们所要描述的刑事案件构成则是指立案数中所包括的具体案件类型，以及各种类型所占的比例。

刑法及其修正案所确定的罪名是刑事案件类型划分的基础。根据罪名的不同，刑事案件又可以划分为多种类型。但罪名和案件类型不是一一对应的关系。有时一个罪名构成一类案件，有时多个罪名构成一类案件。

1997 年修订刑法施行后，最高人民检察院发布《关于适用刑法分则规定的犯罪的罪名的意见》，共确定了 414 个罪名。此后，全国人民代表大会常务委员会先后颁布施行了 8 个《刑法修正案》。根据《刑法修正案》的规定，最高人民法院、最高人民检察院对罪名进行了增减、修改，先后共同发布了 5 个《关于执行〈中华人民共和国刑法〉确定罪名的补充规定》。其中，2002 年，新增 6 个罪名，同时减少 2 个旧罪名。2003 年，新增 4 个罪名。2007 年，新增 14 个罪名。2009 年，新增 9 个罪名。2011 年，新增 10 个罪名。截至目前，刑法分则共有罪名 452 个。因为法律在不断修改，司法解释也在不断变化，罪名种类也将不断有所调整。

《中国法律年鉴》所提供的各年度全国公安机关立案的刑事案件分类统计表中，将案件划分为 10 种，包括杀人、伤害、抢劫、强奸、拐卖妇女儿童、盗窃、财产诈骗、走私、伪造、变造货币（含出售、购买、运输、持有、使用假币）、其他。这里的案件类型划分主要是为了分类统计的需要，实际的案件类型要远远多于这 10 种。这些不同类型的案件数量的总和，构成了司法统计中的“立案数”。

对于众多案件类型，我们这里只描述杀人、伤害、抢劫、强奸、盗窃、诈骗六种类型。这六种案件具有三个共同特点：一是它们都是直接危害社会治安的案件，和其他类型的案件相比，社会危害性较大；二是自从 1981 年以来(1983 年除外)，一直有完整的司法统计，为历史对比考察提供了可能；三是六种案件古已有之，都属于一般民众所熟知的案件，也是一般民众比较关注和容易理解的案件。根据《中国法律年鉴》历年各卷的有关统计资料，我们整理出 1981—2009 年全国公安机关刑事立案构成数据，如表 3—4 所示，以及以此表为基础得出图 3—8、图 3—9、图 3—10、图 3—11、图 3—12、图 3—13。通过这些图表，并结合相关材料，我们可以分析得出如下初步结论：

第一，六种案件所占总立案数的比例非常大。其中又以盗窃案件为主。鉴于盗窃案件在刑事案件构成中的突出地位，下文将进行专门分析。如图 3—8所示，六种案件的数量占立案总数的绝大多数，最高时在 1989 年，占到 95.6%；最低时在 2001 年，也占到 82.4%。但在 452 种罪名中，六种案件却只占了 9 种（即故意杀人罪、过失致人死亡罪、故意伤害罪、过失致人重伤罪、强奸罪、抢劫罪、盗窃罪、诈骗罪）。正是由于这种高比例，通过对这六种案件进行分析，可以大体了解和把握我国一定时期内的犯罪形势和治安状况。司法统计中将这六种案件单列出来，还是非常有道理的，可以在一定意义上反映出这六种案件在数量上的重要性，以及对社会治安状况评价所具备的典型性、代表性和指标性作用。

表 3—4　　　　1981—2009 年全国公安机关刑事立案的构成（起）

	立案数	其中							
		杀人	伤害	抢劫	强奸	杀人、伤害、抢劫、强奸四种暴力犯罪案件之和	盗窃	诈骗	杀人、伤害、抢劫、强奸、盗窃、诈骗六种案件之和
1981	890 281	9 576	21 499	22 266	30 808	84 149	744 374	18 665	847 188
1982	748 476	9 324	20 298	16 518	35 361	81 501	609 481	17 707	708 689
1983	610 478					0			
1984	51 4369	9 021	14 526	7 273	44 630	75 450	395 319	13 479	484 248
1985	542 005	10 440	15 586	8 801	37 712	72 539	431 323	13 157	517 019
1986	547 115	11 510	18 364	12 124	39 121	81 119	425 845	14 663	521 627
1987	570 439	13 154	21 727	18 775	37 225	90 881	435 235	14 693	540 809
1988	827 594	15 959	26 639	36 318	34 120	113 036	658 683	18 857	790 576
1989	197 1901	19 690	35 931	72 881	40 999	169 501	1 673 222	42 581	1 885 304
1990	2 216 997	21 214	45 200	82 361	47 782	196 557	1 860 793	54 719	2 112 069
1991	2 365 709	23 199	57 498	105 132	50 331	236 160	1 922 506	60 174	2 218 840
1992	1 582 659	24 132	59 901	125 092	49 829	258 954	1 142 556	46 991	1 448 501
1993	1 616 879	25 380	64 595	152 102	47 033	289 110	1 122 105	50 644	1 461 859
1994	1 660 734	26 553	67 864	159 253	44 118	297 788	1 133 682	57 706	1 489 176
1995	1 690 407	27 356	72 259	164 478	41 823	305 916	1 132 789	64 047	1 502 752
1996	1 600 716	25 411	68 992	151 147	42 820	288 370	1 043 982	69 688	1 402 040
1997	1 613 629	26 070	69 071	141 514	40 699	277 354	1 058 110	78 284	1 413 748
1998	1 986 068	27 670	80 862	175 116	40 967	324 615	1 296 988	83 080	1 704 683
1999	2 249 319	27 426	92 772	198 607	39 435	358 240	1 447 390	93 192	1 898 822
2000	3 637 307	28 429	12 0778	309 818	35 819	494 844	2 373 696	152 614	3 021 154
2001	4 457 579	27 501	138 100	352 216	40 600	558 417	2 924 512	190 854	3 673 783
2002	4 336 712	26 276	141 825	354 926	38 209	561 236	2 861 727	191 188	3 614 151
2003	4 393 893	24 393	145 485	340 077	40 088	550 043	2 940 598	193 665	3 684 306
2004	4 7181 22	24 711	148 623	341 908	36 175	551 417	3 212 822	205 844	3 970 083
2005	4 648 401	20 770	155 056	332 196	33 710	541 732	3 158 763	203 083	3 903 578
2006	4 653 265	17 936	160 964	309 872	32 352	521 124	3 143 863	213 648	3 878 635
2007	4 807 517	16 119	167 207	292 549	31 883	507 758	3 268 670	239 698	4 016 126
2008	4 884 960	14 811	160 429	276 372	30 248	481 860	3 399 600	273 763	4 155 223
2009	5 579 915	14 667	172 840	283 243	33 286	504 036	3 888 579	381 432	4 774 047

资料来源：《中国法律年鉴》1987—2010 年各年版本。

第二，六种案件在立案总数中所占的比例总体是呈下降趋势的，但不同历史时期表现出一些不同的特点。从 1981 年到 1990 年，六种案件所占比例

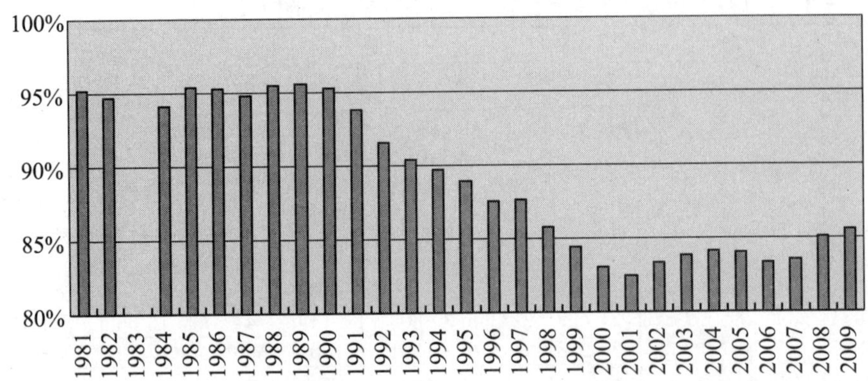

图 3—8 六种危害社会治安案件所占比例（1981—2009 年）

基本上保持在 95%左右的较高水平上。1989 年所占比例达到历史峰值 95.6%，2001 年所占比例出现最低值 82.4%，这期间，六种案件所占比例出现明显的下降趋势。自 2001 年至今，六种案件所占比例下降趋势得以改变，基本处于一个相对稳定的水平上，并略有反弹。1989—2001 年六种案件所占比例出现明显下降，不能简单地归结于，是由于 1992—1998 年六种案件数量出现明显下降造成的，因为同时期立案数也出现了明显的下降。所以所占比例的下降说明，1989 年以后，其他的刑事案件增长更快。到 2001 年，其他刑事案件的数量达到历史峰值。之后，六种案件所占比例稳中略升，说明其他刑事案件的增长速度已经放缓，与六种案件的增长相比基本持平或略低一点。从六种案件所占比例的变化还可以看出，在 1990 年以前和 2001 年以后，立案数的变化，基本上也反映了六种案件数量的变化；但 1990 年到 2001 年，立案数的变化除部分源于六种案件外，部分还源于其他刑事案件，其他刑事案件的重要性逐渐显现出来并持续至今。当然，六种案件的影响由于基数的作用仍然是主要因素。在 20 世纪 90 年代其他刑事犯罪，包括新型犯罪数量的增长更快的原因在于，20 世纪 90 年代我国正处于从传统计划经济体制向市场经济体制转型的时期，经济在高速发展，虽然立案数、发案率明显下降，但由于社会流动、利益冲突加剧，大量新型的社会关系不断涌现，导致刑事案件类型中其他刑事案件比例的增长速度相对于六种案件出现了明显的提高。

第三，六种案件数量的变化趋势与立案总数的变化趋势是十分接近的。如图 3—9 所示，代表立案总数变化和代表六种案件数量变化的两条折线，其变化轨迹和增长趋势基本一致。在 1989 年之前，代表六种案件数量变化的折线略低于代表立案总数变化的折线，在 1989 年至 2001 年，两条折线之间的距离有所加大。2001 年后，之两条折线之间基本保持相对稳定的距离。另外，如图 3—10 所示，在 1981—2009 年间，六种案件的数量变化趋势，也表现出和立案数、发案率变化趋势相类似的四个特点，总体呈现一种逐年增长的态势。其增长的趋势线函数为 $y=150\ 619x-122\ 436$。但六种案件的数量增长与立案数、发案率略有不同，其年平均增长率为 6.4%，略低于立案总数的 6.8%，但高于发案率的 5.7%。

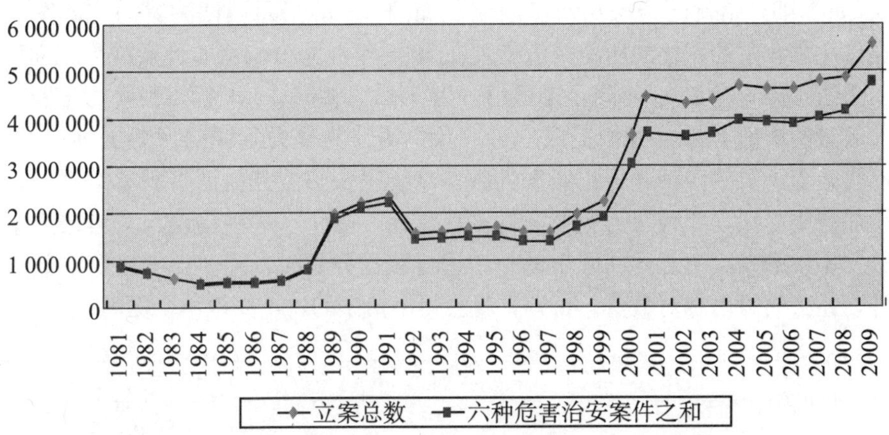

图 3—9　立案总数和六种治安案件数量对比（1981—2009 年）

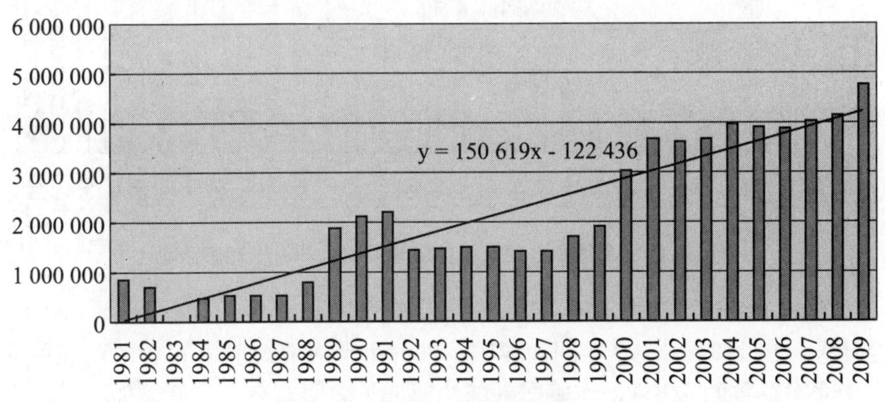

图 3—10　六种危害社会治安案件数量变化趋势（1981—2009 年）

第四，暴力性质的、侵害人身安全的案件迅猛增长的势头得到了初步的遏制。根据其性质，六种案件可以进一步归纳为两种类型：杀人、伤害、抢劫、强奸是暴力性质的、侵害人身安全的犯罪，盗窃、诈骗是非暴力的、侵害财产权益的案件。如图 3—11 所示，前者这四种暴力犯罪案件在 2001 年之前呈现异常迅猛的增长态势，年平均增长率为 9.9%，远高于同期发案率 7.1%的年增长率和立案数 8.4%的年增长率。但如果从数量看，从 2001 年以来，四种暴力犯罪案件的数量趋于稳定，并出现缓慢下降的态势。这说明 21 世纪以来，暴力犯罪案件迅猛增长的势头得到了初步的遏制。如果从四种暴力犯罪案件在立案总数中所占的比例来看，四种暴力犯罪案件则从 1996 年开始就已经得到初步遏制。如图 3—12 所示，四种暴力犯罪案件在立案总数中的占比的历史峰值出现在 1995 年，为 18.1%，此后就呈现逐年下降的态势，在 2009 年降至最低值，为 9%。1996—2001 年四种暴力犯罪案件数量的增加容易给我们造成一种假象，误认为暴力犯罪的形势更加严峻，而实际上，虽然四种暴力犯罪案件数量增长很快，但其他刑事犯罪案件数量增加势头更猛，四种暴力犯罪案件占比反而下降了。这种错误与只考虑立案数、不考虑发案率是异曲同工的。在进行数据分析时，除了要考虑绝对数量外，还必须考虑相对数量，否则，就会得出错误的，至少是不全面的结论。

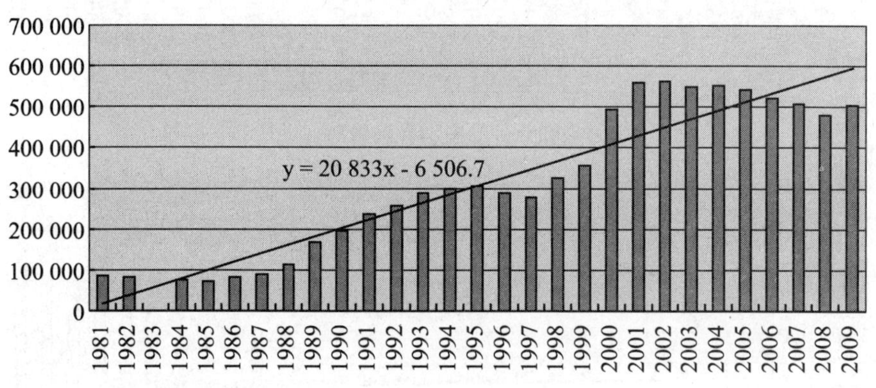

图 3—11　四种暴力犯罪案件数量变化（1981—2009 年）

第五，诈骗案件增长速度大于立案总数增长速度。如图 3—13 所示，经计算，在 1981—2009 年间，诈骗案件的年平均增长率是 11.4%，显著地高于立案总数的 6.8%。诈骗案件的快速增长表明，在人口流动加剧的陌生人社会中，人与人之间相互控制的手段越来越弱；同时也表明，社会信任日益式微的一个原因是不断被骗的经历。在陌生人社会，最大的问题是信息不对称，人们缺乏获得足够信息的渠道和手段。而这种信息不对称，反

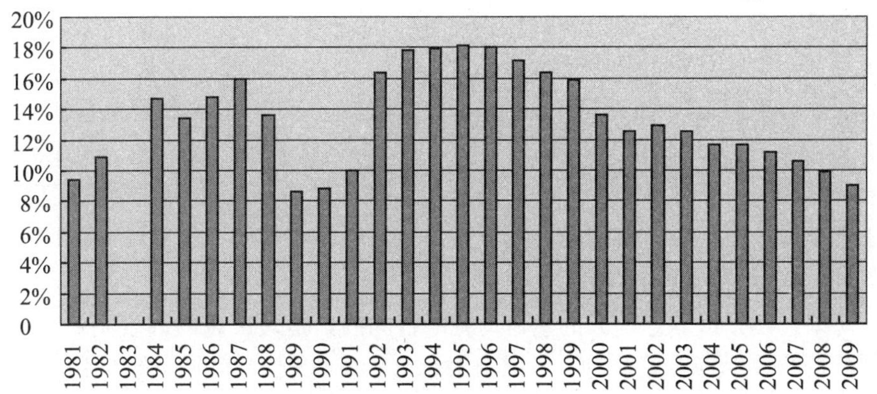

图 3—12 四种暴力犯罪案件数量所占比例（1981—2009 年）

过来助长了社会的诚信危机。政府信息不公开、企业财务信息造假、个人招摇撞骗，这些看似风马牛不相及的事情，其实问题的本质是一致的。要改变社会上普遍存在的不信任感，就要倡导“阳光社会”，避免暗箱操作，否则尔虞我诈，道貌岸然的骗子还会大行其道。只依靠几个网友的“人肉搜索”是挽救不了社会的诚信危机的。

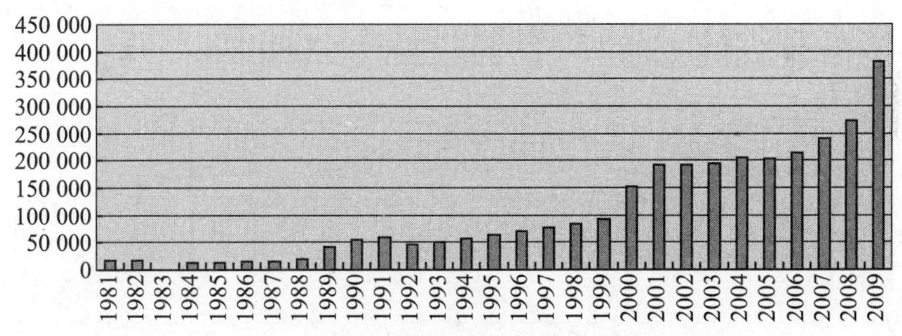

图 3—13 诈骗案件数量变化（1981—2009 年）

六、对四种暴力犯罪的专门分析

人们一般认为，暴力性质的、侵害人身安全的犯罪对社会治安的危害比其他犯罪案件更为严重[①]，因此，尽管四种暴力犯罪案件在立案总数中的

① 公共安全案件可能对治安的危害更为严重，但是，这种案件的比例微乎其微。

比例并不高，但仍应值得我们特别关注。前面对四种暴力犯罪案件总体数量及其在立案总数中所占比例进行了分析。但其总体数量变化趋势与各具体的暴力犯罪案件相比，还是有差别的。我们以表 3—4 的数据为基础，制作了图 3—14、图 3—15、图 3—16、图 3—17、图 3—18、图 3—19、图 3—20、图 3—21、图 3—22。通过这些图表，结合前文对四种暴力案件的总体分析，对各种具体的暴力犯罪案件的发展趋势作如下简要说明：

1. 关于杀人案件

杀人案是以剥夺他人的生命为犯罪目的的，是最严重的刑事犯罪行为。其数量的多少直接关系到一般民众对社会治安状况好坏的感受和评价。如图 3—14 所示，和四种暴力犯罪案件总量相比，杀人案件数量很小。在 2001 年之前，四种暴力犯罪案件的数量增长非常迅猛，年平均增长率达到 9.9%。而同期杀人案件的数量，年平均增长率只有 5.4%，不仅远低于四种暴力犯罪案件总量的增长，也低于同期立案数和发案率的增长。2001 年之后，四种暴力犯罪案件得到了初步的遏制，数量趋于稳定并略有下降，而同期杀人案件的数量则出现了明显的回落，如图 3—15 所示。中国自古以来就强调“人命关天”，公安机关也一直强调“命案必破”，从杀人案数量变化看，还是收到了一定的成效。在改革开放以来立案数、发案率总体上持续增长、社会治安状况日益严峻的情况下，命案得到一定程度的控制至少可以给人们些许的心理安慰。

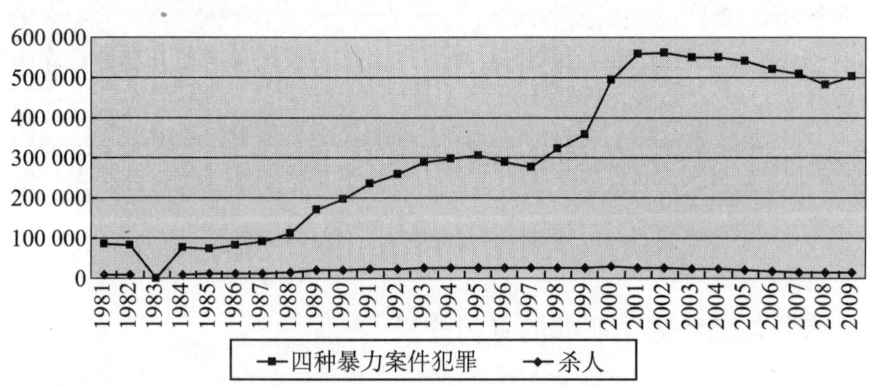

图 3—14　杀人案件与四种暴力犯罪案件总数的比较（1981—2009 年）

2. 关于强奸案件

强奸案绝大多数是针对女性的犯罪活动，也存在个别对男性的犯罪，

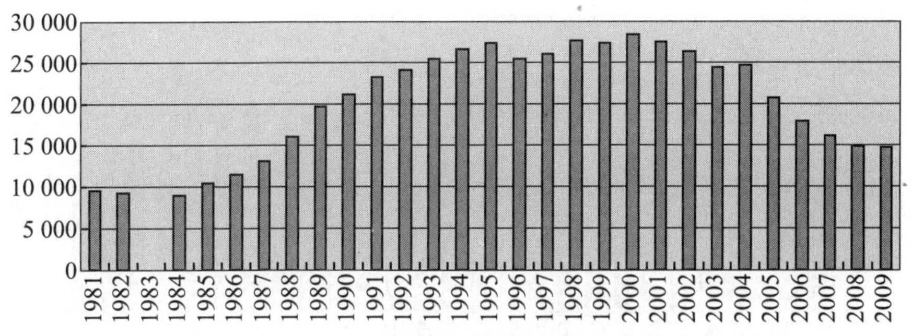

图 3—15　杀人案件数量变化（1981—2009 年）

是极其严重的刑事犯罪活动。如图 3—16 所示，和四种暴力犯罪案件总量相比，强奸案的数量也较小。在 2001 年之前，四种暴力犯罪案件迅猛增长时，强奸案的数量就已经得到了初步遏制，从 1991 年强奸案数量达到历史峰值 50 331 起以来，其数量就呈现稳步而持续的下降，已经和改革开放初期的案发水平接近，如图 3—17 所示。

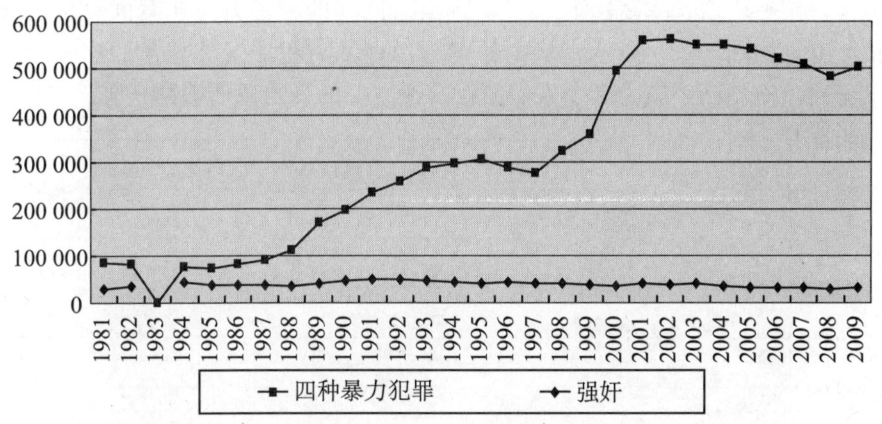

图 3—16　强奸案件与四种暴力案件数量的比较（1981—2009 年）

3. 关于抢劫案件

抢劫案是以暴力侵害他人财产权益的犯罪行为。古代一直将抢劫案与杀人案并举，即所谓的“杀人越货”。抢劫案的多少直接关系到人们的财产安全能否得到保护，是衡量社会治安状况好坏的重要指标。如图 3—18 所示，抢劫案数量的变化趋势与四种暴力犯罪案件的变化趋势基本是一致的。从 1988 年以来，抢劫案就逐渐成为最主要的暴力犯罪案件。四种暴力犯罪

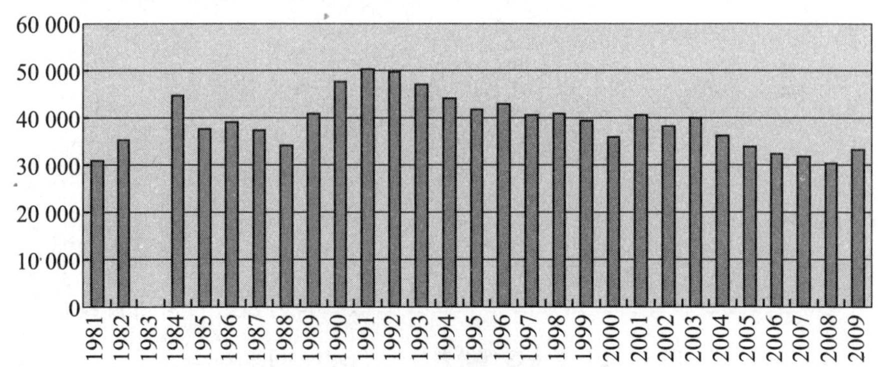

图 3—17　强奸案件数量变化（1981—2009 年）

案件总量的变化越来越取决于抢劫案数量的变化。在 2001 年之后，抢劫案的数量得到初步遏制，出现平缓回落，与之相对应，四种暴力犯罪案件总量的变化也出现同样的态势。在 2001 年之前，和四种暴力犯罪案件总量一样，抢劫案也出现了较大幅度的增长，相比之下，抢劫案数量的增长更加迅猛，年平均增长率高达 14.8%，远高于同期四种暴力犯罪案件总量的增长速度，如图 3—19 所示。从抢劫案与四种暴力犯罪案件总量的比较，可以看出，抢劫已经成为当今人们面对的最主要的暴力犯罪威胁来源。

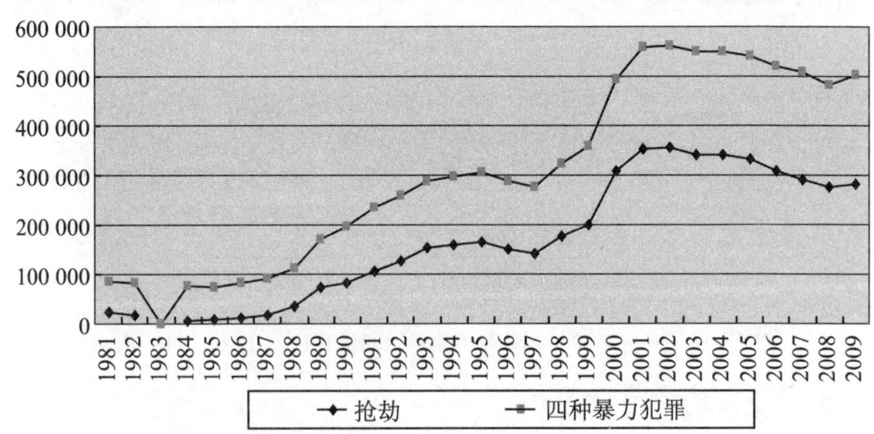

图 3—18　抢劫案件与四种暴力犯罪案件数量变化（1981—2009 年）

4. 关于伤害案件

伤害案是针对人身安全的犯罪行为。如图 3—20 所示，伤害案在四种暴力犯罪案件中的比重稳步增加。和四种暴力犯罪案件总量的变化趋势有

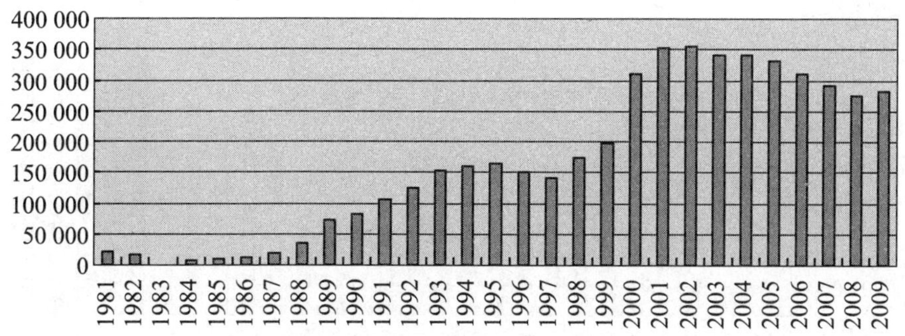

图 3—19　抢劫案件数量变化（1981—2009 年）

所不同，在 2001 年之后伤害案的数量并没有出现缓慢下降的态势，而是继续稳步增长。自 1981 年以来，伤害案数量就以年平均 7.7%的增长率递增，持续至今，2009 年伤害案数量突破 17 万件，为历史最高值，如图 3—21 所示。和四种暴力犯罪案件的总量比较，可以看出，伤害已经成为当今人们面临的仅次于抢劫的重要暴力犯罪威胁来源。

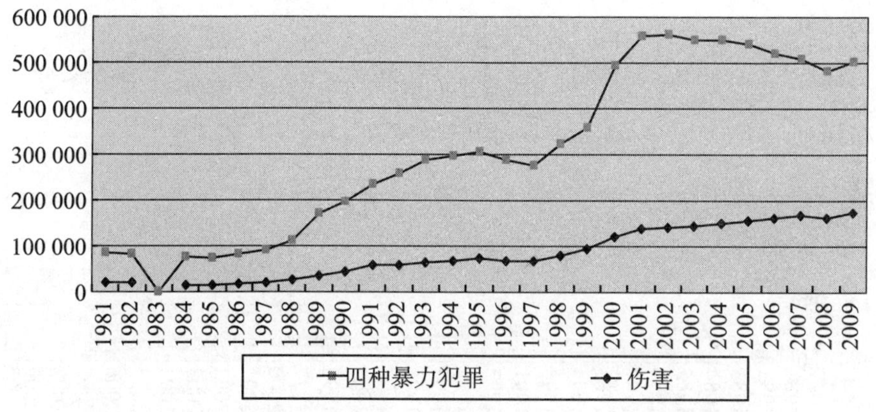

图 3—20　伤害案件与四种暴力犯罪案件数量比较（1981—2009 年）

5. 四种暴力犯罪案件综合评析

自改革开放以来，四种暴力犯罪案件的危害性程度是有所变化的。在 20 世纪 80 年代四种暴力犯罪案件总体数量水平较低时，强奸案是最主要的暴力犯罪案件，其次是伤害案，再次是抢劫案，最后是杀人案，1984 年、1985 年抢劫案的数量甚至低于杀人案。1988 年，抢劫案超越强奸案，成为最主要的暴力犯罪案件，并从此一马当先，与其他暴力犯罪案件的数量距离越来越大，

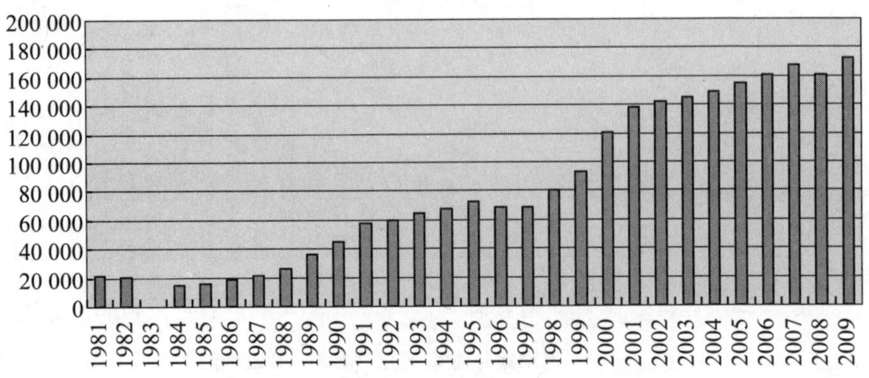

图 3—21　伤害案件数量变化（1981—2009 年）

直至 2001 年。1991 年，伤害案超越强奸案，成为仅次于抢劫案的暴力犯罪案件。从此，在四种暴力犯罪案件中，抢劫、伤害、强奸、杀人案，数量依次递减案，次序至今始终未变。2001 年以后，伤害案数量继续稳步增长，而抢劫案数量出现一定的回落，两者之间的数量差距有逐渐缩小的趋势。

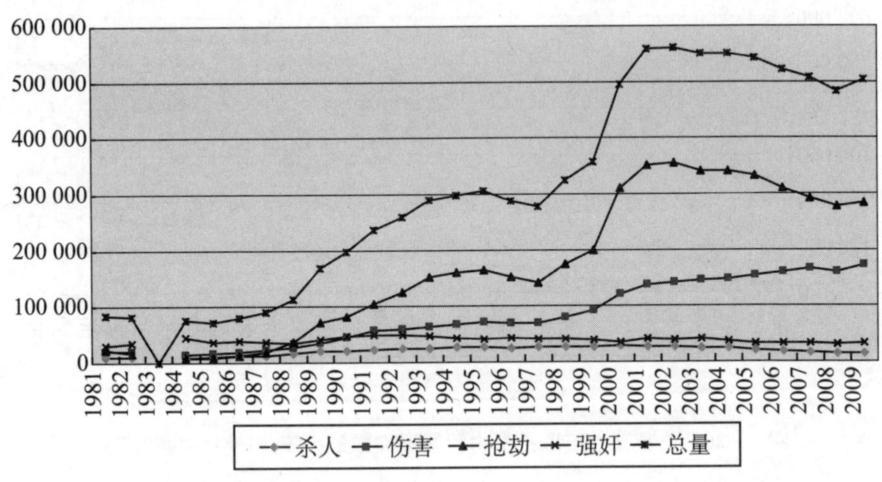

图 3—22　四种暴力犯罪案件数量比较（1981—2009 年）

七、对盗窃案的专门分析

我们将盗窃案件从“犯罪案件构成”拿出来专门予以考察，主要是基于盗窃案件的特殊地位。如图 3—23 所示，盗窃案件在立案总数中，自 1981 年以来，始终占据绝大多数的份额。具体地说，盗窃案件在最高时占到立案总数的 84.9%（1989 年），最低时也占到 64.3%（1999 年），平均占到 69.6%。如果考虑到我国现有罪名有 445 个之多，盗窃案以一个罪名，却占了立案总数这么大的比例，确实是很惊人的。这说明，相比其他刑事犯罪案件，盗窃案既容易发生，又容易被发现、被侦破。套用电影《天下无贼》中的一句话，这种犯罪“一点技术含量都没有”。这种“低门槛”也是盗窃案高发的重要原因。同时，和四种暴力犯罪案件相比，盗窃案的社会危害性相对较小，处罚的力度较小，对犯罪分子的威慑力也不足。初犯者一般心存侥幸，惯犯则无所忌惮。当然，深究起来，盗窃案的发生，原因还是很复杂的。总而言之，盗窃案是最普通的刑事犯罪，被偷的经历对每个人来说都不是罕见的事情。

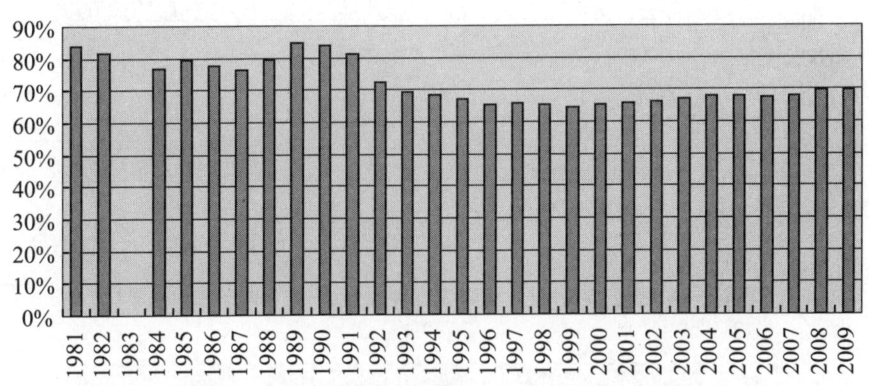

图 3—23　盗窃案件所占立案总数的比例（1981—2009 年）

盗窃案数量庞大，只看总量，必然偏颇，应适当注意个案之间的差异。在《中国法律年鉴》中，盗窃案件是唯一作了分类统计的案件类型。但分类统计的指标是有所变化的。在 1988 年之前，在盗窃案总量中，另行统计了严重盗窃案数量。1988 年起，又增加了统计盗窃自行车的数量。自 2000 年，不再统计严重盗窃和盗窃自行车案件的数量，转而统计入室盗窃和盗窃机动车案件的数量。这种统计指标的变化也反映了我国社会经济面貌的变化。从统计严重盗窃到统计入室盗窃，体现了以人为本的理念，因为，入室盗窃不仅侵害他人财产安全，还可能构成对他人人身安全的侵害，比单纯从数量上区分严重与否，更具有人文关怀。而从统计盗窃自行车转为统计盗窃机动车，更反映了我国经济发展的情况，因为，随着国力的增强和人们生活水平的提高，自行车已经很少具有财富的意义了，统计盗窃机动车更能反映出社会进步的情况。我们在整理盗窃案分类统计的数据后，制作了图 3—24、图 3—25、图 3—26。通过这些图表，我们可以看出，2001 年以后，入室盗窃案件的数量得到遏制，但其他盗窃案件数量有增加的趋势。盗窃自行车案件从 1991 年高峰时的 60 多万件降到 1999 年不足 5 万件，基本已经失去了统计的价值，但盗窃机动车案件的数量已经接近和超过了盗窃自行车案件高发时的水平。

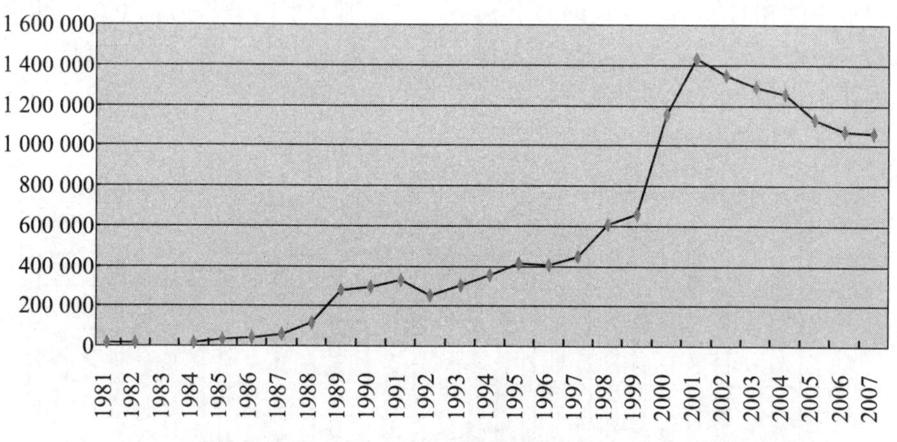

图 3—24　严重盗窃与入室盗窃案件数量变化（1981—2007 年）

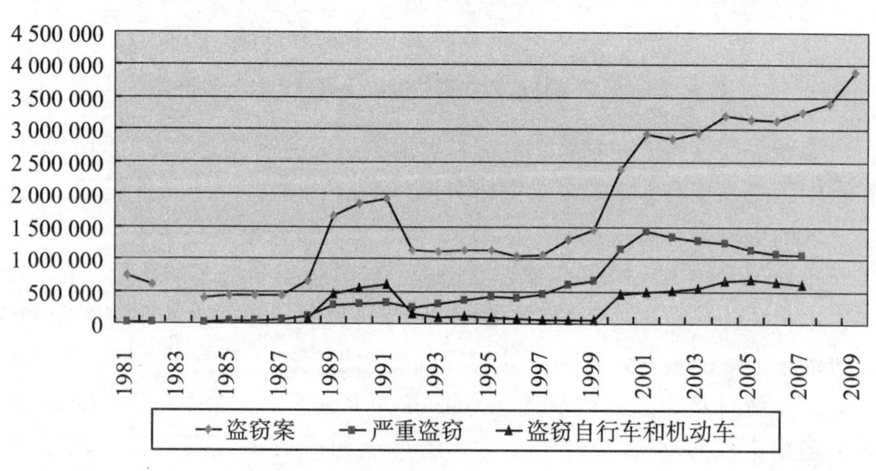

图 3—25　盗窃案件分类比较（1981—2009 年）

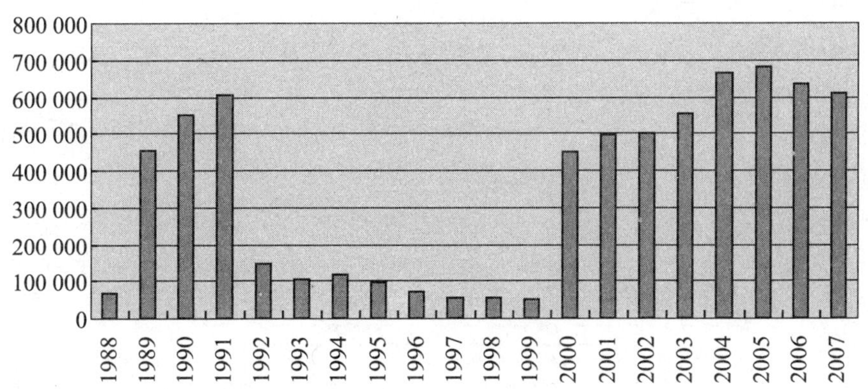

图 3—26　盗窃自行车和机动车案件数量变化（1981—2007 年）

我们根据表 3—4 中的数据，还制作了图 3—27、图 3—28。在比较立案数与盗窃案数量差距的基础上，制作了图 3—29。如图 3—27、图 3—28 所示，盗窃案数量的变化与立案数的变化趋势基本是一致的。立案数变化的几个特点在盗窃案数量上也有体现。但它们之间的变化还是有所差异，从增长的速度看，盗窃案增长的速度略低于立案数的增长，其年平均增长率为 6%。从图 3—28、图 3—29，还可以看出，自 1981 年以来，立案数与盗窃案数量的差距总体而言是在不断扩大的。1999—2001 年，立案数和盗窃案数量都出现了较大幅度的增长，而同期两者数量的差距却迅速扩大，这说明其他刑事犯罪案件的数量在以更快的速度增长。

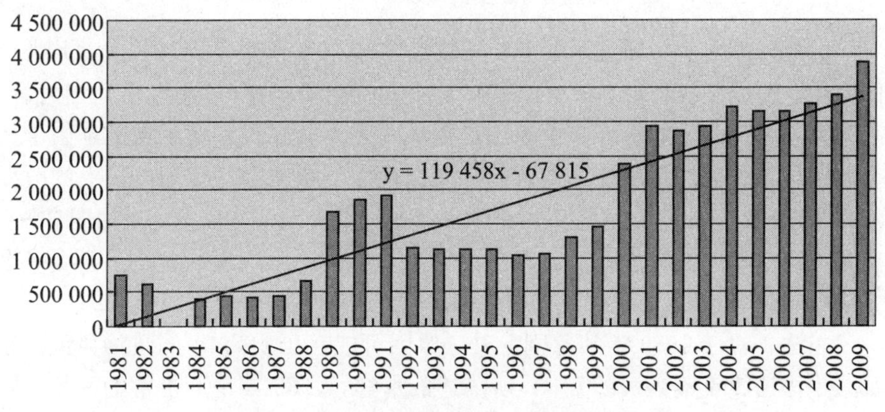

图 3—27　盗窃案件数量变化（1981—2009 年）

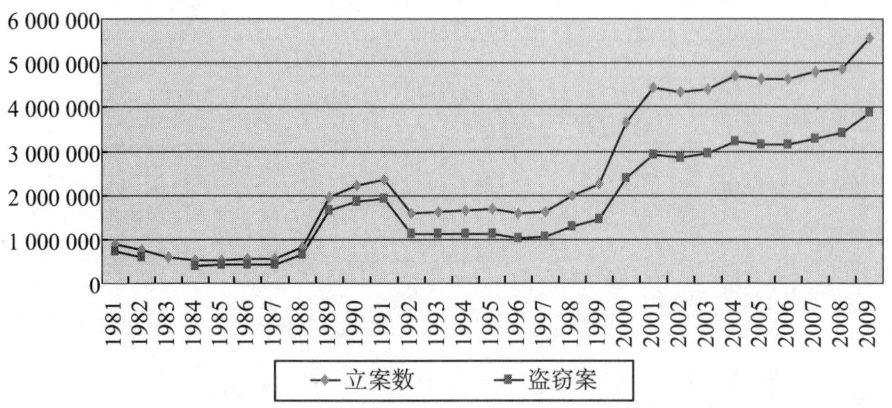

图 3—28　盗窃案件与立案数量比较（1981—2009）

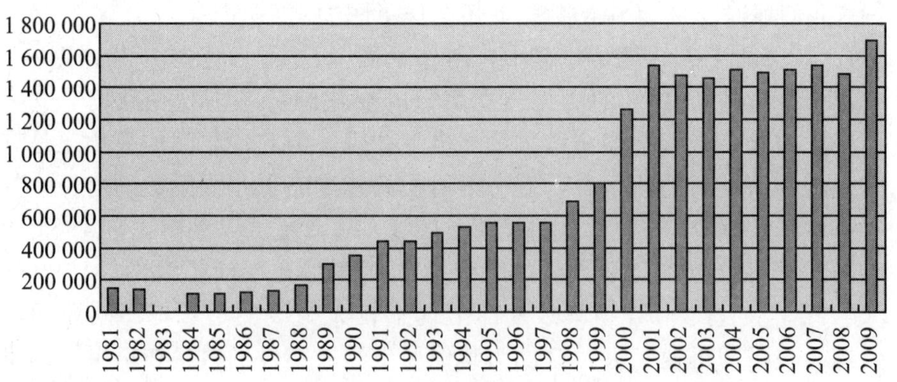

图 3—29　盗窃案与立案数量差距的变化（1981—2009）

另外，图 3—27 所显示的盗窃案数量自 1981 年以来出现过三次大起大落的变化，造成了统计数据中的鸿沟。对这些数字鸿沟有必要作出适当解释。对于大起大落变化的解释，主要还是要从两个方面寻找答案：要么是由于社会动荡或者社会的急剧变革造成的，要么是由于制度上、统计口径上的改变而人为造成的，因为这两者都会反映在统计数据上剧烈的变化。如图 3—27 所示，盗窃案件的数量有三个急剧的变化，一个是 1989 年的急剧上升，一个是 1992 年的急剧下降，再一个是 1999—2001 年的急剧增长。

首先，对于 1989 年的急剧上升，原因可能在于 1989 年的政治风波。正如《中国法律年鉴》（1990 年）所描述的那样，1989 年是不平常的一年，社会的治安形势十分严峻，而盗窃案件急剧增长，就是这种形势的一个反映。

其次，1992 年的下降，则出自制度上的原因。根据刑法的规定，以非法占有为目的，秘密窃取公私财物，数额较大或者多次盗窃公私财物的行为，构成盗窃罪。在这里，“数额较大”是一个弹性很强的规定，其标准的确定，对于罪与非罪具有实质性影响。在 1984 年 11 月，最高人民法院、最高人民检察院颁布了《关于当前办理盗窃案件中具体应用法律的若干问题的解答》，规定个人盗窃公私财物，一般可以 200 元至 300 元为“数额较大”的起点；少数经济发展较快的地区，可以提到 400 元为起点。1991 年 11 月，最高人民法院、最高人民检察院颁布了《关于修改盗窃犯罪数额标准的通知》，将个人盗窃公私财物的“数额较大”的起点提升为：（1）一般可以 300 元～500 元为标准；（2）少数经济发展较快的地区，可以 600 元为标准。该通知于 1992 年 1 月 1 日开始实施。1992 年 3 月，公安部颁布了《关于修改盗窃案件立案统计办法的通知》，要求根据上述通知，调整立案标准。新的标准的特点是提高罪与非罪的门槛，使得一部分盗窃因为数额不够“较大”而不能立案，由此导致了盗窃案件数量急剧下降。正是这种下降，导致立案总数在 1992 年的下降。具体地说，立案总数在 1992 年减少了 78.3 万起，而盗窃案件下降了 78.0 万起，正好解释了前者的下降。而另一方面，在公安机关的治安行政案件中，“偷窃财物”案件在 1992 年增长了 62.7%，净增长 34.2 万起，这种增长也正好解释了盗窃刑事案件的下降，因为盗窃罪门槛被抬高后将一部分盗窃事件归到了治安行政案件中。

最后，1999—2001 年的急剧增长，不能归结为制度变化或统计口径变化的影响，因为这种影响不会持续三年，而应当归结为社会急剧变迁的影响。这种急剧变迁的内容主要有 1998 年亚洲金融危机、国有企业工人大量下岗等。在这三年中，如图 3—31 所示各种治安行政案件的总数呈现快速增长的趋势，这也从一个侧面印证了 1999 年以来社会急剧变迁的现实。

八、关于数据指标运用中应当注意的问题

从理论上说，运用立案数、发案率、破案率、刑事案件构成中各种案件数量的比例等，对科学分析犯罪形势、社会治安状况具有重要的指标意义。其中，立案数、发案率、破案率这三个指标在许多工作报告、比较研究中被广泛运用。但是，在运用这些指标时要特别小心，尤其是在历史比较和国际比较中。

从逻辑上讲，要使得通过这种指标的比较结果有效，必须保证三个前

提：一是统计数据具有真实性，二是统计的原理是可靠的，三是统计口径是一致的。然而，正如前面考察所部分揭示的，目前这些指标在这三个方面都或多或少存在一定的缺陷。

首先，关于统计数据的真实性。现在数字浮夸、造假已经成为社会一大公害。政绩工程更助长了数字统计的游戏化，要什么数字就有什么数字。在司法统计中也或多或少存在这种现象。公安部于 2000 年 3 月颁发的《关于采取有力措施坚决纠正刑事案件立案不实问题的通知》（公通字［2000］19 号），就证明了“不破不立”问题的存在。“不破不立”的做法既影响了立案数的准确性，也影响了破案率的真实性。没有真实性为基础，一切统计分析都是浮云。

其次，许多指标在统计原理上存在一定缺陷。例如，立案数的缺陷在于，在逻辑上，立案总数中实际包含着一部分案件是不存在犯罪事实的，只不过需要事后才能证明。破案率的缺陷主要在于，用当年的破案数除以当年的立案数计算破案率这一办法，是以每年的立案数变化幅度不大为前提的，否则，误差就比较大。前面分析中提到 1989 年、1999 年的破案率急剧下降的主要原因就是立案数在当年的急剧增长，而不是破案率变化的真实反映。发案率的缺陷与立案数相似。

最后，统计口径可能存在历史上的不一致和国际上的不一致。从历史上说，1992 年的盗窃罪标准的变化就是一个例子。虽然从实质上讲，随着物价的上涨，以及财富的增加，盗窃罪标准在财产数额要求上的提高并不意味着处罚轻缓了。但是，要根据制度的变化，对统计口径进行实质性调整，以便保持统计数据的历史一致性和可比性，往往是极其复杂的。从国际上来说，我国的立案数只计算了犯罪这一部分，不考虑治安行政案件这一部分；但是，国际上更为通行的做法是，不作刑事案件和治安行政案件这种区分，都算作“犯罪”，而作“众罪”、“违警罪”这样的区分，在立案数的统计上，则是全都计算在内的。由于存在这样的统计口径差异，就不能简单地在数值上进行对比。

尽管存在上述缺陷，这些指标还是有一定的意义的。首先，一些缺陷的影响存在一个程度问题，而且这个程度是可以进一步明确的，当这种影响的程度是我们使用数据的精确度所允许时，这些指标依然可以有效并且十分方便地使用。其次，有些缺陷可以通过一定的技术处理得到克服。比如说，国际上统计口径不一致的问题，我们可以通过计算治安行政案件的数量来修正原有的立案数，从而增强比较的有效性。

第三节 行政执法活动

一、社会治安综合治理

1991 年 2 月，中共中央、国务院发布《关于加强社会治安综合治理的决定》提出，社会治安综合治理的基本任务是：在各级党委和政府的统一领导下，各部门协调一致，齐抓共管，依靠广大人民群众，运用政治的、经济的、行政的、法律的、文化的、教育的等多种手段，整治社会治安，打击犯罪和预防犯罪，保障社会稳定，为社会主义现代化建设和改革开放创造良好的社会环境。社会治安综合治理的主要目标是：社会稳定，重大恶性案件和多发性案件得到控制并逐步有所下降，社会丑恶现象大大减少，治安混乱的地区和单位的面貌彻底改观，治安秩序良好，群众有安全感。社会治安综合治理的工作范围，主要包括“打击、防范、教育、管理、建设、改造”六个方面。总的来说，公安机关的治安行政职能包括两方面的内容：一是对治安状况进行综合治理，重点是“治”和“防”；二是对治安违法行为进行查处。

社会治安的综合治理是由多个机构、部门联合协调实施的。在这些机构和部门中，又以公安机关为主要部门；在公安机关中，具体由市、县公安局与派出所等基层组织负责实施。

社会治安综合治理还广泛依托治安保卫委员会等群众性治安机构。如图 3—30 所示，乡镇公安派出所和群众自治性组织密切联系，共同进行社会治安的治理和防范。

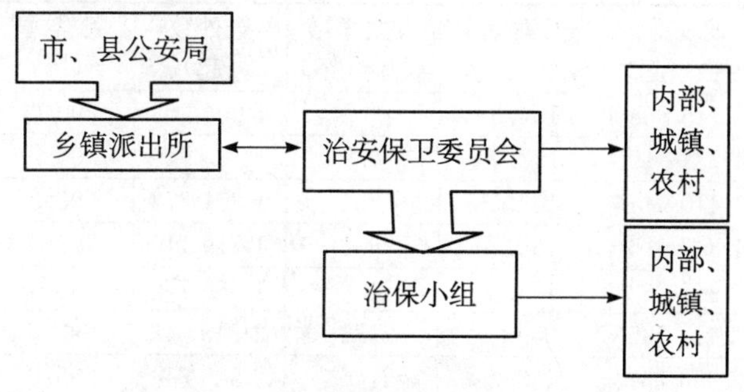

图 3—30 治安管理的基层组织结构

二、治安行政案件的查处

（一）治安案件的受理数及其与 GDP 的关系

1. 治安案件的受理数

如图 3—31 所示，在 1986—2009 年间，治安案件和刑事案件立案数的变化曲线基本上是一致的，主要存在差异的是在 1992—1997 年间，治安案件不仅没有下降到一个显著低于 1991 年的水平，而且稳定地维持在一个显著地高于 1991 年的水平。其中的原因，在前面的盗窃案件部分已经做了解释，在 1992 年，盗窃罪的立案标准有所提高，一部分盗窃案件从刑事案件转入治安案件，于是刑事案件在 1992—1997 年维持在一个低于 1991 年的水平，而治安案件在此期间维持在一个高于 1991 年的水平。

由于一方面，治安案件和刑事案件的变化曲线基本一致，不一样的地方又仅仅是因为统计口径的突然变化所致；另一方面，除了严重程度不同以外，两类案件在社会意义也基本上是一致的，所以，凡是运用于刑事案件立案数的解释和所得出的结论，也大致适用于治安案件，故这里不作过多解释。

根据《中国法律年鉴》历年公布的统计数据和国家统计局历年公布的数据，整理得出表 3—5，依据该表绘出图 3—31，针对我国自 1986 年以来治安案件的变化，并结合相关的图表资料和数据，以下作简要分析。

表 3—5　　1986—2009 年全国公安机关治安案件立案和侦查情况统计

年份	发现受理数（起）	发案率（件/10 万人）	发案率增长率（%）	查处数（起）	破案率（%）	年中人口（万人）
1986	1 115 858	104.6		1 004 203	90.0	106 679
1987	1 234 910	113.9	8.9	1 125 949	91.2	108 404
1988	1 410 044	128.0	12.4	1 301 277	92.3	110 163
1989	1 847 625	165.2	29.1	1 719 110	93.0	111 865
1990	1 965 663	173.2	4.8	1 835 779	93.4	113 519
1991	2 414 635	209.8	21.1	2 240 648	92.8	115 078
1992	2 956 737	253.8	21.0	2 529 614	85.6	116 497
1993	3 351 061	284.4	12.1	2 839 124	84.7	117 844

续前表

年份	发现受理数（起）	发案率（件/10万人）	发案率增长率（%）	查处数（起）	破案率（%）	年中人口（万人）
1994	3 300 972	277.0	－2.6	2 865 754	86.8	119 184
1995	3 289 760	273.0	－1.4	2 968 220	90.2	120 486
1996	3 363 636	276.3	1.2	3 117 623	92.7	121 755
1997	3 227 669	262.4	－5.0	3 003 799	93.1	123 008
1998	3 232 113	260.2	－0.7	2 994 282	92.6	124 218
1999	3 356 083	267.7	2.9	3 105 940	92.5	125 360
2000	4 437 417	351.5	31.3	3 823 011	86.2	126 246
2001	5 713 934	449.5	27.9	4 851 600	82.9	127 105
2002	6 232 350	486.8	8.3	5 196 998	83.4	128 040
2003	5 995 594	465.4	－4.4	4 869 591	81.2	128 840
2004	6 647 724	512.9	10.2	5 365 787	80.7	129 608
2005	7 377 600	565.9	10.3	6 300 772	85.4	130 372
2006	7 197 200	549.0	－3.0	6 153 699	85.5	131 102
2007	8 709 398	660.9	20.4	7 649 785	87.8	131 789
2008	9 411 956	710.5	7.5	8 772 299	93.2	132 466
2009	11 752 475	882.7	24.2	11 053 468	94.1	133 138

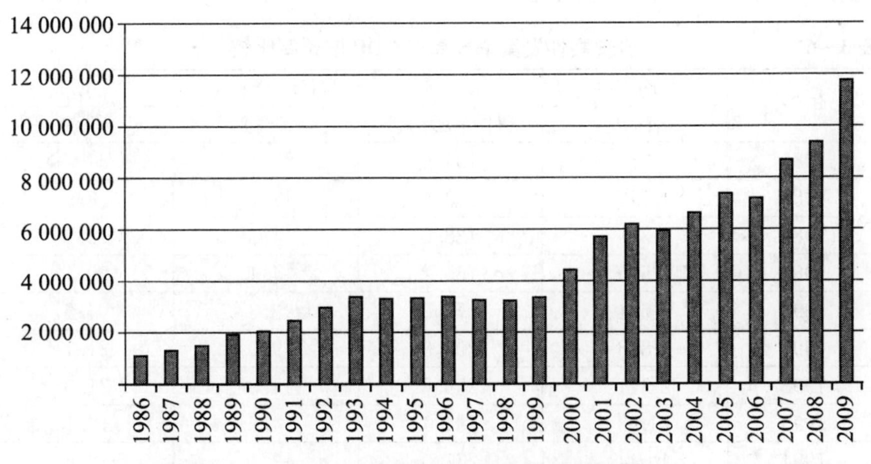

图 3—31　1986—2009 年全国治安案件受理数（起）

总体看，自 1986 年以来，治安案件受理数是呈现逐年增长的趋势，如图 3—31 中的趋势线所示。依据表 3—5 的数据计算得出，在 24 年中，治安案件受理数年平均增长率为 11.3%。但增长率变化幅度较大且不均匀，2000 年增长率最大为 31.3%，2003 年增长率最小为－4.4%。增长率的变化大致可以分为两个区域，1986 年至 1993 年和 2000 年至 2009 年为高速增长期，但 2003 年、2006 年为负增长例外。1994 年至 1999 年为负增长或低增长期。

从立案数来看，其变化呈现一定的阶段性。第一个阶段是 1986 年至 1991 年。基本特征是立案数总体水平较低，平均每年为 1 664 789 件，远低于 1986—2009 年的年平均立案数 4 564 242 件。第二个阶段是 1992 年至 1999 年。立案数有了较大的飞跃，平均每年的立案数跃升到 3 259 754 件。第三个阶段是 2000 年至今。和第二个阶段相比，立案数有了更加迅猛的增长，平均每年立案数猛增到 7 347 565 件[①]，2009 年达到 11 752 475 件，是 1986 年的 10.5 倍，创下了历史之最。

2. *治安案件受理数与 GDP 的关系*

治安案件的发生受到一国的政治、经济、文化等诸多因素影响。俗话说，“仓廪实而知礼节”，也有俗语说“饱暖思淫欲”，到底治安案件的发生与经济发展有何种千丝万缕的关系？本部分将试图作简要分析。首先根据国家统计局网站及《中国法律年鉴》公布的历年数据整理得出表 3—6，据此绘出图 3—32、图 3—33、图 3—34。

表 3—6　　治安案件发案增长率与 GDP 增长率比较

年份	人均 GDP	发案率	GDP 增长率	发案增长率
	(元/人)	(件/10 万人)	(%)	(%)
1986	963	104.6	8.8	
1987	1 112	113.9	11.6	8.9
1988	1 366	128.0	11.3	12.4
1989	1 519	165.2	4.1	29.1
1990	1 644	173.2	3.8	4.8
1991	1 893	209.8	9.2	21.1
1992	2 311	253.8	14.2	21.0
1993	2 998	284.4	14.0	12.1
1994	4 044	277.0	13.1	−2.6
1995	5 046	273.0	10.9	−1.4
1996	5 846	276.3	10.0	1.2
1997	6 420	262.4	9.3	−5.0

① 此段中的平均立案数均根据表 3—5 第二列“发现受理数”计算得出。

续前表

年份	人均 GDP（元/人）	发案率（件/10 万人）	GDP 增长率（%）	发案增长率（%）
1998	6 796	260.2	7.8	−0.7
1999	7 159	267.7	7.6	2.9
2000	7 858	351.5	8.4	31.3
2001	8 622	449.5	8.3	27.9
2002	9 398	486.8	9.1	8.3
2003	10 542	465.4	10.0	−4.4
2004	12 336	512.9	10.1	10.2
2005	14 053	565.9	10.4	10.3
2006	16 165	549.0	11.6	−3.0
2007	19 524	660.9	13.0	20.4
2008	22 698	710.5	8.9	7.5
2009	25 127	882.7	9.2	24.2

资料来源：国家统计局网站；《中国法律年鉴》1987—2010 年各年版本。

从表 3—6 看，人均 GDP 与发案率存在如下关系：第一，人均 GDP 与发案率成正比关系，即人均 GDP 越小，发案率也越低。如 1986 年人均 GDP 最小，为 963 元/人，发案率也最低，为 104.6 件/10 万人，2009 年人均 GDP 最大，为 25 127 元/人，发案率也最高，为 882.7 件/10 万人。第二，平均发案率随平均 GDP 的增长而增长。1986 年至 1994 年人均 GDP 为平均每年为 1 983.33元，发案率平均每年为 190.00 件/10 万人；1995 年至 2002 年人均 GDP 平均每年为 7 143.13 元，发案率平均每年为 328.43 件/10 万人；2002 年至 2009 年人均 GDP 平均每年为 17 206.43 元，发案率平均每年为 621.04 件/10 万人。[①] 同时从图 3—32 和图 3—33 看，治安案件发案率与人均 GDP 变化曲线大致相当，即人均 GDP 较大时，发案率也较高，人均 GDP 较小时，发案率也较低。例外的是，1993 年和 1994 年的人均 GDP 并不是很高，但这两年的发案率却很高，这与 1993 年和 1994 年的治安案件查处率非常低密切相关（参见图 3—37），同样的情况还发生在 2003 年。

从图 3—34 看，有如下几个特征：第一，GDP 增长率从 1986 年至 1992 年波动较大，1992 年后相对较平稳。第二，发案增长率自 1986 年至 2009 年绝大部分年度都波动很大。这说明发案增长率除了受 GDP 增长率影响外，还受其他多个因素的影响，而且其他因素的影响力度更大。特别

① 此部分数据根据表 3—6 第二列、第三列数据计算得出。

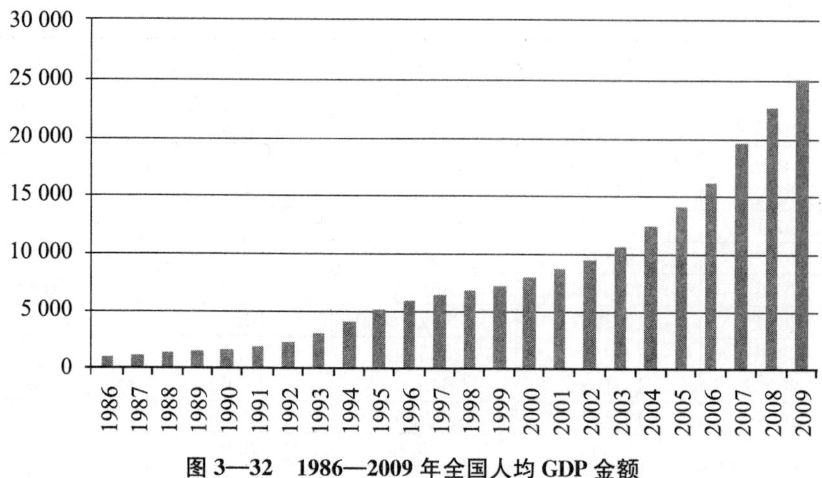

图 3—32　1986—2009 年全国人均 GDP 金额

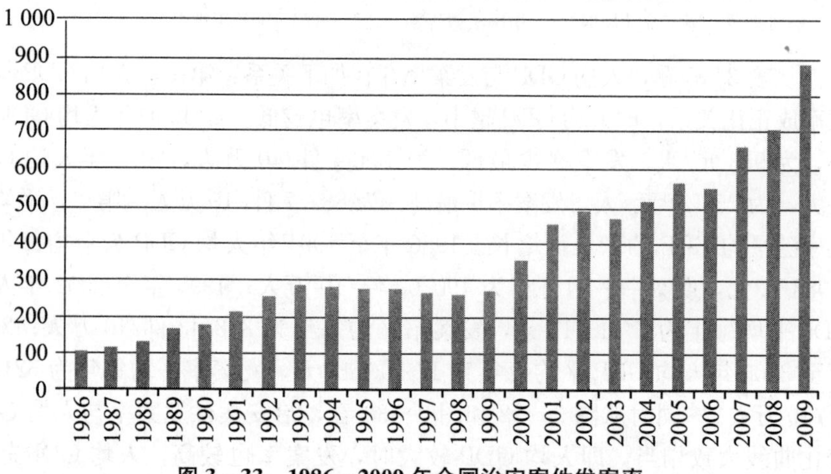

图 3—33　1986—2009 年全国治安案件发案率

是在 1989 年和 2000 年发案增长率急剧增长，分别从 1988 的 12.4%上升到 1989 年的 29.1%，从 1999 年的 2.9%上升到 2000 年的 31.3%。第三，发案增长率与 GDP 增长率大体正相关，即发案增长率随着 GDP 增长率的上升而上升，随之下降而下降。但发案增长率的上升或下降幅度是 GDP 增长率上升或下降幅度的几倍，这进一步说明发案增长率除了受 GDP 增长率影响外，还受其他多个因素的影响。上述两条曲线也出现一些负相关的情况，如 1997 年到 1999 年期间，全国 GDP 增长率逐年下降，而发案增长率反而逐年上升。

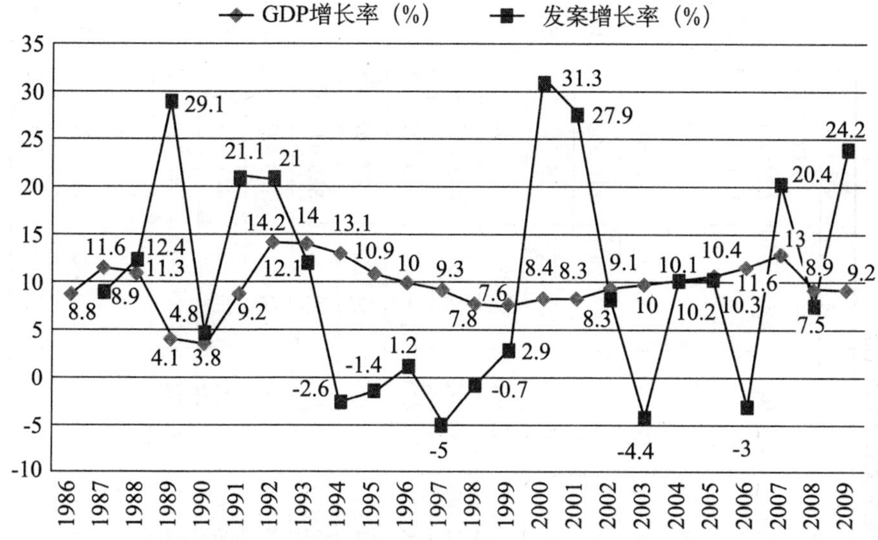

图 3—34　1986—2009 年全国治安案件发案增长率与 GDP 增长率比较

（二）受理治安案件的构成

1. 八种治安案件的构成分析

本部分主要根据《中国法律年鉴》、中国公安部网站历年公布的数据整理而得出表 3—7，然后根据表 3—7 绘出图 3—35 和图 3—36。选择这八种治安案件的理由是，这些案件在历年的统计表中发生数均排在前十位，具有典型性，而且在受理案件总数中所占的比例较大，均超过 60%，具有代表性。但是，同时也不应忽视那些发生数相对较小，但社会影响巨大的一些治安案件，如贵州瓮安事件、甘肃陇南事件、湖北石首事件、云南普洱市孟连县 7·19 事件等群体性事件。而且这些群体性事件有逐年增加的态势，据不完全统计，1993 年发生 0.87 万起，2003 年发生近 6 万起，2005 年发生 8.7 万起，2006 年超过 9 万起。[①] 这些群体性事件不仅影响到广大老百姓的生命、财产安全，影响到党和国家在人民心中的形象，还影响到我国的国际形象。下面对发生数相对较多的扰乱工作、公共秩序，寻衅滋事，殴打他人，盗窃，诈骗，卖淫、嫖娼，赌博或为赌博提供条件，违反户口、居民身份证管理八种治安案件发生数进行统计和分析。

① 参见http：//www.360doc.com/content/10/1231/15/809338_82937659.shtml，2011-02-12。

表 3—7　　1986—2009 年全国公安机关发现受理主要治安案件的构成(起)

年份	立案数	其中								
		其中八种治安案件小计	扰乱工作、公共秩序	寻衅滋事	殴打他人	盗窃	诈骗	卖淫、嫖娼	赌博或为赌博提供条件	违反户口、居民身份证管理
1986	1 115 858	952 905	68 533		268 306	360 708	26 135	72 099	141 148	15 976
1987	1 234 910	1 019 860	71 074		291 446	365 538	28 360	68 246	175 309	19 887
1988	1 410 044	1 165 930	75 200		326 554	424 899	33 589	63 104	218 904	23 680
1989	1 847 625	1 480 952	99 565		386 149	512 091	48 724	71 802	316 747	45 874
1990	1 965 663	1 576 157	123 757		466 932	517 623	52 175	67 223	295 982	52 465
1991	2 414 635	1 931 442	159 314	80 915	539 826	543 995	82 515	104 467	344 969	75 441
1992	2 956 737	2 429 657	249 959	79 994	507 961	888 278	93 654	124 491	375 697	109 623
1993	3 351 061	2 744 290	376 041	83 226	495 957	1 024 835	105 799	124 771	372 707	160 954
1994	3 300 972	2 605 267	302 677	83 533	505 726	928 375	111 100	128 803	389 043	156 010
1995	3 289 760	2 574 530	332 120	84 588	503 283	729 707	106 532	186 661	433 831	197 808
1996	3 363 636	2 570 986	381 035	86 626	511 716	620 202	100 416	210 724	441 929	218 338
1997	3 227 669	2 408 741	330 886	90 238	537 455	515 110	89 202	210 390	417 784	217 676
1998	3 232 113	2 415 774	300 201	99 050	568 438	528 818	95 537	189 972	365 221	268 537
1999	3 356 083	2 505 777	268 747	103 178	576 712	517 277	100 628	250 852	382 272	306 111
2000	4 437 417	3 314 845	272 113	135 930	837 778	732 633	135 133	225 693	413 846	561 719

续前表

年份	立案数	其 中								
		其中八种治安案件小计	扰乱工作、公共秩序	寻衅滋事	殴打他人	盗窃	诈骗	卖淫、嫖娼	赌博或为赌博提供条件	违反户口、居民身份证管理
2001	5 713 934	4 153 828	413 042	154 016	1 053 191	915 240	154 020	242 053	463 218	759 048
2002	6 232 350	4 562 124	544 363	147 307	1 135 896	1 001 965	161 895	224 976	446 654	899 068
2003	5 995 594	4 321 100	426 962	131 951	1 138 225	1 066 740	166 523	172 314	447 044	771 341
2004	6 647 724	4 574 097	545 030	120 030	1 193 348	1 259 087	198 813	142 633	380 276	734 880
2005	7 377 600	5 100 612	498 871	123 641	1 392 145	1 513 770	221 431	143 995	418 274	788 485
2006	7 197 200	4 770 545	428 199	127 064	1 851 419	1 763 377	127 884	105 724	366 878	
2007	8 709 398	5 842 311	537 251	159 447	2 544 082	2 025 560	136 864	95 338	343 769	
2008	9 411 956	6 217 401	551 957	155 146	2 917 872	2 022 238	138 445	87 525	344 218	
2009	11 752 475	7 471 398	551 700	164 377	3 791 080	2 030 135	165 975	126 140	641 991	

资料来源:《中国法律年鉴》1987—2010 年各年版本。

说明:“寻衅滋事”项从 1986 年至 1990 年的数据在中国法律年鉴中未单独列示,无法获取相应的数据。“违反户口、居民身份证管理”项从 2006 年开始的数据未单独列示,也无法获取相应数据。“诈骗”项从 1986 年至 2005 年的数据根据中国法律年鉴中的“诈骗财物”和“利用迷信骗取财物”两项合计数而得,从 2006 年开始,“诈骗”项在中国法律年鉴中单独列为一项,不再包含“利用迷信骗取财物”和“骗取、抢夺、勒索财物”两项数据。“卖淫、嫖娼”项自 1986 年至 1990 年的数据在中国法律年鉴中没有单列,用“侮辱妇女、流氓滋扰”项中的数据代替,从 1991 年开始,“卖淫、嫖娼”单独列为一个项目统计。

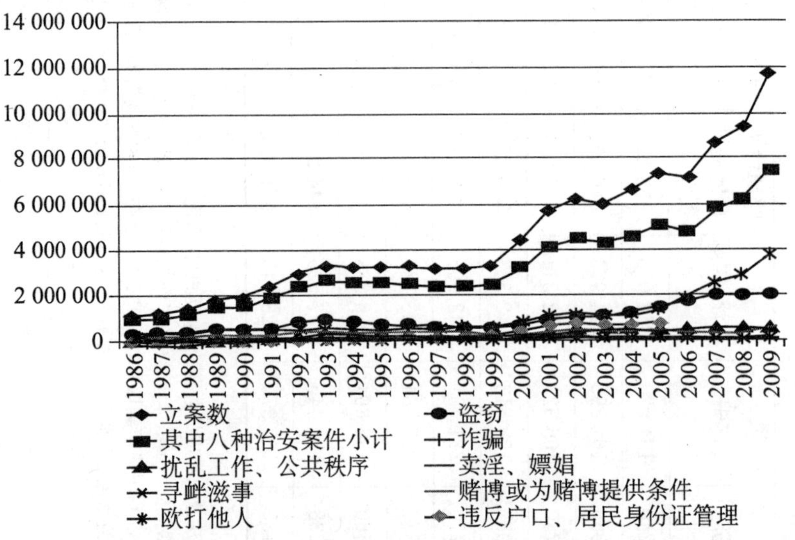

图 3—35　1986—2009 年全国发现受理主要治安案件构成情况比较

从图 3—35 中可以看出八种主要治安案件的立案数量与全部立案总数的变化趋势基本相同。"殴打他人"和"盗窃"案件呈现逐年增加趋势，而且增长幅度较明显。其他案件增长相对较平稳。"殴打他人"和"盗窃"案件呈现逐年增加的原因可能与这两类案件的查处率较低有关，具体见"（三）治安案件查处率"中的相关分析。"扰乱工作、公共秩序"治安案件虽然发生数的绝对值并不大，但年平均增长率为 11.77%①，在八种治案件中排在第二位，应引起高度重视，特别是我国处在社会转型期，社会矛盾比较尖锐，各种冲突多发。

2. 八种治安案件占立案总数的比例分析

从图 3—36 可以看出，八种主要治安案件数量占立案总数的比例逐步下降，从 1986 年的 85.4%下降到 2009 年的 63.6%，降幅达到 21.8%。这可能存在以下几方面的原因：其一，随着经济社会的发展，新型治安案件不断出现（如网络治安案件），导致传统治安案件所占比例下降；其二，随着科技的进步，采取高科技作案的情形不断增加，新的作案手法不易被查处，而传统治安案件整体查处率较高。

3. 八种治安案件增长率分析

根据表 3—7 的数据计算得出表 3—8，本部分主要分析八种治安案件在

① 参见表 3—8 第二列。

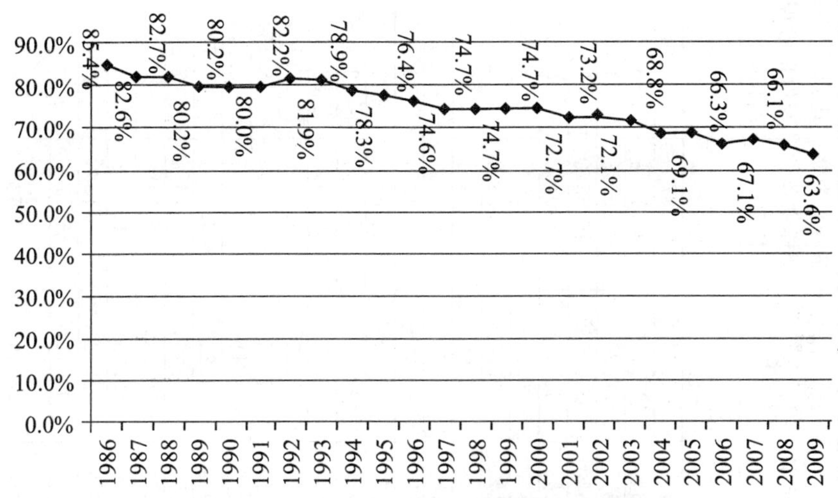

图 3—36　1986—2009 年八种主要治安案件占立案总数的比例

1986—2009 年间的增长率变化。从表 3—8 看，存在以下几个特点：第一，一些治安案件增长率波动很大。如卖淫、嫖娼案件 1991 年增长率最大，达到 55.40%，2006 年最小，为－26.58%；盗窃案 1992 年增长率最高，为 63.29%，1995 年最低为－21.40%。同样增长率波动很大的还有诈骗案件。第二，在 1986—2009 年间，1989 年八种治安案件平均年增长率最高，为 38.35%，1991 年平均年增长率位列第二，为 31.91%。[①] 第三，在 1986—2009 年间，八种治安案件年平均增长率最小的为 2003 年的－7.50%。[②]

（三）治安案件查处率

1. 全部治安案件查处率

根据表 3—5 第六列数据整理后绘出图 3—37。据此可以看出，查处率呈正弦函数曲线（波浪线）前进，即查处率连续增长几年后会连续下降几年，然后再循环上升、下降，似乎是有规律的周期性运动，而且下降的周期短，上升的周期也短，如 1990 年至 1997 年这一周期。下降的周期长，上升的周期也长，如 1998 年至 2009 年这一周期。结合图 3—31 看，全部治安案件受理数近似于一条二元一次函数直线，也就是说，案件受理数与案件查处率并不是对称反向的两条曲线，而是性质完全不同的两条曲线。

① 根据表 3—8 中 1989 年和 1991 年八种治安案件增长率分别求出平均值。

② 根据表 3—8 中 2003 年八种治安案件增长率求平均值。

表 3—8　　1986—2009 年主要治安案件增长率比较

年份	扰乱工作、公共秩序增长率	寻衅滋事增长率	殴打他人增长率	盗窃增长率	诈骗增长率	卖淫、嫖娼增长率	赌博或为赌博提供条件增长率	违反户口、身份证管理增长率
1986								
1987	3.71%		8.62%	1.34%	8.51%	−5.34%	24.20%	24.48%
1988	5.81%		12.05%	16.24%	18.44%	−7.53%	24.87%	19.07%
1989	32.40%		18.25%	20.52%	45.06%	13.78%	44.70%	93.72%
1990	24.30%		20.92%	1.08%	7.08%	−6.38%	−6.56%	14.37%
1991	28.73%		15.61%	5.09%	58.15%	55.40%	16.55%	43.79%
1992	56.90%	−1.14%	−5.90%	63.29%	13.50%	19.17%	8.91%	45.31%
1993	50.44%	4.04%	−2.36%	15.37%	12.97%	0.22%	−0.80%	46.83%
1994	−19.51%	0.37%	1.97%	−9.41%	5.01%	3.23%	4.38%	−3.07%
1995	9.73%	1.26%	−0.48%	−21.40%	−4.11%	44.92%	11.51%	26.79%
1996	14.73%	2.41%	1.68%	−15.01%	−5.74%	12.89%	1.87%	10.38%
1997	−13.16%	4.17%	5.03%	−16.94%	−11.17%	−0.16%	−5.46%	−0.30%
1998	−9.27%	9.77%	5.76%	2.66%	7.10%	−9.70%	−12.58%	23.37%
1999	−10.48%	4.17%	1.46%	−2.18%	5.33%	32.05%	4.67%	13.99%
2000	1.25%	31.74%	45.27%	41.63%	34.29%	−10.03%	8.26%	83.50%
2001	51.79%	13.31%	25.71%	24.92%	13.98%	7.25%	11.93%	35.13%
2002	31.79%	−4.36%	7.85%	9.48%	5.11%	−7.06%	−3.58%	18.45%
2003	−21.57%	−10.42%	0.21%	6.46%	2.86%	−23.41%	0.09%	−14.21%
2004	27.65%	−9.03%	4.84%	18.03%	19.39%	−17.22%	−14.94%	−4.73%
2005	−8.47%	3.01%	16.66%	20.23%	11.38%	0.95%	9.99%	7.29%
2006	−14.17%	2.77%	32.99%	16.49%	−42.25%	−26.58%	−12.29%	
2007	25.47%	25.49%	37.41%	14.87%	7.02%	−9.82%	−6.30%	
2008	2.74%	−2.70%	14.69%	−0.16%	1.16%	−8.20%	0.13%	
2009	−0.05%	5.95%	29.93%	0.39%	19.89%	44.12%	86.51%	
年平均增长率	11.77%	4.49%	12.96%	9.26%	10.13%	4.46%	8.52%	25.48%

说明受理案件多并不必然导致查处率就低。

治安案件查处的任务和刑事案件破案的任务基本是一致的，区别在于后者侦破以后，还需要经过审查起诉和审判这两个环节。由于这种共同性，二者计算公式也是类似的，同样，影响的因素也非常接近。在破案率的考察中，我们发现，如果立案数急剧增长，那么破案率就会下降。同样，这种情况也发生在查处率变化上。如图 3—31 所示，受理的全部治安案件在 1992 年、1993 年、2000—2002 年相对较多，则图 3—37 上对应年度的案件查处率也比较低；而在 2003 年、2004 年，由于前两年的积案较多，加上这两年的案件发现受理数本身也比较多，所以，这两年的案件查处率也比较低。结合表 3—9 看，查处率低的这几年，并不是所有案件查处率都低，主要是盗窃案和诈骗案查处率低，因而导致整体案件查处率低，如 1993 年盗窃案查处率只有 57.3%，其他案件查处率都在 90%以上。

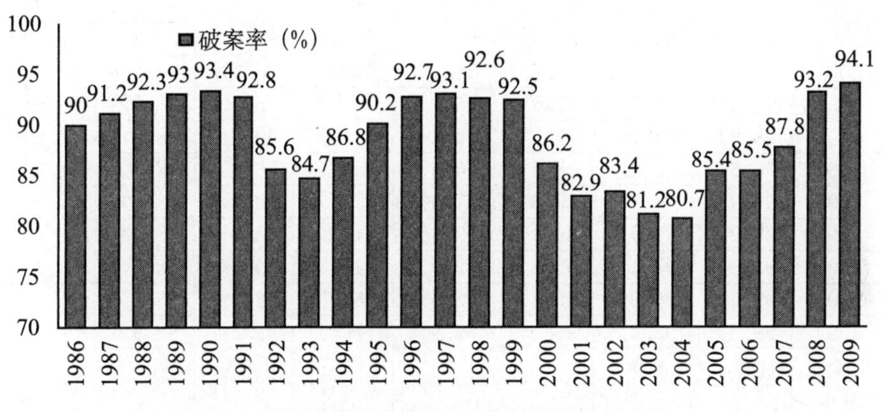

图 3—37　1986—2009 年全国治安案件查处率

2. 八种主要治安案件查处率

表 3—9　　八种主要治安案件查处率比较

年份	扰乱工作、公共秩序	寻衅滋事	殴打他人	盗窃	诈骗	卖淫、嫖娼	赌博或为赌博提供条件	违反户口、居民身份证管理
1986	98.1%		94.9%	76.7%	90.7%	97.6%	99.0%	99.2%
1987	97.6%		94.2%	79.0%	90.8%	97.6%	98.7%	99.4%
1988	99.8%		94.0%	82.0%	93.3%	98.1%	98.6%	99.3%

续前表

年份	扰乱工作、公共秩序	寻衅滋事	殴打他人	盗窃	诈骗	卖淫、嫖娼	赌博或为赌博提供条件	违反户口、居民身份证管理
1989	97.7%		93.4%	83.9%	93.1%	98.2%	99.0%	99.7%
1990	98.2%		93.4%	84.9%	93.9%	97.5%	99.4%	99.6%
1991	97.9%	93.0%	90.6%	84.7%	93.0%	98.6%	98.7%	99.2%
1992	99.0%	94.8%	92.0%	61.0%	90.4%	98.5%	99.0%	99.3%
1993	99.0%	95.2%	92.9%	57.3%	92.6%	99.2%	99.3%	99.8%
1994	99.2%	95.7%	93.6%	60.4%	93.6%	99.2%	99.2%	99.6%
1995	99.5%	96.4%	94.6%	64.2%	93.5%	99.3%	99.5%	99.6%
1996	99.3%	96.7%	95.0%	69.4%	93.6%	99.5%	99.5%	99.6%
1997	97.3%	96.8%	94.9%	68.7%	93.4%	99.5%	99.6%	99.4%
1998	99.5%	96.5%	94.1%	67.6%	92.0%	99.7%	99.6%	99.8%
1999	99.4%	95.8%	92.9%	67.9%	88.9%	99.1%	99.2%	99.6%
2000	97.3%	89.2%	83.0%	54.5%	77.5%	98.4%	97.3%	99.2%
2001	98.5%	87.2%	78.7%	52.1%	69.0%	98.9%	98.4%	98.7%
2002	98.2%	85.7%	77.6%	46.9%	58.8%	98.6%	98.1%	99.0%
2003	98.2%	86.1%	77.0%	43.7%	50.2%	99.6%	98.3%	98.9%
2004	98.6%	85.2%	78.4%	44.5%	45.4%	98.9%	98.2%	98.7%
2005	97.9%	88.3%	83.6%	61.0%	55.9%	99.1%	98.5%	99.6%
2006	99.2%	90.9%	89.1%	67.3%	61.9%	98.8%	98.4%	
2007	98.5%	91.1%	92.5%	69.9%	64.3%	99.3%	98.6%	
2008	99.5%	96.0%	95.8%	82.6%	76.0%	98.9%	98.8%	
2009	99.5%	95.7%	96.0%	82.9%	77.4%	99.2%	99.6%	
平均查处率	98.6%	92.4%	90.1%	67.2%	80.4%	98.8%	98.8%	99.3%

八种主要治安案件中，年平均查处率最低的是盗窃案件，只有 67.2%，其次是诈骗案件，平均查处率只有 80.4%。其他六种治安案件年平均查处率都在 90%以上。纵观各年度不同类型的治安案件，平均查处率低的年度都是由于盗窃案或诈骗案查处率低造成的。如 2004 年为 1986—2009 年间平均查处率最低的一年，只有 81%①，但这一年中，只有盗窃案和诈骗案的查处率很低，分别是 44.5%和 45.4%，殴打他人案件的查处率相对较低，只有 78.4%，其他案件查处率均在 85%以上。

① 根据表 3—9 中 2004 年度各案件查处率求出平均值。

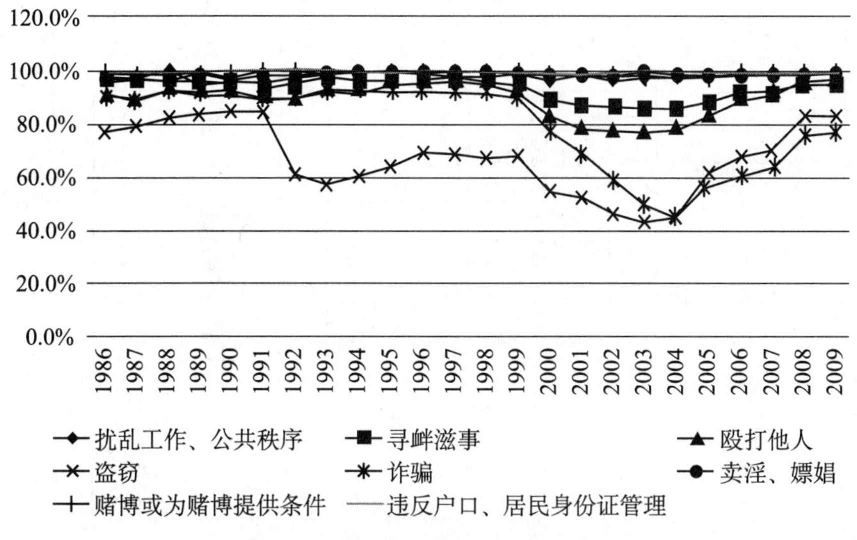

图 3—38　八种主要治安案件查处率

从表 3—9 和图 3—38 可以清晰看出，盗窃案件查处率波动最大，最低为 2003 年的 43.7%，最高为 1990 年的 84.9%，而且查处率较低，全部都在 85%以下。在 2000—2004 年间，查处率均在 60%以下。造成这种现象的原因有：第一，可能是盗窃案件增长较快，由于人员配备相对较少而无法及时查处；第二，可能是盗窃案件金额一般较小，大多数在 500 元或 1 000元以下，公安人员对这类小案件的查处积极性不高；第三，可能是盗窃案的作案人员较隐蔽且流动性较大，一般不易发现。诈骗案件的查处率波动也较大，最低为 2004 年的 45.4%，最高为 1990 年的 93.9%。也许是经历 1989 年政治风波后，公安机关办案效率有所提高，所以在 1990 年达到了历史最高。在维持了长达七年很高的查处率后，自 1997 年起，诈骗案件查处率逐年下降，这直接放纵了诈骗行为的发生，导致诈骗案件发生数逐年增加（见表 3—7 第八列），另外值得注意的是，最近几年 ATM 机诈骗案频发，应加强对自动取款机的监控和对不法分子的打击。

（四）查处治安案件的构成

本部分主要分析查处的八种治安案件数与查处的治安案件总数之间的关系，主要根据《中国法律年鉴》和公安部网站历年公布的数据整理而得出表 3—10，据此绘出图 3—39。

表 3—10　　1986—2009 年全国公安机关查处治安案件的构成(起)

	查处数	其中								
		其中八种治安案件小计	扰乱工作、公共秩序	寻衅滋事	殴打他人	盗窃	诈骗	卖淫、嫖娼	赌博或为赌博提供条件	违反户口、居民身份证管理
1986	1 004 203	848 186	67 262		254 715	276 584	23 706	70 369	139 708	15 842
1987	1 125 949	917 840	69 340		274 682	288 675	25 749	66 586	173 036	19 772
1988	1 301 277	1 063 323	75 013		307 018	348 617	31 339	61 926	215 902	23 508
1989	1 719 110	1 362 665	97 284		360 580	429 667	45 348	70 491	313 581	45 714
1990	1 835 779	1 458 093	121 561		436 016	439 504	48 993	65 542	294 206	52 271
1991	2 240 648	1 776 511	156 006	75 221	489 287	460 789	76 699	103 046	340 654	74 809
1992	2 529 614	2 021 020	247 389	75 841	467 520	542 267	84 683	122 602	371 857	108 861
1993	2 839 124	2 303 326	372 094	79 195	460 765	587 241	97 999	123 806	370 002	160 584
1994	2 865 754	2 187 056	300 328	79 948	473 277	560 356	103 984	127 830	385 942	155 391
1995	2 968 220	2 270 259	330 462	81 581	476 254	468 437	99 571	185 441	431 453	197 060
1996	3 117 623	2 339 877	378 452	83 769	486 295	430 375	94 026	209 652	439 928	217 380
1997	3 003 799	2 198 021	322 084	87 341	509 924	353 804	83 275	209 244	415 991	216 358
1998	2 994 282	2 195 479	298 650	95 560	534 990	357 360	87 853	189 452	363 737	267 877

续前表

	查处数	其中								
		其中八种治安案件小计	扰乱工作、公共秩序	寻衅滋事	殴打他人	盗窃	诈骗	卖淫、嫖娼	赌博或为赌博提供条件	违反户口、居民身份证管理
1999	3 105 940	2 275 159	267 119	98 808	536 009	351 066	89 450	248 666	379 039	305 002
2000	3 823 011	2 767 449	264 865	121 290	695 294	399 436	104 713	222 132	402 588	557 131
2001	4 851 600	3 398 345	406 813	134 246	829 360	476 997	106 201	239 461	455 727	749 540
2002	5 196 998	3 657 639	534 504	126 225	881 592	470 116	95 184	221 930	438 295	889 793
2003	4 869 591	3 332 645	419 237	113 564	876 863	465 737	83 635	171 604	439 310	762 695
2004	5 365 787	3 464 736	537 187	102 225	935 634	559 921	90 269	141 123	373 365	725 012
2005	6 300 772	4 149 439	488 611	109 123	1 163 672	924 095	123 818	142 746	412 098	785 276
2006	6 153 699	3 920 651	424 595	115 462	1 650 119	1 185 955	79 215	104 474	360 831	
2007	7 649 785	4 965 799	528 924	145 290	2 353 630	1 416 432	87 971	94 687	338 865	
2008	8 772 299	5 695 766	549 322	148 867	2 795 182	1 670 383	105 238	86 590	340 184	
2009	11 053 468	6 923 671	548 857	157 360	3 640 805	1 683 624	128 536	125 175	639 314	

说明："寻衅滋事"项从 1986 年至 1990 年的数据在中国法律年鉴中未单独列示，无法获取相应的数据。"违反户口、居民身份证管理"项从 2006 年开始的数据未单独列示，也无法获取相应数据。"诈骗"项从 1986 年至 2005 年的数据根据中国法律年鉴中的"诈骗财物"和"利用迷信骗取财物"两项合计数而得，从 2006 年开始，"诈骗"项在中国法律年鉴中单独列为一项，不再包含"利用迷信骗取财物"和"骗取、抢夺、勒索财物"两项数据。"卖淫、嫖娼"项自 1986 年至 1990 年的数据在《中国法律年鉴》中没有单列，用"侮辱妇女、流氓滋扰"项中的数据代替，从 1991 年开始，"卖淫、嫖娼"单独列为一个项目统计。

资料来源：《中国法律年鉴》1987—2010 年各年版本。

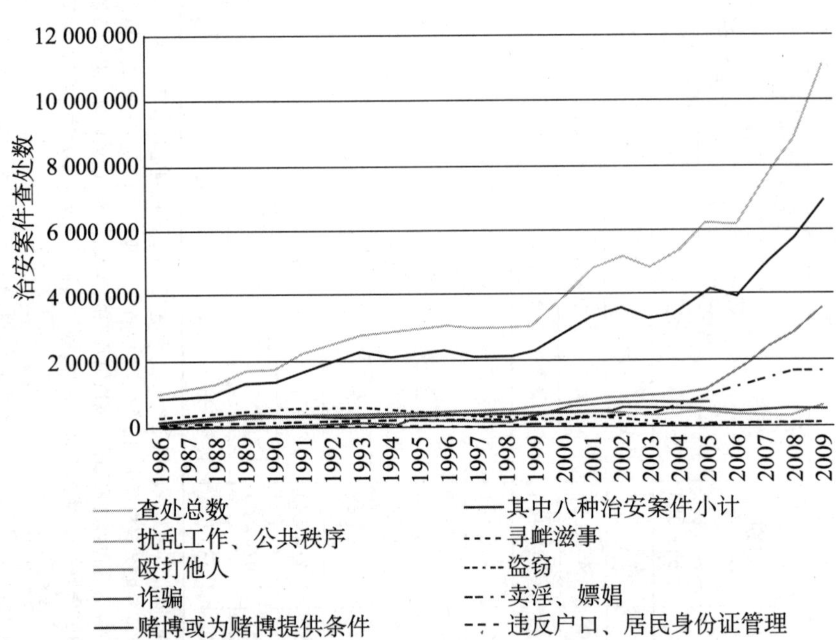

图 3—39　1986—2009 年查处的八种治安案件数

从图 3—39 中可以看出，八种主要治安案件的查处数量与全部案件查处总数的变化趋势基本相同。“殴打他人”和“盗窃”案件查处数呈现逐年增加趋势，而且增长幅度较明显。其他案件增长相对较平稳。“殴打他人”和“盗窃”案件查处数呈现逐年增加的原因可能与这两类案件的查处率较低有关，具体见“（三）治安案件查处率”中的相关分析。

第四章　调　解

导　言

调解在我国有着悠久的历史，直到今天仍然在法律实施和纠纷解决中发挥着重要作用。新中国成立以来，调解伴随着我国社会经济生活的变迁而不断变化。对这段发展的历程和内容进行考察，对于反映和揭示我国的法治发展和社会变迁，具有显著的指标作用。本章的任务和目标限定于如下方面：(1) 限于调解机制；(2) 限于中国大陆；(3) 主要描述新中国成立以来的情况，部分资料追溯至新中国成立前；(4) 主要是全景式的、客观的描述，辅之以必要的、简明的分析和解释；(5) 凡是能够收集到量化的数据的，尽量以数据进行描述和阐述。在不适宜量化、目前无法获得必要数据以及仍在发展中等情况下，则用文字的、定性的方式描述和说明；(6) 本报告所谓的发展状况，是指调解制度的历史、现状和发展趋势，既包括成就也包括问题，既涉及各类调解的状况也涉及它们相互之间的联系。

按照本报告总的叙述框架，本章主要从概述、机构设置、职能活动、经费状况等四个方面描述和说明我国调解的发展状况。概述部分涉及各种调解机制的界定、基本发展过程和当前的发展动向；机构设置主要描述调解机构和相关工作机制；职能活动主要描述和说明各种类型的调解的基本活动、成效及其反映出来的问题和趋势；经费状况主要描述调解活动的支出事项、经费来源、存在的问题以及改革发展的趋势。根据具体情况以及本书的整体安排，本章各部分在论述时将进行适度的取舍和变更。

除了报告中特殊注明的以外，本章有关的统计资料主要来源于以下文献：(1) 历年《中国统计年鉴》，中国统计出版社出版；(2) 历年《中国法律年鉴》，中国法律年鉴社出版；(3) 历年《人民法院年鉴》，人民法院出版社出版；(4) 历年最高人民法院工作报告；(5) 最高人民法院研究室编：《最高人民法院统计资料汇编（民事部分）1949—1998》，人民法院出版社 2000 年版；(6) 最高人民法院研究室编：《最高人民法院统计资料汇编（刑事部分）1949—1998》，人民法院出版社 2000 年版；(7) 历年《中国工商行政管理年鉴》，中国工商出版社出版。

目前，人们通常从调解机构或主体角度将调解分为人民调解、诉讼调解、仲裁调解和行政调解。考虑到仲裁调解与仲裁活动关系密切，该部分留待第五章“仲裁”再予以说明。鉴于近年来消协等社会组织调解有长足的发展，一些专门领域纠纷调解机制颇具特色并初具规模，本章对此也将作出描述和分析。因此，本章将依次考察人民调解、诉讼调解、行政调解、消协调解以及专门性纠纷调解。

人民调解是指在群众性的自治组织人民调解委员会的主持下，借助人民调解员的劝解、说服和教育，纠纷当事人自愿协商，达成协议，解决争议的一种非诉讼性质的活动。人民调解委员会可以由农村村民委员会、城市（社区）居民委员会、乡镇、街道、企业事业单位设立。此外，还可以根据需要设立区域性、行业性的人民调解委员会。根据《人民调解法》的规定，司法行政部门负责指导人民调解工作，基层人民法院对人民调解委员会调解民间纠纷进行业务指导。

诉讼调解是诉讼内调解，又称法院调解、司法调解，通常是指人民法院对民事案件进行的调解。不过，值得注意的是，刑事案件调解在我国也有着悠久的历史。尤其是在近些年各地有关刑事和解的实践中，刑事诉讼调解取得了较大的发展。此外，虽然我国《行政诉讼法》规定行政赔偿案件以外的行政案件不适用调解，但在实践中，人民法院往往在行政诉讼原告和被告之间进行调停和协商，以促成纠纷解决并最终以原告撤诉的方式结案。这种方式尽管没有调解之“名”却有其“实”。本部分将依次考察民事诉讼调解、行政诉讼调解和刑事诉讼调解。

行政调解，是指行政机关或其所设立的纠纷解决机构的人员对纠纷所进行的调解，既包括行政机关作为专门性的、常设性的调解机构，对其法定职责内的行政纠纷或某些民事纠纷进行的调解（如以往交管部门对交通事故赔偿的民事调解）；也包括行政机关在履行其他工作职能时附带性地调解纠纷，例如基层政府所属机构（如派出所、工商局、城管、劳动监察等）对当事人之间的民事纠纷进行的调解。鉴于行政调解牵涉主体甚多，时下正处于发展过程中，本章拟从整体上对行政调解的发展状况、存在的问题和可能的前景作出说明，分别论及行政部门调解、行政复议调解以及当前大调解中行政调解的新动向。

消协调解是指在消费者协会及其他消费者组织的主持下，消费者和经营者根据自愿、平等原则，就消费争议事项协商并达成协议，从而解决消费纠纷的一种方式。消协调解在我国有着较长的历史，在化解消费者权益纠纷方面发挥了重要作用。同时，消费者协会在我国各类社会组织中具有相当的典型性，其调解活动也具有一定的代表性。考察消协调解的历史、现状和发展趋势，对于了解我国其他社会组织调解具有一定的参考价值。

专门性纠纷调解是指针对发生在特殊生活工作背景下的纠纷所进行的调解。本章之所以予以专门讨论，这不仅因为目前我国专门领域中纠纷调解机制蓬勃发展，同时也因为随着社会的发展，不同领域中的调解所代表的主体及其性质有明确的区分，其变化反映着不同的社会动向，具有完全不同的原因和背景。[①] 本章重点介绍物业纠纷、医疗纠纷、劳动争议、土地纠纷等专门性纠纷调解的发展状况。

当然，在实践中参与调解的主体并不限于以上主体，专门性纠纷调解机制在其他生活工作领域中也不断涌现和发展。例如，近年来，律师、人民陪审员等参与调解有较大的发展，取得了许多成效。受制于资料和数据的可获得性，本报告暂不涉及，留待将来条件成熟时再予以讨论。

---

① 参见范愉：《法院调解制度的实证性研究》，载王亚新等：《法律程序运作的实证分析》，199页，北京，法律出版社，2005。

第一节 人民调解

一、概述

人民调解是指人民调解委员会通过说服、疏导等方法，促使当事人在平等协商基础上自愿达成调解协议，解决民间纠纷的活动。[①] 人民调解是一项具有中国特色的、有着深厚中华民族传统文化内涵的法律制度[②]，具有扎根基层、分布广泛、方便快捷、不伤感情等特点，在解决纠纷中具有独特的、其他纠纷解决方式不可替代的作用，被称为化解矛盾纠纷的“第一道防线”，被国际社会誉为“东方经验”、“东方之花”。当然，随着社会和经济的发展变化，人民调解制度也经历了勃兴、发展壮大，日趋式微再到改革创新的历史过程。

人民调解制度是在吸收历史上调解制度的合理因素的基础上产生与发展起来的，是中国共产党在基层社会法律制度建设上的一个创举。[③] 调解制度源于我国古代民间调解“排难解纷”、“止讼息争”的传统，因其契合中华民族“以和为贵”的道德观念和处世方式，为传统儒家思想所推崇。现代意义上的人民调解制度萌芽于第一次国内革命战争时期的农民运动[④]，后来各抗日根据地民主政府广泛推行调解工作，从 1941 年起相继颁布了适用本地区的有关调解工作的单行条例和专门指示，如《山东省调解委员会暂

① 参见《中华人民共和国人民调解法》第 2 条，2011 年 1 月 1 日起施行。

② 中国的调解源远流长。据考证，调解起源于中国奴隶制时期。早在西周时期，就设有“调人”、“胥吏”，调解纠纷，平息诉讼。《周礼·地官司徒·调人》说：“调人掌万民之难而谐和之。”这里的“调人”，就是专门负责解决纠纷的官员；“谐”，犹调也，“谐和”，就是我们今天的调和、调解。明代，中国调解制度发展到一个高峰，它在乡一级专门设置了调解民间纠纷的处所“申明亭”，由耆老、里长主持调解并形成制度，并将民间调解行为上升为法律规范，可谓明代民间调解的一项创举。《大明律》规定：“凡民间应有词讼，许耆老里长准受于本亭剖理。”申明亭主司申明教化、劝善惩恶、调解民间纠纷，是明代法定的乡、里进行民间调解的常设机构。

③ 参见肖扬：《推进人民调解制度的完善》，载《人民日报》，2002-09-29。

④ 人民调解制度萌芽于第一次国内革命战争和第二次国内革命战争时期共产党领导下的农会和在一些地方建立的局部政权组织中，最早是在广东海丰农民运动中产生的。抗日战争时期人民调解工作开始制度化、法律化，并取得了巨大的成就，如产生“人民调解委员会”的名称，形成人民调解的三项基本原则，为新中国成立后人民调解的发展积累了丰富经验。

行组织条例》、《晋西北村调解暂行办法》等。这些条例和办法的颁布与施行，是调解工作制度化与法律化的重要标志。它们加强了调解工作的法律地位，促进了调解制度的进一步发展。

新中国成立后，人民调解步入了新的发展阶段。1950年11月3日，中央人民政府政务院《关于加强人民司法工作的指示》指出："人民司法工作必须处理人民间的纠纷，对这类民事案件亦须予以足够的重视，应尽量采取群众调解的办法以减少人民讼争。"1953年4月召开的第二届全国司法工作会议对人民调解工作给予很高的评价，确定在全国范围内有领导、有步骤地建立与健全人民调解组织。在总结新民主主义革命时期人民调解工作经验的基础上，中央人民政府政务院于1954年3月颁布了《人民调解委员会暂行组织通则》，明确规定了人民调解委员会的性质、任务、组织、活动原则、工作制度和工作方法，并确立了人民调解工作在社会主义法制建设中的地位和作用。这是我国人民调解制度发展史上的里程碑，标志着在我国人民调解制度法律地位的确立。从此，人民调解工作在全国迅速发展起来。从1957年开始，受"左"的思想以及后来的"文化大革命"的影响，人民调解组织陷于瘫痪。

党的十一届三中全会以来，人民调解委员会和人民调解工作得到迅速的恢复和发展。1982年，人民调解制度作为人民群众自治的重要内容被载入《中华人民共和国宪法》[①]；同年颁布的《民事诉讼法（试行）》确立了人民调解制度与民事诉讼的关系。《继承法》、《村民委员会组织法》、《居民委员会组织法》、《人民法院组织法》等法律对人民调解均有明确规定。1989年，国务院颁布了《人民调解委员会组织条例》，对人民调解工作进行了规范。这些法律法规的颁行，把人民调解工作推进到新的历史阶段。尤其是2002年最高人民法院《关于审理涉及人民调解协议的民事案件的若干规定》和《人民调解工作若干规定》的施行，使人民调解纳入了法治的轨道。2004年2月13日，最高人民法院和司法部联合下发的《关于进一步加强人民调解工作切实维护社会稳定的意见》，肯定了人民调解在化解人民内部矛盾，维护社会稳定和谐中的重要作用，进一步推动了人民调解工作的改革和发展。2007年，司法部先后与最高人民法院、财政部联合发布《关于进

① 《中华人民共和国宪法》第111条第2款规定："居民委员会、村民委员会设人民调解、治安保卫、公共卫生等委员会，办理本居住地区的公共事业和公益事业，调解民间纠纷，协助维持社会治安，并且向人民政府反映群众的意见、要求和建议。"

一步加强新形势下人民调解工作的意见》、《关于进一步加强人民调解工作经费保障的意见》，对推动人民调解法制化、规范化建设以及财政保障提出了指导意见。2009 年 7 月最高人民法院《关于建立健全诉讼与非诉讼相衔接的矛盾纠纷解决机制的若干意见》进一步完善了人民调解等非诉讼纠纷解决方式与诉讼之间的衔接机制。

近些年来，随着经济体制深刻变革、社会结构深刻变动，人民调解制度面临着新的发展机遇和挑战。各地在组织建设、人员选聘、调解范围、程序、效力以及调解与仲裁、诉讼的衔接上不断探索，涌现出许多改革成果。全国人大代表、政协委员每年都提交数十件提案、议案，呼吁尽快制定人民调解法，各有关部门也一直在积极推动人民调解立法工作。2010 年 8 月 28 日，第十一届全国人大常委会第十六次会议审议通过了《中华人民共和国人民调解法》（以下简称《人民调解法》），自 2011 年 1 月 1 日起施行。该法是我国第一部专门、系统、完备规范人民调解工作的法律，对于推动人民调解制度的改革与发展具有重要意义。

表 4—1　　人民调解法律制度的完善

年份	法律文件
1941 年起	《山东省调解委员会暂行组织条例》、《晋西北村调解暂行办法》等
1954	《人民调解委员会暂行组织通则》
1982	《中华人民共和国宪法》、《民事诉讼法》、《继承法》、《村民委员会组织法》、《居民委员会组织法》、《人民法院组织法》
1989	《人民调解委员会组织条例》
2002	最高人民法院《关于审理涉及人民调解协议的民事案件的若干规定》、《人民调解工作若干规定》
2004	《关于进一步加强人民调解工作切实维护社会稳定的意见》
2007	《关于进一步加强新形势下人民调解工作的意见》、《关于进一步加强人民调解工作经费保障的意见》
2009	《关于建立健全诉讼与非诉讼相衔接的矛盾纠纷解决机制的若干意见》
2010	《中华人民共和国人民调解法》

二、机构设置

我国的人民调解组织即人民调解委员会，其性质为基层人民政府和基层人民法院指导下的调解民间纠纷的群众性组织。

(一) 人民调解委员会的类型

人民调解委员会是设在社会基层的群众自治性组织。不同地区的社会基层的形态不同，人民调解委员会的具体形式也存在一定的差异。根据有关法律文件的规定以及人民调解的社会实践，可以将人民调解委员会归纳为五种类型。其中，村民调解委员会和居民调解委员会是最基本的形式。从数量上来看，村民调解委员会在各种类型的人民调解委员会中所占比例最大（见表4—2）。

表4—2　　1981—2009年人民调解和民事诉讼基本情况

年份	调解委员会总数（个）	其中			调解员（人）	调解民间纠纷（件）	民事诉讼收案（件）	纠纷总数（件）
		村民调解委员会（个）	居民调解委员会（个）	单位调解委员会（个）				
1981	764 700				4 767 700	7 805 400	673 926	8 479 326
1982	860 049	691 029	56 793	112 227	5 339 498	8 165 762	778 941	8 944 703
1983	927 134	729 017	62 898	135 219	5 557 721	6 477 494	799 989	7 277 483
1984	939 561	711 557	68 753	158 325	4 576 335	6 748 583	923 120	7 671 703
1985	977 499	716 379	72 865	171 338	4 738 738	6 332 912	1 072 170	7 405 082
1986	957 589	712 637	82 769	162 183	6 087 349	7 307 049	1 310 930	8 617 979
1987	980 325	736 678	77 070	129 921	6 205 813	6 966 053	1 579 675	8 545 728
1988	1 002 635	749 021	80 339	133 995	6 370 396	7 255 199	1 968 745	9 223 944
1989	1 006 040	756 048	82 744	134 083	5 937 110	7 341 030	2 511 017	9 852 047
1990	1 020 537				6 256 191	7 409 222	2 444 112	9 853 334
1991	1 040 330				9 914 135	7 125 524	2 448 178	9 573 702
1992	1 011 221				10 179 201	6 173 209	2 601 041	8 774 250
1993	1 007 935	736 159	89 770	152 221	9 766 519	6 222 958	2 983 667	9 206 625
1994	1 009 407				9 997 616	6 123 729	3 437 465	9 561 194
1995	1 009 814				10 258 684	6 028 481	3 997 339	10 025 820
1996	1 001 579				10 354 000	5 802 230	4 613 788	10 416 018
1997	985 313				10 273 940	5 543 166	4 760 928	10 304 094
1998	983 681				9 175 000	5 267 194	4 830 284	10 097 478
1999	974 100				8 803 000	5 188 646	5 054 857	10 243 503
2000	964 000				8 445 000	5 030 619	4 710 102	9 740 721
2001	923 000				7 793 000	4 861 695	4 615 017	9 476 712
2002	890 600				7 161 600	4 636 139	4 420 123	9 056 262
2003	878 000				6 692 000	4 492 157	4 410 236	8 902 393
2004	853 300				5 144 200	4 414 233	4 332 727	8 746 960

续前表

年份	调解委员会总数（个）	其中			调解员（人）	调解民间纠纷（件）	民事诉讼收案（件）	纠纷总数（件）
		村民调解委员会（个）	居民调解委员会（个）	单位调解委员会（个）				
2005	847 090				5 096 472	4 486 825	4 380 095	8 866 920
2006	842 968				4 981 902	4 628 018	4 385 732	9 013 750
2007	836 571				4 868 738	4 800 238	4 724 440	9 524 678
2008	827 412				4 792 920	4 981 370	5 412 591	10 393 961
2009	823 676				4 938 868	7 676 064	5 800 144	13 476 208

资料来源：(1) 蔡诚主编：《当代中国的司法行政工作》，455～456 页，北京，当代中国出版社，1995；(2)《中国统计年鉴》历年各卷，中国统计出版社；(3)《中国法律年鉴》1987—2010 年各卷；(4)《中国司法行政年鉴》历年各卷，法律出版社出版。

说明：1990 年、2002 年的调解民间纠纷数《中国统计年鉴》与《中国法律年鉴》的说法不一，前者分别是 7 409 220、4 636 157，后者分别是 7 409 222、4 636 139。本表的数据以《中国法律年鉴》为准。

1. 村民调解委员会

在农村地区，人民调解委员会设在村民委员会之中，是村民委员会的一个内设组织，可以简称为村民调解委员会。村民人民调解委员会贴近群众，基础广泛，数量庞大，是人民调解组织的基本形式。根据《人民调解法》第 9 条的规定，村民人民调解委员会由村民会议或者村民代表会议推选产生。

2. 居民调解委员会

在城镇之中，人民调解委员会设在居民委员会之中，是居民委员会的一个内设组织，可以简称为居民调解委员会。居民调解委员会委员由居民会议推选产生。

3. 企业事业单位调解委员会

在企业事业单位之中，人民调解委员会的设置没有统一的形式，在设置的原则和精神上参照前两种形式，这种人民调解委员会可以简称为单位调解委员会。企业的人民调解委员会一般隶属企业党组织或工会，有条件的还可以设置调解办公室或负责调解工作的专职人员。调解委员会委员由职工大会、职工代表大会或者工会组织推选产生。

4. 乡镇、街道人民调解委员会

根据司法部 2002 年 9 月颁布的《人民调解工作若干规定》的规定，乡镇、街道人民调解委员会委员由下列人员担任：（1）本乡镇、街道辖区内设立的村民委员会、居民委员会、企业事业单位的人民调解委员会主任；（2）本乡镇、街道的司法助理员；（3）在本乡镇、街道辖区内居住的懂法律、有专长、热心人民调解工作的社会志愿人员。乡镇、街道人民调解委员会主要调解村、居调委会调解不了的疑难、复杂的民间纠纷，以及涉及两个以上村、居（社区）调委会的民间纠纷等，制止群众性械斗和群体性上访，防止矛盾纠纷激化，维护社会稳定。

5. 其他形式的调解委员会

在社会实际生活中，还有其他形式的调解委员会，比如，由房管、妇联、公安、工商等部门和基层居民组织联合成立的专项纠纷调解委员会；专门调解跨地区、跨单位、跨行业的民间纠纷的联合调解组织；根据市场经济发展的需要，在集贸市场、经济开发区、流动人口聚居地、国家重点工程工地、乡镇企业、三资企业等处建立的人民调解组织，等等。[①] 目前，已建立的区域性调解组织形式主要有行政接边地区、厂街接边地区建立的联合人民调解委员会，集贸市场、经济开发区、商品集散地、工程工地、流动人口聚居区人民调解委员会等。行业性人民调解委员会指行业、社团组织建立的人民调解委员会，如房地产纠纷人民调解委员会、消费者协会人民调解委员会等。

（二）人民调解委员会的组成

人民调解委员会由委员 3 至 9 人组成。村民委员会、居民委员会和企业事业单位的人民调解委员会根据需要可以自然村、小区（楼院）、车间为单位，设立调解小组，聘任调解员。乡镇、街道人民调解委员的组成人员包括辖区内设立的村民委员会、居民委员会、企业事业单位的人民调解委员会主任，本乡镇、街道的司法所工作人员，司法助理员以及在本乡镇、街道辖区内居住的懂法律、有专长、热心人民调解工作的社会志愿人员。

人民调解委员会设主任 1 人，委员人数较多或者主任兼职过多时，可以设立副主任。主任和副主任一般应当在委员中选举产生。乡镇、街道人民调解委员会主任一般由司法所长、司法助理员担任；区域性、行业性人民调解委员会主任一般由设立人民调解委员会的组织任命。

---

① 参见李冰：《在改革开放中发展完善的中国人民调解制度》，载《当代司法》，1999（4）。

多民族居住地区的人民调解委员会，应当有人数较少的民族成员。人民调解委员会应当有妇女委员。人民调解组织的成员在年龄结构上，要注意老、中、青相结合，以便发挥他们各自的优势和长处，相互取长补短，更加有效地开展工作。

人民调解委员会及其组成人员，应当向所在地乡镇、街道司法所（科）备案；乡镇、街道人民调解委员会应当向县级司法行政机关备案。区域性、行业性人民调解委员会应当向所在地区的司法行政机关备案。

（三）人民调解委员会建设标准

乡镇（街道）人民调解委员会应当有固定的调解场所，场所门口应当悬挂人民调解委员会标志牌，配备统一规格的人民调解委员会印章、统一格式的人民调解文书和统一制发的人民调解统计台账。

人民调解委员会的调解场所应当悬挂统一的人民调解标识，调解主持人、调解人、记录人、当事人席位环行排放，人民调解员名单、调解纠纷的种类范围、调解的原则、纪律、调解协议的效力、当事人的权利与义务等应上墙明示。

人民调解委员会应当建立健全岗位责任制度以及例会、学习、考评、业务登记、统计和档案管理、回访、纠纷排查、纠纷信息传递与反馈等各项规章制度，保障人民调解活动的顺利开展。

（四）人民调解委员会的变化

1. 组织形式变化

改革开放以来，人民调解委员会在组织形式方面的变化可以归结为两点。一是对人民调解委员会的组织形式、人员构成、选举办法等进一步规范化、制度化。这种制度化和规范化主要体现在三个法律文件的颁布上。其一是国务院 1989 年 6 月颁布的《人民调解委员会组织条例》明确规定：（1）人民调解委员会由委员 3 至 9 人组成，设主任 1 人，必要时可以设副主任；（2）人民调解委员会委员除由村民委员会成员或者居民委员会成员兼任的以外由群众选举产生，每 3 年改选一次，可以连选连任；（3）多民族居住地区的人民调解委员会中，应当有人数较少的民族的成员；（4）人民调解委员会委员不能任职时，由原选举单位补选；（5）人民调解委员会委员严重失职或者违法乱纪的，由原选举单位撤换。这些规定和 1954 年 3 月政务院颁布的《人民调解委员会暂行组织通则》相比，不仅内容上有所变化，而且更加具体。其二是司法部 2002 年 9 月颁布的《人民调解工作若干规定》，该《规定》针对社会环境变化，对《条例》的相应规定进行补充和落实。其三是2010年通过的《人民调解法》，以立法的形式规定了村民、居民委员会设立人民调解委员会，企事业单位根据需要设立人民调解委员会，乡镇、街道以及社会团体或者其他组织根据需要参照设立人民调解委员会。这使集贸市场、旅游区、开发区等特定区域设立的人民调解组织和基层工会、妇联、残联、消协等群众团体、行业组织设立的新型人民调解组织有了明确的法律地位。

第二个变化即自2002年以来，在司法部的组织领导下，全国范围内开始建立和推广乡镇、街道人民调解委员会以及指导建立了专业性、行业性人民调解组织。乡镇、街道人民调解委员会建立在乡镇或者街道一级，有专职的司法助理员加入，其制度化和正规化程度较高。之所以要建立乡镇、街道人民调解委员会，主要是考虑到，一方面，由于农村地区的社会改革，原来人民调解委员会所依托的集体组织的权威性和控制能力减弱；另一方面，由于人员的流动性加剧，社会生活复杂化加剧，出现了大量的纠纷和矛盾，超出了行政村和居民区的范围，使得这些纠纷需要一个更有效的机构进行调解。多种形式的人民调解组织可以更好地适应化解不同类型、不同领域矛盾纠纷的需要。

2. 数量变化

截至2009年，全国共有人民调解组织82.4万个，其中，村民（居民）人民调解委员会67.4万个，企事业单位人民调解委员会7.9万个，乡镇、街道人民调解委员会4.2万个，专业性、行业性人民调解组织1.2万个。改革开放以来人民调解委员会的数量及其变化，见表4—2和表4—3。

表4—3　　2005—2009年人民调解委员会的类型及数量

年份	调解委员会总数（个）	村居调委会	乡镇街道调委会	企事业单位调委会	区域性行业性调委会	其他调委会
2004	853 292	710 265	42 698	68 823	8 739	17 356
2005	847 090	699 976	45 083	77 424	8 708	15 899
2006	842 968	698 159	41 986	75 260	10 991	14 477
2007	836 571	680 915	42 405	82 162	12 003	18 768
2008	827 412	674 594	41 945	80 473	12 480	17 920
2009	823 676	674 246	41 751	78 674	12 163	16 842

如表4—2和图4—1所示，在1981—2009年这29年中，人民调解的

数量有一个先增后降的变化，但是，相对于人民调解委员会的基数来说，变化的幅度并不显著。应当说，这种变化很大程度上并非出于调解委员会自身的原因，而是由基层社区中行政村、居民区以及乡镇和街道的数量和规模调整所致。人民调解委员会是以这些基层社区或者行政区为基础建立起来的，这些社区或者行政区的数量变化自然会影响到人民调解委员会数量的变化。企事业单位调解组织减幅较大的一个重要原因是金融危机影响导致部分企业破产倒闭，相当部分企业经营困难大量裁员，企业内部人民调解工作受到较大冲击。

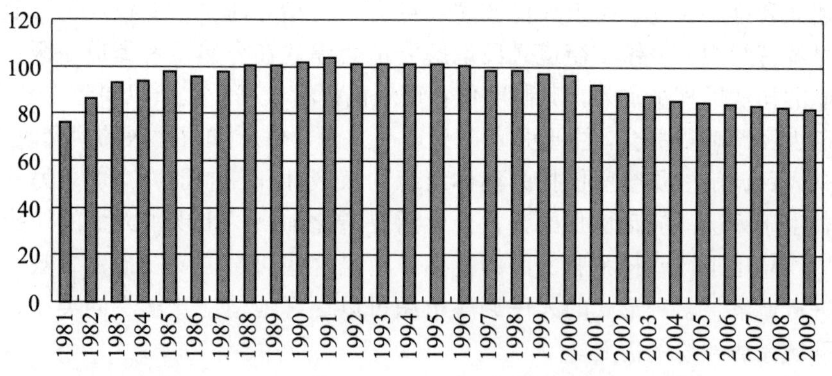

图 4—1　1981—2009 年人民调解委员会数量变化（万）

需要说明的是，尽管人民调解委员会总数变化不大，但这并不能完全反映人民调解组织存在和运作情况。一些实地调查发现，在农村地区，许多调解委员会组织建设不规范或不健全，一些调解组织有名无实，瘫痪或半瘫痪，不发挥作用。①

从图 4—2 和图 4—3 可知，2005 年至 2009 年，人民调解委员会总数持续小幅减少。村居调委会占村居建制数的比例始终保持在 98%左右，最高在 2006 年达到 99%，但始终未能实现 100%全覆盖的目标。乡镇街道调委会与乡镇街道建制数的比例均超过 100%，也超过同期司法所建制数，其原因在于有许多地区将经济开发区、科技园区等特殊区域建立的人民调解委员会也纳入乡镇街道调委会加以统计。

① 参见王佩芬：《行动中的依法调解原则——对张家湾村的实地调查与理论分析》，中国人民大学硕士学位论文，2003。

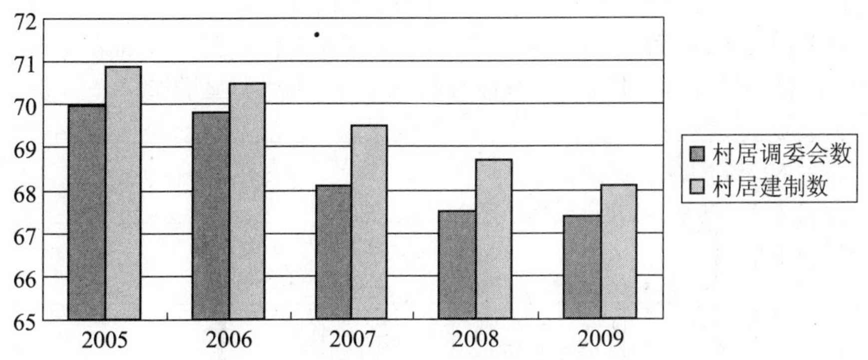

图 4—2 2005—2009 年村居调解委员会及村居建制数（单位：万）

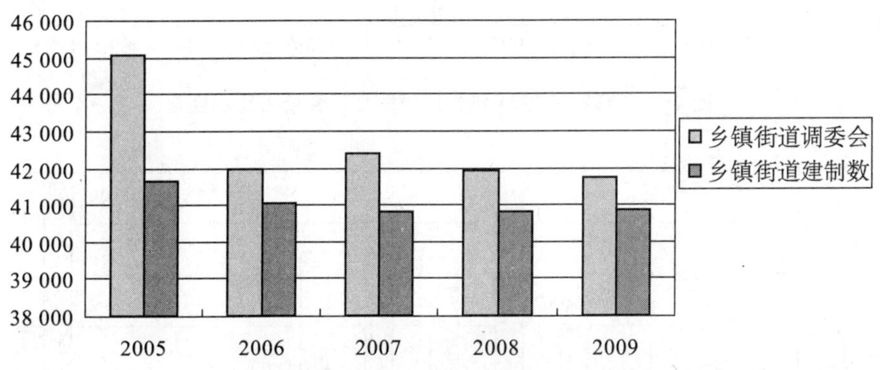

图 4—3 2005—2009 年乡镇街道调委会及乡镇街道建制数

3. 构成变化

我国是一个农业大国，农村人口比例很大，由此导致的一个结果是设在农村地区村民调解委员会数量很大，而城市中的居民调解委员会比例较小。如图 4—4 和图 4—5 所示，在 1982 年时，村民调解委员会所占比例高达 80.3%，居民调解委员会所占比例只有 6.6%。尽管这个比例在此后的历史时期处于不断的变化之中，但变化的一个总的趋势是，从 1982 年至 1993 年期间，村民调解委员会所占比例逐步缩小，居民调解委员会所占比例逐步增大。我们目前只掌握了 1993 年以前的数据，但是，在图 4—4 和图 4—5 中，这个趋势已经较为显著地体现出来了。之所以出现这样的趋势，是因为改革开放以来我国步入了一个快速工业化、城市化的进程，在这个过程中，农业产值和农业人口的比例不断下降，工业产值和城市规模不断扩大，于是导致了设在农村地区的村民调解委员会所占比例逐步缩小、设在城镇之中的居民调解委员会所占比例逐步增大。另外，如表 4—3 所示，2005 年至 2009 年我国区域性行业性调委会数量明显增加。

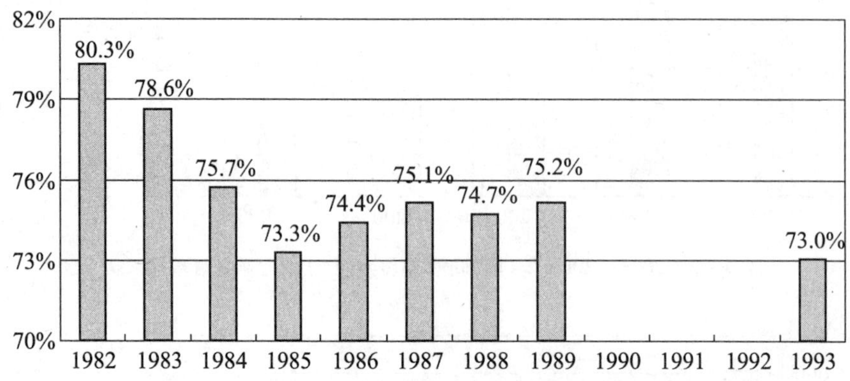

图 4—4　1982—1993 年村民调解委员会所占比例变化

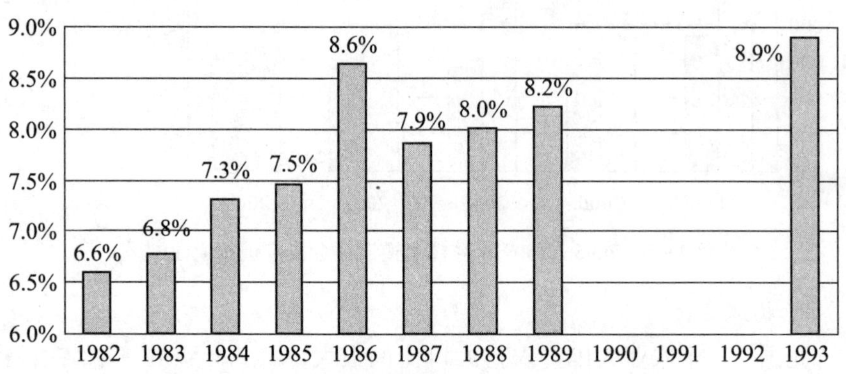

图 4—5　1982—1993 年居民调解委员会所占比例变化

三、职能活动

（一）人民调解的职能

《人民调解委员会组织条例》规定了人民调解的三项任务：调解民间纠纷；通过调解工作宣传国家法律、法规、规章和政策，教育公民遵纪守法，尊重社会公德；向村民委员会、居民委员会、所在单位和基层人民政府反映民间纠纷和调解工作情况。几十年来，广大人民调解组织在工作实践中，逐步探索民间纠纷调解、预防和激化的关系，广泛开展了预防民间纠纷和防止纠纷激化的有关工作，取得了显著成效，并形成了“调防结合，以防为主”的工作方针。《人民调解工作若干规定》总结了这些经验，在关于人民调解任务的规定中，增加了预防纠纷发生和防止纠纷激化的内容。

1. 积极调解民间纠纷

“民间纠纷”既不同于法律上的“民事纠纷”，也不同于通常称的“社会矛盾”或者“人民内部矛盾”，而是对那些具有普遍性、多发性、广泛性，情节比较简单，法律后果比较轻微等特点的多种纠纷的概括。例如，婚姻家庭邻里纠纷、赡养、扶养纠纷、房屋宅基地纠纷、损害赔偿纠纷、生产经营纠纷，以及新形势下突现的有关土地承包、经济合同、计划生育、村务管理方面的纠纷，有关企业转制、破产、租赁、兼并和转让过程中引发的劳动争议纠纷，有关市政建设、危旧房改造中征地拆迁、安置补偿、噪音扰民、物业管理、房地产买卖等方面的纠纷。应当说，民间纠纷的具体种类和范围随着社会的发展而不断变化，人民调解工作需要适应民间纠纷日益多样化的需求，进一步调解好婚姻、家庭、邻里、赔偿等常见性、多发性纠纷，控制矛盾纠纷总量，稳定社会关系。同时，要结合本地经济社会发展的特点，针对突出的热点难点纠纷开展工作，有效缓解改革进程中的利益冲突。

2. 深入开展防激化工作

防激化，即防止民间纠纷激化为自杀、刑事案件和群体性事件。把防激化作为人民调解工作的任务，反映了“标本兼治”的指导思想，适应了当前维护社会稳定的客观需要，体现了人民调解工作的特色和优势。人民调解组织应坚持抓早、抓小、抓苗头，力争把矛盾纠纷化解在萌芽状态，解决在基层。对于居高不下的多发性纠纷，人民调解组织要在党委、政府统一领导下，会同各有关部门共同开展对矛盾纠纷的专项治理；对群众意见大、反映强烈、集中、复杂的群体性纠纷，要在稳定事态的基础上及时向基层人民政府或有关部门报告，协助党委、政府做好当事人工作；对调解不了的矛盾纠纷，要引导纠纷当事人通过法治的渠道来解决，防止矛盾进一步激化。

3. 通过调解工作宣传国家法律、法规、规章和政策，教育公民遵纪守法，尊重社会公德

一是通过调解工作进行法制宣传教育。寓法制宣传和道德教育于调解矛盾纠纷的过程之中，做到调解一案，教育一片。二是针对矛盾纠纷发生、发展规律进行法制宣传教育。如农村春节前后容易发生婚姻家庭纠纷；年终结算时，容易发生赡养纠纷和债务纠纷；农忙季节生产任务多，容易发生生产经营性纠纷；农闲季节建房多，容易发生房屋宅基地纠纷；城市建设，容易发生拆迁、安置、噪声扰民纠纷；居民搬迁，容易与物业管理部门发生纠纷等等。人民调解委员会应当掌握这些规律，有针对性地开展法制宣传教育，使预测走在预防前，预防走在调解前，防患于未然。三是配合普法进行宣传教育。普法教育是全民性的法制宣传教育，人民调解委员会应当结合当地矛盾纠纷发生特点，经常性地开展社会主义法制和社会主义公德的教育，从源头上减少矛盾纠纷发生。

4. 向村民委员会、居民委员会、所在单位和基层人民政府反映民间纠纷和调解工作情况

人民调解委员会是基层群众自治组织，人民调解既是广大人民群众参与社会事务管理的重要形式，同时也是党和政府倾听群众意见和要求，密切联系群众的桥梁和纽带。人民调解要充分发挥自己来自群众根植于群众的优势，定期开展矛盾纠纷的排查工作，及时向村委会或者居委会和基层党委、政府反馈矛盾纠纷信息，反映人民群众的意见和要求，反映人民调解工作的情况和问题。这既可使基层人民政府了解掌握情况，加强对人民调解工作的指导管理，又能充分发挥人民调解工作的作用，促进基层的民主与法制建设。

除了上述规定的四项任务外，人民调解委员会还要积极参加基层安全文明创建活动，开展对失足青少年、刑释解教人员的帮教工作等等。在上述这些职能中，纠纷解决是核心的职能，其他职能都是附属性质的，是在纠纷解决过程中附带实现的。对于纠纷解决职能，可以从人民调解的原则、人民调解与其他纠纷解决方式的衔接、调解协议的法律效力、调解民间纠纷的数量、调解民间纠纷的比例、调解民间纠纷的效果等六个方面进行考察。

（二）人民调解的原则

《人民调解法》对人民调解的原则作出了明确的规定，具体包括平等自

愿、不违背法律法规和国家政策、尊重当事人权利三项原则。

1. 平等自愿原则

平等自愿原则体现在三个方面：一是纠纷的受理必须基于各方当事人自愿，如果当事人不愿意接受调解，或者不愿意接受某个组织和个人的调解，或者有一方当事人不愿意接受调解，均不能强行调解。二是在调解的过程中，对当事人必须进行耐心细致的劝解、开导、说服，不允许采取歧视、强迫、偏袒和压制的办法。三是经调解达成的协议，其是非界限、责任承担、权利义务内容，必须由当事人自愿接受，不得强加于人。

当然，平等自愿原则，并不禁止人民调解组织主动上门调解纠纷，并不排除调解人员对于纠纷当事人的错误言行予以必要的批评教育，也并不意味着当事人可以违背法律、政策和社会公德，随心所欲地订立调解协议。

2. 不违背法律法规和国家政策原则

不违背法律法规和国家政策原则体现在三个方面：一是人民调解活动必须合法，其调解范围、程序步骤、工作方法必须符合有关法律、法规和规章的规定，调解行为规范、公正、合理；更适合人民调解解决，移交或者建议人民调解委员会调解的，人民调解委员会可以受理。二是人民调解委员会要依据法律、法规、规章和政策进行调解，法律、法规、规章和政策没有规定的，依据社会公德进行调解。人民调解委员会调解纠纷要以事实为根据，以法律为准绳，在充分听取当事人陈述，调查了解，查明矛盾纠纷发生的事实后，以法律、法规、规章、政策为依据，分清是非责任，说服有过错的一方承担责任，双方都有过错的，各自承担相应的责任。三是达成调解协议的内容要符合法律、法规、规章和政策的规定。任何与现行法律、法规、规章和政策相悖的调解协议都是无效的。对不符合法律、法规、规章、政策和违背社会公德的调解协议，当事人可以要求重新调解，基层人民政府和基层人民法院也可以予以纠正。

3. 尊重当事人权利原则

人民调解不是诉讼的必经程序，不得因未经调解或者调解不成而阻止当事人向人民法院起诉。民间纠纷发生后，当事人有权径行向人民法院提起诉讼，不得因未经调解而限制其诉讼权利。在调解民间纠纷过程中，当事人可以中断调解，向人民法院提起诉讼。经调解达成协议的纠纷，当事人仍然有权利提起诉讼，请求人民法院对纠纷及其协议予以裁判。

（三）人民调解与其他纠纷解决方式的衔接

人民调解、诉讼调解、行政调解乃至司法审判都是纠纷解决的主要方式，因而在实践中存在如何衔接的问题。就此而言，全国各地进行了大量的实践探索，而相关经验也陆续为 2003 年最高人民法院《关于落实 23 项司法为民具体措施的意见》、2009 年最高人民法院《关于建立健全诉讼与非诉讼相衔接的矛盾纠纷解决机制的若干意见》等司法解释和指导意见所吸收和肯定。2010 年通过的《人民调解法》对于人民调解与其他纠纷解决方式的衔接作出了专门的规定。该法充分贯彻了调解优先原则，注重发挥人民调解在化解社会矛盾纠纷中的基础作用，对人民调解与其他纠纷解决方式之间的衔接机制予以法律确认。一是立法规定基层人民法院、公安机关对适宜通过人民调解方式解决的纠纷，可以在受理前告知当事人向人民调解委员会申请调解。二是规定人民调解员调解纠纷，调解不成的，应当终止调解，并依据有关法律、法规的规定，告知当事人可以依法通过仲裁、行政、司法等途径维护自己的权利。三是规定经人民调解委员会调解达成调解协议后，双方当事人认为有必要的，可以自调解协议生效之日起 30 日内共同向人民法院申请司法确认。四是规定当事人之间就调解协议的履行或者调解协议书内容发生争议的，一方当事人可以向人民法院起诉。

（四）调解协议的法律效力

人民调解协议是在人民调解委员会的主持下，纠纷当事人依照国家的法律、法规、规章、政策和社会主义道德，在查清事实、分清责任的基础上，通过平等协商、互相谅解，对纠纷的解决自愿达成一致意见的意思表示。

1. 人民调解协议的性质

最高人民法院《关于审理涉及人民调解协议的民事案件的若干规定》第 1 条规定：“经人民调解委员会调解达成的、有民事权利义务内容，并由双方当事人签字或者盖章的调解协议，具有民事合同性质。当事人应当按照约定履行自己的义务，不得擅自变更或者解除调解协议。”也就是说，符合下列条件的人民调解协议具有民事合同性质：（1）主持调解的必须是人民调解委员会。行政机关、其他组织或者调解机构支持达成的调解协议，不适用该司法解释。（2）调解协议必须具有民事权利义务内容。不具有民事权利义务内容的约定，不是民法调整的对象，其约定就不是《合同法》所称的合同。（3）调解协议的形式必须是书面协议。因为口头协议，当事人举证困难，当事人对是否存在协议、协议的具体内容均可能产生争议，也会给人民法院审理涉及人民调解协议的民事案件带来困难。(4) 双方当事人签字或者盖章。这是双方当事人合意这一民事合同最本质的特征，缺少这一要件也不是民事合同。

2. 人民调解协议的形式和内容

人民调解协议有口头、书面两种形式。简单的纠纷在当事人同意的情况下可以适用口头协议；有民事权利义务内容的或者当事人要求制作书面调解协议的，应当制作书面调解协议。人民调解协议书要按司法部统一制定的文书格式制作，载明下列事项：一是双方当事人基本情况；二是纠纷简要事实、争议事项及双方责任；三是双方当事人的权利和义务；四是履行协议的方式、地点、期限；五是当事人签名，调解主持人签名，人民调解委员会加盖印章。调解协议制作完成后，由纠纷当事人各执一份，人民调解委员会留存一份。

3. 人民调解协议的效力

符合以上四个条件的人民调解协议的效力适用民事合同效力的原则规定。合同效力一般在订立合同时就产生，除非法律另有规定或者当事人另有约定。也就是说，双方当事人达成协议后，没有法定事由或法定程序一般不能改变，否则，就要承担法律责任。2010 年通过的《人民调解法》对人民调解协议效力予以进一步明确，规定经人民调解委员会调解达成的调解协议，具有法律约束力，当事人应当按照约定履行。同时，该法首次通过立法的形式确立了对人民调解协议的司法确认制度。即经人民调解委员会调解达成调解协议后，双方当事人认为有必要的，可以自调解协议生效之日起 30 日内共同向人民法院申请司法确认，人民法院应当及时对调解协议进行审查，依法确认调解协议的效力。人民法院依法确认调解协议有效，一方当事人拒绝履行或者未全部履行的，对方当事人可以向人民法院申请强制执行。这是近年来人民调解的一项重要制度创新，是运用司法机制对人民调解给予支持的重要保障措施。

(五) 调解民间纠纷的数量

在《中国法律年鉴》等政府出版物中所公布的“调解民间纠纷”数量，不是指调解成功的民间纠纷数量，而是指当事人提请调解的纠纷数量，类似于民事诉讼中收案数量。表 4—2 收集了 1981 年至 2009 年调解民间纠纷的数据，根据这些数据，绘出图 4—6。考察表 4—2 和图 4—6，可以将

1981—2009 年间人民调解委员会调解民间纠纷的数量变化划分为三个阶段，第一个阶段在 1981—1990 年间，调解民间纠纷数量存在一定的起伏，但是没有集中的变化趋势；第二个阶段是 1990—2004 年间，调解民间纠纷数量呈逐年下降趋势，年均递减 3.6%。如果考虑到改革开放以来我国人口增长 30%①、经济总体规模（GDP）按可比价格计算增长 746%②，以及社会利益多元化和人口流动加剧等事实，可以发现纠纷形势总体上更加严峻。调解的收案不升反降，或许可以表明人民调解作用下降的程度比案件受理量下降的程度还要大。第三个阶段是 2004—2009 年间，调解民间纠纷数量实现了稳步提高，2009 年列入统计项目并达成书面调解协议的纠纷数为 5 797 300 件，比 2008 年同期增加 81.6 万件，增幅达 16.4%。

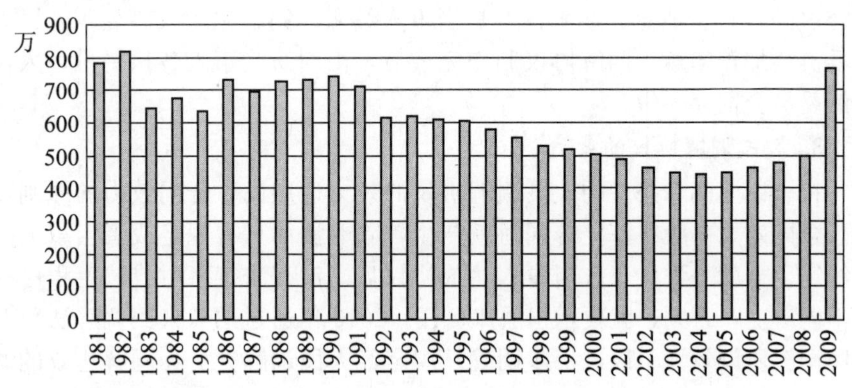

图 4—6　1981—2009 年人民调解委员会调解民间纠纷数量变化

（六）调解民间纠纷的比例

调解收案在社会纠纷总量中所占的比例能够更为精确地反映出人民调解的作用变化。当然，社会的纠纷总量的精确统计几乎是不可能的。但是，考虑到在统计数量上，各种单纯的偶然性可以相互抵消，登记在案的纠纷（案件）和社会总的纠纷数量之间的比例应该是大致稳定的。于是，可以用前者代替后者进行考察。各种登记的案件，有诉讼和非诉讼两种，而在非诉讼方式中，无论从数量上说，还是从机构设置普及程度上说，人民调解

① 根据《中国统计年鉴 2005》公布的数据，1981 年我国人口数为 100 072 万人，2004 年增长为 129 988 万人，增长了 30%。

② 根据《中国统计年鉴 2005》公布的数据，以 1978 年为 100，按照可比价格计算，1981 年我国的 GDP 为 122.0，2004 年为 1 032.2，增长了 746%。

都是主要的非诉讼解纷方式。因此，在大致精确的水平上，我们可以人民调解作为非诉讼方式的代表，以人民调解收案和民事诉讼一审收案之和，作为社会上求助于第三人的纠纷总量。有了这个纠纷总量，就可以计算出人民调解收案在纠纷解决中所占的比例。按照这样的思路，本报告对有关统计数据进行收集整理，得出了表 4—2 中的数据，根据其中的数据又绘出了图 4—7。表 4—2 和图 4—7 中的数据及其变化表明，人民调解收案所占比例在 1981—1999 年间呈逐年下降趋势；1999—2008 年间则维持在一个大致稳定、但是比较低的水平，基本上维持在 50%左右；2009 年略有提升，达到了 57%。

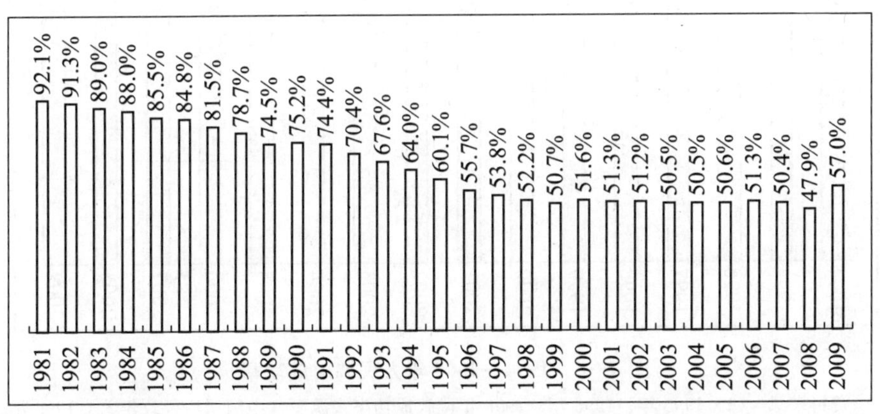

图 4—7　1981—2009 年人民调解委员会调解民间纠纷数在人民调解和民事诉讼收案之和中所占比例变化

（七）调解民间纠纷的效果

司法行政部门的历年工作总结均提到调解成功率这个指标。所谓调解成功率，是指在当事人提请调解的民间纠纷中，通过调解员的调解努力，成功地说服当事人达成和解协议的比例。从图 4—8 来看，可以得出两点结论：一是调解成功率一直很高，最低的年份也有 92.1%，最高的年份则高达 98.3%；二是调解成功率的变化幅度很小，除了 1999 年偏高、2006 年偏低外，其余年份基本上都在 95%～97%之间波动。

不过，这个数据是司法部公布的，其数据来源于基层司法部门的逐级上报，而“调解成功率”具有明确的规范含义，尤其是在当前广泛实行“治安承包”的政策模式的社会环境中，基层具有夸大数据的强烈动机，因此不能简单地凭借调解成功率高来判断人民调解效果良好。事实上，存在两个相反的事例说明人民调解的效果并不理想。一个事例是，如图4—6所示，1990年以来，除2009年首次实现增长外，人民调解委员会调解民间纠纷数持续下降；如图4—7所示，在民间纠纷总数中，1981年以来，人民调解所占比例也是持续下降，这两个趋势结合起来，人民调解在当事人的选择项目中，越来越不受欢迎，这种不受欢迎表明，人民调解的效果也应该是逐年下降的。

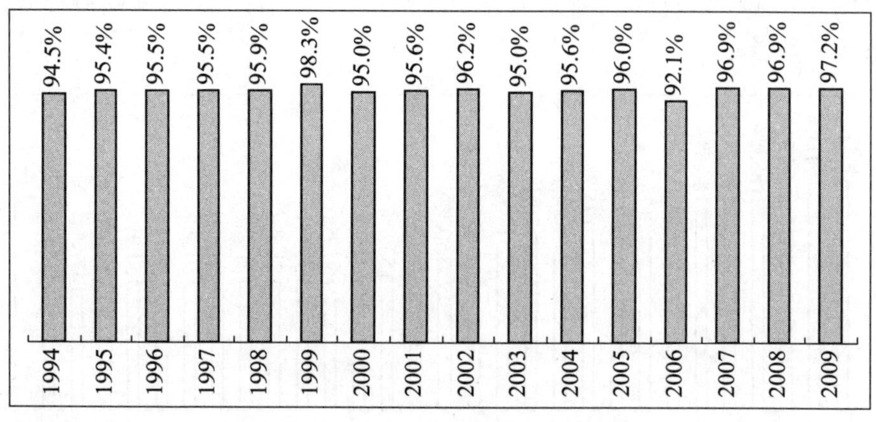

图4—8　1994—2009年人民调解成功率

资料来源：(1) 1995年、1996年、1999年调解成功率来源于《中国司法行政年鉴》1996年、1997年、2000年各卷；(2) 1998年调解成功率《中国法律年鉴1999》与《中国司法行政年鉴2000》统计不一致，此处以后者为准；(3) 1994年调解成功率来源于《新中国司法行政大典》，第2卷，1784页，北京，中国方正出版社，2001；(4) 1997年、2000—2004年的数据来源于《中国法律年鉴》1998年、2001—2005年各卷；(5) 2004—2009年的数据来源于2004—2009年各年《司法部基层工作指导司关于印发全国司法行政基层工作统计分析和统计资料的通知》。

另一个事例是，最高人民法院于2002年颁布了《关于审理涉及人民调解协议的民事案件的若干规定》，不仅明确规定“经人民调解委员会调解达成的、有民事权利义务内容，并由双方当事人签字或者盖章的调解协议，具有民事合同性质”，而且还规定了人民法院对违反调解协议行为的审判依据。该规定出台的背景是长期以来人民调解协议主要靠当事人自愿履行，但是近年来不履行调解协议的情况频繁发生，当事人也没有有效的救济渠道，这在很大程度上削弱了人们选择人民调解的意愿。不履行调解协议的情况频繁发生表明，一方面，人民调解员的说服、劝说能力下降了；另一方面，调解员可以动用的促使当事人履行承诺的资源和威望下降了。这些下降表明，人民调解委员会不仅调解的纠纷数下降了，而且调解的效果也有所下降。

（八）总结：人民调解的解纷功能逐步弱化

根据前面的描述和分析，改革开放以来，人民调解的职能活动存在三个趋势，即：（1）调解民间纠纷数量呈下降趋势；（2）人民调解在纠纷解决中比例下降，尤其与诉讼解纷相比而言，下降趋势十分显著；（3）人民调解在纠纷化解方面的效果，也有下降趋势，当然，最后这一点趋势还需要更多的数据来证明。归纳这个趋势，可以得出一个结论，就是自改革开放以来，人民调解的解纷功能逐步弱化。

根据人员状况部分的分析，在改革开放以来的历史时期，调解员人均办理案件量呈下降趋势，甚至在一些年份中，有一半的调解员无案可办。这说明，人民调解解纷功能的弱化，原因并不在于纠纷解决的“供给”方面，而在于社会需求方面。换言之，是由于人们不愿意将纠纷提交调解员调解的缘故，结合民事诉讼案件的增长趋势来看，是更多的案件选择了诉讼解决。而之所以出现这种纠纷偏好的变化，主要原因在于改革开放以来社会各个领域广泛而深刻的变革。归结起来，这种深刻的社会变革主要有三个方面：

第一，社会基本秩序的深刻变化。改革开放前，我国社会的基本秩序具有两个特点，一是人们基本上是分属于不同的单位或者集体的——非农业人口属于一个单位，农业人口属于一个集体。人们和单位或集体的关系，不是简单的具有契约性质的劳资关系，而是混有行政、劳动、身份归属等多种性质的关系，单位或者集体拥有多方面资源可以用来对个人进行控制。二是社会缺少流动性，包括职业的流动性和地域的流动性。缺乏流动性不仅加强了单位或集体对个人的控制能力，而且也强化了单位或者集体成员之间的横向联系，增进了单位或者集体成员对共同体的文化和纪律的认同感。[①] 然而，改革开放后则出现了截然相反的发展动向。（1）在农村，家庭通过承包成了独立的经济体，集体组织对个人的控制能力减弱；（2）在城市，个人和单位之间逐步演变成单纯雇佣性质的契约关系，单位的身份色彩逐步淡化；（3）整个社会流动起来了，大量的农民离土又离乡，流动到一个陌生的社区成为“农民工”，城市职员从一个单位到另一个单位的“跳

---

① 参见李汉林：《中国单位社会——议论、思考与研究》，上海，上海人民出版社，2004。

槽”十分容易，因为经商、务工、上学、旅游等原因，人们频繁而快速地在地区之间流动；（4）快速的流动形成了陌生人社会，相互交往的人们之间缺乏信任，缺乏感情，缺乏共同理解和接受的文化和纪律。

这种变化对解纷方式产生了深刻的影响。在改革开放以前的社会秩序中，调解有很多资源可以利用，比如单位和集体的压力，人与人之间的复杂关系的制约，对集体纪律和利益的认同，等等，因此，调解很容易成功，很容易取得效果。但是，当社会秩序发生了上述转变以后，调解实际上成了一个艰难的任务。一方面，集体的权威、单位的控制力衰落了，集体的纪律、共同体的归属感淡化了，因此，促使当事人妥协、让步、顾全大局的压力降低了；另一方面，人和人之间陌生了，关系简单了，人们既不信任对方，也不顾及双方关系的长久维持，都在纠纷中追求单一维度的利益的最大化，于是合意的达成越来越困难。总之，这种社会秩序类型的转变，导致人们或者不愿把纠纷提交给调解人员，或者提交后也很难达成和解。

第二，新型的纠纷大量出现，使得人民调解员在知识、权威等方面均无力胜任。无力胜任的原因在于两个方面，一是社会关系急剧变化，许多纠纷的处理需要以新的、不断变化的观念和规则为依据；二是社会出现所谓“法律化”（Legalization）的趋势或者后果，越来越多的社会关系将置于法律的调整之下，使得纠纷的解决需要更多的法律知识和技术。由于人民调解员的主体是业余性质的、志愿性质的，他们几乎不可能保证知识和观念的及时更新，不可能投入大量的人力和财力学习法律知识和技术，所以也就不能胜任这些新型的纠纷。相反，诉讼由法官、律师这些专业技术人员来运作，显然他们的优势和能力得到凸现。

第三，诉讼渠道更加通畅。我国当前的司法改革在性质上类似于西方国家“接近司法”运动，改革的结果无论是在案件的受理范围上，在案件的处理手续上，还是在审判的效率上，都使得诉讼方式更为方便快捷。加上诉讼在纠纷解决的知识和权威方面的固有优势，使得诉讼的纠纷解决功能日益强大，相应地，人民调解的解纷功能受到了挤压和挑战。

四、经费保障

（一）经费保障的现状

人民调解实行不收费原则，该原则最早明文规定于 1989 年的《人民调

解委员会组织条例》，2002年颁布的《人民调解工作若干规定》、2010年通过的《人民调解法》都重申了这一规定。长期以来，国家财政对人民调解工作没有专门的投入，实践中主要靠基层组织的自有经费解决。调解委员会的工作经费和调解委员的补贴经费，由村民委员会或者居民委员会、企业事业单位解决。司法行政机关通过争取同级人民政府的支持，解决人民调解的指导和表彰经费；通过协调和督促村民委员会、居民委员会和企业事业单位，落实人民调解委员会的工作经费和人民调解员的补贴经费。

但是，上述规定很难落到实处：大部分农村经济发展比较落后，不少乡镇财政困难，根本没有钱来支持人民调解。因此，不收费原则在方便当事人、降低纠纷解决成本的同时，也导致调解工作资金缺乏，缺乏经费保障。据调查，在目前厦门市448个村（居）委员会中，相对拥有工作经费的人民调解委员会不到5%。[①] 为解决经费问题，司法行政机关作出了各种努力和尝试，比如，湖南省衡阳市南岳区、北京市密云县等建立了人民调解员保险制度，为辖区所有的调解主任和治保主任办一份人身伤害意外险，多少让广大村（居）调委会的主任增加了工作的奔头。再比如，广东惠州市、湖南长沙市等将基层人民调解工作的经费列入政府年度预算。[②] 但是，这些措施仅仅施行于有限地区，而且是尝试、探索性质的，在总体上，并没有根本改变全国人民调解经费不足的状况。

针对上述情况，2007年7月财政部与司法部联合下发《关于进一步加强人民调解工作经费保障的意见》，规定人民调解工作经费包括司法行政机关指导人民调解工作的经费、人民调解委员会的补助经费、人民调解员的补贴经费。其中，司法行政机关指导人民调解工作的经费列入同级财政预算。地方财政根据当地经济社会发展水平和财力状况适当安排人民调解委员会的补助经费和人民调解员的补贴经费。乡镇（街道）、村（居）委会、企事业单位等设立人民调解委员会和人民调解员机构的，继续在各方面对其提供支持。就目前而言，各地落实情况不一致，条件好的地方落实比较好，有些地方比较困难。为此，2010年通过的《人民调解法》专门作出规定：国家鼓励和支持人民调解工作，县级以上地方人民政府对人民调解工作所需经费应当给予必要的支持和保障，村（居）民委员会和企（事）业

---

① 参见林险峰、李明哲：《当前人民调解工作的困境与出路》，载《中国司法》，2004（11）。

② 参见刘洪群、林洁：《用“大调解”维护稳定和谐》，载《羊城晚报》，2005-08-30；陈龙：《给调解员上保险》，载《潇湘晨报》，2002-05-10。

单位应当为人民调解委员会开展工作提供办公条件和必要的工作经费。

（二）经费保障不足的原因

人民调解是自愿性质的，原本不存在经费不足的问题。但是改革开放以来，随着社会关系的复杂化、纠纷难度的增加以及人民调解的自身建设，这一问题逐渐凸显。

第一，调解员的积极性有所降低，需要资金补助的激励。人民调解原本是自愿性质的，在改革开放以前和改革开放初期，没有特别的资金补助也不影响调解员的积极性。因为当时社会关系较为简单，纠纷调解难度通常来说并不是很大，而且人民调解员投身调解事业并不会付出多少机会成本。但是在改革开放后，不仅人际关系越来越复杂，调解难度增大，而且调解员从事公益事业的机会成本越来越高，人们自愿从事调解工作的积极性下降。

第二，人民调解自身加强了制度化和正规化建设，比如要有办公场所，要有案卷记录，要反映和汇报纠纷情况，等等，在经费上产生了更大的需求。

第三，人民调解产生资金需求之后，国家长期以来在财政体制上没有针对性的调整以回应这种需求。《人民调解法》颁布后，相关规定有待于各地进一步落实，人民调解经费问题及其解决也取决于实践的发展，有待于进一步观察和分析。

五、人民调解的改革发展

面对人民调解的式微，2000 年以后国家在政策上进行了调整，人民调解开始受到强调和重视。在一定程度上，这种调整不仅仅是针对人民调解的，而且是针对整个法制发展战略的。之所以出现这样的调整，最主要的原因，是国家高层对社会的和谐稳定的强调以及对社会利益分化和矛盾激化的忧虑，调解被认为在协调利益、化解矛盾方面，比正式的法律方法更具有优势。另一个可能的原因，是受到西方国家鼓励和发展 ADR 的法律发展战略的影响。2010 年 8 月 28 日，《人民调解法》的通过标志着人民调解制度发展到新的阶段。

（一）人民调解制度面临的新形势

1.《人民调解法》规定：村委会、居委会设立人民调解委员会。这表明村（居）人民调解组织是法定的调解组织形式，必须全部设立。目前，

村民、居民委员会调委会为67.4万个，据民政部统计的村（居）委员会建制数，尚有近一万个村（居）委会没有建立人民调解组织。企业事业单位可根据需要设立人民调解委员会，但目前的发展离实践中的需求仍有较大差距，这尤其表现在社会治安、道路交通事故、医疗纠纷、劳动争议纠纷等领域，专业化人民调解组织建设的任务十分繁重。乡镇街道人民调解组织基本建立健全，但大多不规范。

2. 全国共有494万名人民调解员，高中以上文化程度的达到302万人，占调解员总数的61%。由于队伍庞大，地区差异较大，人民调解员队伍的现状与法律要求差距不小，整体素质不高，文化水平、政策法律水平偏低，还不能完全适应化解矛盾纠纷，特别是疑难复杂矛盾纠纷的需要。

3.《人民调解法》对人民调解工作经费、人民调解员的补贴、优待抚恤等作出了专门规定，明确了国家在人民调解工作保障中的责任。但是不少地方尚未将人民调解经费纳入财政保障范畴，《人民调解法》的保障措施的落实还面临着相当的难度。

4.《人民调解法》对人民调解与行政调解、司法调解、仲裁调解之间的衔接作出明确规定。人民调解如何在实践中实现与行政调解、诉讼制度在程序、工作机制、文书格式等多个环节上衔接，需要在实践中不断完善。

5. 人民调解规范化建设，如标识、印章、文书、纠纷登记、统计及信息化建设还存在较大差距。

（二）完善人民调解制度的重点工作

1. 加强对人民调解工作的指引和规范。司法行政机关依据《人民调解法》的规定，研究制定人民调解工作的地方规章，明确本行政区域人民调解工作发展的方向、目标和规划；加强对人民调解委员会工作的指导。根据人民调解工作的实际和存在的问题，加强对人民调解委员会的组织建设、队伍建设、业务建设和制度建设的指导；加强对人民调解员的业务培训，制定完备的培训规划，明确培训目标、任务、人员、内容、方式方法和经费保障等；加强人民调解工作的规范化建设，切实落实人民调解委员会规范化建设标准，做好人民调解工作的登记、统计、备案等工作。

2. 大力做好贯彻实施人民调解法的宣传工作。采取多种形式大力宣传《人民调解法》，让各行各业和广大人民群众了解人民调解制度，熟悉人民调解工作，使人民调解成为社会组织、人民群众解决矛盾纷争的首要选择。

3. 加强人民调解组织建设。健全完善的人民调解组织网络，扩大覆盖面，依法全面建立村（居）人民调解委员会，做到村（居）委员会全覆盖；巩固和完善乡镇（街道）人民调解委员会；根据医疗卫生、道路交通、劳动人事、物业管理、环境保护、征地拆迁、城乡建设及大型集贸市场、流动人口聚居区、行政接边地区、旅游区等区域或行业化解矛盾纠纷的需要，加强协调配合，积极发展企（事）业单位人民调解委员会和行业性、专业性人民调解委员会。

4. 加强人民调解员队伍建设。做好人民调解员的选任工作，把那些公道正派、热心人民调解工作，有一定文化水平、政策水平和法律知识，在群众中有一定威信的人选到调解员队伍中来，把那些具有较强专业知识、较高法律政策水平的人员充实到人民调解员队伍中来。注重从热心公益事业的离退休法官、检察官、警官和律师、公证员等法律工作者以及不同行业的社会志愿者中发展人民调解员，注重在有关行业和领域吸收具有相应职业背景和专业知识的人员参加调解工作，以更好地适应化解疑难复杂矛盾纠纷的需要，努力培养和造就一支专兼职结合、具有较高素质、年龄结构合理、专业知识互补的高素质人民调解员队伍。充分发挥律师化解矛盾纠纷的专业优势，组织引导律师参加疑难复杂纠纷调解。

5. 落实人民调解工作保障。落实经费支持和保障，要积极争取县级以上地方人民政府重视，将人民调解工作经费，包括司法行政机关指导人民调解工作的业务经费、人民调解委员会的补助经费，包括司法行政机关指导人民调解工作的业务经费、人民调解委员会的补助经费、人民调解员的补贴经费等，纳入地方各级人民政府的财政预算。县级以上地方人民政府足额保障所属司法行政部门专用于指导人民调解工作的业务经费，并可根据当地经济社会发展水平和财力状况，考虑每个人民调解委员会及调解员的调解工作量、调解质量和调解纠纷的难易程度、社会影响大小以及调解的规范化程度等因素，统筹安排和发放补助和补贴经费；落实表彰奖励、误工补贴和困难救助，争取党委政府的关心重视，对符合条件的给予表彰和奖励，协调财政部门和设立人民调解组织的单位，为人民调解员因从事调解影响本职工作导致的薪酬或劳动收入损失进行补贴，对因从事调解工作致伤致残、生活发生困难的调解员给予必要的医疗、生活救助；与民政、公安等相关部门联系沟通，对在开展人民调解工作中被不法分子故意或过失伤害致死的，以及在人民调解工作岗位上遭遇意外牺牲的人民调解员家属给予相应的抚恤和优待。

6. 积极推动人民调解工作向专业化、行业化发展。当前，随着经济社会发展，各类新型矛盾纠纷不断发生，成为影响社会稳定的重要因素，许多专门领域、行业和区域对人民调解工作的需求日益突出。司法行政部门已经与人力资源和社会保障部、全国总工会、卫生部、公安部、保监会等有关部门分别制定有关意见，在涉及企业改制、征地拆迁、劳动争议、教育医疗、环境保护、安全生产、食品药品安全、知识产权、交通事故等领域，积极开展调解工作，化解新型矛盾纠纷。

7. 推进人民调解与行政调解、诉讼、仲裁制度的衔接，进一步完善衔接工作机制，深化人民调解工作改革。

第二节　诉讼调解

一、民事诉讼调解

（一）概述

民事诉讼调解在我国有着悠久的历史。根据现有的资料，至少在陕甘宁边区时期，诉讼调解已经成为法院审理民事案件和解决民事纠纷的一种主要方式。[①] 通过对规范性法律文件的考察，可以发现新中国成立以来我国的民事诉讼调解大致经历了四个变化阶段。

1. “调解为主”阶段（1949—1981 年）

新中国成立伊始，诉讼调解便被作为一种重要的纠纷解决方式和结案方式得以制度化。1950 年召开的全国司法会议指出，人民法院必须始终重视调解工作，诉讼中的调解是我国审判制度的一个必要组成部分。[②] 同年

---

① 参见范愉：《简论马锡五审判——一种民事诉讼模式的形成及其历史命运》，载《清华法学评论》，第 2 辑，北京，清华大学出版社，1999。人们通常认为，诉讼调解是我国古代司法传统的一个重要组成部分。例如，日本学者滋贺秀三提出的“教谕式调停”。不过，近年来这种通说遭到黄宗智等人的有力质疑。从司法档案出发，黄宗智等人认为中国古代的法官依律判案，调解发生在家族和社区中，诉讼调解源于革命战争年代中国共产党人的实践。相关争论，参见［日］滋贺秀三：《中国法文化的考察》，载［日］滋贺秀三等：《明清时期的民事审判与民间契约》，王亚新、梁治平等译，1～18 页，北京，法律出版社，1998；黄宗智：《中国法庭调解的过去和现在》，载《清华法学》，第 10 辑，37～66 页，北京，清华大学出版社，2007。

② 参见《民事诉讼法参考资料》，第 1 辑，244 页，北京，法律出版社，1981。

12 月，中央人民政府制定了《诉讼程序试行通则》，第十二部分对调解作出了专门规定。1956 年 10 月，根据处理人民内部矛盾的理念，最高人民法院在《关于各级人民法院审判程序的总结》中提出“调查研究、就地解决、调解为主”的民事审判方针。1963 年最高人民法院在《关于民事审判工作若干问题的意见》中确认了这个方针。1964 年，这项方针又被发展成为“依靠群众、调查研究、就地解决、调解为主”十六字方针。“文化大革命”十年动荡之后，最高人民法院在 1979 年制定的《人民法院审理民事案件程序制度的规定（试行）》再次肯定了“十六字方针”，明确提出“处理民事案件应坚持调解为主。凡可以调解解决的，就不要用判决，需要判决的，一般也要先经过调解。处理离婚案件，必须经过调解。调解要尽量就地进行”。

2.“着重调解”阶段（1982—1990 年）

上个世纪 80 年代以来，我国社会主义民主法制建设逐步进入正轨。为了提高审判在民事诉讼中的地位，1982 年《民事诉讼法（试行）》将“调解为主”的提法调整为“着重调解”，由此进入着重调解阶段。该法第 6 条明确规定，“人民法院审理民事案件，应当着重进行调解，调解无效的，应当及时判决”。

3.“自愿合法调解”阶段（1991—2002 年）

自上个世纪 80 年代中后期开始，诉讼案件激增，传统的调解型审判方式因周期长、占用司法资源较多而显得效率低下，过于倚重诉讼调解也不利于庭审程序的充实和诉讼制度的发展，各地法院纷纷开始探索审判方式改革。1991 年《民事诉讼法》对诉讼调解进行较大的调整，将“着重调解原则”修改为“根据自愿和合法原则进行调解”，确立了“合法原则”，更加强调“当事人自愿”，由此进入“自愿合法调解”阶段。

4.“调判结合、调解优先”阶段（2003 年至今）

进入 21 世纪以后，尤其是在党中央提出构建社会主义和谐社会战略目标之后，诉讼调解重新获得重视。最高人民法院《关于审理证券市场因虚假陈述引发的民事赔偿案件的若干规定》（2003 年 2 月 1 日起实施）第 4 条是 20 世纪 90 年代以来首次明确重申“着重调解”的。此后，最高人民法院先后出台《关于适用简易程序审理民事案件的若干规定》（2003 年 12 月 1 日起实施）、《关于人民法院民事调解工作若干问题的规定》（2004 年 11 月 1 日起实施）等司法解释，以及《关于落实 23 项司法为民具体措施的指导意见》(2003 年 12 月 2 日)、《关于进一步发挥诉讼调解在构建社会主义和谐社会中积极作用的若干意见》(2007 年 3 月 1 日)、《关于建立健全诉讼与非诉讼相衔接的矛盾纠纷解决机制的若干意见》(2009 年 7 月 24 日)等司法指导意见,明确提出"能调则调、当判则判,调判结合、案结事了"的民事审判指导方针。2010 年 6 月 7 日,针对新形势下诉讼调解取得的成就和存在的问题,最高人民法院印发了《关于进一步贯彻"调解优先、调判结合"工作原则的若干意见》,对人民法院诉讼调解工作作出了系统的规定,提出牢固树立调解意识、完善调解工作机制、规范调解活动,并要求进一步推动"大调解"工作体系建设,不断完善中国特色纠纷解决机制。

(二)机构设置

诉讼调解是与审判相并列的一种审判权行使方式,长期以来人民法院在诉讼调解方面并没有专门的机构设置。近年来,为了充分发挥诉讼调解的积极作用,各地法院在相关设置方面作出了许多积极探索。根据当前各地的实践,相关机构设置主要包括法院内部专门调解机构(人员)、诉讼调解社会化中的机构设置以及大调解工作机制等三个方面。

1. 法院内部专门调解机构(人员)的设置

(1)速裁(调解)机制与诉讼调解

速裁(调解)机制最早由上海浦东新区法院于 1999 年开始试点,2002 年以后在各地法院普遍展开。虽然该机制起源于民事简易程序改革,但在发挥诉讼调解优势、促进专门调解机构设置方面作出了许多宝贵的尝试。有调查表明,一些地方速裁案件的调解率和撤诉率远远高于其他案件,最高的调撤率能达到 100%,最低的调撤率也在 50%,平均在 60%~70%之间。① 目前各地速裁(调解)主要适用于事实清楚、权利义务关系明确、诉讼标的金额不高、案件影响力不大或者当事人合意选择的案件。②

当前各地速裁(调解)机构设置主要包括速裁(调解)组和速裁(调

① 参见潘科明、王胜、樊荣喜:《民商事案件速裁程序制度的调查与思考》,载《人民司法·应用》,2007 (17)。

② 各地速裁案件范围,参见高勇:《速裁机制的发展空间——对人民法院实施速裁机制的调研》,载《法制资讯》,2008 (3);杨燕生:《海南高院对 13 类民商案审判实行新规 当事人同意可以速裁》,载《法制日报》,2009-05-04;邓新建:《广州中院推行"速裁调解"加快"定纷止争"》,载《法制日报》,2009-02-22。

解）庭两种做法。速裁（调解）组既有设置在业务庭内，也有设立在立案庭内。就速裁（调解）庭而言，目前较为普遍的是基层法院单独设立速裁法庭或者将人民法庭变为速裁法庭，具体包括三类。第一类是笼统的速裁法庭，对案件类型和办案时间没有作出任何限定。第二类是专业化的速裁法庭，例如物业速裁法庭、交通事故速裁法庭、劳动争议速裁法庭、旅游速裁法庭、金融速裁法庭。第三类是适用于特殊时间的速裁法庭，例如假日速裁法庭、夜间速裁法庭等等。除此之外，有些地方设置了巡回速裁法庭、快速处理通道等其他形式。

根据速裁（调解）与简易程序的关系，目前各地速裁程序运作主要包括两种模式。一种模式立基于对简易程序的改造，或是将某些简单、容易处理的纠纷从简易程序中分流至速裁程序予以快速审结，或是对简易程序进行进一步简化，缩短办案期限。另一种模式与诉讼调解关系更为密切，可以称之为前置式速裁，即简易程序前的调解机制，对能够调解或者不开庭审理就能解决的案件进行速裁，不能解决的案件则转入简易程序开庭审理。

速裁在推进诉讼调解机构建设的同时，也暴露出一些问题。例如，速裁案件的审理时间非常有限，在一定程度上限制了调解的深入开展。上海市二中院、浦东法院、闸北法院 2003—2006 年的数据统计表明，1 名速裁法官平均每天进行 6～8 次庭审，平均每次庭审时间控制在 30 分钟至 45 分钟间，进行完法庭调查和法庭辩论后，基本上没有充裕的时间进行调解。①

（2）专职调解法官和调解组织

目前，一些法院尝试在法院内部设置专职调解法官和调解组织。专职调解法官通常从调解经验丰富、群众威信高、业务能力较高的法官中选任。一种做法是在立案庭设置专职调解法官，主要开展诉前调解和立案调解工作，确认诉讼外调解组织调解协议的效力、负责诉调对接工作，实施委托调解和邀请调解，制定调解工作流程及调解协议的司法确认程序、跟踪督促调解协议的履行。② 另一种做法则是在业务庭内设置专职调解法官，立案庭对案件进行筛选后将能即时调解的案件提取出来移交专职调解法官进行

① 参见袁秀挺、冯静、陈娇莹：《民事诉讼速裁机制的探索与完善——对上海市基层法院和中级法院实践的考察分析》，载《人民司法·应用》，2007（21）。

② 参见王小燕：《海安：专职调解法官“上岗”》，载《人民法院报》，2010-01-15。

庭前调解。[①]

就调解组织而言，许多法院将它设置在立案庭内，例如山东省东营市人民法院就在立案庭设置了“庭前调解”机构，主持调解的法官与立案法官相分立。[②] 一些地方则成立了专门的调解庭并获得独立编制，例如贵州省高院于2011年1月28日正式设立调解庭，负责高院受理的申诉案件的调处工作及协调、配合有关部门做好高院受理申诉案件的矛盾化解工作。[③] 2010年《关于进一步贯彻“调解优先、调判结合”工作原则的若干意见》对于这些改革动向予以充分肯定，第10条明确要求“要进一步加强庭前调解组织建设，有条件的人民法院可以探索建立专门的庭前调解组织”。

总的来看，当前各地的专职调解法官和调解组织主要从事诉前调解和审前调解，通过调解法官和主审法官的分离、调解活动与审判活动分离避免了以往调审合一存在的缺陷，同时也没有妨碍法官在审判过程中根据具体情况进行诉讼调解，不至于影响诉讼调解的时机和效率。不过，从目前的实践来看，不少地方的专职调解法官的调解能力有待提升，调解不成如何与业务庭衔接等问题也有待进一步解决和规范。

2. 诉讼调解社会化中的机构设置

新中国成立前，邀请社会力量参与诉讼调解便已经在实践中普遍存在，这不仅是司法“群众路线”和“马锡五审判方式”的要求和体现，同时也因为诉讼调解本身是国家政权建设的重要组成部分，动员社会力量参与诉讼调解对于贯彻党的路线方针、确立国家对社会的全面治理来说极为必要。[④]新中国成立后，1982年和1991年两部民事诉讼法典都明确规定诉讼调解可以邀请“有关单位和群众协助调解”。不过，长期以来，协助调解在实践中极少适用。[⑤] 进入新世纪以后，法院调解社会化才得到长足发展。尤其是2004年最高人民法院《关于人民法院民事调解工作若干问题的规定》

---

① 参见罗定云：《作风效能：兴宁区法院民一庭增设专职调解法官》，2007-07-02，载http://www.nnfzb.gov.cn/2570/2007_7_2/2570_219192_1183337367531.html，最后访问日期：2010-12-23。

② 参见最高人民法院诉讼调解规范化研究调研组：《关于东营市法院“庭前调解”情况的调查报告》，载《人民法院报》，2004-03-06。

③ 参见阎志江、金晶：《贵州高院正式设立调解庭》，载《法制日报》，2011-02-01。

④ 参见强世功：《权力的组织网络与法律的治理化》，载强世功编：《调解、法制与现代性：中国调解制度研究》，203～257页，北京，中国法制出版社，2001。

⑤ 参见肖建国：《司法ADR建构中的委托调解制度研究——以中国法院的当代实践为中心》，载《法学评论》，2009（3）。

不仅明确了协助调解中“有关单位和群众”的范围，更是在总结法院实践的基础上创设了“委托调解”这种新的社会化模式，从而为诉讼调解社会化提供了直接的规则依据。目前，各地在诉讼调解社会化的机制、模式和机构设置正处于一个不断探索和发展的活跃期[①]，下面仅介绍几种常见的机构设置。

（1）诉前调解窗口

诉前调解窗口通常由法院立案部门设立，专门聘请一些调解经验工作丰富、专业素质较高、热衷于社会公益服务的退休法官、司法调解干部、律师、仲裁员、人民陪审员等担任诉前调解员，对于通过立案审查可进行诉前调解的案件，鼓励当事人选择诉前调解解决纠纷。例如，上海浦东新区法院在聘用这些人员主持调解的同时，还由 2 名法官和 3 名书记员组成诉前调解组。[②] 截至 2010 年年底，陕西省各基层法院普遍设立了“诉前调解窗口”[③]。

（2）人民调解工作室

人民调解工作室（窗口）是目前各级各地法院诉讼调解社会化中常见的一种机构设置。2003 年 6 月上海长宁区法院率先附设“人民调解窗口”，目前已经在上海各级法院推广。2007 年 1 月江苏省常州市钟楼区法院在江苏省基层法院中首先设立人民调解工作室，2007 年 9 月起在江苏全省推广。[④] 2005 年年底，浙江省杭州市拱墅区法院在浙江省率先设立人民调解工作室，2009 年 8 月起全面进驻浙江各级法院和有条件的人民法庭。[⑤] 其中，较为典型的是上海长宁区的做法，由区司法局出资并在长宁区人民法院组建人民调解窗口，由法院提供调解员工作室和调解室。当事人立案时，法院立案大厅工作人员会主动向当事人介绍和推荐人民调解窗口。当事人同意调解的，即由其从公示的常设调解员中选择调解员主持调解。达成调解协议后，除涉及身份关系、必须由法院以法律文书确认的案件需要经过立案和交费（收取一半诉讼费）程序外，一般均无须立案，当事人也无须

---

① 当前诉讼调解社会化的机制和模式，参见李仕春、彭小龙：《“法院—社会调解”模式的基础与制度构建》，载《河南社会科学》，2010（1）。

② 参见上海市浦东新区人民法院立案庭：《诉前调解材料》（上海市浦东新区人民法院、2006 年 10 月）。转引自范愉：《纠纷解决的理论与实践》，464 页，北京，清华大学出版社，2007。

③ 朱云峰：《陕西开展创新措施落实年活动》，载《人民法院报》，2011-01-13。

④ 参见张志平、袁祥：《“诉调对接”演绎“和谐司法”》，载《光明日报》，2008-08-25。

⑤ 参见陈东升等：《人民调解室将全面进驻法院》，载《法制日报》，2009-08-21。

交纳诉讼和调解费用。

(3) 社区法院或社会法庭

随着人民法院委托调解经验的积累以及社会对调解共识的凝聚，目前一些地方涌现出“社区法院”、“社会法庭”等诉讼调解社会化程度较高的机构。2008 年以来，上海杨浦区法院挑选退休职业法官担任“社区法官”，对婚姻家庭、赡养费、抚养费、抚育费、继承、收养、相邻、小额民间借贷、物业、争议不大的人身和财产损害赔偿等纠纷进行人民调解前置。① 2009 年 4 月，河南省高院在新乡、郑州、许昌 3 个市进行“社会法庭”试点工作，将社会上一些德高望重的离退休干部、人大代表、政协委员、村党支部书记、村委会主任、老党员等组织成一个常设的纠纷解决机构，接受法院的委托并在法院指导下依据乡土人情、伦理道德、公序良俗等民间社会规范来调解纠纷。截至 2009 年 11 月底，河南全省已建立“社会法庭”1 897个，选任“社会法官”16 120 名，调处各类纠纷 15 426 件。②

3. “大调解”工作机制

“大调解”是我国世纪之交出现的一种多元化纠纷解决机制，通常表现为党政领导机构统一领导部署，通过整合各权力机关和职能部门的力量，将人民调解、司法调解、行政调解、民间调解乃至信访等密切结合在一起，致力于构建纠纷解决网络。尽管各地在实践中形成了不同模式，但普遍都将诉讼调解融入大调解格局，全方位、多层面地探索和实践“诉调对接”工作，由此也在完善诉讼调解机构设置方面作出了许多的探索。

由于各地“大调解”模式存在差异，诉讼调解的地位和作用也不尽相同。从整体上看，除了早期以“陵县经验”为典型的山东模式选择以基层司法所为核心建立司法行政型“大调解”以外，近些年各地普遍都将法院推向主导地位，许多法院在诉讼调解与其他调解的对接方面设立了相关机构。例如，河北省石家庄市在构建“三位一体”大调解模式中，法院专门设立巡回调解法庭，定期到乡镇调解庭巡回办案，将受理案件、就地调解、就地审判、指导人民调解和行政调解等工作一并进行；北京市怀柔区人民法院及人民法庭与区司法局、镇（乡、街道）司法所建立两级调解工作联席会议制度；四川省广安市人民法院在诉讼服务中心设立“诉调对接工作

① 参见刘海涛等：《社区法官先行一步 审判一线减压多多》，载《人民法院报》，2009-06-17。

② 参见陈海发、冀天福：《河南交流“社会法庭”工作经验》，载《人民法院报》，2010-01-06。

组”，负责诉讼与非诉讼纠纷解决的有机衔接、扎口管理、案件登记、移转、备案、与其他调解组织及法院相关审判业务部门协调等工作，等等。[①]

（三）职能活动

1. 诉讼调解的适用范围

对于诉讼调解的案件适用范围，目前我国法律和司法解释采用的是肯定式概括和列举式排除相结合的方式。肯定式概括表现在三个方面。

第一，近些年的司法解释越来越提倡人民法院对民商事案件进行诉讼调解。例如，2004年最高人民法院《关于人民法院民事调解工作若干问题的规定》第2条规定，“对于有可能通过调解解决的民事案件，人民法院应当调解”；而2010年最高人民法院《关于进一步贯彻“调解优先、调判结合”工作原则的若干意见》第4条则规定，把调解作为处理民事案件的首选结案方式和基本工作方法。对依法和依案件性质可以调解的所有民事案件都要首先尝试通过运用调解方式解决。

第二，对于权利义务关系明确、社会影响力不大的轻微案件实行调解前置。2003年最高人民法院《关于适用简易程序审理民事案件的若干规定》第14条明确规定了人民法院在开庭审理几类民事案件时应当先行调解：（1）婚姻家庭纠纷和继承纠纷；（2）劳务合同纠纷；（3）交通事故和工伤事故引起的权利义务关系较为明确的损害赔偿纠纷；（4）宅基地和相邻关系纠纷；（5）合伙协议纠纷；（6）诉讼标的额较小的纠纷。这一规定也得到其后相关司法解释的肯定。

第三，诉讼调解在解决复杂、疑难案件中的作用日益受到重视。随着社会转型期矛盾和冲突的增加，以及调解在促进当事人合意、维护社会和谐稳定方面作用的发挥，相关司法解释越来越重视通过诉讼调解来解决复杂、疑难案件。2007年最高人民法院《关于进一步发挥诉讼调解在构建社会主义和谐社会中积极作用的若干意见》第5条和2010年最高人民法院《关于进一步贯彻“调解优先、调判结合”工作原则的若干意见》第4条明确规定人民法院应当重点做好以下案件的调解工作：事关民生和群体利益、需要政府和相关部门配合的案件；可能影响社会和谐稳定的群体性案件、集团诉讼案件、破产案件；民间债务、婚姻家庭继承等民事纠纷案件；案

① 各地大调解的模式以及相关机制，参见范愉：《纠纷解决的理论与实践》，534～561页，北京，清华大学出版社，2007。

情复杂、难以形成证据优势的案件；当事人之间情绪严重对立的案件；相关法律法规没有规定或者规定不明确、适用法律有一定困难的案件；判决后难以执行的案件；社会普遍关注的敏感性案件；当事人情绪激烈、矛盾激化的再审案件、信访案件，等等。

就列举式排除规定而言，2004 年最高人民法院《关于人民法院民事调解工作若干问题的规定》明确规定了几类案件不适用诉讼调解，这一规定得到了其后相关司法解释的肯定。具体范围包括：（1）适用特别程序、督促程序、公示催告程序、破产还债程序的案件；（2）婚姻关系、身份关系确认案件；（3）其他依案件性质不能进行调解的民事案件。这些案件之所以被明确地排除在诉讼调解的适用范围之外，是由其各自特征所决定的。具体来说，除选民资格案件外，宣告失踪或宣告死亡案件、认定公民无民事行为能力或限制民事行为能力案件、认定财产无主案件等适用特别程序的案件属于非讼案件，不存在利益直接对立的双方争议主体，因而不存在调解的空间。选民资格案件与国家的选举秩序息息相关，婚姻关系、身份关系确认案件与国家的婚姻制度、身份制度及社会公序良俗密不可分，均不允许由当事人合意处分，因而不得适用调解。

对于诉讼调解的适用阶段，相关法律和司法解释的规定也经历了一个不断扩大的历程。2004 年最高人民法院《关于人民法院民事调解工作若干问题的规定》第 1 条规定，“人民法院对受理的第一审、第二审和再审民事案件，可以在答辩期满后裁判作出前进行调解。在征得当事人各方同意后，人民法院可以在答辩期满前进行调解”。就目前而言，诉讼调解可以适用于一审、二审、再审等各阶段，贯穿于立案、审判、执行等各环节。

2. 民事一审案件诉讼调解

（1）一审诉讼调解总量的变化与解释

一审诉讼调解总量具有重要的指标作用。首先，与审判工作一样，诉讼调解也是法院的主要工作。从案件数量来看，一审诉讼调解往往占据诉讼调解总量的绝大部分。因此，一审诉讼调解总量的变化，能够反映出审判机关及其工作人员的工作业绩。其次，调解和审判是人民法院的两种结案方式和工作方式。一审诉讼调解总量的变化可以反映出人民法院及法官对调解工作的认可度和纠纷解决能力。最后，诉讼调解遵循当事人自愿的原则，一审诉讼调解总量可以反映当事人乃至普通民众对司法以及调解与审判的关系的认识。

表4—4对新中国成立以来我国人民法院民事一审案件结案中调解的情况进行了统计。需要说明的是，人民法院未对1949年至1955年、1967年至1969年民商事案件的结案方式进行统计，这些年份的情况并未统计在表4—4中。

表4—4　　1956—2009年全国法院民事一审结案中的调解

年份	结案数（件）	调解结案（件）	比例（%）
1956	749 640	290 316	38.73
1957	823 215	307 854	37.4
1958	513 044	225 733	44
1959	471 291	280 809	59.58
1960	299 182	194 958	65.16
1961	547 123	347 325	63.48
1962	818 096	454 856	55.6
1963	783 953	475 790	60.69
1964	647 000	426 039	65.85
1965	573 724	391 604	68.26
1966	355 809	257 039	72.24
1970	102 443	57 993	56.61
1971	134 217	75 622	56.34
1972	89 721	47 955	53.45
1973	250 563	152 142	60.72
1974	299 383	193 374	64.59
1975	271 832	181 647	66.82
1976	233 651	158 214	67.71
1977	245 359	173 567	70.74
1978	284 411	205 710	72.33
1979	367 369	258 605	70.39
1980	555 078	383 653	69.12
1981	662 800	456 753	68.91
1982	778 358	530 543	68.16
1983	792 039	569 161	71.86
1984	931 358	678 633	72.86
1985	1 056 002	795 610	75.34

续前表

年份	结案数（件）	调解结案（件）	比例（%）
1986	1 287 383	961 725	74.7
1987	1 561 620	1 140 548	73.04
1988	1 905 539	1 406 589	73.82
1989	2 482 764	1 770 618	71.32
1990	2 452 183	1 611 338	65.71
1991	2 498 071	1 489 227	59.62
1992	2 598 317	1 534 747	59.07
1993	2 975 332	1 779 645	59.81
1994	3 427 614	2 017 192	58.85
1995	3 986 099	2 273 604	57.04
1996	4 588 958	2 477 384	53.99
1997	4 720 341	2 384 749	50.52
1998	4 816 275	2 167 109	45
1999	5 060 611	2 132 161	42.13
2000	4 733 886	1 785 560	37.72
2001	4 616 472	1 622 332	35.14
2002	4 393 306	1 331 978	30.32
2003	4 416 168	1 322 220	29.94
2004	4 303 744	1 334 792	31.01
2005	4 360 184	1 399 772	32.1
2006	4 382 407	1 426 245	32.54
2007	4 682 737	1 565 554	33.43
2008	5 381 185	1 893 340	35.18
2009	5 797 160	2 099 024	36.21

资料来源：（1）最高人民法院研究室编：《全国人民法院司法统计历史资料汇编 1949—1998》，北京，人民法院出版社，2000；（2）《中国统计年鉴》2000—2009 年各卷；（3）《中国法律年鉴》1987—2005 年各卷。

说明：在编辑《全国人民法院司法统计历史资料汇编》的过程中，“最高人民法院为了真实反映法院审判情况和司法统计工作的发展……本着尊重历史，提供第一手材料的原则，在编辑中基本保持了原始报表的表样和数据，表中存在的不平衡关系一般未予订正”，因此 1956—1998 年的数据可能存在一定的误差。就 2000—2009 年的数据而言，《中国统计年鉴》和《中国法律年鉴》存在细微的误差，本表以《中国统计年鉴》提供的数据为准。

从图 4—9 中，可以发现新中国成立以来我国民事一审诉讼调解呈现出三个变迁阶段。

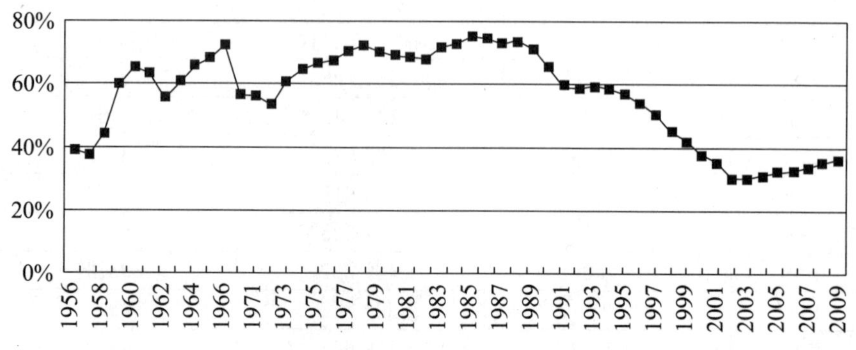

图 4—9　1956—2009 年全国法院民事一审结案中调解所占比例

第一阶段为新中国成立后至 20 世纪 80 年代末，民事一审案件调解率总体上呈现高位运行状态。值得注意的是，1978 年改革开放以来，我国的法制建设步入正轨，民事一审案件调解率不降反增，80 年代历年的比例都在 70%左右，并达到了新中国成立以来民事一审案件调解率的最高峰。究其原因，主要有以下几个方面的因素。一是受到了这一时期司法政策的影响。无论是 1949 年至 1981 年的“调解为主”，还是 1982 年至 1991 年的“着重调解”，其基调都是调解优先，都对诉讼调解产生了导向作用。二是革命根据地时期马锡五审判方式的提倡和延续，法官在实践中仍然习惯于运用调解来解决纠纷。三是这一时期法官职业化和专业化尚未提上议事议程。法官来源较为复杂，包括党政部门的干部、转业军人等。相对于法律专业知识和技能来说，他们的人生阅历和社会经验更为丰富，对调解的认同较高，同时也更富有调解技巧和经验。四是受到人民群众法律意识的影响。现代法治和审判理念尚未深入人心，人们对于调解的接受度较高。最后，这也与人民法院的案件负荷相关。经过三十多年的发展，人民法院一审收案从739 213 件增长至 1990 年的 2 444 112 件，但同期法官的人数也有较大的增长。以 1981 年至 1990 年的数据为例，单位法官年均审案量仅从 14.99 件增长至 22.19 件，增长幅度不大。法官因而有充裕的时间进行诉讼调解。

第二阶段为 20 世纪 90 年代初至 2002 年前后，诉讼调解率呈现急剧下降态势，从 1991 年的 59.62%下降至 2002 年的 30.32%，跌幅近一半。这种现象同样也是多种因素促成的。一是司法政策的影响。比较明显的是，1991 年民事诉讼法修正了“着重调解”原则，确立了“自愿合法进行调解”原则，对纠正 20 世纪 80 年代过于倚重调解起到了较大的导向作用。

此外，立法对审限作出了规定，在一定程度上避免了法院和法官无限期地拖延诉讼，久调不决。二是审判方式改革。20世纪80年代末90年代初以来，为了提高法院的审判功能和庭审质量，我国各地法院开始了一场轰轰烈烈的民事审判方式改革。其中，尤其以“一步到庭”为代表的对庭审、判决的强调等充实庭审等措施，对于促进判决率、降低调解率发挥了较大的作用。与此同时，许多法院否定了此前将调解率作为评价和考核法官行为及业绩的主要标准，改变了将调解率与其奖励升迁直接挂钩的做法，从而减少了诱发强制调解的动机。三是法官职业化建设的推进。随着越来越多高学历的法律专业的毕业生分配进入法院，法院内部逐渐出现“经验派”和“学院派”之分。后者较为熟悉现代法治理念和司法程序，在调解经验和技巧方面却远不如前者，往往重视审判而忽视调解的价值。四是社会的“原子化”。人们之间的关系越来越疏远、简单，相互之间的联系越来越脆弱，这使得调解成功的概率大为减小。五是社会对调解的整体评价的下降。社会转型和法治建设促使人们现代法律意识不断提升，加之法学界对调解的抨击和对审判的推崇，以及律师基于利己动机对调解的排斥，“司法（审判）是社会正义的最后一道防线”、“拿起法律的武器”等已经成为这个时期的主流话语，通过诉讼调解来解决纠纷容易遭受负面评价。最后，这一时期民事案件迅速增长，法官的数量增长较慢。受案件负荷的影响，法官也不能投入太多的时间进行调解。

不过，尽管统计数据显示诉讼调解率在这一时期内下降较快，但是有两点需要作出进一步的说明。第一，统计数据显示的是全国的整体情况，实际上诉讼调解在不同地方的情况不尽一致。即便在这一时期，不少基层法院，特别是农村地区的人民法庭，调解率仍然保持在一个较高的水准之上（70%～80%）。[①] 第二，统计数据仅仅反映民事一审案件结案调解所占比例。在实践中，法院往往对当事人双方进行调解，最终以当事人撤诉的方式结案，这部分的数据并没有纳入调解结案的统计中。从本报告“审判”部分的统计数据可以看出，当事人撤诉率在1982—1988年间处于一个相对稳定、略有下降的状态，而在1989—1992年间却以较快的速度增长，此后则进入了一个长期的、平稳的增长阶段。考虑到这个因素，这一阶段实践中诉讼调解的下降并没有那么严重。

第三阶段为2003年前后至今，民事诉讼调解得以复兴，一审案件结案

① 参见范愉：《调解的重构（上）》，载《法制与社会发展》，2004（2）。

中调解的比例从 2003 年的 29.94%逐渐攀升至 2009 年的 36.21%。造成这一现象的原因主要包括以下几个方面。其一，随着社会转型的深入，我国逐渐进入了一个矛盾多发期，人民群众司法需求日益增多与法院司法能力相对不足已经成为当前的一个主要矛盾。在诉讼量和判决比例增长的同时，审判的上诉率和再审率居高不下，涉诉涉法信访大量发生，执行难等在实践中普遍存在。调解有助于促进当事人息讼，减少上诉、再审、申诉、缠讼，缓解执行难等痼疾，提升法院工作效率，因而获得法院和当事人的重新青睐。其二，由于诉讼调解在化解社会矛盾、促进社会和谐稳定方面的积极作用，这一时期的司法政策再次发生了积极的转变，前文概述部分对此已有详细的介绍。与此同时，许多法院在这一时期也强化了诉讼调解的激励机制，纷纷将调解率作为重要的工作指标和考核标准，对激励法官调解具有重要的导向作用。其三，程序机制改革。这一时期最高人民法院陆续发布了多个与诉讼调解相关的司法解释和指导意见，不仅扩大立案阶段（审前或庭前）调解的范围、强调调解贯穿于诉讼各个阶段，而且在调解协议生效方式方面作出了重大变革①，有利于法院及时、有效地引导当事人通过诉讼调解解决纠纷。其四，法学界的态度和社会舆论的变化。近些年司法政策的调整和调解的复兴得到法学界的高度关注和普遍的正面评价，调解在维护和促进当事人权益方面的作用也日益得到社会的认同，这些都为当事人接受诉讼调解解决纠纷酿造了较好的氛围。②

（2）各类民事一审案件调解结案率

民事案件包括不同的案件类型。考察各类民事一审案件调解结案率，有助于进一步了解民事一审诉讼调解变化的原因，这是因为后者的变化是由不同类型的案件的诉讼调解量变化合力所致。不过，由于在不同时期的

① 《关于适用简易程序审理民事案件的若干规定》第 15 条规定，调解达成协议并经审判人员审核后，双方当事人同意该调解协议经双方签名或者捺印生效的，该调解协议自双方签名或者捺印之日起发生法律效力。《关于人民法院民事调解工作若干问题的规定》更进一步，不再坚持送达生效，第 13 条明确规定当事人各方同意在调解协议上签名或者盖章后生效，经人民法院审查确认后，应当记入笔录或者将协议附卷，并由当事人、审判人员、书记员签名或者盖章后即具有法律效力。当事人请求制作调解书的，人民法院应当制作调解书送交当事人。当事人拒收调解书的，不影响调解协议的效力。一方不履行调解协议的，另一方可以持调解书向人民法院申请执行。《关于进一步发挥诉讼调解在构建和谐社会中积极作用的若干意见》对此项规定进行了补充，第 16 规定当事人、审判人员、书记员签名或者盖章后发生法律效力的调解协议，当事人未申请制作调解书，一方当事人不履行调解协议的，另一方持生效的调解协议申请强制执行的，人民法院应当受理。

② 详尽的分析，参见范愉：《纠纷解决的理论与实践》，417～443 页，北京，清华大学出版社，2007。

司法统计中，民事案件类型的划分不同，不能直接进行历史对比，必须作出适当的调整。具体来说，调整包括两个方面。其一，民事案件与经济案件的统计。2001年以前的民事案件和经济案件分开统计，2002年后司法统计将两者合并。本报告将对2001年的民事案件和经济案件进行统合。其二，目前诉讼案件统计数据主要来源于法院的司法统计，但是统计标准多次修改。例如，2000年《民事案件案由规定（试行）》颁布之后，司法统计根据案由将民事案件分为合同纠纷案件，权属、侵权纠纷案件，婚姻家庭继承纠纷案件以及其他民事案件。2007年最高人民法院又发布了新的案由规定，其中第一级案由包括人格权、婚姻家庭继承、物权、债权、劳动争议与人事争议、知识产权、海事海商、与铁路运输有关的民事纠纷，以及与公司、证券、票据等有关的民事纠纷、适用特殊程序案件案由等十大部分。本报告将以2001年的司法统计标准为基础，对历年的数据进行充分归类和统计。鉴于统计标准的差别，相关数据整理可能存在一定的误差。

在表4—5的基础上，可以就近三十年各类民事一审案件结案中调解所占比例及其变化展开分析。从图4—10可以明显看出，20世纪80年代各类民事案件的调解结案率均在50%以上。其中婚姻家庭继承案件、合同案件和其他民事案件的调解率都在60%至80%之间。1990年至2002年，各类民事案件的调解结案率均出现较大幅度的下滑，婚姻家庭继承案件从63.06%跌至43.09%，合同案件从72.5%跌至27.44%，权属、侵权案件从49.30%跌至25%，其他民事案件从60.26%跌至5.47%。2003年之后，除了婚姻家庭继承案件只有3到4个百分点的涨幅外，其他类型的民事案件一审调解结案率均有较为明显的上升。这些案件的变化，进一步证实了前述民事一审调解结案率的变化及变迁解释。

表4—5　　1956—2009年全国法院各类民事案件一审结案数和调解数

年份	婚姻家庭继承案件		合同案件		权属、侵权案件		其他民事案件	
	结案(件)	调解(件)	结案(件)	调解(件)	结案(件)	调解(件)	结案(件)	调解(件)
1956	557 553	214 984	85 887	33 325	71 674	28 183	34 520	13 884
1957	590 499	219 114	76 379	28 582	102 452	38 713	53 885	21 445
1958	386 249	170 791	51 480	21 283	48 534	22 459	26 781	11 200
1959	349 721	188 534	14 498	4 160	2 514	18 887	88 185	85 294
1960	278 320	180 618	6 776	4 308	8 181	5 898	5 905	4 134
1963	63 5497	37 6876	23 688	14 915	83 091	56 043	41 677	27 956
1964	528 114	341 718	23 431	15 636	70 127	51 400	25 328	17 285

续前表

年份	婚姻家庭继承案件		合同案件		权属、侵权案件		其他民事案件	
	结案(件)	调解(件)	结案(件)	调解(件)	结案(件)	调解(件)	结案(件)	调解(件)
1965	473 723	317 162	19807	13 755	58 581	44 418	21 613	16 269
1966	303 529	216 665	9 128	6 656	31 064	24 549	12 088	9 169
1970	74 869	40 485			7 742	5 494	19 832	12 014
1971	103 261	57 150			11 928	8 397	18 992	10 075
1972	66 806	36 551			7 991	4 829	14 924	6 575
1973	185 099	112 632			31 670	20 598	33 794	18 912
1974	214 799	139 735	2 936	1993	45 439	28 979	36 209	22 667
1975	199 725	134 791	2 309	1 489	40 108	25 697	29 690	19 670
1976	179 919	125 396	1969	1 295	28 489	14 681	23 274	16 842
1977	186 301	133 242	2 394	1 643	30 416	19 897	26 248	18 785
1978	211 414	153 747	2 915	2 028	37 536	25 537	32 546	24 398
1979	235 700	168 897	5 234	3 526	76 404	50 051	50 031	36 131
1980	318 229	227 629	10 106	6 850	143 768	91 896	82 975	57 278
1981	398 119	285 900	12 487	8 515	164 764	103 946	87 430	58 392
1982	449 942	317 980	18 840	13 185	200 433	127 015	109 143	72 363
1983	445 470	327 763	61 374	47 795	204 871	135 558	114 073	84 807
1984	505 548	371 835	110 721	88 730	219 747	147 004	95 342	71 064
1985	483 425	362 602	256 294	210 322	213 284	142 638	103 036	80 032
1986	565 385	418 706	399 732	348 215	222 312	142 321	68 276	52 481
1987	669 379	482 638	582 100	462 351	233 388	140 506	76 753	55 053
1988	758 822	535 043	812 742	664 717	249 958	147 580	84 023	59 249
1989	895 894	602 232	1 188 941	937 828	285 733	154 161	112 198	77 397
1990	956 360	603 039	1 125 886	816 222	269 974	133 097	99 793	60 136
1991	1 027 337	607 171	1 083 665	700 666	279 605	123 798	107 440	57 564
1992	1 061 294	614 509	1 167 841	749 684	287 441	126 468	78 910	44 086
1993	1 113 673	646 337	1 460 192	946 465	306 459	132 478	95 008	54 363
1994	1 213 558	698 867	1 754 629	1 105 597	341 245	145 137	118 182	67 586
1995	1 330 955	7 478 89	2 124 947	1 294 743	394 232	160 186	134 533	70 783
1996	1 414 922	771 821	2 557 720	1 449 328	426 096	167 519	171 715	88 629
1997	1 443 860	754 102	2 617 479	1 380 907	478 706	164 249	179 048	85 491
1998	1 442 312	715 525	2 634 023	1 204 471	540 256	164 458	199 684	82 655
1999	1 414 628	677 436	2 835 645	1 205 496	596 895	173 336	213 393	75 893
2000	1 362 052	631 143	2 537 532	928 029	631 675	172 606	202 627	58 097
2001	1 361 140	614 429	2 366 610	778 007	666 278	171 274	222 444	58 622
2002	1 277 516	550466	2 251 113	617 769	596 283	149 066	268 394	14 677
2003	1 266 593	552 005	2 269 167	602 251	615 578	155 632	264 830	12 332
2004	1 160 346	506 602	2 235 890	625 442	667 012	189 501	240 496	13 247
2005	1 132 458	512 923	2 255 651	646 934	759 197	226 236	212 878	13 679

续前表

年份	婚姻家庭继承案件		合同案件		权属、侵权案件		其他民事案件	
	结案(件)	调解(件)	结案(件)	调解(件)	结案(件)	调解(件)	结案(件)	调解(件)
2006	1 159 437	533 819	2 236 888	634 672	785 313	242 336	200 769	15 418
2007	1 215 776	560 830	2 440 738	716 882	610 147	214 286	416 076	73 556
2008	1 320 636	613 379	2 905 603	930 436	934 507	329 773	220 439	19 752
2009	1 380 762	659 065	3 154 347	1 010 991	1 032 759	39 0447	229 292	38 521

资料来源：(1) 最高人民法院研究室编：《全国人民法院司法统计历史资料汇编 1949—1998》，北京，人民法院出版社，2000；(2)《中国法律年鉴》1987—2009 年各卷；(3)《中国统计年鉴》2000—2009 年各卷。

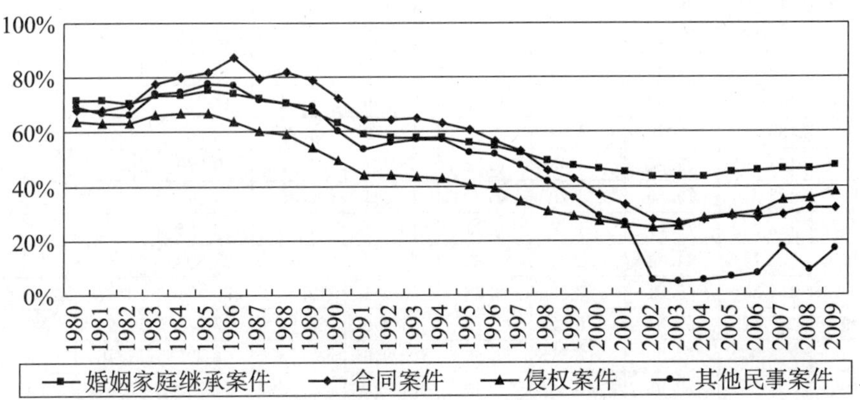

图 4—10 1980—2009 年全国法院各类民事案件一审结案中调解所占比例

(3) 一审民事调解构成及其变化

一审民事调解的构成指的是年度内民事一审调解结案中各种类型的案件所占比例，这项指标对于了解历年民事一审调解的案件类型分布及其变化具有重要的指标作用。在表 4—4 和表 4—5 的基础上，本报告统计了 1956—2009 年民事一审调解结案的案件构成及比例。

从表 4—6 和图 4—11、图 4—12 中，可以得出如下两点初步结论和解释：

表 4—6 1956—2009 年全国法院民事一审调解案件构成及比例

年份	婚姻家庭继承案件		合同案件		侵权、权属案件		其他民事案件		调解结案总量(件)
	调解结案(件)	所占比例(%)	调解结案(件)	所占比例(%)	调解结案(件)	所占比例(%)	调解结案(件)	所占比例(%)	
1956	214 984	74.04	33 325	11.48	28 183	9.71	13 884	4.78	290 376
1957	219 114	71.17	28 582	9.28	38 713	12.58	21 445	6.97	307 854

续前表

年份	婚姻家庭继承案件		合同案件		侵权、权属案件		其他民事案件		调解结案总量(件)
	调解结案(件)	所占比例(%)	调解结案(件)	所占比例(%)	调解结案(件)	所占比例(%)	调解结案(件)	所占比例(%)	
1958	170 791	75.66	21 283	9.43	22 459	9.95	11 200	4.96	225 733
1959	188 534	63.51	4 160	1.40	18 887	6.36	85 294	28.73	296 875
1960	180 618	92.64	4 308	2.21	5 898	3.03	4 134	2.12	194 958
1963	376 876	79.21	14 915	3.13	56 043	11.78	27 956	5.88	475 790
1964	341 718	80.21	15 636	3.67	51 400	12.06	17 285	4.06	426 039
1965	317 162	80.99	13 755	3.51	44 418	11.34	16 269	4.15	391 604
1966	216 665	84.29	6 656	2.59	24 549	9.55	9 169	3.57	257 039
1970	40 485	69.81			5 494	9.47	12 014	20.72	57 993
1971	57 150	75.57			8 397	11.10	10 075	13.32	75 622
1972	36 551	76.22			4 829	10.07	6 575	13.71	47 955
1973	112 632	74.03			20 598	13.54	18 912	12.43	152 142
1974	139 735	72.26	1 993	1.03	28 979	14.99	22 667	11.72	193 374
1975	134 791	74.20	1 489	0.82	25 697	14.15	19 670	10.83	181 647
1976	125 396	79.26	1 295	0.82	14 681	9.28	16 842	10.65	158 214
1977	133 242	76.77	1 643	0.95	19 897	11.46	18 785	10.82	173 567
1978	153 747	74.74	2 028	0.99	25 537	12.41	24 398	11.86	205 710
1979	168 897	65.31	3 526	1.36	50 051	19.35	36 131	13.97	258 605
1980	227 629	59.33	6 850	1.79	91 896	23.95	57 278	14.93	383 653
1981	285 900	62.59	8 515	1.86	103 946	22.76	58 392	12.78	456 753
1982	317 980	59.93	13 185	2.49	127 015	23.94	72 363	13.64	530 543
1983	32 7763	55.00	47 795	8.02	135 558	22.75	84 807	14.23	595 923
1984	371 835	54.79	88 730	13.07	147 004	21.66	71 064	10.47	678 633
1985	362 602	45.58	210 322	26.44	142 638	17.93	80 032	10.06	795 594
1986	418 706	43.54	348 215	36.21	142 321	14.80	52 481	5.46	961 723
1987	482 638	42.32	462 351	40.54	140 506	12.32	55 053	4.83	1 140 548
1988	535 043	38.04	664 717	47.26	147 580	10.49	59 249	4.21	1 406 589
1989	602 232	33.99	937 828	52.94	154 161	8.70	77 397	4.37	1 771 618
1990	603 039	37.40	816 222	50.62	133 097	8.25	60 136	3.73	1 612 494
1991	607 171	40.77	700 666	47.05	123 798	8.31	57 564	3.87	1 489 199
1992	614 509	40.04	749 684	48.85	126 468	8.24	44 086	2.87	1 534 747
1993	646 337	36.32	946 465	53.18	132 478	7.44	54 363	3.05	1 779 643
1994	698 867	34.65	1 105 597	54.81	145 137	7.20	67 586	3.35	2 017 187
1995	747 889	32.89	1 294 743	56.95	160 186	7.05	70 783	3.11	2 273 601
1996	771 821	31.16	1 449 328	58.50	167 519	6.76	88 629	3.58	2 477 297
1997	754 102	31.62	1 380 907	57.91	164 249	6.89	85 491	3.58	2 384 749
1998	715 525	33.02	1 204 471	55.58	164 458	7.59	82 655	3.81	2 167 109
1999	677 436	31.77	1 205 496	56.54	173 336	8.13	75 893	3.56	2 132 161

续前表

年份	婚姻家庭继承案件		合同案件		侵权、权属案件		其他民事案件		调解结案总量(件)
	调解结案(件)	所占比例(%)	调解结案(件)	所占比例(%)	调解结案(件)	所占比例(%)	调解结案(件)	所占比例(%)	
2000	631 143	35.26	928 029	51.85	172 606	9.64	58 097	3.25	1 789 875
2001	614 429	37.87	778 007	47.96	171 274	10.56	58 622	3.61	1 622 332
2002	550 466	41.33	617 769	46.38	149 066	11.19	14 677	1.10	1 331 978
2003	552 005	41.75	602 251	45.55	155 632	11.77	12 332	0.93	1 322 220
2004	506 602	37.95	625 442	46.86	189 501	14.20	13 247	0.99	1 334 792
2005	512 923	36.64	646 934	46.22	226 236	16.16	13 679	0.98	1 399 772
2006	533 819	37.43	634 672	44.50	242 336	16.99	15 418	1.08	1 426 245
2007	560 830	35.82	716 882	45.79	214 286	13.69	73 556	4.70	1 565 554
2008	613 379	32.40	930 436	49.14	329 773	17.42	19 752	1.04	1 893 340
2009	659 065	31.40	1 010 991	48.16	390 447	18.60	38 521	1.84	2 099 024

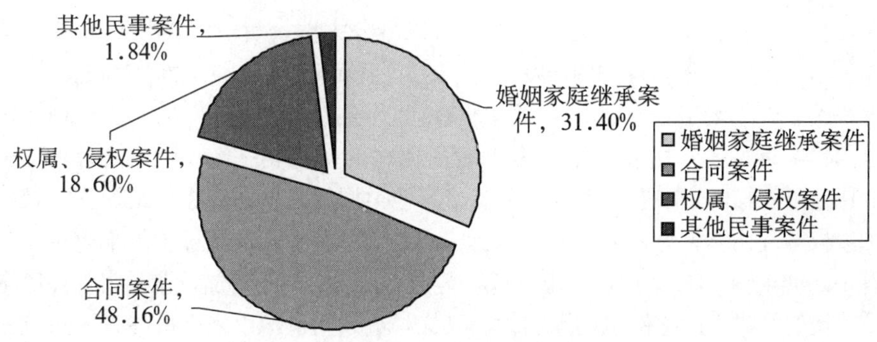

图 4—11　2009 年全国法院一审民事调解中各类案件的比例

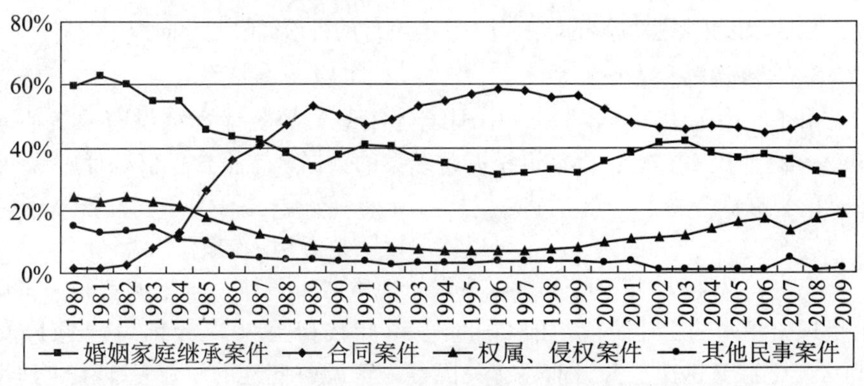

图 4—12　1980—2009 年全国法院民事一审调解案件构成及比例

第一，在最近的 2009 年，民事一审调解结案中合同案件所占比例最大，为 48.16%，近半数；其次是婚姻家庭继承案件，占 31.40%；第三是权属、侵权案件，占 18.6%；余下的其他民事案件占 1.84%。

第二，从近三十年的历史发展来看，民事一审调解结案中合同案件的比例在 20 世纪 80 年代快速增长，从 1980 年的 1.79%攀升至 1989 年的 52.94%，几乎是从零开始发展至“半壁江山”。1990 年之后，民事一审调解结案中合同案件的比例也基本维持在 45%～55%之间。这种变化与民事一审收案中合同案件数量的变化基本上保持一致。

婚姻家庭继承案件所占比例从 1980 年的 59.33%下降至 2009 年的 31.4%。这与民事一审收案中婚姻家庭继承案件数量持续下降基本保持一致。不过，从图 4—12 来看，历年民事一审结案中婚姻家庭继承案件的比例变化并不具有规律性，而是呈现出多个波段。

权属、侵权案件所占比例基本上可以划分为两个阶段：1980—1996 年总体上呈现下降趋势，从 1980 年的 23.95%下降至 1996 年的 6.76%；之后则呈现快速上升的趋势，从 1997 年的 6.89%上升至 2009 年的 18.60%。这种变化也与其在近三十年民事一审收案中所占比例的变化相一致。除此之外，这种变化还可能与两个因素有关。其一，与其他类型的民事案件相比较而言，权属和侵权案件往往更为复杂、牵涉面更广，法官可能更愿意通过调解来解决。随着 1997 年以来该类案件在民事一审收案中的比例的不断增加，该类案件在民事一审调解结案中的比例也逐渐增大。其二，进入新世纪以来，最高人民法院的相关司法解释和指导意见突出了诉讼调解在解决社会转型期深层次矛盾中的积极作用，而权属、侵权案件中的许多案件都属于这类的复杂、疑难案件。可以说，2002 年以来司法政策的转变对于该类案件的诉讼调解的导向作用明显。

3. 二审调解和再审调解

由于《中国法律年鉴》、《中国统计年鉴》等统计资料没有系统收录 1992 年之前民事二审、再审诉讼调解结案的数据，本报告仅仅统计 1992 年以来的数据。

综合表 4—7 和图 4—13，可以得出以下三点初步结论。

第一，从 1992 年至今的数据来看，民事二审调解、再审调解与一审调解呈现出相同的变迁阶段，即 20 世纪 90 年代初至 2002 年前后普遍下降，2002 年之后又迅速上升。前述有关民事一审调解变迁的解释基本上也适用于二审、再审调解。

表 4—7　　1992—2009 年全国法院民事二审、再审诉讼调解案件数量

	民事二审			民事再审		
年份	结案数(件)	调解(件)	调解率(%)	再审结案(件)	调解(件)	调解率(%)
1992	172 870	20 881	12.08	41 266	1973	4.78
1993	164 442	20 067	12.20	40 487	2 389	5.90
1994	179 687	21 172	11.78	40 673	2 133	5.24
1995	208 263	24 085	11.56	47 290	3 516	7.43
1996	243 510	26 036	10.69	53 883	2 842	5.27
1997	263 664	25 463	9.66	62 715	3 066	4.89
1998	294 219	24 948	8.48	73 494	3 510	4.78
1999	339 929	27 121	7.98	81 949		
2000	363 522	28 435	7.82	85 155		
2001	377 672	28 391	7.52	82 550		
2002	357 821	26 281	7.34	48 916	3 427	7.01
2003	370 770	28 359	7.65	47 412	3 406	7.18
2004	377 052	30 155	8.00	44 211	3 647	8.25
2005	392 191	33 492	8.54	41 461	3 967	9.57
2006	406 381	38 232	9.41	42 255	4 504	10.66
2007	422 041	46 083	10.92	38 786	5 008	12.91
2008	517 873	64 371	12.43	35 704	4 452	12.47
2009	598 355	89 886	15.02	38 070	4 853	12.75

资料来源：最高人民法院研究室编：(1)《全国人民法院司法统计历史资料汇编 1949—1998》，北京，人民法院出版社，2000；(2)《中国法律年鉴》1987—2009 年各卷；(3)《中国统计年鉴》2000—2009 年各卷。

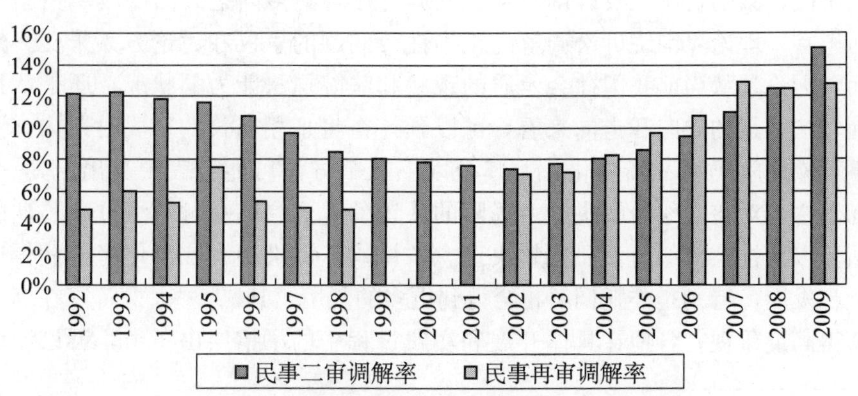

图 4—13　1992—2009 年全国民事二审、再审调解率

第二，民事二审、再审调解率远远低于一审调解率。从这些年的数据来看，民事一审调解率最低也有 29.94%，同期二审调解率在 7%～15%之间，再审调解率在 4%～13%之间。造成这种现象的主要原因在于不同审级受理的案件的差异。一般来说，进入二审、尤其是进入再审的案件往往比一审案件更为复杂，当事人的对立情绪更为严重，通过调解解决纠纷的难度相应也更大。

第三，除去 1999—2001 年统计资料的欠缺，从图 4—13 可以发现，民事再审调解在 20 世纪 90 年代起伏较大，直到 2002 年之后才进入一个稳定的增长期。究其原因，可能主要包括两个因素。其一，再审案件往往较为复杂、波及面广、当事人之间的矛盾较深，解决起来难度很大且容易引发或激化社会矛盾。2002 年以后司法政策的改变，致使调解在解决复杂、疑难案件中的作用日益凸显，越来越多的再审案件采用调解的方式来处理。其二，长期以来，民事诉讼法及相关司法解释对于再审能否适用调解未做直接规定，理论界和实务界对再审程序能否适用诉讼调解存在一些不同的意见。[①] 2004 年最高人民法院《关于人民法院民事调解工作若干问题的规定》第 1 条对再审调解作出了明确规定，由此可能进一步促进了诉讼调解在再审案件中的作用。

(四) 民事诉讼调解的发展趋势

应当说，随着多元化纠纷解决机制的发展，当前我国民事诉讼调解正处在一个不断发展、变化的过程中。人民法院在调解的案件适用范围、适用阶段、激励机制以及诉调对接、调调对接等诸多问题方面的改革措施极为丰富，理论界围绕诉讼调解的正当性等问题的争议和讨论方兴未艾。然而，无论是从当前我国社会矛盾的现状和法院司法能力的状况，还是从目前司法政策的导向和走向来看，可以预计在将来相当长的一段时期内，民事诉讼调解仍将不断强化，尤其是以下三个方面可能会表现突出。其一，随着法院对自身纠纷解决能力局限的认识的提升、民众对司法过高预期的回落以及社会对纠纷多元化解决理念的认同，诉讼调解社会化将会获得进一步发展，特别是委托调解将会得到更多的利用。其二，"大调解"在当前获得高度重视，各地在具体开展和实践过程中的举措层出不穷，诉讼调解

① 参见赵钢、王杏飞：《我国法院调解制度的新发展——对〈关于人民法院民事调解工作若干问题的规定〉的初步解读》，载《法学评论》，2005 (6)。

与审判以及其他形式的调解的对接将成为今后制度创新的热点。其三，随着我国社会转型的深入和社会生活的多元化，专门领域中的纠纷解决机制将会有更大的发展。诉讼调解与这些纠纷解决机制的对接、甚至专门领域纠纷的诉讼调解都可能成为各地改革的热点。

当然，目前各地的实践也暴露出一些问题，这些问题如果得不到妥善解决，将直接影响到民事诉讼调解乃至整个民事司法和纠纷解决机制。相关问题较多，本报告择其要者。第一，诉讼调解的正当性。长期以来，诉讼调解在我国被看作是与判决相对立的、传统的、非法律的纠纷解决方式。尽管近年来诉讼调解的积极作用日益凸显，但这并没有消除法学界以及部分实务工作者对诉讼调解正当性的质疑。尤其是，当前我国诉讼调解浓厚的职权主义特征更容易使得人们对其产生怀疑。对此，应当强化当事人在诉讼调解中的主体地位，否则诉讼调解的正当性或许难以获得普遍认同。第二，诉讼调解与审判的关系。当前各地在开展诉讼调解的过程中，“以调压判”等现象仍在一定程度上存在，这不仅违背了当事人的意愿，无助于矛盾化解，同时也不利于诉讼调解和司法审判等纠纷解决机制的衔接和畅通。应当说，随着最高人民法院相关司法解释和指导意见的出台，调解与审判的关系（尤其是诉前调解）已经得到了明确，今后的重点应是落实好这些规定。第三，调解弊端的防范和消除。强制调解、滥用调解是我国诉讼调解长期存在的问题，并遭到了理论界的普遍指摘。今后的改革应注重对这些问题的防范，通过淡化行政化干预、规范法官调解行为等方式予以改变和杜绝，否则很可能影响当事人的选择以及诉讼调解的健康发展。第四，诉讼调解长效机制的构建。2002 年之后司法政策的转变对于当前诉讼调解的复兴起到了关键性的作用。但是，司法政策的动员作用毕竟有限，诉讼调解的适用及其成功与否更多地需要考虑到法官、当事人及其律师等具体行动者的需求和偏好。尤其是，目前各地普遍将调解率作为评价和考核法官的指标，尽管在提高诉讼调解率方面功效明显，但显然存在强制、诱导和低效调解等弊端。

二、行政诉讼调解

（一）概述

行政诉讼的任务在于判断具体行政行为是否合法。为避免行政机关利用调解压制和损害原告合法权益，同时也为了防止行政机关拿行政权力做交易损害公共利益，我国《行政诉讼法》第 50 条规定人民法院审理行政案件不适用调解。由于行政赔偿往往涉及行政相对人的民事权益，而行政机关自由处分其经济权益通常不会影响到行政职权的实现，《行政诉讼法》第 67 条第 3 款对行政诉讼调解作出了例外规定，即赔偿诉讼可以适用调解。因此，从法律规定的层面来看，目前我国的行政诉讼调解仅指行政赔偿诉讼调解。

不过，如果我们把调解视为中立的第三方在当事人之间进行积极的调停和协调，以促使合意的形成和纠纷解决，那么可以明显看到，调解活动大量存在于人民法院审理行政案件的实践中，尽管我们并不使用“行政诉讼调解”而选择“行政诉讼协调”的表达。事实上，2010 年最高人民法院《关于进一步贯彻“调解优先、调判结合”工作原则的若干意见》等有关诉讼调解的司法解释和指导意见已专门论及行政诉讼协调。本报告致力于描述中国法律实施的状况，除了书本上的法之外，更关注行动中的法，因此也将行政诉讼协调纳入行政诉讼调解的范围予以考察。

（二）行政赔偿诉讼调解

1. 行政赔偿诉讼及其类型

行政赔偿诉讼，是指行政相对人因其合法权益受到行政主体违法的或者不当的具体行政行为侵害，而向人民法院提出的损害赔偿诉讼。根据我国相关法律的规定，行政赔偿诉讼主要包括两类。一类是行政相对人在对具体行政行为的合法性提出异议的同时，请求人民法院判决行政主体赔偿其损失，通常称之为附带提出的行政赔偿诉讼。另一类则是行政相对人对赔偿义务机关先行处理所做的赔偿决定不服向人民法院提出的诉讼，即单独提出的行政赔偿诉讼。根据我国《行政诉讼法》第 67 条的规定，行政赔偿请求人单独就损害赔偿提出请求的，应当先由行政机关解决，对行政机关的处理不服，可以向人民法院提出诉讼。

2. 行政赔偿诉讼调解状况

根据最高人民法院相关负责人的介绍，自 1995 年国家赔偿法实施以来，截至 2010 年年底，全国法院一共受理行政赔偿案件 67 354 件，审结 59 611件，赔偿金额达到 17.17 亿元。[①] 1987 年以来全国行政一审审结的行

---

① 参见张亮、卢杰：《全国法院 15 年受理国家赔偿案逾 9 万件》，载《法制日报》，2010-12-01。

政赔偿案件情况见表 4—8。

表 4—8　　　　1987—2009 年全国行政一审审结的行政赔偿诉讼情况

年份	行政一审结案（件）	行政赔偿案件结案数（件）			行政赔偿调解（件）
		合计	单独提出的行政赔偿	附带提出的行政赔偿	
1987	4 677				
1988	8 029				
1989	9 742				
1990	12 040				
1991	25 202				
1992	27 116				178
1993	27 958				149
1994	34 567				299
1995	51 370				424
1996	79 537				484
1997	88 542				1 075
1998	98 390	4 854	2 477	2 377	
1999	98 759	4 675	1 562	3 113	
2000	86 614	3 914	2 502	1 412	
2001	95 984	4 048	2 765	1 283	
2002	84 943	4 139	1 005	3 134	
2003	88 050	4 316	2 022	2 294	
2004	92 192	5 273	3 112	2 161	
2005	94 771	4 120	2 418	1 702	129
2006	94 215	3 236	2 105	1 131	345
2007	100 683	3 167	2 046	1 121	348
2008	109 085	4 546			310
2009	120 530	5 270	4 047	1 223	326

资料来源：(1) 最高人民法院研究室编：《全国人民法院司法统计历史资料汇编 1949—1998》，北京，人民法院出版社，2000；(2)《中国法律年鉴》2000—2010 年各卷；(3)《中国统计年鉴》2000—2010 年各卷。

说明：(1) 1992—1998 年的数据来源于《全国人民法院司法统计历史资料汇编 1949—1998》，正如前面所提到的，该资料收集的是历年原始报表，其中许多不均衡的地方未做修订。尤其是 1997 年的各项数据均存在较为明显的异常。本表仍然保持统计材料的原貌，未做修改。(2)《中国法律年鉴》和《中国统计年鉴》均未收录 2008 年人民法院一审审结行政赔偿案件的数量，本表的数据根据 2009 年的数字推算而出，即《中国法律年鉴》(2010) 提到，“共审结行政赔偿案件 5 270 件，比上年上升 15.93%。”

结合表4—8、图4—14和图4—15，可以对行政赔偿案件以及行政赔偿诉讼调解的情况得出两点初步结论。

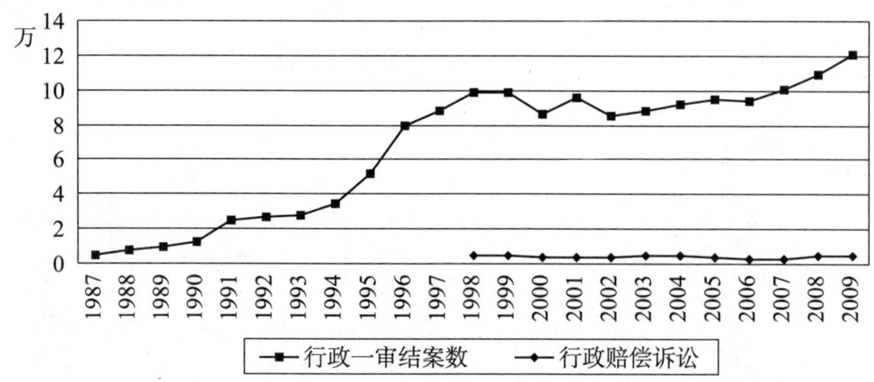

图4—14　1987—2009年全国法院行政一审结案数与行政赔偿案件数

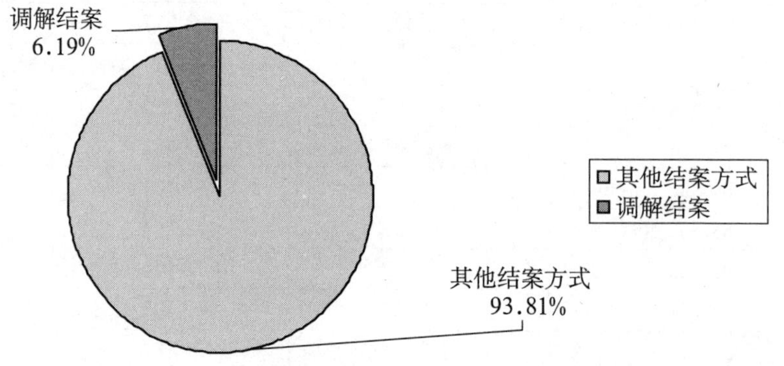

图4—15　2009年全国法院行政一审赔偿案件结案情况

第一，行政赔偿案件数涨幅不大，而且有所反复。1998年全国行政一审赔偿案件为4 854件，2009年为5 270件，一共上涨了8.57%。同期行政一审结案数则从98 390件上升至120 530件，上涨了22.5%。尤其是，2002年之后行政一审结案数持续上升，行政赔偿案件数却变化不大。

第二，行政赔偿案件中诉讼调解结案比例较低。根据最近一年行政一审赔偿案件的处理情况，行政赔偿调解仅为326件，调解率只有6.19%。事实上，从表4—8中可以发现，历年行政赔偿案件中调解结案的数量都比较少，2006—2009 年基本稳定在 300 件左右。对此可以作出两点解释。其一，单独提起的行政赔偿案件已经过行政机关先行处理，行政相对人和行政主体在赔偿范围、形式和数额方面往往分歧较大，调解难度较大。其二，无论是单独提起的行政案件还是附带提起的行政赔偿案件，只有当法院认定行政机关的具体行政行为违法或者不当，才可能确认行政相对人权益受损，由此才可能涉及行政赔偿问题。因此，影响此类案件调解率的关键因素在于原告获得法院支持的情况。从整体上看，原告获得法院支持主要包括判决支持原告和被告改变具体行政行为后原告撤诉两种情形，但后者在行政一审结案中已经归入撤诉项进行统计，不会反映在行政调解的数据中。在人民法院结案方式的历年统计中，“判决支持原告”具体包括判决撤销、变更、责令重做行政行为、责令行政机关履行法定职责、确认行政行为违法或无效。图 4—16 表明，在 1987—2008 年全国行政一审结案中，判决支持原告的比例在 14%～23.8%，这种较低的判决支持原告的比例说明了行政赔偿案件中诉讼调解的适用空间有限。

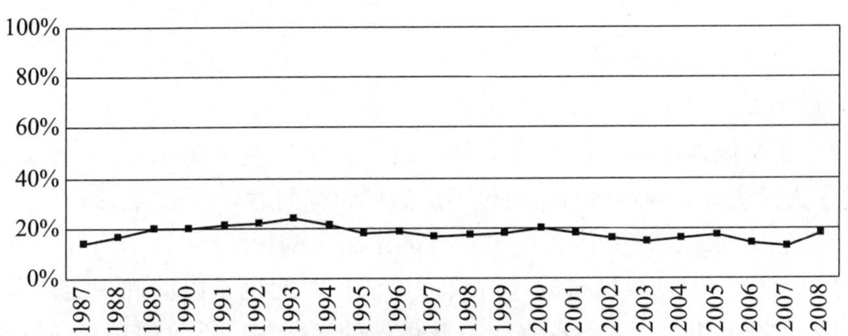

图 4—16　1987—2008 年全国法院行政一审判决支持原告的比例

资料来源：何海波：《行政诉讼撤诉考》，载何海波：《实质法治：寻求行政判决的合法性》，63～64 页，北京，法律出版社，2009。

相对于行政一审，行政二审、再审案件往往较为复杂，行政相对人与行政主体之间的对抗程度更为激烈。尤其是对于行政赔偿案件来说，无论一审条件是单独提起的行政赔偿还是附带提起的行政赔偿，均已经过了人民法院的处理，调解难度较大。从表 4—9 和图 4—17 可以明显看出，1998—2009 年行政二审、再审中调解结案数均远低于一审赔偿案件调解数。

表 4—9　　　　　1998—2009 年行政二审、再审调解结案数

年份	1998	1999	2000	2001	2002	2003	2004	2005	2006	2007	2008	2009
二审（件）	38	38	580	55	97	59	61		52	85	89	88
再审（件）	12				15	17	11		38	257	30	27

资料来源：《中国法律年鉴》1999—2010 年各卷。

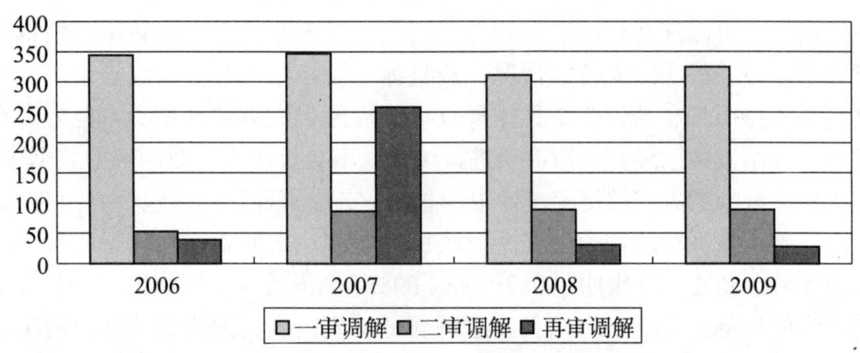

图 4—17　2006—2009 年行政一审、二审、再审调解案件数

（三）行政诉讼协调

1. 行政诉讼协调的历史发展

对于赔偿诉讼以外的行政案件，最高人民法院早在 1985 年就发布了《关于人民法院审理经济行政案件不应进行调解的通知》，并在 1987 年《关于审理经济纠纷案件具体适用〈民事诉讼法（试行）〉的若干问题的解答》中予以重申，1989 年颁布的《行政诉讼法》对此也予以明确规定。但是，对调解的现实需求却大量存在于行政诉讼的实践中。行政相对人和行政主体之间往往实力悬殊，原告常常担心无法获得胜诉，即便胜诉了也担心遭到打击报复，因而往往愿意接受协调而非“非黑即白”的判决。一些行政主体则考虑到在法庭上当被告有损面子以及败诉影响其政绩和考核，对判决也抱有一定的抵触心理。法院基于自己实力的不足，或出于和行政主体搞好关系或是社会影响等考虑，也不愿意过多地作出判决。[①] 于是，无论是在《行政诉讼法》颁布之前还是之后，各地法院往往在行政相对人和行政主体之间进行调停和斡旋，以促成合意形成和纠纷解决，并采用原告撤诉

① 具体分析，参见何海波：《行政诉讼撤诉考》，载何海波：《实质法治：寻求行政判决的合法性》，67～72 页，北京，法律出版社，2009。

的方式予以结案。基于立法禁止行政诉讼调解，这种方式被称为行政诉讼“协调”、“协商”或是“在庭外做工作”。

随着社会主义和谐社会目标的提出以及司法政策的转向，行政诉讼协调的做法逐渐获得了正式认可。2006 年以来，最高人民法院先后发布了《关于妥善处理群体性行政案件的通知》（2006 年 12 月 5 日）、《关于为构建社会主义和谐社会提供司法保障的若干意见》（2007 年 1 月 15 日）、《关于进一步发挥诉讼调解在构建社会主义和谐社会中积极作用的若干意见》（2007 年 3 月 1 日）、《关于加强和改进行政审判工作的意见》（2007 年 4 月 24 日）等司法解释和指导意见，要求各地法院尽可能地通过协调方式处理行政争议，参照民事诉讼调解的原则和程序完善行政诉讼案件的和解工作机制。在 2007 年 3 月举行的第五次全国行政审判工作会议上，“探索和完善行政案件协调处理新机制”成为一个重要主题。时任最高人民法院院长的肖扬明确要求各级人民法院在审理行政案件中，“要在查清事实，分清是非，不损害国家利益、公共利益和其他合法权益的前提下，建议由行政机关完善或改变行政行为，补偿行政相对人的损失，人民法院可以裁定准许行政相对人撤诉”。对于因农村土地征收、城市房屋拆迁、企业改制、劳动和社会保障、资源环保等社会热点问题引发的群体性行政争议“更要注意最大限度地采取协调方式处理”①。

2008 年 1 月，最高人民法院发布了《关于行政诉讼撤诉若干问题的规定》，以司法解释的形式对行政诉讼协调做了全面而正式的肯定，第 1 条规定，“人民法院经审查认为被诉具体行政行为违法或者不当，可以在宣告判决或者裁定前，建议被告改变其所作的具体行政行为。”最高人民法院于 2008 年 8 月 18 日发布的《行政审判工作绩效评估办法（试行）》将撤诉率作为正面考评标准，进一步鼓励法官运用协调方式处理行政案件。其后，2010 年 6 月最高人民法院颁布的《关于进一步贯彻“调解优先、调判结合”工作原则的若干意见》，显然已经将行政诉讼协调纳入诉讼调解的范畴之内。其中，第 6 条明确规定，在不违背法律规定的前提下，除了对行政赔偿案件依法开展调解外，在受理行政机关对平等主体之间的民事争议所作的行政裁决、行政确权等行政案件，行政机关自由裁量权范围内的行政处罚、行政征收、行政补偿和行政合同等行政案件，以及具体行政行为违法

① 王斗斗：《肖扬：抓紧制定行政诉讼协调和解司法解释》，载《法制日报》，2007-03-29。

或者合法但不具有合理性的行政案件时，应当重点做好案件协调工作。对一些重大疑难、影响较大的案件，要积极争取党委、人大支持和上级行政机关配合，邀请有关部门共同参与协调。对具体行政行为违法或者合法但不具有合理性的行政案件，要通过协调尽可能促使行政机关在诉讼中自行撤销违法行为，或者自行确认具体行政行为无效，或者重新作出处理决定。

2. 行政诉讼协调的情况

（1）行政一审撤诉率与行政诉讼协调

行政诉讼协调以原告撤诉的形式结案，行政诉讼协调情况必须结合行政一审结案撤诉情况进行分析。

从表4—10和图4—18，我们可以发现1987年以来行政一审撤诉呈现三个变化阶段，这些变化在一定程度上能够反映行政诉讼协调的状况。

表4—10　　1987—2009年全国法院行政一审结案中撤诉情况

年份	结案数（件）	撤诉案件数（件）	撤诉率（%）
1987	4 677	995	21.27
1988	8 029	2 171	27.04
1989	9 742	2 966	30.45
1990	12 040	4 346	36.10
1991	25 202	9 317	36.97
1992	27 116	10 261	37.84
1993	27 958	11 550	41.31
1994	34 567	15 317	44.31
1995	51 370	25 990	50.59
1996	79 537	42 915	53.96
1997	88 542	50 735	57.30
1998	98 390	47 817	48.60
1999	98 759	44 395	44.95
2000	86 614	31 822	36.74
2001	95 984	31 083	32.38
2002	84 943	26 052	30.67
2003	88 050	27 811	31.59
2004	92 192	28 246	30.64
2005	94 771	28 539	30.11
2006	94 215	31 801	33.75
2007	100 683	37 210	36.96

续前表

年份	结案数（件）	撤诉案件数（件）	撤诉率（%）
2008	109 085	39 169	35.91
2009	120 530	46 327	38.44

资料来源：《中国法律年鉴》1988—2010 年各卷。

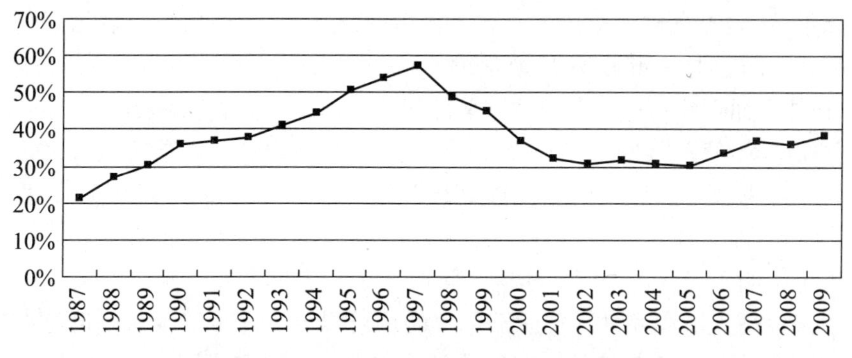

图 4—18　1987—2009 年全国法院一审撤诉率

第一个阶段为 1987 年至 1997 年。这一阶段行政一审结案中撤诉比例呈现快速增长趋势，由 27.27%上升至 57.30%。约为 3%。值得注意的是，同期行政一审撤诉案件数量增长了近 50 倍，而行政一审结案数只增长了 17.93 倍，两者相差如此之大在一定程度上说明了行政诉讼调解在这一阶段发挥了重要的作用。具体来说，1990 年《行政诉讼法》的施行虽然促使行政一审收案数有了较大的增长，但是直到 1993 年才审结了 2.795 8 万件案件。这种现象在法院系统内引起了最高人民法院的高度重视。时任最高人民法院副院长的马原指出，“目前有些地方行政案件少……一个重要原因是有相当一部分案件法院应当受理而没有受理”，她要求各级法院“积极大胆地依法受案，尽快解决行政诉讼告状难的问题”。在这种情况下，各级地方法院开始“大胆受案”，某些地方甚至层层下指标、定立案数。① 这些举措导致全国法院行政一审结案数出现大幅度的上升。但是，人民法院广辟案源的同时，也将大量棘手案件收入囊中，在实践中不得不大量依靠行政诉讼协调来消化这些案件。

第二个阶段为 1998 年至 2005 年。这一阶段行政一审结案中撤诉比例

① 参见何海波：《行政诉讼撤诉考》，载何海波：《实质法治：寻求行政判决的合法性》，67～72 页，北京，法律出版社，2009。

出现大幅度下降，由 48.6%下降至 30.11%。这种变化与行政诉讼协调存在密切关系。前一阶段法院广辟案源已经越来越超出了人民法院的司法能力所能承受的限度，撤诉率过高的现象引起广泛关注，以至于被称为“非正常撤诉”。时任最高人民法院副院长的罗豪才在法院系统内部会议的多次讲话中反复指出撤诉率偏高，强调该判决的就要大胆判决，不能无原则动员撤诉。[①] 与此同时，全国各级各地法院也在 1997 年前后陆续着力降低撤诉率，同时也对一审收案开始紧缩。这一时期，行政一审结案数减少了 3 619件，而行政一审结案中撤诉案件却减少了 15 856 件。

第三个阶段为 2006 年至 2009 年。这一时期行政一审结案数和撤诉数都大幅度增长。前者从 94 215 件上升为 120 530 件，涨幅为 27.93%；后者从 31 801 件上升为 46 327 件，涨幅为 45.68%。两组数据的差别也在一定程度上说明了行政诉讼调解在这一阶段有了较大的发展，其原因除了 2006 年以来最高人民法院对行政诉讼调解的认可以外，还可能与这一时期我国处于社会矛盾凸显期相关，人民法院愈加倚重行政协调来处理日趋复杂、尖锐的行政争议。

(2) 行政一审撤诉构成与行政诉讼协调

根据我国目前的法律规定，行政诉讼中原告的撤诉包括两种情形，即原告主动撤诉与被告改变具体行政行为后原告撤诉。两种撤诉的比例及其变化对于说明行政诉讼协调具有重要的指标意义，这不仅因为这两者的变化合力导致了行政一审撤诉率的变化；更为重要的是，行政一审撤诉构成及其比例的变化，对于描述和说明行政诉讼协调的效果具有重要意义。

如表 4—11 和图 4—19 所示，在两种撤诉形式中，1992 年以来原告主动撤诉所占比例均高于被告改变具体行政行为后原告撤诉的比例。尤其是在 1996 年以来，前者增长速度较快，2006 年以后均稳定在 90%以上，而后者则下降趋势明显。由此可见，对于行政一审撤诉来说，贡献主要来自于原告主动撤诉。图 4—20 表明，在最近的 2009 年中，行政一审结案比例中原告主动撤诉的比例为 35.91%，而被告改变行政行为后原告撤诉只有 2.53%。

① 参见何海波：《行政诉讼撤诉考》，载何海波：《实质法治：寻求行政判决的合法性》，77 页，北京，法律出版社，2009。

表 4—11　　1992—2009 年全国法院行政一审撤诉构成

年份	原告主动撤诉			被告改变具体行政行为后撤诉		
	数量（件）	占撤诉的比例（%）	占结案的比例（%）	数量（件）	占撤诉的比例（%）	占结案的比例（%）
1992	6 135	59.79	22.63	4 126	40.21	15.22
1993	6 662	57.68	23.83	4 888	42.32	17.48
1994	9 564	62.44	27.67	5 753	37.56	16.64
1995	14 247	54.82	27.73	11 743	45.18	22.86
1996	22 174	51.67	27.88	20 741	48.33	26.08
1997	28 710	56.59	32.43	22 025	43.41	24.88
1998	29 011	60.67	29.49	18 806	39.33	19.11
1999	28 681	64.60	29.04	15 714	35.40	15.91
2000	21 967	69.03	25.36	9 855	30.97	11.38
2001	23 231	74.74	24.20	7 852	25.26	8.18
2002	19 921	76.47	23.45	6 131	23.53	7.22
2003	23 323	83.86	26.49	4 488	16.14	5.10
2004	23 834	84.38	25.85	4 412	15.62	4.79
2005	25 317	88.71	26.71	3 222	11.29	3.40
2006	29 015	91.24	30.80	2 786	8.76	2.96
2007	35 038	94.16	34.80	2 172	5.84	2.16
2008	36 388	92.90	33.36	2 781	7.10	2.55
2009	43 280	93.42	35.91	3 047	6.58	2.53

资料来源：《中国法律年鉴》1993—2010 年各卷。

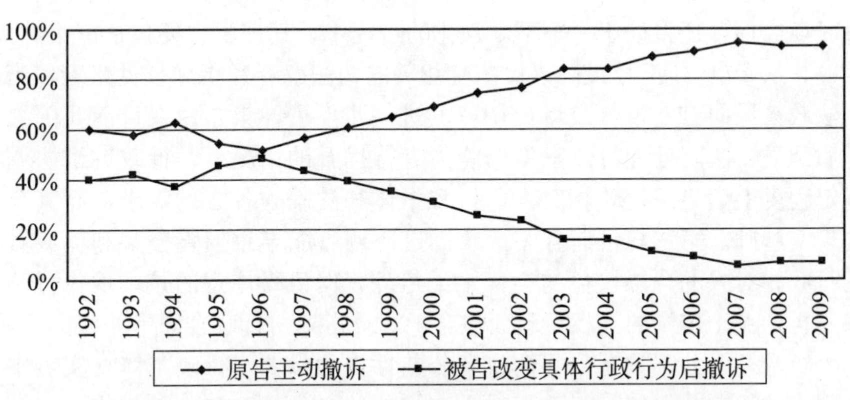

图 4—19　1992—2009 年全国法院行政一审撤诉构成比例

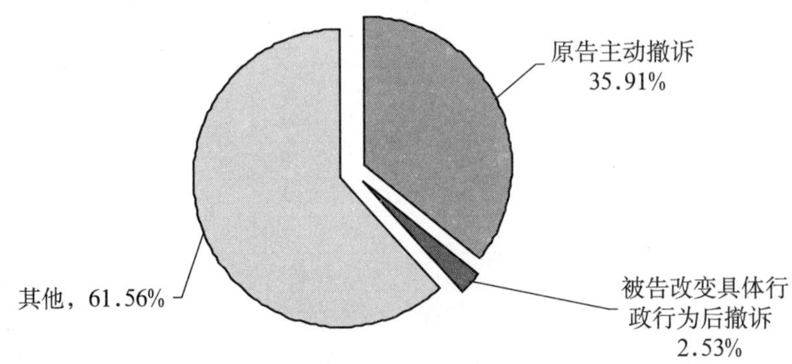

图 4—20　2009 年全国法院行政一审结案中两种撤诉的比例

当然，无论是原告主动撤诉，还是因被告改变具体行政行为后原告撤诉，都有可能是法院协调的结果。相对而言，被告改变具体行政行为往往意味着做了明确的让步，行政相对人因而获得实际的利益。可是，行政诉讼协调后原告主动撤诉则包含了多种可能性，既可能是在被告给予原告某些实际补偿和利益的条件下，法院维持具体行政行为而由原告主动撤诉；也可能是行政行为有明显瑕疵，但经过协调被告许诺不予执行，法院不予撤销或者宣告违法而由原告撤诉；还有可能是在协调后被告未做任何妥协而原告被迫撤诉。从原告主动撤诉占据压倒性比例的情况下，行政诉讼协调的实际效果或许并不那么乐观。

3. 行政诉讼协调的发展趋势

结合前文的分析，本报告认为我国的行政诉讼协调在今后相当长的一段时期内预计还将处于一个不断强化的过程中，其理由主要包括三个方面。第一，从 2006 年至今最高人民法院相关的司法解释和指导意见来看，当前司法政策导向有助于行政诉讼调解的进一步发展。第二，在目前我国社会矛盾凸显、法院处理行政案件的能力有待提升的情况下，行政诉讼协调在一定程度上满足了行政相对人、行政主体和法院等各方的需求，有其存在的现实基础。第三，目前有关行政诉讼协调可能导致损害公共利益或者侵犯行政相对人的合法权益的担忧不无道理，但值得注意的是，现代行政已经不再拘泥于传统的高权行政而包含了行政指导、行政合同等非权力行政，某些行政行为并不具有公共性或者公共性极为微弱，行政主体在实践中享有很大的行政裁量权，行政相对人有权依法自由处分自己的权力，行政主体和行政相对人也可能存在某种利益一致、服务合作、相互信任的关系，等等。[①] 由此看来，行政诉讼调解也有其理论上的依据和进一步发展的空间。

指出行政诉讼协调的上述发展趋势并不意味着该制度已经完美无缺。从本报告的分析来看，通过撤诉的方式来回避立法严禁行政诉讼调解或许是行政诉讼调解存在的最大问题。一方面，目前我国的法律、司法解释等规范性法律文件对行政诉讼协调的适用范围并没有清晰的界定，各地的做法不一且具有较大的随意性，确实存在着损害公共利益或者侵犯行政相对人合法权益的可能性。另一方面，行政诉讼协调采取原告撤诉的形式结案，缺乏相应的司法审查，其法律效力也不甚明晰，难以切实保证协调的正当性，不利于维护行政诉讼当事人的合法权益，极容易导致强制协调和诱导协调等问题。因此，今后的改革应致力于行政诉讼协调的规范化，通过立法或者司法解释明确规定协调适用的范围，与此同时加强对行政诉讼协调过程的司法审查和协调结果的法律效力。就后者而言，既可以通过强化法院对原告撤诉的审查来实现，也可以考虑打破“行政诉讼不适用调解”的禁忌，借鉴民事诉讼调解等来逐步构建和完善我国的行政诉讼调解制度。

三、刑事诉讼调解

（一）概述

刑事诉讼调解是指在刑事诉讼过程中，刑事案件的被害人和加害人在司法机关的主持或者协调下，协商解决因犯罪行为所引发的相关问题的过程。在新中国刑事诉讼立法和实践的历史过程中，刑事诉讼调解经历了一系列发展和变化，从陕甘宁边区就开始了对轻微刑事案件进行调解的立法和司法实践，之后经历了新中国刑事调解制度的全面建立，以及后来的衰落，以至发展到当前刑事和解背景下刑事诉讼调解制度的复苏。

目前，人们对“刑事和解”和“刑事诉讼调解”的关系有不同认识，为避免不必要的误解，在此有必要作出三点说明。

第一，一般来说，调解侧重的是双方当事人在第三方的介入或主持下进行的对话协商，和解则更强调双方当事人之间合意解决纠纷。因此，许

① 参见高秦伟：《中国行政诉讼调解制度的现状与课题》，载《河南省政法干部管理学院学报》，2004（1）。

多人将双方自行和解排除在刑事诉讼调解的范畴以外。这种观点有其合理性。不过，刑事诉讼中的“和解”与民事和解存在明显差别，尤其是其结果只有在得到司法机关确认的前提下才能产生司法上的效果。从这个层面上可以说，无论被害人和加害人的对话协商过程如何，刑事诉讼中的“和解”也是在作为第三方的司法机关的介入下完成的。

第二，通常来说，主持诉讼调解的第三方为人民法院，而目前主持刑事和解的司法机关则包括了法院、检察院和公安机关。从这个角度来看，刑事诉讼调解的范围小于刑事和解的范围。不过，在刑事诉讼的不同阶段中，公检法各部门均有一定的自由裁量权，均能够根据案件的具体情况促进加害人和被害人之间的和解甚至终止诉讼程序的进行。从广义上看，这些司法机关都属于司法机关主持或者介入下的调解。

第三，从制度的角度看，刑事和解是近年来兴起的一项制度实践，是在我国现阶段的宽严相济形势政策以及恢复性司法等国际潮流的背景下发生的，从其内容、表现形式，以及规模化的程度等来看，都是原有的相似实践所不可相提并论的。[①] 然而，近几年的刑事和解实践在很多方面都充分显示出其以原来的刑事调解机制为原型，并以原有制度实践中的司法惯习等为基础的制度实践的全面复苏和发展。而且，目前关于刑事和解的制度实践已经超出了原有的字面含义，即不能仅仅从“和解”的字眼来判断其整个制度的内容和实质。如上所述，刑事和解实践已经是既包括当事人的自行和解，也包括司法机关主持调解下的和解，既包括法院主持的和解，也包括检察院和公安机关主持的和解了。

本报告试图从整体上描述刑事诉讼调解发展状况，因此尽管在理论上认同调解与和解在概念上的差别，以及刑事和解与刑事诉讼调解制度在制度意义上的不同，但在分析时将新中国成立以来的刑事调解，以及近年来在司法机关主持或介入下的刑事和解实践均包括在内。在概念表述上，对于 2002 年之后的“刑事和解”实践，还是采用该名称，只在必要的时候加以区分。

1. 刑事诉讼调解的孕育与发展初期（第一次国内革命战争时期开始到新中国成立前夕）

早在第一次国内革命战争和抗日战争时期，中华苏维埃中央执行委员

---

① 正因此，学界也形成了两派观点，一种观点认为我国的刑事和解实践是对西方恢复性司法与刑事和解的移植和发展，而另一种观点则认为我国的刑事和解实践具有自身的传统和制度方面的基础，与西方的恢复性司法并没有直接关联，本报告的观点为后者。

和各革命根据地就陆续发布了许多有关调解的法规和条例。就刑事诉讼调解而言，陕甘宁边区在这方面已有系统的规定，1943 年的《陕甘宁边区民刑事件调解条例》已经将调解的范围扩展至部分刑事案件，规定除危害国家和社会利益的犯罪、故意杀人及掳人勒赎等严重侵害个人利益的犯罪，以及习惯性犯罪外，其他刑事案件均可调解。1944 年，林伯渠在陕甘宁边区政府委员会第四次会议上的工作报告明确提出，“民事一般推行调解，刑事除汉奸、反革命罪外，大部分也可适用调解。”1944 年《陕甘宁边区司法纪要》则对刑事诉讼调解的优点作出了说明，“在双方自愿的原则下，彼此息争止讼，受害的一方既可得到实益，加害的一方亦可免于处罚，不致耽误家里的生活事宜，而无形中便能增进社会的和平。”而到了 1946 年，禁止调解的刑事案件范围得到了进一步的明确，即原则上凡侵害的客体是国家、公共利益、社会危害性大的案件不能调解。[①] 由此可见，刑事诉讼调解制度在新中国成立以前便得以确立和广泛适用。究其原因，一是这一时期处在战争环境下，法制不健全，司法无法满足社会调整的需要。成文法律体系仅有一些基本框架和原则，缺少具体的适用规范，审判力量不足，人员素质较低等；二是国民政府移植、建立的近代法制不适合中国的情况，尤其是根据地的实际情况；三是 1942 年陕甘宁边区进入困难时期，边区政府实行“精兵简政”，从而造成司法人员相应减少，无法应对大量的冲突、诉讼等情况。[②]

2. 刑事诉讼调解的逐渐淡化（新中国成立后至 20 世纪 70 年代末）

1954 年《人民调解委员会暂行组织条例》规定，调解委员会的任务为调解民间一般民事纠纷与轻微刑事案件，并通过调解进行政策法令的宣传教育由此正式确立人民调解办理轻微刑事案件的原则，刑事调解开始逐步淡出审判领域。这种现象的形成一方面与当时我国司法程序的不完善以及司法在国家治理和社会发展中的实际地位相关，另一方面则是因为新中国成立后到 1979 年刑法颁布前，刑事法律在中国还处于空白状态。除了将反革命和腐败等规定为犯罪，几乎没有对较轻的犯罪行为作出规定。[③] 人民调

---

① 参见范愉：《非诉讼纠纷解决机制研究》，83 页，北京，中国人民大学出版社，2000。

② 参见强世功：《权力的组织网络与法律的治理化》，载强世功编：《调解、法制与现代性：中国调解制度研究》，214～222 页，北京，中国法制出版社，2005。

③ 这一时期只有 1957 年《治安管理处罚条例》允许警察对实施轻微犯罪的人进行惩罚。参见郭丹青：《中国的纠纷解决》，载强世功编：《调解、法制与现代性：中国调解制度研究》，401 页，北京，中国法制出版社，2005。

解委员会调解轻微刑事案件不仅能够满足纠纷解决的需要，同时也延续了革命根据地时期的传统，有助于发挥调解制度作为国家权力向基层渗透的重要工具从而实现封建帝国向现代民族国家的转型。①

3. 刑事诉讼调解的衰落（20 世纪 80 年代至 90 年代末）

改革开放伊始，我国于 1979 年颁布了《中华人民共和国刑法》和《中华人民共和国刑事诉讼法》，这不仅意味着我国的刑事司法进入一个新的发展阶段，同时标志着刑事诉讼调解进入全面衰落期。一个突出的表现即刑事诉讼法只规定了自诉案件和刑事附带民事诉讼的调解。20 世纪 80 年代至 90 年代末我国刑事诉讼调解的衰落原因主要涉及如下几个方面。第一，刑法和刑事诉讼法颁布后，刑事司法实践逐渐有法可依，对通过调解来解决刑事案件的需要不复存在；第二，随着改革开放和民主法治建设的深入，法律的确定性、罪刑法定等制度理念逐渐深入人心，犯罪越来越被看做是对国家利益和公共利益的侵犯而不允许私下处分；第三，调解的政治色彩日渐淡化，与政策的联系也日渐减少。除了自诉案件以外，尽管刑事诉讼调解有着一定的制度基础和空间，但在制度设计层面失去了依托和支持。②

4. 刑事诉讼调解的复苏与制度化实践（2002 年至今）

2002 年，北京市朝阳区人民检察院制定了《轻伤害案件处理程序实施规则（试行）》，规定轻伤害案件可以适用刑事和解，由此拉开了刑事诉讼调解复苏的序幕。2003 年，北京市政法委出台《关于北京市政法机关办理轻伤害案件工作研讨会纪要》，刑事和解机制迅速扩展至北京市各区县的公、检、法机关。与此同时，上海等地公安机关积极尝试人民调解组织参与轻伤害案件的调解，并相继出台有关政策和规范性文件。2006 年 10 月 31 日，湖南省人民检察机关正式实施《湖南省人民检察院关于检察机关适用刑事和解办理刑事案件的规定（试行）》。据报道，这是在全国范围内首次明确提出“刑事和解办理刑事案件”。截止到 2011 年 2 月，参与并试行刑事和解实践的地方已经覆盖了上海、河南、吉林、厦门、安徽、江苏、山东、山西、广东、浙江、重庆、辽宁、河北、福建、湖北、甘肃、四川、内蒙古等省、市、自治区。这些地方的相关部门相继发布了规范性文件，

---

① 参见强世功：《“法律”是如何实践的——一起民事调解案的分析》，载王铭铭、王斯福编：《乡土社会的秩序、公正与权威》，488～520 页，北京，中国政法大学出版社，1997。

② 这个时期的刑事附带民事诉讼的调解部分本质上还是属于民事调解，而与刑事部分的判决没有必然联系。以民事部分的和解来影响刑事部分的判决的做法只是以司法惯习的形式存在。

伴随着众多个案实践以及媒体报道和学者调研，已经在我国形成了一场如火如荼的刑事和解制度化实践。

（二）机构设置

以2002年开始的刑事和解实践作为分界线，之前的刑事诉讼调解的基本内容在前文已经大致体现，下面主要讨论近年来大规模兴起的刑事和解制度化实践。

1. 一般认为，最早正式尝试刑事和解的是检察院系统。检察院在对犯罪嫌疑人是否提起公诉以及求刑等问题上具有一定自由裁量权，刑事和解可直接影响其处理结果，如相对不起诉或从轻求刑。近年来各地检察院出于对社会效果和个案特殊性的考虑，开始更多地关注刑事和解的应用，因此很多地方的检察院都将其作为制度创新的重点。

2. 公安机关办理治安案件和轻微刑事案件时，具有相当大的调解与和解的空间。尤其在治安案件中，尽管一般并不采用刑事和解的概念，但实际应用的数量却非常多，如果与西方国家轻刑案件中的刑事和解相比较，其实践和作用范围要广泛得多。① 2005年，公安部发布了《公安机关办理伤害案件规定》，明确规定因民间纠纷引起的轻伤害案件可以调解处理②，为公安机关办理轻伤害案件适用刑事和解的直接依据。有学者通过实证调研发现，公安侦查阶段的刑事和解量呈日益提高的趋势。例如，公安机关在立案侦查的阶段，轻伤害案件调解结案的比例日益提高，有的甚至达到轻伤害案件的70%之多。③

3. 法院在刑事附带民事诉讼和自诉案件中一直都有调解的实践。在刑事和解的制度化实践兴起后，各地的法院开始积极推行，如无锡市两级法院、重庆市渝中区人民法院等。北京市朝阳区人民法院在自诉案件和刑事

---

① 与西方国家相比较而言，中国没有严格意义上的“轻罪”概念，而将轻微违法以违章、治安案件等名义纳入行政违法范畴，而在行政违法案件处理实践中，历来存在着较大的自由裁量权和变通性，西方的刑事和解案件很多属于中国的行政违法（治安案件），而这类“刑事”和解实际上早已成为我国执法中的惯例。

② 《公安机关办理伤害案件规定》第30条规定：“对于因民间纠纷引起的殴打他人或者故意伤害他人身体的行为，情节较轻尚不够刑事处罚，具有下列情形之一的，经双方当事人同意，公安机关可以依法调解处理：（一）亲友、邻里或者同事之间因琐事发生纠纷，双方均有过错的；（二）未成年人、在校学生殴打他人或者故意伤害他人身体的；（三）行为人的侵害行为系由被害人事前的过错行为引起的；（四）其他适用调解处理更易化解矛盾的。”

③ 参见樊学勇、杨涛：《公安机关办理刑事案件中调解问题研究——以构建和谐社会为视角》，载《北京人民警察学院学报》，2006（6）。

附带民事诉讼案件中适用调解与和解，刑事附带民事诉讼案件中就民事部分达成的和解协议虽然并不产生刑事责任的免除等处理结果，却可以作为对被告人的从轻处罚依据。

因此，从机构设置方面来看，如果以刑事和解制度化实践开始的 2002 年为分界线，可以看出前后发生的微妙变化。制度化实践开始之前，法院与公安机关仍然有大量的制度空间运用刑事和解，检察院无论在规模上还是在制度空间上都没有前两者那样广泛。制度化实践开始之后，检察机关因其特殊性和适用刑事和解方面的优越性，表现尤为突出。

4. 一些地方的公检法机关在办理轻伤害案件的过程中，委托基层人民调解委员会进行调解，这被有的学者称为“人民调解委员会调解模式”①。这种模式最先由上海开始试点。自 2002 年以来，上海市杨浦区司法局先后与区公安分局、区检察院共同实行委托人民调解委员会调处轻伤害案件。对于因民间纠纷而引发的轻伤害案件，在加害人与被害人自愿的前提下，公安机关、检察院可以委托街道（镇）的人民调解委员会进行调解。调解成功的案件，公安机关可不再作为刑事案件处理，检察院则可以作出不起诉的决定。2005 年 11 月，杨浦区司法局还会同区公检法机关共同发布了《关于轻伤害案件在诉讼阶段委托人民调解的规定（试行）》。2006 年，这种做法被作为有利于构建和谐社会的法制经验，推广到上海市各个区县的公检法机关。② 为保证人民调解工作的质量，人民调解委员会聘请专职调解员负责轻伤害案件的调解工作。这些专职调解员由受过法律专业教育、具有法律工作经历或者长期从事人民调解工作的退休法官、基层法律工作者担任，3 名专职调解员组成一个调解工作室。③

（三）职能活动

1. 适用的范围和案件类型

综观各地区刑事和解所适用的案件类型，除了自诉案件之外，主要涉及交通肇事案、轻伤害案、未成年人和在校学生犯罪案、熟人亲属之间的伤害案、盗窃案等轻罪案件，也有部分地区和机构在重伤害案中也尝试适用刑事和解。总的来看，刑事和解的适用主要考虑到当事人的身份、主观

① 陈瑞华：《刑事诉讼的私力合作模式——刑事和解在中国的兴起》，载《中国法学》，2006(5)。

② 参见贺同：《上海轻伤害案件将允许诉前调解》，载《东方早报》，2006-05-25。

③ 参见吴蓉：《轻伤害可以人民调解了结》，载《劳动报》，2006-05-29。

恶性、社会危害性、受害人原谅的可能性以及客观效果等多种因素。目前适用刑事和解的案件范围仍在扩大，根据其特点大致可以分为以下几类：

（1）当事人的身份、关系及社会背景。此类案件的当事人往往有特殊身份关系，如亲属、同属一个社区共同体（民族、邻里、同事等），具有相似的文化背景、习惯等等。少数民族地区的刑事和解，则往往强调习惯法因素和民族文化传统的特殊性。

（2）主观恶性和损害程度。根据主观恶性和损害程度，例如情节轻微、偶犯、初犯、过失犯、未成年人等具体情况，以及自诉、治安案件本身的裁量度，尽可能将介于罪与非罪、轻罪与重罪之间的部分案件纳入刑事和解的范围。例如，据北京市海淀区检察院的调查数据，和解后退回公安机关处理和相对不起诉的案件，与受理未成年人和大学生犯罪案件总数比较，2002 年占 11.1％；2003 年为 9％；2004 年为 5.5％；2005 年为 7.6％。[①]

（3）案件类型和处理机制。一些地方将某些专门性犯罪的制裁与民事赔偿相结合，推动刑事和解实践。交通肇事案件的和解就是其中的典型。由于交通肇事在当代社会属于常规性过失犯罪，具有主观恶性相对较小，法律规定明确、责任明晰（轻微责任的认定标准明确、重大事故则由交管部门作出责任认定）不存在事实分歧、归责原则和赔偿标准格式化等特点，加之交强险与商业保险赔偿制度的存在，以及大量加害人赔偿能力低、执行难，受害人救济不足现象严重，这类案件的刑事和解的空间较大。

（4）特殊社会因素。近年来很多地区的刑事和解实践往往有特殊的地域社会因素，例如在广东省东莞等地区，刑事案件大量发生在务工的农民工之间，这些伤害案件之所以较多使用刑事和解，主要是考虑到农民工的经济状况和流动性特征，综合权衡受害人的补偿需求和加害人的赔偿能力，将刑事和解的重点放在动员加害人家属积极代替加害人进行赔偿，获得受害人的谅解以及最为有利的救济结果。尽管其正当性存在争议，但在国家尚无力对刑事受害人进行全面补偿之前，其现实的合理性得到了受害人的认同。

（5）一些地区在重伤害案件中尝试适用刑事和解，但招致较多的质疑和争论。如 2005 年的“安然故意杀人案”中，由于安然偿付了被害人家属赔偿款，一审判处被告人安然死刑缓期两年执行，便引来了社会的一片哗

① 参见黄京平等：《刑事和解的司法现状与制度构建》，载黄京平、甄贞主编：《和谐社会语境下的刑事和解》，210 页，北京，清华大学出版社，2007。

然，认为具有“花钱买刑”之嫌。①

2. 适用率

目前各地刑事和解适用率的差距很大。就法院的情况来看，2005 年 10 月 1 日至 2006 年 2 月 20 日，北京市朝阳区人民法院共审结属于刑事和解范围的案件 260 件，其中有 126 件案件实现了庭前和解，和解适用率达 48.5%。② 而江西省浮梁县法院近五年刑事案件总数为 701 件，适用刑事和解的案件数为 116 件，仅占总案件数的 16.55%。③ 检察院的数据同样表明各地的差异较大。一项对北京市朝阳区检察院的调研显示，2006 年轻伤害案件的刑事和解适用率仅为 2.9%④；而另一个对北京市东城、西城、朝阳、海淀、丰台、大兴、昌平共 7 个区检察机关的轻伤害案件刑事和解情况的调研表明：2003 年 7 月 1 日至 2005 年 12 月 31 日，7 区检察院公诉部门共受理各类刑事案件 27 427 件，其中轻伤害案件共 4 607 件，占全部案件的 16.8%。轻伤害案件中，检察机关适用刑事和解结案的共 667 件，和解适用率为 14.5%。并且经和解之后，移送公安机关撤案的比例占 80.1%，相对不起诉的比例占 19.3%，而起诉的轻伤害案件都不足 1%。⑤ 不同地方刑事和解适用率的差别，与各地对刑事和解的态度，以及适用范围、适用条件、适用程序、裁量权等要求和规定存在密切的关系。

3. 社会效果

总体来看，近些年我国各地开展的刑事和解实践取得了一定的成效，尤其在缓解涉法涉诉信访案件数量居高不下、促进加害人与被害人之间的

---

① 2005 年 6 月 25 日，北京大学公共卫生学院学生安然在教学楼内，因感情纠葛将同学崔培昭用事先藏匿的菜刀砍死，被检方以故意杀人罪向法院起诉。2006 年 3 月，双方家长就民事赔偿部分达成和解，安然赔偿死者崔培昭父母 40 万元，崔家自愿撤回刑事附带民事诉讼。北京市一中院对此案刑事部分审理后，判决安然死刑缓期两年执行。崔培昭父母一审判决后并没有申请抗诉，目前该判决已生效。很多人认为安然被判处死缓与赔偿有直接关系，由此也引发了一些争议，典型的如“花钱买刑”之嫌疑。参见葛琳：《刑事和解研究》，354 页，北京，中国人民公安大学出版社，2007。

② 参见北京市朝阳区人民法院：《审判机关适用刑事和解的现状与经验》，载黄京平、甄贞主编：《和谐社会语境下的刑事和解》，430 页，北京，清华大学出版社，2007。

③ 参见胡俊萍、李晶莹：《关于浮梁县法院刑事和解适用情况的调查分析》，2010-01-27，载浮梁县人民法院网站，http://www.courtjdz.com/cdfy20051214/093312401_3.html，最后访问日期：2011-05-06。

④ 参见封利强、崔杨：《刑事和解的经验与问题——对北京市朝阳区刑事和解现状的调查》，载《中国刑事法杂志》，2008 (1)。

⑤ 参见王立：《轻伤害案件刑事和解的实务现状》，载黄京平、甄贞主编：《和谐社会语境下的刑事和解》，218 页，北京，清华大学出版社，2007。

对话和谅解方面表现突出。

(1) 提高服判率，降低上诉率和上访率。目前，我国许多地方将上诉率和上访率作为是否对刑事和解结果服判的重要指标。实践表明，一些推行刑事和解制度的地区在这方面效果明显。例如，2007 年，重庆市检察院共办理 247 件和解案件，和解成功 225 件，和解成功率达 90%以上。和解成功的 225 件案件中，以经济赔偿的方式达成和解协议的 211 件，占 93.8%，并且无一例上访的情况。① 截至 2008 年 4 月，无锡法院适用刑事和解所判处的案件，除一人提出上诉外，其他被告人均表示服判。通过刑事和解程序审理的案件无一例申诉或涉诉信访。②

(2) 保证加害人对被害人的经济赔偿。据报道，重庆适用刑事和解之后，当事人之间以经济赔偿的方式达成和解的比例占全部刑事和解的 93.8%。③ 而之前的统计和实证调研表明，多数情况下被害人只能通过刑事附带民事诉讼得到赔偿，但由于加害人受到刑事处罚而不履行赔偿，赔偿执行率仅在 10%左右。④

(3) 促进加害人与被害人的对话与谅解，如亲属间的犯罪、青少年犯罪、激情犯罪等。

（四）刑事和解的发展趋势和新动向

综合前面的分析可以看出，近年来刑事和解实践在司法实践中逐渐尝试推行，充分显示出了制度化的趋势。作为对传统的刑事诉讼调解的重大突破和超越，刑事和解制度表现出巨大的活力和发展前景。

1. 刑事和解模式呈多元化趋势。各地司法机关在实践中存在较大的差异，通过相互借鉴相互影响，形成了若干模式，根据陈瑞华教授的归纳，包括加害方—被害方自行和解模式、司法调解模式和人民调解委员会调解模式三种。⑤ 除此之外，有些地区也尝试在刑事和解中吸收村乡政府、民间

---

① 参见杨野：《重庆启动和为贵刑事和解机制 轻微案件可私了》，载《重庆晨报》，2008-09-18。

② 参见李飞等：《恢复性司法的尝试——无锡两级法院开展刑事和解工作调查》，载《人民法院报》，2008-04-01。

③ 参见杨野：《重庆启动和为贵刑事和解机制 轻微案件可私了》，载《重庆晨报》，2008-09-18。

④ 参见徐德高等：《应将刑事和解制度引入附条件的重伤害案件》，载《江苏法制报》，2009-05-11。

⑤ 参见陈瑞华：《刑事诉讼的私力合作模式——刑事和解在中国的兴起》，载《中国法学》，2006 (5)。

人士、单位领导等社区、单位及民间力量，来促成当事人之间达成刑事和解。例如，宁夏回族自治区固原市原州区检察院在采用刑事和解方式时，邀请当地清真寺阿訇（伊斯兰教主持教务、讲授经典的人）参加，对当事人进行说服教育的工作。①

2. 尽管有法律、政策等方面的制度基础，今天这种刑事和解的制度化实践仍然带有很大的创新性和探索性，无论从适用的范围、力度还是规模来说，都与原来的刑事诉讼调解有了很大不同，并日益呈现出制度化、规范化、明确化的趋势。

3. 我国的刑事和解实践是一种典型的自下而上、实践先行的制度化实践。当前刑事和解实践已从局部的、个别的制度尝试，逐渐发展成为全国性的实践，但在其运行中显示出其制度设计、原则和具体操作方面仍存在很多难以解决的问题、局限性和冲突，这注定了刑事和解制度的建构不会一帆风顺。在前期实践和经验的基础上，目前研究者和实务部门对刑事和解的制度建构和规范化已经提出了许多具体意见和设想，以不断完善，解决其存在的问题。其中部分建议可能被此后修改、制定的《刑事诉讼法》等相关法律所吸收。

4. 随着法治的现代化发展，人们日益认识到法治的普适性和稳定性不是绝对的，而绝对的"罪刑法定"也是不现实的，一味谋求罪刑法定，忽略具体情形和具体背景，会使法律和制度走向另一种专断。因此，通过刑事和解的制度化实践，今后在刑事立法和司法中，将确立相对的罪刑法定理念，承认在定罪量刑时可根据各方面的因素综合考虑，灵活操作。

第三节　行政调解

一、概述

行政调解在我国是一个内涵不甚明晰的概念。目前，学界通常将它界定为行政主体在争议双方当事人自愿的基础上，主持双方进行协商、达成

① 参见薛正俭：《回民纠纷刑事和解　请阿訇参与》，载《检察日报》，2007-05-15。

和解协议从而解决争议的活动。[1] 我国具有“行政主体”资格的并不限于行政机关，一些行政机构下属的事业单位，例如电监会等也具备这种资格。行政主体调解的纠纷范围主要是民事纠纷；此外，一些具体行政行为引发的行政纠纷也属于行政调解范围。

新中国成立之初，一些行政调解法律制度即已建立。最早建立的行政调解制度是劳动行政调解和婚姻行政调解。1949 年 11 月，中华全国总工会制定的《关于劳资关系暂行处理办法》第 27 条规定，“在某一企业之劳资双方发生争议无法取得一致意见时，应由劳资双方请求该业工会与同业公会派出之代表会同双方当事人共同协商解决之，如仍无法取得一致意见时，任何一方得请求当地人民政府劳动局调解之”。1950 年 8 月，经政务院批准，劳动部颁布了《关于劳动争议解决程序的规定》，明确规定了劳动争议的调解处理程序。1950 年，中央人民政府发布了《婚姻法》，第 17 条规定男女双方离婚之前，须经区人民政府和司法机关调解。在此之后，关于合同纠纷的行政调解也逐渐建立，甚至在“文化大革命”中仍然继续发展。例如，1974 年 4 月，国务院批转了国家工商行政管理局《关于全国工商行政管理局长会议的报告》，其中规定：“工商行政管理部门以管理工业与商业部门、商业与农业部门之间的合同为宜。工业、物资部门和商业部门本系统内的合同建议由各业务部门自行管理。不同工业部门、工业与物资部门、工业与农业部门以及工农商业与交通运输部门之间的合同，建议由各级经济委员会管理。管理的内容应当包括监督检查合同的执行情况，调解仲裁纠纷。”[2] 与此同时，尽管缺乏明确的法律规定，县、区、乡等基层政府在实践中履行着大量的行政调解职能。

改革开放以后，行政调解制度得到了迅速发展。许多法律、行政法规和部门规章陆续对行政调解作出了规定。例如，《婚姻法》、《治安管理处罚法》、《道路交通安全法》、《农村土地承包法》、《医疗事故处理条例》、《商业经济纠纷调解试行办法》、《民间纠纷处理办法》、《电力争议调解暂行办法》等等。大量的地方性法规、规章和其他规范性文件，如《河北省价格

① 参见范愉、李浩：《纠纷解决——理论、制度与技能》，196 页，北京，清华大学出版社，2010；湛中乐等：《行政调解、和解制度研究——和谐化解法律争议》，36 页，北京，法律出版社，2009。

② 王新元：《关于行政调解的几个问题》，载《西北第二民族学院学报（哲学社会科学版）》，1990（4）。

争议调解处理办法》、《厦门市人民代表大会常务委员会关于完善多元化纠纷解决机制的决定》、《眉山市行政调解工作暂行规定》等等，也建立了独特的行政调解制度。本报告将所有涉及行政主体调解的民事纠纷和行政纠纷的活动均纳入“行政调解”的范畴。目前，中国行政调解主要由三个部分组成：行政部门调解、行政复议调解和“大行政调解”——“大调解”背景下的行政调解。其中，行政部门的调解是中国行政调解的主体。

二、行政部门的调解

（一）多元的行政主体及其调解职能

行政调解由各个行政主体实施。我国的行政主体数量繁多。从纵向来看，截至 2009 年年底，行政主体包括国务院、34 个省级政府、333 个地市级政府、2 858 个县区级政府、40 858 个乡镇级五级政府[①]；从横向来看，政府由很多部门、机构、事业单位等等构成。例如，当前的国务院由办公厅、27 个组成部门、1 个直属特设机构（国资委）、16 个直属机构、4 个办事机构、14 个事业单位以及部委管理的国家局、议事协调机构等等所组成。其中，办公厅、办事机构、一些直属机构和事业单位、议事协调机构等等不具有行政主体资格。

并非所有的行政主体都可以履行行政调解职责，例如国家安全部、外交部、国防部等等，由于其职能的特殊性，并不履行通常意义上的“行政调解”职责。此外，在具备行政调解资格的行政主体中，调解在其本职工作中的比重也差异很大。例如，与国务院、省级政府相比，中国的基层政府——县区及乡镇两级政府——履行了大多数行政调解任务。发展与改革委员会、财政部、中国人民银行等等宏观管理部门极少履行行政调解的微观职能（发改委下属的价格管理机构是个例外），审计署、监察部、海关总署、税务局、统计局、广播电影电视局、新闻出版总署、体育局等等由于其职责的特殊性（例如主要履行行政监督、行政征收等羁束行政行为）或转型未到位（例如尚未从管理型政府转为服务型政府），也极少履行调解职责。相比之下，公安部门、工商行政管理部门、民政部门、司法行政部门、环境保护部门、卫生行政部门、农业行政部门、林业行政部门等等，分别

① 数据来源于《中国民政统计年鉴 2010》。

管理某个社会领域，较多涉及甚至是主要涉及微观的社会行为活动，行政调解的工作比重相对较多。

目前，我国各行政部门调解制度的发展状况参差不齐，各部门的调解规范机制建设、机构设置和人员编制、调解能力等等有着较大的差距。鉴于各行政部门之间调解机制发展状况以及行政调解工作比重的差异较大，本部分将首先介绍机制较为完善的行政部门调解，然后再简要介绍其他行政部门的调解。

（二）主要的行政部门调解

1. 政府调解

各级政府是最基本的行政调解主体，可以调解其所属部门有权调解的所有类型的纠纷。政府内部的法制机构是履行调解职责的主要机构。由县区、乡镇政府、街道办事处组成的基层政府行政调解，是中国行政调解的主要力量。大量的法律、行政法规、部门规章和规范性文件规定了基层政府的调解职责，例如，1950 年中央人民政府发布的《婚姻法》第 17 条、《矿产资源法》第 49 条、《土地管理法》第 16 条、《水法》第 57 条、《突发事件应对法》第 21 条、《妇女权益保障法》第 55 条、《农村土地承包法》第 51 条、《民间纠纷处理办法》、《农村土地承包经营纠纷调解仲裁法》第 3 条等等。基层政府内部从事调解的机构和人员，主要是办公室信访工作人员、司法所人员和法律服务所（室）人员。其中，乡镇政府、街道办事处调解的纠纷主要是《人民调解委员会组织条例》规定的民间纠纷——也即公民之间有关人身、财产权益和其他日常生活中发生的纠纷，以及婚姻纠纷、土地承包经营纠纷等等。须注意的是，根据司法部 1990 年发布的《民间纠纷处理办法》的规定，基层司法行政调解纳入基层人民政府的行政调解，当事人提请处理的民间纠纷，由当事人户籍所在地或者居所地的基层人民政府受理；处理决定加盖基层人民政府印章。这意味着，县乡司法行政调解在一定程度上与同级政府行政调解相重合。不过，自 2000 年司法所逐渐被上级司法局“收编”以来，基层司法行政调解开始在一定程度上与基层政府调解相分离。

2. 司法行政调解

司法行政调解的范围主要是民间纠纷，这些纠纷基本上由基层“司法所”完成。改革开放初期，全国陆续在乡镇和街道设立了属于“基层政权的司法行政工作人员”的司法助理员，主要工作是指导人民调解。各地在此基础上建立了一些司法所。这个时期的“司法所”属于乡镇等基层政府的组成部分，其编制和经费由同级政府负责，并非司法行政系统的组成部分。20世纪90年代以后，司法行政系统开始计划收编“司法所”，同时司法行政系统主动在乡镇、街道建立派出性的“司法所”的改革设想也出现了。2000年4月，司法部颁布了《司法部关于进一步加强基层司法所建设的意见》，提出“对于司法所的管理体制和建所模式问题，各地应因地制宜，条件具备的，要力争把司法所建成县区司法局的派出机构，实现县区司法局收编直管”。自此，“司法所”的收编工作正式启动。“收编”并不意味着司法所完全脱离其所在地乡镇政府的管辖，而是接受所在地乡镇政府和上级司法局的双重管理，但是以司法局管理为主。表4—12统计了2004年至2009年司法所收编工作的进展情况。

表4—12　　2004—2009年全国司法所收编工作进展情况

年份	司法所总数	被收编的司法所总数	被收编的司法所所占比例
2004	41 000	22 000	53.66%
2005	41 143	26 060	63.34%
2006	40 714	29 532	72.54%
2007	41 000	32 000	78.05%
2008	41 000	32 968	81.41%
2009	41 000	34 000	82.93%

资料来源：《中国法律年鉴》2005—2010年各卷。

表4—13统计了1994—2009年全国司法所数量、工作人员数量及其文化程度、调解工作量、制止群体性上访和群体性械斗的工作量。

表4—13　　1994—2009年全国司法所基本情况

年份	司法所（个）	司法所工作人员		直接受理调处民间纠纷(万件)	协助调委会调解民间纠纷(万件)	制止群体性上访（万件）	制止群体性械斗（万件）
		人数（人）	大专以上所占比例				
1994	13 800	11 077					
1995	16 094	41 847					
1996	21 332	52 666	28.00%				
1997	25 954	63 861	28.60%				
1998	33 290	81 854	40.90%	116.1	70.1	4.5	3.9
1999	37 318	89 126	39.50%	122.4	72	5.3	3.4
2000	40 200	94 000	41.00%	118	70	5.6	3.2

续前表

年份	司法所（个）	司法所工作人员		直接受理调处民间纠纷(万件)	协助调委会调解民间纠纷(万件)	制止群体性上访(万件)	制止群体性械斗(万件)
		人数（人）	大专以上所占比例				
2001	39 000	92 000	41.20%	116.9	68.2	4.8	2.9
2002	38 521	86 026	50.30%	115	84.6	6.1	3.4
2003			50.00%	111	70.9	6.1	3.7
2004	41 000	96 000	65.00%				
2005	41 143	99 800	66.3%				
2006	40 714	100 000					
2007	41 000	101 000	72.4%				
2008	41 000	97 514	76.5%				
2009	41 000	100 000	76.8%				

资料来源：(1) 1994—2004 年的数据来源于朱景文主编：《中国法律发展报告——数据库与指标体系》，北京，中国人民大学出版社，2007；(2) 2005—2009 年的数据来源于《中国法律年鉴》2006—2010 年各卷。

2004 年以后，《中国法律年鉴》对司法所纠纷解决成就的统计项目进行了改变。2004 年以前的统计项目名称是“直接受理调处民间纠纷”和“协助调委会调解纠纷”，此外还有“制止群体性上访”和“制止群体性械斗”。2004 年，统计项目改为“参与调解疑难纠纷”和“协助基层政府处理社会矛盾纠纷”，后两者不变。表 4—14 统计了 2004 年以来司法所纠纷解决业绩。由此可以看出基层司法所在司法行政调解工作中发挥的巨大作用。

表 4—14　　2004—2009 年全国司法所纠纷解决业绩（件）

年份	参与调解疑难纠纷	协助基层政府处理社会矛盾纠纷	制止群体性上访	制止群体性械斗
2004	517 000	500 000	60 000	45 000
2005	561 000	515 000	65 000	37 000
2006				
2007	655 002	580 013	90 412	87 106
2008	745 000	691 000	89 572	46 022
2009	823 000	724 000		

资料来源：《中国法律年鉴》2006—2010 年各卷。

3. 公安行政调解

根据相关法律的规定，公安行政调解有三种：

（1）治安调解。1986年六届全国人大常委会通过的《治安管理处罚条例》第5条规定："对于因民间纠纷引起的打架斗殴或者损毁他人财物等违反治安管理行为，情节轻微的，公安机关可以调解处理。"2006年施行的《治安管理处罚法》第9条延续了该规定。表4—15统计了2006年至2009年全国公安机关治安查处和调解的案件情况。从图4—21可以看出，近年来治安调解率呈上升趋势，尤其是2007年之后上升幅度较大。一个重要原因在于，2007年12月，公安部颁行了《公安机关治安调解工作规范》，加大了对于治安调解工作的推进力度。

表4—15　　2006—2009年全国公安机关治安调解情况

年份	2006	2007	2008	2009
调解案件数（万件）	122	213.9	280	372
查处案件数（万件）	615	765	877	1 105

资料来源：（1）2006年治安调解数据来自公安部：《全国公安机关全面推进治安管理工作2006年工作亮点纷呈》，载公安部网站（http：//www.mps.gov.cn/n16/n1252/n1657/n2062/134850.html），最后访问日期：2011-09-15。治安案件数据来自《中国法律年鉴》（2007），1073页。（2）2007年数据来源于《中国法律年鉴》（2008）。（3）2008—2009年数据来自刘学刚、闵政：《群众满意社会和谐是最高标准》，载《人民公安报》，2010-02-23。

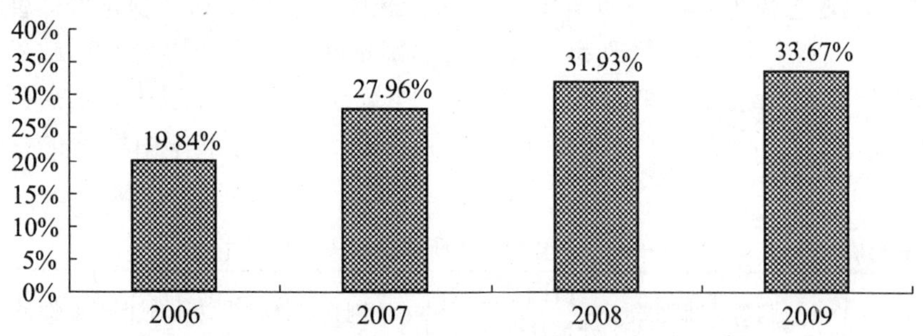

图4—21　2006—2009年全国公安机关治安调解率

（2）道路交通事故调解。《道路交通安全法》第74条规定："对交通事故损害赔偿的争议，当事人可以请求公安机关交通管理部门调解，也可以直接向人民法院提起民事诉讼。"《道路交通事故处理办法》、《道路交通事故处理程序规定》专门规定了公安交通管理机关的调解。在实践中，许多道路交通事故赔偿争议都以调解的方式得以解决，并常常采用"现场调解"、"口头调解"等简易形式。尽管目前缺乏这方面的全国性数据，但估计总量相当可观。

（3）其他调解。根据 1990 年公安部发布的《关于公安机关贯彻实施〈行政诉讼法〉若干问题的通知》，公安机关办理其他行政案件，在有损失和伤害的情况下需要处理时，应一律采取调解的方式解决。公安行政调解的规范适用依据，除上述规范性文件以外，还包括《公安机关办理行政案件程序规定》、《公安机关办理伤害案件规定》等等。负责相关调解职责的机构，分别为治安部门、公安交通管理部门以及法制部门。

在实践中，各级公安机关的行政调解工作远远超越了法律规定的范围。依据《人民警察法》第 21 条有关“对公民提出解决纠纷的要求，应当给予帮助”的精神，帮助人民群众解决各种矛盾纠纷就成了各级公安机关的法定职责。在实践中，很多地方的公安机关行政调解的范围涉及家庭、邻里、经济、债务、劳务等领域，几乎“无所不调，无所不能”①。以天津市公安局为例，该局为了明确规范公安机关开展行政调解的范围，曾与天津市司法局联合颁布通知，强调发生在公民与公民间、公民与法人和其他社会组织之间涉及民事权利、义务争议的各种纠纷，凡是人民群众向公安机关报警、求助，提出解决纠纷要求的，公安机关应给予帮助，能够当场调解解决的当场解决，不能当场解决告知当事人到乡镇、街道人民调解委员会或村（居）人民调解委员会申请调解解决。通知列举的纠纷包括婚姻、家庭、赡养、抚养、继承、收养、邻里、债务、房产、宅基地、环保、损害赔偿、劳动争议等等诸多方面，远远超过了法律法规明确规定的行政调解范围。

4. 工商行政调解

工商行政管理部门是政府主管市场监管和行政执法的工作部门，也是我国行政调解职责最多的行政部门之一。明确规定工商行政调解的法律、行政法规和部门规章包括《消费者权益保护法》第 28 条、《商标法》第 53 条、《特殊标志管理条例》第 17 条、《奥林匹克标志保护条例》第 10 条、《世界博览会标志保护条例》第 9 条、《合同争议行政调解办法》等等。工商行政管理部门调解的范围涉及消费纠纷、合同纠纷、商标侵权纠纷、特殊标志侵权损害赔偿纠纷、世界博览会标志专有权侵权损害赔偿纠纷、奥林匹克标志专有权侵权损害赔偿纠纷。其中，消费纠纷和合同纠纷是工商行政调解的主要职责。

（1）消费纠纷调解。《消费者权益保护法》于 1994 年 1 月 1 日起开始

① 章文巍、陈典磊：《公安机关行政调解范围之分析与思考》，载《法制与社会》，2007（11）。

实施，全国工商行政机构拥有一支庞大的消费者权益保护和消费纠纷调解的队伍。据统计，2008 年全国工商系统从事消费者权益保护的工作人员共计 28 064 人，2009 年为 287 83 人。[①] 表 4—16 为 1995 年以来工商行政部门调解消费纠纷的统计数据，图 4—22 为调解率的变化情况。

表 4—16　　1995—2009 年全国工商行政管理部门消费纠纷调解统计

年份	受理消费者申诉案件	调解成功案件总数
1995	8 634	5 013
1996	14 962	5 232
1997	46 996	30 920
1998	41 575	30 072
1999	272 015	
2000	446 737	389 569
2001		
2002	704 853	600 478
2003	754 198	665 293
2004	774 529	699 874
2005	730 485	660 431
2006	740 614	668 792
2007	764 309	691 149
2008	783 822	700 117
2009	726 626	642 301

资料来源：《中国工商行政管理年鉴》2009 年、2010 年各卷。

（2）合同纠纷调解。改革开放以前，工商行政管理部门就承担了合同监管和合同纠纷调解的职能，设有专门的合同监管职能部门，拥有专门的合同监管队伍，合同调解经验较为丰富。此外，基层工商所遍布城乡，负责企业以及其他市场主体的登记注册、市场巡查、日常监管，有利于把握调解技巧，也有利于监督调解协议的履行。这些优势均使得工商部门的合同纠纷调解具有明显的优势。以辽宁省为例，自 1997 年《合同争议行政调解办法》制定以来直至 2007 年，该省共调处合同争议 2 万多件，解决争议金额达 1.5 亿元，协议履行率达 80%以上；全省设立市县调解中心 36 个，调解站 130 个，有专兼职调解员 210 名。[②]

---

① 参见《中国工商行政管理年鉴》2009 年、2010 年各卷。

② 参见张均：《行政调解的新机遇新机制》，载《工商行政管理》，2009（22）。

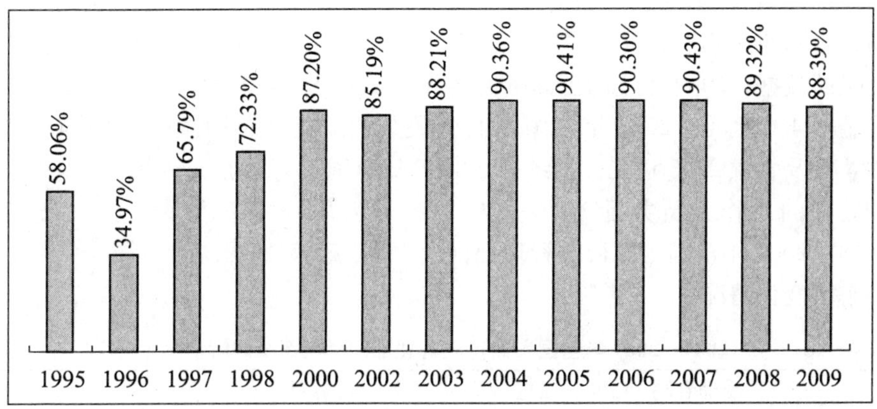

图 4—22　1995—2009 年全国工商行政管理部门消费纠纷调解率

中国的合同法律最早的是 1982 年 7 月 1 日施行的《经济合同法》，该法律适用至 1999 年 10 月 1 日。表 4—17 为 1983—1996 年全国工商行政管理部门经济合同纠纷调解情况统计。

表 4—17　　1983—1996 年全国工商行政管理部门经济合同纠纷调解情况

年份	受理合同纠纷案件数	处理案件数	调解案件数
1983	14 035	13 192	10 151
1984	19 090	17 599	13 704
1985	35 715	32 888	23 878
1986	30 091	30 639	20 470
1987	28 104	28 613	19 998
1988	47 052	46 204	35 708
1989	237 923	235 746	212 031
1990	483 631	478 148	452 009
1991	184 953	180 695	161 239
1992	130 571	127 352	116 642
1993	123 942	120 121	105 957
1994	104 406	101 467	73 755
1995		19 899	2 673
1996		853	31

资料来源：《中国工商行政管理年鉴 1997》，456 页。

说明：由于工商行政管理部门本年度处理的案件还包括上一年度未处理的案件，因此在某些年份中可能出现受理案件数少于处理案件数的情况。

1999年10月1日，新的《合同法》开始施行。工商行政管理部门继续履行合同纠纷调解职责。根据2000年和2001年《中国工商行政管理年鉴》提供的数据，1999年全国工商机关共调解成功合同争议案件27 900件，涉及金额4.5亿元，2000年全国工商机关共调解成功合同争议案件60 680件，涉及金额29.5亿元。据统计，2008年全国工商系统从事市场规范及合同管理的工作人员共计44 102人，2009年为43 277人。① 表4—18为2004—2009年全国工商行政管理部门合同纠纷调解情况统计，图4—23为调解率变化情况。

表4—18　　2004—2009年全国工商行政管理部门合同纠纷调解情况

年份	受理合同争议案件（件）	争议金额（亿元）	调解成功案件（件）	调解成功金额（亿元）
2004	30 874	39.475 074	28 741	27.558 907
2005	30 624	19.909 4	29 192	11.718 816
2006	31 514	11.756 3	28 574	9.577 5
2007	24 128	6.255 1	23 108	5.530 3
2008	22 372	8.370 919	21 139	7.277 022
2009	12 779	10.34	11 990	5.15

资料来源：《中国工商行政管理年鉴》2005—2010年各卷。

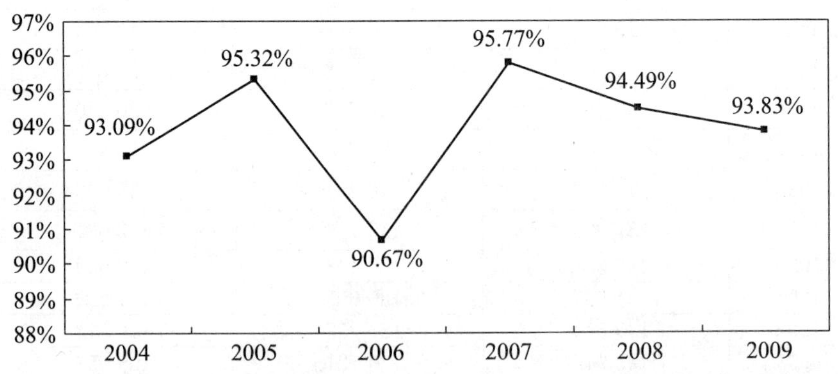

图4—23　2004—2009年全国工商行政管理部门合同纠纷调解情况

除了消费纠纷调解和合同纠纷调解之外，工商行政管理机构还履行着行政复议调解的职责。根据《中国工商行政管理年鉴》（2010年）的统计，

① 参见《中国工商行政管理年鉴》2009—2010年各卷。

2009年全国工商机关系统共审结行政复议案件1 110件，调解了54件，比重偏低。审结的结果大多数是以维持、撤销、驳回、自愿撤回申请等等方式结案。

5. 知识产权行政调解

知识产权纠纷在我国除了司法解决以外，还有专门的行政解决机制，包括行政调解和行政裁决。目前，规定知识产权行政调解的法律法规包括《著作权法》第55条（1990年通过，2001年、2010年二次修订）、《专利法》第60条（1984年通过，1992年、2000年、2008年三次修订）、《专利法实施细则》（2001年颁行，2002年和2010年两次修订）第85条、《集成电路布图设计保护条例》第31条等等。一些地方法规对知识产权行政调解做了进一步的细化规定。以著作权行政调解为例，1996年《湖北省著作权行政管理暂行办法》第3条规定，湖北省版权局负责对全省的著作权工作进行统一协调和管理，其中包括著作权争议的调解工作；1996年《新疆维吾尔自治区著作权纠纷行政调解办法》，简要地规定了著作权行政调解的原则、程序和结果；1997年《山东省著作权保护条例》（2004年修订）第四章规定行政机关可以调解著作权侵权争议、著作权合同争议以及其他可以由著作权行政管理部门调解的争议等等。[①] 在迄今已公布的统计资料中，仅有著作权（版权）纠纷调解案件统计，自2007年起，《中国知识产权年鉴》不再提供调解数据。表4—19提供了2000—2006年全国著作权纠纷调解情况统计，图4—24则为著作权纠纷调解率的变化。

表4—19　　2000—2006年全国著作权纠纷调解情况

年份	2000	2001	2002	2003	2004	2005	2006
处理案件（件）	2 433	4 307	6 107	22 205	9 450	9 380	10 344
调解案件（件）	479	634	721	11 73	1 363	1 174	1 585

资料来源：《中国知识产权年鉴》2000—2006年各卷。

6. 环境保护行政调解[②]

环境保护行政部门的行政调解制度正式建立于1989年。该年，全国人

---

① 参见倪静：《论我国知识产权争议行政调解机制的完善》，载《法律适用》，2010（9）。

② 1986年国务院颁行的《民用核设施安全监督管理条例》第4条规定：国家核安全局有权会同有关部门调解和裁决核安全的纠纷。这也是一种行政调解制度。但是，1998年国家核安全局并入原国家环保总局，成为该局下面的一个机构——“核安全管理司（辐射安全管理司）”。国家环保总局（国家环保部）对外保留国家核安全局的牌子，这种行政调解因此属于环境行政调解的一部分。

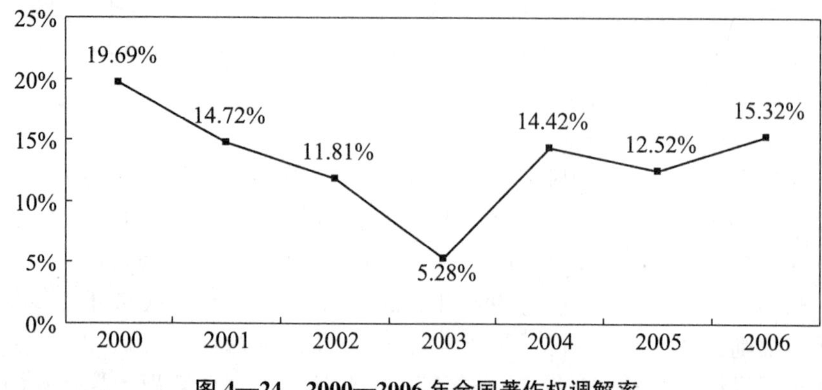

图 4—24　2000—2006 年全国著作权调解率

大常委会颁行的《环境保护法》第 41 条第 1、2 款规定："造成环境污染危害的，有责任排除危害，并对直接受到损害的单位和个人赔偿损失。赔偿责任和赔偿金额的纠纷，可以根据当事人的请求，由环境保护行政主管部门或者其他依照法律规定行使环境监督管理权的部门处理；当事人对处理决定不服的，可以向人民法院起诉。"由于"行政处理"的含义不明，实践中环境行政部门的调解工作进展迟缓。1992 年 1 月 31 日，全国人大常委会法制工作委员会在给国家环境保护局相关问题的复函（《关于正确理解和执行〈环境保护法〉第四十一条第二款的答复》）中提出：环保部门对这类纠纷的处理，在性质上属于行政机关居间对当事人之间的民事权益争议的调解处理。为避免类似的现象再度发生，全国人大及其常委会在此之后出台或修订的环境特别法中的许多法律条款表述的形式，也由以前的"处理"改为"调解处理"：如 1996 年通过的《环境噪声污染防治法》第 61 条第 2 款、2000 年修改后的《大气污染防治法》第 62 条第 2 款、2002 年修订的《水法》第 57 条、2004 年修订的《固体废物污染环境防治法》第 84 条等等。

噪声、大气、固体废物、地表水和地下水污染导致的赔偿纠纷调解，均属于环境保护行政主管部门的行政调解受理范围。但是，海洋环境污染赔偿纠纷调解的主管机构不限于环境保护行政主管部门。根据《海洋环境保护法》第 5 条的规定，环境保护行政主管部门、海洋行政主管部门、海事行政主管部门、渔业行政主管部门、军队环境保护部门分别受理不同污染事故的调查处理工作。由于全国人大法工委把"处理"解释为"调解处理"，海洋环境侵权损害赔偿纠纷的行政调解体现为"九龙治水"的模式：

环境保护行政主管部门受理因陆源污染物和海岸工程建设项目造成海洋环境污染赔偿纠纷的行政调解；海洋行政主管部门受理因海洋工程建设项目和海洋倾倒废弃物造成海洋环境污染赔偿纠纷的行政调解；海事行政主管部门受理所辖港区水域内非军事船舶和港区水域外非渔业、非军事船舶造成海洋环境污染赔偿纠纷的行政调解；如果船舶污染事故给渔业造成损害的，渔业行政主管部门也参与调解；此外，渔业行政主管部门还受理所辖渔港水域内非军事船舶和渔港水域外渔业船舶造成海洋环境污染赔偿纠纷的行政调解；军队环境保护部门负责军事船舶造成海洋环境污染赔偿纠纷的调解。①

7. 林业行政调解

林业行政部门调解的法律依据有《森林法》和《植物新品种保护条例》。《森林法》第 17 条第 1、2 款规定："单位之间发生的林木、林地所有权和使用权争议，由县级以上人民政府依法处理。个人之间、个人与单位之间发生的林木所有权和林地使用权争议，由当地县级或者乡级人民政府依法处理。"《植物新品种保护条例》第 39 条第 1 款规定："未经品种权人许可，以商业目的生产或者销售授权品种的繁殖材料的，品种权人或者利害关系人可以请求省级以上人民政府农业、林业行政部门依据各自的职权进行处理，也可以直接向人民法院提起诉讼。"在实践中，绝大部分调解工作是关于林权纠纷的。林业行政部门中负责调处林权纠纷的是"山林权属纠纷调处办公室"、"调处山林纠纷办公室"之类的机构。这类机构本质上是政府的一个组成机构，但普遍设在林业局内，一般没有专项调处办案经费，承担的职能不限于调处工作。

林权纠纷产生后，常用的调处方法有协商调解、行政裁决和司法裁决。浙江省林业厅林政处"山林办"调处林权争议统计资料显示，1980 年至 2002 年该省共调处山林权属纠纷 267 309 起，权属纠纷包括该省与邻省之间的争议、该省内部各地级市之间的争议、各区县之间的争议以及各乡镇、村社之间的争议。② 表 4—20 为各种纠纷解决方式运用的情况统计。

---

① 参见赵晓光：《论海洋环境侵权损害赔偿的行政调解制度》，载《行政与法》，2008 (10)。

② 参见陈永富、周伯煌：《论浙江省山林权属纠纷积案的调处》，载《林业经济》，2003 (7)。

表4—20　1980—2002年浙江省山林权属纠纷解决各种方式的运用比例

林权争议主体	协调调解比例	行政裁决比例	司法裁决比例
省际之间	97.3%	2.7%	0
市际之间	95.8%	4.2%	0
县际之间	89.2%	10.5%	0.3%
县内之间	94.5%	5.2%	0.3%

资料来源：陈永富等：《山林权属纠纷调处方法比较研究》，载《浙江林学院学报》，2004（2）。

总的来看，协商调解的运用比例最高，占调处案件总数的94.4%。通常来说，"协商调解"本身主要包括两种方式：一种是双方当事人自己通过协商解决，另一种是双方当事人在人民政府或者是山林权属纠纷的主管部门的主持下协商解决。但是，有调查表明，"协商方法大多不是由双方当事人直接进行协商。而是在当地干部或者是当地政府的主持下进行，即在人民政府参与调解下，通过协商达成协议"①。由此可见，行政调解已经成为当前林权纠纷解决的一种主要方式。

8. 民政行政调解

目前，我国规定民政行政调解的法律法规主要包括1989年国务院颁行的《行政区域边界争议处理条例》和《婚姻法》。《行政区域边界争议处理条例》第11条第2款规定：国务院受理的省、自治区、直辖市之间的边界争议，由民政部会同国务院有关部门调解；经调解未达成协议的，由民政部会同国务院有关部门提出解决方案，报国务院决定。第12条规定：省、自治区、直辖市境内的边界争议，由争议双方人民政府协商解决；经协商未达成协议的，双方应当将各自的解决方案并附边界线地形图，报双方的上一级人民政府处理。争议双方的上一级人民政府受理的边界争议，由其民政部门会同有关部门调解；经调解未达成协议的，由民政部门会同有关部门提出解决方案，报本级人民政府决定。《婚姻法》第32条第1款规定："男女一方要求离婚的，可由有关部门进行调解或直接向人民法院提出离婚诉讼。"具体负责这两类调解工作的，分别是民政部门内设的行政区划机构和婚姻事务机构。在实践中，民政部门的离婚调解在很大程度上已经基本废弃。② 不过，由于近年来离婚率居高不下以及政府对于社会稳定的重视，

① 陈永富等：《山林权属纠纷调处方法比较研究》，载《浙江林学院学报》，2004（2）。

② 参见范愉：《行政调解问题刍议》，载《广东社会科学》，2008（6）。

某些地方的民政部门也试图重新激活离婚调解功能，例如上海各区县民政局都设立了“离婚调解室”，针对不同情况进行调解劝和。①

9. 电力行政调解

电力行政调解法律制度建立于2005年。这一年，国家电力监管委员会颁行《电力争议调解暂行办法》，规定国务院电力监管机构及其派出机构负责电力争议调解工作。调解的范围是电力业务经营者（指发电企业、输电企业、供电企业及从事电力业务的其他企业）、电力调度交易机构、用电人之间在电力市场活动中因履行合同发生的争议。电力监管机构调解电力争议，由3名调解员组成调解小组。对标的不大、事实清楚、影响较小的简单的电力争议，可以由1名调解员负责调解。电力监管机构自受理之日起45日内终结调解。因情况复杂，在规定时间内不能终结的，经受理调解的电力监管机构负责人批准，可以适当延长，但最长不超过60日。除此之外，国家电监会还颁行了《电力争议调解员管理办法》和《电力争议调解工作程序规则》，建立了相对具体的配套规范制度。电力监管机构稽查部门具体负责组织实施电力争议调解。电监会一些下属单位，例如南方电监局、东北电监局还专门成立了电力争议调解委员会。行政调解制度在实践中发挥了显著的作用，如成功地调解了华能集团贵州公司与贵州电网公司等“厂网分开”改革引起的重大纠纷，以及众多供电用电纠纷。

（三）其他行政部门的调解

1. 农业行政调解

我国明确授予农业行政部门调解职能主要是1997年10月1日起实施的《植物新品种保护条例》。该条例第39条中规定：未经品种权人许可，以商业目的生产或者销售授权品种的繁殖材料的，品种权人或者利害关系人可以请求省级以上人民政府农业、林业行政部门依据各自的职权进行处理，也可以直接向人民法院提起诉讼。省级以上人民政府农业、林业行政部门依据各自的职权，根据当事人自愿的原则，对侵权所造成的损害赔偿可以进行调解。此外，《海洋环境保护法》第5条第4款规定：“国家渔业行政主管部门负责渔港水域内非军事船舶和渔港水域外渔业船舶污染海洋环境的监督管理，负责保护渔业水域生态环境工作，并调查处理前款规定的污染事故以外的渔业污染事故。”前文已经提到“处理”包括甚至等同于

① 参见沈铁伦等：《离婚劝和》，载《解放日报》，2008-03-31。

“调解”，因此农业行政部门下属的渔政部门，可以对所辖渔港水域内非军事船舶和渔港水域外渔业船舶造成海洋环境污染赔偿纠纷进行行政调解。

在实践中，农业行政部门实施的调解职能远远不限于此，农村土地承包经营纠纷、种子化肥农药等农资产品引发的农业生产损害赔偿纠纷、农机产品质量纠纷引发的损害赔偿等等均属于农业行政部门的调解范围。相应的调解职能分别由农业行政部门下属的农村经济管理机构、农机管理机构等行使。目前，尚不存在专门的农业行政调解机构、专职人员和经费安排，农业行政调解法律制度很不完善，现实强烈呼吁加强这方面的法律制度建设。

2. “城管”调解

“城管”是 20 世纪 90 年代以来诞生的一个综合行政执法机关，其规范依据始于 1996 年施行的《行政处罚法》。该法第 16 条规定，“国务院或者经国务院授权的省、自治区、直辖市人民政府可以决定一个行政机关行使有关行政机关的行政处罚权，但限制人身自由的行政处罚权只能由公安机关行使。”此后，国务院相继出台了《关于贯彻实施〈中华人民共和国行政处罚法〉的通知》（国发［1996］13 号）、《关于继续做好相对集中行政处罚权工作的决定》（国发［2000］63 号）、《关于进一步推进相对集中行政处罚权工作的决定》（国发［2002］17 号），2002 年中编办出台了《关于清理整顿行政执法队伍实行综合行政执法试点工作的意见》，“城管”这种行政处罚权集中的机构由此在全国各地纷纷成立，其名称包括“城市管理局”、“综合行政执法局”、“城市管理行政执法局”、“市容管理局”等等。“城管”的执法依据主要来自卫生、环保、工商、园林、规划、交管等相关领域法律、法规、规章的规定，其管理范围包括市容环境卫生、环境保护、城市规划的违法违章建设、工商无照商贩、城市绿化、道路交通侵占道路等，几乎“无所不管”。

在实践中，“城管”履行了大量的行政调解职责，其调解范围广泛，包括环境污染纠纷、违章搭建纠纷、商贩之间的纠纷以及各种民事生活纠纷等等。负责行政调解的多是“城管”内部的法制工作机构，一些“城管”建立了调解室或调处室之类的专门机构。湖北省武汉市、四川省攀枝花市等地城市管理部门还专门针对行政调解制定了相关的规范性文件。① 不过，

① 例如，2009 年 9 月 21 日出台的《武汉市城市管理行政调解暂行办法》、《攀枝花市城市管理局行政调解工作暂行规定》等。

就目前的实践来看，“城管”行政调解存在合法性和规范化问题。城管执法机构不是政府的职能部门，不是行政机关，而多为事业性质单位。城管执法队伍的身份也不尽相同，有的是公务员编制，有的是参照公务员管理人员，有的是事业单位人员，甚至是合同聘任人员——“协管员”。“城管”的职能不确定，与卫生、环保、工商、园林、规划、交管等部门均有交叉，且不稳定。而且，全国各大城市“城管”的职能差别很大，甚至部分大城市的市区县“城管”职能也不尽相同，因此也具有严重的规范化问题。这些都制约着“城管”行政调解的发展。

3. 交通运输行政调解

交通运输行政部门调解的规范依据主要包括 1983 年国务院发布的《防止船舶污染海域管理条例》（已废止）第 40 条、1984 年施行的《海上交通安全法》第 46 条、原交通部 1990 年颁行的《海上交通事故调查处理条例》和 1998 年颁行的《汽车维修质量纠纷调解办法》。2009 年《防治船舶污染海洋环境管理条例》规定，交通运输行政调解的范围是：船舶污染事故引发的损害赔偿纠纷、海上交通事故引起的民事纠纷、汽车维修质量纠纷（由交通行政主管部门所属的道路运政机构负责调解）。在实践中，交通运输行政调解主要是海上交通事故引起的民事纠纷。新的《内河交通安全管理条例》（国务院发〔2002〕355 号）排除了海事机构在内河的调解权。

4. 国土资源行政调解

国土资源部组建于 1998 年，其前身可追溯至 1949 年中央人民政府内务部下设的“土地管理部”。国土资源部履行的调解范围主要是土地权属纠纷，相关规范有《确定土地所有权和使用权的若干规定》（1995 年施行）、《土地权属争议处理暂行办法》（1995 年施行）、《土地权属争议调查处理办法》（2003 年颁行）等等。具体从事调解工作的，一般是国土资源部门内部的地籍管理机构和政策法规机构。这类纠纷为数不少，以公开的 2007 年数据为例，该年度全国全年调处各类土地权属争议 2 万多起，调处完成率为 89.7%。①

5. 教育行政调解

目前尚没有法律法规明确规定教育行政调解制度，只有教育部于 2002 年颁发的部门规章《学生伤害事故处理办法》规定了针对学生在校期间所

① 统计数据来自《中国国土资源年鉴 2008》。

发生的人身伤害事故的行政调解。该办法规定，发生学生伤害事故，学校与受伤害学生或者学生家长可以通过协商方式解决；双方自愿，可以书面请求主管教育行政部门进行调解。该办法出台以后，一些地方建立了更为明确细致的行政调解机制。例如，2004 年《广东省教育厅〈学生伤害事故处理办法〉实施细则》第 51 条和第 52 条规定，“教育行政部门设立学生伤害事故处理调解委员会”，并对该委员会的组成、人员资格、管理、赔偿方式作出了较为具体的规定。

6. 物价行政调解

发展与改革委员会是宏观调控部门，其行政调解职能主要是物价调解。根据 1987 年颁行的《价格管理条例》第 14 条、第 15 条、第 16 条的规定，物价主管部门履行协调、处理其职权管理范围内的价格争议职责。物价管理机构属于发改委（前身为原国家计划委员会）的下属机构。在实践中，物价管理机构承担着调解物价纠纷的职能。但是，尚没有法律、法规和部门规章明确规定这一行政调解职责。2010 年 10 月，河北省政府下发《河北省价格争议调解处理办法》，在全国率先建立了明确的物价行政调解制度。该办法规定，价格主管部门负责价格争议调解处理及监督管理工作；价格鉴证机构具体承担价格争议调解处理及业务指导工作。目前河北省还未成立价格争议调解处理机构，暂时由河北省物价部门的 181 个价格认证中心来处理价格纠纷。调解的范围涉及市民在购买商品和服务过程中产生的价格争议、交通事故赔偿争议、邻里之间地板漏水或其他损失争议、开发商建房影响他人的采光补偿争议、国家征收集体土地地上附着物补偿争议等等。据介绍，从河北省以外的其他省份实行的调解价格争议情况看，交通事故的争议约占整个调解案例的 1/3，商品及服务价格争议约占到 1/4，另外争议较多的还有琐事的损失争议。①

7. 劳动行政调解

根据《劳动法》以及《劳动合同法》的规定，劳动者合法权益受到侵害的，有权要求有关部门依法处理，或者依法申请仲裁、提起诉讼。这些规定间接地规定了劳动行政部门的调解权力。不过，在实践中，工会、劳动争议调解委员会、劳动争议仲裁委员会分流解决了大量的劳动纠纷，《劳动法》、《劳动合同法》、《劳动争议调解仲裁法》均未明确规定劳动争议行

① 参见宗苗森：《下月起，物价部门免费调解价格争议》，载《燕赵都市报》，2010-11-25。

政调解组织，《关于加强劳动人事争议调解工作的意见》（人社部［2009］124号）也没有具体建构相应的行政调解制度。在实践中，人力资源与社会保障部门从事调解职责的，主要由该部门内设的调解仲裁管理机构负责。

8. 计生行政调解

计生行政调解制度建立于2004年。2001年国务院发布的《计划生育技术服务管理条例》没有行政调解的规定，2004年国务院《关于修改〈计划生育技术服务管理条例〉的决定》增加了行政调解规范，“依照本条例的规定，乡级计划生育技术服务机构开展本条例第九条规定的项目发生计划生育技术服务事故的，由计划生育行政部门行使依照《医疗事故处理条例》有关规定由卫生行政部门承担的受理、交由负责医疗事故技术鉴定工作的医学会组织鉴定和赔偿调解的职能。”实践中，计生委主持的行政调解活动主要涉及的问题是计划生育罚款、手术引发的事故纠纷等等。其调解的规范依据包括国家计生委1990年1月1日实行的《节育并发症管理办法》和《医疗事故处理条例》。一些地方的计划生育行政部门在推进行政调解的过程中也陆续制定和发布了一些规范性文件。[①]

9. 海洋行政调解

规定海洋行政调解的法律、法规主要包括1983年国务院公布的《海洋石油勘探开发环境保护管理条例》、1989年国务院颁行的《铺设海底电缆管道管理规定》和2001年颁布的《海域使用管理法》。海洋行政调解的纠纷有三种：海洋石油勘探开发污染损害赔偿责任和赔偿金额纠纷；海洋开发利用和铺设的海底电缆、管道的正常使用发生的纠纷；海域使用权纠纷。具体调解职责分别由海洋环境保护机构、海域管理机构和政策法规机构承担。

10. 质检行政调解

质检行政调解由两个方面组成：（1）产品质量纠纷调解。1986年国务院颁行的《工业产品质量责任条例》第20条的规定，因产品质量问题发生争议时，有经济合同的，按《经济合同法》的有关规定执行；没有合同的，争议的任何一方都可提请有关的质量监督机构调解处理，也可向人民法院

① 例如，2010年9月9日成都市人口和计划生育委员会办公室印发的《成都市人口和计划生育委员会行政调解工作制度》，2011年1月10日安徽省蚌埠市淮上区人口与计划生育委员会印发的《淮上区人口和计划生育行政调解工作制度》，等等。

起诉。(2) 计量行政调解。1987 年国家计量局发布的《计量法实施细则》第 31 条规定，计量纠纷中双方协商不能自行解决的情况下，由县级以上有关人民政府计量行政部门进行调解和仲裁检定。计量局最初不属于质检行政系统。1988 年，国家计量局、国家标准局和国家经委质量局合并组建国家技术监督局（1998 更名为国家质量技术监督局）。2001 年，国家质量技术监督局与国家出入境检验检疫局合并，组建国家质量监督检验检疫总局，计量部门成为质检行政系统的一个组成部门。

11. 卫生行政调解

1987 年国务院颁布《医疗事故处理办法》，但该办法没有规定行政调解。2002 年，国务院颁布了《医疗事故处理条例》，第 46 条明确引入了卫生行政部门的调解制度，规定对医疗事故的赔偿纠纷进行调解。实践中，卫生行政部门往往设立医政科（股），具体负责卫生行政调解工作。

12. 水事行政调解

水事行政调解法律制度正式建立于 1988 年。该年，全国人大常委会通过了《水法》，在第四章“用水管理”第 36 条中规定，“单位之间、个人之间、单位与个人之间发生的水事纠纷，应当通过协商或者调解解决。当事人不愿通过协商、调解解决或者协商、调解不成的，可以请求县级以上地方人民政府或者其授权的主管部门处理。”2002 年，新修改的《水法》第六章“水事纠纷处理与执法监督检查”延续了这一规定。根据这一规定，水事纠纷行政调解部门不限于专门的水利部门或水务部门，主体是县级以上政府，水行政部门只是根据其隶属政府的授权而进行调解。实践中，各种水事纠纷，例如水资源的分配和利用、水利工程引发的纠纷大量存在。涉及的纠纷主体有些是地方政府，这就需要其共同的上级政府出面调解解决。

13. 铁道行政调解

铁道行政调解建立于 2007 年，国务院颁行了《铁路交通事故应急救援和调查处理条例》，该条例第 36 条规定：“事故当事人对事故损害赔偿有争议的，可以通过协商解决，或者请求组织事故调查组的机关或者铁路管理机构组织调解，也可以直接向人民法院提起民事诉讼。”此外，目前的铁路运输法院归属于铁道部，只是在审判业务上受法院指导。在实践中，铁路运输法院成功地调解了多起铁路交通事故纠纷。不过，铁路运输法院本质上是司法机构，其履行的调解职责本质上属于司法调解，而且以后的铁路运输法院有可能脱离铁道行政部门，成为真正的司法机构。从这个意义上看，铁道运输法院的调解不属于行政调解。

以上论及了我国22个行政部门行政调解制度的情况。浙江省曾对该省行政调解的实施情况进行了调查。结果表明：行政调解主要集中在交警、派出所、工商、劳动监察等行政部门。调解的纠纷类型主要为交通事故损害赔偿纠纷、治安纠纷、产品质量和消费者权益争议、劳动争议等等。据不完全统计，从2004年至2007年上半年，浙江省部分行政职能部门调解或参与调解与其职能相关的纠纷782 356起，调解成功率为85.75%，调解协议自动履行率为90%。① 这些数据主要来源于规范化的调解程序解决的纠纷，还有更多的当场即时平息的纠纷的数量无法得到统计。例如，浙江省嘉善县交警部门2006年至2007年上半年由事故双方书面申请交警调解并得到妥善调处的交通事故损害赔偿纠纷仅421起，但由交警在事故现场或在交警队办公室即时调解、即时清结的纠纷每年约有15 000件。② 在治安巡逻、工商执法过程中，现场调处的纠纷也很多。由此可见，行政调解的总量相当惊人，对于我国各种矛盾的化解起到了非常重要的作用。

三、行政复议调解制度与“大行政调解”

2007年《行政复议法实施条例》的颁行和2009年以来“大调解”改革的推行，为中国行政调解的发展注入了“强力针”。尤其是在后者的推动下，中国行政调解制度开始了新的发展。以下是近年来中国行政调解制度的改革与新发展。

（一）行政复议调解

1999年施行的《行政复议法》没有规定行政复议调解制度，2007年施行的《行政复议法实施条例》建立了这一制度。该条例第50条第1、2款规定：“有下列情形之一的，行政复议机关可以按照自愿、合法的原则进行调解：（一）公民、法人或者其他组织对行政机关行使法律、法规规定的自由裁量权作出的具体行政行为不服申请行政复议的；（二）当事人之间的行政赔偿或者行政补偿纠纷。当事人经调解达成协议的，行政复议机关应当

①② 参见浙江省高级人民法院课题组：《关于人民调解、行政调解与诉讼程序衔接机制的调查和思考》，载《法治研究》，2008（3）。

制作行政复议调解书。调解书应当载明行政复议请求、事实、理由和调解结果，并加盖行政复议机关印章。行政复议调解书经双方当事人签字，即具有法律效力。”这一规定为所有符合以上规定的行政机关统一建立了调解制度。表 4—21 为 2007—2009 年全国行政复议案件调解情况统计。

表 4—21　　2007—2009 年全国行政复议案件调解情况统计

年份	行政复议审结案件数量	调解结案数量
2007	64 668	1 461
2008	66 479	1 259
2009	72 747	962

资料来源：《中国法律年鉴》2008—2010 年各卷。

行政复议调解制度的确立促使一些行政部门进行相应的改革。2008 年，环境保护部制定通过《环境行政复议办法》，该办法第 25 条规定将环境行政机关可以调解的案件扩大为两种：一是公民、法人或者其他组织对环境保护行政主管部门行使法律、法规规定的自由裁量权作出的具体行政行为不服申请行政复议的案件；二是当事人之间的行政赔偿或者行政补偿纠纷。

在此之后，一些行政部门开始建立行政调解制度，例如税务行政调解与海关行政调解。（1）税务行政调解制度。2010 年，国家税务总局颁行《税务行政复议规则》，建立了税务行政调解制度（在此之前已经发生了一些税务调解的事例）。该规则第 86 条规定：“对下列行政复议事项，按照自愿、合法的原则，申请人和被申请人在行政复议机关作出行政复议决定以前可以达成和解，行政复议机关也可以调解：（一）行使自由裁量权作出的具体行政行为，如行政处罚、核定税额、确定应税所得率等。（二）行政赔偿。（三）行政奖励。（四）存在其他合理性问题的具体行政行为。”履行这一行政调解职责的机构是税务局的政策法规部门。除此之外，纳税服务部门也可以参与。[①]（2）海关行政调解制度。海关是国家进出境监督管理机关，实行垂直领导体制，其基本职责是出入境监管、征税、打击走私、统计，对外承担税收征管、通关监管、保税监管、进出口统计、海关稽查、知识产权海关保护、打击走私、口岸管理等。海关所涉及的案件主要是纳税争议和行政处罚，解决方式几乎不采用调解。2007 年，海关总署根据

① 国家税务总局纳税服务司的职能之一，是指导税收争议的调解。参见国家税务总局网站，http://www.chinatax.gov.cn/n480462/n8124572/n8124967/index.html，最后访问日期：2011-02-24。

《行政复议法实施条例》，制定了《海关行政复议办法》，1999 年 8 月 30 日海关总署令第 78 号发布的《中华人民共和国海关实施〈行政复议法〉办法》同时废止。《海关行政复议办法》第五章第六节规定了“行政复议和解和调解”制度，对调解的受案范围、原则、程序、行政复议调解书的内容和效力等等进行了明确规定。2008 年 1 月 10 日，海关总署颁行了《海关行政复议和解、调解操作规程》，对和解和调解进行了更为明确的细致规定，还建立了“复议和解、调解的监督”制度。具体的调解工作，由海关的政策法规部门实施。

表 4—22　　2006—2009 年全国海关行政复议调解情况

年份	行政复议案件审结总数	调解结案总数
2006	217	0
2007	120	2
2008	95	4
2009	350	3

资料来源：《中国法律年鉴》2007—2010 年各卷。

（二）“大调解”下的中国行政调解

中央社会治安综合治理委员会 2007 年第一次会议提出，“建立健全人民调解、行政调解和司法调解相互衔接配合的大调解工作体系”①。2009 年，中央办公厅、国务院办公厅转发了《中央政法委、中央维护稳定工作领导小组关于深入推进社会矛盾化解、社会管理创新、公正廉洁执法的意见》，进一步在全国部署了完善“大调解”工作体系的任务。在这一政策的推动下，作为中国三大调解制度之一的行政调解，也随之有了进一步的发展。这种发展主要体现在以下三个方面：

1. 调解范围的扩大

行政机关调解纠纷的范围根据其行政职权而定。“大调解”的一个要求是主动、积极处理各种现实纠纷和潜在纠纷，将其化解于萌芽状态。这种要求在一些地方或部门得到了落实。例如，2009 年 1 月，浙江省温州市工商局在全国工商系统率先推出大调解制度，成立了“一把手”为组长的行政调解工作领导小组，将调解范围在原来的基础上扩展到企业名称、股权

① 中央社会治安综合治理委员会办公室：《中国社会治安综合治理年鉴 2007》，50 页，北京，中国长安出版社，2008。

登记、商标侵权赔偿，并且将涉及自由裁量行政行为、行政赔偿或者行政补偿纠纷纳入调解范畴。该局在市、县工商局设立行政调解工作室，与法规处（科）实行一套人马、两块牌子。调解人员以现有公职律师、法规干部或者具有法律知识、专业知识、经验丰富的执法人员为主，并结合案情邀请有关专家学者、人大代表、政协委员与各种社团组织等全程参与。消费申诉、商标侵权赔偿、公司名称及股权、合同争议等具体由相应的消保、商标、经检、注册、企业监管、合同等业务处（科）室按照职能负责调解处理；行政调解工作室负责包括行政复议调解和自由裁量权范围内行政处罚幅度的规范，并为相关职能处室、工商所提供法律咨询和指导。这一新举措取得了较为显著的成效，在当地呈现出起诉少、上访少和效率高、效益高、调解率高、各方满意度高的“二少四高”局面。①

2. 行政调解与人民调解、司法调解的联动

这种联动体制在一些地方早已启动。例如，2003 年，北京市西城区公安分局与人民调解委员会联合调处纠纷；2004 年 11 月，福建省莆田市国土资源局秀屿分局组建了国土行政系统第一个人民调解委员会。② 2009 年 7 月，最高人民法院发布了《关于建立健全诉讼与非诉讼相衔接的矛盾纠纷解决机制的若干意见》（法发［2009］45 号），为行政调解机制的创新发展提供了有力的司法保障，完善了行政调解与司法调解的七种衔接方式：一是调解协议具有民事合同效力；行政机关依法对民事纠纷进行调解后达成的有民事权利和义务内容的调解协议，经双方当事人签字盖章后具有民事合同性质。二是调解协议的公证执行效力；经行政机关对民事纠纷调解后达成的具有给付内容的协议，当事人可以按照《公证法》的规定，申请公证机关依法赋予强制执行效力。三是调解协议的支付令效力；对于具有合同效力和给付内容的调解协议，债权人可以根据《民事诉讼法》和相关司法解释的规定，向有管辖权的基层人民法院申请支付令。四是调解协议的司法确认效力；经行政机关调解达成的具有民事合同性质的协议，经调解机关和调解员签字盖章后，当事人可以申请有管辖权的人民法院确认其效力。五是诉前委派行政调解。六是诉后委托行政调解。七是法院对行政调

① 参见王国昕、刘建：《拓展工商行政调解领域促进社会和谐发展》，载《工商行政管理》，2009（19）。

② 参见齐培松、郭金辉、邓卫国：《行政调解＋人民调解——莆田市国土资源局秀屿分局建立行业性人民调解制度的经验》，载《国土资源通讯》，2007（11）。

解工作的指导。

在实践中，一些地方开展了联动体制的探索。例如，2009 年 7 月，北京市房山区工商分局和房山区人民法院共同设立了经济合同争议行政调解中心。工商分局制定了《经济合同争议行政调解办法》，与房山区人民法院联合发布了《关于经济合同争议行政调解工作的若干规定》，明确了三个方面的衔接方式：一是委托调解，司法确认；二是共同调解；三是行政调解后达成的协议以司法方式追认，使行政调解行为在一定程度上具备强制力。此外，不同种类的案件采取不同的对接方式：对于重要合同经济争议案件，在法院受理立案后，经双方当事人同意，由法院发委托函，在工商部门主持下，调解中心先行调解，使当事人双方达成新的协议，法院依法确认效力；对于一般性合同经济争议由工商分局调解委员会直接调解，人民法院对调解协议书进行确认并出具确认书，以增强协议的有效性和法律效力。截至 2010 年 3 月底，经济合同争议行政调解中心共受理调解合同争议 31 件，受理争议种类包括承包、加工定作、供货、运输、租赁等 8 类合同；其中工商部门独立受理调解合同争议 29 件，法院委托调解并予以司法确认 2 件。①

3. 行政调解制度的统一规范化

中国现有法律法规并未对行政调解作出专门的、系统的、完善的规定，有关行政调解的规定只是散见于各种法律法规中，并且规定大多较为原则，结果造成处理机关与人员对争议的处理随意性很大，影响了案件的公正处理。“大调解”改革推行之后，行政调解的规范统一化成为一些地方的改革目标。以四川省为例，2009 年，四川省政府在深入调研的基础上专门出台了《关于加强行政调解工作的意见》，29 个省直部门制定了实施意见，将行政调解作为各级政府和有关部门的重要职责，建立了由各级人民政府负总责、政府法制部门牵头、政府各职能部门为主体的行政调解工作新机制。四川各级政府和所属部门共建立行政调解室 21 653 个，配备行政调解员 26 492人，调解矛盾纠纷 9 万余件，调解成功率 90%，初步形成了上下贯通、整体推进的行政调解工作机制。公安、国土、社保、建设、工商、交通等行政部门都建立了专门调解组织，并且实现了与人民调解和司法调解的联动。②

① 参见王华鑫：《探索行政调解与司法调解对接新机制》，载《工商行政管理》，2010（7）。

② 参见马利民：《调解的是矛盾 调顺的是民心》，载《法制日报》，2010-03-23。

在这些改革浪潮中，最为突出的是四川省眉山市行政调解制度的改革。2009年5月，眉山市法制办制定了《眉山市行政调解工作暂行规定》，据称这是全国第一部统一的行政调解规范性文件。该市下属区县和市级各行政部门也制定了相应的规范制度。眉山市成立了行政调解指导中心，配备了一名专职副主任，颁布了《关于做好行政调解工作的通知》、《行政调解工作目标考核细则》、《行政调解文书示范文本》等文件，大大提高了行政调解制度的规范化。市法制办设立了行政调解指导科，配备了两名中层实职。区县都成立了行政调解指导中心，市、区县的行政部门都成立了行政调解领导小组，落实了行政调解联络员，彭山县还在33个部门设立了行政调解股。全市共建立行政调解室167个，配备专兼职调解人员2 170名。全市各区县还预算了行政调解工作经费，丹棱县落实了行政调解个案补贴，市国土资源局、市人力资源社会保障局、市城管局也落实了行政调解工作经费。从2009年7月至2010年9月，全市行政机关共受理矛盾纠纷案件23 638件，调解成功22 397件，调解成功率95%。① 此外，该市还建立了行政调解与司法调解、人民调解的协调联动机制，仅2009年一年，眉山全市行政机关向司法调解派出了238名特邀调解员，协助调解矛盾纠纷案件1 109件，调解成功902件，成功率达81%。②

四、中国行政调解的主要问题和未来发展建议③

行政调解具有专门性、权威性、高效、灵活等优点，在社会治理的强烈需求和纠纷解决的现实压力之下，已经受到行政机关及社会公众的普遍关注。本节内容已经表明，当前我国的行政调解制度已经取得了很大进展，但在实践中也暴露出许多问题亟待改善，具体如下：

1. 行政调解制度的建设和定位仍然较为模糊，很多关键问题仍然有待厘清。由于我国行政机关和行政职权一直很强大，学术界和社会极力呼吁"小政府、大社会"和"行政限权"等观念，这些观念对于改革我国传统的

---

① 参见杨勇：《在全市行政调解工作推进会上的讲话》(2010-10-28)，载眉山市政府法制信息网（http://www.msfzb.com/news/XZDJ/2010118/1011810338C6D29.html），最后访问日期：2011-02-24。

② 参见黄迪安等：《眉山的行政调解之路》，载《四川法制报》，2010-11-12。

③ 本部分主要参考了中国人民大学范愉教授的研究，参见范愉：《行政调解问题刍议》，载《广东社会科学》，2008(6)。

行政机构、界定行政机构与社会之间的关系，有着重要意义。但是，如果过度主张这一观念，会忽视行政机构在纠纷解决领域的积极职能，将大量纠纷推向司法机构，为行政机构推诿自身职责提供借口。

2. 现行的行政调解机制在程序设计和方法手段等方面严重落后。很多政府和政府部门缺乏从事调解的专门机构、专职人员和专项经费的保障，行政调解协议缺乏效力，有些地方行政调解机制的建设过于沿袭、模仿法院的审判解决机制，造成了行政调解程序的“司法化”、“对抗化”等等问题，反而扼杀了调解内在的“平等”、“自愿”、“协商”、“合意”等价值。行政机构下属的信访部门，面对着大量的行政争议，本应成为行政调解的前沿阵地，但是信访部门缺乏足够的资源和权威进行调解，调解能力严重欠缺。此外，处理行政相对人与行政机构之间的行政争议的行政调解，由于涉及公众利益，需要一定程度的公开，公开的内容和程度也是一个重要问题。行政调解协议原则上不排除司法审查和司法救济，如何划定司法审查的范围和方式也是一个很重要的问题，而这些在我国尚未得到有效解决。

3. 一些履行重要社会事务治理职责的部门行政调解法律制度没有建立，一些现行的行政调解纠纷范围过于模糊或过窄，制约了行政调解功能的进一步发挥。

针对上述三大主要问题，中国行政调解的改革应当致力于：

1. 充分认识行政调解在社会转型期间化解社会矛盾所具有的极大优势和社会功效，合理界定行政机构在纠纷解决领域的强大功能，树立明确的服务型政府理念，引导行政机构锐意改革现有的行政调解制度，最大限度地发挥行政机构化解纠纷、维护社会稳定的潜力。

2. 创新、改革现有的行政调解制度，根据不同的纠纷类型和社会需求，创设不同的、多元而灵活、高效的行政调解机制，注重与司法机构和民间社会的衔接，尽快明确各种行政调解机制的地位、受理范围和行政调解协议的效力，实现调解与诉讼的对接，以避免调解陷入僵局而无法进展，明确调解程序的效力，提高行政调解的公信力。在公安行政部门、工商行政部门、司法行政部门、教育行政部门、农业行政部门、建设行政部门、商务行政部门、水务行政部门、工信行政部门等经常履行实际调解职能的行政部门建立更为明确细致的调解制度；修改现有的行政调解范围，使其更为明确、可操作。主要的行政调解部门，特别是公安、司法、工商、农业、国土、民政、城管、环境保护、卫生、建设、人力资源与社会保障部门等等，应该建立专门的行政调解机构，配备专职工作人员，配以专项调解经费，建立更为专业、合理而高效的行政调解机制。

第四节　消费者协会调解

改革开放以来，我国社会主义民主法治建设和市场经济建设不断深入，各类社会组织蓬勃发展。截至2010年，全国依法登记的社会组织43.9万个，其中社会团体24.26万个，民办非企业单位19.45万个，基金会2 168个，此外还有总量约三百万个无法按照现行法规登记注册的社会组织。[①] 各种类型的社会组织通常具有非政府性、非营利性和民间性等特点，已经成为人民群众参与社会管理的重要途径。[②] 党的十七大明确提出“发挥社会组织在扩大群众参与、反映群众诉求方面的积极作用，增强社会自治功能”。十七届二中全会通过的《关于深化行政管理体制改革的意见》强调，要更好地发挥公民和社会组织在社会公共事务管理中的作用，更加有效地提供公共产品。具体到纠纷解决方面来说，近些年相关部门发布多个加强社会组织调解作用的规范性文件。例如，最高人民法院2009年7月24日印发的《关于建立健全诉讼与非诉讼相衔接的矛盾纠纷解决机制的若干意见》、2010年6月7日印发的《关于进一步贯彻“调解优先、调判结合”工作原则的若干意见》均强调充分利用社会组织的调解资源，发挥社会组织调解作用。各地、各类社会组织充分结合自身优势，在强化调解功能进行了大量有益的探索和实践。

社会组织的类别和数量众多，全面描述各种社会组织的调解状况和发

① 参见白平则：《如何认识我国的社会组织》，载《政治学研究》，2011（2）。

② 由于这些组织的性质及其运作机制存在一定程度的差异，实践界和学术界在不同时期使用了“非营利性组织”、“非政府组织”、“公益性组织”、“民间组织”等称谓，但自党的十七大报告明确提出“社会组织”以来，作为社会组织的主要登记管理部门，民政部启用这一概念而不再沿用其他称谓。本报告也在此一层面上使用“社会组织”，其类型包括：（1）人民团体；（2）事业单位；（3）居委会、村委会等群众自治组织；（4）在民政部门登记注册的社会团体、民办非企业单位和基金会；（5）在其他政府部门登记注册的民间组织；（6）以企业法人身份登记注册的民间组织；（7）挂靠在合法组织下的各种民间组织、单位或者社区内部活动的各种民间组织，或者在合法民间组织下的二级机构；（8）街头兴趣组织和群众团队，以及互联网上的虚拟社区；等等。参见周红云：《中国社会组织管理体制改革：基于治理和善治的视角》，载《马克思主义与现实》，2010（5）。

展趋势不太可能。本报告尽量通过数据等实证材料来反映当前我国调解制度的发展状况，因而应着重考虑以下三个因素：（1）数据的可获得性。对于数据较少的社会组织调解只能留待条件成熟再予讨论。目前，工会、妇联调解尚未见到系统的数据，相似的还有事业单位调解、民办非企业调解、基金会调解等。（2）发展状况。例如，虚拟社区调解等是近些年出现的新鲜事物，但总体上尚处于发展初期阶段。（3）与本章其他部分的关系。社会组织调解与人民调解关系密切，尤其是居委会、村委会等群众自治组织调解往往采用人民调解的形式，不再专门论述。

基于上述考虑，本节将重点描述我国的消费者协会调解。① 这不仅仅因为消费者协会调解历史悠久且数据材料较为充分，便于描述和分析；更重要的是，自 20 世纪 80 年代成立以来，消费者协会经过二十多年的发展已经成为组织网络遍布全国、社会影响巨大的重要的社会组织，而调解纠纷是其重要的职责和工作内容，在社会组织调解中具有相当的典型性。通过描述消费者协会调解的历史和发展状况，可以为了解我国其他社会组织调解提供重要参考。

一、概述

1980 年，消费者协会首次出现在我国政府公文中。当年 6 月，国家工商行政管理局赴香港地区考察后，在写给国务院的报告中提出了在一些大中城市成立消费者协会的建议。1983 年 3 月 21 日，河北省新乐县消费者协会正式挂牌成立，并通过了《新乐县消费者协会章程》，这是我国正式成立的第一个消费者协会。广州市消费者协会、哈尔滨市消费者协会分别于 1984 年 8 月和 11 月成立。其后，消费者协会在全国各地陆续建立起来。在基层消协组织不断涌现的基础上，1984 年 12 月 26 日，国务院决定成立中国消费者协会，这是目前我国唯一的全国性消费者权益保护组织。②

① 《消费者权益保护法》对于消费者权益保护组织的界定为“消费者协会和其他消费者组织”，实践中各地的称呼并不一致，包括消费者协会、保护消费者权益委员会、消费者权益保护委员会、消费者委员会等等。尽管称呼不同，各地的消费者权益保护组织在性质和运作上没有太大的区别。除非特指，本报告统一使用“消费者协会”或者简称为“消协”来指代所有的消费者权益保护组织。

② 参见姚芃：《中国消费者权益保护运动 30 年回眸》，载《法制日报》，2008-09-22。

1993 年 10 月 31 日通过的《消费者权益保护法》对消费者协会的性质作出明确规定。根据该法第 31 条、第 33 条的规定，消费者协会是依法成立的对商品和服务进行社会监督的保护消费者合法权益的社会团体，不得从事商品经营和营利性服务，不得以牟利为目的向社会推销商品和服务，具有明显的公益性特征。目前，消费者协会往往由各级政府发起成立，协会工作、人员和经费由工商行政管理部门配备和提供，在同级工商行政管理部门的领导下开展工作，属于有法定名称、法定职能和法定行为规范的官方社会团体。尽管近些年上海等地的消费者协会开始与工商行政管理部门脱钩，但仍未改变其官方属性。①

《消费者权益保护法》第 32 条具体规定了消费者协会的职能，主要包括：（1）向消费者提供消费信息和咨询服务；（2）参与有关行政部门对商品和服务的监督、检查；（3）就有关消费者合法权益的问题，向有关行政部门反映、查询，提出建议；（4）受理消费者的投诉，并对投诉事项进行调查、调解；（5）投诉事项涉及商品和服务质量问题的，可以提请鉴定部门鉴定，鉴定部门应当告知鉴定结论；（6）就损害消费者合法权益的行为，支持受损害的消费者提起诉讼；（7）对损害消费者合法权益的行为，通过大众传播媒介予以揭露、批评。这些职能大体分为两类：一类是协助有关行政机关保护消费者权益，其方式主要为参与对商品和服务的监督和检查。另一类是通过自身的活动维护消费者的合法权益，主要方式包括提供信息、反映情况、提出建议、受理投诉、进行调查、居间调解、支持诉讼、批评报道等。显而易见，对消费者权益争议进行调解是消费者协会的法定职责。

《消费者权益保护法》第 34 条规定了消费者和经营者发生消费者权益争议时的救济途径，包括：（1）与经营者协商和解；（2）请求消费者协会调解；（3）向有关行政部门申诉；（4）根据与经营者达成的仲裁协议提请仲裁机构仲裁；（5）向人民法院提起诉讼。由此可见，要求消费者协会对消费者权益争议进行调解也是消费者的法定权利。同时，这五种途径构成了我国现行消费者纠纷解决的多元化机制，其中前四种均属于非诉讼程序的范畴。

---

① 参见王赢：《功能、组织与关系网络——对一个市级消费者协会纠纷解决的实证研究》，载王亚新等：《法律程序运作的实证分析》，北京，法律出版社，2005。

二、机构设置

自 1984 年中国消费者协会成立以来，我国各级各地方的消费者协会组织蓬勃发展。据统计，截至 2003 年年底，全国县以上消费者协会已达 3 254 个（其中省、自治区、直辖市 31 个）；在农村乡镇、城市街道设立消协分会26 129个；基层投诉站、监督站、联络站等各类基层网络组织 89 425 个（设在城市商业集中区 12 966 个，乡镇集贸市场 13 738 个，村委会 43 994 个、居委会 9 606 个，行业管理部门、高等院校、厂矿企业等其他场所9 121个）；义务监督员、维权志愿者 9 万余名。① 2008 年，全国已有 31 个省级消费者协会（委员会）、409 个地级消费者协会和 3 279 个县级消费者协会。②

为了充分发挥消费者协会的调解职能，各地在机构设置方面进行了大量有益的探索和实践。其中，既有加强消费者协会自身建设的举措，也有强化消费者协会与其他部门之间的联动的措施。从目前的实践来看，以下五个方面的发展较为普遍：

1. 强化“一会两站”建设，纵向完善消费纠纷调解网络

“一会”是消费者协会依托乡镇政府建立的消费者协会分会，“两站”是指工商行政管理机关和消费者协会指导行政村、社区和企业、商场、市场等消费场所建立的消费者投诉站和 12 315 联络站。以此为依托，许多地方致力于完善从上至下的消费者协会调解网络。例如，四川省自 2011 年起计划在五年内组建县（区）以上行政区域消费者权益保护委员会，在乡镇、街道建立分会，在社区、行政村、行业协会、大型商场、超市建立消费维权联络站、投诉站、调解站的“一会三站”网络体系，实现全省城乡全覆盖、零缝隙，完善消费维权联动机制和制度建设。③ 深圳市截至 2010 年 12 月共建立消费者权益服务站 1 507 家，建站范围遍及各大商场、超市、专业市场、通信、装饰、快递、银行、保险、学校、医院、汽车维修等，使消

① 参见孙颖：《论消费者组织的运作与发展》，载《法学评论》，2010 (1)。

② 参见任震宇：《改革开放 30 年消费者组织依法维权纪实》，载《中国消费者报》，2008-12-19。

③ 参见向晓文：《五年内我省消费纠纷调解网络全覆盖》，载《四川工人日报》，2011-04-09。

费纠纷在消费一线得以解决，化解了大量消费矛盾。[①]

2. 依托专业人士和行业协会，横向建设专门消费纠纷调解机构

消费纠纷涉及各行各业，其解决往往需要熟悉行业管理和商品、服务专门知识的专家的参与。为此，各地消费者协会在实践中努力推进专门消费纠纷调解机构建设。例如，湖南省娄底市消委会成立了 6 个专业调解组，分别吸纳相关行业 10 名到 15 名专业技术人员参与消费纠纷调解工作。[②] 在实践中，更常见的是消费者协会与行业协会联手，充分发挥行业协会在消费纠纷调解方面的优势。例如，广东省东莞市消委会 2010 年和 2011 年分两批与汽车修理、电器修理、装饰、装饰材料、手机、汽配、房地产中介、物业管理、美容美发和酒类等 10 家行业协会签订《构建消费投诉和解联动机制的协议》，在行业协会中建立消费维权工作站，其主要任务是调解该行业中的消费纠纷。[③]

3. 加强与相关职能部门的联系，设立多方联动调解机构

尽管受理消费投诉、调解消费纠纷是消费者协会的法定职能，但消费纠纷往往牵涉众多行政主管部门，单靠消费者协会而没有行政执法部门的紧密配合，调解往往难以取得良好效果。各地在整合行政资源、建构相关职能部门联动调解方面推出了许多措施。目前，机构设置常见的有以下几种类型：（1）消费纠纷调解小组。针对某些特定消费纠纷，一些地方的消费者协会和相关职能部门组成专门调解小组。例如，2006 年 6 月中旬，成都市消费者协会联合工商局、法院等政府职能部门组成“商品房消费纠纷调解小组”，办公室设在消费者协会，负责调解和处理社会影响较大、涉及面较宽的商品房消费纠纷。[④]（2）保护消费者合法权益办公会议制度。目

---

① 据统计，2007 年深圳市各消费者权益服务站共受理转办消费申诉投诉 686 件，占全市申诉投诉的 14.9%；2008 年转办 1 334 件，占全市申诉投诉的 17%；2009 年转办 2 909 件，占全市的 25.2%；2010 年转办 6 942 件，占全市的 38.2%，转交服务站解决的消费纠纷均得到了妥善处理。参见傅江平：《深圳 1 500 余家权益服务站有效调解消费纠纷》，载《中国质量报》2011-04-08。

② 参见李纪：《娄底消费维权“走向社会”》，载《中国工商报》，2011-06-30。

③ 东莞的实践，参见袁振兰、曹丽娟：《六行业签订消费投诉和解联动机制协议》，载《羊城晚报》，2010-03-10，以及陈明、喻莉萍：《东莞在大商场设站接消费者投诉》，载《广州日报》，2011-03-14。其他各地的实践情况，如黄䄵：《让行业协会成为消费维权的主角》，载《中国消费者报》，2008-04-09；浦江：《我市首家行业协会消费者投诉站成立》，载《张家港日报》，2008-03-06；等等。

④ 参见张学勇：《成都市政府成立调解小组专管商品房纠纷》，载《中国消费者报》，2006-07-10。

前，河北、安徽、山东、黑龙江等省普遍建立了该制度。办公会议成员由政府各相关部门负责人组成，在省工商局设办公室，与省消协合署办公，每年定期召开会议，研究和解决有关消费者保护重要问题，在各部门之间建立相互沟通、协调、交流的平台，强化各自责任，合力进行维权。其中，强化消费纠纷调解、建立各部门参与的重大投诉协调解决机制是其中重要的工作内容。① (3) “一站式”消费纠纷解决机制。2008 年 11 月 27 日，深圳市消费者权益保护委员会分别与工商、质监等 16 个政府职能部门和 13 家行业协会签订《消费纠纷联合解决机制合作协议》。消费者通过电话、传真、网络、上门等各种方式的投诉均由消委会的工作人员录入 12315 消费者申（投）诉举报系统（内网）并进行复核，随后根据该投诉所属的职责范围转交有关单位处理。合作单位可以通过登录网上互动站查询、接受有关的消费者投诉，并反馈已经处理的消费者投诉情况。一旦发生重大消费者投诉事件，第一时间启动应急、联合处理机制和信息发布机制。在出现群体性消费投诉事件和重大的侵害消费者权益的行为时，合作单位将组成联合调查小组。通过这种机制，相对分散的调解资源得到了整合，消费者协会的调解能力得到较大的提升，以至于被媒体称为解决消费纠纷的“深圳模式”②。其后，这种机制在其他地方也陆续得以建立。③

4. 促进消协调解与其他纠纷解决方式对接，探索消费纠纷多元化解决机构设置

近年来，各地消费者协会积极探索，努力将消协调解融入“大调解”工作体系之中。以江苏省南通市为例，该市 2003 年创立了社会矛盾纠纷大调解机制。在此基础上，2010 年 3 月该市消费者协会与市社会治安综合治理委员会、市社会矛盾纠纷调处中心、市中级人民法院、市司法局、市工

① 参见吕勇、郭兆峰：《各地消费者组织合力维权 强化消费维权整体效果》，载《中国消费者报》，2006-08-21；郭东：《省政府保护消费者合法权益办公会议召开》，载《河北日报》，2007-03-09。

② 据统计，2008 年深圳市、区消委会共受理、调解消费者投诉 4 794 宗，比 2006 年减少 10 000 宗，减少 67.6%，受理后转往消费者权益服务站先行和解的投诉 892 宗，占总投诉量 18.1%，解决 857 宗，解决率 96.8%。参见饶洁、熊汉东：《走在全国前沿的消费维权“深圳模式”》，载《深圳特区报》，2009-09-18。

③ 例如，2009 年 6 月成立的河北省张家口市维权调解中心，将消协与 12315 的消保维权职能进行整合，联合办公，统一受理消费者申诉、投诉、举报、咨询，负责对消费纠纷进行调解，并以此为平台，延伸服务链条，融合调解纠纷、仲裁服务、法律援助和媒体监督等职能，以期在调解消费纠纷时一包到底。参见李建：《在调解消费纠纷时一包到底》，载《中国消费者报》，2010-07-07。

商局共 6 个部门联合印发了《关于建立消费纠纷调处与大调解工作对接的通知》，实现了消协“一会两站”与大调解体系在机构、人员、职能、保障和考核等五个方面的对接。截至 2010 年 7 月，南通市成立了消费纠纷调处工作领导小组，下辖 9 县（市）区依托各地消协建立了消费纠纷调解服务中心，76 个乡镇依托消协分会成立了消费纠纷调处工作站，1 828 个行政村、392 个社区依托维权联络站成立了消费纠纷调解工作点，各级机构聘请了 3 167 名专兼职调解员。①

除了依托大调解构筑消费纠纷多元解决平台以外，各地消协在加强消协调解与人民调解、仲裁、审判等纠纷解决方式的对接过程中，在机构设置方面作出了许多尝试：（1）设立消费者协会人民调解委员会。为了加强消协调解与人民调解的对接，北京、上海、天津、湖南、四川等地消费者协会与司法行政部门、工商行政管理部门协商，设立了消费者协会人民调解委员会（消费纠纷人民调解委员会）。②（2）设立消费法庭。1993 年，全国首家保护消费者权益法庭在江苏省南京市秦淮区人民法院成立，消费法庭目前已在全国各地相继亮相。消费法庭通常由人民法院、消费者协会、工商行政管理部门共同设立。进入消费法庭的案件，一般都是消费者通过和厂家协调或者工商调解等途径仍然不能获得解决的。消费法庭立案后通过法庭调解或委托消费者权益保护委员会调解。在达成协议后由法院出具调解书。如果调解不成，消费法庭会指导消费者提起诉讼。③（3）设立消费争议调解仲裁中心。为了促使消协调解与仲裁的对接，石家庄、青岛等地的消费者组织与当地仲裁委员会联手设立消费纠纷调解仲裁中心。该中心以调解为主，当消费者协会调解未果而终止之后，再由争议双方自愿签订仲裁协议由该中心进行仲裁。④

① 参见完定然、孙林美、薛庆元：《消费纠纷调解 全面对接社会大调解体系》，载《中国消费者报》，2010-07-28。其他地方的报道，参见刘铭：《将消费纠纷调解融入“大调解”体系》，载《中国消费者报》，2009-12-11。

② 相关报道，参见袁国礼：《消费纠纷引入人民调解》，载《京华时报》，2011-07-01；诸达鹤：《消协调解员举“盾牌”调解将有一定法律效力》，载《新闻晨报》，2003-03-11；王继然：《天津：人民调解工作向物业管理、医疗纠纷等领域延伸》，载《法制日报》，2008-12-10；张学勇：《四川省成都市消协引入人民调解机制，提高投诉调解成功率和履行率》，载《中国消费者报》，2009-01-14。

③ 参见袁定波：《消费法庭已在多地相继亮相》，载《法制日报》，2011-03-15。

④ 参见王民、曹国厂：《河北消协与仲裁委联手解决消费纠纷》，载《人民日报》，2004-08-09；《青岛消费争议调解仲裁中心成立》，载《青岛日报》，2010-11-06。

5. 加强消费纠纷异地调解协作，构筑区域性消费纠纷解决机制

消费者在异地与经营者产生消费纠纷常常发生，受行政区域、机构、人员等限制，消费者协会在调解这些纠纷时常常会遇到一些障碍，调解效率也不高。在这种情况下，区域性消费者协会纠纷解决机制在各地应运而生。其中，既有为特定活动而建立的临时性机制，也有常态性机制。前者如北京、天津、上海、沈阳、青岛、秦皇岛、香港7个奥运赛场城市的消费者协会建立的消费纠纷快速调解通道[①]，上海、北京、天津、重庆、江苏、浙江、香港、澳门等地消费者协会建立的世博消费维权联动机制。[②] 后者目前则有穗港澳消费纠纷调解绿色通道[③]、长三角消费维权协作机制[④]、武汉城市圈消费纠纷异地调解协作网络[⑤]、环渤海经济区域消费者协会维权机制[⑥]等等。尽管不同区域性机制的具体运作有所差异，但强化调解协作、信息共享甚至共同调解的机制和机构建设是其重要内容。

三、职能活动

（一）适用范围

1. 法律规定

《消费者权益保护法》第32条和第34条规定，消费者和经营者发生消费者权益争议时可请求消协调解，消协在受理消费者投诉之后进行调解。从这些规定来看，消协调解的适用有两个条件：其一，必须是消费者权益争议；其二，必须在消协受理的投诉范围以内。

消费者权益争议，亦称消费纠纷，是指发生在消费领域中的消费者与经营者之间的纠纷。值得注意的是，消费纠纷中的“消费”专指“生活消费”，即“为生活需要购买、使用商品或者接受服务”。这种争议一般或是由于经营者的行为侵犯了消费者的合法权益，或是由于双方就有关消费者

---

① 参见廖爱玲：《奥运城市建消费纠纷调解通道 异地投诉7日解决》，载《新京报》，2007-07-30。

② 参见姚芃：《八地启动“世博消费维权联动机制”》，载《法制日报》，2010-01-25。

③ 参见彭宇：《穗港澳建立消费纠纷调解的绿色通道》，载《人民政协报》，2004-11-18。

④ 参见杨健：《长三角消费维权出新招》，载《解放日报》，2005-03-15。

⑤ 参见董育雄等：《武汉城市圈将建立消费纠纷异地调解协作网络》，载《中国改革报》，2009-03-18。

⑥ 参见刘丽普：《在京发生纠纷可回河北投诉》，载《燕赵都市报》，2006-03-13。

权益问题认识不一致而发生。从纠纷的内容来看，消费纠纷属于民事纠纷，包括消费者财产争议和消费者人身权益争议。就纠纷的性质而言，消费纠纷可分为合同纠纷和侵权纠纷。从纠纷当事人来看，一方是消费者，另一方则是经营者，后者根据具体情况可以是生产者、销售者、服务者、承受原经营者权利义务的经营者、营业执照持有人、展销会举办者及柜台出租者以及虚假广告主、广告经营发布者。

就消协受理的消费投诉而言，2006 年 3 月 15 日起施行的《中国消费者协会受理消费者投诉工作导则》第 16 条作出了明确规定，包括：（1）消费者因《消费者权益保护法》和本地消费者权益保护法规规定的权利受到损害的投诉；（2）消费者对经营者未履行《消费者权益保护法》和本地消费者权益保护法规规定的义务的投诉；（3）农民购买、使用直接用于农业生产的生产资料，其合法权益受到损害的投诉；（4）其他应予受理的投诉。第 17 条则对可以不予受理的投诉进行了列举，包括：（1）不是为生活消费需要购买、使用商品或者接受服务的；（2）没有明确的诉求或者没有真实、准确的被投诉方的；（3）经营者之间因购销活动产生纠纷的；（4）因投资、经营、技术转让、再生产等以营利为目的活动引发争议的；（5）公民个人之间私下交易或通过非法渠道购买商品或者接受服务的；（6）消费者对投诉商品或者服务的瑕疵在购买或者接受之前已经知道的；（7）消费者不能提供必要证据的；（8）消费者未按产品使用说明安装、使用、保管、自行拆动而导致产品损坏或人身、财产损害的；（9）争议双方曾在消费者协会调解下达成调解协议并已履行，且无新情况、新理由、新证据的；（10）法院、仲裁机构或有关行政部门已经受理的；（11）法律、法规或政策明确规定应由指定部门处理的；（12）消费者知道或者应该知道自己的权益受到侵害超过 6 个月的；（13）因不可抗力造成损害的；（14）其他不符合有关法律、法规规定的。

2. 实践情况

尽管我们缺乏消协调解案件的精确数字，但中国消费者协会对全国消费者组织受理的消费投诉进行了汇总统计，从中可以看出实践中消协调解的大体分布和发展趋势。统计标准有两个，其一是消费投诉的性质，其二是消费者投诉的类别。

表 4—23 汇总了 2002—2010 年的全国消协组织受理消费投诉统计数据（根据性质划分）。

表 4—23 2002—2010 年全国消协组织受理消费投诉统计（性质）

年份	质量	价格	安全	营销合同	计量	广告	假冒	虚假品质表示	人格尊严	总量
2002	452 440	52 512	11 601	11 085	33 591	12 645	25 394	9 215	1 457	690 062
2003	442 554	55 506	15 624	15 823	30 289	14 060	20 200	9 981	1 979	695 142
2004	472 473	49 200	16 781	19 210	25 307	16 398	17 501	11 253	2 835	724 229
2005	464 090	44 062	14 605	19 861	20 600	12 136	13 826	9 562	2 475	703 822
2006	451 590	43 336	13 967	20 848	15 876	11 531	12 565	9 329	2 515	702 350
2007	407 414	39 557	13 452	35 645	14 077	13 327	12 149	9 660	2 229	656 863
2008	382 284	37 353	12 557	53 534	12 991	10 577	11 360	8 909	1 892	638 477
2009	375 226	35 442	12 841	55 939	10 434	13 076	12 023	8 735	1984	636 799
2010	362 740	33 720	14 265	59 640	9 711	13 214	13 876	10 255	2 637	666 255

资料来源：中国消费者协会网站“消费投诉”栏目（http：//www.cca.cn/web/xfts/newsList.jsp? id=306），最后访问日期：2011-08-25。

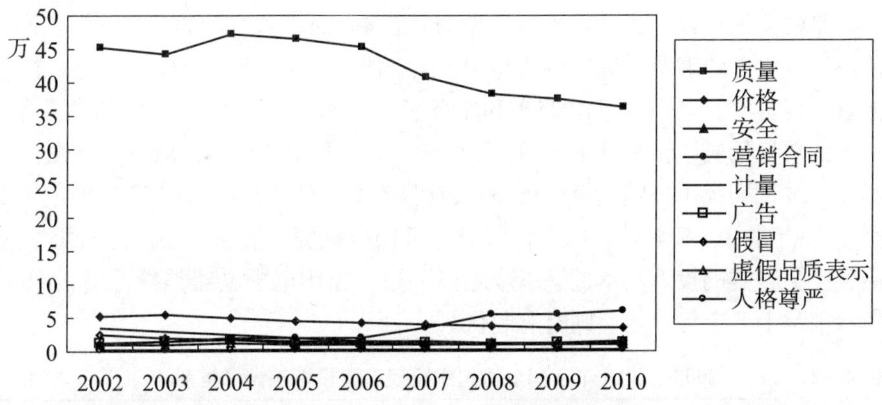

图 4—25 2002—2010 年全国消协组织受理消费投诉的变迁（性质）

根据表 4—23 和图 4—25，可以发现：（1）从总量来看，质量问题高居榜首。尽管近年来消费者针对质量的投诉数量有所下降，但即便是在数量最少的 2010 年，也有 362 740 件，占当年消费投诉的 54.44%（图 4—26）。（2）投诉量上升最为明显的是营销合同问题，从 2002 年的 11 085 件持续上升至 2010 年的 59 640 件，人格尊严问题和安全问题位居第二和第三，分别从 2002 年的 1 457 件和 11 601 件上升为 2010 年的 2 637 件和 14 265 件，年均涨幅分别为 7.7%和 2.55%。（3）投诉量下跌最明显的是计量问题，从 2002 年的 33 591 件下降至 2010 年的 9 711 件，紧随其后的是假冒和价格问题。

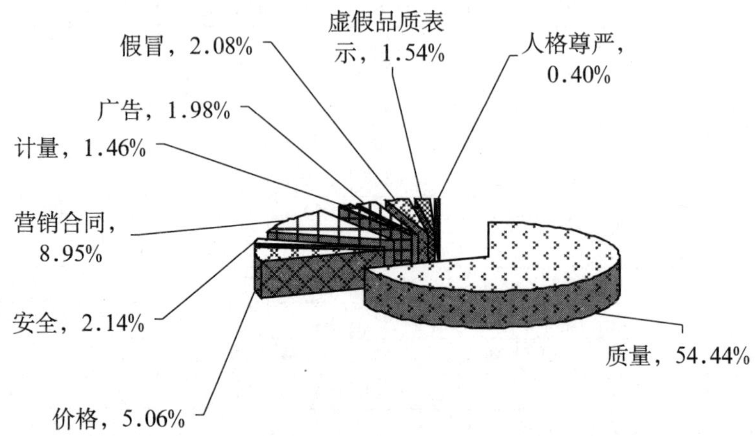

图 4—26　2010 年全国消协组织受理的消费投诉构成（性质）

第二个统计标准为消费投诉的类别。表 4—24 汇总了 2003—2010 年全国消协组织受理的消费投诉所属的类别。结合图 4—27，可以发现：（1）从数量上看，百货类、家用电子电器类和服务类的投诉牢牢占据着历年的前三甲，三者的总量构成了消费者投诉的绝大部分，例如 2010 年占 81.3%（图 4—28）。（2）投诉量明显呈上升态势的只有服务类，从 2003 年的 138 268 件上升至 2010 年的 199 743 件。（3）百货类、家用机械类、房屋及装修建材类、农用生产资料类的投诉基本上呈下降趋势。（4）家用电子电器类投诉量在 2007 年以前呈上升态势，之后则时有起伏。

表 4—24　　2003—2010 年全国消协组织受理消费投诉统计（类别）

年份	百货类	家用电子电器类	服务类	家用机械类	房屋及装修建材类	农用生产资料类	总量
2003	252 952	155 333	138 268	40 240	44 609	28 464	695 142
2004	245 498	175 421	147 351	44 840	45 667	31 521	724 229
2005	220 551	181 669	156 471	42 804	40 325	29 947	703 822
2006	210 741	194 767	163 596	40 351	39 280	23 796	702 350
2007	192 387	183 985	159 349	36 906	37 443	18 828	656 863
2008	194 013	163 199	161 563	33 698	38 694	16 701	638 477
2009	185 603	154 557	173 785	32 760	34 645	19 180	636 799
2010	178 376	163 531	199 743	35 791	35 424	15 832	666 255

资料来源：中国消费者协会网站“消费投诉”栏目，http：//www.cca.cn/web/xfts/newsList.jsp? id=306，最后访问日期：2011-08-25。

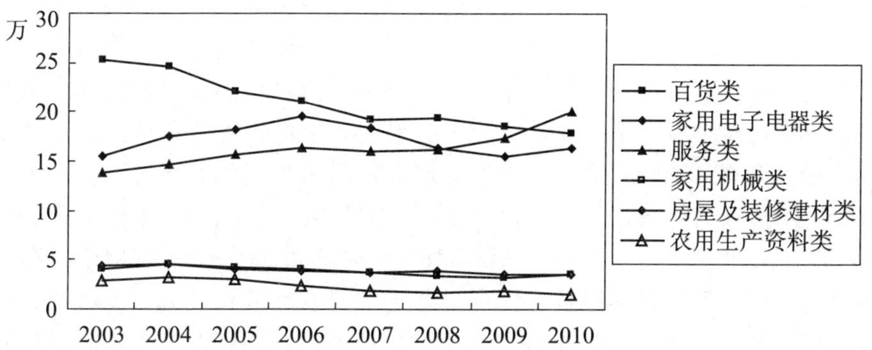

图 4—27 2003—2010 年全国消协组织受理消费投诉的变迁（类别）

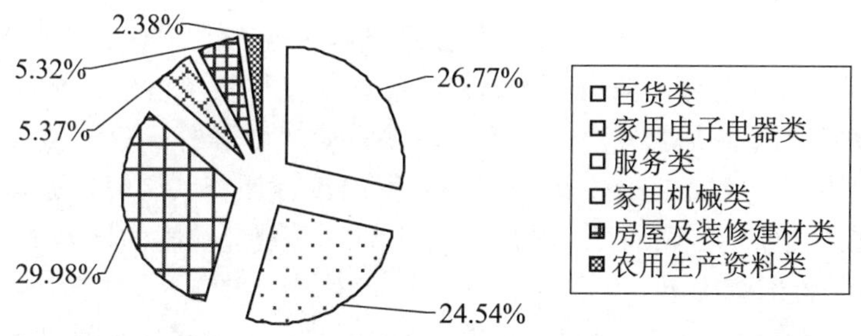

图 4—28 2010 年全国消费组织受理消费投诉构成（类别）

（二）调解程序

对于消协调解的程序，2006 年 3 月 15 日起施行的《中国消费者协会受理消费者投诉工作导则》做了较为系统的规定。对于消费者的投诉，消费者协会应当在收到投诉之日起 10 个工作日内作出是否受理的决定。特殊情况需要延长审查期限的，应及时告知消费者，延长期不得超过 10 个工作日。对于符合消协受理范围的，应当自受理之日起 50 个工作日内结束调查、调解。对于情况复杂的投诉，调查、调解时间可适当延长，但延长时间不得超过 20 个工作日。对处理结果要及时通知消费者，并办理相关的调解手续。

消费者协会在调查、调解下列投诉事项时，可以组织听证：(1) 当事人一方或各方就投诉事项要求听证的投诉；(2) 调查取证困难或者侵害责任难以认定的投诉；(3) 当事人各方分歧意见过大，一般方式调解难以达成一致意向的投诉；(4) 因商品或服务质量缺陷，造成人身、财产损害且争议金额较大的投诉。

消费者协会调解的地点一般在消费者协会办公室，消费者协会参加调解人员一般为二人以上，情节简单的也可一人，调解过程应作笔录。调解双方及调解人员应在调解笔录上签字或盖章。消费者协会通知投诉方和被投诉方参加调解可以采用电话方式。必要时，应向投诉方和被投诉方发出书面投诉调查（调解）通知书。参加调解的应为争议双方当事人。如因特殊情况不能亲自到场，须委托代理人。被委托人必须向调解主持人递交有效委托书，并出示身份证明。消费者协会工作人员主持的调解达成协议的，由调解主持人填写投诉调解协议书。由于争议双方分歧过大，无法达成一致意见，调解不成的，由调解主持人填写投诉终止调解通知书，同时告知双方解决消费争议的其他渠道。

消费者协会在调解过程中，出现以下情况，应终止调解，存档备案，并告知相关当事人：（1）争议双方自行和解的；（2）投诉方撤回投诉的；（3）争议一方或双方已向法院起诉、申请仲裁或行政申诉的；（4）争议一方或双方接到调解通知书后，无正当理由不参加调解的；（5）被投诉方明确表示不接受调解，或者在消费者协会发出投诉调查（调解）通知书和催办函后在规定期限仍不予答复的；（6）其他应当终止调解的情况。

（三）投诉解决率

表 4—25 汇总了全国各级消费者组织统计的消费投诉处理情况。从中可以看出，2002—2010 年间，全国各级消费者组织受理的消费投诉的消费投诉解决率均在 90%以上。图 4—29 则显示，消协投诉解决率基本上与同期人民调解成功率相当，远远超过民事一审调解率。

表 4—25　　2002—2010 年全国消费投诉处理情况

年份	受理数（件）	解决数（件）	挽回损失（万元）	加倍赔偿（件）	加倍赔偿（万元）	支持起诉（件）	政府罚没款（万元）	来访咨询（万人次）
2002	690 062	649 909	64 203	9 308	1 220	9 917	3 997	582
2003	695 142	670 344	116 435	11 394	1 603	8 595	29 550	1 017
2004	724 229	687 465	69 727	10 323	2 034	9 572	6 155	550
2005	703 822	672 964	68 643	11 575	2 129	23 500	3 379	434
2006	702 350	653 288	69 094	22 096	1 328		2 554	435
2007	656 863	590 198	83 964	47 072	1 179		2 166	559
2008	638 477	607 423	66 168	50 761	1 112		3 118	438
2009	636 799	588 344	63 557		1 104		2 180	470
2010	666 255	627 271	67 527		909		2 078	459

资料来源：中国消费者协会网站“消费投诉”栏目中历年“全国消协组织受理投诉情况分析”，http：//www. cca. cn/web/xfts/newsList. jsp? id=306，最后访问日期：2011-08-30。

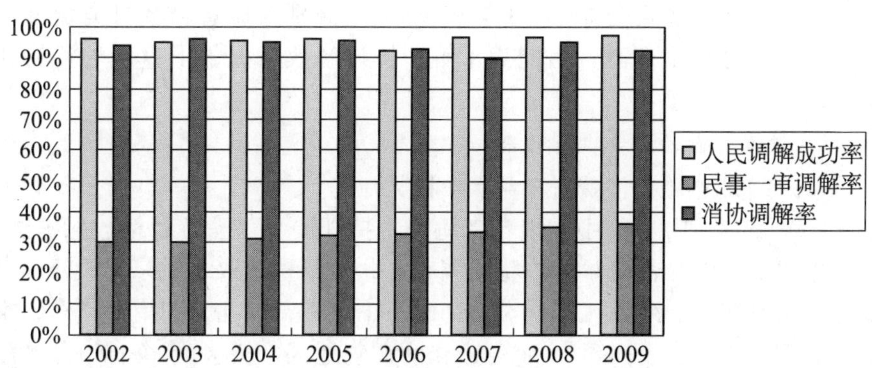

图 4—29 2002—2009 年人民调解成功率、民事一审调解率与消协调解率

资料来源：本报告图 4—10、表 4—11 及表 4—17。

投诉解决率对于衡量消协处理消费投诉的效果具有重要的指标意义。通常来说，解决率越高，表明当事人对案件处理结果的满意度高。也就是说，历年消协投诉解决率高居 90%以上，充分表明大多数纠纷双方当事人对于消费者协会的调查和调解活动表示认可。此外，尽管 2006 年以后全国各级消协组织支持起诉的数据阙如，但从 2002 年至 2005 年的情况来看（图 4—30），消协投诉处理中支持起诉的数量较少，比例极低。这在一定程度上说明了，消费者协会主要依靠调解、斡旋等方式来解决消费投诉。

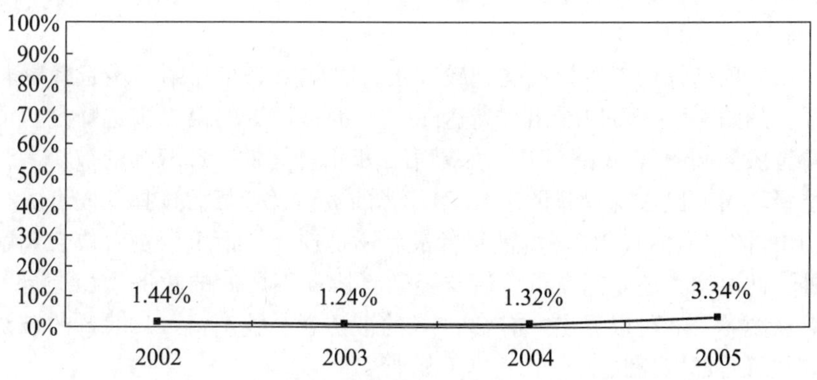

图 4—30 2002—2005 年消协投诉处理中支持起诉的比例

(四) 调解效果

消费投诉解决率已经在一定程度上说明了消协调解的效果。除此以外，中国消费者协会曾于 2003 年和 2007 年分别对城镇、乡村消费者权益保护现状进行了调查，由此为了解消协调解效果提供了直观的资料和数据。

1. 城镇消费者协会调解效果

（1）2003 年城镇消费者权益保护状况调查

2003 年 8～10 月，中国消费者协会主持开展了《消费者权益保护法》十年中国城镇消费者权益保护状况调查。此次调查选取了北京、天津、内蒙古、黑龙江、上海、江苏、安徽、山东、河南、湖北、湖南、广东、重庆、甘肃、厦门、成都等 16 个省市作为调查地区，从这 16 个省市分层随机抽取的每一个居民家庭作为抽样调查单位，对抽中的家庭进行入户问卷调查。被访者年龄主要集中在 18 岁～65 岁之间，其中以 19 岁～60 岁的为主体；男女比例分别为 52.5%和 47.5%；文化程度以高中、中专、中技和大学专科为主，其比例达到 69.5%；职业以党政，国有企、事业单位工作人员为主，其比例为 40.3%；家庭人均月收入以 300 元～2 000 元收入段为主，其比例为 79.4%。调查共发放问卷 10 400 份，收回有效问卷 10 075 份。[①]

此次调查与消协调解密切相关的有三项指标：第一项指标为消费权益受到较大损害时首要选择的救济途径。从图 4—31 可以看出，83%的被访者选择了“与经营者协商和解”，11%的被访者首选“请求消费者协会调解”，选择“向有关行政部门申诉”、“提请仲裁机构仲裁”、“向人民法院提起诉讼”、“向新闻媒介反映”和“忍了算了”的分别为 1.6%、0.4%、0.2%、0.4%和 3.4%。

第二项指标为消费权益受到较大损害时的第二步和第三步选择的救济途径。从图 4—32 可以看出，高达 69.2%的被访者的第二步选择是“请求消费者协会调解”，位居榜首。如果第二步仍然无效，28.7%的被访者会最后选择“向人民法院提起诉讼”，24.3%的被访者会最后选择“向有关行政部门申诉”，但仍有 3.7%的消费者最后还是选择“请求消费者协会调解”。此外，此次调查还专门就消费者与经营者协商不成后的救济途径进行了统计。从图 4—33 可以看出，有 79.9%的被访者会找消协，10.4%的被访者向有关行政部门反映。

① 参见中国消费者协会：《〈消法〉十年——中国城镇消费者权益保护状况调查报告》，载《中国消费者》，2004（4）。此次调查的详细成果分为多个报告发布在中国消费者协会网站（http：//www.cca.org.cn）“消费投诉”栏目历年统计资料中。

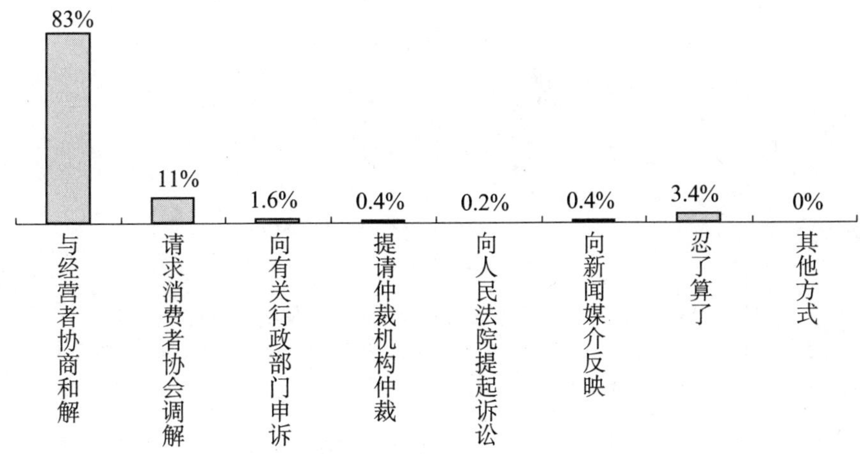

图 4—31 城镇被访消费者权益受损首先选择的解决途径（2003 年）

资料来源：中国消费者协会：《〈消法〉十年——中国城镇消费者权益保护状况调查报告》，载《中国消费者》，2004（4）。

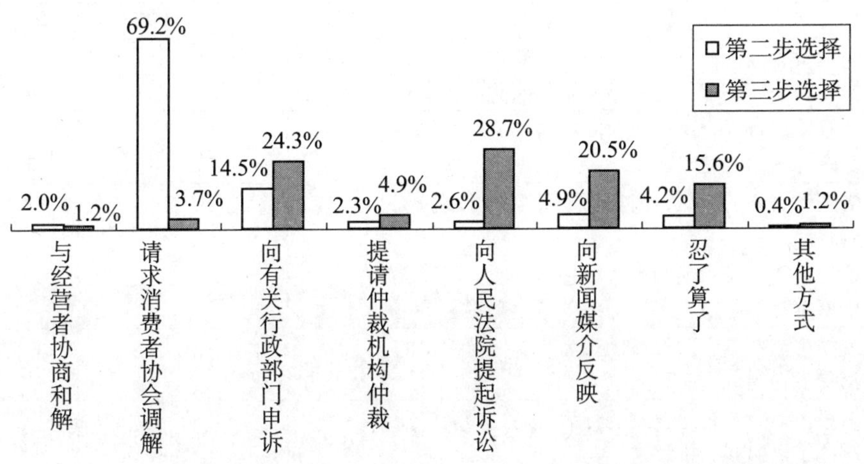

图 4—32 城镇被访消费者权益受损第二步和第三步的选择（2003 年）

资料来源：中国消费者协会：《〈消法〉十年——中国城镇消费者权益保护状况调查报告》，载《中国消费者》，2004（4）。

第三项指标则是城镇消费者对消费者协会各项职能执行情况的评价。表 4—26 列明了被访消费者对本地消费者协会近十年以来履行法定七项职能的评价。从图 4—34 可以看出，被访者给予正面评价（回答“做得好”）

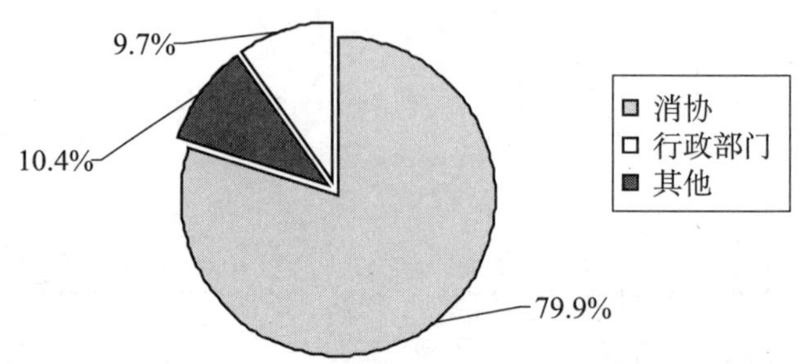

图 4—33　与经营者协商不成后城镇消费者求助的部门（2003 年）

资料来源：中国消费者协会：《〈消法〉十年——中国城镇消费者权益保护状况调查报告》，载《中国消费者》，2004（4）。

最高的是“受理消费者的投诉，并对投诉事项进行调查、调解”的职能，比例为 60.9%；其次为“向消费者提供消费信息和咨询服务”，比例为 52.3%。而在负面评价中，比例最低的也是这两项，分别为 5.9%和 5.3%。

表 4—26　城镇被访消费者对消费者协会各项基本职能执行情况的评价（2003 年）

消费者协会职能	做得好	一般	做得不好	合计
向消费者提供消费信息和咨询服务	52.3%	42.4%	5.3%	100%
参与有关行政部门对商品和服务的监督、检查	40.8%	51.4%	7.8%	100%
就有关消费者合法权益的问题向有关行政部门反映、查询，提出建议	38.2%	52.9%	8.9%	100%
受理消费者的投诉，并对投诉事项进行调查、调解	60.9%	33.2%	5.9%	100%
投诉事项涉及商品和服务质量问题的，可以提请鉴定部门鉴定，鉴定部门应当告知鉴定结论	34.7%	54.3%	11%	100%
就损害消费者合法权益的行为，支持受损害的消费者提起诉讼	45.5%	45.9%	8.6%	100%
对损害消费者合法权益的行为，通过大众传播媒介予以揭露、批评	41.5%	46.4%	12.1%	100%

资料来源：中国消费者协会：《〈消法〉十年——中国城镇消费者权益保护状况调查报告》，载《中国消费者》，2004（4）。

综合被访消费者权益受损后首要、第二步、第三步选择的救济途径，以及对消费者协会各项职能执行情况的评价，可以说，消费者协会调解得到了广大城镇消费者的高度认可，消协调解在化解消费纠纷方面的作用较为突出。

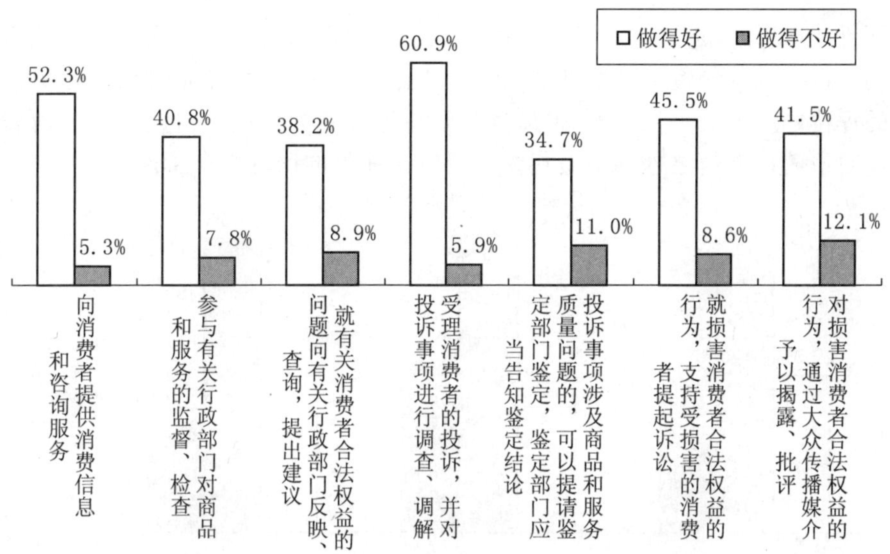

图 4—34 城镇被访消费者对消费者协会基本职能执行情况的评价（2003 年）

（2）2007 年全国城镇消费维权状况调查

时隔 4 年，2007 年年初中国消费者协会联合全国 45 个省市消费者协会开展了“全国城镇消费维权状况调查”。此次调查由各省市消协随机抽取本辖区内 6 个以上居委会或社区开展调查，所选居委会或社区分布在不同城市、不同区域，每个居委会或社区抽样完成 40～50 份有效问卷，调查对象为16 岁～65 岁的人员。调查完成有效样本 14 612 个。样本基本特征如下：从性别来看，男性占 49.2%，女性占 50.8%；从文化程度来看，大学本科及以上文化的占 21.5%，大学专科文化的占 31.6%，高中、中技、中专文化的占 35.8%，初中及以下文化的占 11.1%；从职业来看，党政，国有企、事业单位工作人员占 34.7%，独资、合资或私营企业工作人员占 22.8%，离退休人员占 8.2%，下岗失业人员占 12.7%，在校学生占 3.6%，农民、农民工占 3.9%，其他占 14.1%；被调查样本平均年龄为 37 岁；平均家庭人均月收入为 1 511.23 元。

此次调查并没有采用 2003 年调查的指标体系，与消协调解相关的指标主要有两项：

第一项指标为消费者对相关部门履行保护消费者权益职责情况的评价。

图 4—35 表明，消费者对行政执法部门、仲裁机构、行业组织履行职责的评价都不高。[①] 近一半的被访消费者给予的评价均为一般。尤其是仲裁机构，评价差的比例甚至高于评价好的比例，对行政执法部门和行业组织的评价好的比例也均只有 20%多，略超评价差的比例。由此可见，消费者对于消协调解之外的消费纠纷主要解决途径的评价均有所保留。

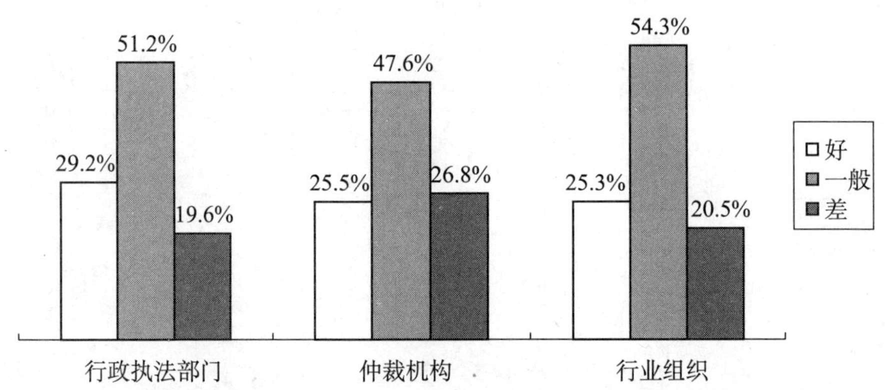

图 4—35　被访城镇消费者对相关部门履行保护消费者权益职责情况的评价（2007 年）

资料来源：任震宇：《消费者心声（上）——〈全国城镇消费维权状况调查报告〉公布》，载《中国消费者报》，2007-03-14。

第二项指标为消费者认为消费者协会目前最需要加强的工作。图 4—36 表明，有 16%的消费者认为“投诉调解”是当前消费者协会最需要加强的工作，位居第三，仅次于“消费指导”和“社会监督”的 19.8%和 19.4%。由此可见，消费者对于消协调解的期望颇高。

2. 农村消费者协会调解效果

(1) 2003 年农村消费及消费环境状况调查

为了解和掌握农村消费者的消费状况和农村消费环境状况，中国消费者协会于 2003 年 4～8 月在全国范围内开展了关于农村消费及消费环境状况的调查。此次调查选取河北、吉林、浙江、安徽、福建、江西、山东、

① 需要说明的是，2007 年全国城镇消费维权状况调查对相关部门履行保护消费者权益职责的评价使用了不同的评价表述和标准。对于行政执法部门采用的是“在消费者权益保护工作中的效率”，评价标准为“高”、“一般”和“不高”；对仲裁机构和行业组织的评价表述均为“在解决消费争议方面发挥的作用”，但前者的评价标准为“大”、“一般”和“不大”，后者则是“好”、“一般”和“不好”。为便于统计，本报告作了适度调整。

重庆、贵州、陕西和青岛、厦门、成都等 13 个省市作为调查地点，具体采取入户调查的方式，调查对象为家庭经济活动的主要决策人。调查共收到样本量为 15 000 个，有效样本为 13 948 个。

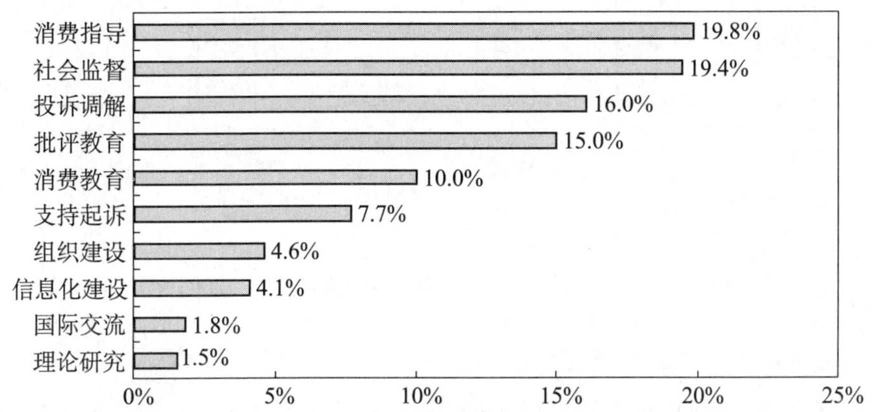

图 4—36　被访城镇消费者认为消费者协会目前最需要加强的工作（2007 年）

资料来源：任震宇：《消费者心声（下）——〈全国城镇消费维权状况调查报告〉公布》，载《中国消费者报》，2007-03-14。

此次调查与消协调解相关的指标主要有两项：

第一项为消费者对消费纠纷解决途径的认知度。调查列举了《消费者权益保护法》中确定的解决消费者权益争议的五种途径，表 4—27 显示，“与经营者协商和解”和“请求消费者协会调解”的知晓程度最高，分别达到了 75.1%和 72.7%，远高出对其他纠纷解决途径的知悉程度。

表 4—27　农村被访消费者对各种解决途径的知晓程度（2003 年）

解决途径是否知晓	与经营者协商和解	请求消费者协会调解	向有关行政部门申诉	根据与经营者达成的仲裁协议提请仲裁机构仲裁	向法院提起诉讼
不知道	24.9%	27.3%	67.7%	93.9%	77.5%
知道	75.1%	72.7%	32.3%	6.1%	22.5%

资料来源：中国消费者协会：《农村消费及消费环境状况调查报告》，表 38，载http：//www.china.com.cn/chinese/2003/Dec/468293.htm，最后访问日期：2011-08-16。

第二项为权利受损时采取的措施。从图 4—37 可以发现，有 41.9%的被访消费者在消费过程中受到损害时选择“与经营者协商解决”，回答“忍了算了”的比例为 21.2%，而“请求消费者协会调解”位居第三，比例为 20.3%。

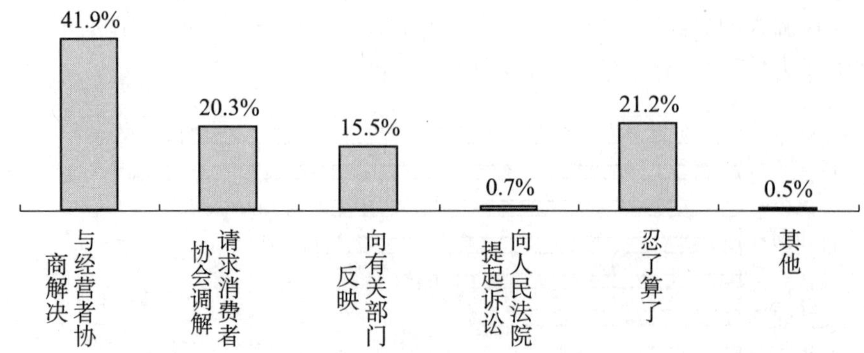

图 4—37　农村被访消费者权利受损采取的措施（2003 年）

资料来源：中国消费者协会：《农村消费及消费环境状况调查报告》，表 43，载http：//www. china. com. cn/chinese/2003/Dec/468303. htm，最后访问日期：2011-08-16。

（2）2007 年农村消费维权状况调查

根据 2007“消费和谐”年主题活动安排，中国消费者协会于 2007 年 4 月至 10 月联合山东、江苏、福建、江西、湖南、安徽、甘肃、四川、云南九个省消费者协会组织开展了“农村消费维权状况调查”。本次调查及九省的 54 个县 162 个行政村 6 239 个农民家庭。调查设计样本量为 6 300 个，实际调查样本为 6 239 个，回收率为 99%。

从图 4—38 可以看出，被访消费者在权益受到损害后首先采取的措施仍然是“与经营者协商解决”，比例为 32.4%。但是，首选“请求消费者协会调解”的消费者人数有所增加，从 2003 年的 20.3%上升至 24.6%，上升了 4.3 个百分点。这种现象的一个重要原因在于前文所提到的消费者协会推进“一会两站”建设，在乡镇和农村建立的分会和投诉站、联络站，给农民消费维权提供了非常方便的服务。

此次调查还专门就消费者权益受损后对问题处理的满意度进行了调查。从图 4—39 可以看出，5.6%的被访者对问题解决情况表示“非常满意”，43.8%的消费者表示“满意”，回答“不满意”和“非常不满意”的比例分别只有 9.2%和 1.5%。由此表明，大多数农村消费者对于消费纠纷解决的满意度在中等以上，其中也包含了对消费者协会调解的基本认可。

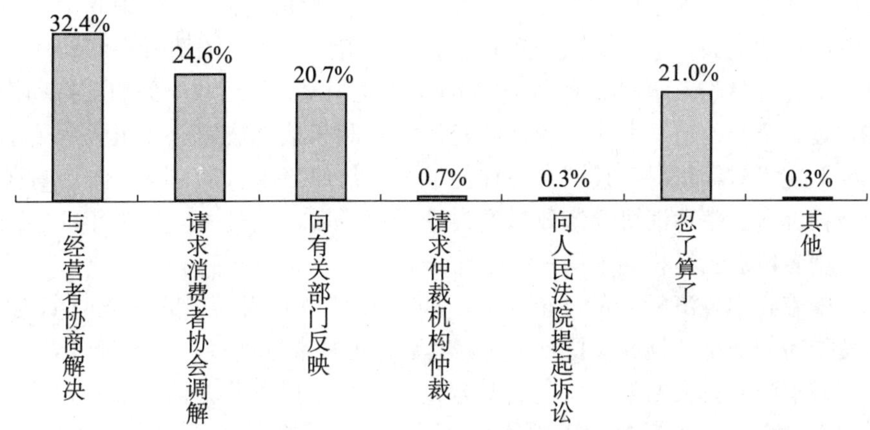

图 4—38 农村被访消费者权益受损首先选择的解决途径（2007 年）

资料来源：中国消费者协会：《2007 年农村消费维权状况调查分报告之五》，图 19，载 http：//www.cca.org.cn/web/search/searchShow.jsp? id=26028&pid=314&kind=5，最后访问日期：2011-08-16。

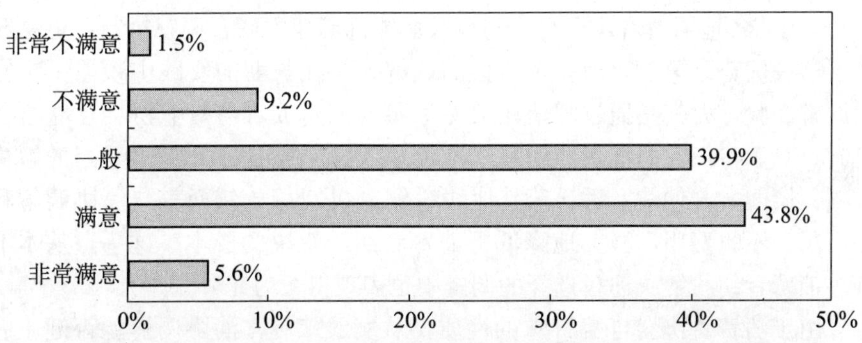

图 4—39 农村被访消费者权益受损后对问题处理的满意度（2007 年）

资料来源：中国消费者协会：《2007 年农村消费维权状况调查分报告之五》，图 20，载 http：//www.cca.org.cn/web/search/searchShow.jsp? id=26028&pid=314&kind=5，最后访问日期：2011-08-16。

四、消费者协会调解的发展趋势

相对于其他纠纷而言，消费纠纷当事人之间往往存在不对等的状况。这不仅体现为消费者与经营者之间经济实力悬殊，后者在消费纠纷解决过程中常常处于有利地位；而且经营者往往对消费纠纷相关的知识和信息占据着绝对的优势，这些知识信息几乎为经营者所独占，消费者在纠纷解决过程中更容易陷入不利境地。[①] 消费者协会受国家主管行政机关的支持和指导，具有严密的组织形式、较强的经济力量和权威地位，能在很大程度上减少上述不对等状况，其调解往往能够获得纠纷当事人的认同。本节有关消费投诉解决率和消协调解效果的讨论足以说明，在过去二十多年的实践中消费者协会已经积累了良好的声誉。

随着我国经济社会的不断发展，可以预计今后相当长的一段时期内，消费纠纷的类型和领域会持续扩大，其数量也将继续增多。在这种背景下，消协调解将有更大的发展空间，其理由主要包括以下几方面：第一，消费者协会建立了较为完整的组织体系，其组织网络覆盖了中国大部分地区，尤其是通过"一会两站"等建设，消协调解已经深入市场、企业、乡镇、街道等，可以在消费者在权益受到侵害的第一时间进行调解，有助于消费纠纷得到快速、有效地解决。第二，消费者协会是一个官方色彩较为浓厚的社会组织，在调解过程中往往能够借助行政资源、司法资源和社会资源。[②] 当前各地消费者协会纷纷与行政职能部门建立联合调解机制，更是凸显了这一优势。第三，消费者协会的调解人员在长期的实践中积累了丰富的调解经验，尤其是通过聘请相关专家参与调解或者与行业协会建立合作机制，对于专门性的消费纠纷易于查明事实、判断是非并提出妥当的解决方案。第四，与仲裁、诉讼等其他纠纷解决机制相比较而言，消协调解程序简单、不收费用，极大地降低了消费者纠纷解决的成本。这一点从本节有关消费者纠纷解决途径选择的调查中也表现得尤为充分。

由于消费者协会自身特殊的性质，从实践来看，消协调解能否健康有序的发展尚取决于能否妥善处理好以下两组关系：其一，保护消费者权益与公正调解。消费者协会以保护消费者权益为宗旨，在调解消费纠纷时其中立性难免受到质疑。尤其是，消费者协会具有一定的官方色彩，分享了部分政府机关的资源和权威，而目前我国尚缺少能够与消协平等对话的行

① 参见［日］谷口安平：《程序的正义与诉讼》，王亚新、刘荣军译，346～348页，北京，中国政法大学出版社，2002。

② 一个微观的考察，参见吴卫军：《消费者协会与消费者权益纠纷解决机制研究——以一起个案为中心的实证分析》，载左卫民等：《变革时代的纠纷解决——法学与社会学的初步考察》，北京，北京大学出版社，2007。

业自律机制，这一问题就显得尤为突出。因此，消协调解的正当性必须以当事人意思自治作为纠纷解决的基本原则和程序公正的保证。[①] 其二，调解效力的加强与调解灵活性的维持。消协调解协议不具备诉讼调解和人民调解的效力。因此，尽管本节已经论及消协投诉解决率相当高，但在实践中消协调解的履约率偏低，消费纠纷仍然没有得到实质性解决。2005 年，清华大学陈建民主持的"转型期中国消费者权益保护组织机构设置和职能研究"课题组实地考察了 7 个省市的消费者协会，结果发现"消费者协会的处境比较尴尬"，"除了抵触，还有企业对消协的干预采取应付态度，结果只是在表面上解决了争议，而不提供根本的解决方案，因此后患不断"[②]。正如前文已经提到的，许多地方将消协调解融入大调解工作机制中，尤其在消协内部设立人民调解委员会，加强消协调解与仲裁、诉讼之间的对接，在一定程度上解决了消协调解效力的难题。但是，作为一种民间性的纠纷解决机制，消协调解有其自身的特点和长处。因此，如何避免消协调解与人民调解或其他纠纷解决方式的混同，维持其灵活、廉价、快速等优势也是将来改革需要重点考虑的内容。

第五节 专门性纠纷调解

一、物业纠纷调解

（一）概述

物业纠纷调解是指第三方以国家法律、政策以及物业小区管理规约、规章制度、社会公德、风俗习惯等各类社会规范为依据，对纠纷双方进行斡旋、劝说，促使他们互相谅解，自愿达成协议，从而消除纷争的一种纠纷解决方式。这种专门性纠纷调解机制是随着我国物业纠纷的增多以及多元化纠纷解决机制的发展而出现的。从物业管理立法和实践来看，物业纠纷有狭义和广义之分。狭义的物业纠纷仅指业主（物业使用人）或者业主

---

① 参见范愉、李浩：《纠纷解决——理论、制度与实践》，249 页，北京，清华大学出版社，2010。

② 宋雪莲：《"消费和谐"，"安全"第一》，载《中国经济周刊》，2007（2）。

委员会与物业服务企业之间因物业管理服务活动而发生的民事纠纷。广义的物业纠纷则指围绕物业及其管理服务而产生的矛盾纠纷，包括业主与开发商之间因物业的面积、质量、保修、配套设施设备等引发的商品房买卖合同纠纷，业主或者物业使用人与物业服务企业之间的物业管理服务纠纷，业主与业主之间因物业的使用、维护、保养而产生的纠纷，业主与业委会之间、业委会成员之间因物业小区自治事务产生的纠纷，甚至包括业主、业委会、业主大会因物业规划、验收、物业监管及政策调整等引发的与政府职能部门的矛盾纠纷。

作为一种新型纠纷解决机制，物业纠纷解决经历了一个从无到有的试错和探索过程。物业纠纷在产生之初主要依靠当事人协商、诉讼或信访等其他公力救济予以解决。不过，由于物业纠纷的自身特点以及相关法律法规的缺位，协商和公权力的支持并不能有效满足当事人解决物业纠纷的现实需求。尤其是，随着物业纠纷日益增加，形式越来越多样，冲突日趋激烈，纠纷双方对于其他纠纷解决方式的需求日益突出。于是，在政府和民间出现了不同的纠纷调解组织。在政府层面，最初主要是各级房屋管理机构增加了对小区物业纠纷的调解职能，如各级房管部门的小区办即是解决辖区物业纠纷的行政机构，后来各地政府又纷纷将人民调解机制引入物业纠纷的解决，成立了不同形式的物业纠纷人民调解委员会；在民间层面，出现了专业的维权人士和机构，专门解决业主和对方当事人（包括物业公司、房地产开发企业甚至政府部门）之间出现的纠纷；同时还出现了政府和民间合作组建的其他形式的物业纠纷解决机构。这些新增机构和组织的共同特点在于以调解作为解决物业纠纷的主要方式。总的来看，目前物业纠纷调解已经包含了人民调解、诉讼调解、行政调解、民间调解等多种形式。

（二）机构设置

从当前的立法和实践来看，物业纠纷调解机构设置涉及人民调解、诉讼调解、行政调解等多个层面，在一些地方还出现了专门性物业调解组织。

1. 物业纠纷人民调解

随着物业纠纷的不断出现，各界对物业纠纷及其解决机制的认知越来越趋向理性化。人民调解因为其特有的优势，纷纷被引入物业纠纷解决中。2007 年 1 月，北京市委副书记强卫在全市司法行政工作会议上提出，人民调解要着重解决物业矛盾纠纷，其中包括业主与开发商的矛盾、小区停车位问题、物业管理费和供暖费收缴等。[①] 同年5月，北京市司法局、市建委会发布了《关于加强人民调解化解物业管理纠纷的指导意见》，联合开展物业管理纠纷人民调解工作，成立了北京市物业管理纠纷人民调解指导委员会，建立了市、区县、街乡和社区四级物业纠纷调解组织。[②] 2007年4月，上海市发布《〈关于规范人民调解组织参与房地产和物业管理纠纷调解的若干意见〉的通知》，规定"人民调解组织负责受理和调解所在地区房地物业纠纷"，并将人民调解组织参与物业纠纷调解纳入年度考核范围。[③] 2009年9月，成都市房产管理局和成都市司法局发布了《关于共同做好物业管理纠纷调解工作的意见（暂行）》，建立了物业纠纷人民调解"三三制"，即社区受理和调解物业管理纠纷后，及时将调解情况书面上报街道（乡镇）人民调解委员会；当事人不服社区调解意见的，街道（乡镇）人民调解委员会及时组织调解；当事人仍不服调解意见的，可向区（市）县物业管理纠纷人民调解委员会申请调解，区（市）县物业管理纠纷人民调解委员会受理申请后及时组织调解。按社区（村）、街道（乡镇）、区（市）县三级，每起矛盾纠纷原则上都应经下一级调委会调解三次，确实都不能化解的，才能逐级上交。[④]

2. 物业纠纷诉讼调解

面对日益增长的物业纠纷案件，一些法院尝试将物业纠纷案件纳入诉前调解。例如，2008年1月，北京市昌平区人民法院联合区司法局、区建委出台《关于建立物业管理纠纷诉前调解机制的实施意见（试行）》，建立专门的物业纠纷人民调解委员会，对于事实基本清楚、争议相对单一、权利义务关系明确的物业纠纷实行诉前调解。[⑤] 上海市黄浦区人民法院2008年开始将业主欠费纠纷纳入诉前调解程序，2009年进一步扩大物业纠纷诉前调解的范围，2010年上半年将受理的全部物业纠纷案件纳入诉前调解。[⑥]

---

① 参见刘砥砺：《北京：今年人民调解重点解决物业纠纷》，载《北京青年报》，2007-01-25。

② 参见钱卫华：《北京成立物业纠纷调委会，实行逐级调解制度》，载《京华时报》，2007-06-15。

③ 参见《〈关于规范人民调解组织参与房地产和物业管理纠纷调解的若干意见〉的通知》（沪司发基层［2008］1号）。

④ 参见成都市司法局《关于共同做好物业管理纠纷调解工作的意见（暂行）》（成房发［2009］127号）。

⑤ 参见屠少萌、刘玉民：《力排纠纷促和谐——北京市昌平区人民法院化解物业纠纷工作纪实》，载《人民法院报》，2010-06-19。

⑥ 参见《法院如何应对物业纠纷》，载《人民法院报》，2010-08-30。

为了集中、快速处理物业纠纷，物业纠纷速裁机制陆续在一些地方出现，强化诉讼调解是其重要内容。例如，2010 年 5 月 21 日，江西省南昌市青山湖区人民法院在民三庭专门设立了物业速裁法庭，由 3 名具有丰富审判经验和调解技巧的审判员及 1 名书记员组成。物业纠纷案件立案后直接转至速裁法庭，审理时先行调解。据称，这是全国首家物业纠纷速裁法庭。此外，上海市徐汇区人民法院等地也陆续成立物业纠纷速裁组或速裁调解小组。①

3. 物业纠纷行政调解

物业纠纷行政调解，是指对物业管理负有监督管理职责的政府职能部门根据物业纠纷当事人的申请或者依据法定职权依法对物业纠纷进行调解或者裁决，据此解决物业纠纷的活动。《物业管理条例》第 49 条规定："县级以上地方人民政府房地产行政主管部门应当及时处理业主、业主委员会、物业使用人和物业服务企业在物业管理活动中的投诉。"各地房地产行政主管部门都有处理小区物业纠纷的职能部门，最普遍的就是各地房地产管理部门的小区办。实践证明，政府职能部门及时介入物业纠纷，对控制事态的发展、有效解决物业纠纷具有积极而重要的作用。不过，目前各层级小区办的工作人员数量有限，相关法律法规和政策缺位或者模糊，这些都妨碍了物业纠纷行政调解作用的充分发挥。

4. 专门性物业纠纷调解

随着物业纠纷的日益增多以及社会各界对物业纠纷解决方式的探索，近年来在一些城市出现了专门性物业纠纷调解机构（个人）。从这些机构的性质来看，既有政府支持和发起的，也有民间设立的。前者如 2005 年 8 月 30 日成立的北京市东城区物业纠纷调解委员会，据称这是北京市首家以解决物业纠纷为宗旨的专业调解组织。该调委会由东城区司法局组建，并得到东城区人民法院的支持和指导，聘请 4 名在房地产和物业管理领域具有丰富工作经验的律师作为首席调解员，专门受理业主与物业管理公司、开发商之间的纠纷。②

2005 年成立的北京市海淀区和谐社区发展中心（GOGO）、2010 年成

① 参见黄辉：《全国首家物业纠纷速裁法庭成立》，载《法制日报》，2010-05-21。

② 参见黄秀丽、王岚：《本市首家物业纠纷调解机构成立》，载《北京日报》，2005-08-31。

立的温州市业主和谐生活研究会[①]、2011年成立的广东省华南和谐社区发展中心（CDCC）等则是民间物业调解机构的代表。以北京市海淀区和谐社区发展中心为例，该中心是依托中国人民大学制度分析与公共政策研究中心成立的、经民政部批准注册的非营利法人社团机构，以研究社区、服务社区、调解物业纠纷、促进和谐为宗旨，物业纠纷调解是其重要的工作内容。[②] 此外，近年来各地还普遍出现了一些专门从事物业纠纷调解的个人。这些人往往自己就是维权业主，有着成功的经验和丰富的谈判技能，逐渐成为比较专业的社区物业纠纷调解人员。例如，北京的舒可心、上海的刘生敏、广州的邹家健等。

5. 物业纠纷联合调解

在推进“大调解”工作机制过程中，各地在强化物业纠纷调调对接、诉调对接方面也进行了许多探索。例如，天津市高级人民法院与市司法局、市国土资源和房屋管理局及市民政局等部门联合会签《关于加强天津市物业管理纠纷调解的意见（试行）》并于2011年3月正式实施，共同探索人民调解、行政调解、司法调解相互衔接的物业管理纠纷调解工作新模式，逐步构建基层为主、分级负责、依法高效、四方联动的物业管理纠纷大调解格局。人民法院在审理物业管理纠纷时，根据实际情况，征得当事人同意，可邀请物业管理行政主管部门或人民调解委员会协助法院进行调解；对诉前未经人民调解委员会调解的，可以委托人民调解委员会进行调解。各级司法行政部门、人民法院、物业管理行政主管部门和民政部门健全沟通协调机制，定期召开联席会议，有针对性地指导物业管理纠纷调解工作。[③] 类似的物业纠纷联合调解机构设置也在其他地方陆续出现。例如，2011年2月12日，上海市金山区区住房保障和房屋管理局、区司法局、区法院共同组建金山区物业纠纷联合调解中心。[④] 2011年3月，渝北区委、区政府组织区法院、区司法局、区国土房管局等部门，建立起区、街镇、社区三级物业纠纷人民调解委员会，联动解决物业纠纷。[⑤]

---

① 参见贾宝元等：《温州有家“业主和谐生活研究会”》，载《法制日报》，2011-06-26。

② 参见该中心官方网站（http：//www.cngoco.org）。

③ 参见张晓敏：《天津多方共建物业管理纠纷调解模式》，载《人民法院报》，2011-03-24。

④ 参见吕蕾：《金山成立物业纠纷联合调解中心》，载《解放日报》，2011-02-16。

⑤ 参见张瑞雪、杨枫：《物业纠纷 渝北求解》，载《人民法院报》，2011-04-16。

（三）实践状况

目前物业纠纷调解仍在发展中，尚缺乏系统的数据材料。不过，从一些地方的统计数据和学术界的实证研究中，可以在一定程度上了解当前我国物业纠纷调解的实践状况。

1. 调解效果

北京：北京市物业管理纠纷人民调解指导委员会在成立一年多的时间中共受理物业管理矛盾纠纷 6 863 件，成功调解 5 147 件，成功率 75%。此类纠纷的诉讼和信访量明显下降。[①] 范愉教授在《纠纷解决的理论与实践》中提供了北京市东城区物业纠纷调解委员会运作的相关情况。从 2005 年 11 月至 2006 年 11 月间，该调解委员会接受来电咨询 44 件、来访 166 件，受理纠纷 82 件，实际调解纠纷 75 件，转到其他部门 7 件，涉案标的总额 14.17 万元。当事人自行和解 15 件，制作调解协议书 7 件，达成口头协议 10 件，调解成功率约为 43%。在一方当事人不同意调解或经调解达不成调解协议时，由首席调解员向利益确实受到损害的当事人出具法律意见书 36 份。涉及纠纷的类型和数量分别为：业主与物业公司费用纠纷 44 件；管理服务 16 件；业主之间扰民纠纷 2 件；损害赔偿 3 件；业主与开发商房屋质量纠纷 10 件；合同纠纷 3 件；其他纠纷 4 件。[②] 北京市司法局 2010 年 7 月 1 日发布的模范人员事迹报告进一步丰富了东城区物业纠纷调解委员会调解的情况。2005 年 8 月至 2010 年 7 月，该调解委员会以连艳律师为首的调解团队共接受物业纠纷咨询 300 次，调解四百余件，调解成功三百余件。[③]

上海：黄浦区人民法院 2009 年共有 559 件物业纠纷进入诉前委托人民调解程序，调解撤诉案件达 503 件，调撤率达到 89.98%。2010 年上半年，该院受理的全部 353 件物业纠纷案件纳入诉前调解，调解撤诉案件达 333 件，调撤率达到 94.33%。[④]

江苏：2009 年至 2011 年 3 月，苏州各类人民调解组织共受理物业纠纷 1 976 件，其中大部分是在基层人民调解组织化解的。2009 年、2010 年、2011 年前 3 月，镇（街道）人民调解组织的物业纠纷受理数分别占物业纠

---

① 参见张太凌：《物业纠纷七成多调解成功》，载《新京报》，2008-06-27。

② 参见范愉：《纠纷解决的理论与实践》，503 页，北京，清华大学出版社，2007。

③ 该数据来源于北京市司法局网站，http：//www.bjsf.gov.cn/jcsf/jcsfsjxlh/201007/t20100701_1445864.html，最后访问日期：2011-08-29。

④ 参见《法院如何应对物业纠纷》，载《人民法院报》，2010-08-30。

纷总数的 36.25%、14.35%、9.52%，村（社区）的受理数分别占 29.50%、70.34%、77.14%，村（社区）物业纠纷受理比重增加，市（区）人民调解组织受理物业纠纷分别只有 7 件、8 件和 0 件。[①]

浙江：杭州市下城区是老城区，物业纠纷以每年千件以上数量增长。区物业调解委员会成立当年，共调解物业纠纷 1 457 件，防止群体性上访 44 件。[②] 宁波市宁海区人民法院通过诉前调解，2009 年共处置物业纠纷案 400 件，2010 年前 10 个月已处置九百多件，增幅超过 200%，因调解不成最终进入诉讼程序通过判决处理的不到总数的 10%。[③]

由此可见，当前物业纠纷调解取得了一定的效果。不过，上述统计资料无法提供有关物业纠纷调解的完整图景，从整体上来判断物业纠纷调解的成效尚为时过早，而从目前的一些材料来看，调解在物业纠纷解决中的适用率还有待提升。以北京市海淀区为例，有学者通过实地调研发现，海淀区人民法院 2004 年至 2006 年受理的物业纠纷案件数量分别为 600 件、1 037件和 1 752 件，2007 年仍在增加。各级人民调解组织 2004 年至 2006 年调解的物业纠纷案件数量分别为 213 件、334 件和 353 件，2007 年增幅不大。

从图 4—40 可以看出，北京市海淀区人民调解组织调解的物业纠纷数量远远低于法院受理案件的数量。事实上，据北京市高级人民法院的统计，法院物业类案件收案量逐年增大，2002 年一审收案 4 010 件，到 2006 年突破 3 万件，增长了近八倍，占民事案件的比例也由 2.7%上升到 11.6%。[④] 可以说，调解尚未成为物业纠纷解决的主要方式。

2. 纠纷解决方式选择意愿

当事人纠纷解决方式选择意愿对于考察物业纠纷调解机制的效果具有重要的指标意义。2006 年 3 月至 2007 年 12 月，北京市海淀区和谐社区发展中心对北京市 138 个物业小区进行了调查研究。调研以一个物业小区为一个调查单位，采用“偶偶抽样”和大样本相结合的方式（见图 4—41）。

另外，有学者对珠江三角洲区域 7 个城市近两千户物业小区居民进行

① 参见张帅：《新支点能否撬动物管困局》，载《苏州日报》，2011-06-30。

② 参见陈东升、王春芳：《浙江创新专业调解组织 去年化解矛盾纠纷 7 万件》，载《法制日报》，2010-04-08。

③ 参见董小军等：《物业纠纷两年发案万余起》，载《宁波日报》，2010-11-23。

④ 参见张盈：《解决物业纠纷可享“免费餐”，北京成立专门调解机构》，载《法制晚报》，2007-06-15。

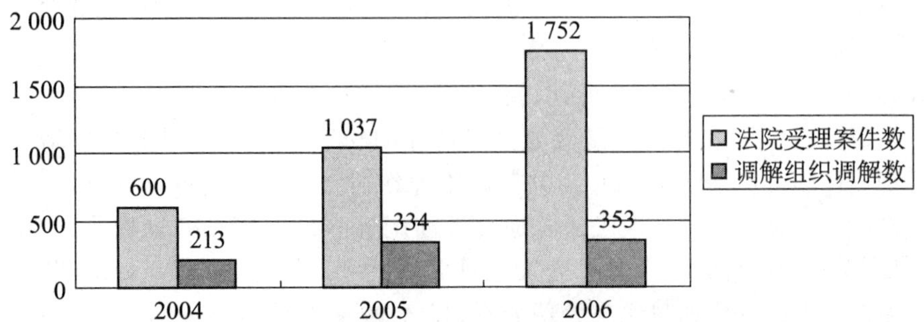

图 4—40　2004—2006 年北京市海淀区人民法院以及该区各级调解组织受理的物业纠纷数量对比

资料来源：陈奔、保雪松：《试论 ADR 在解决我国物业纠纷中的作用》，载《云南大学学报（法学版）》，2009（1）。

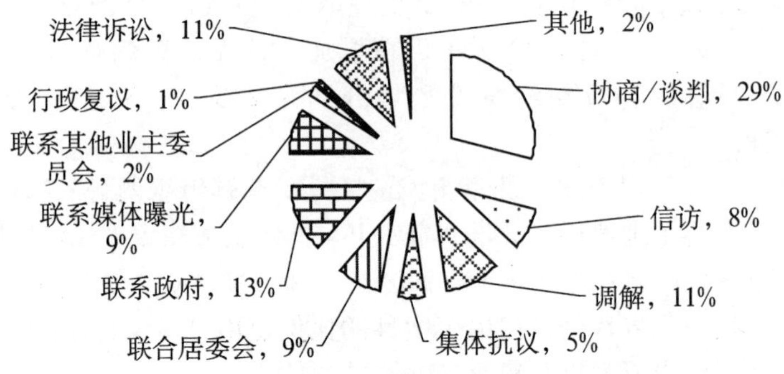

图 4—41　北京市物业纠纷业主解决方式选择调查

资料来源：赵静：《物业纠纷解决机制研究》，34 页，中国人民大学硕士学位论文，2008。

了调研，社区类型包括高档商品房住宅小区、普通商品房住宅小区和经济适用房住宅小区，调查对象以业主为主，共发放问卷 3 000 份，最后回收有效问卷 1 863 份，有效回收率为 62.1%（见图 4—42）。

图 4—41 表明，在北京市海淀区和谐社区发展中心调查的北京市业主中，29%选择协商/谈判，位居各种纠纷解决方式的榜首；其次为联系政府，比例为 13%；调解和法律诉讼并列第三，均为 11%。珠江三角洲区域的调查在设计时没有采用协商、谈判、诉讼等选项，但从图 4—42 可以看出，向小区物业管理部门交涉、向业主委员会反映、向街道办事处投诉和向消费者委员会投诉的比例较高，选择法律申诉或者其他方式的较少。鉴

于前几种途径大多采取调解的方式，这在一定程度上说明了物业纠纷当事人对调解期望较高，调解有较大的发展空间和现实基础。

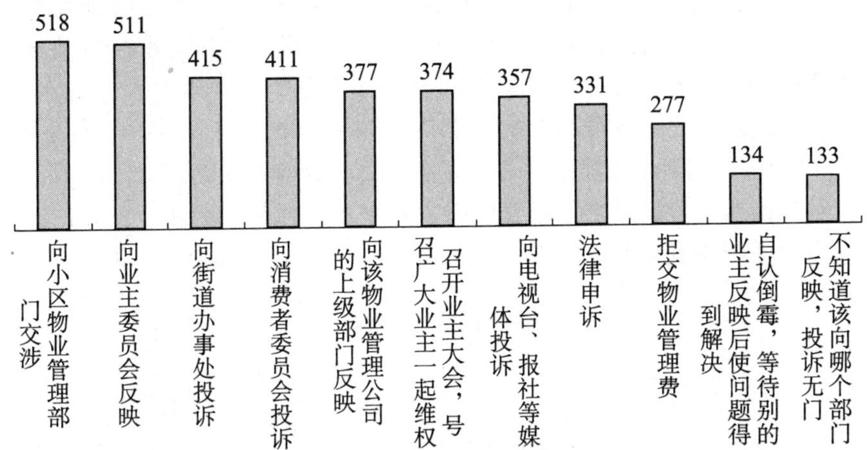

图 4—42 珠江三角洲区域居民物业纠纷解决方式选择调查

资料来源：漆国生：《社区物业管理纠纷化解机制研究——以纠纷化解的选择性和有效性为视角》，载《广东社会科学》，2010（4）。

3. 物业纠纷发生原因

考察物业纠纷发生原因对于了解物业纠纷调解面临的状况，尤其是前文表明的人们的预期与调解适用现状的落差，具有重要的参考价值。2006年，北京市政协曾协同8个民主党派和市工商联进行了为期3个月的调研，并于当年7月11日发布了《关于北京市居住小区物业管理问题的调研报告》。该调研报告分析了造成了物业纠纷的几个原因：（1）大部分物业纠纷源于开发商遗留问题；（2）收费难困扰物管行业；（3）九成小区没设立业主大会；（4）物管企业服务良莠不齐；（5）政府职能缺位，导致物业纠纷难解决；（6）法律法规不完善，导致管理问题久拖不决。①

其后，一些研究机构和研究人员围绕着物业纠纷发生原因也进行了多次调研。例如，2006年3月至2007年12月，北京市海淀区和谐社区发展中心就此对业主进行了调研。此次调研区分了成立业主委员会的小区和未成立业主组织的小区，两者的样本数量分别为114个和21个。问卷调查有

① 参见郑谢：《北京市政协调查报告：六大问题造成物业纠纷》，载《社区》，2006（15）。

关纠纷类型的设计主要包括开发商遗留问题、物业管理、业主内部、政府行政四大块。其中，开发商遗留问题主要包括销售承诺、规划变更、配套设施、公摊面积、建筑质量、房产证等问题。物业管理问题主要涉及水电暖气、保洁/绿化、保安/安全、物业管理费、小区内交通与车位以及物业占用小区公共收益。业主内部问题包括业主滥权、组织事务和邻里纠纷。政府行政问题主要是指导与备案（筹备/选举/招标）。从图 4—43 和图 4—44 可以看出，调研结果显示是否成立业主委员会等业主组织对于物业纠纷产生的原因有一定的影响，但总体而言，物业公司的问题和开发商遗留的问题是物业纠纷发生的主要原因。

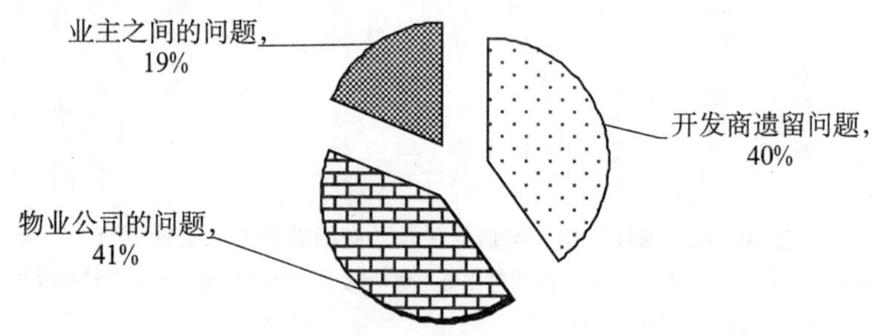

图 4—43　北京有业主组织小区物业纠纷来源

资料来源：赵静：《物业纠纷解决机制研究》，19 页，中国人民大学硕士学位论文，2008。

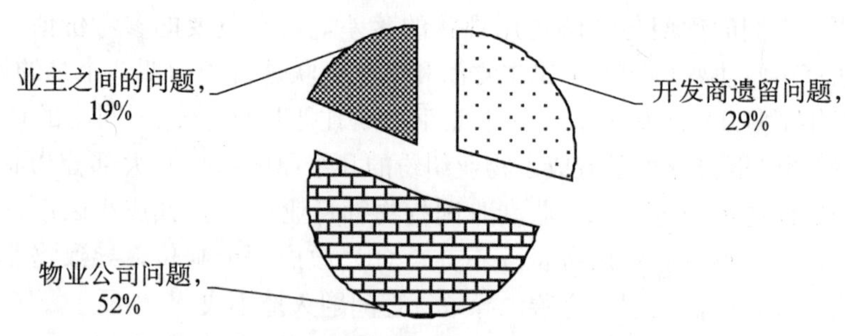

图 4—44　北京无业主组织小区物业纠纷来源

资料来源：赵静：《物业纠纷解决机制研究》，23 页，中国人民大学硕士学位论文，2008。

当然，物业纠纷的产生原因不限于上述调查的几个方面，全面了解纠纷产生原因也不能仅凭借对业主的调查，还必须考虑到纠纷的另一方当事人——物业管理公司以及物业相关管理部门和解纷主体。杨爱兵于 2007 年

7月至10月对北京市31个小区进行了调研，涉及北京市城八区[①]，分别选取每个区内的商品房、经济适用房、回迁房、旧小区等不同的物业小区，调研对象涉及居委会工作人员、物业公司工作人员、小区居民（业主）、业委会人员以及相关基层管理部门，包括街道办事处工作人员、司法所工作人员等。2008年12月又进行了一次补充调研，问卷调查涉及北京市十一个区县（城八区及昌平、通州、房山）62个小区。两次调研有关物业纠纷产生原因的结果见表4—28。遗憾的是，两次调研收回的有效问卷分别只有74份和93份，样本较少，覆盖面有限。但从图4—45可以看出，不同的受访对象均认为，“开发商遗留问题”，“物业管理不规范、不到位”，“业主花钱买服务的意识没有确立”位居物业纠纷发生原因的前三位。这在一定程度上也印证了前述几项调查的结论。

表4—28　北京市业主、物业公司、居委会、司法所对物业纠纷发生原因的认知

	业主	物业公司	居委会	司法所
业主自治能力较弱	32.30%	17.60%	4.20%	25%
业主花钱买服务的意识没有确立	36.60%	52.90%	25%	41.70%
物业管理不规范、不到位	68.80%	17.60%	62.50%	58.30%
业主大会、业主委员会不能规范运作	31.20%	23.50%	20.80%	25%
开放商遗留问题	43%	76.50%	75%	83.30%
居委会未有效发挥作用	25.80%	11.80%	12.50%	0
街乡基层政府介入小区管理力度不够	10.60%	35.30%	37.50%	0
物业管理企业与业主委员会关系不协调	25.80%	11.80%	8.30%	8.30%
业主委员会与业主之间关系不协调	7.50%	0	8.35%	0

资料来源：杨爱兵：《业主组织与物业小区善治——以北京市物业小区为样本》，86页，中国人民大学博士学位论文，2009。

4. 物业纠纷调解面临的问题

（1）利益关系复杂

物业纠纷涉及社区居民与业主的日常生活，纠纷各方的关系（包括物业公司与业主的关系、物业公司与物业公司员工的劳动关系、居民与物业

① 2010年7月1日，国务院批复了北京市政府关于调整首都功能核心区行政区划的请示，北京市东城区和崇文区合并仍称“东城区”，西城区与宣武区合并仍称“西城区”，2010年7月1日之前的调研，本报告仍然使用“城八区”，包括朝阳区、海淀区、丰台区、石景山区、西城区、东城区、宣武区和崇文区。

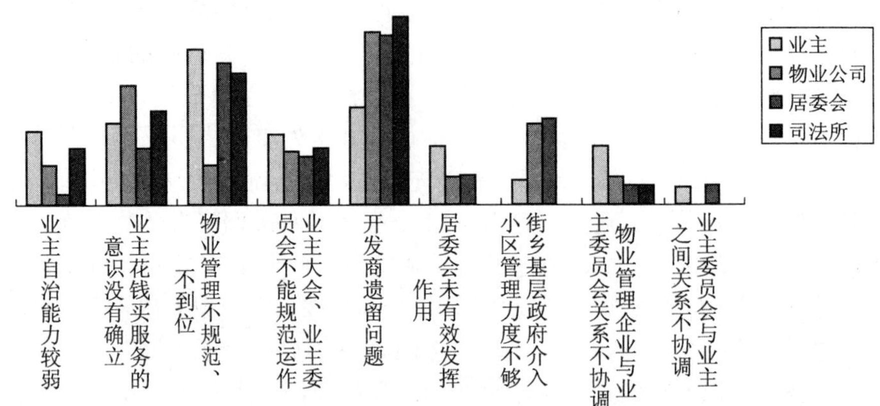

图 4—45　北京市业主、物业公司、居委会、司法所对物业纠纷发生原因的认知

管理企业员工的关系、居民之间的关系等等）错综复杂，并非简单的消费关系，并涉及重要的社会公共利益。① 前面有关纠纷发生原因的调查已经表明，除了业主之间的矛盾以外，大量纠纷都与物业管理公司提供的服务甚至是开发商遗留下来的问题相关。在某种程度上可以说，物业纠纷的妥善解决不仅取决于纠纷解决机制的顺畅，从根本上来说尚依赖于良好的社会土壤、公民素养和制度环境的培育。在目前上述条件尚未成熟的情况下，调解确实具有灵活性、协商性等优势，但其出现时间尚短，如何充分调用各种社会资源以促使当事人合意的形成，尚有待于实践探索、经验总结和相关制度建设。

（2）相关法律和制度的缺位

物业纠纷是一种较为新型的纠纷类型，我国现行法律制度对于当事人的权利义务在许多方面缺乏明确的规定，同时也没有提供适应实践需求、切实可行的物业管理模式和纠纷解决机制。尤其是，《物业管理条例》对物业纠纷的发生估计不足，不仅没有设定专门性的解纷机制，而且对政府和主管行政机关的职能和介入，包括职权、介入方式等缺乏明确的规定；业主委员会与居民委员会的关系也没有理顺。在物业纠纷大量发生之际，社会往往只能听任混乱局面的发生和持续；或者放任当事人双方博弈、自力救济或诉诸司法。

① 参见范愉：《纠纷解决的理论与实践》，499 页，北京，清华大学出版社，2007。

(3) 当事人及社会公众的意识

从前述杨爱兵的调查中可以发现，“业主花钱买服务的意识没有确立”是北京市物业纠纷发生的主要原因之一。在各类受访者中，有 52.9%的物业公司工作人员、41.7%的司法所工作人员和 25%的居委会工作人员选择了此项。即便是业主自己，也有 36.6%的受访者选择了此项，其比例仅次于“物业管理不规范、不到位”。在实践中，许多业主往往拒交物业费，并缺乏沟通能力和调解的诚意。① 尤其是，从整体上来看，目前社会氛围缺乏对物业纠纷性质、起因、解决原则的正确和客观理解，媒体和法学界往往在纠纷发生时推波助澜，用简单的维权、支持弱势群体的意识形态话语或消费关系进行诠释，容易激化矛盾，增加纠纷解决的难度，直至将当事人推向法庭，使问题陷入僵局。

(4) 调解机构和人员自身的问题

从前文来看，目前我国许多地方在物业纠纷调解机构建设提升方面做了有益的探索。一些地方尝试着在人民调解、行政调解、诉讼调解等基础上做了许多尝试，有些地方甚至还成立了专门性的物业纠纷调解机构和调解人员，取得了良好的效果。不过同时也暴露出一些问题。以北京市东城区物业纠纷调解委员为例，该调委会主要由律师担任调解员，在当前的社会背景和北京这一特定地区内显然具有合理性，因为纠纷双方当事人往往缺乏协商能力和诚意，法律的判断对于纠纷解决具有至关重要的作用和权威性。但是，律师并非物业管理和社区问题的专家，其职业特点和思维方式在调解中亦有欠缺甚至负面作用。② 此外，目前许多民间调解机构和调解人员大多以帮助维权为目标，倾向于维护业主利益，其中立性容易遭到质疑。这些因素也制约了物业纠纷调解的发展。因此，如何加强物业纠纷调解机构的专业性和公信力，提升调解人员的素质，也是关系到物业纠纷调解发展的一个重大问题。

---

① 《新京报》曾于 2007 年在北京社区联盟中的五十余家社区网站及搜房网中发放调查问卷，调查共获得 137 个社区的有效样本 235 个。调查显示，50.2%受访者足额缴纳小区物业费；12.8%的受访者不满现状，完全不缴纳。只有 4.3%的受访者所在小区物业费“基本人人缴纳，收取很理想”，40.2%的受访者反映所在小区“有相当一部分拒交”。在有业主拒交物业费现象的小区中，有 62.1%的受访者曾遇到过其他业主发动自己拒交物业费。52.3%的受访者明确表示，如物业费过高或物业公司不能提供合同上约定的服务就会“拒交物业费”。除拒交物业费外，受访者与物业进行交涉的方式，通过业主委员会与物业交涉的只占 8.9%，多数选择单独交涉或将物业告上法庭。参见张媛等：《八成受访者：“物业费不值”》，载《新京报》，2007-11-22。

② 参见范愉：《纠纷解决的理论与实践》，503 页，北京，清华大学出版社，2007。

（四）发展前景

物业纠纷与人们的生活关联度高，其处理往往与传统的邻里关系相似，需要通过非对抗性处理方式以维系其关系的和谐和稳定。与此同时，物业纠纷又具有一定的专业性，尤其是物业管理服务、公共设施权属、物业收费等问题及其处理并非在任何情况下都可以通过常识进行判断、评估和计算。尽管目前我国物业纠纷激增，相关解决方式尚处于不断的发展、博弈和整合过程中，但调解的优势极为明显，从长远看有很大的发展空间。第一，调解有助于促使物业纠纷当事人合意的达成。由于有了第三方的介入，调解往往能够弥补物业纠纷当事人实力不对等的状况，进行斡旋调停，缓解双方的矛盾，进而促使纠纷得到合情合理的解决。第二，调解可以有效地借助专业力量。无论是专门性的物业纠纷调解机构，还是聘请专业人士充当人民调解员或者法院将纠纷委托给专门机构进行调解，都可以有效地促进纠纷双方有效地进行沟通，为纠纷双方提供切合实际的建议或纠纷解决方案。第三，调解成本较低。调解程序简便，有助于社会关系和邻里关系的维持，在经济成本和道德情感成本上都具有相当的优势，而且调解解决的纠纷往往容易得到执行。第四，调解方式灵活。无论是人民调解、法院调解、仲裁调解还是专门性的调解机构或者调解人员都有着各自的优势。尤其是在当前推进大调解工作机制过程中，调调对接、诉调对接有助于节省纠纷解决的时间和成本，而且不同部门和机构之间的合作也可以提升调解的公信力和成功率。事实上，物业纠纷在多数国家均属于协议和自治处理或强制调解范畴，通常被限制进入正式司法程序。①

当然，肯定上述发展前景并不意味着否认当前物业纠纷调解所存在的问题。从本报告的介绍来看，目前物业纠纷调解能否健康有序地发展尚取决于相关法律制度的健全，尤其是物业管理模式和多元化纠纷解决机制的完善，取决于物业管理公司自律机制、业主理性维权意识的提升等诸多因素。因此，物业纠纷调解的发展有赖于在实践中不断探索。而从目前来看，或许可以尝试从物业纠纷主管行政部门、业主、居委会、物业管理行业协会、物业管理公司、律师等其他专业人士中选任调解员，以加强调解机构的专业化建设和提高调解人员的素质；同时可以将加大物业纠纷的诉前委托调解，甚至试点将调解作为物业纠纷的强制诉前调解程序。

---

① 参见范愉：《纠纷解决的理论与实践》，500 页，北京，清华大学出版社，2007。

二、医疗纠纷调解

(一) 概述

医疗纠纷调解，是指在中立的第三方的介入下，医疗纠纷双方当事人自愿协商，达成和解，解决医疗纠纷的活动。对于医疗纠纷，目前实务界和理论界并没有形成一个统一的界定。从最广义的角度来看，医疗纠纷是指医院和医生在医疗过程中由于各种原因导致的与患者之间的民事纠纷。[①]医疗纠纷通常包含以下几个要素：(1) 从纠纷当事人来看，通常发生在医患之间；(2) 从纠纷的内容来看，通常是围绕医疗过程发生的、因医疗过失或者医疗服务引起的纠纷；(3) 从法律关系来看，具有一定的复合型，可能同时涉及多种法律关系，出现多种法律责任的竞合；(4) 从处理过程来看，事关医疗秩序、医疗资源和医疗技术，其归责和赔偿与一般民事侵权损害赔偿有所不同。[②]

随着社会的发展和医疗条件的改善，医疗纠纷在我国已经成为一种多发性的纠纷类型。据 2008 年的报道，卫生部统计数据显示，全国每年发生的医疗纠纷逾百万起，平均每年每家医疗机构医疗纠纷的数量在 40 起左右。[③] 从一些地方的数据来看，医疗纠纷数量迅猛增长。例如，据不完全统计，北京市医患纠纷每年以 35%的速度递增，72%的医院出现过“医闹”[④]。江西省南昌市各医院 2008 年至 2010 年医疗纠纷数量分别为 107 例、121 例和 315 例。[⑤] 广东省医疗纠纷近年来也以每年近 30%的速度增加。[⑥]

就医疗纠纷解决机制而言，我国经历了一个较长的探索发展期。有人曾经对此进行了简要的概括：新中国成立初期，相关医疗纠纷主要由法院处理，很多案件未经鉴定就被认为是医疗事故；从 20 世纪 50 年代末到 70 年代中后期，医疗纠纷主要由卫生行政部门处理，法院基本不介入；1978

---

① 参见范愉主编：《多元化纠纷解决机制》，587 页，厦门，厦门大学出版社，2005。

② 参见范愉、李浩：《纠纷解决——理论、制度与实践》，262～263 页，北京，清华大学出版社，2010。

③ 参见张有义：《卫生部拟重点推行人民调解制度》，载《法制日报》，2008-11-02。

④ 汪丹：《医疗纠纷有了“中立”调解委员会》，载《北京日报》，2011-05-31。

⑤ 参见全来龙：《南昌医疗纠纷三年增长，亟待解决》，载《新法制报》，2011-01-25。

⑥ 参见赵安然：《广东每年增加三成医疗纠纷》，载《信息时报》，2011-02-23。

年至 80 年代后期，随着全国法制建设的加强，对医疗纠纷的正确处理也逐步走向理性、有序，医疗卫生系统和法院系统“医法结合”处理医疗纠纷呈现雏形。[①] 1987 年 6 月 29 日，国务院发布了《医疗事故处理办法》，成为当时处理医疗事故的基本依据。2002 年 4 月 4 日国务院公布了《医疗事故处理条例》并于同年 9 月 1 日起正式实施，该条例取代了《医疗事故处理办法》，条例第 46 条规定：“发生医疗事故的赔偿等民事责任争议，医患双方可以协商解决；不愿协商或者协商不成的，当事人可以向卫生行政部门提出调解申请，也可以直接向人民法院提起民事诉讼。”由此，我国初步确立由协商、行政调解和诉讼等构成的多元化的医疗事故纠纷解决机制。其后，随着医疗纠纷处理的现实需求和多元化实践的发展，仲裁、民间调解等其他纠纷解决机制陆续建立，2009 年《侵权责任法》的通过使得医疗纠纷处理的法律规则进一步完善。不过，总体看来，目前我国医疗纠纷解决的制度构建和基本法律体系并未完成，仍处在不断探索和发展过程中。其中，调解制度的发展尤其引人注目。

（二）机构设置

目前，我国各地医疗纠纷调解机制机构设置方面进行了许多尝试。尽管改革尚未完成，各种机构的运作情况也有待于进一步观察和评估，但总体来看，已经初步形成了一个由专业性民间调解、人民调解、行政调解、诉前调解、仲裁调解等构成的医疗纠纷调解体系。

1. 医疗纠纷人民调解

2006 年，上海市开始探索医患纠纷人民调解工作，由政府出资成立医患纠纷人民调解委员会，调解员由律师、医师和退休的司法人员担任。2008 年 7 月，上海市司法局与市卫生局联合发布《关于规范人民调解组织参与医患纠纷调解的若干意见》。截至 2010 年年底，上海相继有 15 个区县开展了医患纠纷人民调解工作。[②] 2006 年 10 月 12 日，山西省医疗纠纷人民调解委员会成立，该调解委员会是山西省科协主管，省心理卫生协会领导的社会组织，与卫生行政部门没有隶属关系。当发生医疗纠纷时，医疗

① 参见邱爱民：《论我国医疗纠纷处理中二元化现象的历史与终结》，载《扬州大学学报（人文社会科学版）》，2011（5）。

② 参见刘栋：《沪各区县均已成立医调委 人民调解有效缓冲医患纠纷》，载《文汇报》，2011-08-23。

机构或患者可向医疗纠纷人民调解委员会提出申请。[①] 2006 年 11 月 20 日，北京市丰台区长辛店街道办事处医患纠纷调处站成立，调处站由 9 人组成，包括当地街道司法助理员、人民调解委员会主任、律师以及社会志愿者，但均不具有医学专业知识。[②] 2009 年 2 月 1 日，天津市医疗纠纷人民调解委员会挂牌成立。该委员会隶属于天津市人民调解员协会，接受天津市司法局的指导，拥有调解员 12 人，其中 7 人为卫生、政法系统退休同志，具有丰富的临床医学、法学知识和处置医疗纠纷的工作经验；5 人为法律或医事法学专业大学毕业生。此外，还聘请了 136 名医学专家、10 名司法鉴定人、10 名律师、9 名优秀人民调解员组成医疗纠纷专家咨询委员会。[③]

由于人民调解不收费，分布范围广泛，快捷便利，在医疗纠纷调解方面具有相当明显的优势。在各地实践的基础上，2010 年 1 月司法部、卫生部、保监会联合出台了《关于加强医疗纠纷人民调解工作的意见》，要求根据新形势需要将人民调解机制正式引入医疗纠纷的解决，并对医疗纠纷人民调解的性质、人员组成、财政支出、工作方法、人员培训等进行了规范，医疗纠纷人民调解组织“办公场所、工作经费应当由设立单位解决。经费不足的，各级司法行政部门按照财政部、司法部《关于进一步加强人民调解工作经费保障的意见》的要求，争取补贴”，并“注重吸纳具有较强专业知识和较高调解技能、热心调解事业的离退休医学专家、法官、检察官、警官，以及律师、公证员、法律工作者和人民调解员……逐步建立起专兼职相结合的医疗纠纷人民调解员队伍”，这一规定解决了以往医疗纠纷人民调解所面临的经费和人员问题，有力地推动了各地医疗纠纷人民调解工作的广泛开展。

2. 医疗纠纷行政调解

《医疗事故处理条例》第 48 条规定，已确定为医疗事故的，卫生行政部门应医疗事故争议双方当事人请求，可以进行医疗事故调解。调解时，应当遵循当事人双方自愿原则，并应当依据本条例的规定计算赔偿数额。经调解，双方当事人就赔偿数额达成协议的，制作调解书，双方当事人应

① 参见沈佳：《全国首家省级医疗纠纷专业调解机构在并成立》，载《山西日报》，2006-10-13。

② 参见《首家医患纠纷调处站试水 丰台一波三折》，载《新京报》，2006-12-19。

③ 参见刘冬梅：《五大举措让医疗纠纷降下来》，载《天津日报》，2009-12-23，第 11 版。

当履行；调解不成或者经调解达成协议后一方反悔的，卫生行政部门不再调解。应当说，行政调解在解决医疗纠纷方面具有专家优势，有助于快速、有效地解决纠纷。不过，《医疗事故处理条例》并没有就调解机构设置、人员构成、标准程序、期限等作出规定。在实践中，大多数地方的医疗纠纷行政调解通常由卫生局的医政科（股）负责，有相对固定的人员但没有设置专职的调解人员，也没有成立专门的调解机构。①

3. 医疗纠纷诉前调解

面对医疗纠纷案件增长速度快、医患双方对抗性强、案件审理周期长、判决后上诉率高等问题，各地法院在实践中积极推进医疗纠纷诉前调解。上海市徐汇区法院自 2007 年 10 月开始建立医疗纠纷诉前调解机制，一旦有当事人为医疗纠纷起诉至法院，法院先不立案，征得双方同意后委托人民调解。一方如果要求作医疗事故鉴定，由医院垫付鉴定费，直接到鉴定机构作鉴定。根据鉴定结果，再由当事人决定这场官司是否继续打下去。② 广东省潮州市湘桥区则建立了由司法局、卫生局、法院等部门为主要成员的区综治中心医疗纠纷诉前联调人民调解委员会，作为区综治中心的下设机构，按照“属地管理”和“谁主管、谁负责”的原则，专职调处辖区内医疗纠纷，并采取由区综治中心主任直接指挥，各镇街综治信访维稳中心联动配合，该委员会以独立第三方参与纠纷调解的网络化管理模式。③ 2008 年 4 月，北京市西城区人民法院推出“医疗纠纷诉前调解制度”，医患双方在发生纠纷后，医疗机构或患者都可以主动向对方提出适用“医疗纠纷诉前调解制度”解决赔偿问题。在双方均同意的情况下，各自领取《医疗纠纷诉前调解制度告知书》，并提交法院。如果医患双方能够自行协商达成赔偿协议，可以向法院提出申请，由法院对赔偿协议进行审查并确认，出具赔偿协议确认书。如若双方无法自行协商解决的，则可申请由法官在诉讼前进行调解，调解成功的，将由法院出具民事调解书，法官的调解工作将不收取任何费用。只要是法院确认的赔偿协议书或民事调解书，就有了法律效力，如一方不履行协议，对方可以到法院

① 参见舒广伟：《现行医疗纠纷行政调解制度的实证分析——以安徽省某市为例》，载《安徽大学学报（哲学社会科学版）》，2008（6）；赵云：《也谈我国医疗纠纷行政调解机制》，载《中国卫生法制》，2010（2）。

② 参见侯荣康、刘建：《医患纠纷诉前调解制最快一天审结》，载《法制日报》，2008-01-31。

③ 参见邓新建、邓珺、邱瑞：《调处成功率协议履行率均 100％潮州医疗纠纷诉前调解患者买账院方认可》，载《法制日报》，2011-05-15。

申请执行。[①]

4. 医疗纠纷仲裁调解

为了妥善处理医疗纠纷，一些地方的仲裁委员会也充分发挥自身优势，设立专门机构从事医疗纠纷调解。例如，2006 年 7 月，山西省太原仲裁委员会成立医事纠纷调解中心，专司医事纠纷调解仲裁，一年多来参与调解医疗纠纷九十余起，调解成功 60 起，有效化解了医患纠纷，促进了医患之间相互理解。[②] 2006 年 12 月 8 日，天津仲裁委员会医疗纠纷调解中心正式挂牌。该中心是天津仲裁委员会下设的一个分支机构，聘请医学、法学专家专门从事医疗纠纷调解工作。这些仲裁员、调解员都是兼职的，与仲裁机构没有隶属关系。根据《天津仲裁委员会医疗纠纷调解规则》，发生纠纷的医患双方在自愿基础上达成将纠纷提交调解中心调解的协议。调解中心受理后，再由当事人选择或者委托调解中心主任指定的调解员，根据事实和法律规定，及诊疗护理规范、常规，公平合理地解决纠纷。当事人经调解达成协议或者自行和解的，均可以请求仲裁委员会制作仲裁调解书或者根据和解协议作出裁决书，实现“一裁终局”[③]。

5. 专业性民间医疗纠纷调解

目前我国各地出现的专业性民间医疗纠纷调解机构有多种形式，主要包括医疗保险机构指定或者资助的调解机构、非营利性调解机构以及营利性调解机构三种类型。

（1）医疗保险机构指定或资助的医疗纠纷调解机构

2005 年 1 月起，根据《北京市实施医疗责任保险的意见》，公立医院必须按照规定参加医疗责任保险。为配合市政府、卫生局实施医疗责任保险，在医院和患者之间起到桥梁和纽带的作用，北京市目前设立了两家专门性医疗调解机构：北京卫生法研究会医疗纠纷调解中心和北京医学教育协会纠纷调解中心，分别承担人保、太平两家保险公司参保医院与患者之间的“医疗纠纷”的调解工作。截至 2006 年年底，这两家调解中心已经覆盖北京市 60%以上的公立医院。两家医疗纠纷调解中心都拥有一个由医学、法学专家组成的专、兼职专家团队，在接到医疗纠纷调解的申请后，中心经

① 参见李松、黄洁：《北京西城区法院首推“医疗纠纷诉前调解制度”医患纠纷诉前可到法院免费调》，载《法制日报》，2008-04-21。

② 参见张文祥、刘晖因：《医疗纠纷仲裁：裁出医患和谐?》，载《济南日报》，2008-06-02。

③ 刘冬梅：《解决医疗纠纷开辟“快速路”》，载《天津日报》，2006-12-12。

过调查取证确认属于医疗责任保险范畴，予以受理并进行调解。调解不收取任何费用，调解中心的经费由保险公司从保险费中提取一定比例按月支付。这种模式的医疗纠纷调解中心陆续在吉林省、江苏省苏州市等地成立。①

（2）非营利性医疗纠纷调解机构

非营利性医疗纠纷调解机构的典型是 2003 年 12 月依据江苏省民政厅和省司法厅的批复成立的民康医疗纠纷法律咨询服务所，其成立目的在于通过调解实现医患双方的良好沟通、化解矛盾。这个专业性的医疗纠纷调解机构主要针对患者一方，设有专家库，聘请来自非治疗单位的医学专家和法学专家为当事的患者当“参谋”，对患者的全部诊疗程序进行分析，找出可能存在的治疗失误，为患者提出适当的建议并进行调解。该服务所的性质为“民办非企业”，患者咨询一次只收取 50 元。当然，仅凭这些咨询费用显然无法维持服务所的正常运作，不足部分由该服务所的母体南京民康健康管理咨询服务有限公司提供支持。②

（3）营利性医疗纠纷调解机构

2004 年 11 月成立的天津市金必达医疗事务信息咨询服务有限公司则是营利性医疗纠纷调解机构的代表。该公司的性质为私营独资企业，与天津仲裁委员会联合成立的天津仲裁委员会医疗纠纷调解中心进行调解，患者需要缴纳医院最终赔款的 10%作为报酬。调解成功之后，如果双方自愿，还可以由天津仲裁委员会进行仲裁。目前，该公司聘请了一批优秀的专业人员，其中具有多年临床经验、副主任以上职称的各科医疗专家就有五十多人，擅长医疗纠纷的律师二十多人，法医 5 人。具体运作程序包括：第一，患者或者其家属必须跟公司签订一份正式合法的授权委托书，该委托书还要到南开区公证处进行公证。第二，必须出具完整的病历。相关专家会认真分析病历，作出初步责任认定。第三，根据认定结果，采取调解或诉讼的方式。据统计，该公司成立至 2008 年年底，已经接待医疗纠纷咨询

① 参见修金来：《第三方化解医疗纠纷的探索》，载《中国医院院长》，2006（1）；戴洁：《江苏首家医疗纠纷调解中心成立》，载《江南时报》，2006-08-02；郭齐祥、文日炫：《发挥医疗责任保险功能 有效化解医疗纠纷——吉林省医疗纠纷协调处理工作调研报告》，载《中国医院管理》，2008（11）；钟伟连、张昕、李阳：《惠州医疗纠纷第三方调解机构成立进度受质疑》，载《南方日报》，2011-08-11。

② 参见浦陆燕、张星：《南京医疗冲突猛增　首现医患纠纷调解专人》，载《现代快报》，2004-12-28。

案例1万余件，成功调解和诉讼医疗纠纷三百余起。其中，本市医疗纠纷占九成。[①]

（三）实践状况

1. 适用范围[②]

在我国，医疗纠纷主要分为三类：

其一，医疗事故。《医疗事故处理条例》第2条规定，"……医疗事故，是指医疗机构及其医务人员在医疗活动中，违反医疗卫生管理法律、行政法规、部门规章和诊疗护理规范、常规，过失造成患者人身损害的事故"。具体来说，医疗事故包括医疗责任事故和医疗技术事故两类。前者是指医务人员因违反规章制度、诊疗护理常规等失职行为所导致的事故，后者是指医疗人员因技术过失所导致的事故。同时，《医疗事故处理条例》第33条规定，下列情形不属于医疗事故：（1）在紧急情况下为抢救垂危患者生命而采取紧急医学措施造成不良后果的；（2）在医疗活动中由于患者病情异常或者患者体质特殊而发生医疗意外的；（3）在现有医学科学技术条件下，发生无法预料或者不能防范的不良后果的；（4）无过错输血感染造成不良后果的；（5）因患方原因延误诊疗导致不良后果的；（6）因不可抗力造成不良后果的。

其二，医疗差错，指未构成医疗事故的医疗差错。其特点是：首先，医疗差错是在诊疗过程中因医务人员的过失行为而使患者导致不良后果的医疗事件；其次，医疗差错对患者造成的损害程度不构成医疗事故。

其三，非医疗过失。前两种医疗纠纷统称为医疗过失。非医疗过失则是指由于诊疗过失以外的原因造成的医患纠纷。例如，医疗意外、并发症或收费、服务质量争议，等等。

《侵权责任法》第七章对医疗损害责任作出了专门规定。根据规定，在上述三种情况中，凡属于医疗机构及其医务人员过错导致的损害，医疗机构均需要承担赔偿责任。

2. 调解效果

由于医疗纠纷调解仍处于不断的发展变化中，目前尚缺乏全国性的数

① 参见李卫民：《医疗纠纷民间调解调查》，载《城市快报》，2008-11-06。

② 详见范愉、李浩：《纠纷解决——理论、制度与实践》，263～264页，北京，清华大学出版社，2010。

据。不过，从现有的一些地方数据和相关报道来看，各地推行的措施取得了较为明显的成效。

北京市：北京卫生法研究会医疗纠纷调解中心自2005年1月1日至2008年11月25日共调处受案4 314例，占调处案与诉讼案总数的84%以上。其中包括医责险外的、受北京市或卫生部委托参与处理的大案、特案和非医责险医疗纠纷等共147例，疑难案件604例，占14%，调解3 924例，调解率90%，结案3 770例，结案率87%，调解成功3 542例，占82.1%，经调处成功的零赔付结案738例，占17.1%，结案时间最短3.5小时，最长430天，平均49天；其中个案最高索赔额为280万元，调处理赔最高赔付120万元，不服调解协议赔偿案转诉讼的共3例，占0.07%。其中一例法院判决结果与调处结果相同，另外两例尚在审理中。[①] 北京医学教育协会医疗纠纷调解中心目前每年受理二百多件医疗纠纷调解案件，成功率在90%以上，绝大部分案件，患者都得到了赔偿。[②]

上海市：2006年至2010年年底，上海市医患纠纷人民调解累计受理医患纠纷2 129件，调解成功1 637件，制作人民调解协议书1 001份，涉及金额4 574万元。[③]

天津市：天津市医疗纠纷人民调解委员会成立八个多月来，共接待咨询939件，通过说服疏导，达到化解矛盾效果的有263件，进入调解程序的有122件，目前结案100件。其中调解成功的有84件，调解成功的未发生当事人再起诉的情况。据统计，2009年2月至5月与去年同期相比，天津市医疗纠纷发生率下降了69%。[④]

江苏省：2007年至今共建立各级医疗纠纷人民调解组织96个，覆盖了85%的县（市、区）医疗机构，共调处医疗纠纷2 260起，调处成功1 829起。[⑤]

湖南省：2007年起在全省开展医疗纠纷人民调解工作试点。长沙、常德、湘潭、永州等地根据实际情况，在矛盾纠纷多发的二级以上医院设立了驻医院人民调解工作室。长沙市共建立35个驻医院人民调解工作室，

① 参见张云林、张杏玲：《北京医疗纠纷第三方调解援助及探讨》，载《中国医院》，2009（2）。

② 参见刘京京：《期待医疗纠纷调解“第三方”》，载《财经》，总第220期，2008-09-15。

③ 参见胡德荣、宋琼芳：《上海医患纠纷人民调解制逐渐完善》，载《健康报》，2011-08-24。

④ 参见罗昭：《本市医疗纠纷调解工作情况及对策》，载《天津政协公报》，2009（11）。

⑤ 参见周斌：《3年调处医疗纠纷2 260起》，载《法制日报》，2010-05-20。

2009 年调处医疗纠纷 367 起。一些地区还成立了医疗纠纷人民调解委员会，取得了良好成效。岳阳市 2009 年投入 46 万元成立了市医疗纠纷人民调解中心，聘请专职人民调解员 4 人、兼职人民调解员 13 人，并建立了法学、医学咨询委员会。医疗纠纷人民调解中心自成立以来，受理的医疗纠纷占全市同期医疗纠纷总数的 70%。邵阳市建立县级医疗纠纷人民调解委员会 10 家，调解各类医疗纠纷 352 件。①

山西省：2006 年至 2011 年 2 月，山西省医疗纠纷人民调解委员会共接待群众来访 14 965 人次，接听投诉电话 14 936 次；受理医疗纠纷案件 2 315起，调解成功 2 083 起，调解成功率达到 90%，调处终结的医疗纠纷无一例反悔。②

深圳市：2010 年颁布《深圳市医患纠纷处理暂行办法》，截至 2011 年 5 月中旬，全市 12 个试点医患纠纷调解室、28 名专职调解员，共受理医患纠纷 191 宗，调解成功 137 宗，受理群众咨询 483 件，宣讲法律 79 场。试点医院的“医闹”事件和医患纠纷信访量持续下降。其中，市人民医院调解室共有 3 名具有医疗、法律专业资质的专职调解员，成立以来共调解医患纠纷 23 宗，调解成功 15 宗；北大深圳医院人民调解室自去年 11 月试点开展工作以来，调解纠纷 35 宗，调解成功 30 宗。③

在肯定各地医疗纠纷调解成效的同时，我们也应当看到，目前医疗纠纷调解的适用总体上还是较少。这从以下两个方面可以得到证实。④

其一，据 2008 年的报道，中华医学会统计表明，近年来我国的医疗纠纷 80%采用和解方式。由于和解直接在患者与医院之间进行，难以消解医院在技术、信息和财力上的优势所带来的弊端，同时也难以避免患者的非理性维权，以至于许多纠纷在经过和解处理之后仍然没有得到彻底解决。中国医院管理协会的统计发现，将近 70%的医疗纠纷仍然滞留在医院，也就是说，只有三成的医疗纠纷得到了解决。由此可见，目前医疗纠纷调解的作用仍然相当有限。

其二，与和解以外的其他纠纷解决方式相比，医疗纠纷调解的适用率

---

① 参见于呐洋：《医疗纠纷调解已全面铺开》，载《法制日报》，2010-06-19。

② 参见刘霞、张睿：《山西省医调委调解成功医疗纠纷 2 083 起》，载《三晋都市报》，2011-02-22。

③ 参见第五燕燕：《第三方调解后“医闹”少了》，载《深圳特区报》，2011-06-01。

④ 以下两点的数据，除特殊注明，均来自张有义：《卫生部拟重点推行人民调解制度》，载《法制日报》，2008-11-02。

也不高。以法院受理的医疗纠纷案件为例，林文学统计发现，北京市宣武区人民法院 2001 年 12 月 21 日至 2007 年 10 月 20 日期间共受理医疗纠纷案件 245 件，其中医疗事故损害赔偿案件数量 52 件，后者占前者 21.22%。[①] 尽管缺乏法院受理一审医疗纠纷案件的数据，但通过林文学提供的这个比例，暂且忽视医疗纠纷各种案件类型比例的变化，可以根据北京市法院 2006 年至 2008 年受理的一审医疗损害赔偿案件数量来大致推测出全部医疗纠纷案件的数量（表 4—29）。

表 4—29　　北京市法院 2006—2008 年一审受理医疗纠纷案的可能情况

年份	医疗事故损害赔偿收案量（件）	医疗纠纷可能收案量（件）
2006	862	4 062
2007	997	4 698
2008	1 020	4 807
总计	2 879	13 567

资料来源：医疗事故损害赔偿受理数来源于张伟杰：《北京医疗纠纷案件逐年上升，三分之二纠纷系医患沟通不畅所致》，载《工人日报》，2009-12-14。

说明：医疗纠纷可能收案量＝医疗事故损害赔偿收案量/21.22%。

前面已经提到，北京卫生法研究会医疗纠纷调解中心自 2005 年 1 月 1 日至 2008 年 11 月 25 日共调处受案 4 314 例，北京医学教育协会医疗纠纷调解中心目前每年受理二百多件医疗纠纷调解案，两家医疗纠纷调解中心受理的医疗纠纷相加四年共计也只有五千多件，远低于北京市法院 2006 年～2008 年三年一审受理的 13 567 件。事实上，据北京卫生法研究会的统计，目前北京各类医疗纠纷中通过行政程序和诉讼程序处理的纠纷不到总数的 20%。由此足见，调解在医疗纠纷解决中所占份额较低。

3. 存在的主要问题

调解在医疗纠纷解决中的适用率不高，固然与当前我国医疗纠纷调解制度仍处于发展阶段有关，同时也暴露出当前各地各种医疗纠纷调解机制中存在的一些问题。

（1）公信力受质疑

调解机构的公信力会直接影响医疗纠纷调解的效果以及纠纷当事人救济方式的选择。就目前而言，许多医疗纠纷调解机构的公信力都存在一定问题。医疗保险机构指定或者资助的调解机构，其经费和人员支持大多来

① 参见林文学：《医疗纠纷解决机制研究》，9 页，北京，法律出版社，2008。

自保险公司，中立性和公正性难以得到完全认可。天津市金必达医疗事务信息咨询服务有限公司等营利性调解机构，其利润与医院赔偿挂钩，往往会遭到医院的质疑。相对而言，卫生部门进行行政调解，享有充分的信息和资源，但在当前我国医院管理体制下，许多患者往往会将卫生行政部门视为医院的管理者而非独立的第三方，往往会对其能否做到中立、客观的调查和调解表示怀疑。

此外，医疗纠纷往往涉及医学等专业知识，一般人很难对医疗纠纷的性质、事件的因果关系作出判断。在这种情况下，各地医疗纠纷调解机构往往聘请医疗系统的工作人员、离退休专家参加调解，其公正性有时也容易遭到患者的质疑。

（2）经费困难

经费困难是当前困扰各地医疗纠纷调解运作的一个突出问题。这对于非营利性调解机构来说表现得尤为明显。以南京民康健康管理咨询服务有限公司为例，由于医疗纠纷调解耗时耗力，仅凭每次 50 元的咨询费和其母体民康公司的投入，难以为继。在民康公司投入十几万元之后，由于经费的原因，以往医疗纠纷调解方面的业务基本上已处于停顿状态。[①]

经费问题在医疗保险机构制定或者资助的调解机构中也存在。一方面，一些地方保险机构的资助并没有完全到位。例如，苏州和协医疗纠纷调解中心在运营一段时间后，原定由保险公司支付的经费出现了困难。[②] 究其原因，目前我国很多地方并没有推行强制医疗责任保险。例如，医疗责任险在吉林省启动一年多的时间里，数百家国有医疗机构只有四十多家参保。[③] 尤其是，民营医院参保医疗责任险的比例相当少。据 2007 年统计，苏州非公立医院几乎没有参保，社区医院完全没有，更不用说下面的县区医院了。[④] 由此导致保险基金积累不起来，已缴纳的医疗责任保险费用无法为调解机构的运作提供足够的经费。

经费问题在医疗纠纷人民调解中也同样存在。例如，作为全国首家省级医疗纠纷人民调解机构，山西省医疗纠纷人民调解委员会在初创阶段除

---

① 参见刘远芬：《医疗纠纷第三方调解：等待成熟的中间力量》，载《医药经济报》，2007-10-26。

② 参见宋世明：《苏州模式疑难何在?》，载《江苏法制报》，2007-02-07。

③ 参见刘京京：《期待医疗纠纷调解“第三方”》，载《财经》，总第 220 期，2008-09-15。

④ 参见宋世明：《苏州模式疑难何在?》，载《江苏法制报》，2007-02-07。

了患者交纳的咨询调解的50元资料费外，没有其他经费来源，办公用的电脑、打印机等设备都是想尽办法筹措过来的。[①] 不过，随着2010年1月司法部、卫生部、保监会《关于加强医疗纠纷人民调解工作的意见》的出台，医疗纠纷人民调解的经费问题预计将会得到改善。

(3) 社会认同度有待提升

医疗纠纷调解在我国的历史并不久，社会认同度仍有待提升，这也影响了其适用率及效果。除了由于公信力欠缺等原因导致的患者对调解的不信任以外，医院和医生对医疗纠纷调解的了解和认识也有所欠缺。例如，对于民间医疗纠纷调解机构，一些医院和医生并不了解，“我们只听说‘医闹’，并不了解那些调解机构”，认为这些调解机构没有卫生行政主管部门的授权，无权调阅病历和询问诊疗过程，他们的调解既无权威性也无强制力。[②] 此外，许多医院长期以来都设有专门的部门处理医患纠纷，习惯于自己解决，并不太愿意让渡纠纷的解决权，不太配合调解工作。[③]

(四) 发展前景

医疗纠纷具有当事人双方地位不平等且对抗性强，原因复杂、认定困难等特点，在近些年纠纷数量迅猛增长的背景下，如何构筑公正、高效的纠纷解决机制显得尤为关键。第三方调解能够在患者和医院之间建立起“缓冲带”并进行建设性商谈，可以借助政府部门、专家和社会公众等多方力量，程序灵活简便，成本较低，相对于协商和解、仲裁、诉讼等其他方式而言具有其独特的优势。尤其是在当前大力推进“大调解”工作机制、完善医疗纠纷人民调解制度的背景下，医疗纠纷调解制度预计将有更广阔的发展空间。

就医疗纠纷调解制度的改革完善而言，在继续扶植现有的医疗纠纷调解机构的基础上，应当注重解决以下几个方面的问题：(1) 提升医疗纠纷调解机构的公信力。医疗纠纷调解机构由哪个主管部门或者组织设立或者承办并不重要，关键在于避免调解机构和调解人员与医疗机构及其管理机构存在实质上的隶属关系和利益关系，确保调解过程中的中立、公正以及

---

① 参见胡增春：《医调会：叫好声中蹒跚前行》，载《山西晚报》，2006-12-15。

② 参见李芃：《医闹解决方案：江苏医疗纠纷调解中心财务困境》，载《21世纪经济报道》，2007-02-13。

③ 参见陈淑君、涂萤萤、饶银娣：《市医患纠纷调解委员会“满月”医院不配合是难点》，载《厦门商报》，2010-10-10；何峰：《调解何以让“医闹”后悔?》，载《江南时报》，2010-08-06。

程序运作的规范。(2) 加大医疗纠纷调解的经费供给。政府需要加大对调解机构的财政支持力度，同时可以创造宽松的政策环境，使得包括民间医疗纠纷调解机构在内的第三方调解机构能够获得更多的资金来源，例如，设立公益基金，接受慈善组织的捐款，等等。(3) 强化医疗纠纷调解的效果。一方面，应当加强医疗纠纷调解与医院医疗质量、保险公司赔付之间的联动，以确保调解协议能够得到履行。[①] 另一方面，继续加强医疗纠纷解决与人民调解制度的结合，从法律上提升医疗纠纷调解的效果。与此同时，可以试点将第三方调解作为医疗纠纷处理的前置程序。

当然，医疗纠纷解决的各种方式各有其优势和不足，调解亦是如此。医疗纠纷调解制度的改革应当充分注重不同纠纷解决方式的衔接，建立健全多元化医疗纠纷解决机制。而从根本上来说，医疗纠纷调解等机制能否运作顺畅、医疗纠纷能否得到妥善处理，尚取决于医疗体制的改革，完成全民医保，加大对医疗事业的资源投入和保障，平衡医疗机构与患者之间的利益，建立和谐的医患关系。与此同时，应当尽量推广医疗责任保险制度，使得医疗纠纷的处理和赔偿建立在风险负担和社会化的基础上。[②]

三、劳动争议调解

(一) 概述

人口众多、劳动力资源丰富是我国的基本国情。从图 4—46 和图 4—47 中可以看出，截至 2009 年年底，我国总人口达 133 474 万人（不含香港、澳门特别行政区和台湾地区），其中，劳动力资源 106 969 万人，比 2000 年增加 11 267 万人，就业人员 77 995 万人，其中，城镇就业人口 31 120 万人，分别比 2000 年增加 5 910 万人和 7 969 万人。丰富的劳动力资源是我国经济和社会发展的强大动力和有力支撑，同时，我国也面临着加强劳动力资源管理，维护和谐稳定劳动关系的重任。近年来，我国在完善立法、强化政府公共管理服务职责、发挥市场配置劳动力资源的基础性作用、协调劳动关系、保护劳动者合法权益等劳动力资源管理方面取得了令人瞩目

① 宁波市在这方面已经作出了非常有益的探索，参见徐英：《医疗纠纷的宁波解法》，载《中国医院院长》，2009 (14)。

② 医疗纠纷调解制度及其他纠纷解决方式的完善建议，参见范愉、李浩：《纠纷解决——理论、制度与技能》，277 页，北京，清华大学出版社，2010。

的成绩，但我们还面临着许多困难与问题。本报告对我国劳动争议调解机制的沿革、现状及问题的展示，或许可以从一个侧面反映我国劳动力资源管理的成绩与问题。

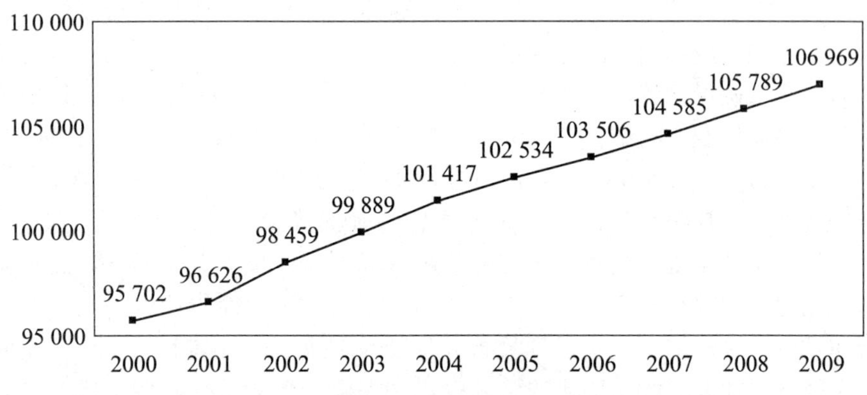

图 4—46　2000—2009 年劳动力资源变化趋势图（万人）

资料来源：《中国的人力资源状况》白皮书。

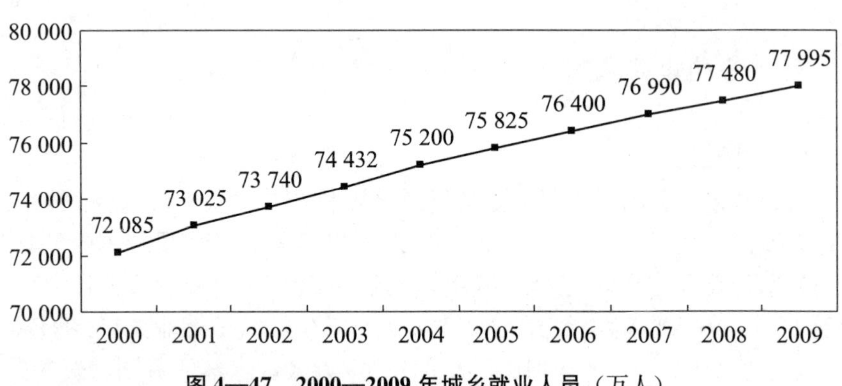

图 4—47　2000—2009 年城乡就业人员（万人）

资料来源：《中国的人力资源状况》白皮书。

按照立法及劳动争议纠纷解决的实践情况，新中国成立以来，我国的劳动争议调解机制大体经历了以下几个阶段：

1. 初创时期（1949—1956 年）。新中国成立后，劳动部于 1950 年 4 月颁布了《在私营企业中设立劳资协商会议的指示》，同年 11 月又颁布了《关于劳动争议解决程序的规定》，初步建立了劳动争议处理制度，将“协商—调解—仲裁—诉讼”确立为解决劳动争议的基本方式。其中劳动争议

当事人不能通过协商方式解决争议时，仅得向当地劳动行政机关申请调解。据不完全统计，1950 年至 1954 年全国 31 个城市的劳动争议处理机构共处理劳动争议二十多万件，有力地保证了资本主义工商业的社会主义改造，推动了社会主义经济建设。

2. 停滞时期（1957—1980 年）。1956 年生产资料私有制的社会主义改造基本完成后，我国开始实行单一的计划经济管理体制。私营企业和公私合营企业基本消亡，当时的企业主要为全民所有制和集体所有制企业。劳动者由国家统一招收录用，一经录用，劳动关系随之固定，终生不变。工资待遇、晋级、奖励均有统一规定，福利方面包括医疗、养老、住房，全由企业承担，这在客观上降低了劳动争议发生的概率。此外，当时的人们普遍认为，在资本主义工商业的改造完成后，资产阶级消灭了，人们的根本利益是一致的，劳动争议的发展趋势是越来越少。基于此，中央劳动部于 1955 年 7 月以后便陆续撤销了劳动争议处理机构，包括劳动部的劳动争议调处司，各地劳动局设立的调解处、科，以及在城市设立的劳动仲裁委员会。《关于劳动争议解决程序的规定》等规章也自行停止施行。人民法院也不再受理劳动争议案件。此后，劳动争议处理制度按照归口交办的原则，主要由企业内部处理或者由上级行政主管部门按照信访程序处理。需要说明的是，虽然这一时期作为法制化的劳动争议调解制度被取消或停滞，但实践层面上采用调解手段解决劳动争议的活动并未停止。事实上，企业内部协调处理和上级行政主管部门按照信访程序处理都离不开调解手段的应用。

3. 恢复时期（1980—1994 年）。改革开放以后，随着非公有制企业的出现，劳动争议及其解决重新成为重要的社会问题。1980 年 7 月，国务院公布了《中外合资经营企业劳动管理规定》，其中第 14 条规定："合营企业发生的劳动争议，首先由争议双方协商解决；通过协商不能解决的，可以由争议的一方或双方向所在地省、自治区、直辖市人民政府劳动管理部门请求仲裁；如有一方不服仲裁裁决，可以向人民法院提起诉讼。"此后，国有企业的劳动争议解决也被提上日程。1986 年 7 月，国务院发布了《国营企业实行劳动合同制暂行规定》及《国营企业劳动争议处理暂行规定》，规定了协商、仲裁和法院审理三种劳动争议解决机制。1993 年 7 月，国务院颁布了《中华人民共和国企业劳动争议处理条例》（以下称《条例》），确立了我国境内各类企业统一适用的劳动争议处理制度，恢复了新中国成立初期确立的"协商—调解—仲裁—诉讼"这一劳动争议处理机制。就调解机制而言，与新中国成立初期的立法不同，《条例》将“着重调解”确立为处理劳动争议的基本原则，并将调解组织的设置下沉至企业一级，在企业内部设立由职工代表、企业代表和企业工会代表三方组成的劳动争议调解委员会，突出了调解机制在预防化解劳动争议方面的基层基础作用。

4. 发展完善时期（1995 年以后）。1994 年 7 月，全国人大常委会通过《中华人民共和国劳动法》（自 1995 年 1 月 1 日起施行），以基本法律的形式正式确认了《条例》确立的劳动争议处理机制。其中，劳动争议调解机制的作用被再次强化，除独立存在的单位内设劳动争议调解机制外，《劳动法》明确规定“调解原则适用于仲裁和诉讼程序”（第 77 条），并将协调处理因签订集体合同发生的劳动争议的职责赋予了当地人民政府劳动行政部门（第 84 条）。《劳动法》实施后，随着我国经济体制改革的深化，劳动争议的数量持续上升。从 1996 年到 2007 年的 12 年间，仅全国各级仲裁机构受理的劳动争议案件就由 48 121 件，猛增到 350 182 件，增加了 6.3 倍。[①] 为了更好地应对市场经济条件下劳动关系的调整，保护劳动者的合法权益，及时有效地解决劳动争议，2007 年以来，国家再次对《劳动法》进行了整体性的修改完善，2007 年 6 月 29 日第十届全国人民代表大会常务委员会第 28 次会议通过了《中华人民共和国劳动合同法》（自 2008 年 1 月 1 日起施行），同年 12 月 29 日第 10 届全国人民代表大会常务委员会第 31 次会议通过了《劳动争议调解仲裁法》（自 2008 年 5 月 1 日起施行），由此，我国的劳动法制和劳动争议解决机制又进入了一个新阶段。作为处理劳动争议的基本法、专门法，《劳动争议调解仲裁法》汲取了以往立法及处理劳动争议的实践经验，继续将“着重调解”确立为解决劳动争议应当遵循的基本原则，并拓展了调解机制的内涵。具体表现在：一是扩大了调解组织的范围，除企业劳动争议调解委员会外，赋予依法设立的基层人民调解组织及在乡镇、街道设立的具有劳动争议调解职能的组织以调解劳动争议的职权（第 10 条）。二是创设了行政性劳动争议调解机制，赋予了劳动行政部门协调劳动关系、处理劳动争议的职权。[②]

---

① 资料来源：《中国劳动统计年鉴 2008》。

② 尽管立法没有明确使用“行政调解”一词，但从《劳动争议调解仲裁法》第 8 条“县级以上人民政府劳动行政部门会同工会和企业方面代表建立协调劳动关系三方机制，共同研究解决劳动争议的重大问题”及第 9 条“用人单位违反国家规定，拖欠或者未足额支付劳动报酬，或者拖欠工伤医疗费、经济补偿或者赔偿金的，劳动者可以向劳动行政部门投诉，劳动行政部门应当依法处理”等条款的内涵进行理解，已隐含行政调解意蕴。

（二）实践状况

从《条例》到《劳动争议调解仲裁法》，立法一直重视调解机制在处理劳动争议中的重要地位与作用，始终将“着重调解”作为处理劳动争议的基本原则，不仅设立了相对独立的调解机制，而且将之融入劳动仲裁及诉讼机制之中。从广义上讲，劳动争议调解既包括专门的劳动争议调解组织进行的调解，也包括劳动仲裁机构和人民法院审理劳动争议案件过程中主持的调解，以及劳动行政部门在实施劳动监察或者会同工会和企业方面代表协调劳动关系过程中进行的调处劳动争议的活动。为了全面反映近年来我国劳动争议的调解情况，本节在重点介绍专门性劳动争议调解机制的同时，就劳动争议仲裁、诉讼等其他劳动争议解决机制中调解手段的使用情况也进行附带说明。

1. 1993 年以来我国企业单位劳动争议调解委员会组成及运转情况

如前所述，我国劳动争议调解机制的建立始于新中国成立之初。1950 年劳动部《关于劳动争议解决程序的规定》的制度设计是由劳动争议发生地的劳动行政机关充当调解人，利用劳动行政机关的公权力资源，求得劳动争议的权威、专业、高效解决。严格来说，这是一种行政性调解机制。1993 年《条例》改变了劳动争议调解机制的模式，劳动行政机关不再充当调解人，调解人改由企业层面设立的劳动争议调解委员会担当。由职工代表、企业代表和企业工会代表三方组成的企业单位劳动争议调解委员会没有了公权力色彩，是一种自治性民间性调解机制。2008 年《劳动争议调解仲裁法》再次扩大了调解人范围，赋予基层人民调解组织及在乡镇、街道设立的具有劳动争议调解职能的组织以调解劳动争议的职权。劳动争议调解机制立法的上述变化，是我国政治经济体制改革，尤其是劳动关系发展变化以及劳动争议解决的现实需求的客观反映。从劳动争议解决的现实情况看，1993 年《条例》颁布施行以来，全国企业单位建立的劳动争议调解委员会数量逐年增长，1993 年为 147 866 个，2008 年达到 388 853 个，增长了 2.6 倍。与此同时，企业劳动调解委员会受理的案件也在逐年递增，1993 年为 848 24 件，2008 年为 322 955 件，增长了 3.8 倍。值得注意的是，这一期间劳动争议案件调解成功率却有波动，1993—1999 年期间调解成功率较高，占受理案件的 71%。2000—2008 年期间，调解成功率大幅下降，占受理案件的 27%。详见表 4—30 和表 4—31。

表 4—30　　1993 年以来我国企业单位劳动争议调解委员会组成情况

年度	建立劳动争议调解委员会（个）	劳动争议调解委员会人数（人）
1993	147 866	795 489
1995	127 669	1 002 029
1996	153 904	1 221 573
1997	127 039	1 058 458
1998	187 102	
2000	222 888	695 831（工会和职工代表）
2002	164 937	739 763
2003	153 113	551 586（工会和职工代表）
2004	195 403	780 685
2005	230 542	844 273
2006	257 544	948 901
2007	311 074	1 082 440
2008	388 853	1 300 005

资料来源：《中国工会年鉴》1995—2009 年各卷。为保持统计数据的一致性，凡《中国工会年鉴》数据统计缺失部分（含年份）作空缺处理，或加注说明。

表 4—31　　1993 年以来企业劳动争议调解委员会调解劳动争议案件情况

年度	劳动争议调解委员会受理劳动争议（件）		调解成功的劳动争议（件）	调解成功率（%）
		受理集体劳动争议		
1993	84 824	14 353	59 818	70.5
1995	93 578	20 380	70 143	75
1996	86 037	16 935	62 593	72.8
1997	72 594	14 529	47 528	65.5
1998	152 071	47 299	112 659	74.1
1999	113 381	23 033	81 234	71.6
2000	135 003	33 111	80 617	59.7
2002	253 813	15 649	57 909	22.8
2003	192 692	9 432	51 781	26.9
2004	192 119	6 752	54 537	28.4
2005	193 286	9 002	42 032	21.7
2006	340 193	9 750	63 020	18.5
2007	318 609	5 357	59 163	18.6
2008	322 955	5 781	66 563	20.6

资料来源：劳动争议调解委员会受理劳动争议案件数（含集体争议）、调解成功案件数根据《中国工会年鉴》1995—2009 年各卷统计数据整理。调解成功率是以当年调解成功案件数与受理案件数之比计算而得。考虑到每年度调解成功的案件中包含有上年度遗留的少量未处理案件，故年度调解成功率仅是粗略数据。《中国工会年鉴》没有 1994 年和 2001 年的统计数据，故作空缺处理。

2.1996 年以来我国劳动争议仲裁机构调解劳动争议情况

自 1987 年我国恢复劳动仲裁制度以来，劳动仲裁机构在处理劳动争议中发挥了主导作用。近年来，随着工业化、城镇化和经济结构调整进程的加快，企业制度改革不断深化，企业形式和劳动关系日趋多样化，劳动用工制度发生深刻变革，劳动争议案件数量大幅度上升。从表 4—32 可以看出，1996 年以来，全国各级劳动争议仲裁机构受理的劳动争议案件年均增长率达 21.9%。受国际金融危机影响，2008 年增幅达 98%。2009 年以来案件略有下降，2009 年同比下降 1.3%，2010 年同比下降 12.2%，但各级劳动仲裁机构受理的劳动争议案件基数仍然很大，2009 年为 68.44 万件，2010 年为 60.1 万件。截至 2009 年年底，我国共有仲裁办案机构 4 800 多个，仲裁员 3.3 万人。面对持续快速增长的劳动争议案件，各地劳动仲裁机构克服案多人少等困难，历年来结案率保持在 92%以上，调解结案率约 35%。

表 4—32　　1996 年以来我国劳动争议仲裁机构调解劳动争议案件情况

年度	劳动争议仲裁机构受理劳动争议（件）		结案数（件）	仲裁调解成功的劳动争议（件）	仲裁调解成功率（%）
		集体劳动争议			
1996	48 121	3 150	46 534	24 223	52
1997	71 524	4 109	70 792	32 793	46.3
1998	93 649	6 767	92 288	31 483	34.1
1999	120 191	9 043	121 289	39 550	32.6
2000	135 206	8 247	130 688	41 877	32
2001	154 621	9 847	150 279	42 933	28.6
2002	184 116	11 024	178 744	50 925	28.5
2003	226 391	10 823	223 503	67 765	30.3
2004	260 471	19 241	258 678	83 400	32.2
2005	313 773	16 217	306 027	104 308	34
2006	317 162	13 977	310 780	104 435	33.6
2007	350 182	12 784	340 030	119 436	35.1
2008	693 465	21 880	622 719	221 284	35.5
2009	684 400	13 800			
2010	601 000	9 000			

资料来源：(1) 1996—2008 年劳动争议仲裁机构受理劳动争议案件数（含集体争议）、仲裁调解成功案件数根据《中国劳动统计年鉴》1997—2009 年各卷统计数据整理，2009—2010 年劳动争议仲裁机构受理劳动争议案件数来源于人力资源和社会保障部新闻发布会公布数据，2009—2010 年仲裁调解成功劳动争议案件数空缺。(2) 调解成功率是以当年调解成功案件数与结案数之比计算而得，考虑到受理案件数与结案数并不一致，以及每年度调解成功的案件中包含有上年度遗留的少量未结案等因素，故依上述计算方法所得年度调解成功率仅是粗略数据。

近年来，随着立法和纠纷解决实践对协商、调解等非诉讼纠纷解决机制的强调与重视，全国各级劳动仲裁机构充分发挥调解职能，通过多种途径与方法促成案件的调解解决。据统计，除仲裁程序内的调解结案率持续增长外，经仲裁机构调解，当事人达成调解协议后撤回仲裁申请的案件也在逐年递增。2001 年全国各级劳动仲裁机构案外调解劳动争议案件 63 939 件，2008 年增至 237283 件。详见图 4—48。

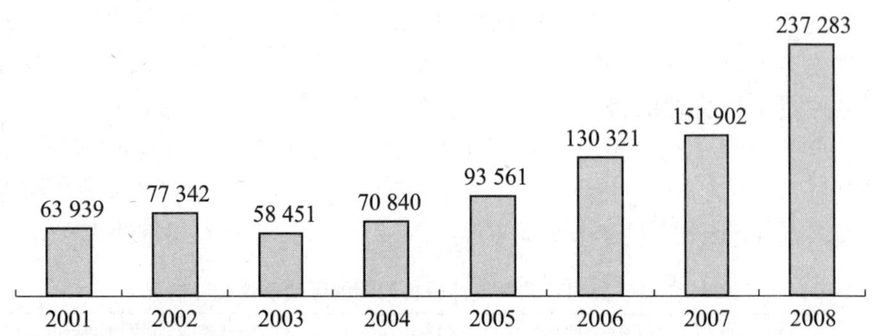

图 4—48　2001 年以来我国劳动仲裁机构案外调解劳动争议案件情况

资料来源：《中国劳动统计年鉴 2009》。

3. 1993 年以来全国各级人民法院调解劳动争议案件情况

1993 年《条例》颁布以来，我国劳动争议处理制度的基本框架基本定格为“一调一裁两审”机制，其中劳动仲裁为法定前置性程序，当事人对仲裁裁决不服的，可以依法向人民法院提起诉讼。尽管通过协商、调解及仲裁等劳动争议解决机制作用的发挥分流了大量劳动争议案件，但还是有部分案件进入了司法程序，并且随着劳动争议案件总量的逐年递增，法院受理的劳动争议案件也呈逐年增长态势。从表 4—33 可以看出，1993—1997 年这 5 年间全国法院审结劳动争议案件 24.7 万件，1998—2002 年为 42 万件，2003—2007 年为 75 万件，受国际金融危机影响，2008—2009 年两年间法院审结的劳动争议案件就高达 60 万件。从调解结案情况看，20 世纪 90 年代民事一审案件调解结案率较高，维持在 55%左右。但从 90 年代末开始，调解结案率开始下滑，到 2003 年达到低谷，跌至 30%。2004 年最高人民法院发布《关于人民法院民事调解工作若干问题的规定》，从司法政策上将“能调则调、当判则判，调判结合、案结事了”作为法院审理民事案件的指导原则。之后，民事一审案件调解结案率持续上升。2009 年全国法院审结的一审民事案件中，调解和撤诉结案359.3万件，占全部案件的62%。

表4—33 1993年以来全国法院一审劳动争议案件结案及调撤率情况

年度	审结（一审）劳动争议（件）	民事一审案件调解（撤诉）结案率（%）
1993—1997	247 000	55.79
1998—2002	420 000	38.9
2003	137 796	30
2004	163 151	31
2005	121 516	32.1
2006	179 637	55.06
2007	147 589	50.74
2008	286 221	58.86
2009	317 000	62

资料来源：《中国法律年鉴》及历年最高人民法院工作报告。需要说明的是，现有统计数据中没有专门针对劳动争议案件调解结案率的统计，劳动争议案件属于民事案件范畴，故以民事案件结案率为参照。1998—2002年、1995—1997年民事一审案件结案率为各年度结案率的平均值

（三）发展前景

无论从劳动争议纠纷解决的理论，还是纠纷解决的实践情况看，我国的劳动争议调解机制仍然存在制约其功能发挥的问题，亟待完善。

在劳动争议调解机制的核心环节，专门性、独立性的基层调解机制的作用发挥尚不尽如人意。表现在：企业劳动争议调解委员会组建率不高，以2002年为例，仅为11.2%。大量新建企业没有依法建立劳动争议调解组织，一些已建企业也因调解委员的下岗、退休，没有及时调整和补充，队伍萎缩，甚至名存实亡。[①] 另外，《劳动争议调解仲裁法》颁布施行之前，企业劳动争议调解组织的制度设计存在缺陷，企业工会在调解组织中不够中立，使得三方原则虚化，在当前劳动争议复杂多样，权利利益冲突日趋激烈的现实情况下，调解组织的权威性、公信力不高，调解成功率较低。如表4—31所示，2000—2008年期间，调解成功率大幅下降，占受理案件的27%。欣慰的是，《劳动争议调解仲裁法》适时调整了企业劳动争议调解组织的结构，将原来的三方机制改为两方，规定企业劳动争议调解委员会由职工代表和企业代表组成，职工代表由工会成员担任或者由全体职工推

① 参见信春鹰主编：《中华人民共和国劳动争议调解仲裁法释义》，275页，北京，法律出版社，2008。

举产生，企业代表由企业负责人指定，调委会主任由工会成员或者双方推举的人员担任。立法对调解组织结构的改善将有利于提升企业调解组织预防化解劳动争议的能力。由于新法施行不久，具体效果尚待实践回应。

《劳动争议调解仲裁法》扩展了劳动争议调解组织的范围，赋予了基层人民调解组织以及乡镇街道设立的具有劳动争议调解职能的组织以调解劳动争议的职权。事实上，自 2002 年 9 月中共中央办公厅、国务院办公厅批转《关于加强新时期人民调解工作的意见》，司法部发布《人民调解工作若干规定》，最高人民法院发布《关于审理涉及人民调解协议民事案件的若干规定》等系列规范性文件之后，我国的人民调解进入了复兴阶段。[①] 近年来，广大人民调解组织和人民调解员以及乡镇司法所、司法助理员积极扩展业务领域，创新调解思路与方法，参与了大量劳动争议的调处工作。但对极具专业性、复杂性的劳动争议而言，上述调解组织，尤其是人民调解组织的调解能力面临考验，提升人民调解组织调处专门领域、类型化纠纷的能力尚需时日。2009 年 7 月 24 日最高人民法院发布的《关于建立健全诉讼与非诉讼相衔接的矛盾纠纷解决机制的若干意见》以及 2010 年 8 月 28 日第十一届全国人大常委会第十六次会议通过的《人民调解法》（自 2011 年 1 月 1 日起施行），无疑为人民调解组织调解劳动争议提供了更为坚实的法律保障。

就劳动争议行政调解而言，由于社会过高推崇司法诉讼的作用，并对西方国家的体制缺少客观准确的理解，简单地模仿照搬一些现代理念和制度，使得近年来行政性劳动争议调解机制的功能和作用受到贬低和质疑，甚至不断弱化。劳动行政部门单独或会同工会和企业方面代表协调解决重大劳动争议的作用，以及劳动监察机关在行政执法过程中附带调解劳动争议的功能均未得到有效发挥，企业调解、人民调解、行政调解等专门性劳动争议调解机制尚未形成合力，调解机制在预防化解劳动争议方面的基层基础作用仍然有限，劳动仲裁机构和人民法院处理劳动争议的负担沉重。2010 年 10 月 10 日，国务院发布了《关于加强法治政府建设的意见》，其中将健全社会矛盾纠纷调解机制作为今后法治政府建设的一项重要任务，明确提出把行政调解作为地方各级人民政府和有关部门的重要职责，建立由

① 参见范愉、李浩：《纠纷解决——理论、制度与技能》，171 页，北京，清华大学出版社，2010。

地方各级人民政府负总责、政府法制机构牵头、各职能部门为主体的行政调解工作体制，充分发挥行政机关在化解行政争议和民事纠纷中的作用。随着理念、制度、措施的跟进，劳动行政机关调解劳动争议的作用将会逐步凸显。

在劳动争议调解机制的延伸领域，“着重调解”是劳动仲裁机构处理劳动争议案件应当遵循的法定基本原则。“着重调解”原则在仲裁实践中遇到的问题是：仲裁机构案多人少，仲裁庭处理劳动争议案件的法定期限较短（《条例》规定为 60 日，《劳动争议调解仲裁法》规定为 45 日），与裁决相比，调解需要耗费更多时间精力，还需要仲裁员的热情与耐心，由此导致仲裁人员对调解的热情不高，动力不足。进入 21 世纪以来，尽管劳动争议案件数量逐年递增，但仲裁调解率变化不大，基本保持在 30%左右。在实行仲裁前置的劳动争议处理体制下，仲裁机构“案结事了”的能力和水平，事关劳动争议当事人的纠纷解决成本及劳动争议处理程序整体功能的发挥，因此，前述影响仲裁调解的因素应当着力改进。

进入 21 世纪以来，司法政策上开始重视调解工作，各级法院积极创新调解手段，拓展调解领域，调解结案率持续上升。2010 年 6 月，最高人民法院发布《关于进一步贯彻“调解优先、调判结合”工作原则的若干意见》，要求各级法院切实转变重裁判、轻调解的观念，把调解作为处理案件的首要选择，自觉主动地运用调解方式处理矛盾纠纷，把调解贯穿于立案、审判和执行的各个环节，贯穿于一审、二审、执行、再审、申诉、信访的全过程，把调解主体从承办法官延伸到合议庭所有成员、庭领导和院领导，把调解、和解和协调案件范围从民事案件逐步扩展到行政案件、刑事自诉案件、轻微刑事案件、刑事附带民事案件、国家赔偿案件和执行案件，建立覆盖全部审判执行领域的立体调解机制，明确将人民调解、行政调解、司法调解三位一体的大调解工作体系建设作为法院的一项重要任务。从我国目前劳动争议案件的起诉率看，大体维持在仲裁受理案件总数的 20%左右，劳动争议案件的上诉率不超过一审受理案件的 30%。[①] 对于这些进入司法程序的劳动争议而言，法院调解能力的增强使得大量劳动争议“案结事了”。法院对人民调解、行政调解等调解机制的引导、保障作用的加强，

① 参见信春鹰主编：《中华人民共和国劳动争议调解仲裁法释义》，278 页，北京，法律出版社，2008。

反过来又会强化或优化企业调解、人民调解、行政调解等劳动争议调解机制的解纷功能，这样就会形成各种劳动争议解决机制之间的良性互动。制度设计是符合纠纷解决理论和实践需求的，问题的关键还在于落实。

四、土地纠纷调解

（一）概述

土地纠纷是指个人与个人之间、单位与单位之间、单位与个人之间发生的，对于土地的所有权和使用权的有关问题的争端。新中国成立以来，中国的土地权利制度先后发生了巨大的变动：1950 年开始的土地改革运动全面改革了以往的土地制度，重新分配了土地所有权；1956 年兴起的高级合作社运动将农村土地的个人所有改为集体所有；1962 年的“四固定”运动进一步将农村土地的所有权和经营权固定给生产队[①]；1979 年源于安徽的家庭联产承包责任制建立起集体土地承包经营权等特殊的土地用益物权；1987 年以来国有土地使用权的转让、出让等制度先后在深圳、全国各地得以推行和确认，土地的使用权内容得到了极大丰富。土地权利制度的巨大变迁，加上中国工业化、城市化浪潮的迅猛兴起，以及管理疏漏等等问题，共同致使土地纠纷成为中国最主要、最棘手的纠纷类型之一，在一些地方甚至成为社会不稳定的主要因素。

根据《土地管理法》第 16 条的规定，土地所有权和使用权的纠纷发生之后，可以采取三种争议解决方式：当事人协商解决；协商不成的，由人民政府处理；当事人对有关人民政府的处理决定不服的，可以自接到处理决定通知之日起 30 日内，向人民法院起诉。在这三种纠纷解决方式中，调解发挥了主要的作用。新中国成立以来的很长时期，由于法律法规的严重匮乏，调解处理的方法被大量采用。[②] 1995 年原国家土地管理局颁行的《土地权属争议处理暂行办法》第 4 条规定：“土地权属争议，由当事人协商解决；协商不成的，由当事人向土地管理部门申请处理，土地管理部门

① “四固定”是人民公社时期的产物，最早出现在 1962 年 2 月 13 日中共中央《关于改变农村人民公社基本核算单位问题的指示》中。同年 9 月 27 日，党的八届十中全会通过了《农村人民公社工作条例修正草案》，规定土地（包括山林）、牲畜、耕具、劳动力固定给生产队使用。参见纪敏：《“四固定”的由来及作用》，载《人民司法》，1987（6）。

② 例如 1957 年 4 月，江西省南昌地委、南昌专员公署发布的《关于及时调处山林土地等群众性纠纷的指示》，基本采取了“调处”纠纷的方式。

应当先进行调解；调解无效的，由人民政府作出处理决定。”2002 年的《农村土地承包法》第 51 条也规定，因土地承包经营发生纠纷的，双方当事人可以请求村民委员会、乡（镇）人民政府等调解解决。2010 年起实施的《农村土地承包经营纠纷调解仲裁法》对调解作出了更为明确细致的规定。

（二）土地纠纷种类、调解机构和调解依据

实践中，土地纠纷多种多样：土地的历次调整导致的权属纠纷；地界不清导致的纠纷；兴修水利、自然灾害等造成地界变化导致的纠纷；乡、村、公社、生产队、农场、林场因合并、分割、改变隶属关系等行政建制变化遗留的权属问题；承包期间因土地使用权流转产生的各种纠纷；因过去的土地开发、征地、生态退耕、兴建或停办集体企业，有组织移民形成的权属问题；征地补偿的分配问题；“机动地”、“开荒地”引发的纠纷；农村家庭内部人口变化，例如，户籍变动、“外嫁女”、新增子女等等引起的土地分配纠纷；等等。并非所有的土地纠纷都可以调解，根据《土地管理法》、《农村土地承包经营纠纷调解仲裁法》、《土地权属争议处理暂行办法》的规定，可以调解的土地纠纷有两类：

1. 土地权属纠纷。“权属”包括土地的所有权和使用权。我国的国有土地和集体土地都大量存在着具体性的权利归属问题。《宪法》规定，中国的土地实行公有制：城市市区的土地属于国家所有；农村和城市郊区的土地，除由法律规定属于国家所有的以外，属于农民集体所有；宅基地和自留地、自留山，属于农民集体所有。《物权法》规定的中国土地权利的类型有：土地所有权、农村土地承包权、建设用地使用权、宅基地使用权、地役权和抵押权。新中国成立以来，土地权利的多次分配和变迁、行政区划的变动、各单位之间大量的调换借用土地、荒山荒地滩涂等未利用土地的划分不清等等原因，以及很多地方广泛存在的土地登记不明或未登记、未签订承包合同或合同内容含糊、证据灭失等等问题，均导致此类纠纷在实践中大量存在。

2. 农村土地承包经营纠纷。《农村土地承包经营纠纷调解仲裁法》第 2 条规定，这类纠纷具体包括：（1）因订立、履行、变更、解除和终止农村土地承包合同发生的纠纷；（2）因农村土地承包经营权转包、出租、互换、转让、入股等流转发生的纠纷；（3）因收回、调整承包地发生的纠纷；（4）因确认农村土地承包经营权发生的纠纷；（5）因侵害农村土地承包经营权发生的纠纷；（6）法律、法规规定的其他农村土地承包经营纠纷。需注意的是：因征收集体所有的土地及其补偿发生的纠纷，不属于农村土地承包仲裁委员会的受理范围，可以通过行政复议或者诉讼等方式解决。不过，根据 2007 年施行的《行政复议法实施条例》第 50 条的规定，在行政复议过程中，这种补偿纠纷可以在行政复议过程中调解。

土地权属纠纷由县级以上人民政府或者乡级人民政府处理；县级以上人民政府土地管理部门负责具体工作。1949 年中央人民政府组建了内务部，该部下设了“土地管理部”，专门负责处理城市和农村的土地事务。20 世纪 50 年代中期，该部门被撤销，土地管理职权分散到其他部委，之后很长一段时期，我国不存在专门的土地管理部门，土地管理呈现混乱的状态。1984 年开始，专门的土地管理制度开始建立：农业部管理农村土地，建设部管理城镇土地，这又产生了严重的协调问题。1986 年 3 月 21 日，中共中央、国务院决定成立国家土地管理局，统一管理城乡土地；2008 年，国家土地管理局并入新成立的国土资源部。目前的“土地管理部门”，主要是指国土资源部门。由于我国的林业部门、农业部门分别管理林区和草原，民政部门主管着行政区划；在一些情况下，林业部门、农业部门、民政部门也会参与调解土地权属纠纷。

农村土地承包经营纠纷由村民委员会、乡（镇）人民政府、土地承包仲裁机构等调解。专门的行政调解机构是农业行政部门或其下属的农村经济管理部门（即“农经站”）。现实中的调解主体则多种多样。法院、人民调解委员会、政法委等等机构都会主持或参与调解。这是因为一些纠纷单靠一个部门无法处理，必须由有关部门配合。有时候，调解机构还可能是“议事协调机构”或联席会议。例如，1996 年 12 月，河南省政府针对当时该省土地纠纷引发的群众上访和群体性械斗不断发生的状况，成立了由土地、监察、公安、民政、司法、信访等部门负责人组成的联席办公会议，专项治理土地纠纷①；1999 年 12 月，广西壮族自治区人民政府成立“自治区调解处理土地、山林、水利纠纷工作领导小组”。

2004 年，农业部根据《农村土地承包法》的规定，在全国范围内进行纠纷调解仲裁试点。据农业部统计，从 2004 年到 2008 年，224 个试点县

① 参见河南省人民政府办公厅《关于开展调处土地纠纷专项治理工作的通知》（豫政办［1996］71 号），载《河南政报》，1997（2）。

（区、市）受理仲裁的农村土地承包经营纠纷高达五万余件。[①] 这些试点取得了卓有成效的结果，以试点县吉林省柳河县为例，从 2001 年起，截至 2003 年年末，该县共受理农村土地承包纠纷 6 700 件，其中调解 4 800 件，仲裁 1 900 件，结案率达 100%。调解和仲裁执行率达 90%以上。因土地纠纷而引发的群体上访和越级上访基本消失，农村社会得到了切实稳定。[②] 这些尝试促使了《农村土地承包经营纠纷调解仲裁法》的制定颁行。自该法颁布以来，农村土地承包经营纠纷的解决机构逐渐在全国范围内得以发展。这种机构可以在县和不设区的市设立，也可以在设区的市或者其市辖区设立，其组成方式在各个地方灵活多样。以上海市金山区为例，该区的农村土地承包经营纠纷联合调解中心由区人民法院、区农委和区司法局联合组建，工作人员由三家单位选派 1 至 2 名业务能力强、调解经验丰富的工作人员组成。[③] 海南省的"农村土地承包经营纠纷调解仲裁委员会"设在县市一级，分管副县长任主任，农业、法院、农经部门负责人任副主任，司法、财政、法制、林业、水务、国土等部门负责人为成员，仲裁委员会办公室设在县农业局，办公室下设仲裁庭。[④] 北京市平谷区的"农村土地承包仲裁委员会"主任由主管农村工作的区委常委担任，副主任由区农工委书记和经管站长担任，委员由 16 人组成，其中包括纪检、法院、妇联、法制办、信访办、财政局、土地局、林业局、经管站等 12 个区有关部门负责人以及 4 名农民代表；仲裁委员会秘书处设在区经管站，共有 12 位仲裁员。该区还制定了《平谷区仲裁委员会章程》和《平谷区仲裁员聘任、解聘办法》以及各项制度、议事规则，向区经管站拨付了 36 万元专项财政资金，用于仲裁庭装修和设备购置，为顺利开展调解仲裁工作提供了规范保障和物质保证。[⑤]

调解的法律法规依据主要包括：《土地管理法》（1986 年制定通过，1988 年、1998 年和 2004 年被修改）、《确定土地所有权和使用权的若干规

---

① 参见李小健：《化解农村土地纠纷步入法制化轨道》，载《中国人大》，2010-01-25。

② 参见吉林省农村经济管理总站：《调解仲裁农村土地承包纠纷 切实维护当事人合法权益》，载《农村经营管理》，2004（4）。

③ 参见上海金山区农委：《上海金山：成立农村土地承包纠纷联合调解中心》，载《农村经营管理》，2010（1）。

④ 参见海南省人大常委会农村工作委员会：《充分发挥"两个渠道"作用维护农民土地承包权益——关于〈农村土地承包经营纠纷调解仲裁法〉贯彻实施情况的调研报告（摘要）》，载《海南人大》，2010（10）。

⑤ 参见黄中廷：《北京平谷：四措施探建仲裁机制》，载《农村经营管理》，2010（1）。

定》(1995 年施行)、《土地权属争议处理暂行办法》(1995 年施行)、《农村土地承包法》(2003 年施行)、《土地权属争议调查处理办法》(2003 年颁行)、《农村土地承包经营纠纷调解仲裁法》(2010 年 1 月 1 日起施行)。各地也制定了具体的地方性法规和部门规章,例如,《广东省土地权属纠纷处理条例》、《湖北省处理土地权属争议暂行办法》等等。此外,一些司法解释也有关于法院调解的规定,例如,最高人民法院《关于审理涉及农村土地承包纠纷案件适用法律的解释》第 26 条等。在新疆生产建设兵团,土地纠纷存在特殊性:兵团职工承包的土地属于国家所有,农民承包的土地属于集体所有;兵团土地承包发包方是农牧团场,承包方是职工;农村土地承包的发包方是村集体经济组织或村民委员会或村民小组,承包方是农民。① 这种特殊的土地承包经营权纠纷的解决依据除了法律法规以外,主要是适用兵团党委制定的、经国务院同意实施的“1+3”文件。②

(三)纠纷数量和典型案例

新中国成立以来,由于土地纠纷分别由各级政府、土地行政部门、农业行政部门、司法行政部门、法院、人民调解委员会、农村土地承包经营纠纷调解仲裁机构等等负责调解,而且中间经历了“文化大革命”等运动,土地纠纷的全国性数据并不存在,连续性的地区数据、部门数据也不存在。在此只能选取某些年份、某个地区或部门的统计数据,以管窥土地纠纷调解的数量。据河南省土地管理部门的不完全统计,1995 年该省共受理土地权属纠纷案件2 748件。③ 相比之下,农村土地承包经营纠纷数量要多得多。以黑龙江省绥化市为例,从 2005 年至 2007 年,该市土地纠纷案件总数高达 3 140 件。其中,因权属不明引发的纠纷 34 件,承包合同纠纷 1 584 件,承包经营权流转纠纷 886 件,承包经营侵权纠纷 583 件,其他案件 53 件。④

① 参见卢大林:《兵团农牧团场土地承包纠纷法律适用之分析》,载《经济研究导刊》,2009 (22)。

② 从 1998 年开始,新疆生产建设兵团开始了以生产资料、生活资料费用自理和职工家庭联产承包责任制为主要内容的改革。2001 年 4 月,兵团颁行了《关于深化兵团农牧团场改革的意见(试行)》及三个附件,即所谓“1+3”文件。2004 年 11 月,兵团党委、兵团正式印发了《关于深化兵团农牧团场改革的意见》。参见胡兆璋:《兵团农业改革的三次突破》,载《兵团建设》,2009 (3)。

③ 参见河南省人民政府办公厅:《关于开展调处土地纠纷专项治理工作的通知》(豫政办[1996] 71 号),载《河南政报》,1997 (2)。

④ 参见刘春荣:《农村土地纠纷案件的实证分析与对策研究》,载《哈尔滨学院学报》,2010 (6)。

土地纠纷案件造成了大量的损失。据广西壮族自治区国土资源厅统计，从1990年至1999年，该区因土地纠纷造成田地撂荒58.6万亩，造成经济损失折合人民币近十亿元。[①] 土地纠纷调处工作的花费也很大。2001年，广西河池市组织工作组调处全市的土地纠纷，仅7月至9月2个月的时间，调处案件958件，支出交通费、人员工资、差旅费等共计二百多万元，调处每个案件平均约2 000元。[②]

土地权属纠纷的数量虽然相对较少，但往往属于一些历史遗留下来的棘手难题。兹以下列典型案例说明[③]：

> 1956年，中央有关部门在南宁市建立了甘蔗试验站（现名广西甘蔗研究所）。同年10月，该站按照《国家建设征用土地办法》的精神，与原心南农业合作社签订《协议书》，征购水田500亩，补偿青苗费7万元，征用风屋岭荒地约三百亩，并经邕宁县人民委员会批准。1962年，试验站机构变动，人员减少，部分土地退回了农业社，第六生产队则在被征用的风屋岭地上种植作物，至1970年达百亩左右。1976年6月在南宁市处理山林水利纠纷办公室主持下，双方签订了第二次协议，六队退回占用土地，甘蔗研究所补偿青苗费等13 000元。1979年2月，六队以协议无效为理由，在对方待种甘蔗的数十亩土地上种植玉米。南宁市农办要六队限期拔掉玉米，退还土地，但该队以种种理由不予执行。4月，研究所与六队社员之间发生群体性械斗。事后，甘蔗研究所向南宁市中级人民法院提起诉讼。法院为彻底化解这一权属纠纷，采取了调解的方式。
>
> 办案人员首先尽可能地收集证据，耐心听取双方的详细陈述，先后向六十多名有关人员作了调查，征询双方领导机关的意见，得到了二十多份有关《协议书》、地形图等文件、资料和证人证词，辨清了争执焦点：即两个《协议书》是否有效。随后，办案人员召集六队群众进行调解座谈。六队提出“1956年的协议没有经过六队群众的同意，是非法的”。办案人员拿出双方签订的《协议书》，指出协议已经县人民委员会同意批准，具有法律效力。当时的土地已经入社，协议是与

①② 参见黄国儒：《土地纠纷对广西经济发展的影响及其对策》，载《南方国土资源》，2003（9）。

③ 参见广西壮族自治区高级人民法院：《十八年的土地产权纠纷解决了》，载《人民司法》，1981（7）。

农业合作社签订的，六队是该农业社25个生产队之一；按社章规定，社管委员会有权派出代表签订；群众同意与否不影响协议的有效性。六队初步承认了这一土地产权，但认为征用风屋岭的地未用钱买，不合法。办案人员援引《宪法》和《国家建设征用土地办法》，指出荒地的产权属于国家所有，荒地被征用后，被征用单位不受损失，因此不必补偿。六队争辩风屋岭不是荒地，是放牛的牧场。办案人员则引用《协议书》的规定和调查而来的事实证据，证明了风屋岭属于荒地。但是，鉴于六队人多地少的现实，研究所同意把23亩土地给六队使用。此外，办案人员还做通了该队在外工作的几个干部的思想，变阻力为助力。六队最终同意退还占用的土地。经过两个多月的辛勤工作，这一长达18年的土地权属纠纷彻底调解成功。

农村土地承包经营纠纷的调解更是多种多样。以全国农业大县江苏省兴化县的调解实践为例。2003年秋冬季节，由于农业税的改革和粮棉等农产品价格上涨，该县以前将土地转包、抛荒、终止经营的农民纷纷提出复耕承包要求，短短时间内就发生了一千余起土地承包纠纷。针对这种情况，该县基层人民调解组织采取了如下三条原则调解纠纷：对于农户之间自愿签订协议的，原则上尊重当事人协商的意见，按照协议履行；对于承包户自行抛荒休耕、被别人占用种植庄稼的，支持原承包人收回土地承包权，但是须合理补偿拾种者后再行复耕；对于上交土地证、以前自愿终止土地承包、如今又提出土地承包要求的，则根据村组实际情况，能调剂的设法解决，暂不能调剂的则做好思想工作，待有条件时再设法解决。[①] 通过采取这些实际调解措施，该县乡村两级人民调解委员会在短时间内成功地化解了这一波集中性的土地承包纠纷，维持了社会稳定。

(四) 发展前景

目前，很多土地纠纷案件还难以调解，已有的调解制度也存在一些缺陷。具体而言，一些土地的产权变动频繁，有的既无档案资料、又无文字记载，“四至”标志物难辨或消逝，证人也缺乏或不愿作证，纠纷容易出现证据难取、真伪难辨、性质难定、是非难断的问题。除此之外，土地权属纠纷的调解尚缺乏专门的解决机构和人员。农村土地承包经营纠纷出现了

① 参见苟道和：《粮价上涨激发农民种田热情有效调解土地流转出现的新矛盾——江苏省兴化县成功调解千余农民土地流转纠纷》，载《人民调解》，2004 (2)。

专门的调解仲裁机构。虽然《农村土地承包经营纠纷调解仲裁法》第52条规定："农村土地承包经营纠纷仲裁不得向当事人收取费用，仲裁工作经费纳入财政预算予以保障。"但是，对于列入预算的方式和数额具体标准，却没有具体规定。很多市、县、区并没有将仲裁经费列入财政预算。中西部地区的不少市县属于"吃饭"财政，要求这些财政困难的地方完全保障仲裁经费，也很难做到。调解仲裁队伍人员的素质也有待提高，一些调解仲裁人员法律知识相对欠缺，难以完全适应调解仲裁工作的要求。

针对上述主要问题，可以考虑采取如下改进措施：(1) 加强土地登记造册和地籍管理制度，充分明确土地的产权归属。我国很多土地的产权归属不明、边界模糊不清，集体土地的所有者缺位，只有明确土地的权属和边界，才能最终有效解决土地权属纠纷。(2) 建立专门性的土地权属纠纷解决机构。在实践中，国土资源部门的地籍管理机构、民政部门的行政区划机构、林业部门和农业部门的草原管理机构承担着相关的土地权属纠纷解决任务。具体执行纠纷解决任务的部门有时是专门机构，有时是办公室、法制办等机构，这些机构往往还担负着其他职能，可以考虑成立专门的解决机构或议事协调机构，提高此类纠纷的解决效能。(3) 完善农村土地承包经营纠纷的调解仲裁机构制度，在财政预算中将仲裁工作经费单设科目，对其标准作出具体规定，各级政府及财政部门按照科目和标准将仲裁工作经费列入本级财政预算，国家财政可以将农村土地承包经营纠纷仲裁庭列入基本建设投资项目，规范和完善仲裁庭的建设，同时，解决仲裁员的培训工作和待遇问题。①

① 参见海南省人大常委会农村工作委员会：《充分发挥"两个渠道"作用维护农民土地承包权益——关于〈农村土地承包经营纠纷调解仲裁法〉贯彻实施情况的调研报告（摘要）》，载《海南人大》，2010 (10)。

第五章 仲 裁

导 言

仲裁作为一种纠纷解决方式具有悠久的历史，在大多数国家都是非诉讼纠纷解决机制的重要组成部分。尽管仲裁最为人所知也是最被广泛接受的适用领域是商事纠纷，特别是国际经贸纠纷，但也被用于解决劳动争议等其他领域的纠纷。当仲裁被用于解决不同性质的纠纷时，相关的制度设计和具体规则往往有所不同。仲裁在不同时期的特定制度安排及实际使用情况是反映该时期的法律发展状况的一个重要指标，故本报告特别对仲裁加以考察。

尽管在民国时期，仲裁作为一种法律制度就已在我国萌芽①，但一般认为我国现代仲裁制度的正式确立是以 1994 年《中华人民共和国仲裁法》（以下简称《仲裁法》）的颁布为标志的。

在《仲裁法》颁布以前，我国实行国内仲裁与涉外仲裁双轨制。其中

① 从字义来看，仲裁具有“居中公断”之意，因此，我国历史上曾习惯于将“仲裁”称为“公断”。1912 年，当时的北洋政府颁布了《商事公断处章程》，次年颁布了《商事公断处办事细则》，这被视为我国仲裁制度的萌芽。具体参见谭兵：《中国仲裁制度改革与完善》，5～6 页，北京，人民出版社，2005。

国内仲裁是由不同部门根据不同时期制定的各种法律法规所确立的[①]，包含经济合同纠纷仲裁、技术合同纠纷仲裁、著作权纠纷仲裁、房地产纠纷仲裁、消费纠纷仲裁以及劳动争议仲裁等。这些仲裁本质上都属于行政仲裁，具体体现在：第一，从组织层面看，仲裁机构是由行政机关创设并隶属于行政机关，开办经费和日常经费都由行政机构拨付，仲裁员大部分是行政机关的公务员。第二，从制度层面看，在管辖上一般不以当事人的仲裁协议为基础，实行强制管辖，当事人也不享有选择仲裁员的权利；同时，仲裁裁决往往没有终局性，当事人不服仲裁裁决还可以向法院起诉。涉外仲裁则包括 20 世纪 50 年代以国务院（当时称政务院）决定的方式建立起来的国际经济贸易仲裁和海事仲裁，所采取的做法与国际上通行的仲裁制度基本相同，仲裁机构是由中国国际经济贸易促进会设立的，不隶属于行政机关，仲裁员大部分由来自法律和经贸领域的专家兼职，同时管辖上以当事人的仲裁协议为基础，当事人享有选择仲裁员等权利并且实行一裁终局。与涉外仲裁相比，以计划经济体制为背景建立起来的国内仲裁问题非常明显，因而随着我国经济体制改革的发展，越来越有必要制定统一的仲裁法，以便"更好地解决当事人的经济纠纷，维护社会经济秩序，发展社会主义市场经济和开展国际经济贸易往来"[②]。据当时负责仲裁法起草工作的全国人大法工委（下称"全国人大法工委"）主任顾昂然介绍，起草仲裁法的总的精神是，"仲裁机构要与行政机关分开，实行自愿原则和或裁或审、一裁终局的制度"。因此，1994 年《仲裁法》的颁布被认为是我国国内仲裁制度由原来的行政性仲裁向统一的民间性仲裁过渡的里程碑。

根据《仲裁法》，仲裁的受案范围是平等主体的公民、法人和其他组织之间发生的合同纠纷和其他财产权益纠纷，不包括婚姻、收养、监护、扶养、继承纠纷和依法应当由行政机关处理的行政争议。可见，《仲裁法》所规范的对象是通常所说的民商事仲裁（包括国内仲裁和涉外仲裁）。劳动争议和农业集体经济组织内部的农业承包合同纠纷的仲裁，则另行规定。因此，劳动争议仲裁并不受《仲裁法》颁布的影响，继续沿着 1987 年 7 月国务院颁布的《国营企业劳动争议处理暂行规定》以及 1993 年国务院发布的

① 据不完全统计，1994 年制定《仲裁法》之前，我国有 14 个法律、八十多个行政法规、近二百个地方性法规作出了有关仲裁的规定，具体参见全国人大常委会法制工作委员会：《中华人民共和国仲裁法律释评》，4 页，北京，法律出版社，1997。

② 顾昂然：《关于〈中华人民共和国仲裁法（草案）〉的说明》。

《中华人民共和国劳动争议处理条例》所确立的轨迹发展。目前，关于劳动争议仲裁的最重要的法律依据是 2007 年 12 月 29 日通过，自 2008 年 5 月 1 日起施行的《中华人民共和国劳动争议调解仲裁法》。而《仲裁法》提及的关于农业集体经济组织内部的农业承包合同纠纷的仲裁直到 2009 年 6 月 27 日《中华人民共和国农村土地承包经营纠纷调解仲裁法》的通过才有法律依据。

根据现行的法律框架，从民商事仲裁、劳动仲裁和农村土地承包经营纠纷仲裁三个方面来介绍我国的仲裁制度较为合理。考虑到《农村土地承包经营纠纷调解仲裁法》直到 2010 年 1 月 1 日起才正式施行，目前尚无相关的数据，因此本报告暂不涉及。而民商事仲裁内容比较复杂，同时为了便于与《仲裁法》颁布前的仲裁制度进行对照，本报告将分国内仲裁和涉外仲裁两节进行介绍，劳动仲裁则单列一节。

第一节　国内仲裁

一、我国国内仲裁制度概述

这里所考察的国内仲裁，包括两个方面，一是 1994 年以前由国家的行政部门主导的经济合同仲裁，二是 1995 年后组建和发展起来的独立的仲裁委员会的民商事仲裁。两种仲裁在纠纷解决的范围上相近，承担着类似的社会功能，在历史发展上也存在着前后相继的渊源关系，这是本报告将二者合并考察的原因，但是，二者在性质上、程序上、法律效力上，都存在着原则性的区别，这种区别的具体内容，在本报告后面的描述和分析中进行具体的说明。

根据仲裁制度的这种分类，我国国内经济仲裁制度的发展，大体上可以划分为两个历史时期，第一个历史时期新中国成立直到 1995 年，由国家的经济主管部门进行的经济合同仲裁，这种仲裁是一种行政性质的裁决，是和计划经济体制相配套的一种纠纷解决形式；第二个历史时期是 1995 年以后，现代仲裁制度开始建立和发展。

在这两个历史时期中，前一时期的经济合同仲裁是当时仲裁的最主要的组成部分，也是历史最长、制度最完善的国内仲裁制度。早在 1943 年，晋察冀边区参政委员会的《晋察冀边区租佃条例（草案）》就规定，“租佃合同发生之争议事项，争议之任何一方……调解不成时，得请求仲裁”。新中国成立后，经济合同仲裁制度的发展又经历了三个阶段：（1）1978年以前的只裁不审阶段。这一时期规范经济仲裁制度的主要依据有：1961年9月中共中央颁布的《国营工业企业工作条例（草案）》、1962年8月国家经济委员会《关于各级经委仲裁国营工业企业之间拖欠债款的意见（草案）》和1962年12月中共中央和国务院《关于严格执行基本建设程序、严格执行经济合同的通知》等文件。其内容是，经济合同纠纷不归人民法院管辖，只能由经济主管部门（即各级经委）仲裁裁决，不服裁决时，可以申请上级经济主管部门裁决，特殊或重大经济纠纷直至中央经济主管部门；经过上级部门再度裁决后，裁决生效，不得再向人民法院起诉。（2）1978—1981年的先裁后审阶段。1978年9月，国务院颁布了《关于成立工商行政管理总局的通知》，规定工商行政管理部门的主要工作之一是“管理全民和集体企业的购销合同、加工订货合同，调解仲裁纠纷”。同时，1979年8月在国家经委、工商行政管理总局、中国人民银行发布的《关于管理经济合同若干问题的联合通知》中规定，在供货、产销、加工、运输等经济合同的执行中，“如发生纠纷，签约双方应主动进行协商，尽量求得合理解决，协商不成，任何一方均可按照合同管理分工，向对方所在地的县（市）和大中城市的区级经委（或相应机关）、工商行政管理局申请调解仲裁。如一方对仲裁不服，可在接到仲裁通知书的次日起十天内向上一级管理合同机关申请复议。如对复议仍然不服，则可在接到复议仲裁通知书的次日起十天内向人民法院提起诉讼”。因此，这一阶段仲裁为诉讼的必经程序，只有对仲裁裁决不服时才可以提起诉讼。（3）1981—1994年的裁审自择阶段。随着1981年12月《经济合同法》和1982年8月《经济合同仲裁条例》的颁布实施，先裁后审改变为裁审自择，即在仲裁和诉讼之间，当事人自愿选择。选择了仲裁之后，不服仲裁裁决的，可以再向人民法院起诉。值得注意的是，1993年9月，我国对《经济合同法》进行了修改，经济合同仲裁制度也随即被改为协议仲裁制度。当事人有仲裁协议的，可以向仲裁机构申请仲裁，同时，人民法院不能受理。仲裁协议排除了人民法院的管辖权。仲裁组织的裁决是终局的，当事人不得再就同一事实向其他仲裁组织申请仲裁，也不得向人民法院起诉。这种或裁或审制度后来在1994年《仲裁法》中再次得到肯定。

其实，在经济合同仲裁不断发展的同时，我国的技术合同仲裁制度、著作权合同仲裁制度等也相继建立和完善起来。其中，技术合同仲裁的主要法律依据是 1987 年的《技术合同法》、1988 年国家科委发布的《技术合同管理暂行规定》、1989 年的《技术合同法实施条例》以及 1991 年国家科委发布的《技术合同仲裁机构管理暂行规定》。根据这些规定，技术合同仲裁机构是各级科委内设立的技术合同仲裁机构和经济合同仲裁机构；技术合同仲裁实行或裁或审制度，当事人提交仲裁，必须有事先达成的仲裁协议，否则，仲裁机构不予受理；当事人之间的仲裁协议排除人民法院的管辖。著作权纠纷仲裁的主要依据是 1990 年 7 月的《中华人民共和国著作权法》，该法规定，著作权合同纠纷可以依据合同中的仲裁条款或者事后达成的书面仲裁协议，向著作权仲裁机构申请仲裁。但在此法颁布前，部分省市已开始以仲裁的方式处理著作权合同纠纷及部分著作权侵权纠纷，由政府文化部门下设的版权处对著作权纠纷组成仲裁庭进行仲裁。房地产纠纷仲裁和消费纠纷仲裁主要是由地方性法规进行规定的，而且各地的规定有许多不同。考虑到这些仲裁在机构设置和程序制度方面与经济合同仲裁类似，因此，本报告对于 1994 年《仲裁法》颁布以前的国内仲裁制度的介绍只集中在经济合同仲裁，而且只介绍自 1981 年实行裁审自择以来经济合同仲裁制度的情况。

二、仲裁的机构设置

（一）经济合同仲裁的机构设置

《经济合同仲裁条例》规定，经济合同仲裁机关是国家工商行政管理局和地方各级工商行政管理局设立的经济合同仲裁委员会，改变了之前经济合同纠纷由经委或相应机关、工商行政管理局分工仲裁的体制。在性质上，经济合同仲裁委员会属于行政机关。根据当时的行政区划和工商行政机关的设置，经济合同委员会的设置共有四种类型：（1）县（市）、旗、市辖区经济合同仲裁委员会；（2）省辖市、地区、自治州经济合同仲裁委员会；（3）省、自治区、直辖市经济合同仲裁委员会；（4）国家工商行政管理局经济合同仲裁委员会。

在组织上，各级工商行政管理局经济合同仲裁委员会由主任 1 人、副主任 1 至 2 人和委员若干人组成。主任、副主任和委员必须由具有工作经验和专业知识的人担任。经济合同仲裁委员会设专职仲裁员若干人办理经济合同纠纷案件。各级仲裁机关根据办案的需要，可以聘请社会知名人士、专业技术人员和法律工作者担任兼职仲裁员。兼职仲裁员与专职仲裁员在执行仲裁职务时享有同等权利。

据统计，制定仲裁法以前，全国有经济合同仲裁委员会3 500个，其中省级30个，地级443个，县级3 027个，还有5 000个乡镇派出仲裁庭。从事经济合同仲裁的工作人员2万余人，专职仲裁员8 800余人。①

（二）民商事仲裁的机构设置

民商事仲裁的机构是仲裁委员会。根据《仲裁法》的规定，仲裁委员会可以在直辖市和省、自治区人民政府所在地的市设立，也可以根据需要在其他设区的市设立，不按行政区划层层设立。仲裁委员会由主任1人、副主任2至4人和委员7至11人组成。仲裁委员会的主任、副主任和委员由法律、经济贸易专家和有实际工作经验的人员担任。仲裁委员会的组成人员中，法律、经济贸易专家不得少于2/3。仲裁委员会独立于行政机关，与行政机关没有隶属关系。仲裁委员会之间也没有隶属关系。

《仲裁法》颁布后，如何依照《仲裁法》规定重新组建仲裁机构成为一个重大问题。当时的全国人大常委会副委员长王汉斌为此召集国家经贸委、国家体改委、司法部、国家工商局、国务院法制局和贸促会的负责同志开会，经过共同研究，对重新组建仲裁机构问题达成一致意见。之后，1994年11月13日国务院办公厅发布了《关于做好重新组建仲裁机构和筹建中国仲裁协会筹备工作的通知》。根据这一通知，重新组建仲裁机构的工作，先在北京市、上海市、广州市、西安市、呼和浩特市和深圳市试点。这6个城市要抓紧研究当时已有的仲裁制度转为《仲裁法》规定的新仲裁制度所涉及的问题，如仲裁机构的设置、仲裁员的聘任以及仲裁委员会的组成、章程、登记、财产和经费等问题，提出解决方案。通知还强调，要加强对重新组建工作的领导，确定一名市政府负责同志亲自抓这项工作，具体工作由市政府法制局（办）牵头，司法、工商等部门和贸促会、工商联参加。

根据前述国务院发布的方案，仲裁委员会从1995年开始创设，此后逐年增长，具体如表5—1和图5—1所示。由于仲裁机构在组建时就是在一些行政部门的主导下进行的，所以，不少机构在建立后相当长时间内一直存在比较严重的行政化色彩，如何真正实现仲裁机构的民间化是许多仲裁

① 参见王胜明、徐秀春：《关于仲裁法的若干问题》，载国务院法制局研究室：《重新组建仲裁机构手册》，北京，中国法制出版社，1995。

机构面临的重大实践问题。

表5—1　　1981—2009年仲裁制度基本情况以及和诉讼情况的对比

年份	经济合同仲裁委员会收案数（件）	仲裁委员会收案数（件）	仲裁委员会（个）	平均每个仲裁委员会收案数（件）	人民法院经济合同收案数（件）	人民法院合同收案数（件）
1981	14 035					
1982	19 090					
1983	35 715				36 274	
1984	30 091				69 204	
1985	28 104				206 582	
1986	29 075				292 599	
1987	27 231				332 496	
1988	46 492				467 872	
1989	233 227				634 941	
1990	941 965				543 613	
1991	185 000				516 507	
1992	279 167				598 610	
1993	123 942				824 448	
1994	104 406				971 432	
1995	19 899	107	11	9.7	1 184 377	2 134 293
1996	853	880	84	10.5	1 404 921	2 577 325
1997		3 548	122	29.1		2 641 167
1998		6 465	145	44.6		2 636 902
1999		7 394	152	48.6		2 832 049
2000		9 577	160	59.9		2 513 639
2001		12 127	165	73.5		2 358 926
2002		17 959	168	106.9		2 266 695
2003		28 835	172	167.6		2 266 476
2004		37 304	185	201.6		2 247 841
2005		48 339	185	261.3		2 265 362
2006		60 844	185	328.9		2 240 759
2007		61 016	200	305		2 463 775
2008		65 074	202	322.1		2 933 514
2009		74 811	202	370.4		3 151 716

资料来源：(1)《中国工商行政管理年鉴》1992—1997年各卷；(2)《中国法律年鉴》1987—2005年各卷。

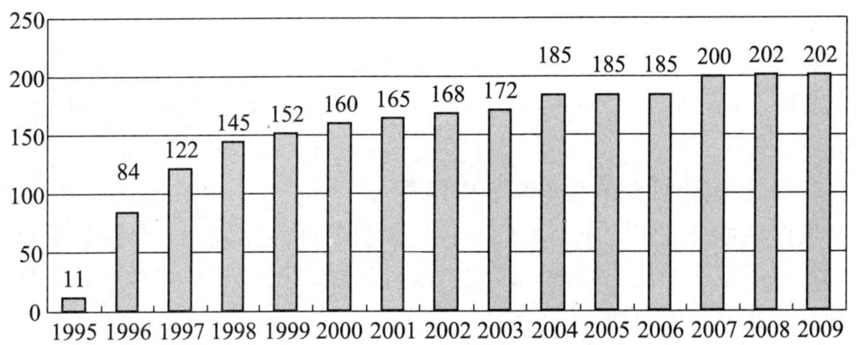

图 5—1　1995—2009 年仲裁委员会数量变化

民商事仲裁机构都设置有仲裁员名册供当事人选择。《仲裁法》规定，仲裁员应从符合下列条件之一人士中聘任：（1）从事仲裁工作满 8 年的；（2）从事律师工作满 8 年的；（3）曾任审判员满 8 年的；（4）从事法律研究、教学工作并具有高级职称的；（5）具有法律知识、从事经济贸易等专业工作并具有高级职称或者具有同等专业水平的。在实践中，一些发展的比较好的仲裁机构往往会制定一些比现行法律规定更高标准的仲裁员聘任条件。例如，北京仲裁委员会 1999 年就制定了《仲裁员选（续）聘标准》，之后 2001 年进行修改并更名为《仲裁员聘用管理办法》，2004 年和 2006 年又两次修改，希望通过不断提高仲裁员聘用标准，并推动仲裁员的优胜劣汰机制，从而不断提高仲裁员队伍的专业化水平。从成立至 2010 年年底，北京仲裁委员会先后聘任仲裁员 732 人，其中有 362 名被不予续聘。

三、两种仲裁的基本原则和程序比较

（一）经济合同仲裁的基本原则和程序

经济合同仲裁遵循四个基本原则：一是自愿仲裁的原则；二是法定管辖的原则；三是一次裁决的原则；四是回避的原则。

在程序上，仲裁机关办理经济合同纠纷案件，由仲裁员二人和仲裁委员会指定的首席仲裁员一人组成仲裁庭进行。仲裁庭评议案件，实行少数服从多数的原则。评议应当制作笔录，由仲裁庭成员签名。评议中的不同意见，必须如实记入笔录。疑难案件的处理，可以提交仲裁委员会讨论决定。仲裁委员会的决定，仲裁庭必须执行。简单的经济合同纠纷案件，可以指定一名仲裁员进行仲裁。

在效力上，当事人一方或者双方对仲裁决定不服的，在收到仲裁决定书之日起 15 天内，向人民法院起诉；期满不起诉的，仲裁决定书即发生法律效力。

（二）民商事仲裁的基本原则和程序

民商事仲裁的基本原则主要有：一是自愿仲裁原则；二是协议管辖的原则；三是独立仲裁的原则；四是合法仲裁的原则；五是实行一裁终局的原则；六是回避的原则。

在程序上，仲裁庭可以由三名仲裁员或者一名仲裁员组成，由三名仲裁员组成的，设首席仲裁员；当事人约定由三名仲裁员组成仲裁庭的，应当各自选定或者各自委托仲裁委员会主任指定一名仲裁员，第三名仲裁员是首席仲裁员，由当事人共同选定或者共同委托仲裁委员会主任指定；调解达成协议的，仲裁庭应当制作调解书或者根据协议的结果制作裁决书，调解书与裁决书具有同等法律效力；裁决应当按照多数仲裁员的意见作出，仲裁庭不能形成多数意见时，裁决应当按照首席仲裁员的意见作出。

在效力上，裁决书自作出之日起发生法律效力，但是基于特定的情形，在 6 个月内，当事人可以提请司法审查仲裁裁决。

（三）两种仲裁的基本原则和程序比较

两种仲裁的区别主要表现在三个方面：一是由于机构设置的不同性质，经济合同仲裁是一种行政决定，而民商事仲裁具有了民间性和独立性，从而也增强了中立性和公正性；二是经济合同仲裁没有终局性质，而民商事仲裁具有一裁终局的效力，因此提高了纠纷解决的效率；三是相比较而言，民商事仲裁在程序上更加规范化和制度化，更加符合现代商事仲裁的特征。

四、仲裁的职能活动

（一）经济合同仲裁的案件受理

1. 案件受理量及其变化

《经济合同法》颁布之前，可以通过经济主管部门仲裁解决的纠纷主要是供货、产销、加工、运输等合同纠纷而且合同纠纷主体必须是国营企业或部门。《经济合同仲裁条例》扩大了仲裁的范围，经济合同仲裁的受案范围不仅是法人之间的经济合同纠纷，也包括个体经营户、农村社员同法人之间参照《经济合同法》签订的经济合同纠纷。这种纠纷在民事诉讼中，被称为经济合同案件。如表 5—1 和图 5—2 所示，经济合同仲裁收案的变化主要分为两个阶段，第一个阶段是在 1990 年以前，经济合同仲裁收案总体上呈上升趋势；第二个阶段是 1990 年以后，经济合同仲裁收案总体上呈下降趋势。在历年的变化中，有一个特别显著的现象，就是 1989—1992 年间，经济合同仲裁收案数量显著高于其他时期，尤其是在 1990 年这一年，竟然分别是其前一年和后一年收案数量的 4 至 5 倍。这种特殊变化的主要原因，在于 1989 年以来，一方面，在 1989 年至 1991 年间，国家收紧银根，控制经济过热现象，减少了市场上资金流通的数量，导致企业之间，企业和银行之间债务清偿纠纷增加；另一方面，国家持续三年进行了经济整顿，清理了企业之间的"三角债"，企业之间大量陈年旧账集中释放，导致这几年，尤其是 1990 年的案件数量增加。[①] 因此，在某种程度，案件数量的增加，是经济主管部门的政策所致，是经济主管部门整顿经济形势的一个副产品。

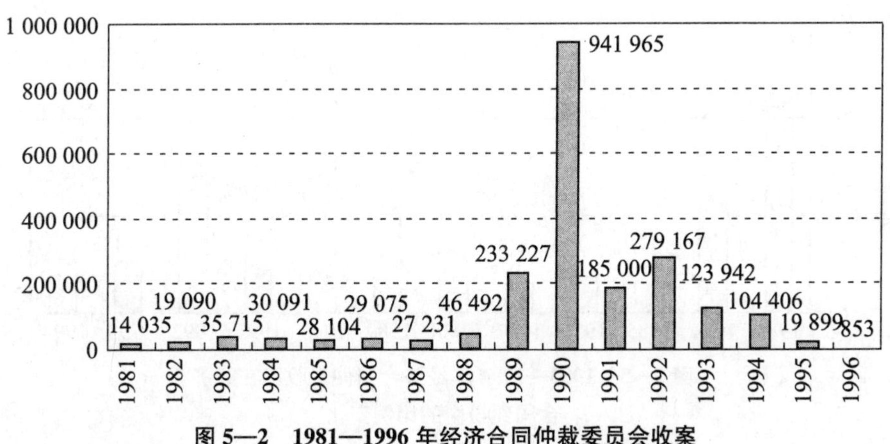

图 5—2　1981—1996 年经济合同仲裁委员会收案

2. 经济合同行政仲裁收案在经济合同纠纷的比例变化

在 1994 年以前，经济合同纠纷的解决方式主要有两种途径，一是提请经济合同仲裁委员会仲裁，二是向人民法院起诉。如果将这两种案件的和视为经济合同纠纷的总数，那么，通过经济合同仲裁委员会收案在纠纷总

① 参见《人民法院年鉴 1992》，265 页。

数中所占的比例，就可以大致衡量经济合同仲裁在经济合同纠纷解决中的作用，以及其受欢迎和流行的程度。按照这样的思路，通过对表 5—1 中的数据的进一步计算和整理，得到图 5—3。

考察图 5—3 可以发现，经济合同仲裁收案所占的比例变化，可以划分为三个阶段：第一个阶段是 1983—1987 年，经济合同仲裁收案比例呈显著的下降趋势；第二个阶段是 1987—1990 年，经济合同仲裁收案比例呈快速上升趋势；第三个阶段是 1990 年以后，经济合同仲裁收案比例再次下降，一直持续到 1994 年，也就是经济合同仲裁委员会终止受理案件的前夕。由于 1989—1992 年间经济合同仲裁收案的增长原因在于国家经济管理部门整顿经济秩序，清理企业之间的“三角债”，所以这三年经济合同仲裁收案的比例较高，可以看做是经济主管部门“主动出击”的结果，而非企业当事人的自愿选择。考虑到这一因素后，可以得出一个大致的结论，即：在有统计数据描述的 1983 年以来，经济合同仲裁作为一种纠纷解决方式，其受欢迎和流行程度呈逐年下降的趋势。

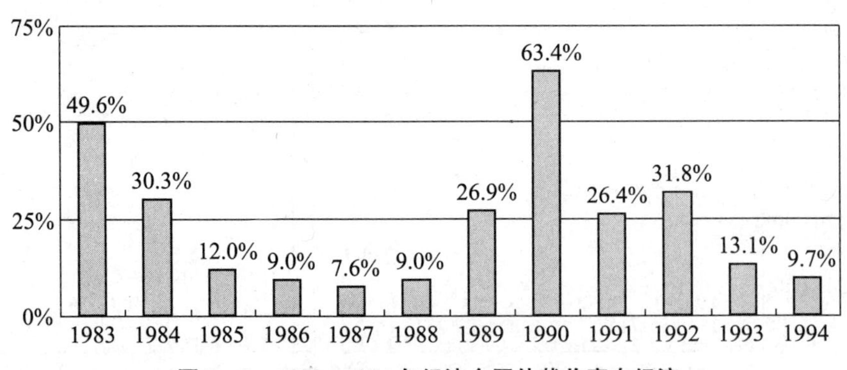

图 5—3　1983—1994 年经济合同仲裁收案在经济合同纠纷中的比例变化

(二) 民商事仲裁的案件受理

1. 案件受理量

仲裁委员会自从 1995 年开始组建以来，也就开始了案件的受理工作。根据《仲裁法》的规定，仲裁的受案范围是平等主体的公民、法人和其他组织之间发生的合同纠纷和其他财产权益纠纷，但不包括婚姻、收养、监护、扶养、继承纠纷和依法应当由行政机关处理的行政争议。

如图 5—4 和图 5—5 所示，从两个方面来看，仲裁收案数量都呈快速上升的趋势。一方面是从仲裁收案的总数上看，在 1995 年时，只受理了 107 件案件，到 2004 年，受理案件数达到 37 304 件，到 2009 年受理案件数则达到 74 811 件。

另一方面，考虑到仲裁委员会本身的数量也在增长，所以仲裁受欢迎的程度还需要考察平均每个仲裁委员会的收案数量变化。如图 5—5 所示，这个数量也是逐年增长的，从 1995 年的 9.7 个，上升到 2004 年的 201.6 个，到 2009 年又上升到 370.4 个。

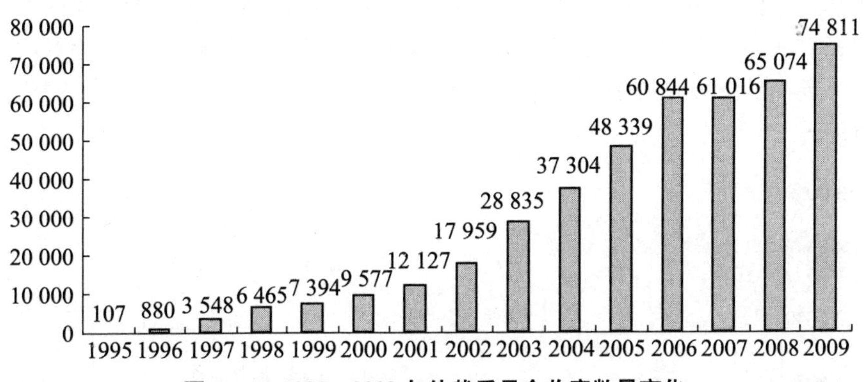

图 5—4 1995—2009 年仲裁委员会收案数量变化

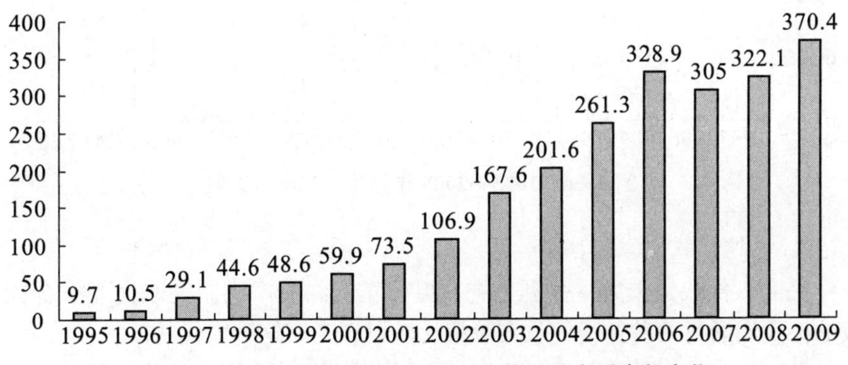

图 5—5 1995—2009 年平均每个仲裁委员会受案数变化

2. 仲裁收案所占比例

虽然《仲裁法》规定的仲裁受案范围大于合同纠纷，但在实践中，尤其是从数量上看，这个范围大致相当于合同纠纷。合同纠纷的解决方式有多种，主要有诉讼、仲裁和人民调解。这里主要考察仲裁和诉讼之间的关系，我们以仲裁收案和民事诉讼中的合同纠纷收案的总和，考察仲裁收案比例的变化。

如图5—6所示，仲裁收案呈逐年上升的趋势，不可谓不快。但是，仲裁所占的比例是非常小的，即使以比例最大的2006年计，也只有2.64%，这意味着在100件合同纠纷中，不到3件申请了仲裁，而有97件提起了诉讼。从这个角度来看，尽管仲裁在纠纷解决中的作用呈不断上升的趋势，但是目前所占的份额非常的小，小到在统计数据中可以忽略不计的程度。当然，考虑到仲裁所受理的案件中有许多是专业性强的重大复杂的商事争议，有些还具有前沿性，因此即便从数量上看不多，但实质上仍然对市场经济秩序的形成和维护起着重大的作用，并且在某种程度上促进了行业的自治。

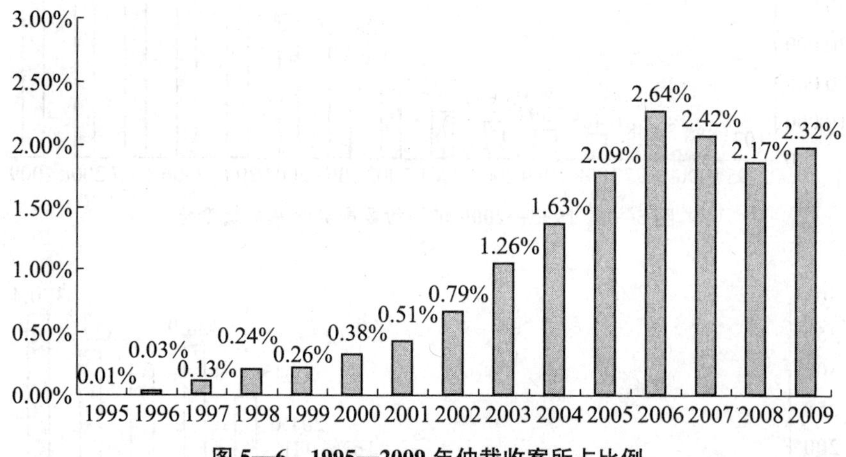

图5—6　1995—2009年仲裁收案所占比例

3. 两种仲裁收案对比

民商事仲裁是作为一种更先进、更公正的纠纷解决制度取代经济合同仲裁的，我们通过两种仲裁的收案数量比较可以考察这种取代的效果和后果。

首先，从绝对数量上看。由于1989年以来经济合同仲裁收案数量上升的原因在于经济整顿，清理“三角债”，所以不作对比。而在1981—1988年间，经济合同仲裁平均每年收案28 729件，这个数字和2003年的仲裁收案相当，低于2004年的仲裁收案的37 304。这就是说，从2004年开始，仲裁收案的水平就已经超过了经济合同仲裁收案的平均水平。

其次，从相对数量来看，在1983—1988年间，经济合同仲裁收案所占比例平均为19.6％，民商事仲裁收案最高的比例也只有2.72％，前者是后者的7倍。从这个角度看，普通民商事仲裁的流行程度远远不及经济合同仲裁。

总体来看，尽管从1995年开始组建仲裁委员会以来，已经15年过去了，但是仲裁的流行程度还没有恢复到20世纪80年代经济合同仲裁的最高水平。当然，由于经济合同仲裁实行的是法定管辖，无须有仲裁协议就可以申请仲裁，而民商事仲裁实行的是协议管辖，需要双方当事人有明确的仲裁协议才能申请仲裁，不同的制度安排对两种仲裁所受理的案件量会有较大的影响。但是，两种仲裁的整体流行程度的差别仍然可能有指标含义：（1）随着人们法制观念的增强，非诉讼纠纷解决方式在一段时间内反而越来越不受欢迎，假定经济合同仲裁制度一直实行至今，它的纠纷解决比例也会逐年减小；（2）民商事仲裁作为一种新兴事物，人们对它的了解，对它的优点的体会，还需要一个长期的过程，而目前不断增长的纠纷解决作用，即是一个明证；（3）也可能是现行仲裁实践的一些做法不能赢得人们对其独立性和公正性的信任，正如有的学者所指出的，各地新组建的仲裁机构绝大多数仍然处于官办或半官半民的尴尬状态，无法离开政府的扶持和输血，因此难以完全摆脱行政干扰。

五、经费保障

（一）经费保障的基本制度

1994年以前，由于经济合同仲裁机构由各级工商行政管理局创设并隶属于其设立机关，所以，其开办经费和日常经费一般都由设立机关拨付。同时根据1984年1月18日国家工商行政管理局、财政部《关于经济合同仲裁费和鉴证费收费标准及其使用范围的规定》，各级工商行政管理局可以收取仲裁费用于合同管理的公用经费开支补助。仲裁费包括案件受理费和案件处理费。其中，案件受理费按下列标准收取：（1）争议金额在10万元以下的收取千分之五，最低不少于20元；（2）争议金额在10万元至50万元的，收取500元加收超过10万元部分的千分之四；（3）争议金额在50万元以上的，收取2 100元加收超过50万元部分的千分之三，但最高不得超过1万元。争议金额一般以申诉人请求的数额为准，其请求数额与实际数额如有出入，以实际数额为准。案件处理费按实际开支收取。

对于民商事仲裁机构而言，受我国仲裁法颁布和实施的特殊时代背景的限制，国务院发布的《重新组建仲裁机构方案》规定，“仲裁委员会设立初期，其所在地的市人民政府应当参照有关事业单位的规定，解决仲裁委员会的人员编制、经费、用房等”；同时，“仲裁委员会应该逐步做到自收自支”。不过，据北京仲裁委员会于 2006 年组织的一项调查显示，在回收到的 104 份有效问卷中，有 37 家（占 35.6%）仲裁机构实行全额拨款，有 20 家（占 19.2%）实行差额拨款，两者相加达到 54.8%。在这两类机构中，除 4 家没有注明成立时间外，只有 4 家成立时间在 3 年以内，也就是说，有 86%的机构已成立 3 年以上。实行自收自支的机构总共有 44 家，占 42.3%，低于依赖财政拨款的比例 54.8%（另有 3 家机构在依靠财政拨款和自收自支之外，选择“其他”，占 2.9%）。①

实行自收自支的仲裁委员会主要依靠仲裁收费维持运作。《仲裁法》规定：“当事人应当按照规定交纳仲裁费用。收取仲裁费用的办法，应当报物价管理部门核准。”国务院于 1995 年 7 月颁布了《仲裁委员会仲裁收费办法》，对有关问题予以具体化。根据该规定，仲裁收费主要具有如下内容或者特点：

（1）仲裁费用包括案件受理费和案件处理费。

（2）案件受理费用于给付仲裁员报酬、维持仲裁委员会正常运转的必要开支。仲裁案件受理费的具体标准由仲裁委员会在仲裁案件受理费表规定的幅度内确定，并报仲裁委员会所在地的省、自治区、直辖市人民政府物价管理部门核准。

（3）案件处理费包括：仲裁员因办理仲裁案件出差、开庭而支出的食宿费、交通费及其他合理费用；证人、鉴定人、翻译人员等因出庭而支出的食宿费、交通费、误工补贴；咨询、鉴定、勘验、翻译等费用；复制、送达案件材料、文书的费用；其他应当由当事人承担的合理费用。案件处理费的收费标准按照国家有关规定执行；国家没有规定的，按照合同的实际支出收取。

（4）仲裁庭同意重新仲裁的，仲裁委员会不得再行收取案件受理费。仲裁庭依法对裁决书中的文字、计算错误或者仲裁庭已经裁决但在裁决书中遗漏的事项作出补正的，不得收费。

（5）申请人经书面通知，无正当理由不到庭或者未经仲裁庭许可中途

① 更详细的内容，请参见北京仲裁委员会办公室：《〈仲裁机构现状与仲裁法修改〉问卷调查统计结果》。

退庭，可以视为撤回仲裁申请，案件受理费、处理费不予退回。仲裁委员会受理仲裁申请后，仲裁庭组成前，申请人撤回仲裁申请，或者当事人自行达成和解协议并撤回仲裁申请的，案件受理费应当全部退回。仲裁庭组成后，申请人撤回仲裁申请或者当事人自行达成和解协议并撤回仲裁申请的，应当根据实际情况酌情退回部分案件受理费。

(6) 仲裁委员会收取仲裁案件受理费，应当使用省、自治区、直辖市人民政府财政部门统一印制的收费票据，并按照国家有关规定，建立、健全财务核算制度，加强财务、收支管理，接受财政、审计、税务、物价等部门的监督。

由于仲裁委员会彼此独立，互不隶属，在收费标准上，也各不一样。同时各仲裁委员会可能根据实践的需要在不同阶段采取不同的收费标准。这里举两个实例具体说明。

(二) 北京仲裁委员会收费标准

北京仲裁委员会自成立以来曾多次调整收费标准，现行的收费标准是2003年9月16日第三届北京仲裁委员会第五次会议修订并通过的，自2004年3月1日起施行。收费标准的具体内容，参见表5—2和表5—3。

表5—2　　北京仲裁委员会案件受理费收费标准

争议金额（人民币）	收费标准	案件受理费
1 000元以下部分（含1 000元）		100元
1 000元至5万元（含5万元）	5%	100元加争议金额1 000元以上部分的5%
5万元至10万元（含10万元）	4%	2 550元加争议金额50 000元以上部分的4%
10万元至20万元（含20万元）	3%	4 550元加争议金额100 000元以上部分的3%
20万元至50万元（含50万元）	2%	7 550元加争议金额200 000元加上部分的2%
50万元至100万元（含100万元）	1%	13 550元加争议金额500 000元以上部分的1%
100万元以上	0.30%	18 550元加争议金额1 000 000元以上部分的0.3%

说明：(1) 争议金额为50万元至100万元的案件，适用简易程序审理的，以上表中所列争议金额50万元为收费基数，对其以上部分的受理费减收50%；(2) 争议金额以申请人请求的金额为准，请求的金额与争议金额不一致的，以实际争议金额为准；(3) 争议金额未确定的，受理费收费标准由北京仲裁委员会办公室制定

表 5—3　　北京仲裁委员会案件处理费收费标准

争议金额（人民币）	收费标准	案件处理费
20 万元以下（含 20 万元）		5 000 元
20 万元至 50 万元（含 50 万元）	2%	5 000 元加争议金额 20 万元以上部分的 2%
50 万元至 100 万元（含 100 万元）	1%	11 000 元加争议金额 50 万元以上部分的 1%
100 万元至 500 万元（含 500 万元）	0.40%	16 000 元加争议金额 100 万元以上部分的 0.4%
500 万元至 1 000 万元（含 1 000 万元）	0.30%	32 000 元加争议金额 500 万元以上部分的 0.3%
1 000 万元至 2 000 万元（含 2 000 万元）	0.25%	47 000 元加争议金额 1 000 万元以上部分的 0.25%
2 000 万元至 4 000 万元（含 4 000 万元）	0.20%	72 000 元加争议金额 2 000 万元以上部分的 0.2%
4 000 万元以上	0.10%	112 000 元加争议金额 4 000 万元以上部分的 0.1%

说明：(1) 争议金额为 50 万元至 100 万元的案件，适用简易程序审理的，以上表中所列争议金额 50 万元收费为基数，对其以上部分的处理费减收 50%；(2) 争议金额以申请人请求的金额为准，请求的金额与争议金额不一致的，以实际争议金额为准；(3) 争议金额未确定的，处理费收费标准由北京仲裁委员会办公室制定

(三) 重庆仲裁委员会收费标准

重庆仲裁委员会现行的收费标准从 2002 年 8 月 1 日开始施行至今。和北京仲裁委员会相比，重庆仲裁委员会只规定了案件受理费的计费标准，具体内容如表 5—4 所示。

表 5—4　　重庆仲裁委员会仲裁案件受理费收费标准

争议金额（人民币）	案件受理费
1 000 元以下的部分	50 元
1 001 元至 50 000 元的部分	按 4%交纳
50 001 元至 100 000 元的部分	按 3%交纳
100 001 元至 200 000 元的部分	按 2%交纳
200 001 元至 500 000 元的部分	按 1%交纳
500 001 元至 1 000 000 元的部分	按 0.5%交纳
1 000 001 元以上的部分	按 0.25%交纳

对于案件处理费，只列出了收费的项目，强调按照实际的、合理的支出收取。其具体收费项目包括：（1）仲裁员因办理仲裁案件出差、开庭而支出的食宿费、交通费及其他合理费用；（2）证人、鉴定人、翻译人员等因出庭而支出的食宿费、交通费、误工补贴；（3）咨询、鉴定、勘验、翻译等费用；（4）复制、送达案件材料、文书的费用；（5）其他应当由当事人承担的合理费用。

（四）仲裁案件收费和人民法院财产案件收费对比

对比考察表 5—5 中人民法院、重庆仲裁委员会、北京仲裁委员会三种案件受理费，可以得出如下初步的结论：（1）对于争议金额在 20 万元以下（含 20 万元）的案件，重庆仲裁委员会的收费标准和人民法院一样；但是对于争议金额在 20 万元以上的案件，人民法院的收费高于重庆仲裁委员会。（2）对于任何争议金额的案件，北京仲裁委员会所收受理费都要高于重庆仲裁委员会。与人民法院的收费相比，则争议金额在 100 万以下的案件，北京仲裁委员会所收的受理费高于法院，但是争议金额 100 万以上的案件，北京仲裁委员会所收的受理费低于法院。

值得注意的是，这里的法院的收费标准是 2007 年 4 月 1 日之前的标准。2007 年 4 月 1 日国务院颁布的《诉讼费用交纳办法》正式实施之后，人民法院的财产案件的收费标准整体上又有所降低。即便如此，据测算，争议金额在 8 000 万元以上时，北京仲裁委员会所收的受理费和处理费加起来也低于人民法院一审收取的诉讼费。但是，对于标的金额不大的案件，因为北京仲裁委员会的最低收费是 5 100 元，这时选择仲裁与选择诉讼相比在费用方面就没有优势。可见，北京仲裁委员会现行的收费标准是根据其自身的业务定位特别制定的，意在吸引争议标的金额大的复杂案件流向仲裁这一争议解决渠道。

表 5—5　　仲裁案件受理费和人民法院财案件受理费对比

争议金额（人民币）	收费标准		
	人民法院财产案件（2007 年 4 月 1 日前）	重庆仲裁委员会	北京仲裁委员会
1 000 元以下部分（含 1 000 元）	50 元	50 元	100 元
1 000 元至 5 万元（含 5 万元）	4%	4%	5%
5 万元至 10 万元（含 10 万元）	3%	3%	4%
10 万元至 20 万元（含 20 万元）	2%	2%	3%

续前表

争议金额（人民币）	收费标准		
	人民法院财产案件（2007年4月1日前）	重庆仲裁委员会	北京仲裁委员会
20万元至50万元（含50万元）	1.5%	1%	2%
50万元至100万元（含100万元）	1%	0.5%	1%
100万元以上的部分	0.50%	0.25%	0.30%

第二节　涉外仲裁

一、涉外仲裁概述

涉外仲裁也是属于民商事仲裁，只不过所涉及的案件具有涉外因素。长期以来，我国的涉外仲裁主要是通过两家机构来实施的：一是中国国际经济贸易仲裁委员会，二是中国海事仲裁委员会。两家机构最早都是由中国国际贸易促进委员会组建的，在早期分别称为中国国际贸易促进委员会对外贸易仲裁委员会和中国国际贸易促进委员会海事仲裁委员会。两家机构设立的宗旨，是解决涉外商事纠纷，其中，前者解决普通的商事纠纷，后者解决海事纠纷。两家机构虽然以解决涉外案件为主旨，但是自2000年开始也受理国内相应争议，而且，从实际情况来看，国内案件已经占有不少的比例。值得注意的是，1994年《仲裁法》颁布实施后，重新组建的仲裁机构也可以受理涉外案件。近年来，一些发展得比较好的国内仲裁机构力图国际化的努力成为涉外仲裁发展的一个新的亮点或增长点。

考察和介绍涉外仲裁的发展情况，对于我国法律发展和社会发展具有一定的描述和反映作用。首先，涉外仲裁的发展情况，能从一个侧面反映我国改革开放的社会发展成果和发展方向。其次，在国际上，仲裁的业务发展是完全竞争性的，没有任何垄断性可言，因此，两家机构仲裁业务的发展，可以衡量和检验我们的制度和理念的有效性。最后，在一定程度上，国内各种纠纷解决之间，也存在一定的竞争性，因此，涉外仲裁在国际竞争中成败得失与经验教训，对国内纠纷解决机制，尤其对处于发展和转型阶段的商事仲裁，具有一定的启发和借鉴意义。正是基于这些意义，我们在本报告中设专题考察和描述两家涉外仲裁机构的发展情况，同时也对其他国内仲裁机构的涉外业务的发展作简要介绍。

二、中国国际经济贸易仲裁委员会

（一）历史发展

中国国际经济贸易仲裁委员会是中国国际贸易促进委员会根据中华人民共和国中央人民政府政务院的决定，于 1956 年 4 月设立的，当时名称为中国国际贸易促进委员会对外贸易仲裁委员会。在“文化大革命”结束后的对外开放的大背景中，为了适应国际经济贸易关系不断发展的需要，对外贸易仲裁委员会于 1980 年改名为对外经济贸易仲裁委员会，又于 1988 年改名为中国国际经济贸易仲裁委员会。中国国际经济贸易仲裁委员会（下称“贸仲委”，自 2000 年 10 月 1 日起同时启用名称“中国国际商会仲裁院”）是以仲裁的方式，解决契约性或非契约性的经济贸易等争议的常设商事仲裁机构。多年来处理的各种案件当事人涉及世界上大多数国家和地区，仲裁裁决可在所有的《纽约公约》缔约国得到承认和执行。贸仲委已发展成为世界主要的国际商事仲裁中心之一。以前贸仲委主要受理各类国际、涉外仲裁案件，自 2000 年 10 月 1 日开始同时受理国内仲裁案件。

（二）机构设置

贸仲委总会设在北京。根据业务发展的需要，贸仲委分别于 1984 年设立了华南分会、于 1990 年设立了上海分会、于 2008 年 5 月设立了天津国际经济金融仲裁中心、于 2009 年 1 月 5 日设立了西南分会。贸仲委北京总会及其分会是一个统一的整体，是一个仲裁委员会。总会和分会使用相同的仲裁规则和仲裁员名册，在整体上享有一个仲裁管辖权。

仲裁委员会设名誉主任一人、名誉副主任一至三人，顾问若干人，由中国国际贸易促进委员会/中国国际商会邀请有关知名人士担任。仲裁委员会在组织机构上实行委员会制度，设主任一人，副主任若干人，委员若干人；主任履行仲裁规则赋予的职责，副主任受主任的委托可以履行主任的职责。仲裁委员会总会和分会设立秘书局与秘书处，各有秘书长一人，副秘书长若干人。总会秘书局和分会秘书处分别在总会秘书长和分会秘书长的领导下负责处理仲裁委员会总会和分会的日常事务。仲裁委员会还设立三个专门的仲裁委员会：专家咨询委员会、案例编辑委员会和仲裁员资格审查考核委员会。专家咨询委员会，负责仲裁程序和实体上的重大疑难问题的研究和提供咨询意见，对仲裁员的培训和经验交流、对仲裁规则的制定和修订提供意见，对仲裁委员会的工作和发展提出建议等。案例编辑委员会，负责案例编辑和仲裁委员会的年刊编辑工作。仲裁员资格审查考核委员会，按照《仲裁法》和仲裁规则的规定，对仲裁员的行为进行监督考核，对仲裁员的聘任提出建议。仲裁委员会总会及各分会根据当事人约定的仲裁条款/仲裁协议受理当事人提起的国际的、涉外的和国内仲裁案件。

仲裁委员会同时设立域名争议解决中心和亚洲域名争议解决中心，负责解决各种域名争议。域名争议解决中心于 2005 年 7 月 5 日起同时启用“中国国际经济贸易仲裁委员会网上争议解决中心”名称，全面涵盖域名争议解决中心目前业务，并进一步开展电子商务网上调解和网上仲裁等其他网上争议解决业务，为广大当事人提供快捷高效的网上争议解决服务。仲裁委员会与中国粮食行业协会、贸促会粮食行业分会联合成立了粮食行业争议仲裁中心，以仲裁的方式解决粮食行业发生的一切争议。仲裁委员会在各地贸促会内及经济比较发达的城市设立了仲裁办事处，办事处是仲裁委员会仲裁专业联络和宣传机构，从事仲裁宣传和仲裁协议的推广和咨询工作，不能受理仲裁案件。

贸仲委的组织机构设置具体如图 5—7。

（三）仲裁活动

在国际上，商事仲裁完全是竞争性的，案件的受理量既是仲裁机构的工作量，也是该机构作为纠纷解决方式的受欢迎程度的体现。

如图 5—8 所示，贸仲委的案件量在 1986—1995 年间有一个显著的增长趋势，平均年增长率达到 29.2%，从这个增长率来看，应该说贸仲委的发展是迅速的。但是，1996 年以后，案件量有所下降，直至 2001 年后才逐步回升。到 2004 年，案件受理量再度增至 850 件，但是仍低于 1995 年的 902 件这一水平。从 2005 年开始，贸仲委的案件受理量呈现出一个比较好的上升趋势，这主要得益于所受理的国内案件数量的增长。例如，2005 年受理 979 件（其中国内案件 552 件），2006 年受理 981 件（其中国内案件 539 件），2007 年受理 1 118 件（其中国内案件 689 件），2008 年受理 1 230

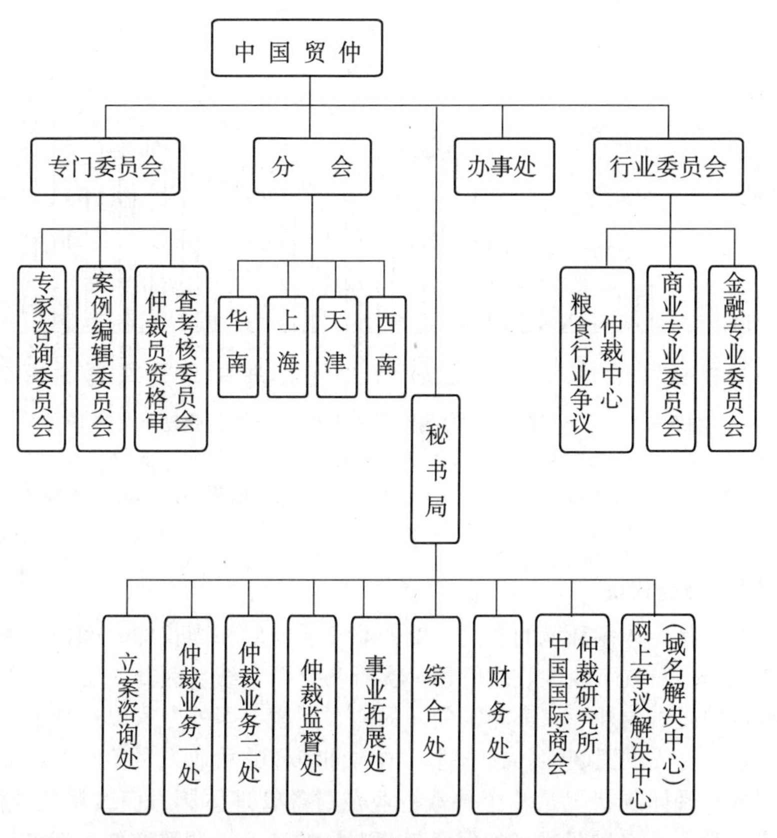

图 5—7　中国国际贸易仲裁委员会组织机构

件（其中国内案件 682 件），2009 年受理 1 482 件（其中国内案件 923 件）。

尽管贸仲委的案件受理量曾经存在一定的起伏，但是，自 1994 年以来，其在国际上一直是名列前茅的，而且多次荣登世界首位，比世界上原受案最多的国际商会仲裁院多出一倍以上，比英国伦敦国际仲裁院多出三倍以上，比美国仲裁协会多出两倍以上，比瑞典仲裁院多出五倍以上。甚至有仲裁专家感叹："中国贸促会的仲裁委员会是世界上最忙的国际仲裁中心。"这一国际地位表明，贸仲委的努力取得了很大的成效。而这种成效也可以为国内仲裁委员会发展提供一些经验和启示。相对来说，国内仲裁委员会的发展极其不平衡，除少数发展得比较好的仲裁委员会外，其余机构所受理的案件量是很低的，即使是在最多的 2009 年，平均每个仲裁员委员会也只受理了 370.4 件案件（参见本报告"国内仲裁"部分），所以，贸仲委的这种经验和启示弥足珍贵。

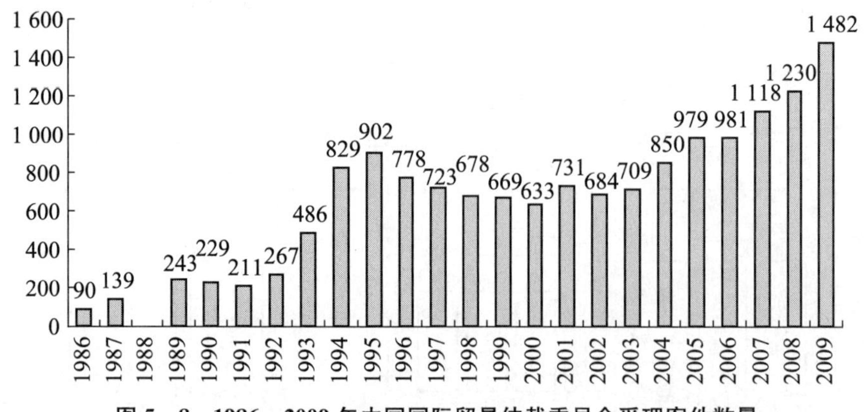

图 5—8 1986—2009 年中国国际贸易仲裁委员会受理案件数量

资料来源：(1) 1986—1989 年的数据来自《中国法律年鉴》1987—1990 年各卷；(2) 1990 年以后的数据来自贸仲委的网站（http：//cn.cietac.org/Default.html）和国务院法制办公室编辑的《政府法制工作简报》。

(四) 经费状况

受我国特定体制环境的制约，贸仲委在成立后相当长的时间内，仲裁收费一直被当做行政事业性收费管理，实行收支两条线。因此，贸仲委的财务管理体制曾是国内外专家都非常关注的一个问题。国外专家以这种财务管理体制质疑贸仲委的民间性和独立性，国内仲裁界的从业人员关心贸仲委则认为其财务管理体制状况是整个仲裁行业在财务管理体制方面改革的风向标。2009 年年底，国务院批准了贸促会起草上报的《关于调整贸仲委财务管理体制有关问题的请示》，同意将贸仲委收取的仲裁收费转为经营服务性收费，并依法纳税。随后，为落实国务院的批示精神，财政部和国家发展改革委员会联合印发了《关于调整仲裁收费管理政策有关问题的通知》（财综［2010］19 号），规定自 2010 年 1 月 1 日起，贸仲委收取的仲裁收费转为经营服务性收费，并依法纳税。各地仲裁委员会收取的仲裁收费，由各省（自治区、直辖市）财政、价格主管部门按照收费管理权限，自行决定是否转为经营服务性收费。至此，在相当长的时期内困扰贸仲委及其他仲裁机构的财务管理体制问题终于告一段落。

1. 经费支出

关于贸仲委的经费支出，很难获得准确的数据。不过，通过 2003—2004 年度造成轰动效应的审计风暴所披露的信息，我们可以了解一个大概，从一个侧面了解贸仲委和中国海事仲裁委员会的上级主管部门中国国际贸易促进委员会2003年度预算执行状况。2003年10月至2004年3月，国务院审计署对中国国际贸易促进委员会（简称贸促会）2003年度预算执行情况进行了审计，并延伸审计了其机关服务中心、法律事务部两个下属单位。调查发现，法律部涉外仲裁办案费用项目2003年预算为2 000万元，项目执行单位法律事务部当年实际支出2 033万元，其中以“经办秘书报酬”、“辅助费”等名义在项目中列支803.81万元，主要用于发放职工补贴，占预算数的40%。法律事务部正在进行整改。法律事务部超出合理的实际支出需要，向仲裁当事人多收取办理案件特殊报酬、差旅费、住宿费等724万元。① 本文依此估算，2003年度贸仲发和中国海事仲裁委员会的年度预算为2 000万元左右（此处不考虑发放内部补贴等其他因素）。以后各年应该根据实际情况有所调整。

2. 仲裁收费

贸仲委的仲裁收费分为三种情况，即：涉外案件仲裁费用、国内案件仲裁费用和金融争议仲裁费用。

（1）涉外案件仲裁费用

涉外仲裁的收费又分为两部分，一部分是案件受理费，每一件收取10 000元人民币，其中包括仲裁申请的审查、立案、输入及使用计算机程序和归档等费用；二是案件处理费，具体收费标准如表5—6所示。

表5—6　　涉外案件仲裁费用表（2005年5月1日起施行）

争议金额（人民币）	仲裁费用（人民币）
1 000 000元以下	争议金额的3.5%，最低不少于10 000元
1 000 000元至5 000 000元	35 000元+争议金额1 000 000元以上部分的2.5%
5 000 000元至10 000 000元	135 000元+争议金额5 000 000元以上部分的1.5%
10 000 000元至50 000 000元	210 000元+争议金额10 000 000元以上部分的1%
50 000 000元以上	610 000元+争议金额50 000 000元以上部分的0.5%

申请仲裁时未确定争议金额或情况特殊的，由仲裁委员会秘书局或仲裁委员会分会秘书处决定仲裁费用的数额。收取的仲裁费用为外币时，按上述仲裁费用表的规定收取与人民币等值的外币。仲裁委员会除按照上述仲裁费用表收取仲裁费外，可以按照仲裁规则的有关规定收取其他额外的、合理的实际开支。

① 参见国家审计署：《中国国际贸易促进委员会2003年度预算执行审计结果》（2004年11月17日公告）。

(2) 国内案件仲裁费用

国内案件仲裁费用同样分为案件受理费和案件处理费两部分，每一部分的收费标准分别参见表 5—7 和表 5—8。表中仲裁费用的争议金额，以申请人请求的数额为准；请求的数额与实际争议金额不一致的，以实际争议金额为准。申请仲裁时争议金额未确定的或情况特殊的，由仲裁委员会秘书局或仲裁委员会分会秘书处根据争议所涉及权益的具体情况确定预先收取的仲裁费用数额。仲裁委员会除按照该仲裁费用表收取仲裁费外，可以按照仲裁规则的有关规定收取其他额外的、合理的实际开支。

表 5—7　　国内案件受理费收费办法（2005 年 5 月 1 日起施行）

争议金额（人民币）	案件受理费（人民币）
1 000 元以下	最低不少于 100 元
1 001 元至 50 000 元	100 元＋争议金额 1 000 元以上部分的 5%
50 001 元至 100 000 元	2 550 元＋争议金额 50 000 元以上部分的 4%
100 001 元至 200 000 元	4 550 元＋争议金额 100 000 元以上部分的 3%
200 001 元至 500 000 元	7 550 元＋争议金额 200 000 元以上部分的 2%
500 001 元至 1 000 000 元	13 550 元＋争议金额 500 000 元以上部分的 1%
1 000 001 元以上	18 550 元＋争议金额 1 000 000 元以上部分的 0.5%

表 5—8　　国内案件处理费收费办法（2005 年 5 月 1 日起施行）

争议金额（人民币）	案件处理费（人民币）
5 万元以下	最低不少于 1 250 元
5 万元至 20 万元	1 250 元＋争议金额 5 万元以上部分的 2.5%
20 万元至 50 万元	5 000 元＋争议金额 20 万元以上部分的 2%
50 万元至 100 万元	11 000 元＋争议金额 50 万元以上部分的 1.5%
100 万元至 300 万元	18 500 元＋争议金额 100 万元以上部分的 0.5%
300 万元至 600 万元	28 500 元＋争议金额 300 万元以上部分的 0.45%
600 万元至 1 000 万元	42 000 元＋争议金额 600 万元以上部分的 0.4%
1 000 万元至 2 000 万元	58 000 元＋争议金额 1 000 万元以上部分的 0.3%
2 000 万元至 4 000 万元	88 000 元＋争议金额 2 000 万元以上部分的 0.2%
4 000 万元以上	128 000 元＋争议金额 4 000 万元以上部分的 0.15%

（3）金融争议仲裁费用

金融争议仲裁费用又分为两部分，一部分是案件受理费，每一件收取 10 000 元人民币，其中包括仲裁申请的审查、立案、输入及使用计算机程序和归档等费用；二是案件处理费。具体收费标准如表 5—9 所示。

表 5—9　　金融争议仲裁费用表（2005 年 5 月 1 日起施行）

争议金额（人民币）	仲裁费用（人民币）
1 000 000 元以下	争议金额的 1.5%，最低不少于 5 000 元
1 000 000 元至 5 000 000 元	10 000 元＋争议金额 1 000 000 元以上部分的 0.8%
5 000 000 元至 50 000 000 元	42 000 元＋争议金额 5 000 000 元以上部分的 0.6%
50 000 000 元以上	312 000 元＋争议金额 50 000 000 元以上部分的 0.5%

申请仲裁时未确定争议金额或情况特殊的，由仲裁委员会秘书局或仲裁委员会分会秘书处确定仲裁费用的数额。收取的仲裁费用为外币时，按上述仲裁费用表的规定收取与人民币等值的外币。仲裁委员会或其分会除按照仲裁费用表收取仲裁费外，可以按照《中国国际经济贸易仲裁委员会仲裁规则》的规定收取其他额外的、合理的实际开支。

三、中国海事仲裁委员会

（一）历史发展

中国海事仲裁委员会是根据中华人民共和国国务院 1958 年 11 月 21 日的决定，于 1959 年 1 月 22 日设立于中国国际贸易促进委员会内受理国内外海事争议案件的常设仲裁机构。设立时名为中国国际贸易促进委员会海事仲裁委员会。中国海事仲裁委员会以仲裁的方式，独立公正地解决产生于远洋、沿海和与海相通的水域的运输、生产和航行过程中的契约性或非契约性的海事争议，以保护当事人的合法权益。值得注意的是，中国海事仲裁委员会是我国唯一受理涉外海事纠纷的常设机构。中国是 1958 年《承认及执行外国仲裁裁决公约》的缔约国。据此，中国海事仲裁委员会作出的涉外仲裁裁决可以在世界上一百多个上述公约的成员国得到承认和执行，为当事人强制执行仲裁裁决免除了后顾之忧。

（二）机构设置

中国海事仲裁委员会（以下简称“海仲委”）由中国国际商会组织设立。仲裁委员会设名誉主任一人、顾问若干人。海仲委由主任一人、副主任若干人和委员若干人组成。主任履行仲裁委员会的有关职责，副主任受主任的委托可以履行主任的职责。海仲委设在北京。仲裁委员会设秘书处，在仲裁委员会秘书长的领导下负责处理仲裁委员会的日常事务。

海仲委建立并完善了委员会议、主任会议、秘书长会议和三地秘书会议制度，并设立了专家咨询委员会、案例编辑委员会和仲裁员资格审查考核委员会。委员会议每年召开一次，以研究解决仲裁委员会组织机构及业务发展等方面的重大问题。主任会议在委员会议闭会期间负责仲裁委员会的工作，每三个月召开一次。秘书会议制度，原则上每年召开一次，主要是互相沟通和交流办案经验，对秘书人员进行业务培训，以提高办案质量。专家咨询委员会负责仲裁程序和实体上的重大疑难问题的研究和提供咨询意见，对仲裁员的培训和经验交流，仲裁规则的修改提供意见，以及对仲裁委员会的工作和发展提出建议等工作。专家咨询委员会由仲裁委员会主任会议聘请 13 名专家任委员组成，其中一人为主任委员，一人为副主任委员。仲裁委员会下设案例编辑委员会设主任委员一人、副主任委员一人，由仲裁委员会主任聘任。案例编辑委员会负责已审理终结的案例编辑和仲裁委员会的年刊编辑工作。

海仲委同时下设仲裁员资格审查考核委员会。委员会设主任委员一人、副主任委员一人，由仲裁委员会主任聘任。仲裁员资格审查考核委员会的主要职责是，按照《仲裁法》和仲裁规则的规定，对仲裁员的资格和表现进行审核和考查，对仲裁员的续聘和解聘提出建议。

为适应业务发展的需要，海仲委 1999 年先后在大连、上海和广州设立了 3 个办事处。上海办事处已于 2002 年升格为分会，分会可以独立受理和审理案件。办事处是海仲委的仲裁专业联络和宣传机构，接受仲裁委员会的直接领导。

（三）仲裁业务

由于英国作为老牌海运大国在海事仲裁中的传统影响既深且巨，长期垄断海事仲裁市场，所以，1978 年前的海仲委每年受案量不足 5 件。改革开放以来，海仲委每年的案件受理量都有所上升，但是，如图 5—9 所示，在 1986—2004 年间，波动较大，而且没有明显的增减趋势。在 2002 年时，出现一个低点，案件受理量只有 14 件，但之后开始回升，2004 年增长到 35 件。2005 年又进一步上升到 46 件，但 2006 年有所回落，只有 24 件。2007 之后则每年都出现较好的增长趋势，其2007年有49件，2008年有60件，2009年有79件。

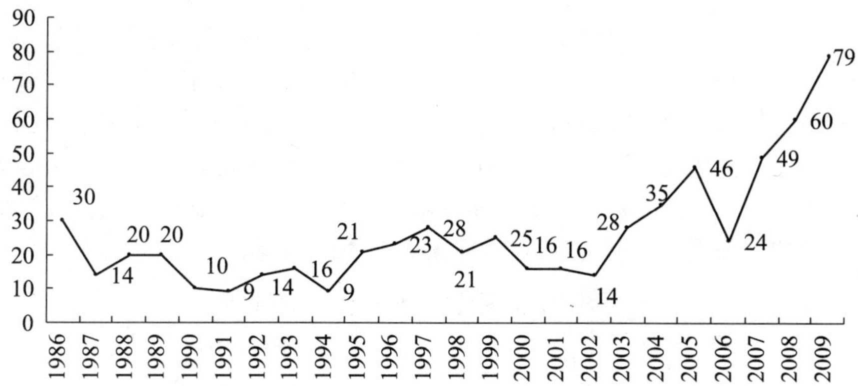

图5—9　1986—2003年中国海事仲裁委员会收案数

资料来源：(1)《中国法律年鉴》1987—2004年各卷；(2)《中国海事仲裁委员会各年报告》和国务院法制办公室编辑的《政府法制工作简报》。

海仲委的案件量所处的水平，可以通过国际比较得到进一步的说明。根据2001年10月在纽约国际海事仲裁员大会上获得的权威信息，国际海事仲裁机构受案量名列前几位的顺序为：英国伦敦海事仲裁员协会2000年受案576件，美国纽约海事仲裁员协会80件，法国巴黎海事仲裁院30件，中国海事仲裁委员会16件。[①] 由于最近两年案件量有所增长，所以，海仲委在国际上的排名应当略有提升，但是和伦敦海事仲裁员协会相比仍有显著的差距。

如果与贸仲委相比，海仲委发展的成就很有限，导致这种差异的原因，主要有3个方面：一是海事纠纷的数量本身就比普通商事纠纷要少得多；二是海事纠纷解决的专业性、技术性非常强，海事仲裁的权威性和公正性的建立需要更长时间的积累；三是也不排除海仲委自身的制度设置和策略安排上存在不足。当然，按照目前的案件受理量，可以在国际上排在第三名或第四名左右，这已经可以算是不小的成就了。

(四) 经费状况

中国海事仲裁的费用分为两个部分，一部分为案件受理费，一部分为案件处理费。这两种收费都和案件的争议金额相联系。具体的收费标准如

① 参见http://www.cietac.org.cn/hezuo/chd.htm。

表 5—10 和表 5—11 所示。该标准为中国国际商会 2004 年 7 月 5 日修订并通过，自 2004 年 10 月 1 日起施行。该标准的执行有几点特别说明：(1) 仲裁费用表中的争议金额，以申请人或反请求申请人请求的数额为准；请求的数额与实际争议金额不一致的，以实际争议金额为准。(2) 申请仲裁时争议金额未确定的或情况特殊的，由秘书处决定仲裁费用的数额。(3) 收取的仲裁费用为外币时，按该仲裁费用表的规定收取与人民币等值的外币。(4) 仲裁委员会除按照该仲裁费用表收取仲裁费外，可以按照仲裁规则的有关规定收取其他额外的、合理的实际开支。

表 5—10　　中国海事仲裁委员会案件受理费收费办法

争议金额（人民币）	案件受理费（人民币）
1 000 元以下（含 1 000 元）	100 元
1 000 元至 5 万元（含 5 万元）	100 元加争议金额 1 000 元以上部分的 5%
5 万元至 10 万元（含 10 万元）	2 550 元加争议金额 50 000 元以上部分的 4%
10 万元至 20 万元（含 20 万元）	4 550 元加争议金额 100 000 元以上部分的 3%
20 万元至 50 万元（含 50 万元）	7 550 元加争议金额 200 000 元以上部分的 2%
50 万元至 100 万元（含 100 万元）	13 550 元加争议金额 500 000 元以上部分的 1%
100 万元以上	18 550 元加争议金额 1 000 000 元以上部分的 0.3%

表 5—11　　中国海事仲裁委员会案件处理费收费办法

争议金额（人民币）	案件处理费（人民币）
20 万元以下（含 20 万元）	5 000 元
20 万元至 50 万元（含 50 万元）	5 000 元加争议金额 20 万元以上部分的 2%
50 万元至 100 万元（含 100 万元）	11 000 元加争议金额 50 万元以上部分的 1%
100 万元至 500 万元（含 500 万元）	16 000 元加争议金额 100 万元以上部分的 0.4%
500 万元至 1 000 万元（含 1 000 万元）	32 000 元加争议金额 500 万元以上部分的 0.3%
1 000 万元至 2 000 万元（含 2 000 万元）	47 000 元加争议金额 1 000 万元以上部分的 0.25%
2 000 万元至 4 000 万元（含 4 000 万元）	72 000 元加争议金额 2 000 万元以上部分的 0.2%
4 000 万元以上	112 000 元加争议金额 4 000 万元以上部分的 0.1%

四、其他仲裁机构的涉外仲裁业务的新发展

国内仲裁机构总体上发展水平不高，但一些发展比较好的仲裁委员会已经具备了一定的实力参与国际竞争。事实上，一些发展比较好的仲裁委员会早就把目光投向国际商事仲裁市场，力求吸引更多的涉外案件。例如，北京仲裁委员会在2001年就提出其目标是“通过自身的努力，在今后十年内应在国际仲裁界占有一席之地”；武汉仲裁委员会于2005年12月18日成立国际仲裁院，专门受理和审理国际商事仲裁案件，开展国际商事仲裁方面的合作与交流；广州仲裁委员会也从2005年开始提出筹建国际仲裁院。

从国内仲裁委员会所受理的涉外案件量来看还不算多，例如，截至2009年年底，北京仲裁委员会共受理涉外案件426件，其中70%是2005年以后受理的。尽管如此，这些仲裁机构的努力推动了涉外仲裁业务的竞争，从而从整体上提升了中国仲裁在国际上的竞争力。例如，北京仲裁委员会为了吸引涉外仲裁案件，不仅聘请的港澳台地区及涉外仲裁员不断增加，还力图通过制度创新，吸引国际当事人的信任。例如，考虑到中国的调解制度与许多国家不允许仲裁员与调解员身份竞合的观念和惯例存在显著差异，因此为消除国际商事案件当事人可能由此产生的疑虑，北京仲裁委员会2004年版的仲裁规则增加规定，调解不成时，允许双方当事人协商一致更换仲裁员，但由此增加的仲裁费用，由双方当事人负担。2008年版的仲裁规则进一步规定国际商事案件当事人可以从仲裁员名册外选择仲裁员，使当事人可以不受仲裁员名册的限制自由选择符合仲裁法规定条件的仲裁员，这一方面增加了当事人选择仲裁员的自主权，突出了尊重当事人意愿的原则；另一方面也使其仲裁规则与国际惯例进一步接轨，增加了对国际案件当事人的吸引力。此外，北京仲裁委员会2008年版的仲裁规则还规定，经当事人同意可以增加外籍仲裁员的报酬，以吸引国际顶级仲裁员到中国实际参与案件的处理。

第三节　劳动仲裁

一、劳动仲裁概述

我国的劳动仲裁制度具有较长的历史。现政权的劳动争议仲裁制度最早可以追溯到 1933 年的《中华苏维埃共和国劳动法》。[1] 新中国成立后，为了及时、合理有效地解决当时私营企业中存在的劳资争议问题，中华全国总工会于 1949 年 11 月制定了《关于劳资关系暂行处理办法》和《劳资争议处理程序》，其中“处理办法”的第 27 条对劳动争议的协商、调解、仲裁以及法院审判的处理程序作出了规定。1950 年 6 月和 10 月，劳动部又发布了《劳动争议仲裁委员会组织及工作规则》和《关于劳动争议解决程序的规定》。依据上述法律文件，各地组成了由总工会、工商行政部门和工商联代表参加的劳动争议仲裁委员会，负责劳动争议案件的仲裁工作，至此，我国初步建立了劳动争议仲裁制度。资本主义工商业改造完成之后，由于资本家阶级的被消灭和实践中劳动争议案件的日趋下降，1955 年 7 月以后，劳动部陆续撤销了各种有关解决劳动争议的机构包括劳动部的劳动争议调处司、各地劳动局设立的调解机构以及在城市中设立的劳动仲裁委员会，与劳动仲裁相关的一些规章和其他规范性规定也自动停止适用。与此同时，人民法院也不再受理劳动争议案件，而有关劳动争议的处理工作被划归信访部门。

现行劳动仲裁制度重建的法律基础可以追溯到 1987 年国务院颁布的《国营企业劳动争议处理暂行规定》。1986 年 7 月，国务院在《关于发布改革劳动制度四个规定的通知》（国发［1986］77 号）中明确提出，要加强劳动人事部门的组织建设，建立劳动争议仲裁机构。1987 年 7 月，国务院制定了《国营企业劳动争议处理暂行规定》，同年 10 月，党的十三大报告也正式提出要“建立劳动仲裁制度”。1993 年 8 月，国务院又颁布了《中华人民共和国企业劳动争议处理条例》，该条

① 《中华苏维埃共和国劳动法》第 120 条规定，“因为各种劳动条件问题发生争议和冲突时，各级劳动部在得到当事人双方同意时，得进行调解和仲裁”。

例和相关的司法解释[①]标志着我国的劳动争议仲裁制度发展到一个“有法可依”的新阶段。随后颁行的《中华人民共和国劳动法》、劳动部制定的《劳动争议仲裁委员会组织规则》和《劳动争议仲裁委员会办案规则》以及《关于贯彻执行〈劳动法〉若干问题的意见》，最高人民法院颁布的《关于审理劳动争议案件适用法律若干问题的解释》等相关法律、规章和司法解释进一步丰富和发展了我国的劳动争议仲裁制度。

进入2000年尤其是2007年后，随着劳动关系的日趋复杂和劳动争议案件数量的日益上升，劳动仲裁的制度化建设明显加快了步伐。2007年6月，全国人民代表大会常务委员会通过了《中华人民共和国劳动合同法》，同年12月通过了《中华人民共和国劳动争议调解仲裁法》。与这些重要法律相配套，人力资源和社会保障部分别于2008年11月、2009年1月和2010年1月，转发和出台了《关于转发湖南省劳动保障厅、财政厅关于保障劳动争议仲裁经费的通知》、《劳动人事争议仲裁办案规则》、《劳动人事争议仲裁组织规则》等部门规章，最高人民法院也发布了《关于审理劳动争议案件适用法律若干问题的解释（三）》等司法解释。这些法律、部门规章和司法解释在对劳动争议仲裁的实体和程序规则作出规定的同时，对劳动争议仲裁委员会的组成原则、人员构成、经费来源及劳动仲裁机构的实体化建设等提出了原则性要求。劳动仲裁的发展进入了一个新的历史时期。

需要说明的是，从《劳动争议调解仲裁法》开始，劳动争议仲裁与人事争议仲裁实现了制度上的合一。从长远的观点来看，这是劳动仲裁发展的大势。但是考虑到人事仲裁独立发展的历史和目前在实践中的相对的“体制内”地位，本报告仍延续以往的“劳动仲裁”路径。

二、劳动仲裁机构

（一）劳动仲裁机构的发展状况

我国劳动仲裁机构的发展大致分两个阶段。

第一个阶段自20世纪80年代至2008年前后。这一阶段的劳动仲裁机构主要以“劳动仲裁委员会”的形式存在，其办事机构自建立起就与劳动保障部门

① 这期间的主要司法解释有最高人民法院《关于审理劳动争议案件诉讼当事人问题的批复》（1988-10-19）、《对劳动部〈关于人民法院审理劳动争议案件几个问题的函〉的答复》（1989-08-10）、《关于劳动争议案件受理问题的通知》（1993-10-20）等。

的劳动争议处理机构“合二为一”，可称之为“一体化式”劳动仲裁机构。

“一体化式”劳动仲裁机构始建于 1987 年前后[①]，按照当年劳动部（现更名为人力资源和社会保障部）的规划，全国大约需要建近三千一百个劳动仲裁机构。这一任务完成的进度是：1994 年完成 2 819 个，占应建数的比例达到 91%，比上年略有增加；1995 年，共建立各级仲裁委员会 3 003 个，占应建数的 97%；1996 年年底，共建立各级仲裁委员会 3 099 个；2004 年为 3 138 个。经过 4 年的发展，截至 2008 年年底，全国共建立起 3 515 个劳动仲裁机构，这一数字超过了原计划。

由于《国营企业劳动争议处理暂行规定》只要求县、市、市辖区应当设立仲裁委员会，所以上述三千多个劳动仲裁委员会绝大多数为县、市、市辖区级，省级和副省级的劳动仲裁委员会数目大约与它们的行政建制数相当，尚没有出现国家级的劳动仲裁委员会。

在劳动仲裁机构的组织方面，各级劳动仲裁委员会的办事机构与劳动行政主管部门的劳动争议处理机构是“一套人马、两块牌子”，劳动争议仲裁机构的办案职能和行政职能合二为一，绝大部分劳动争议案件实际上都是由劳动行政部门的行政人员一家单独作出仲裁处理的，其他两方的兼职仲裁员由于种种原因很难有时间和精力加入劳动仲裁委员会的工作。即使如此，这些行政色彩非常浓厚的劳动仲裁机构还是对协调劳资关系、化解劳资纠纷、维护经济和社会秩序起了重要作用。

第二个阶段自 2008 年起至今。这一阶段的劳动仲裁机构建设主要以已有的劳动仲裁委员会的办事机构的实体化为目标。实体化的过程也是劳动仲裁委员会与劳动保障行政部门相对分离的过程。

随着劳动争议案件的持续上升和高位运行，一体化的劳动仲裁模式越来越难适应劳动争议仲裁形势的发展，2008 年后，大规模的劳动仲裁机构实体化活动全面提上日程。[②] 劳动仲裁机构的建立及其实体化的明确法律依

---

① 主要依据是国务院［1986］77 号文件“要加强劳动人事部门的组织建设，相应地建立劳动仲裁和社会劳动保险机构”的规定。

② 早在 2001 年甚至更早的时间，一些地方就在探索建立相对独立于劳动行政部门的劳动仲裁机构，如 2001 年年底，深圳率先在全国成立了劳动争议仲裁院，开创了劳动争议仲裁机构实体化建设的先河。随后，广西南宁、柳州等城市也分别成立了劳动争议仲裁院；2003 年，浙江省成立了我国第一家省级劳动仲裁院，黑龙江、广东、辽宁等省也分别在部分城市开展了劳动争议仲裁机构实体化试点。总的来说，这一时期的实体化建设还处于局部的、实验性阶段。更重要的是，实体化机构的设立尚缺乏明确的、充分的法律依据。

据是《劳动争议调解仲裁法》及其后颁布的《劳动人事争议仲裁组织规则》。《劳动争议调解仲裁法》第17条规定，劳动争议仲裁委员会按照统筹规划、合理布局和适应实际需要的原则设立。省、自治区人民政府可以决定在市、县设立；直辖市人民政府可以决定在区、县设立。直辖市、设区的市也可以设立一个或者若干个劳动争议仲裁委员会。第19条规定，劳动争议仲裁委员会下设办事机构，负责办理劳动争议仲裁委员会的日常工作。《劳动人事争议仲裁组织规则》第2条规定，劳动人事争议仲裁委员会（以下称仲裁委员会）由人民政府依法设立，专门处理劳动、人事争议（以下称争议）案件。第10条规定，仲裁委员会可以下设实体化的办事机构，具体承担争议调解仲裁等日常工作。办事机构名称和仲裁员等工作人员按照地方人民政府规定进行规范和配备。第16条规定，仲裁委员会应当有专门的仲裁场所等等。为进一步落实仲裁机构实体化的法律要求，2009年年初，人力资源和社会保障部发布《关于进一步做好劳动人事争议调解仲裁工作的通知》（人社部发［2009］3号），提出“要在稳定现有机构的基础上，按照法律规定的统筹规划、合理布局和适应实际需要的原则，争取用三年时间，在全国地级以上城市和争议案件较多的县（市、区），普遍建立以仲裁院为主要形式的、财政经费保障、具有公共事务管理能力的实体性仲裁办案机构。要积极开展仲裁机构标准化特别是标准庭建设，努力形成以城市带动区县、辐射乡镇街道，机构健全、人员到位、场所齐备、信息畅通、规范有序的仲裁新格局”。

在制度的、实践的双重压力和推动下，劳动仲裁机构的实体化进程迅速推进，至2010年年底，全国实现仲裁机构实体化的单位已达50%①，沿海经济比较发达、劳资冲突比较尖锐的地区大部分市县仲裁机构基本实现了实体化。

值得注意的是，与第一阶段建立清一色的劳动仲裁委员会有所不同，实体化阶段的劳动仲裁机构，无论是在机构功能的设置方面，还是机构的内部组织方面都表现出了地方性和差异性。从机构功能的设置来看，受《劳动人事争议仲裁组织规则》将劳动争议与人事争议合一和大部制机构改革的影响，一些地方的实体化机构将人事争议纳入，合并成立了“劳动人事仲裁院”，而

① 据人力资源和社会保障部2011年1月25日新闻发布会公布的资料。按此推算，全国现应有1 800个左右的劳动（人事）争议仲裁院。

另一些地方则依旧保持劳动争议和人事争议的双轨制；还有的地方如浙江，在省级层面上采取了独特的“一委两院”的形式，即在整合劳动争议仲裁委员会和人事争议仲裁委员会的基础上，正式组建成立劳动人事争议仲裁委员会。劳动人事争议仲裁委员会下设人事争议仲裁院和劳动争议仲裁院。仲裁委员会的日常工作则由省人力社保厅仲裁信访处承担。

在机构的内部组织方面，各市区县的劳动（人事）争议仲裁院都不尽一致，如上海市卢湾区劳动人事争议仲裁院将内设组织分为综合办公室、调解受理庭、劳动人事争议仲裁庭三个部分；河南郑州新密市的劳动人事争议仲裁院分为综合办公室、立案调解庭、审理庭三个部分；沈阳市的劳动人事争议仲裁院分为办公室、调解立案庭、人事争议仲裁庭、劳动争议仲裁庭四个机构；成都市劳动争议仲裁院分立案调解庭、劳动关系庭、工资福利待遇庭和办公室四部分；如此等等。就省层面的劳动（人事）争议仲裁院来看，天津市劳动争议仲裁院设置了三庭五室，即仲裁一庭、仲裁二庭、仲裁三庭、接待室、立案室、调解一室、调解二室、综合办公室。

在实体机构的整体定位方面，几乎所有的劳动（人事）仲裁院都被定位为同级劳动保障行政单位的“下属事业单位”（财政全额拨款的事业单位），按人保部相关领导的说法，其专职仲裁员和其他工作人员的身份则是“能公则公，能参则参”。

（二）劳动仲裁机构发展中存在的问题

我国劳动仲裁机构发展的轨迹，对应性地反映了国家经济社会尤其是劳动关系的发展和变迁。20 世纪 80 年代后期，为应对实践中日益增多的劳动争议案件，各地建立了以劳动（保障）行政部门的劳动争议处理机构为依托的劳动仲裁委员会。值得注意的是，这些被依托的劳动（保障）行政部门的劳动争议处理机构不仅与劳动仲裁委员会的办事机构共享“一套人马”，而且许多机构本身还同时与监察、信访等部门合一，这种现象影响了劳动仲裁机构的办案能力。党的十四大正式确立市场经济体制的改革目标后，来自市场驱力的劳动争议案件逐渐抬头上扬，各地随即加大了劳动仲裁委员会的建设力度，至 1996 年年底建立的各级仲裁委员会已超过三千多个。但是，由于劳动仲裁委员会（办事机构）实体地位的虚化和劳动保障行政部门的占位性影响，这些数目已经不算小的劳动仲裁委员会对日益上升的劳动争议案件并没有起到应有的作用。进入 21 世纪以来，随着国内经济改革的日益深化和国际金融危机的冲击以及《劳动合同法》的赋权，劳动争议案件出现了“井喷”，为应对这种局面，劳动与社会保障部加快了以人员和经费专门化为标志的实体化建设过程。

从以上历史脉络可以看出，我国劳动仲裁机构的发展是一个完全由政府主导甚至独导的过程。从把劳动行政主管部门的劳动争议处理机构规定为仲裁委员会的办事机构到这种办事机构的实体化，无一不体现着劳动行政主管部门一家的意愿。这种劳动行政主管部门独导独演的机构建制过程决定了仲裁机构不论采取什么形式，本质上不过是劳动行政主管部门的一个下属部门，而这种情况几乎先天地对如下问题负责：（1）仲裁机构的设立缺乏明确的规范性；（2）仲裁（机构）缺少中立性、准司法性等特质；（3）仲裁（机构）公信力不足；等等。

尤其值得注意的是，时下如火如荼进行着的所谓仲裁机构的实体化建设，并没有注意克服这些问题。在机构设置的规范性方面，各地差异很大，没有能形成比较规范的建制标准。按照 2004 年劳动与社会保障部副部长王进东的说法“当前的实体化建设可以不搞统一模式。机构单独设置是实体化，机构没有单独设置，但实现了行政事务和办案职能的分离，保证了人员编制、经费和办案条件，同样是实体化”①。在仲裁机构的中立性、准司法性问题上，情况更为严重。仲裁机构的中立性、准司法性来源于其组成原则的三方性即仲裁机构由政府、工会、企业组织三方代表组成。三方原则本质上体现的是当事人的自治即当事人以自己的组织直接参与纠纷调解的意愿。中立的实质性含义是它的非国家意志性，而准司法性则体现了当事人自治的非行政强迫性。政府作为三方之一承担的主要是一种组织性的而不是决定性的公共义务。当前的实体化建设，更多地体现的是政府的“决定性”力量，而非三方机构的“协商性”力量。当前实体化的实质是一种行政机构内部为应对高劳动争议案件的专职化②，甚至可以说是劳动保障行政部门的一次

---

① 与此说法相应，有的地方，实体化的含义是指由劳动行政主管部门、工会组织和企业方面三方共同向劳动仲裁机构派出专职的劳动仲裁员，实行定期轮换制，各方派出的仲裁员专门负责审理劳动争议案件，其所在原单位的一切待遇予以保留；还有的地方，实体化的含义是要实现“行政和仲裁彻底分离”（陕西的口号），要建立“相对独立于行政和司法机关的劳动仲裁专门机构，专司劳动争议案件处理职责”（如广东）；而有些地方把仅仅保证仲裁机构的经费、人员编制理解为仲裁机构的实体化。

② 关于这一点，我们也可以从人力资源和社会保障部有关司局负责人就《劳动人事争议仲裁组织规则》答记者问，窥见一二：“当前各地仲裁机构都面临着‘案多人少’的突出矛盾。由于受行政部门机构编制的限制，在行政部门内部，专门从事劳动人事争议案件仲裁工作的机构和人员一直难以满足需要，现在有些省市已经成立了以仲裁院为主要形式的实体化的仲裁委员会办事机构，有效提高了案件处理效能。”

内部分工调整，即由过去的兼职式的“一套人马，两块招牌”，变成劳动保障行政部门和劳动仲裁部门各司其职的内部重新分工，在现有的条件下，这种专职化可能进一步强化劳动保障行政部门一家“独断”的力量。① 由于仲裁（机构）规范性、中立性和准司法性的缺失，其公信力亦受到影响。

（三）劳动仲裁机构发展的趋势

从中长期看，我国劳动仲裁机构的发展方向大致可设计为三个阶段，第一阶段，仲裁机构首先由内设于劳动行政管理部门的一个工作部门变成一个经费和人员均有所保障的相对独立的部门。第二阶段，仲裁机构的实体化进一步发展，相对独立的仲裁部门逐渐发展成组织单独设置的仲裁机构。仲裁机构的实体化任务初步完成。第三阶段，仲裁机构的实体化进入成熟阶段，相应的制度、机制的建立及完善，使仲裁机构真正成为既独立于行政机构，又相对独立于司法机构的专门机关。与此同时，仲裁机构的内部组织机构也臻于完善。至此，我国的仲裁机构建设基本上实现了与国际惯例接轨，与市场经济相适应的现代性转型。目前，我们正处在该设计第一阶段的后期。

三、仲裁机构的职权活动

（一）概况

仲裁机构的职权活动主要是受理和处理劳动争议案件。据劳动和社会保障部的统计，从 1987 年恢复劳动争议处理制度到 2010 年，我国各级劳动仲裁机构共立案受理劳动争议案件 436.88 万件，24 年间受理案件数增长了整整一百多倍（见图 5—10）。其中 2008 年受理案件 69.35 万件，这一数字几乎是 2007 年的两倍。

---

① 早在 1996 年，有关方面就意识到这个问题。劳动部、全国总工会、国家经贸委发出的“关于进一步完善劳动争议仲裁三方机制的通知”中，明确要求各级劳动行政部门的同志要克服独家仲裁的倾向，主动加强与同级工会组织、经济综合管理部门的协调，积极创造三方共同做好劳动争议仲裁工作的有利条件。2003 年，劳动与社会保障部又提出了《关于加强兼职劳动仲裁员队伍建设有关问题的意见》（劳社部发［2003］28 号），意见规定，今后兼职劳动仲裁员每年参与办案数量原则上不低于当地专职劳动仲裁员平均办案量的 1/3，各省、自治区、直辖市劳动争议仲裁委员会可根据本地劳动争议仲裁工作的实际情况，确定具体的最低办案数量标准。2010 年的《劳动人事争议仲裁组织规则》中规定，“仲裁委员会成员单位可派兼职仲裁员常驻办事机构，参与争议调解仲裁活动”。应该说，这种防范行政机构一家“独裁”的努力，由于缺少制度化和体制化的依托，至今没有收到什么明显效果。

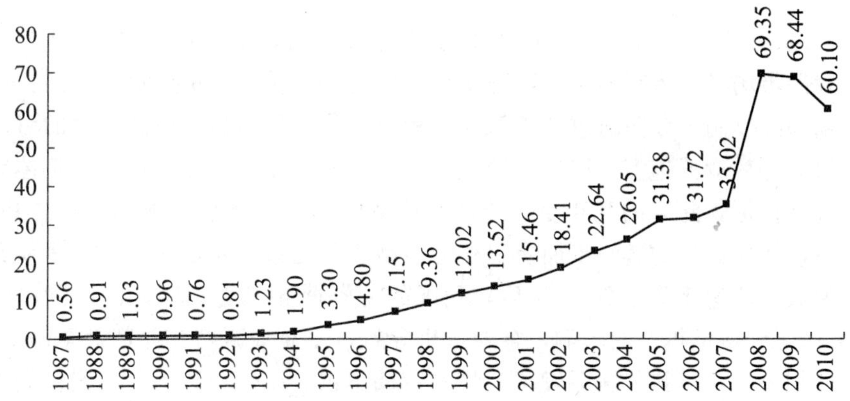

图 5—10 1987—2010 年劳动争议受理案件数量（万件）

资料来源：人力资源和社会保障部。

从劳动争议案件涉及的人数来看，从 1991 年到 2008 年，发生劳动争议的劳动者当事人的数量从 1.68 万上升到 121.43 万（见图 5—11），2009 年人数下降到 101.69 万，到 2010 年，发生劳动争议的劳动者当事人的数量下降至 81.50 万，这一数字同 2003 年的峰值大体相当。

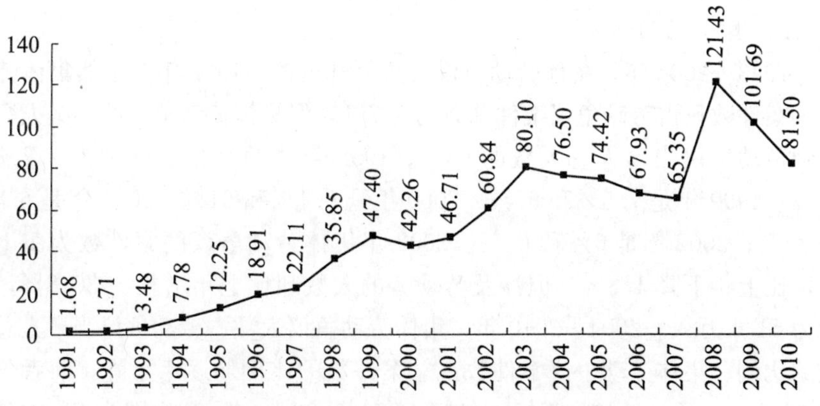

图 5—11 1991—2010 年劳动争议涉及劳动者人数（万人）

资料来源：人力资源和社会保障部。

总的来说，随着经济结构调整的日益深入和国际金融危机对国内企业的影响，劳方和资方的利益界限越来越分明，冲突越来越明显，由此产生的劳动争议案件一直在高位运行；劳动争议案件的复杂度和处理难度也越来越深。

值得注意的是，图 5—10 所显示的劳动争议案件数量上升的趋势几乎与我国市场经济体制确立和推进以及相应的社会转型的历史进程一致：以市场经济体制为导向的改革越深入，利益分化就越明显，由此产生的劳动争议案件数量就越多。1992 年年底，党的十四大正式确立了市场经济体制的改革目标，此后的几年里，劳动争议案件的数量明显呈现出上扬之势；随着市场化进程的进一步加快和社会转型步伐的进一步加大，劳动争议案件的数量快速上升。2007 年后，我国的劳资博弈又受到明显的国际因素（如国际金融危机）的影响，金融危机导致许多企业减产、停产甚至破产，与此相关，裁员和欠薪引发了大量的劳动争议。此外，劳动争议案件的上升也与劳动者赋权性法律法规的颁行和人们的权利意识增强密切相关。2007 年以来，劳动争议案件的高发与《劳动合同法》、《劳动争议调解仲裁法》等法律的颁行有密切联系。

总体上可以说，我国劳动争议案件数量及涉案人数的变化，已成为反映我国经济社会发展和变迁的一个指数衡量器。[①]

（二）劳动争议的情况分析

1. 集体争议人数（案件）呈现出总体攀升、阶段性下降的格局（见图 5—12、图 5—13）

1993—2003 年，集体劳动争议人数上升迅速，1997 年，虽然集体劳动争议案件数只占劳动争议案件总数的 5.7%，但集体劳动争议的涉案人数已占到劳动争议当事人总人数的 60%。1998 年这两个数字分别为 7.2%和 70%；1999 年是 7.5%和 67%；2000 年是 6.1%和 61%；2001 年是 6.4%和 52%；2002 年是 6%和 62%。2002 年集体劳动争议的案件数为 1.1 万件，比上年下降 1.8%，但涉及劳动者的人数却比上年增长了 30.8%，总计为 51.5 万人。2004—2010 年，集体劳动争议人数占劳动争议当事人总人数的比例、集体劳动争议案件数占总案件数的比例均逐年下降，前者分别为 62%、55%、51%、42%、41%、29%、26%，后者分别为 7%、5%、4%、3.7%、3.2%、2%、1.5%，呈现出“双降”的态势。但就绝对数来说，这期间的 2008 年集体劳动争议人数和案件数都上升迅猛，其中案件数

① 当然不是说转型越深入，劳动争议案件就越多，而是说劳动争议案件数量的上升的确反映了经济和社会正在发生深刻的变迁，人们的权利意识正在不断增强。

达到了历史最高 2.19 万件。

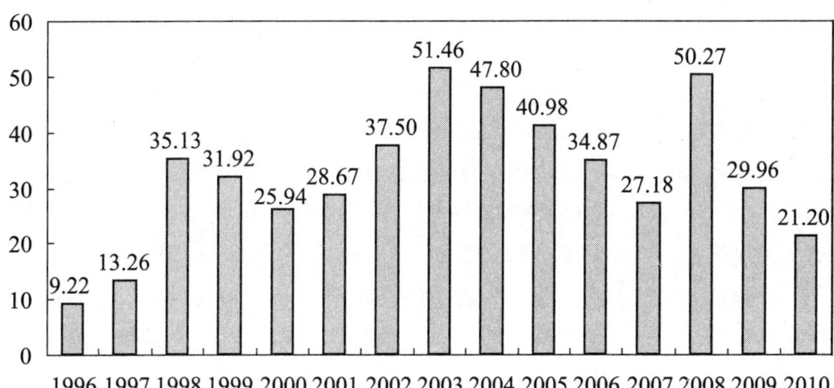

图 5—12　1996—2010 年集体劳动争议劳动者当事人数量（万人）

资料来源：《中国统计年鉴》1997—2010 年各卷。

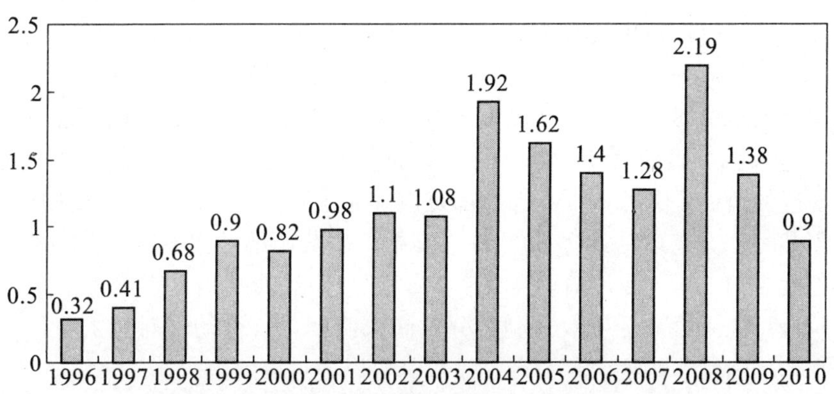

图 5—13　1996—2010 年集体劳动争议案件数（万件）

资料来源：《中国统计年鉴》1997—2010 年各卷。

集体劳动争议涉案人数的增加反映了劳动争议的矛盾更加集中，处理难度加大。集体劳动争议 2004 年前主要集中在企业改组改制、兼并破产过程中的遗留问题上。从企业类型看，国有企业集体劳动争议人数一直较多（1997 年为 29 862 人，1998 年为 54 377 人，1999 年为 55 357 人，2000 年为 70 942 人，2001 年为 110 936 人，2002 年为 140 566 人，2003 年为 294 794）。2004—2007 年间随着历史遗留问题的逐步解决和国企改组步伐的趋缓，集体劳动争议人数和案件数都有明显下降的趋势。2008—2009年，受金融危机等各种因素的影响，集体劳动争议人数和案件数再度拉高。[①] 2010年，在各方努力下，集体劳动争议人数和案件数又出现下降的态势。

集体劳动争议人数（案件）出现总体性攀升的原因，除了特定的历史事件如国企改组、金融危机和新法颁行等外，其基础性的原因仍然在于工会功能的缺失导致劳动者的集体协商和谈判能力严重不足。值得注意的是，2008年实施的《劳动争议调解仲裁法》把调解作为化解劳资冲突的一个重要手段。这部法律以企业劳动争议调解委员会、基层人民调解组织和乡镇、街道设立的具有劳动争议调解职能的组织为依托，力求“柔性”解决劳资冲突。从目前的情况来看，收到了比较明显的效果，2009年、2010年集体劳动争议人数和案件数连续下降。

2. 以仲裁裁决的形式解决争议的比例居高不下

据劳动与社会保障部公布的数字，1992年，我国绝大部分劳动争议案件都不是经过仲裁机构裁决解决的，甚至也不是经过仲裁机构调解解决的，而是通过各地企业调解委员会解决的。1992年，各地企业调解委员会一共受理劳动争议案件28 038起，通过调解妥善解决24 409起，调解解决的成功率达87%，这说明绝大部分的劳动争议案件（同年，各地劳动仲裁委员会受理的案件一共才8 150起）都可以在企业内部得到解决。1993年，各级仲裁委员会审理结案11 400件，其中，仲裁调解结案6 041件，仲裁裁决结案1 712件，仲裁调解结案率为53%，仲裁裁决结案率仅为15%。这一阶段总的来说，劳资双方利益分化尚未明朗化，劳动者对用人单位还有很强的依附性，因而大部分劳动争议都可以通过调解解决。

1996年以来，随着市场经济的逐渐深入和国际金融危机的影响，大量的劳动争议案件开始涌向各级劳动仲裁机构，而且，由于劳动关系主体的日益多元化，劳动关系自身的复杂化，以及企业和职工通过法律的维权意识逐步增强，加之严峻的经济形势和就业形势下的职工和企业的博弈心态，劳资双方一旦发生争议，矛盾往往难以调和，这使得仲裁机构以仲裁裁决的形式解决争议的比例居高不下（见图5—14）。

① 这期间的集体劳动争议案件多发生在劳动密集型企业和中小企业，涉及人数多，且大部分是农民工，冲突较为激烈，调处难度加大。

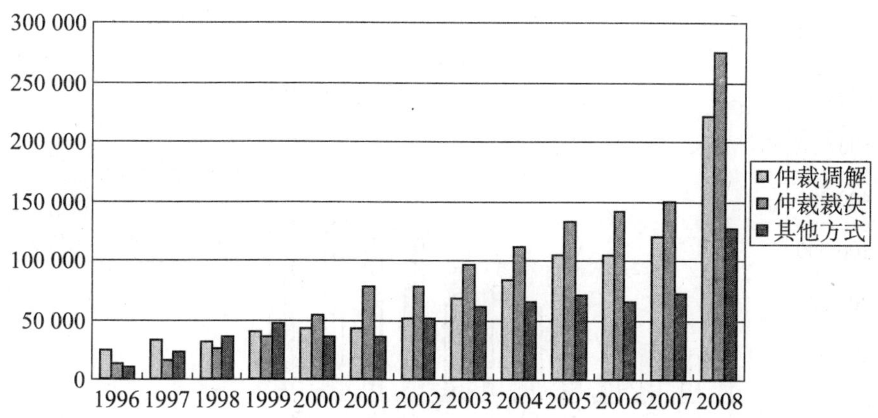

图 5—14 1996—2008 年劳动争议处理方式一览表

资料来源：《中国统计年鉴》1997—2010 年各卷。

3. *劳动者申诉率占绝大比重，劳动者胜诉或部分胜诉的比例一直较高*

从恢复劳动仲裁制度以来，劳动者提出申诉的比例一直很大。1997 年，劳动者提出申诉的案件占当年受理案件总数的 96%，1998 年是 91%，1999 年是 95%，2000 年是 89%，2001 年是 95%，2002 年是 94%，2003 年是 95%，2004 年是 96%，2005 年是 94%，2006 年是 95%，2007 年是 93%，2008 年是 94%，劳动者提起申诉的数量与用人单位提起申诉的数量形成了强烈的对比（见图 5—15）。与此同时，劳动者胜诉的比例也一直较高，从图 5—16 反映的情况来看，劳动者胜诉或部分胜诉的案件数要明显高于用人单位。

劳动者申诉率占绝大比重和劳动者胜诉比例较高的情形，一方面反映了随着劳动法等法律法规的颁行和实施，劳动者的维权和自我保护意识大大增强，也说明劳动争议仲裁制度对处于弱势地位的劳动者的权益保护确实发挥了显著作用，另一方面也表明，现实中还存在着大量的用人单位违法违规行为，劳动者在总体上处于相对弱势的地位。值得注意的是，2005 年以来，劳动者和用人单位双方部分胜诉的比例有所增加，这一方面反映了劳动者的部分诉求趋向于非理性化[①]或机会化，另一方面也折射出不少地方仲裁机构，为帮企业渡过难关或为保地方政绩，而有意识地压低了劳动者的诉求，在一些地方，这种做法也被称作“双维护”。

① 如有的地方出现了为报销几十元差旅费而提起的申诉。

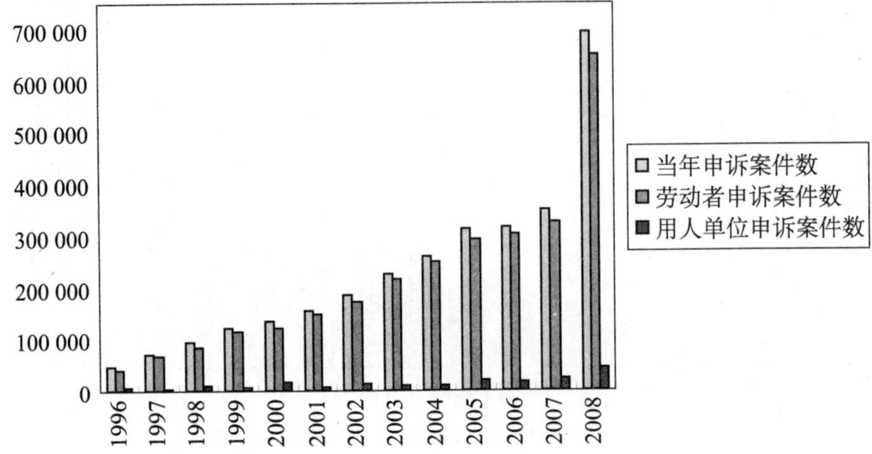

图 5—15　1996—2008 年劳动者个人与用人单位申诉案件数比较

资料来源：《中国统计年鉴》1997—2010 年各卷。

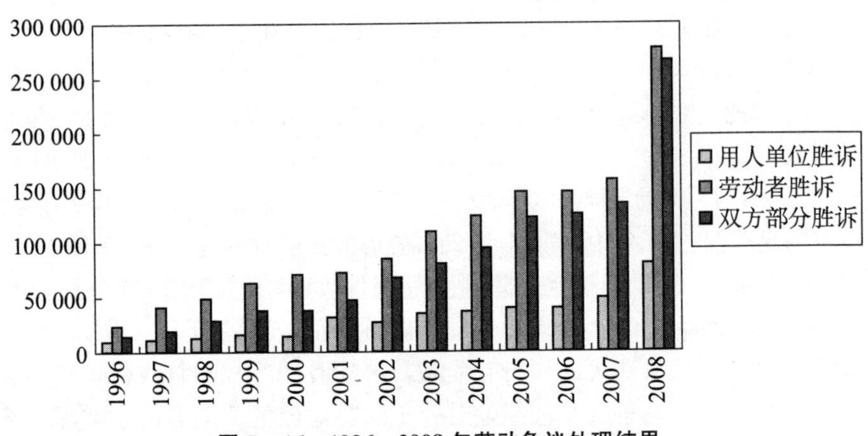

图 5—16　1996—2008 年劳动争议处理结果

资料来源：《中国统计年鉴》1997—2010 年各卷。

4. 劳动报酬、保险福利和解除劳动合同的案件是劳动争议案件的重头组成部分

近些年来的劳动争议仲裁情况还表明，劳动报酬、保险福利和解除劳动合同的案件始终是劳动争议案件的重头组成部分。1997 年，劳动报酬、保险福利和解除劳动合同的案件约占受理案件总数的 72%，1998 年为 58%，1999 年为 76%，2000 年为 69.6%，2001 年为 68%，2002 年为

66%，2003 年为 71%，2004 年更是高达 84%，2005 年为 81.4（%），2006 年为 83.4%，2007 年为 83.6%，2008 年为 74.7%[①]，绝大多数年份的比例都在三分之二以上。这种情况说明，我国劳动争议的焦点多集中在工资报酬、社会保险、经济补偿金及额外经济补偿金等“传统”方面。2008 年《劳动合同法》实施后，要求签订无固定期限劳动合同，追要加班费、休假工资，确认辞退开除决定无效（要求继续工作），要求转移档案或办理退休手续的新型诉求增多。

5. 全国劳动争议案件大部分发生在几个经济比较发达的地区

最后需要关注的现象是，我国的劳动争议案件大部分发生在北京、上海、江苏、浙江、山东、广东 6 个经济比较发达的地区。据劳动与社会保障部提供的数据，1999 年这 6 个地区共受理劳动争议案件 80 284 件，占当年全国受理案件数的 66.8%，2000 年受理 87 234 件，占全国受理案件数的比例为 64.5%，2001 年这两组数字分别为 94 869 件和 61.4%，2002 年为 109 229 件和 59.3%，2003 年为 139 837 件和 61.8%，2004 年为 154 734 件和 59.4%，2005 年为 195 794 件和 62.3%，2006 年为 190 319 件和 60%，2007 年为 203 987 件和 58.2%，2008 年为 447 137 件和 64.5%。多年来，六省区案件数之和一直占到全国总案件数的六成左右。

与此形成鲜明对照的是海南、西藏、青海、宁夏几个经济欠发达地区，从 1999 年到 2008 年，这 4 个地区共受理劳动争议案件的数量和所占全国受理案件数的比例分别是：1999 年是 2 571 件和 2.1%，2000 年是 1 061 件和 0.78%，2001 年是 3 750 件和 2.4%，2002 年是 1 678 件和 0.91%，2003 年是 1 667 件和 0.73%。2004 年是 3 255 件和 1.2%，2005 年是 3 256 件和 1%，2006 年是 3 524 件和 1.1%，2007 年是 3 799 件和 1.1%，2008 年是 1 063 件和 0.15%。这说明，劳动争议案件的数量和比率，与所在地区的经济发展水平直接相关。

（三）问题和趋势

1. 仲裁机构的职权活动行政色彩过于浓厚，影响了仲裁的独立性、中立性和公正性

我国的仲裁机构是由政府组织和主导的。虽说理论和立法上都强调

① 2008 年劳动报酬、保险福利和解除劳动合同案由的比例明显下降，原因是出现了一些新型的诉求，如要求签订无固定期限劳动合同等。

“三方”原则，但实践中能够充分发挥作用的实际上只有政府一方，因此，我国的仲裁机构具有浓厚的行政色彩，其职权活动也被形象地称为“行政确认行为”。行政色彩过于浓厚影响了仲裁的独立性、中立性和公正性，政府为了追求发展地方经济的政绩或为追求社会稳定，往往会作出偏袒一方的裁决。

从世界绝大多数国家的一般情况来看，仲裁都是独立于政府的。政府只有在所涉产业或行业关系到国计民生或社会稳定时才会对劳动争议采取直接干预的做法，即由政府设置仲裁机构，实行强制仲裁，以防止资方或劳方任何一方所采取的产业行动给整个社会经济和稳定带来威胁。从仲裁自身的特点来看，它的最大的特点之一便在于其自身的成立须以当事人的合意为前提，过分浓厚的行政色彩无疑会改变劳动仲裁的性质。

2. 仲裁活动的效率不尽如人意

我国劳动仲裁制度设置的初衷在于经济、快捷地解决劳动纠纷，以保护劳动者的合法权益。然而，由于仲裁要服从审判，劳动仲裁裁决不具有终局效力[①]，这不仅导致仲裁员在裁判活动中缺乏责任心和积极性，而且使得仲裁活动仅仅成为一种必经的中间环节和程序，实践中大量的仲裁案件最终走向了诉讼程序，这不仅极大地加重了劳动者和人民法院[②]的负担，而且从最终结果上使劳动仲裁成为一种效率低下的劳动。

此外，由于机构的实际构成、运转机理和仲裁员职业制度等方面存在的问题，仲裁机构职权活动的公信力一直受到影响，不服仲裁机构裁决的比例一直很高。

---

① 2008年实施的《劳动争议调解仲裁法》有条件地将两类情况规定为“终局裁决”，一类是追索劳动报酬、工伤医疗费、经济补偿或者赔偿金，不超过当地月最低工资标准12个月金额的争议，另一类是因执行国家的劳动标准在工作时间、休息休假、社会保险等方面发生的争议。之所以是有条件是因为，《仲裁法》规定，如果劳动者对这两类争议的裁定不服，可以自收到仲裁裁决书之日起15日内向人民法院提起诉讼；用人单位如果有证据证明裁决有可撤销的法定情形，可以自收到仲裁裁决书之日起30日内向劳动争议仲裁委员会所在地的中级人民法院申请撤销裁决。实践中劳动者和用人单位都可能使“终局裁决”不终局。

② 据最高人民法院的工作报告，自1995年《劳动法》实施三年来，人民法院共审结劳动争议案件157 478件；2000年共审结67 295件；2001年共审结100 440件，比上年上升33%；2004年共审结163 151件，上升18.4%。至2008年，全年共审结286 221件，同比上升93.93%，2009年各级法院审结劳动争议案件31.7万件，同比上升10.8%，而同年各级劳动争议仲裁委员会立案受理的劳动争议案件为68.44万件。值得注意的是，按现行法律规定，劳动争议案件由法院民事审判庭负责审理，但从目前情况来看，仅各类复杂的民事案件就已经足以让民事审判庭吃紧，如果再加上不太熟悉的领域——劳动争议案件的审理，会给人民法院造成巨大的压力，实践中大量的劳动争议案件不能及时结案。

劳动仲裁机构职权活动中所存在的种种局限性不能仅靠改革劳动仲裁机构自身来加以克服或解决，它需要整个仲裁制度和机制的重新设计和构造，需要其他制度如劳动司法制度的改革作配套。一些专家针对我国劳动仲裁职权活动存在的种种问题，提出了“或裁或审”、“一裁终局”、“两裁终局”和成立劳动法院或设立专门的劳动法庭等解决方案。

关于“或裁或审”，一个具有重要参考意义的样板是我国的民商事仲裁制度和体制；“一裁终局”反映了学者对改革现行仲裁制度、提高仲裁效率和权威的要求，但它实际上对仲裁机构的独立性、公正性、人员素质以及相应的制度建设提出了更高的要求；“两裁终局”反映了劳动仲裁兼具行政性和司法性的特性，反映出劳动仲裁是一种具有独立法律地位的争议解决机制。实行两裁是为了维护仲裁的公正，增强对当事人权益的保障，而终局则是基于其司法性和不可诉性。日本、韩国都采用了两级仲裁的制度，我国其实也有过类似的尝试。成立劳动法院将从根本上改变劳动仲裁制度和体制的现状，但它涉及司法体制的整体安排，操作起来有相当大的复杂性和难度。在上述方案中，有的是可以并行的，如“或裁或审”和成立劳动法院。无论选择哪种方案，都需要系统的体制变革和法律变革作支持。

2008 年实施的《劳动争议调解仲裁法》在推行“一调二裁三审”的前提下，实行了一定程度的“一裁终局”。从目前的情况来看，这一新的立法，基本上没有改善仲裁机构职权活动中存在的问题（但对缓解仲裁机构的压力有一定作用）。解决问题的基本方向恐怕还在于实行“或裁或审”并在人民法院设立专门的劳动法庭，这需要仲裁制度和劳动司法制度的联动式改革。

四、仲裁经费

长期以来，我国劳动仲裁的经费并没有统一的规定和保障。1987 年国务院颁布《国有企业劳动争议处理暂行规定》时只规定了仲裁委员会的组织形式和职责，而没有规定经费的拨付和保障。1993 年颁布的《企业劳动争议处理条例》和 1995 年颁行的《劳动法》也都只规定了劳动争议仲裁委员会的职能、职责，而没有考虑到劳动仲裁的经费预算问题。在实践中，仲裁经费主要来源于劳动（保障）行政部门有限的行政经费和微薄的仲裁收费。直到 2004 年，我国大部分地区的劳动仲裁经费都没有被列入地方财政预算，全国劳动仲裁系统普遍经费缺乏，地市、县级仲裁委员会经费缺乏尤为突出。许多县级劳动仲裁办公场所严重缺乏，如内蒙古、甘肃、青海、海南等地县级仲裁就没有办公场所；其他如河北、辽宁、安徽、福建、江西、山东、河南、湖北、湖南、广东、广西、重庆、新疆等地的县级仲裁均不同程度地缺乏办公场所。全国有80%左右的劳动争议仲裁委员会工作经费不足，近60%的仲裁委员会没有固定的办案场所。仲裁经费的缺乏严重地制约着仲裁工作的开展。

劳动仲裁经费得到解决的重要制度性契机是《劳动争议调解仲裁法》的出台。《仲裁法》中明确规定了仲裁经费“由财政予以保障”。为进一步推动落实仲裁经费由财政保障的法律规定，2008年11月，人力资源和社会保障部办公厅发布了“关于转发湖南省劳动保障厅、财政厅关于保障劳动争议仲裁经费的通知的通知”（人社厅函［2008］368号），“通知”要求各地根据实际情况，借鉴湖南经验，“积极争取有关部门的支持，将调解仲裁工作经费、办案经费和专项经费等列入同级财政预算科目，切实保障争议调解仲裁经费。”

“湖南省劳动保障厅、财政厅关于保障劳动争议仲裁经费的通知”明确提出，2008年5月1日后，全省依法设立的劳动争议仲裁委员会及其下设办事机构用于劳动争议仲裁工作的经费，由同级财政部门核实后予以追加，并从2009年起列入同级财政预算。“通知”还详解了仲裁经费的所指，指出“劳动争议仲裁经费主要用于劳动争议仲裁委员会及其下设办事机构处理劳动争议仲裁案件工作而发生的费用，除一般人员经费、公务经费外，主要包括仲裁办案费用（兼职仲裁员办案报酬；证人误工补助、交通补助、误餐补助；鉴定费、勘验费、差旅费；仲裁文书、表册印制、送达费；聘请书记员、司机等辅助人员工资、社会保险等费用）、仲裁专业设备购置（含办案专用交通工具、仲裁庭审专用设备、仲裁专用档案设备等）及维护费用；资料费、宣传教育费、培训费、表彰费、案例研讨会务费、调研费等费用。”

《仲裁法》及相关规章的出台有力地推动了仲裁经费的保障工作。截至2010年年底，完成实体化的劳动仲裁机构几乎全部实现了经费的财政专拨；非实体化机构的仲裁经费也得到了当地财政部门的有力保障。相信在不久的将来，随着各地劳动（人事）仲裁院的陆续建立，仲裁经费问题将得到全面解决。

五、结语

我国劳动仲裁自产生尤其是重建以来，经历了较大发展，对协调劳资关系，维护社会稳定起到了重要作用。从发展的角度来看，劳动仲裁经历了从机构、人员、经费的依附式发展向机构、人员和经费的相对独立发展两大阶段（目前第二阶段尚没有完成）。第一阶段劳动仲裁某种程度上只是劳动（保障）行政部门的一种内设职能，不具有独立的法律实施机构应具备的特点。第二阶段以实体化为目标的改革，基本上实现了机构、人员和经费的相对独立，为今后的发展奠定了初步基础。需要指出的是，我国劳动仲裁的发展与完善，并不能单从仲裁理论、制度与实践本身着眼，它需要从整个制度环境和多种子制度轮动的视角加以考察。当前我国劳动仲裁发展面临的一个根本性的问题是仲裁机构的行政依赖性和其职权活动的行政单方性，解决这一问题（克服三方机制的一方化和仲裁的行政独裁化）的基本思路，显然不仅在于仲裁理论、制度、实践自身的创新，更重要的在于理顺国家与社会、政府与“第三域”的关系。种种迹象表明，目前我们在整体上仍然处于国家统合社会的“一体化”社会时期，仲裁作为一个微观的制度和体制建构的缩影，难以摆脱这一大环境而独立取得质的进步。

总结与反思

1949 年以来，我国仲裁制度的整体发展历程可以说经历了一个不断制度化和规范化的过程，并且在制度变迁中不断地与国际普遍实践接轨。从民商事仲裁（及其前身经济合同仲裁）的角度看，根据 1981 年的《经济合同法》和 1983 年的《经济合同仲裁条例》所建立的经济合同仲裁，尽管具有缺乏独立性，缺乏当事人意思自治和非一裁终局的特征，但与产生于 20 世纪 60 年代的徒有“仲裁”之名、实属行政性质的纠纷解决方式相比，仍然具有重大的进步。1994 年《仲裁法》所确立的民商事仲裁制度则进一步从程序角度实现了仲裁制度向民间性仲裁的转型，但从组织层面看，受特定社会历史环境的制约，仲裁委员会要真正做到民间化还需要相当长时间的努力。从劳动仲裁的角度看，1993 年 8 月《中华人民共和国企业劳动争议处理条例》的颁布和 2007 年 12 月 29 日《中华人民共和国劳动争议调解仲裁法》的通过是其发展过程中的两个重要的标志性事件。目前，关于劳动仲裁的程序性制度已经较为完善，真正制约劳动仲裁进一步发展的根本性问题是仲裁机构的行政依赖性和其职权活动的行政单方性问题，这与民商事仲裁所面临的问题有些类似，只是问题的严重程度不同而已。中国仲裁机构组成层面存在的问题涉及中国整体体制的改革，因此解决起来比单纯的仲裁程序规则的完善要复杂得多。

展望未来，体制性问题对中国仲裁制度进一步发展的制约会越来越明显，因此，亟待通过体制性的变革为其发展进一步提供空间。例如，民商事仲裁程序的进一步完善需要通过《民事诉讼法》和《仲裁法》的修改来实现，而普通仲裁委员会和劳动仲裁委员会的独立性的增强有赖于整个国家的事业单位改革的推进。

总而言之，我国仲裁制度的发展状况从一个侧面体现了我国法律发展的现有水平，也反映了国家法治建设中普遍存在的问题和难点。因此，仲裁界为推动我国仲裁制度在组织层面的转型所付出的努力和所取得的经验，不仅对整个仲裁行业的发展有根本影响，而且对于整个国家的体制改革也有借鉴意义。

跋：多元化的法律实施与社会治理

范　愉

本书作为中国法律发展报告系列的组成部分，是研究团队对于中国法律实施进行定量化研究的新成果。报告旨在通过审判、检察、公安、调解和仲裁五个部分对中国法律实施的状况、特点和发展变化作出尽可能全面的量化描述，并对这些数据中反映出的中国特色和问题作出分析。作为一种社会科学的基础性工作，其意义是不言而喻的。

首先，研究者致力于全面系统地搜集、整理各种有关数据，不仅包括了迄今为止各年度的数据，而且包含了许多具体的分类数据，如案件分类数据、各审级案件数据等。全面的数据不仅可以进行宏观和微观的比较，也使得很多细节和局部问题得以展现，例如调解中显示出的多元化与多样性等。

其次，报告注重采用历史分析的方法，追溯了新中国成立以来各种机制的沿革发展轨迹，尝试揭示社会变迁、制度改革中的各种变量对执法、司法和社会纠纷解决机制的影响，如法院和检察院等制度的沿革、功能与定位、改革与创新，不仅为进一步理解、解释这些数据提供了广阔和深入的背景资料，也对当下的制度、实践和发展提供了重要的参考依据。

再次，报告在分析中大量借助其他经验性资料对数据进行分析、解读，提供了一些很好的视角，例如地方差异、与经济社会发展的关联、解纷方式的变化，等等。

最后，本报告最重要的特色和贡献，就是提供了一个从纠纷解决的角度对法律实施的状况进行描述的样本，不仅关注公检法这些传统法律实施机制和正式制度，也尝试将各种民间机制纳入分析数据和考察指标。尽管存在许多不足之处，但毕竟是一个非常重要的起点。报告通过各部分的综合分析，试图揭示中国法律实施的多元化和复杂性，并在此基础上探索中国道路或中国模式的特色以及法律实施的规律，尽管不能说这一目标已经实现，但至少已经初步达到研究初衷或正在接近这一目标，在这个意义上，这一研究成果的理论价值是毋庸置疑的。

当然，本报告成果在提供了大量鲜活素材和参考的同时，也促使我们对中国法律实施和社会治理的实践提出更多的问题，并检讨和反思法学界的研究方法。以下的一些分析，就是笔者对有关我国法律实施的问题、特点和定量化研究方法的反思。

一、法律实施与定量化研究

（一）法律实施的复杂过程及变量

法律实施和实现的目的，就是要使国家创制的法律规范通过一系列制度和机制在社会生活中得以实现，使“书本上的法”转化为“行动中的法”，权利被享用、义务被履行、禁令被遵守，实现法律调整的预期目标。因此，法的实施比法的创制更为重要，是考察一个国家法律的正当性、有效性和实际运行状况的重要视角和基本途径。

法的实施需要在特定的社会环境中运行，依赖于各种制度条件和社会条件，包括国家的政治体制，法律规范的正当性及其与民众的利益、价值观和社会公共道德以及社会生活、经济发展的适应程度，国家机关和社会成员的法律意识，特别是对现行法律制度的认同程度，法律文化传统以及法律与其他社会控制机制的关系，等等。其基本规律一般可概括为：

1. 法律实施的成本与规则或制度的正当性及社会认同成反比。符合绝大多数人的利益和价值观的规则或制度，执行成本低；反之，缺少正当性或公众认同的法律、制度以及缺少合理设计的规则程序，实施成本高、难度大。

2. 法律实施的有效程度与规则或制度的正当性（即合法性）及执法成本成正比。在任何规则和制度的实施中，所能利用的执法成本或资源越多，得到实施的程度越高；如果没有必要的资源和成本加以保证，即使是良好的规则与制度也不能自然得到实施。相比之下，良法容易有效实施、执法成本低，可以最大限度地避免或减少国家强制力的使用。

3. 法律实施的有效程度与社会主体的道德和守法意识（包括执法者和公民）成正比。尽管任何法律都不可能期待百分之百地实施和实现；但是，符合传统和公共道德及绝大多数人的利益和价值观的规则或制度，被社会主体自觉遵守程度高，社会效果相对较好。缺乏道德、信仰和守法意识的维系或支持，法律规则或制度就只能依靠强制力和执法保障实施。法与社会道德的同向性（也包括与传统和习惯的同向性）越高，则法律运行成本越低，反之亦然。

4. 传统习惯和公共道德及在法律实施和社会控制中具有重要作用。在法律制度建构中，确认社会事实、来源于传统或常规的规则或制度，容易被社会主体理解、接受和遵守，实施成本相对较低、实施程度相对较高。反之，旨在移风易俗或社会变革的法律，脱离传统或本土资源的移植、超前的制度建构，运行成本高、实施程度低，在实践中亦容易背离最初的制度设计与预期。

5. 法的实施不仅需要完善的执法和司法机制，还需要依靠社会力量和非正式机制。所谓“善治”应是法治与社会自治协调互动的结果。一方面，非正式机制对于沟通国家与社会，节约法律实施成本，增加公众的参与，改善法律实施效果具有重要的意义；但另一方面，非正式机制的大量存在和作用也可能显示出正式制度、法律的问题、低效或失效。因此，正式与非正式机制之间的关系需要根据法律制度、社会环境、公民社会的状况和社会治理的需求等多方面因素进行与时俱进的合理协调。

上述要素都是一种变量，如果其中某个条件或要素不足或缺乏，就需要相应地增加其他因素的作用。例如，社会主体守法意识因素差，执法成本必然会相应增加；再如，如果缺少足够的公共资源投入，就需要增加非正式制度作为补充。而如果所有的环节或要素均存在不足或严重匮乏，并无法形成基本的平衡，那么该法律规则和制度就不具备创立和实施的基本条件。所谓普适性与特殊性的关系，实际上就是各种变量在不同的环境下的组合及其结果；因此定量化研究就是为了揭示这些因素的作用及其因果关系。经验研究的结果显示，我国法律实施之所以面临大量困难、效果不理想、成本高，一方面与法律体系建构的方式及其质量相关，另一方面则是由于法律实施的整体条件较差。这些因素叠加使得实施的过程愈加曲折复杂，结果也更加不确定。

（二）量化评价指标

在将法律实施及法治状况作为研究对象进行定量化研究时，为了进行评估和比较，研究者通常需要制定一种相对客观、可操作的量化评价指标，主要包括：

1. 法律实效（efficacy of law），是指法律实施的法律效果，即人们实际上按照法律规定的行为模式去行为，法律得到实际遵守、执行或适用，从而使立法预期的目标得到实现。制度、程序的设计越精致、操作性越强，制度之间的关系越周密，其实效越容易显现。[①] 相比之下，粗放的制度、缺少操作性和过大的裁量空间则很难形成确定性的效果。

2. 法的实施的社会效果，是指法律实施对于社会产生的影响、作用，以及公众对法律效果的社会评价。在某些情况下，尽管法律实施确实产生了实效，但其结果却未必符合社会调整的合理目标或社会公共利益，或者没有获得社会公众的认同；有时法律效果与社会效果可能相互脱节，甚至完全相悖。因此，研究和判断法的实施，尤其是执法和法的适用的效果不仅要根据法律标准，还要根据事实标准，即对具体案件的纠纷解决的实际效果加以考察；同时还应考量其社会效果。考察法的实施的社会效果的基本指标包括：公众对法律适用（司法裁判）结果公正性的评价，司法公信力，裁判与主流价值的符合程度，当事人的满意程度，纠纷解决的彻底性，执法和司法活动的成本与效益，实质公正性与程序的合理性，犯罪率及诉讼率，社会主体法律意识与道德水准，社会自治及民主化程度，法律对于社会和谐和稳定的作用等，基于社会效果的考虑有时必须考虑法律的变通和个别衡平。在立法预期难以实现或立法与社会现实明显脱节时，通过社会效果和实践进行矫正，有时可能形成相对合理的秩序。我国法律实施很

① 例如，德国民事诉讼制度不仅在普通与简易程序、督促程序等非诉程序、审级、诉讼标的、诉讼费用、程序等方面进行了细致的设计，而且通过强制律师代理制度、律师法定收费制度、法官与律师的和解促进义务和激励机制以及司法组织法等构成密切联系的整体，并注意构建对滥用诉讼权利的防备机制，其整体的效果相对容易考察。在缺少实践经验，无法准确预知效果、成本和负面因素的情况下，则采用实验性立法的方式，规定法律实施（试行）的期限，根据阶段性效果进行评估，据此决定继续实施、进行改进或废止。

大程度上就属于这种情况。

3. 效益，强调的是成本与产出的效果或收益之比。法律是需要付出一定成本和代价的，而法律资源并不是免费和无限的，只有通过创制合理的法律规则及制度降低执法成本，将有限的法律资源加以合理的利用，充分发挥各种社会资源和作用，才能使法律调整产生巨大的效益；而某些法律或制度如果施行成本过高，则说明其缺乏现实的实施条件或可行性，应考虑缓行或暂时放弃。除了法律的经济效益外，更需要关注其政治效益、社会效益和道德效益，以及各种效益之间的关系，追求各种效益之间的平衡和统一。通过对法律效益的分析，可以发现影响法的实施及其效益的各个因素，包括常量和变量及其对应关系，以便通过控制和调整这些因素和变量，改善或修正法律规范、制度或实施中的具体环节。通过对法律规范、制度或其中的个别要素的成本收益分析（Cost-benefit analysis），则有利于对其进行改革完善，实现法律效益的最大化，避免社会资源的浪费或滥用。

（三）法治指数

所谓法治指数，是一种对法治进行量化考量的标准。一般而言，各国都有自己的评价标准，有些具有普遍性和可比性，有些则很难进行比较。为了用量化的方法来判断一个国家的法治（Rule of Law）程度，美国律师协会联合国际律师协会、泛美律师协会、泛太平洋律师协会等律师组织，发起了“世界正义工程”（the World Justice Project），并分别于 2008 年 7 月 2 日至 5 日和 2009 年 11 月 11 日至 14 日在奥地利维也纳先后举办了两届“世界正义论坛”（the World Justice Forum），号召各国政府和非政府机构作出长期承诺，一同促进“法治”在世界范围内的不断发展、促进公平正义的早日实现，并提出了“法治指数”（the Rule of Law Index）评估体系，作为衡量一国法治状况的重要“量化”标准。该项目首先规范了为各国普遍接受的“法治”工作定义的四项基本原则，即政府及其官员均受法律约束；法律应当明确、公开、稳定、公正，并保护包括人身和财产安全在内的各项基本权利；法律的颁布、管理和执行程序应公开、公平、高效；司法职业担纲者应由德才兼备、独立自主的法官、律师和司法人员组成，这些人员应数量充足、资源充沛并具有一定代表性。同时，根据这四项基本原则并经过广泛调研与试点，总结出具有世界代表性的评估一国法治状况的“法治指数”。该指数体系共分为 4 组，共计 16 个一级指数和 68 个二级指数。第一组指数强调了法治的宪法化和制度化，以此来保证执政权力受到约束；第二组指数侧重于法治是以公正、公开和稳定的立法体系为依托；第三组指数重点是法治在不偏不倚的司法过程中的公开、公平与高效性；第四组指数则突出了法治需以独立自主、德才兼备的法律人群体为保障。①

这种法治指数具有形式性、客观性、定量化和可比较性，大致可反映各种法治模式的底线和共性，原则上也可以作为评价中国法治的参考标准。但其中也存在一些问题：（1）有些标准需要或可以进行主观解释，例如法律的明确性、公开性、稳定性，公正、效率等并无绝对明确的量化标准。（2）指标给予非诉讼纠纷解决机制和其他非正式机制较大的宽容，并特别关注了发展中国家的特殊性，但仍存在比较浓厚的西方中心色彩，有些方面很难兼顾非西方国家的价值和文化传统。例如，不同社会体制和文化对公正、正义有不同的理解和偏好，西方法治是以程序公正为出发点和原则的，而中国社会则倾向于追求实质正义，很难立即完全接受程序公正的标准，因此以相同的程序公正标准难免会得出负面评价。（3）有些标准，如司法和法律职业的独立仍显得过于绝对，缺少条件限制和对公众、社会选择的正当性的认同。（4）法治指数中不包括执政党依法执政的内容，很难直接对我国法治的特殊性问题进行评估。这说明，这一评价标准并非绝对和普适的，在使用中应注意甄别。

我国目前也已经通过法治指数对地方法治状况进行评估。由浙江大学、司法部、中央党校、中国人民大学等多个部门和单位的研究者参与的“余杭法治指数”研究项目，从党委依法执政、政府依法行政、司法公平正义、权利依法保障、市场规范有序、监督体系健全、民主政治完善、全民素质提升、社会平安和谐九个方面进行量化调研、统计、分析，初步创建了一个法治评价指标体系，尝试客观地反映出一个地方法治建设的成就与不足。②

二、定量研究的局限性

尽管量化研究的意义不言而喻，但实践证明，对于像法律实施这样的复杂的研究对象而言，各种社会科学研究方法无一例外地都存在无法克服的局限，定量研究也不例外。现代以来，各国研究者对人们的诉讼行为、

① 参见赵昕编译：《可以量化的正义：衡量法治水平的十六项“法治指数”（上、下）》，载《人民法院报》，2010-06-18、2010-06-25。

② 参见钱弘道：《2008 余杭法治指数：数据、分析及建议》，载《中国司法》，2010（3）。

诉讼率及与司法制度和纠纷解决方式之间的关系进行了持久的关注：耶林建立了诉讼行为与权利意识之间的理想假设；川岛武宜的命题将诉讼率与法律意识及法律文化联系起来；有关诉讼爆炸的研究成为美国法律意识形态的标志性课题；而我国传统研究和一些比较法学者曾通过“无讼”的理想或非讼的价值观推定民众厌讼行为或文化的存在。这些命题尽管都产生了许多有价值的研究成果，但最终其结论大都被此后的数据、文献和经验性研究证伪、部分证伪或难以证成。随着理论研究和实证研究的深化，这些简单化的命题已经不适宜再作为今天研究者的逻辑前提。

今天，在有关法律实施问题的研究中，几乎所有的研究者都会大量采用各种统计数据作为论证分析的论据。然而，数据的使用有时是描述性的，有时是评价性的，有时则作为解释的依据（佐证）；每一种结论实际上都是研究者分析的结果，相同的数据得出的结论可能存在差异，有时甚至导致迥然不同的判断。正因为如此，这些关于法律实施或法治状况的数据和量化研究都仅具有相对意义，需要通过实证调研，特别是田野调查、深度访谈、问卷调查、文献分析、历史、比较等多种经验实证方法进行相互印证，才可能尽量接近客观真实。

为了避免数字的误导，研究者需要对数字进行认真解读，对于结论和因果关系的分析尤其需要特别慎重。例如，美国法学家格兰特教授以对美国司法的实证研究著称，他在 2002 年发表了长达一百一十多页的研究报告《消失中的审判》，以这一时期美国司法与审判演变的现实和全景为研究对象，在分析审判（判决）逐步减少的趋势及原因的同时，兼及诉讼调解、和解和 ADR 的作用。他所采用的定量分析方法并不仅仅是从数据、比例及其趋势直接得出分析意见和结论，而是借助大量文献资料、访谈和经验性研究成果加以佐证，这种方法更好地弥补了定量分析的局限性，增加了对数据的深度理解和结论的说服力。①

研究报告首先追溯了美国法院审判结案率下降以及诉讼案件绝对数量下降的现象及发展历程。作者通过大量的数据分别展示了联邦法院和州法院民刑事案件数量、审判结案率、陪审团审判率、各种案件类型所占比例，从而详尽地揭示出审判结案率和收案数量下降的事实和趋势。数据表明，

---

① 参见 Marc Galanter，The Vanishing Trial：An Examination of Trials and Related Matters in Federal and State Courts，Journal of Empirical Legal Studies，Volume 1，Issue 3，459～570，November 2004；范愉：《从诉讼调解到“消失中的审判”》，载《法制与社会发展》，2008（5）。

联邦法院民事案件审判结案率从 1962 年的 11.5%到 2002 年的 1.8%，持续了一种历史性的下降。更令人吃惊的是，法院受理的诉讼案件绝对数也在持续下降，从 20 世纪 80 年代中期以后下降了 60%；其中联邦民事审判比 1962 年减少了 20%。民事审判案件的构成从侵权案件占优势转向民权案件占优，但每一种类型案件中审判的比例都在下降。审判比例和案件绝对数的下降也出现在刑事案件和破产案件中。不仅在联邦法院，而且在州法院，占审判案件主体的民事和刑事领域（联邦法院的刑事案件减少了约 30%），同样出现了类似的审判结案率和诉讼量的普遍下降。

在揭示审判结案率和案件绝对数下降的事实及其普遍性的同时，格兰特教授更关注分析导致这种下降的原因并对趋势作出预测。他继而针对几种解释性观点分别进行了辨析：

第一种解释：需求减少说（diminished-supply argument），即当事人已经不再将法院视为首要的解纷机构。从州法院的数据可以看到，确实有部分当事人因诉讼费用等原因而转向选择其他解纷方式，不过这种理由难以说明何以审判结案率会下降，即当事人为何在诉讼中选择和解。而事实上，法院立案数量下降的比例小于审判结案率的下降。而且，这种解释对于联邦法院并不适用。

第二种解释：纠纷解决方式转移说（diversion argument），即案件向 ADR 分流。有关数据表明，这种原因确实具有实质性。毫无疑问，ADR 不仅可以分流审判案件，而且对于促进诉讼案件的和解也具有重要作用。此外，除了一般制度性 ADR 之外，还应该充分考虑到经常被忽视的各种机构组织内部的纠纷解决机制（IDR）的作用。但是，ADR 的繁荣与审判的减少之间也存在很多不确定的联系，特别是，仅从数据的对应上至少还不足以解释审判结案率和收案数量下降的全部原因。①

① 在有关诉讼率的定量研究中，非诉讼机制（ADR）对诉讼的分流是最难准确把握的。正如格兰特教授指出的，大量现实存在并发挥重要作用的 ADR，尤其是各种社区、共同体、单位内部的解纷机制，以及各种非制度化的斡旋调解和自主协商很难进入官方的统计，而且，这些机制在纠纷的预防和早期介入方面的功能和效果也难以计量。分析我国解纷机制同样如此，例如仅凭人民调解组织、调解人员及其调解案件的数量，远不足以说明我国民间调解的整体情况，包括大量民间组织（包括单位内部、商会、各种 NGO 等）的调解及当事人协商等，而且，社区调解的功能也不能根据调解纠纷的数量判断，其社区组织、纠纷预防、早期介入及各种社会功能甚至更为重要。因此，仅根据定量分析说明人民调解及其与诉讼之间的关系是不够准确的。有关民间调解的作用及有关立法思路，参见范愉：《有关调解法制定的若干问题（上、下）》，载《中国司法》，2005（10）、2005（11）；范愉：《纠纷解决的理论与实践》，第七章，北京，清华大学出版社，2007。

第三种解释：经济（分析）论（economic argument），认为是由于诉讼特有的高技术性和复杂性，以及包括用于律师和陪审团方面的费用和诉讼成本日益提高，使得和解成为当事人（以及法律界）针对诉讼高成本而采取的一种理性评估和应对策略。诉讼的投入产出比会形成一种激励机制，当事人只有对诉讼的收益和风险作出理性判断时才会提起诉讼。针对这一解释，格兰特教授指出，事实上，媒体仍在不断传播一些获得高收益的诉讼案件和陪审团作出的高额惩罚性赔偿，以及“诉讼爆炸”的神话，仍在过高估计诉讼案件数量和审判的作用，而并未意识到二者均已下降的事实，不仅诸多受众受此影响，很多法学界人士也对此深信不疑。由此可见，所谓诉讼理性并不是导致诉讼审判下降的根本原因。

第四种解释：法院资源短缺说，认为由于法院自身缺乏及时对全部案件作出审判的能力和资源，包括人力和经费方面的不足，而导致消极审判。然而实际上，法院的经费和工作人员始终在持续增加，因此，法院资源短缺导致审判与诉讼下降的解释是值得怀疑的。

在辨析上述论证的基础上，格兰特教授分析认为，审判和诉讼下降的原因在于多种因素的交错。

首先，ADR的分流无疑具有重要意义。它不仅为当事人提供了多种选择，为法院诉讼案件的和解提供了辅助性力量，而且也成为促使社会纠纷解决文化转变的重要因素。当事人的理性判断和效益分析，以及各种替代性机制在纠纷解决方式的多元化选择和诉讼分流中均起到了重要作用。

其次，另一个决定性的因素，是律师和法官的诉讼理念和行为的转变。法官的审判活动与其前辈相比只占很小比例，但他们作为管理型法官在诉讼早期积极介入案件的同时，也在以调解人的身份积极鼓励和促进和解。促成这种转变的关键是1983年对《联邦民事诉讼规则》第16条的修改以及1990年国会通过的《民事司法改革法案》。由于传统司法理念与制度的限制，以往法院和法官对调解及和解态度消极甚至抵触，这两个法律文件消除了各种法律上的障碍，对司法理念、政策和法官观念转变起到了至关重要的作用，这些内部因素与ADR及其他社会因素共同作用，促使美国的纠纷解决和司法文化发生持续的变化。

最后，审判和诉讼的下降并非仅取决于法院的案件管理及司法行为，而且与社会人口和经济的发展规模息息相关。从1962年到2002年，每百万人平均获得联邦法院审判的比例下降了49%，从1976年至2002年，有

22个州法院司法案件下降了33%。同时，与经济发展相比较，每亿美元的国民生产总值（GDP）与审判案件数量之比下降更加持久和急速。2002年每亿美元的国民生产总值（GDP）与联邦民事审判之比例比1962年下降了近四分之一，尽管同期法律费用在GDP中所占的份额仍在增长。这说明，以往关于诉讼与经济及人口同步增长的断言是不能成立的；但社会经济制度的设计和运行无疑会对诉讼与审判的格局产生决定性的作用。经济社会因素与上述其他因素的交互作用，共同导致了审判和诉讼的下降，但其中的规律性则是非常复杂的。

那么，审判结案率和诉讼率下降的事实究竟说明了什么，审判的减少与和解的增加为当代社会和法治带来何种结果？根据格兰特教授提供的数据和分析，我们可以从中归纳出以下几个方面：

首先，这种现象客观上开始纠正了相当流行的所谓“诉讼爆炸”的神话，促使人们反思法律与诉讼之间的关联。所谓“诉讼爆炸”的神话，即将诉讼增长与法律增长简单等同，将诉讼视为促进当代法律发展和社会进步的基本力量，以诉讼率作为权利保护和法律意识程度的表征，将ADR的应用简单归结为诉讼爆炸的产物。而事实则是，在审判和诉讼减少的同时，成文法、规章、判例法、法学家和律师人数、法律开支、法律出版物等都在持续增长，执法机构、官员和执法费用也越来越多，其发展速度甚至超过了社会经济的发展。可见，诉讼并不能代表法律的数量和质量，法律的增长并不必然导致诉讼的无限增长或爆炸，而审判和诉讼的减少也并不意味着法律及其作用的贬值。事实表明：今天，审判虽然绝不会消亡，但其作用确实降低了，由此，司法和审判对于普通法的贡献和意义也在逐步降低。① 劳伦斯·弗里德曼教授很早就通过实证研究指出，审判从来不是解决民事案件的典型方式。② 尽管传统普通法程序将审判精心设计为一种司法仪式，但审前准司法活动已经广泛地替代了审判程序，纠纷解决和法律的发

① 各种经验性研究表明，诉讼及司法利用率与司法的公正性和公信力并不必然成正相关：在司法腐败和滥用诉权的情况下，诉讼往往会被部分当事人频繁利用；而在司法正常运行的条件下，诚信和理性都可能成为当事人规避诉讼、协商解决的促成因素。在当事人别无选择的情况下，司法公正并非其提起诉讼的理由。有关滥用诉权的研究参见白清：《司法不能承受之重——滥用诉权的考察与规制》；胡昌明：《司法资源是如何被滥用的——以民事审判中被滥用的四项诉讼权利为例》，载《司法解决纠纷的对策与机制》（全国法院第十九届学术讨论会获奖论文集），北京，人民法院出版社，2007。

② See Lawrence Friedman，The Day Before Trials Vanished，I，J，Empirical Legal Stud. 689 (2004).

展，更多的是依靠其他方式而主要不是依靠审判实现的。

其次，和解比例的提高使得诉讼的分配格局得以调整，诉讼的价值及程序功能从对抗向协作、从法律判定向促进合意转化，法律在实体和程序方面的作用已发生变化。在追求平和地解决纠纷的诉讼过程中，和解和调解具有更重要的价值和功能，当事人可能由此获得双赢结果和更合理的解决。和解被称为“法律阴影下的交易”，法律的影响和作用仍然是显见的，但这种作用会通过当事人在纠纷解决中对费用、延迟、公开性和机密、证据的状况、证人作证的便利性和作用，以及其他超越实体法规则的偶然因素等综合发挥作用。因此，在这种纠纷解决过程中，法律的作用是广义的、甚至是间接的，但不是绝对确定和直接的。①

再次，审判的减少及和解的增加表明，法院的职能进一步向具有行政性的案件管理机构转化，同时纠纷解决机制也更加多元化。随着案件数量和判决率的降低，正式的司法审判主要用以处理少数高端和疑难案件；法院则通过发挥司法能动性和社会责任，积极促进 ADR 与和解，为社会解决纠纷作出更积极的贡献。② 与此同时，一些类审判或准司法方式也在进入行政机构、社会法庭和民间 ADR，使得公与私、司法、行政和社会解纷机制之间的融合与多元化纠纷解决机制更加趋于合理。实际上，当代法律职业的主流观念、业务范围和行为方式已开始适应这种转变，法学研究与法律

① 这也是所谓协商性司法和恢复性司法的背景之一，即综合考量法律规则、社会效果及当事人利益，在法律的基本框架中作出合理的变通。

② 从比较法学的视角可以看到，司法能动主义实际上并非一个确定的概念或只有一种单一理解，实际上可以进行多元的划分或解释。至少包括：(1) 审判权及判决所作用的范围及其社会功能（即裁判者在个案裁判是否试图形成社会政策）上的能动主义（以美国最高法院的司法能动主义为代表）；(2) 国家通过司法权对社会进行干预、实施社会政策和政治功能的工具性能动主义（以大陆法系国家政策实施型司法为代表）；(3) 案件管辖方面的能动主义（如扩大主管范围、取消立案限制、巡回审判、集团诉讼、公益诉讼等）；(4) 庭审风格中的司法能动主义（职权管理、释明权、法官调解等）；(5) 司法机关以审判外的方式参与社会治理、对社会机制进行管理和促进，承担社会责任的能动主义。据此，在世界各国的司法体制和诉讼模式中均可以看到能动主义的因素及演变，能动主义与消极主义亦可能相辅相成地共存于某一司法体系中。能动主义是相对于消极主义而言的，并且与司法制度、程序设计和司法政策与实践相互配合，在存在某种具有相对稳定性和普适性的基点上，时时会随政治动向、经济发展和社会思潮、观念和价值观变化而不断进行调整。例如，在诉讼模式方面，传统的司法消极主义不仅怠于职权管理，而且曾将诉讼调解活动视为大忌，但随着时代和司法理念的转变，职权管理和法官调解在各国司法实践中已得到普遍认同，甚至成为司法改革的目标。（参见范愉：《诉前调解与法院的社会责任——从司法社会化到司法能动主义》，载《法律适用》，2007 (6)。）美国审判结案率和诉讼率的整体降低，在一定意义上显示出法院在追求参与公共决策方面的司法能动主义开始消退，而在诉讼管理和促进和解方面的能动主义和社会责任则在增强。

教育也已作出呼应。

又次，美国法院诉讼调解的发展并非英美法当事人主义和对抗制诉讼模式的自发产物，而是案件管理运动和司法改革的结果——既是法律制度、司法政策和法官观念与行为不断适应当代社会需求所进行的变革，也受到了大陆法系的某种影响。当代世界各国司法改革的实践显示，诉讼和解本质上是职权主义与当事人主义的结合，注重诉讼调解已成为当代世界各国民事诉讼的共同特点和基本趋势。今天，传统民事诉讼理论所主张的严格的“调审分立”以及对诉讼调解的诸多限制和禁忌已被打破，不论何种法系和司法模式，诉讼调解在各国的民事诉讼中均已生根。①

最后，当代社会的司法与纠纷解决机制始终处在不断调整和反思的过程中，其发展并不会就此终止。一方面，“诉讼爆炸”的神话影响犹存，和解的增多和审判的减少尚未被主流媒体、法学界和社会准确感知和认同。另一方面，这种趋势始终伴随着种种疑虑。例如，质疑诉讼调解中不可避免的“强制”因素，担心随着通过审判产出的公共产品不断减少，司法开始脱离法治预期的轨道，社会的纠纷解决也会脱离法律的规制。尽管目前尚无证据表明这些危险必然成为现实，但是，在肯定和解以及司法的功能转变带来的积极和合理因素的同时，确实有必要对其潜在问题加以充分关注和持续的观察。正如格兰特教授指出的那样，审判结案和诉讼下降及和解与调解的发展的后果及其对法律体系和社会的长远影响是我们目前所无法准确预知的，仍需要继续这种动态和深入的观察和探究。当然，这种研究的目的并非是为了阻止其发展，而是为避免和减少各种不利后果，提出建设性的制度建构方案。

从格兰特教授的研究中可以看出，定量研究并不是仅仅基于统计数字的简单列比和推断就可以得出结论的，而是需要在一个相对合理的时空范围内，综合各种知识、信息和经验，排除各种不确定因素和假象，才能接近客观，而对于不确定因素和各种变量之间的因果关系，在不能得出确证之前，宁可

① “削弱当事人及其律师的自我利益只能靠能动的司法来守护，由法官来指挥诉讼过程更能够避免败坏诉讼策略。美国法一直在普通法国家引领着这一趋势，现在管理型法官文化已经在那里站稳脚跟。”（［英］朱克曼主编：《危机中的民事司法》，傅郁林等译，41～42页，北京，中国政法大学出版社，2005。）这种认识已经形成一种“全球性认同”。世纪之交，英国在沃尔夫勋爵领导下所进行的民事司法改革直接提出减少诉讼的目标，通过广泛征求民意基础上的理性建构实现了更为彻底的诉讼文化的变革。（参见范愉：《纠纷解决的理论与实践》，第三、四章，北京，清华大学出版，2007。）

作为一种可能性或假设，而不能轻易将其视为普适性规律，如所谓“诉讼爆炸”的神话。即使是就具体和局部问题、课题进行的研究，也不能仅仅以数据和定量分析为唯一的依据，例如，美国著名的兰德研究所承担的研究项目，通常会对数据进行多种关联性分析，而得出的结论往往并不是绝对和单一的。

三、我国定量研究的困难与问题

毫无疑问，中国问题的特殊性和复杂性使得我们不能以西方国家的同类研究为摹本，定量研究的难度也更大。近年来，我国法社会学研究在定量研究方面作出了积极和有意义的尝试，朱景文、冉井富等学者的有关研究已经引起了普遍重视。① 然而，由于各种原因，我国定量研究存在许多难以克服的困难和问题，主要可概括为三个方面：统计本身的问题、分析方法问题以及数字背后容易被忽略的因素。

（一）统计数据的相对性

1. 数字本身的不确定性，主要是指由于统计指标设计和客观原因等导致的不准确或意义的模糊性。经验表明，我国统计中错误、遗漏和重复统计的情况屡见不鲜。例如，基层村居委人民调解的统计随意性很大，大量日常的调解活动通常并不计入这些统计数字；民事诉讼制度中和解撤诉不能排除再次或反复起诉，法院和当事人都会利用这一“机会”，如突击结案，延缓审理，先撤诉而后再重新起诉，这必然导致“调撤率”数据的模糊性。此外，诉讼与非诉讼衔接中，同一案件重复计算为不同机构的工作业绩也顺理成章，如一些法院委托调解成功既列入人民调解的统计，同时也作为法院和解撤诉、调解的统计（如已经立案或转化为调解书的情况下）；一些地方司法所与乡镇街道人民调解事实上的合一，使得两种数据统计重复度相当高。有些数据虽然大致真实，但存在“水分”，如某仲裁委仲裁收案大幅度增长时，通常都有所谓“串案”因素，即多个案件一揽子签署仲裁协议（往往多达数百起），并不能证明自愿选择仲裁的当事人大量增加，不具有可持续性。同样，大量重复性的信访使得其数据具有极大的不确定性。这些因素导致各种解纷机制的实际作用往往难以通过统计数据准确把握。

---

① 参见朱景文：《中国诉讼分流的数据分析》，载《中国社会科学》，2008（3）；冉井富：《当代中国民事诉讼率变迁研究——一个比较法社会学的视角》，北京，中国人民大学出版社，2005。

我国历来惯用各种统计、指标对政府政绩和各行各业的工作业绩进行评价、监督和激励，其中一些统计指标是作为业绩的客观显示，但有些指标则作为一种要求、计划、目标甚至强制性指令。这些指标对于各部门的工作重点具有重要引导作用，例如调解率、结案率、上诉率、发改率、再审率等，但既有正面激励作用，有时也会带来一定负面效果。如以诉讼案件数量评价法院工作和司法公正程度，一度导致法院不重视甚至打压非诉讼解纷机制；部分法院或法官为了追求某些指标甚至不惜弄虚作假，曾出现过某些法院在地方政府创收指标的压力下竟然伪造案件数字及诉讼材料的事件。

2. 统计范围的有限性。法律实施涉及诸多社会机制和执法机关，覆盖基层民众的日常生活、纠纷解决和国家机关的公务活动，也包括执政党的依法执政和特殊的救济机制，如信访。如果不能将这些相关的方面都纳入统计，必然会挂一漏万。例如，本研究报告尽管努力做到全面，但其五个部分中却没有涵盖行政执法。实际上，行政执法在法律实施和纠纷解决中的作用远大于司法；很多国家在许多领域都要求当事人穷尽行政救济之后再诉诸司法。我国行政执法机关的解纷功能在“依法行政”、“小政府、大社会”的理念下一度受到贬低和削弱，但目前基于社会治理的实际需要，又不得不在实践中不断加强，客观上起到了弥补制度和立法缺陷的作用。以劳动监察为例，“十一五”期间，全国劳动保障监察机构共检查用人单位830.1万户，涉及劳动者4.8亿人，查处举报投诉案件199万件，为3 353万名劳动者追发工资等待遇391.2亿元。[①] 以当事人（劳动者）为基准，这一数据比同期劳动仲裁和诉讼的总和还多。实际上，很多行政机关的日常工作都与纠纷解决有关，如工商管理部门、环境保护部门等都是如此。如果将非正式机制和日常性执法、附带性纠纷解决都考虑在内，报告中统计数字的解释力就更加有限。例如，报告中虽然对公安机关的数据十分重视，但却将城管排除在外，同时统计数据中也看不到辅警、协警的作用。众所周知，我国公安机关警察与居民的比例远远低于西方国家，但是城管和辅警、协警从事的执法工作在很多国家是由警察担任的，由此，从统计数据中无从准确得知警察资源配置的合理性，也很难同其他国家、地区进行实质性的比较。再如，本报告有关劳动争议的调解，包括了企业工会调解、

① 参见《人民日报》，2011-03-01。

劳动仲裁调解和劳动争议诉讼调解，但并未将大量新型劳动争议调解组织（多数以人民调解形式出现，但与基层政府的行政调解、司法所调解合一，甚至与信访窗口联动）和劳动监察的调解纳入，而在某些东部地区（如东莞、中山），后两者调解的劳动争议从数量上和比例上已经远远大于前三者的总和，而且直接影响到仲裁、诉讼案件的增减。

3. 统计的一般性会掩盖差异性以及事实和问题的复杂性。我国幅员广大、人口众多，在维持中央政府的统一领导下，地方保留着较大的自治权，因此形成了各地经济、社会管理和发展模式的较大差异。我国公检法机关及行政执法都与地方有着密切的关系，综合治理也主要是以地方为基础展开的。一方面，由于立法和制度的粗放，另一方面受政绩考核、责任追究等激励机制的推动，各地司法机关为了满足社会需求和治理效果，往往会在体制和法律的空间内进行大量改革和制度创新。这种情况导致各地司法实践存在相当大的差异，甚至出现与立法预期完全不同的结果。然而，面对巨大的地方差异，全国性的统计数据却采用统一的标准，极端的两极往往在统一中被抹杀，甚至掩盖了问题所在。例如，在全国诉讼案件的增长的统计数据中，既有因立法失误导致的高速增长，例如东部地区的劳动争议案件；也有因社会结构变化和传统治理机制衰落导致的常规案件增加，如西部不发达地区；有些法院通过积极努力已经出现案件增长持平和负增长，而有些法院仍未摆脱诉讼费和案件量依赖而积极揽讼。由于各地的人事制度、待遇等存在区别，所谓西部法官的断层也并不是所有西部地区法院的普遍事实。至于基层农村的差异之大更难以一概而论，既有因基层调解和治理卓有成效而达到“无讼”的乡村，也有因各种原因导致的基层政权全面失守和调解的失效，除经济和基层组织的因素外，民族、宗教、宗族、文化传统等都会直接影响其治理和纠纷解决的状况。总之，全国统一的统计数据很难对各种差异因素和变量作出解释，如果据此推断出简单的结论和对策，有时难免会进入误区。例如，法院案多人少是否普遍存在，诉讼案件变动的真实原因，一律按行政区划和人口比例配置法院、法官人员是否合理，部分农村基层组织的全面失效能否表明人民调解的整体衰落，等等。

4. 分类方法的局限性。各种统计往往根据一定的标准进行分类，分类方法如果不够科学合理，同样会直接导致分析结果的误差或错误。例如，调解既可以理解为一种制度或组织机构，如人民调解；本身也是一种纠纷解决方式或程序，即在各种机制、程序中都可以采用的中立第三方的各种调解活动。本报告以诉讼（法院）、调解和仲裁对法律实施方式进行分类，注意了名称和形式上的类似，但无法体现调解主体性质和功能上的根本差异，难以准确反映这些机制的特点、功能、成本效益和社会效果。例如，法院调解特别是诉讼中调解，作为法院结案的主要方式，通常应作为司法诉讼活动的数据进行统计，用以考察司法职能、司法政策、法院工作、当事人对司法的依赖和诉讼行为。行政调解反映的是行政机关的执法方式与纠纷解决功能，其中独立的调解程序与附带性的调解又有着不同的功能；不同领域的行政调解不仅分属不同的主管机构或行政主体，构成专门性解纷机制的特定环节，如环境、劳动等；而且行政主体主导的民事纠纷调解与行政争议的调解同样存在本质上的区别。人民调解体现的是社会自治、非正式、非官方的力量，但随着其自身的多元化和新型民间社会调解组织的大量出现，许多新型专门调解既可以采用人民调解形式，也可以采用独立的组织形态。如物业调解组织绝大多数是借用人民调解的组织形式；医疗纠纷人民调解则与传统人民调解并无直接联系，而法院附设的人民调解窗口与司法机制形成了更为直接的联系。在这种情况下，单一的统计数据已不足以反映民间调解的整体状况。

当代社会日益注重纠纷解决的协商性、非对抗性和效益，调解作为一种解纷方式的作用日益提高，已经普遍应用于任何机制和程序，正如法院诉讼程序中强调调解优先一样，目前从司法、行政和社会性所有的纠纷解决程序，包括仲裁，都采用调解与裁决相结合方式，因此，将调解作为与诉讼、裁决不同的机制进行分类，意义已经不大。同样，仲裁作为一种解纷方式也承载着不同的制度和程序设计理念和功能，《仲裁法》调整的商事仲裁与劳动仲裁完全是性质不同的两种机制，前者体现国家对传统商事解纷机制和国际惯例的承认，以民间化和市场运营为原则，建立在传统的仲裁契约基础上，以一裁终局为基本特征；后者则属于现代专门性纠纷解决机制，以行政仲裁和三方（劳资与政府主管部门）协商机制为基础，属于一种新型强制调解，由公共财政支持、不收取费用，原则上不具有一裁终局的效力，当事人可以保留司法救济的权利和选择自由。在统计的意义上，前者的数量变化体现市场主体、民间组织以及市场机制纠纷解决的状况；而后者则体现国家对劳动关系调整和劳动秩序的状况。在论及仲裁对诉讼的分流上，二者也不能放在同一基点上解释，商事仲裁属于一种选择性机

制，作为一种高端的、市场化的解纷机制，有其特定的价值和功能，但从纠纷解决的总量和份额上，不可能分流普通民事案件。而劳动仲裁作为法定前置程序，与当事人的选择无关，但当事人对仲裁裁决仍可以提起诉讼，因此替代诉讼的意义被大大降低，劳动仲裁特有的三方协商原理和制度设计在实践中已经被虚置，表明我国立法设计的劳动争议解决机制基本上是失败或过时的，倒是劳动争议集中多发的沿海和江浙地区，迫于现实压力在实践中探索的通过政府主导的风险基金、调解和劳动监察介入的新型机制显示出极大的适应性。在这个意义上，仅仅从劳动仲裁和法院劳动争议案件的数据中已经无法把握我国劳动争议解决机制的全貌和实际问题；而劳动仲裁中的调解与独立于劳动仲裁机构的调解机构则代表不同的机制。实际上，随着当代社会专门化纠纷解决的需要，劳动争议的解决作为专门分类，将企业内部调解、社会调解、劳动仲裁和劳动诉讼一并加以研究更为适宜。这也说明，以纠纷解决方式——调解、裁决作为分类标准，在同一机制或程序中将调解独立区分出来，不仅意义已经十分有限，而且容易导致解释上的混乱；而如果缺少对立法、制度的规范和经验解读，仅仅从形式化分类的统计数据中难以发现和梳理出真正有意义的信息。

数据分类统计的科学性会直接影响对很多主要问题的理解和解释，例如，全国人大的财政预算支出报告中的分类和数据就导致了一些重大误解或恶意解读。近年来，该统计一直将政法、维稳（包括信访）等公共安全方面的支出放在同一项目之下。例如，2007 年中央财政支出 30 亿元加强诉讼收费制度改革后法院经费保障，补助 74.9 亿元帮助贫困地区政法机关改善执法办案装备和解决办案经费不足；2008 年中央财政通过“专项转移支付”补助 94.9 亿元支持贫困地区公检法司部门装备购置和执法办案，安排补助基层人民法院办案经费 40 亿元，支持全面推开监狱体制改革安排 29.2 亿元。2009 年全国财政支出预算安排以“公共安全”项目列支的政法经费 4 870.19 亿元，比 2008 年预算执行数 4 040.09 亿元增长了 20.5%；公共安全支出 1 287.45 亿元，完成预算的 110.9%，增加 414.41 亿元，增长 47.5%，超预算主要是增加了政法装备和办案经费。其中，中央本级支出 845.79 亿元，对地方转移支付 441.66 亿元。实施政法经费保障体制改革，加大对地方特别是中西部地区县级政法经费补助，加强政法司法能力建设。政法机关、武警部队的信息化工作继续强化。2010 年公共安全预算数为

816.74亿元，比2009年执行数减少29.05亿元，下降3.4%。减少的主要原因是由于基本建设支出减少和“历史欠债”已基本偿还。[①] 总之，近年来我国司法经费和硬件设施已基本得到保证。除中央财政外，地方财政用于政法、维稳（包括信访）等公共安全方面的支出也持续增长，司法已经基本脱离了物质资源高度匮乏的时代。各地的多数司法机关建筑标准、设备、数字化管理等技术装备、服务实施等已经达到世界发达国家的水准，包括基层法庭在内的物质条件和工作硬件已基本实现现代化。从这些数字中可以清楚地看到所谓公共安全开支主要是用于政法机关的发展上的，但是很多人却将维稳仅仅理解为信访、公安和政府用于“花钱买平安”的费用，由此得出“中国维稳费用已经超过军费”的解释，把国家对“法治”的投入理解为对“人治”或“压制”的投入，进而进一步引申为维稳无效或治理失败的结论。[②]

（二）分析方法问题

1. 解释的主观性（人民调解）。尽管统计数字似乎是客观的，但往往必须经过研究者的主观诠释才能揭示其意义，而如果不能全面地把握政策变动、时代变迁、制度设计、社会因素、实务部门的操作和实践以及各种差异性因素，就不可能对这些数据与真正的原因建立起合理的因果关系解释和相对科学的分析。

然而，迄今为止的评价指标体系都存在一些不确定因素，往往可以作出不同的解释。以“余杭法治指数”为例，党委依法执政方面的数据包括纪委和反贪局调查案件总数、被控犯罪人数以及挽回经济损失数额，这些

---

① 其中包括：（1）武装警察预算数为663.25亿元，比2009年执行数减少15.86亿元，下降2.3%。主要是一次性项目支出减少。（2）公安预算数为44.49亿元，比2009年执行数减少17.76亿元，下降28.5%。主要原因：一是基本建设支出减少；二是2009年安排了补发以前年度的规范津贴补贴支出，2010年相应减少支出。（3）法院预算数为4.08亿元，比2009年执行数减少1.82亿元，下降30.8%。主要原因：一是基本建设支出减少；二是2009年安排了补发以前年度的规范津贴补贴支出，2010年相应减少支出。（4）司法预算数为1.47亿元，比2009年执行数减少0.28亿元，下降16%。主要原因：一是2009年安排了补发以前年度规范津贴补贴支出，2010年相应减少支出；二是一次性项目支出减少。（5）缉私警察预算数为11.02亿元，比2009年执行数增加0.89亿元，增长8.8%。主要是海关缉私警察编制内增人增支和打击走私等支出增加。（6）其他公共安全支出预算数为13.93亿元，比2009年执行数增加10.44亿元，增长299.1%。主要是公检法司等有关部门的其他项目支出增加。

② 不言而喻，维稳的成本不断攀升是不争的事实，但这只能证明维稳的难度或治理模式存在的问题乃至危机，并不能证伪维稳的必要性。不过，尽管费用的支出可以作出清晰的说明，但本身无法证明其合理性。

数字既可以解释为反腐败力度加大、效果明显，也可以作为腐败严重，甚至治腐效果不佳的证明。此外，党务公开和干部任用公示的指标作为一个很低的程序公正标准，并不能反映干部任用的实际情况，也不能作为干部能力和廉洁度的实质标准；近年来很多腐败官员都是经过竞争上岗的，但并不能保证其廉洁公正。对于司法进行评估的指标主要是案件数、上诉率、改判率、司法赔偿案件数，这些数据都可作多种解释，并需要借助于其他分析数据或经验材料。在权利保障方面，每万人或 10 万人平均警察、律师和法律服务工作者人数及其与刑事、民事、行政案件及法律援助数量的关系都很难直接得出简明的结论。而党委对司法和政府的领导及关系、政法委的工作及其方式和实际作用等均无法从这套指标体系中看出。至于调查采用的自评、公众评价（满意度）等方式，由于具有更多的主观因素，其结果同样未必客观准确。尤其是对于全民法律意识和法律素质提高方面的评估，显然采用了国家中心的视角，而不是将法律意识作为一种客观存在的社会意识，法律意识与道德水准也难以明确区分。①

为了克服数字本身的不足使分析更具有客观性，本研究报告各部分的分析大量借助了实务部门调研资料、官方分析、亲历者经验及其他研究成果进行补充说明或佐证，其中部分资料具有一定权威性，增加了分析的可信度和说服力，但仍有很多属于难以验证的第二手材料，很多数据可以做复数解释或存在模糊之处，有些则属于没有直接依据的过度解释。

以对人民调解的统计数据解释为例，自 20 世纪 90 年代以来统计数据确实表明人民调解的作用有所下降，与此同时，法院诉讼案件量持续增长。在转型期纠纷多发的背景下，不容否认，由于熟人社会解体，传统文化和道德失落，社会诚信缺失、市场风险加大，当事人的理性程度不高，利益冲突激烈，法律意识形态等原因，当代社会当事人协商及合意达成日益困难，调解的利用率、成功率、解纷效果和社会功能必然出现相对降低。但

① 例如，一些研究者认为：“所谓公民法律素质的测评指标是指对一国公民认知法律、运用法律、遵守法律、信仰法律等的心理机制和行为机制进行综合考察和把握的一整套技术参数，这个技术参数在通常情况下是主观与客观的统一、政府设立与民间设立的统一。在现代法治文明国家这样的指标是由法律设定并由专门的法律机关实施的。”关保英：《公民法律素质的测评指标研究》，载《比较法研究》，2011（1）。这种指标实际上建立在所谓“法律信仰”的神话和对现行成文法无条件服从的预期之上，忽略了公民对法律的了解和运用未必代表对法律的无条件认同，更不可能达到“信仰”的程度，而且社会学研究发现，一般而言，拥有法律知识、社会地位较高的阶层违法的比例和特权意识往往更高。对法律的服从既可以是通过强制形成的，也有可能是基于认同，两种情形反映的法律意识迥然不同，但却无法通过测评识别。

是，以调解数量降低来证明人民调解组织已经过时、作用不大的结论却并不能成立。[①] 那么，怎样解读这些数据呢，尽管很难有绝对正确的答案，但至少以下一些因素应该被充分考虑：首先，调解数量的下降与诉讼的增加或调解本身的失效之间并不存在简单的因果关系，因为调解的作用和数量很大程度取决于制度安排（管辖权），新制定的法律使以往由非诉讼机制处理的纠纷不断向法院管辖集中，如交通事故赔偿、医疗纠纷、劳动争议以及大量新型侵权纠纷等。而从 20 世纪 80 年代以后，人民调解的范围则不断被限缩。[②] 所以，法院的案件增长并非都是从人民调解那里争夺而来，也不意味着后者的无能或无效。在多数情况下，诉讼与非诉讼案件之间不能形成此消彼长的完全一致的契合，非诉讼方式解决的纠纷总量无法准确统计；有些纠纷经非诉讼方式调解不成未必进入诉讼；而有些达成调解的纠纷，有可能再度进入司法程序。其次，基层人民调解的社会功能不仅难以准确量化，而且其效果往往与纠纷及处理的数量成反比，因为好的治理客观上会减少纠纷的发生，部分治理效果良好的地方确实会出现纠纷和调解数量下降甚至“无讼”的结果。再次，调解的作用既可以替代诉讼和裁判，也可以部分替代或起到辅助性作用。例如，当事人可通过民间调解对财产分割和子女抚养等问题达成离婚协议，但仍需经过行政或司法程序使离婚成为法律事实，调解尽管不能逾越法定程序确认离婚生效，但其作用仍是不可或缺的。在此，人民调解和司法的作用可能重合。最后，在当代多元化纠纷解决机制的格局下，一方面人民调解组织受到国家政策、地方政府和司法机关的重视和扶持，在组织形式、作用方式和与行政、司法的衔接上出现了许多新的变化，另一方面，其他非诉讼机制（包括协商和解、其他民间调解、各种仲裁、行政机制等）也在快速发展，作用不断提高，使

---

① 实际上，国外也有同样的情况，例如，日本交通事故处理中心作为一种市场化、中介性民间机构，具有调查、协调、调解和裁决的功能，但对于其作用评价却存在极大差异，一般数据表明，该机构解决处理了全国大多数交通事故赔偿案件，例如 1996 年，交通事故处理中心处理的案件为 771 084 件，而同年全国地方法院和简易法院受理的所有交通事故案件仅为 7 604 件，调解受理的为 5 321 件，可见其作用之大；一位前法官在讲座中却通过该中心一年通过调解裁决处理的案件仅不足千件为由，说明其作用很小。实际上，该机构处理的绝大多数案件都是通过调查、协调，双方当事人无争议而达成和解、由保险公司理赔，其作用正是在于促成和解及保险公司的配合，使绝大多数纠纷不会构成案件，无须进入调解和裁决程序。因此，仅仅以其调解和裁决案件数量评价其功能和作用恰恰是本末倒置。由此也说明数据解释的复杂性。

② 例如，1989 年的《人民调解委员会组织条例》在人民调解范围中去除了 1954 年《人民调解委员会暂行组织通则》中的轻微刑事案件，并限制其调解法人间的经济纠纷，这实际上也是导致人民调解作用弱化的一种制度性安排。

得纠纷总量得到多元分流，人民调解已不再是民间调解唯一的代表，其自身的多元化已成为事实，数据的下降也并不奇怪。

综上所述，为了把握民间调解或非诉讼机制的作用，对统计数字的解读也需要与时俱进。不仅需要扩大统计的范围，尽可能将各种新型机制纳入研究视野，而且需要对现有的评价机制进行调整，根据调解组织的实际功能建立科学合理的评价指标，而不应仅以调解数量作为衡量调解作用的唯一标准。从功能、效果和效益角度看，基层人民调解组织建立在村居委组织内，具有社区组织和纠纷预防的社会功能，调解员以兼职人员和志愿者为主，其人数和调解网络众多并不意味成本的增加，因此，对应着重考察其组织和调解网络的健全程度，调解员的素质、数量、代表性和普遍性，尽量吸引民众志愿者的参与，同时以地方治理状况和效果作为评价标准，包括调解规则（包括村规民约、社区公约、规章制度等）、调解宣传、社区成员的认知度、纠纷发生率、调解成功率、诉讼率、调解员的公众评价，投诉情况、调解协议司法确认通过率、反悔率以及调解档案建立保管、调解员参与培训情况，并辅之以调解案件补助、表彰奖励等激励机制和惩戒。而成本较高的乡镇街道和专业性调解机构，纠纷解决功能相对单一，应注重对其功能、效益和效果进行定期考评，严格控制重复低效的机构建设，同时可以通过专职调解员与专家兼职调解员结合的方式，以避免经费和资源的浪费。

2. 因果关系的复杂性。统计数据的分析结果的相关度是检验因果关系分析是否客观、合理的基本依据。很多统计分析往往并未经过科学的验证，甚至基于经验就可看出其中的漏洞。例如，将诉讼增长简单地归结为经济发展等普适性规律，甚至认为“诉讼社会”的到来是不可避免的世界趋势，执著于通过增加法院、法官供给和程序简化解决司法需求问题。又如，将近年来某些地区劳动争议的突发性增长简单归咎为经济危机，从而有意识地规避立法和制度设计的缺陷，失去合理建构和改革完善的动力和机会，等等。

3. 分析评价中的价值判断。数据只有在客观的功能分析和价值判断的基础上才能成为决策的科学依据，如果研究者过多地将自己的价值判断和主观偏好加入解释中，就可能给读者和决策带来误导。同样以人民调解为例，对其数据变动的分析和通说往往掺杂着主观推断、价值偏好和过度解释，乃至导致了一些不合理的对策。例如，将人民调解作用“降低”的原因归结为正规化、制度化和职业化程度不足，要求国家大量增加资金、人力方面的投入，将基层调解组织改造为带有明显行政色彩和准司法特点职业化调解机构，模仿法院、强调法庭式调解等。或者相反，以调解的行政化、权力化，以及数量下降、成本增加、效果有限为由，全面否定原有的基层人民调解的价值。此外，调解员的文化或法律资质也被视为其功能下降的原因之一，强调应提高其文化程度、法律专业水平和职业化程度等。然而，这种结论不过是主管部门和法律精英的推定，不仅与基层解纷实践不符，而且显示出国家中心的色彩。[①] 实际上，作为承担多元文化和社区治理功能的基层村居委调解特别是少数民族地区农村的调解，调解员的道德品行、宗教等特定身份、乡土特色、经验和热心及其在共同体中的影响力远远比文化和法律水平更为重要。即使在西方国家提出的"法治指数"中，基于对多元文化的尊重，也采用了双重或多元标准评价调解的正当性，特别将发展中国家的非正式机制，包括传统机制、社区机制和宗教机制的作用纳入"法治指数"，保留其特有的样式。[②] 一些国家在推行调解员职业化中也注意采用差别原则和多元标准，给予多元文化社区调解人员以特殊待遇。[③] 我国《人民调解法》之所以没有对调解员采纳统一的文化和职业标准，也考虑到了解纷实践的需要和现实可能性。

（三）统计和定量研究中容易忽略的重要因素

除了上述局限性外，数据作为一种表面和形式上的客观事实，往往是以既有制度为基础展开的。法学界对法律实施的研究多着眼于法律规则和制度的实施和运作，对于法律没有明确规定的机制和与西方法治普适性模式不同的因素，或者不以为然，或者往往以批判的立场拒绝承认其积极作用和现实合理性。因此，许多重要因素往往容易被研究者忽略。研究者和公众有时虽然热衷于探查所谓潜规则和非法律因素，但一般化的统计数据或官方发布中又无从查证，使得事实显得扑朔迷离，充斥着大量猜测和臆

① 我国人民陪审员制度的异化，即从民众参与司法异化为法院雇员和精英参与的情况，也为这种国家中心的文化背景和体制特点提供了注脚。

② 项目小组认真界定了"法治指数"能够和应该对这些非正式的传统法律体系进行考察的范围。一方面，若不承认这些传统制度在许多国家中的重要地位，"法治指数"则无法展现法治的全貌。另一方面，这些制度的复杂性以及衡量其公平有效性的难度决定了对其进行法治评估将极富挑战。参见赵昕编译：《可以量化的正义：衡量法治水平的十六项"法治指数"（上、下）》，载《人民法院报》，2010-06-18、2006-06-25。

③ 参见范愉、史长青、邱星美：《调解制度与调解人行为规范——比较与借鉴》，第三、四章，北京，清华大学出版社，2010。

断。根据经验实证研究的既有资料，在考察我国法律实施中，至少有以下几个方面的因素需要被纳入视野，同时，其功能、意义、利弊及其与法律实施的因果关系的研究还需要大量实证研究的相互佐证。

1. 政法委及政策的作用。在中国的法律实施中，中央及各地政法委以及综治委的作用，是不可忽视的。无论正常工作协调、司法改革还是综合治理、社会管理机制创新，都与其作用密不可分；其功能显示出明显的实践先行和超越立法、制度的能动性，但很难通过数据分析证明其因果关系。

20 世纪 80 年代末开始启动的司法改革最初是由各司法机关自下而上无序进行的，导致了一定的政策、理念和实践的混乱。2003 年 4 月，中央政法委员会向中央提出了《关于进一步推进司法体制改革的建议的请示》，成立由中央政法委员会、全国人大内务司法委员会、政法各部门、国务院法制办及中央编制办的负责人组成的中央司法体制改革领导小组，全面领导司法体制改革工作，于 2004 年年底形成了《中央司法体制改革领导小组关于司法体制和工作机制改革的初步意见》，提出了改革和完善诉讼制度，改革和完善诉讼收费制度，改革和完善检察监督体制，改革劳动教养制度，改革和完善司法干部管理体制，改革有关部门、企业管理“公、检、法”体制等 10 个方面 35 项改革任务。此后，我国的司法改革从各司法机关自下而上和各自为政的改革，开始向中央统一部署下的司法体制改革转变。2008 年 11 月，中央政法委员会出台《司法改革意见》，继续推进司法改革的进程。尽管目前司法改革同样存在种种问题和不确定性，且缺少公众参与和表达的渠道，但至少开始克服部门利益主导的混乱局面。但基于意识形态方面的原因，也出现了某些缺乏科学论证和充分调研的简单化改革措施，例如诉讼收费制度。

随着社会转型期社会治理及纠纷解决的形势日益复杂、艰难，法律和制度的滞后和资源短缺问题日益突出，中央和地方的政法委和综治委发挥了重要的统筹协调作用，积极促进了各地多元化纠纷解决机制和“大调解”格局的形成。2011 年 3 月，中央社会治安综合治理委员会、最高人民法院、最高人民检察院、国务院法制办公室、公安部等 16 家单位印发《关于深入推进矛盾纠纷大调解工作的指导意见》，旨在协调各相关部门共同推进大调解并实现各种机制间的衔接与协作。

2011 年 9 月，中央社会治安综合治理委员会更名为中央社会管理综合治理委员会，其任务是：加强对建设中国特色社会主义社会管理体系必须回答和解决的重大问题的研究，协调各方面力量推动解决，努力取得突破性进展。其工作重点围绕影响社会和谐稳定的突出问题展开，包括建立覆盖全部实有人口的动态管理服务体系；加强对非公有制经济组织和社会组织的服务管理；做好对特殊人群的社会关怀帮扶工作；进一步完善社会治安防控体系；有效预防青少年违法犯罪；加强校园及周边治安综合治理；加强关系国计民生重要设施的安全联防工作；加强社会管理方面的法律法规和政策措施的研究等。总之，与法律实施有关的正式与非正式制度及其协调，都属于综治委的工作范围。①

对于政法委和政策的作用，学术界往往从理论和普适性原理出发，以批判和否定性意见为主；各种带有意识形态和运动化色彩的推动方式也确实容易引起公众的怀疑和漠视；而量化研究更是难以揭示其真实的状况和影响力。这就使得因果关系的分析失去了部分客观性。

2. 法律规则、制度设计与实践创新的差异。尽管我国已经初步建成中国特色社会主义法律体系，但不可否认，法律的粗放、缺漏、滞后以及操作问题仍然大量存在，法律自身的稳定性特点也与转型社会的需求形成鲜明矛盾。多年来，由于立法和制度难以适应社会需求，面对严峻的社会治理形势，各地的实务部门不得不采用“摸着石头过河”的方式和实践理性进行创新和探索。近年来，中央政府将纠纷解决效果和社会稳定纳入考评和问责机制，对各地基层政府、法院和其他实务部门提出了极高的要求，也带来了极大的压力和责任。在这种情况下，纠纷解决的过程成为政府、执法和司法机关、各种社会组织团体、公众和当事人博弈的过程，也成为制度形成的契机和实践理性的舞台。各种改革创新层出不穷，但模式、理念、形式等方面的差异性也愈加明显。例如《道路交通安全法》、《劳动合同法》和《劳动争议调解仲裁法》，忽略了司法资源的有限和诉讼的局限，导致大量纠纷向法院集中，纠纷解决成本激增，实践效果不佳，而合理、快速、经济解决纠纷的立法的预期也无法实现。针对这种情况，各地执法部门和司法机关不得不根据社会需求和实践经验，在制度的空间中进行大量变通和创新，由此修正、弥补立法和制度的不足。一些地方为了应对劳动争议的爆发式增长，创建了独立的劳动调解机构，加上劳动监察积极参

① 参见《中央社会治安综合治理委员会更名为中央社会管理综合治理委员会》，载中国平安网，2011-09-17。

与争议处理，在很大程度上替代了法律设计的主流机制：劳动仲裁和诉讼。同样，刑事和解、行政诉讼协调和民事诉讼中的委托调解，都是在缺少法律依据和正式制度的情况下，通过司法实践和创新形成并普及的。在各地基层的实践经验基础上，通过各司法机关的统一总结、推广，逐步形成带有普遍性的实践、司法政策和制度化努力，已经成为我国法律发展的特殊方式。最高人民法院2009年8月制定发布的《关于建立健全诉讼与非诉讼相衔接的矛盾纠纷解决机制的若干意见》就是在基层法院的实践经验基础上，与行政机关、社会团体、行业协会等合作，通过司法政策建构多元化纠纷解决机制的努力，这种努力得到了中央政法委和综治委的支持，为此后《人民调解法》制定和《民事诉讼法》修改提供了制度样本和经验。这种自下而上、上下结合的方式，显示出中国法治发展道路和模式的特点，但传统的统计数据很难揭示这种具有鲜活生命力的实践和发展。然而，另一方面，尽管立法的精神、预期目标和制度设计合理可行，但实务部门出于地方特殊情况、部门利益、理解差异以及路径依赖和便宜等原因，也会通过实践和“创新”逐步背离立法初衷。例如，《人民调解法》坚持了宪法的人民调解的定位，对调解组织和调解员采用“就低不就高”的标准，不追求职业化或司法化，使得其社区调解的功能和价值得到保留和发扬。但是，立法并不能自然消除因人民调解组织的多元化事实和发展中的矛盾；法律虽然力图纠正司法化偏向，但在实务部门的工作目标中，这种倾向早已根深蒂固；立法通过开放性的制度设计，使得职业化、高端化的调解组织有了较大的发展空间，由此也成为各地人民调解发展的重点和新趋势——诸如退休法官全面进驻社区调解，将社区调解改造为“社区法官”，由律师和社会工作者取代原人民调解员，将人民调解作为法学毕业生就业的一种方式，等等。① 这种情况，客观上使得立法预期难以实现。当前，同样是人民调解的统计数据，所反映的内容，包括构成、功能、成本效益等已经悄然发生了变化，而解读这些内容和变化则是非常困难的。②

3. 信访。众所周知，信访问题已经成为中国目前社会发展和法治建设

① 参见范愉：《〈中华人民共和国人民调解法〉评析》，载《法学家》，2011 (2)。

② 左卫民教授用“建构理性与演进理性共同作用”来描述中国纠纷解决机制的变革过程，指出：社会是一个纷繁杂沓的角力场，面对处于转型时期的中国社会，各种解纷机制在未来的发展中具有很大的不确定性，立法及相关理论知识影响其走向的一种力量（尽管是一种非常重要的力量），各种社会因素的综合作用完全可能使制度设计者的预期落空，从而遭遇吉登斯所指称的“意外后果”。参见左卫民等：《变革时代的纠纷解决》，11页，北京，北京大学出版社，2007。

的瓶颈，研究法律实施和社会治理决不能忽略信访问题。信访作为当代中国社会的一个窗口，反映出法律与社会、中央与地方、司法与纠纷解决、普适性法治与中国传统文化、程序公正与实质正义等多方面的紧张关系和深刻矛盾，同时，有关信访的制度、规则和政策与实践、效果和公众评价又存在着巨大的悬殊和差异，法律界和社会对此很难达成共识；迄今为止的研究几乎都没有得出令人信服的结论，提出的对策往往两极分化——或者过于简单地主张取消信访、代之以诉讼，不仅不具有操作性和可行性，而且已为涉诉信访的激增所证伪；或者着眼于积极解决而加强责任追究，但大量无理信访人的存在和基层实际处理的困难导致一些地方政府和司法机关不得不采用极端和非法的对策规避中央政府的责任追究，使得信访的功能被异化，成本和风险不断加剧。在这种背景下，信访的数据变化及解释就愈加困难。研究者为了避免陷入解释的困境，固然可以省略这部分内容和数据，但由此也就失去了一个考察中国法律与社会的重要视角，影响了研究的全面性。

4. 非正式制度和制度异化。在中国，由于很多制度、体制和机制处在形成、改革和重构的过程中，其中非正式制度的作用和制度异化值得特别关注，但同时也很难把握。例如，某些地方性非正式制度甚至在数量和实际作用上已经大于正式制度，如一些地方的劳动争议调解；而有些非正式制度尽管作用有限甚至降低，但由于效益和特殊社会功能，并不必然导致消亡，如村居委人民调解；有些新出现的正式制度由于缺失法律的明确依据和规范，性质不明、作用被忽视，如城管就带有边缘化和带有非正式制度特点；至于协管、辅警则仍属于非正式制度范畴。这些非正式制度或边缘化制度已经成为法律实施中不可或缺的因素，但不仅在法学研究中往往被忽视，有时甚至被妖魔化。

制度异化则是指表面上某些机制运行正常，从统计数据上仅仅能看出数量上的变动，但其功能和实质已经发生变异，与前述实践脱离立法预期属于同类问题。例如，人民陪审员人数、参审量和比例等方面持续增长，似乎表明其作用的持续提高，但在很多地方人民陪审员已经出现固定化、精英化、专职化趋势，功能也从民众参与司法转变成了法院的辅助人员。同样，劳动仲裁虽然仍然是劳动争议处理的主渠道，但已经为专职律师和劳动行政人员所主导，失去了劳动争议解决机制最重要的理念：三方协调，从而变为与行政裁决和司法裁判并无二致的普通裁决程序。这些异化一旦

成为全局和普遍现象时，数据反映出的事实虽通常被理解为正常现象或成就，但实际上却可能是假象甚至是制度的失败或失效的标志。在目前中国法律实施的量化研究中，这种情况及其严重性尚未引起研究者和决策者的注意。

四、超越数字和表象的解释与分析

综上所述，统计数据和定量化研究尽管具有重要的基础性意义，但也存在各种难以克服的问题。为了更好地理解我国法律实施和社会治理的特点与问题，应注意超越数字和表象，展开更为深入和客观的研究。

（一）谨慎使用数据，改进分析方法，克服量化研究的局限

量化研究的局限并不能否定其价值，而是需要改进这种方法。根据社会学基本方法，定量研究必须注意以下问题：

1. 以差异原则为基础。在研究中，应认识到普适性是相对的，差异性是绝对的。研究者应避免采用宏大叙事和过于笼统的选题，避免简单从统计数据中直接得出结论，例如“诉讼爆炸”及其原因和规律，城市化进程中调解的作用，法律职业人数、诉讼率、犯罪率与社会发展及法治程度的关系等。

2. 尽可能进行分组研究。鉴于法律实施中的地方差异不断扩大，各种变量间的关系复杂，使用数据进行比较研究和因果关系分析需要限定范围。在条件、背景、范围等因素相对确定的前提下和具体领域内使用数据进行分析。例如，同一时期、同一地区民事诉讼案件的数量、类型变化，法院诉讼与非诉讼调解的关系，信访数量和类型变动；人民调解、仲裁机构历年的数据分析、特别是特定地区的具体数据；相关立法实施前后纠纷发生及解决方面的变化；等等。分类、分组研究的目的，是将数据与具体的社会条件和情境结合起来，更客观地分析各种变量和社会因素的因果关系，通过事实检验分析的关联度和科学性，防止主观的过度解释。同时，分类研究中，在进行量化研究的同时结合经验实证研究方法，并适当采用规范分析、价值分析、功能分析、比较分析和历史分析方法，也有助于克服简单数据比较的局限。

3. 注重细致深入地揭示变量和社会情境。相对于形式化的统计数据，具体真实的社会情境是揭示研究对象所处的客观条件、背景、相关变量之间的关系、因果关系的基本依据。因此，进行实证研究、量化研究必须尽

可能详尽地交代这些社会情境和变量因素，如时间、地点、人口构成、社会经济发展程度、文化背景、地域特征、地方政府、司法机关和社会组织基本情况，等等。对于无法准确了解这些具体因素的情况下，尽可能不做主观推定和整体性判断，如诉讼增长表明民众法律意识提高，诉讼调解率的提高必然导致司法功能的降低和强制调解，维稳成本增长证明维稳政策的失败，等等。

（二）探索普适性与特殊性的关系

定量研究的局限和不足不仅有方法本身的原因，更重要的是受研究对象的复杂性所决定的法律实施本身的复杂性、多样性和地方性，使得任何普适性或普遍规律都难以证成，而采用西方国家的既有经验和普适性命题解释中国法治进程、发展模式和特殊性问题，更显得似是而非。尽管如此，法律实施仍然需要遵循某些客观规律和法律特点，对于决策者、实践者和研究者而言，应尽可能通过科学的方法把握客观社会需求，认识社会治理的问题与规律，合理配置公共资源和社会力量，保证社会与法治的可持续发展。

以诉讼增加和非诉讼解纷机制作用的问题为例，首先应理解，司法资源配置与供求失衡是一个世界各国普遍存在的问题，西方国家在解决这一问题上曾做过多种努力，提供了一些经验和教训；同时，我国的体制、文化和制度设计又存在许多特殊因素，问题和解决方式又有着特有的复杂性和难度。

现代法治社会以司法制度为基本依托，世界各国无不注重合理配置和优化司法资源，平衡司法成本、提高司法效率，为社会提供公正、高效和便捷的司法服务。然而，司法资源的短缺却是各国普遍存在的基本事实。一方面，这种短缺是绝对的，因为任何一个社会都不可能通过无限增加司法资源的供给，满足社会利用诉讼解决纠纷的全部需求，司法资源的增加并不必然导致正义产出随之增量，而且这种昂贵的需求还可能被不断地刺激出来，甚至可能使司法陷入恶性循环或危机。[①] 因此，司法资源的供求失衡很难根本解决，而一个理性的社会应尽可能限制或减少不必要的诉讼，拓展替代性机制，以节约司法资源，应对社会纠纷解决和治理的需求。然

---

① 参见［英］朱克曼主编：《危机中的民事司法》，傅郁林等译，北京，中国政法大学出版社，2005。

而另一方面，司法资源的短缺又是相对的，通过合理的资源配置、缜密的制度及程序设计，运作正常的司法组织和法律职业群体，多元化纠纷解决机制的分流和适度的激励机制，以及理性和诚信的参与者和良好的司法环境，可以最大限度地使司法资源得以优化和有效利用，保持相对的低成本、高效益，满足社会的基本需求，获得公众的认可。事实证明，尽管社会转型导致纠纷和诉讼多发是不争的事实，但“诉讼爆炸”或“诉讼社会”并非所有工业化、城市化、现代化和法治国家不可避免的宿命，而很大程度上与一个国家的法律意识形态、对诉讼的态度、政策和制度设计直接相关。很多自始注重以非诉机制加以分流并遏制诉讼滥用的国家[①]，都能相对避免或缓和司法危机的出现。

在我国，有关司法资源配置也面临着相同的问题。近年来，国家的司法投入增长迅速，人员持续增加，包括基层法庭在内的法院建筑和硬件设施已堪称世界一流，法院在教育培训、调研、学术活动、接待、参观考察等方面更是耗资不菲。然而，一方面，投入与需求仍明显失衡，案多人少成为大多数法院面临的现实问题。另一方面，体制与惯性又导致司法机关在大量非司法活动中消耗了较多不必要的资源；法院内部存在着审判组织内部的机构失衡、业务与非业务部门配置失衡、审判业务与非审判业务部门配置失衡、审判职能与事务性工作失衡等问题，说明司法资源仍有一定的潜力可挖。

与西方国家不同的是，我国司法制度原本具有非正式性特点和便利、经济、常识化和快速等优势，例如派出法庭的设置、审限制度、司法救助以及调审结合的民事诉讼模式等[②]，司法改革面临着现代化课题和探索本土道路及发展模式的双重课题，并着力将程序的正规化作为改革目标，与西方国家亦存在着一定逆向性。[③] 另一方面，中国的司法制度和程序设计粗放、尚处于重构过程中。通过立法和制度设计乃至整体性的司法改革实现司法资源配置的优化存在较大的困难。在这种情况下，通过法院内部的资源优化整合和案件管理，进一步挖掘司法潜能，发挥现有资源的作用，减

① 如北欧国家实行的强制调解，日本的小司法模式以及德国的诉讼制度设计和改革都取得了明显的效果。

② 参见范愉：《简论马锡五审判方式——一种民事诉讼模式的形成及其历史命运》，载《清华法律评论》，第2辑，北京，清华大学出版社，1999。

③ 参见范愉：《世界司法改革的潮流、趋势与中国民事审判方式的改革》，载《法学家》，1998 (2)。

少资源浪费，提高司法效率，缓解案多人少的问题，同时积极引导当事人选择利用非诉讼方式，促成纠纷解决机制的多元化和合理化，从而改善和优化司法资源配置，不失为一种合理的进路。①

在经历了一些反复的过程之后，中国司法制度在正规化和便利化两方面都得到了提升和保障，而多元化纠纷解决机制成为合理和必然的选择。然而，我国的司法改革和司法制度的建构远未完成，司法资源配置、司法成本与司法效率等问题仍是当前国家、社会和司法机关需要直面的难题。在这方面，不仅存在着认识分歧、利益冲突、司法能力、地方经济社会发展及文化差异等多方面的障碍，而且在立法和制度设计中显示出国家中心和诉讼依赖的特点，执著于以扩大司法供给满足需求和简易化的思路，在强调便利诉讼、降低诉讼费和简易化的同时，对大量存在的轻率诉讼、恶意诉讼、滥用诉权却不加任何限制。近年来，从交通事故处理到劳动争议处理机制，立法都采取了将案件向司法集中的制度设计，如果不是基层实务部门在实践中以多元化纠纷解决机制积极应对和变通，法院早已被此类诉讼淹没。尽管个案处理中当事人的私人成本似乎并不高②，但所耗费的公共成本和司法资源相当大，加之信访文化的作用，整体而言，我国用于纠纷解决方面的代价和风险显然过高。在这个意义上，我国民事司法面临的资源供求失衡的悖论，可能更为深刻。③

（三）从纠纷解决的视角研究法律实施

法律对社会发生作用的直接的方式之一就是解决纠纷。纠纷解决过程和活动反映着法律与社会主体的生活方式乃至社会（包括政治和经济）秩序的关系，是对立法、法律制度和司法制度以及社会纠纷解决机制的一种检验。然而，传统法学的起点是（国家创制的）法律规则以及正式的司法

---

① 近年来，各级各地法院这方面的努力已经初见成效。如很多法院通过引进社会力量，加强诉前调解等多元化纠纷解决机制，既为当事人节约了诉讼费用，也极大地节约了司法资源，在全国法院受理案件普遍大幅增长的背景下民事案件立案和执行案件下降或持平，也使得法官完成了人才优化和整合，提高了案件审理的质量，提高了效率，当事人满意度提高，社会公众也给予高度评价。参见吉林市昌邑区人民法院经验，“司法成本与司法效率暨案例指导制度国际研讨会”（吉林省吉林市2010年11月5日），类似经验很多，不再赘述。有关研究参见景汉朝主编：《司法成本与司法效率实证研究》，北京，中国政法大学出版社，2010。

② 但如果将打点关系和用于所谓“诉讼掮客”之上的非正常费用算上的话，诉讼成本则完全无法准确计算，但这一点恰恰建立在当事人的机会主义心理上。

③ 参见范愉：《司法资源供求失衡的悖论与对策——以小额诉讼为切入点》，载《法律适用》，2011（3）。

制度和程序。[①] 司法机关通过适用法律规则和法律程序解决纠纷，法学研究关注的则是对法律规则的司法适用。美国学者施克莱用“legalism”来描述和定位这种传统法学，并将其称之为一种意识形态。在肯定其合理性的同时，指出其有害之处在于“思想范畴（categories of thought）是僵化的，特别在评价法所依存的政治环境之间关系的时候，尤其如此。这乃是几乎所有法律理论的造作性（artificiality）之源，也导致法律学者难以认识到，在一个复杂的社会世界（social world）中，法和法律程序的力量何在，弱点何在”[②]。麦考利教授则指出：“法学界有一种倾向，常常忽略一些非常重要的问题，除非这些问题在上诉案件中受到关注、从而进入法律体系的上层。很明显，很多重要问题永远也不会进入法院或行政机构。当一个问题从社会民众经由律师、起诉立案、审判，最终进入各种上诉程序时，在这一过程中，问题与事实二者往往都发生了变化。”[③]

纠纷解决研究则与传统法学不同，关注的是动态的法的实施和社会治理过程，注重研究正式机制与非正式机制的关系以及多元规范体系在纠纷解决过程中的作用，是一种将法与社会连接考察的研究方法。它不仅仅关注司法和诉讼程序，同时关注其他各种纠纷解决机制（包括行政机制、社会机制和私力救济机制）及其与司法的关系；不仅仅关注法的适用，同时关注法的遵守和法的实现及效果；不仅仅关注国家权力机关和正式制度的运作，同时关注民间的自治及其他自发秩序的作用。将纠纷解决的视点引入法学，能够使法学从法律规则、法律制度、法律程序和法律职业的传统视点上向社会延伸，从而使法学的视野大为扩展，对于研究法律的运作过程及社会效果具有重要的意义。

中国法律实施的道路并非是一种按照理性设计和法律预期呈现出来的图景，除了实务部门和地方政府摸着石头过河的实践和创新外，社会环境、

---

① 所谓传统法学并不是指传统西方法理学中的三大流派，而是指以法律原理和原则、法律规则（成文法和判例）、司法制度及法律技术为中心的现代法学、特别是实用法学（法律学）以及法学教育研究体系，其主流倾向和基本方法则是以法解释学和规范分析法学为主的，自然法学基本亦可归入这一阵营。

② ［美］朱迪丝·N·施克莱：《守法主义》，彭亚楠译，7页，北京，中国政法大学出版社，2005。作者对这种思想体系和意识形态进行了深刻的批判。

③ William L. F. Felstiner et al.，The Emergence and Transformation of Disputes：Naming，Blaming，Claiming...，15 Law & SOC.’Y Rev. 631（1980—1981）. 转引自 The New Versus The Old Legal Realism：“Things Ain't What They Used To Be”，Wisconsin Law Review，Volume 2005，Number 2，pp. 365-403。

民众、道德和文化传统的作用同样是不可低估的。然而，这方面的因素更是无法通过数据反映出来的。以往的一些关于法律意识、法律文化和公众行为的调研资料虽然提供了一些参考依据，但是处在社会转型期的中国社会和民众的变化使得其客观性和准确性十分有限。今天，法学研究和对策研究更加需要注意将重点放在纠纷解决和社会现实上，超越规则、制度、数字的解释，发现真正的问题和答案，进行更为合理的改革和建构。

如前所述，《中国法律发展报告 2011》最重要的贡献，就是开始超越传统法学视野，从纠纷解决的角度对法律实施的状况进行描述，并通过对与其相关联的各种社会因素和变量进行分析，致力于揭示中国社会治理和法治建设中的问题。在此前对立法和法律体系的综合梳理和分析的基础上，不仅关注公检法这些传统法律实施机制和正式制度的运行和实践，也尽可能地将各种民间机制纳入分析数据和考察指标。尽管存在许多不足之处，但毕竟是一个非常重要的起点。

图书在版编目（CIP）数据

中国人民大学中国法律发展报告 . 2011/朱景文主编 . —北京：中国人民大学出版社，2011. 12

ISBN 978-7-300-14876-2

Ⅰ. ①中… Ⅱ. ①朱… Ⅲ. ①法律-研究-中国 Ⅳ. ①D920. 4

中国版本图书馆 CIP 数据核字（2011）第 252937 号

中国人民大学

中国法律发展报告 2011

走向多元化的法律实施

主编 朱景文

Zhongguo Falü Fazhan Baogao 2011

出版发行	中国人民大学出版社		
社　　址	北京中关村大街 31 号	**邮政编码**	100080
电　　话	010－62511242（总编室）		010－62511398（质管部）
	010－82501766（邮购部）		010－62514148（门市部）
	010－62515195（发行公司）		010－62515275（盗版举报）
网　　址	http://www. crup. com. cn		
	http://www. ttrnet. com(人大教研网)		
经　　销	新华书店		
印　　刷	涿州市星河印刷有限公司		
规　　格	155 mm×235 mm　16 开本	**版　　次**	2011 年 12 月第 1 版
印　　张	35 插页 3	**印　　次**	2011 年 12 月第 1 次印刷
字　　数	563 000	**定　　价**	98. 00 元